JONAS VERLAG

STUDIEN ZUR KUNST- UND KULTURGESCHICHTE BD 2

Herausgegeben von Heinrich Klotz und H.-J. Kunst

© Jonas Verlag
für Kunst und Literatur GmbH
Rosenstr. 12/13
D-3550 Marburg 1

Gastaltung Gabriele Rudolph
Druck Fuldaer Verlagsanstalt

ISBN 3-922561-34-9

HANS LANGE

VOM TRIBUNAL ZUM TEMPEL
ZUR ARCHITEKTUR UND GESCHICHTE DEUTSCHER HOFTHEATER ZWISCHEN VORMÄRZ UND RESTAURATION

JONAS VERLAG

INHALT

VORWORT 9

EINLEITUNG 15
Definition, Periodisierung, Exposition. 15
1. Institutionsformen des Theaters. 15   2. Hoftheater außerhalb Deutschlands. 16

I.
DAS HERZOGLICH SÄCHSISCHE HOFTHEATER IN COBURG VON KARL B. HARRES (1837-41) . 32
Ein dynastisches Residenzprogramm und seine Anpassung an den privatisierten Status des Hofes 32

1. Voraussetzungen – Die herzogliche Baupolitik in den Residenzen Coburg und Gotha. 32
1.1. Der Bauherr und sein Integrationskurs in der Gothaer Theaterfrage. 32
1.2. Der Coburger Schloßumbau als Anstoß für die Theaterplanung. 33
2. Die Planungsgeschichte und die Durchsetzung des höfischen Interesses. 34
2.1. Die Initiative zum Bau und ihre Verschleierung. 34
2.2. Der dynastische Finanzierungsplan. 35
2.3. Der Bauplatzstreit um das Waisenhaus und der Verfassungskonflikt. 35
2.4. Die Organisation des Bauwesens. 36
3. Die Baugeschichte (1837-1857). 37
3.1. Der Theaterbau unter Leitung von Carl B. Harres. 37
3.2. Die Fertigstellung des Theaters durch V. Fischer-Birnbaum. 38
4. Die Architektur des Coburger Theaters zwischen Schloß und Kasino. – Ein Teil der Hofausstattung für die Dynastie 39
4.1. Das Projekt von Johann Gottfried Gutensohn (1830). 39
4.2. Die Theaterskizze von Friedrich August Stüler. 43
4.3. Der Theaterbau von C.B. Harres. 45
4.3.1. Fassaden und Raumorganisation. 45
4.3.2. Die Haupträume des Theaters. 48
4.3.3. Ein Hofkasino zwischen Berlin und München. 52

II.
DIE NEUBAUPROJEKTE ZUM KGL. WÜRTTEMBERGISCHEN HOFTHEATER VON N. F. THOURET, G. SALUCCI, K. L. ZANTH UND K. A. HEIDELOFF (1835-39) 55

Architektur im Dienst sozialer Integration 55

1. Die Theaterverhältnisse in Stuttgart bis zum Vormärz. 55
1.1. Die Lusthausoper im 18. Jahrhundert. 55
1.2. Das Hoftheater im Königreich Württemberg – Ein Instrument zur Reorganisation der Hofgesellschaft. 56
1.3. Das Hoftheater im Verfassungsstaat als Teil der öffentlichen Kunstpolitik. 58
2. Die Neubauprojekte in der Planungsgeschichte. 60
2.1. Die Diskussion in den Instanzen der Behörden. 60
2.2. Der Architektenwettbewerb und die Entwürfe im Spiegel der Gutachten. 62
2.3. Die Verschleppung des Neubaus als Folge der Konzeptionslosigkeit des Hofes. 64
3. Die Architekturform der Theaterprojekte. . . . 68
3.1. Das Umbaumodell von Friedrich v. Thouret. 68
3.2. Der Neubauentwurf und das zweite Modell von F. v. Thouret. 71
3.2.1. Zur Typologie der Fassade. 71
3.2.2. Außenbau und innere Raumdisposition. . . 75
3.2.3. Der Zuschauerraum. 78
3.3. Die Entwürfe von Giovanni Salucci. 80
3.3.1. Der kleine Entwurf mit der Halbkreisfassade. 80
3.3.2. Der Hauptentwurf – Lage und Raumorganisation. 82

3.3.3. Treppenhaus und Foyer – Vorbilder und Umprägung. 83
3.3.4. Fassade und Außenbau. 86
3.3.5. Der Zuschauerraum und sein Stellenwert in der Raumfolge. 88
3.3.6. Varianten zum Hauptentwurf. 92
3.4. Das Projekt von Karl Ludwig Zanth. 93
3.4.1. Lage, Grundriß und Aufriß. 93
3.4.2. Der Konzertsaal. 97
3.4.3. Der Zuschauerraum. 99
3.5. Das Theatermodell von Karl Alexander Heideloff. 100

III.
DER WIEDERAUFBAU DES KGL. OPERNHAUSES IN BERLIN VON KARL FERDINAND LANGHANS 1843/44 IN DER AUSEINANDERSETZUNG ZWISCHEN HÖFISCHER UND BÜRGERLICHER REZEPTION FRIEDRICHS DES GROSSEN. 102

Ein Denkmal des absoluten Königtums. 102
1. Planung und architektonische Gestalt im funktionellen Wandel. 102
1.1. Das Hofopernhaus von Knobelsdorff im Rahmen des friderizianischen Forumsprojektes. 102
1.2. Die Inschriften Algarottis und die Entwicklung des Forumsprogramms bis zum Bau der Kgl. Bibliothek. 105
1.3. Die Adaption des Opernhauses zum öffentlichen Hoftheater durch den Umbau 1788/89. 110
2. Der Wiederaufbau nach dem Brand von 1843 in der gesellschaftlichen Auseinandersetzung des Berliner Vormärz. 115
2.1. Berliner Theaterverhältnisse bei Regierungsantritt Friedrich Wilhelms IV. 115

VORWORT

Eine Untersuchung über Theaterbauten, Architekturen also, die zusammen mit anderen Bildungs- und Verwaltungsbauten das Bild unserer Städte im vorigen Jahrhundert maßgeblich bestimmten, ist heute, 100 oder 150 Jahre danach, zwangsläufig auch eine Dokumentation über Gebäude und Bautypen, die mehr und mehr wieder aus dem Stadtbild verschwinden. Von den Hoftheatern des letzten Jahrhunderts sind nur die in Coburg, Oldenburg und Wiesbaden fast unverändert auf uns gekommen; einige sind unter pietätvoller Wahrung des Äußeren im Innern völlig umgestaltet worden wie etwa in Hannover, andere wurden nach den Bombenschäden des letzten Krieges abgerissen (Karlsruhe, Gotha). Von den ca. 260 Theatergebäuden, die es 1939 in Deutschland und Österreich gab, sind zwei Drittel schwer beschädigt – zumeist ausgebrannt – oder ganz vernichtet worden. Doch nur drei – und nicht ohne Zufall allesamt Hoftheater – wurden außen wie innen in der überlieferten Form rekonstruiert, die Staatsopern in Berlin und München und die gerade wiedererrichtete Semperoper in Dresden, die 1985, auf den Tag genau 40 Jahre nach der Zerstörung der Stadt, neu eröffnet worden ist. Zwei andere monumentale Theaterruinen von Rang, die Frankfurter Oper und Schinkels Schauspielhaus in Berlin, wurden bei weitgehendem Verzicht auf die alten Raumdispositionen zu Saalbauten und Konzerthallen adaptiert. Über das Schicksal der notdürftig gesicherten Ruine des alten Darmstädter Theaters ist immer noch nicht definitiv entschieden.

Exemplarisch gerät ein Vergleich unter den größten deutschen Städten: kein Abriß, sondern Wiederaufbau oder vollständige Rekonstruktion der zerstörten Theater in den ehemals königlichen Residenzen Berlin, München, Dresden, Hannover und Stuttgart, Neubauten dagegen in den seit je bürgerlich bestimmten Metropolen Hamburg, Köln, Frankfurt, Leipzig und Dortmund. Deutlicher kann der Nachweis über die höfisch-repräsentative Wurzel der Theater und ihre wirkungsgeschichtliche Kontinuität im urbanen Gefüge der Landeshauptstädte, denen 1919 das Erbe der Fürstensitze zugefallen war, nicht geführt werden. Da die kommunalen Theater zu lange der hoheitlichen Funktionen ermangelt hatten, welche die Hoftheater stets an vornehmster Stelle im Stadtbild in ihre Architekturform umzusetzen pflegten, entfiel ein entscheidender Grund zur Wiedererrichtung der ausgebrannten und zerschossenen Häuser, die meist in untergeordneter Randlage abseits des Stadtkerns sich befanden und so weniger Aufmerksamkeit für sich in Anspruch nehmen konnten. Wichtiger und typischer als die wenigen doch meist spektakulären Rekonstruktionen sind die zahllosen Neubauten, die seit den 50er Jahren die kriegszerstörten Häuser ersetzten. Die Theaterbauwelle, die erst in den letzten Jahren allmählich verebbt ist, läßt sich quantitativ allenfalls mit dem Bauboom zwischen 1880 und 1914 vergleichen. Inzwischen ist das Bedürfnis der Städte nach aufwendigen, signalartigen Kommunal- und Staatstheatern offensichtlich befriedigt.

Kennzeichnend für die Wiederaufbau- und Neubauphase war der Versuch, nach Möglichkeit bestehende Bauteile älterer Anlagen – z.B. intakte Bühnenhäuser – mit einzubeziehen; konservativ blieb der Grundtenor fast aller Neubauten.[1] Auf manchmal zu beobachtende formale Anklänge an die Architektur des Nationalsozialismus und ihre ästhetischen Postulate ist an anderer Stelle hingewiesen worden.[2] Trotz der durchweg restaurativen Gesinnung der öffentlichen Bauträger, die neueren Vorstellungen vom Theaterbau in den großen, offiziellen Wettbewerben – z.B. Mies van der Rohe in Mannheim, Scharoun in Leipzig und Kassel – niemals die Chance der Realisierung ließen[3], sind die wenigen Beispiele eines rekonstruierenden Wiederaufbaus umstritten und umkämpft geblieben.

Der vordergründige Widerspruch indes löst sich bei näherer Betrachtung auf. Am konsequentesten läßt sich das am Beispiel des wiederaufgebauten Münchner Nationaltheaters[4] und an der Planungsgeschichte zum Aufbau der Dresdner Staatsoper[5] verdeutlichen. In beiden Fällen handelt es sich nicht um bloße Rekonstruktionen, sondern um korrigierende Wiederherstellungen unter Berücksichtigung der veränderten technischen und verkehrsmäßigen Bedingungen eines Theaterbetriebes. Dieses mitunter von der Denkmalpflege kritisierte Verfahren erscheint legitim, sofern dadurch dem Objekt die angestammte Nutzung erhalten werden kann. Die Gegner des Münchner Wiederaufbaus propagierten stattdessen einen modernen, im Sinne der 50er Jahre „zeitgemäßen" Neubau, – allemal also ein bürgerliches Rangtheater –, mit dem Anspruch, ein klassizistisches Hoftheater vertrage sich nicht mit den Bestrebungen einer „modernen Opernkultur in einer demokratischen Gesellschaft".[6] Schon die Begriffswahl verweist auf die ideologischen Implikationen solchen Kulturbetriebs. Gerade das aber bestimmt das heutige Musiktheater vor allen anderen Formen des Theaters, daß – wenn überhaupt – neue Inszenierungsmethoden auf ein fest umschriebenes Repertoire des 19. Jahrhunderts angewendet werden und somit eine erstarrte Kunstform lediglich partiell und nur für das angestammte bürgerliche Publikum aktualisiert wird.[7]

Unter dieser Prämisse ist der rekonstruierende bzw. korrigierende Wiederaufbau der Opernhäuser in Mailand, Berlin, Wien und München nichts als konsequent und trotz des augenscheinlichen Anachronismus zumindest im Eingeständnis des musealen Faktors – Adorno sprach in diesem Zusammenhang von der Oper als „Gegenwart von Vergangenem" – ehrlicher als der uneingelöste Anspruch der protzigen und gepanzerten Betonburgen und Kulturbunker, die in den letzten Jahrzehnten allenthalben zwischen Hamburg und West-Berlin, von Recklinghausen bis Darmstadt aus dem Boden gewachsen sind, und deren verborgenes Inneres noch in keinem Fall ein neues Theater kreieren half, deren Äußeres jedoch ungewollt von der Gebrochenheit bürgerlichen Selbstverständnisses und seiner Darstellung in der zweiten Hälfte des 20. Jahrhunderts kündet.[8]

Als sichtbares Zeichen solchen Krisenzustands wertet Adorno, „daß die in Deutschland nach 1945 anstelle der zerstörten neu errichteten Opernhäuser so vielfach wie Kinos aussehen, beraubt eines der charakteristischen Embleme des alten Opertheaters, der Logen. Die architektonische Gestalt der Häuser widerspricht dem weitaus meisten, was darin gespielt wird, offen bleibt, ob die gegenwärtige Gesellschaft überhaupt noch jenes acte de presence fähig ist, der in der Oper unterm Hochliberalismus des neunzehnten Jahrhunderts stattfand. So konservativ klammerte man sich damals noch an absolutistische Gepflogenheiten, daß das Proszenium unmittelbar über der Bühne, wo priviligierte Besucher nach Belieben zuschauen oder Bekannte empfangen konnten, in manchen Pariser Theatern bis um 1914 sich erhielt. Derlei Säkularisierungen höfischen Stils hatten etwas Fiktives, sich selbst Spielendes, wie übrigens durchweg die monumentalen und dekorativen Formen der bürgerlichen Welt. Immerhin vermochte in der Oper lange ein selbstbewußtes Bürgertum sich zu feiern und sich zu genießen. Auf der musikalischen Schaubühne vereinte sich die Symbolik seiner Macht und seines materiellen Aufschwungs mit dem Ritual der verblassenden aber urbürgerlichen Idee befreiter Natur."[9]

Ein „verquältes Verhältnis" zu den neuen Häusern bescheinigte den künstlerischen Leitern der westdeutschen Theater 1977 selbst die Jahrestagung der Dramaturgischen Gesellschaft, die in Darmstadt unter dem Thema „Theater von heute – Räume von gestern" stattfand. Junge Regisseure bekundeten, daß sie sich neue Spielformen eher konstrastierend in den höfischen und gründerzeitlichen Sälen des letzten Jahrhunderts vorzustellen vermöchten als in den übertechnisierten Nachkriegsgebäuden. Drastisch verwahrte man sich gegen den „Terror der Sechzig-Millionen-Bauten".[10] Konsequenzen sind nicht ausgeblieben. Das Signal zum Auszug aus den gigantischen Maschinenapparaten der neuen Bühnenhäuser, in denen das Prinzip der alten Guckkastentheater bar jeder Vermittlung zwischen Rampe und Saal, die in den alten Theatern noch durch die Affinität zwischen einer dekorativen Architektur und der bildhaften Szenendekoration geleistet worden war, buchstäblich einzementiert wurde, setzte vor Jahren der steile Aufstieg der in einem Vortragssaal notdürftig eingerichteten Berliner „Schaubühne", die sich in kurzer Zeit den Ruf eines der interessantesten deutschsprachigen Theater der Gegenwart verdiente. Eine Zeitlang sind die großen Staatstheater sporadisch diesem Beispiel gefolgt; Inszenierungen in Fabrikhallen, Filmstudios, Zirkuszelten und anderen unorthodoxen Spielstätten sind keine Seltenheit mehr. Daß das Theaterspiel bei solchen Fluchten aus der angestammten Umgebung nicht generell auf den Rahmen der Architektur und auf die aus ihr bezogene Wirkungssteigerung seiner szenischen Mittel verzichtet, belegte eindrucksvoll eine Aufsehen erregende „Hölderlin-Produktion" im Berliner Olympiastadion.

Es besteht heute kein Anlaß, rekonstruierte und moderne Theater gegeneinander aufzurechnen; der Theaterbau ist keine relevante Angelegenheit der zeitgenössischen Architektur mehr. Als eine der repräsentativen Aufgaben der bürgerlichen Architektur hat er sich mit dem Boom der vergangenen 30 Jahre überlebt. Der Bedarf ist für absehbare Zeiträume gedeckt, teilweise schon jetzt überschritten. Künftig wird sich auf diesem Sektor der Typus der Mehrzweck- und Versammlungsbauten durchsetzen, der unter gegenwärtigen Verhältnissen einzig den hohen Aufwand rechtfertigt.[11]

Nach mehrhundertjähriger Entwicklung scheint das Theater wieder dahin zurückverwiesen, von wo es ausgegangen ist: aus dem für verschiedene Kommunikations- und Interaktionsformen adaptierbaren Saal. Hat sich das bürgerliche Theater einst aus dem Verband des höfischen Festes, aus dem Konnex mit Bällen, Redouten, Empfängen und Diners emanzipiert und räumlich verselbständigt, so schickt es sich heute unter den veränderten Bedingungen einer entwickelt arbeitsteilig organisierten kapitalistischen Gesellschaft an, wieder in einem größeren Verband, in der durch Massenmedien bestimmten Vergnügungsindustrie an untergeordneter Stelle – auch räumlich – aufzugehen. Theater als Bauaufgabe ist historisch geworden. Aus der Erfahrbarkeit des geschichtlichen Abstandes resultiert die Motivation zu einer Untersuchung, die im Aufstieg und in der glanzvollen Entfaltung einer führenden öffentlichen Bauaufgabe auch die Voraussetzung für ihren heutigen Niedergang impliziert findet.

Bei alledem wird das Theater, das jahrhundertelang im Brennpunkt der gesellschaftlichen Auseinandersetzungen stand und als öffentliches Forum par excellence heiß umkämpfte Tribüne wurde, auch in der Gegenwart noch vereinzelt und schlaglichtartig in den Blickpunkt übergreifender tagespolitischer Interessen gerückt, die über Anlaß und Wirkung von nur theaterinternen, auf eine Aufführung bezogenen Skandalen weit hinausweisen und einen nicht mehr einlösbaren Anspruch gegen die Wirklichkeit heutiger Theaterpraxis momentan aufscheinen lassen. Daran hat Architektur, in deren Rahmen sich eine Institution wie das Theater ebenso verfestigt hat wie in seiner Organisation und in seinen Aufführungstraditionen, maßgeblichen Anteil.

Symptomatisch für zwei alternative Weisen, sich politisch handelnd auf das Theater zu beziehen, – und darüberhinaus kaum zufällig – ist der Umstand, daß zwei Theatergebäude die Kulisse für den Aufbruch der westeuropäischen Studentenbewegung gegen Ende der 60er Jahre abgegeben haben. Den Auftakt machte im Juni 1967 eine Demonstration anläßlich des Schahbesuchs vor der West-Berliner Oper, einem jener neuen, aufwendig geführten Repräsentationstheater, in denen das Spiel auf der Bühne in solchen Momenten zum staatlichen Hoheitsakt gerinnt. Der blutige Ausgang der Demonstration vor dem Beginn einer Vorstellung von Mozarts „Zauberflöte", die für den Staatsgast angesetzt war, wurde zum Fanal. Es war keine theaterfremde Generation, die vor dem Opernhaus protestierte. Sie hatte betroffen miterlebt, wie das dokumentarische Theater der Hochuth, Kipphardt, Weiss und Enzensberger auf der Bühne über eine unbekannte und verdrängte Vergangenheit moralisches Gericht hielt.[12]

Im Mai 1968 besetzten Pariser Studenten und Jugendliche eines der ruhmreichsten Theater Frankreichs, das 'Théâtre de l'Odéon' von 1782, das wenige Jahre nach seiner Erbauung für die 'Comédie' zur Stätte der großen Revolutionsfeste geworden war. Das in den historischen Mauern des Odeon etablierte Diskussionsforum des Pariser Mai war indes zum Scheitern durch Wirkungslosigkeit verurteilt, weil das Theater längst nicht mehr die Tribüne war, welche die Massen hätte erreichen können. Seine Okkupation bedeutete vielmehr – oder bloß – Erinnerung daran, welche Sprengkraft die Schaubühne in der Epoche des bürgerlichen Aufstiegs einmal freigesetzt hatte, bedeutete legitimierenden Rückgriff und Traditionsversicherung einer sozialen Gruppe, die im freien Diskurs auf der Bühne und im Saal ihre politische Ohnmacht aufzuheben gedachte.

Fünfzehn Jahre nach diesen Ereignissen in Berlin und Paris machen die europäischen Theater Schlagzeilen nur noch mit ihrer Geschichte, die aus aktuellem Anlaß zum Teil opulent in Szene gesetzt wird, um die nachlassende Resonanz der Institute, welche die staatlichen Kulturbudgets proportional stärker belasten als irgendeine andere öffentlich subventionierte Kunstform, wenigstens kurzfristig zu übertünchen. Historisches Endzeitbewußtsein, zumindest aber Krisenhaftigkeit bestimmt den Blickwinkel, unter dem die Welle der sich ungewöhnlich drängenden Gründungsjubiläen bedeutender Bühnen den Theaterleuten und ihren Geldgebern in zahllosen Festschriften Bilanzen abnötigt. Fast alle Theater, die in diesen Jahren einen runden Geburtstag feiern, gedenken eines fürstlichen Gründers; ausnahmslos stehen sie heute unter staatlicher Leitung und beanspruchen unter den nationalen Kulturinstituten ihrer Länder die repräsentativsten Ränge. Einige kompensieren geradezu denkmalhaft die verlorene politische Geltung der sie tragenden Nationen und sind in ihren überkommenen Gehäusen unantastbare Mausoleen vergangener Grandeur. 200 Jahre bestehen das Burgtheater in Wien (gegr. 1776), das Bolschoi-Theater in Moskau (1776), die Mailänder Scala (1778), die Nationaltheater in München (1778), Mannheim (1779) und Berlin (1786), allesamt Gründungen der Aufklärung. 250 Jahre zählt das Theater Covent Garden in London (1732), 300 Jahre die Hamburgische Staatsoper (1678) und die Comédie Francaise in Paris (1680).

Andere Theater harren noch ihrer Jubiläen. Doch soll auch nicht verschwiegen werden, daß ein Jubiläum erst auf sein Theater wartet: Kürzlich hat der französische Präsident einen Architekturwettbewerb für ein Opernhaus eingeläutet, das zur 200-Jahrfeier der Revolution auf der Place de la Bastille in Paris errichtet werden soll. Das Theater der Bürger ist von der Geschichte der Bürger eingeholt worden. Wird man am Ergebnis dieser vorläufig letzten Konkurrenz auf dem Feld des Theaterbaus das Befinden der Gesellschaft ablesen können, die 1789 dieses Prinzip auf ihre Fahnen geschrieben und triumphal durchgesetzt hatte? Es steht noch dahin, ob die Jubiläumsoper lediglich das schlichte Julimonument ersetzen wird oder darüberhinaus als Memorialbunker und Zitadelle für die im Reich der Kunst konservierten bürgerlichen Ideale den verblassenden Schatten der hier einmal gestürmten Bastille heimleuchtet. Architektur hat dem Staatstheater auf seinem Weg vom Tribunal zum Tempel die entsprechenden Formen und Chiffren geliehen; sie wird auch seinen Rückzug in die Zwingburg zu gestalten wissen, wenn er denn ansteht.

Die Form der in monographische Einheiten unterteilten Arbeit verdankt sich der Einsicht, daß eine systematisierende Gliederung des Stoffes, die nur fallweise konkrete Bezüge zu einzelnen Objekten hätte herstellen mögen, gerade der Individualität der behandelten Gegenstände nicht gerecht geworden wäre. Einem notwendigerweise abstrahierenden Schnitt durch die Breite der deutschen Theaterarchitektur, der je allgemeiner fundiert desto begrenztere Aussagen, an einem zwangsläufig baugeschichtlich-typologischen Maßstab orientiert, erlaubt hätte, wurde ein Verfahren vorgezogen, das über die detaillierte Rekonstruktion von jeweiligen Entstehungs- und Verwertungsbedingungen des Produkts Theaterbau die polaren Möglichkeiten und Abhängigkeiten dieser Bauaufgabe abzustecken sowie daraus die spezifische Architekturform zu entschlüsseln sucht. Von den hier vorgeführten Fallstudien mit unterschiedlich gewichteten Aspekten versteht sich keine typisch oder repräsentativ für das Ganze – auch die ungleichwertige künstlerische Qualität der Bauten soll nicht geleugnet werden –, doch alle vier zusammen beanspruchen über ihre Partikularität hinaus, die Gattung im bezeichneten Zeitraum gültig zu vertreten.

In dieser Vorgehensweise versteht sich der folgende Versuch komplementär zu neueren Arbeiten über Theaterarchitektur, etwa von N. Pevsner, der in größerem Rahmen einen ersten typologischen, auf baugeschichtliche Innovationen und Traditionsbildungen konzentrierten Gesamtüberblick vorgelegt hat, und R. Theobald, dessen theatergeschichtliche Dissertation ein umfangreiches Architektenoeuvre vorwiegend durch den Filter der zeitgenössischen Rezeption beurteilt. Dagegen setzt meine Studie die monographischen und typologischen Aufsätze zu französischen Theatern seit dem späten 18. Jahrhundert von M. Steinhauer und D. Rabreau voraus.

Die Arbeit, die ich an einigen Stellen umformuliert und gestrafft habe, ist im Dezember 1978 vom Fachbereich Neuere Deutsche Literatur und Kunstwissenschaft der Philipps-Universität Marburg/Lahn als Dissertation angenommen worden.

Ein Stipendium der Graduiertenförderung des Landes Hessen ermöglichte mir die Vorarbeiten in den auswärtigen Archiven. Mein Dank gilt an dieser Stelle den Mitarbeitern der Archivverwaltungen in Berlin, Coburg, Karlsruhe, Ludwigsburg und Stuttgart, in besonderem Maße für die freundliche Überlassung von Bildmaterial dem Landbauamt Hof/Dienststelle Coburg und der „Arbeitsgruppe Versammlungsbauten" am Fachbereich Architektur der Technischen Universität Berlin, die mir außerdem Arbeitsmöglichkeiten in ihrem Archiv in großzügiger Weise einräumte. Vielfache Unterstützung sowie wertvolle Hinweise und Anregungen in zahllosen Gesprächen verdanke ich den Dozenten und Kommilitonen des Marburger Kunstgeschichtlichen Seminars, zunächst den Betreuern der Arbeit, Prof. H. Klotz und Prof. H. J. Kunst, die auch die Publikation in der von ihnen herausgegebenen Reihe „Studien zur Kunst- und Kulturgeschichte" ermöglichten.

EINLEITUNG

Definition, Periodisierung, Exposition.

1. Institutionsformen des Theaters.

Die vorliegende Untersuchung zur deutschen Theaterarchitektur des 19. Jahrhunderts geht bewußt von einer Beschränkung des Gegenstandes in mehrfacher Hinsicht aus. Die Eingrenzung des Themas auf zeitlicher, geographischer und sozialer Ebene bedarf daher der Erläuterung und Begründung.

Wegen des kaum übersehbaren und weithin noch unbekannten Materialbestandes erscheint es zweckmäßig, eine repräsentative Objektgruppe herauszugreifen, die sich zur Darstellung und Problematisierung der hier vor allem interessierenden baugeschichtlichen Konsequenzen aus der Entwicklung des öffentlichen Theaterwesens besonders eignet. Dazu bietet sich die sozial bestimmte Gruppe der öffentlichen Hoftheater besonders an.[13] Auf diese Weise ist gewährleistet, daß eine unter dem Zwang der Quantität notwendige Auswahl nicht auf eine willkürliche Selektion herausragender oder typischer Bauten hinausläuft[14], sondern eine geschlossene Gruppe, und zwar die wichtigste des Theaterbaus, umfaßt.

Das höfische Theater hatte sich aus dem barocken Festwesen entwickelt, und infolgedessen fanden die großen Aufführungen ursprünglich nur anläßlich fürstlicher Vermählungen und Krönungsfeste auf provisorisch aufgeschlagenen Gerüsten, teils im Freien, teils in Sälen, statt. Dank einer allumfassenden Regie stand das Theater im Zentrum des dynastischen Hoflebens und geriet zur Manifestation der Staatsgewalt in der Person des absoluten Fürsten, der auf der Bühne keine Rolle spielte, sondern seinen Status lebte.[15]

Der feudalabsolutistische Schloßtheaterbau, der im 18. Jahrhundert an den deutschen Höfen seine größte Blütezeit erreicht hatte[16], mündet unter dem Einfluß der Aufklärung und der französischen Revolution konsequent in die Epoche der öffentlichen Hof- und Nationaltheater ein, die den nunmehr konstitutionellen Höfen ebenso entsprechen wie vorher die Schloßtheater den absolutistischen. Der Wandel von der höfisch-repräsentativen zur raisonnierenden bürgerlichen Öffentlichkeit[17] zeitigt als Nebenergebnis die Entstehung eines neuen, veränderten Schloßtheatertypus. Indem die großen Logenrangtheater aus dem Bereich des Schlosses heraustreten, die Höfe aber nicht auf ein Privattheater, über das sie unmittelbar und allein verfügen, verzichten wollen, ergibt sich die Notwendigkeit, ein intimes Saaltheater im Schloß zu belassen bzw. für die veränderten Bedürfnisse umzubauen. Die hierarchische Repräsentanz von Hof und Hofstaat, der die älteren Schloßtheater im Aufbau der Ränge und Logen noch durchgehend verpflichtet waren, wird mit der funktionalen Trennung von öffentlichen Hoftheatern und privaten Schloßtheatern für die letzteren hinfällig. Sie stehen daher nicht ungebrochen in der Tradition ihrer absolutistischen Vorgänger, sondern sind komplementär zum öffentlichen Theaterbau der Epoche zu begreifen.[18] Nicht selten wird der private Status dieser späten Schloßtheater durch „naturhafte", vegetabilische Formen bzw. neogotischen Dekor analog den zurückgezogenen Parkarchitekturen in den zeitgenössischen englischen Gärten ausgedrückt.[19]

Der öffentliche Theaterbau wird zwar bis weit in das 19. Jahrhundert überwiegend doch keineswegs ausschließlich von den Höfen bestritten. Namentlich in den größeren bürgerlichen Handelsstädten sind schon sehr früh öffentliche Theaterbauten errichtet worden[20], doch selbst wenn diese architektonisch primitiven Gebäude unter der Regie und Beteiligung städtischer Behörden erbaut werden – was selten genug vorkam –, so ist die Betriebsform noch für lange Zeit an private Theaterunternehmer gebunden, die durch einen Pachtvertrag sich die Nutznießung städtischer Lokale und die Theaterlizenz sichern.[21] Seit dem frühen 19. Jahrhundert treten fast ebenso häufig adhoc gegründete Aktiengesellschaften als Träger eines Theaterbaus und zuweilen auch des Betriebs auf.[22] Entscheidend jedoch für das generelle Ausscheiden des städtischen Theaterbaus aus der vorliegenden Betrachtung ist die Tatsache, daß die durch die oben angedeutete, primär ökonomisch bestimmte Unternehmensform der bürgerliche Theaterbau erst relativ spät zu relevanten architektonischen Formulierungen kommt. Meist begnügt er sich mit der Adaptierung vorhandener Räume[23] oder orientiert die Neubauten an höfischen Standards in reduzierter Form.[24] Die Armseligkeit dieser städtischen Theatergebäude ist von den Zeitgenossen oft beschrieben worden, und wohl für die meisten trifft die auf das alte Düsseldorfer Theater gemünzte Charakterisierung zu, „dass im Vorflur eine Erkältung, auf der Treppe ein Beinbruch, beim aufgehenden Vorhang ein aus der Tiefe steigender Modergeruch drohe, dass die Logen unbequem und ungenügend seien, und der mangelnde Bühnenraum selten Befriedigendes leiste".[25] Vereinzelte Anläufe, renommierte Hofarchitekten für städtische Theaterbauten zu gewinnen wie Schinkel für Hamburg, Weinbrenner für Düsseldorf und Hittorf für Köln, scheitern an den finanziellen Forderungen.

Erst mit dem enormen Neubauboom nach der Reichsgründung 1871 stellt sich der städtische Theaterbau der höfischen Produktion gleichwertig an die Seite, um sie binnen kurzem quantitativ zu überflügeln.[26] Gravierende typologische Unterschiede zwischen höfischen und städtischen Theatern sind aber auch dann nicht auszumachen, sieht man von einigen abweichenden Erfordernissen der inneren Raumverteilung ab.[27]

Ganz anders hingegen als das städtische ist das höfische Theater, das mit dem System der Wandertruppen bricht und die ersten stehenden Bühnen etabliert, von Anfang an durch komplexe ideologische Interessen bestimmt gewesen, die sich frühzeitig und maßgeblich auf die Architekturform ausgewirkt haben. Schon von daher rechtfertigt sich die Beschränkung auf Hoftheater, weil gerade an diesen die gesellschaftlichen Implikationen der Architektur von seiten ihres Trägers und ihrer Benutzer sich exemplarisch aufzeigen lassen. Die reichere und interessantere Form der Hoftheater macht sie aussagekräftiger als die vorwiegend utilitär bestimmten bürgerlichen Zweckbauten, deren Anspruch sich in Deutschland erst im Lauf des späteren 19. Jahrhunderts dahin entwickelt, in der Architektur zu repräsentieren.

Die Eingrenzung auf deutsche Hoftheater umschreibt nicht nur eine geographisch umrissene Gruppe, sondern zugleich eine in wesentlichen inhaltlichen und formalen Bestimmungen gleichartige Zahl von Theatergebäuden, die mit anderen, ähnlich organisierten Instituten in Europa nicht ohne weiteres vergleichbar sind. Die besondere geopolitische Struktur der deutschen Staaten bleibt auch nach der napoleonischen Neuordnung und deren Bestätigung durch den Wiener Kongreß die Voraussetzung für die enge Nachbarschaft kleiner und mittlerer Höfe. So ergibt sich in Mitteleuropa noch nach der Flurbereinigung von 1815 eine einzigartige Ballung von über 30 souveränen fürstlichen Residenzen unterschiedlichster Bedeutung, die untereinander mit einem umfangreichen Apparat von Behörden und Institutionen für Verwaltung, Kunst und Wissenschaft, öffentlichen Einrichtungen der Krone und des Staates konkurrieren, auf die im übrigen Europa nur die großen Kapitalen Anspruch haben. Dazu gehören die Hoftheater, die vereinzelt sogar noch an den mediatisierten, ehemals reichsständischen Höfen der Kleinfürstentümer unterhalten werden.[28]

2. Hoftheater außerhalb Deutschlands.

Die aus den oben aufgezeigten Bedingungen resultierende einzigartige deutsche Produktion auf diesem Sektor der repräsentativen Architektur soll durch einen abgrenzenden Überblick zur Situation in anderen Ländern näher charakterisiert werden.

Im zentralistisch verwalteten Frankreich des Ancien Régime haben sich nur in Paris vom Hof privilegierte öffentliche Bühnen herausbilden können, die 'Opéra' am Palais Royal, das 'Théâtre des Italiens' (später: Opéra Comique) und die 'Comédie Francaise' (später: Théâtre Francais), alle in häufig wechselnden Häusern ohne besonderen architektonischen Aufwand.[29] Das erst 1778/82 errichtete neue Haus für die Comédie, das 'Théâtre de l'Odéon' auf dem Rive Gauche, gehört, obwohl es seine Entstehung offiziell der Krone verdankt, der von rivalisierenden Interessengegensätzen zwischen Bürgern, Schauspielern und dem Hof bestimmten Baugeschichte und dem Anspruch seiner Architektur nach eher in den Zusammenhang der nachrevolutionären Staatstheater.[30] Darüberhinaus verfügt die Krone unumschränkt über die privaten Schloßtheater in Paris, Versailles und anderen königlichen Residenzen.[31] Durch die Revolution gehen die öffentlichen, patentierten Hoftheater in die Obhut des Staates über. Sie haben sich einer übermächtigen Konkurrenz durch die im Gefolge der Gewerbefreiheit – für die Theater letztmalig 1807 bestätigt – massenhaft entstehenden Privattheater zu erwehren. „La prospérité de Paris se mesure à ses théâtres", stellt Hautecoeur lakonisch fest.[32] Durch den Verlust des Theatermonopols und die Aufgabe der behördlich geregelten Lizenzwirtschaft entgleitet das Theater der ideologischen Kontrolle und Lenkung des Staates; es wird wie andere kulturelle Produkte verstärkt den Gesetzen des Marktes ausgeliefert. Großstädtische Spekulation bemächtigt sich eines in den Jahrzehnten vor 1789 in den französischen Provinzstädten entwickelten Bautyps des öffentlichen Theaters, der, bevor er in der Hauptstadt richtig zur Entfaltung kommt, von kommerziellen Aufgaben, Steigerung der Rendite durch Ladenpassagen, Spiellokale, Kaffeehäuser etc., überformt wird.

Die bourbonische Restauration und die ihr folgenden monarchischen Regime erhalten zwar über die Zensuredikte beträchtlichen Einfluß auf die Theater zurück, doch kann der Hof die zurückgewonnenen Positionen nicht mehr institutionell absichern. Aus der Kommerzialisierung infolge der konkurrenzkapitalistisch organisierten Wirtschaft des Second Empire geht das Theater als ein Produkt bürgerlicher Bewußtseinsindustrie hervor, das keinen einschränkenden oder privilegierenden Sonderbestimmungen mehr unterworfen werden soll.[33] Nur ein französischer Theaterbau des 19. Jahrhunderts vermag unter solchen Umständen den vorgegebenen Rahmen zu sprengen, und daran hat der Hof Napoleons III. maßgeblichen Anteil: das neue Pariser Opernhaus von Charles Garnier, die „cathédrale mondaine"[34] des Bürgertums, das sich durch diesen Bau die gesellschaftliche Teilhabe am Glanz des von ihm abhängigen Hofes sichert und dabei doch kaum vergessen macht, daß es sich ihn aus einer ähnlichen Attitüde heraus leistet wie die absolutistischen Souveräne ihre Theater.[35] Daß die bonapartistische Monarchie noch vor Fertigstellung des Garnierbaus stürzt, stellt den Funktionszusammenhang dieses Theaters zu keinem Zeitpunkt mehr in Frage. Das Höfische an ihm wird von der Bourgeoisie der dritten Republik problemlos angeeignet.

England kennt vergleichbare höfische Institutionen wie auf dem Kontinent überhaupt nicht. Wohl werden die führenden, von aristokratischen bzw. bürgerlichen Unternehmern betriebenen Theater in London vom Hof patentiert oder durch den Titel eines 'Theatre Royal' vor den anderen privilegiert[36] wie die Theater 'Drury Lane' (seit 1663), 'King's (bzw. Queen's, seit 1703/04), 'Haymarket' (seit 1720) und 'Covent Garden' (seit 1732), doch geraten sie zu keiner Zeit unter die direkte Ägide des Hofes und seiner Behörden und werden nicht einmal subventioniert.[37]

Auf die großen Londoner Theaterbauten wirkt sich dieses System, das von Privatunternehmern errichtete und geführte Theater als öffentliche Kunst- und Unterhaltungsinstitute unabhängig vom Staat funktionieren läßt, insofern aus, als die den kontinentalen Theatern geläufigen Symbole herrschaftlicher Repräsentation wie zentrale Hoflogen in der Saalachse, Logenvorzimmer und separate Eingänge für die königliche Familie durchweg fehlen. Die Trennung von Staat und Hof ist in England bereits vor dem 19. Jahrhundert wesentlich durchgesetzt worden und hat so, da die Öffentlichkeit auf den in Parlament und Regierung verkörperten Staat übergegangen war, den Hof der konstitutionellen Monarchie tendenziell reprivatisiert. Wie jede andere aristokratische Familie auch muß sich der englische Hof in den führenden Theatern Londons einmieten. Seine Privatloge – meist auf der rechten Seite des Proszeniums im ersten Rang wie z.B. in Covent Garden – unterscheidet sich nicht durch Größe, allenfalls durch dekorativen Aufwand und durch ein Wappen auf der Brüstungsschabracke von den übrigen Logen des hohen Adels. Die frühe und eigenständige Entwicklung eines städtischbürgerlichen Theaters seit dem 16. Jahrhundert, das von jeher auch den Unterschichten offenstand[38], hat in England, anders als in Deutschland, die Ausbildung wie den Import höfischen Theaters sehr erschwert.[39] Bezeichnenderweise gibt es in den Schlössern der englischen Krone und des Hochadels keine privaten Theatersäle. Der Theaterbau ist in Großbritannien seit seinen Anfängen der gewerblich orientierten Wirtschaft verpflichtet und hat daher von wenigen Ausnahmen abgesehen – wie etwa dem 'Theatre Drury Lane' von B. Wyatt, 1811/12 – nur geringen Anteil an der Ausprägung des festländischen, von staatlichen Instanzen propagierten, monumentalen Theaterbaus, obwohl in London im 19. Jahrhundert mehr Theater gebaut werden als in jeder anderen Stadt Europas.[40]

Im zaristischen Rußland werden drei stehende Bühnen vom Hof unterhalten, in Petersburg das Große Kaiserliche Opernhaus (später Marientheater) und das Alexandertheater, in Moskau das Bolshoitheater, die außer den subventionierten Malyitheatern in beiden Residenzen die einzigen öffentlichen Theater des riesigen Landes sind. Das Theatermonopol bleibt bis 1882 in Kraft. Nach Größe und Aufwand zählen die drei Hofbühnen zu den bedeutendsten Theaterbauten Europas. Daneben existieren – eigentümlich für den reaktionären, feudalabsolutistischen russischen Staat – eine beträchtliche Anzahl privater Theater, die von den in ihren angestammten Ländereien noch ziemlich autarken Familien des hohen Adels errichtet und mit eigenen, zum Teil gar leibeigenen Schauspieler- und Sängertruppen bespielt werden. Den Sommer über spielt man in den meist aus Holz errichteten, frei stehenden Theatern auf den herrschaftlichen Gütern, im Winter in den Theatersälen der städtischen Palais in Petersburg und Moskau. Der Besuch dieser oft auffallend groß dimensionierten Theater (Theater im Jussupowpalast in Petersburg, Schloßtheater in Ostankino bei Moskau) ist nur dem Adel und dem mit ihm verkehrenden Besitz- und Bildungsbürgertum vorbehalten.[41] Das zahlenmäßige Überwiegen der privaten Schloßtheater noch im 19. Jahrhundert resultiert aus der gesellschaftlichen Rückständigkeit des Zarenreiches und stellt es abseits der übrigen europäischen Entwicklung.

Die kleineren monarchischen Staaten besitzen in der Regel nur ein Hoftheater in der jeweiligen Haupt- und Residenzstadt, so in Kopenhagen, Stockholm, Brüssel, Madrid und Lissabon.[42]

Eine besondere Rolle kommt Italien zu, das im Partikularismus seiner dynastischen Einzelstaaten den Verhältnissen in Deutschland noch am ehesten vergleichbar ist, wenn auch die Geschichte seines Theaterbaus notwendig eine andere ist. Begünstigt durch die lebhafte Konkurrenz zwischen den Höfen der Este, Medici, Gonzaga und Farnese und etwas später unter den patrizisch erstarrten Großstädten Oberitaliens, Venedig, Bologna und Genua, hat der europäische Theaterbau seine grundlegenden nachantiken Formulierungen im 16. und frühen 17. Jahrhundert gefunden.[43] In Italien werden innerhalb weniger Generationen die Bautypen entwickelt, die bis zum Ausgang des 18. Jahrhunderts in ganz Europa kanonische Gültigkeit besitzen.[44] Aber auch quantitativ übertrifft die italienische Produktion vom 17. bis ins frühe 19. Jahrhundert die der anderen Länder um ein Vielfaches. Vorwiegend handelt es sich um private oder kommunale Gründungen – zumeist auf Gesellschafterbasis – der ortsansässigen Nobilität und des großbürgerlichen Patriziats.[45] Öffentliche Hoftheater werden nur 1737 in Neapel (Teatro San Carlo), 1740 in Turin (Teatro Regio) eingerichtet, beide noch in räumlicher Verbindung mit der Residenz.[46] Das mit Unterstützung der habsburgischen Administration erbaute Theater 'alla Scala' in Mailand (1778) und das vom sardinisch-piemontesischen Hof getragene 'Teatro Carlo Felice' in Genua (1826) können trotz teilweise höfischer Architekturformen (Hoflogen, Herrschaftszeichen etc.) nicht als Hoftheater gelten, da sie die sozialen Kriterien – die Unterhaltung durch einen ständig residierenden Hof – nicht erfüllen. Sie unterstehen nicht einer höfischen Verwaltung, sondern werden von Impresarios als profitable Unternehmen mit öffentlichen Zuschüssen geführt.[47]

Der Überblick über die Hoftheater in verschiedenen europäischen Ländern erlaubt das nur auf den ersten Blick belanglos scheinende Resümee, daß es in Deutschland mehr als doppelt so viele Hoftheater im 19. Jahrhundert gegeben hat als im übrigen Europa zusammen.[48] Fast alle Hoftheater außerhalb Deutschlands von Skandinavien bis Portugal sind dem Bautyp nach italienische Logentheater, meistens auch von italienischen Architekten errichtet und zum größten Teil im 18. Jahrhundert gegründet worden.

3. Die soziale Funktion der deutschen Hoftheater als Bedingung ihrer Architekturform.

Nicht allein die äußere Organisationsform unterscheidet die Mehrzahl der deutschen Bühnen im vorigen Jahrhundert von den führenden ausländischen Institutionen; diese selbst ist nur der Reflex einer obrigkeitlich reglementierten Theaterkultur, deren Voraussetzungen in der altertümlichen Gesellschaftsformation der deutschen Staaten begründet sind.[49]

Die enge Bindung der Theater als Kulturanstalten an den Staat bewahrt sie vor dem Zugriff einer marktorientierten Kommerzialisierung, die in Italien, England und Frankreich die Theater bis auf wenige Ausnahmen unter die ökonomische Kontrolle bürgerlicher Unternehmer gebracht hat. In unserem Zusammenhang interessiert vordringlich, inwieweit der architektonische Ausdruck der Gebäude den spezifischen Verhältnissen in Deutschland korrespondiert. Solche Entsprechungen sollen auf verschiedenen Ebenen verfolgt und abgeleitet werden.

Auf der Ebene der Organisationsform etwa ist festzuhalten, daß die auffällige Dimensionierung, das ungewöhnliche Bauvolumen der deutschen Theatergebäude – Gosset spricht von einer „exagération d'une habitude germanique"[50] – nicht allein einem gesteigerten Repräsentationswillen oder Drang zur Monumentalität zuzuschreiben ist, sondern durch das System des Repertoiretheaters mitbedingt ist. Anders als die meisten Theater in Europa, die nach dem Stagioneprinzip[51] geführt werden und deshalb nur über einen beschränkten Fundus verfügen, fordert das in Mitteleuropa übliche Repertoiresystem umfangreiche Magazine in unmittelbarer Nähe der Bühne. Die Wahl und Verbreitung beider Systeme im europäischen Theaterbetrieb erscheint keinesfalls zufällig. Das in Frankreich und England im 19. Jahrhundert durchgesetzte Stagionesystem mit seinen Ensuite-Spielplänen publikumswirksamer Werke ist vielmehr der kapitalistischen Ökonomie angemessener als das schwerfällig zu steuernde Repertoiretheater. Die flexible und wirtschaftlich praktikable Struktur einer zeitlich begrenzten Stagione gibt dem Unternehmer die Möglichkeit, schneller auf die Bedürfnisse des Publikum zu reagieren und erspart ihm die Unterhaltung eines kostspieligen festen Ensembles. Die Darsteller werden in der Regel für die Dauer einer Produktion verpflichtet, deren Reprisen sich nach dem Zuspruch des Publikums richten. Der historische Ort dieser profitorientierten Unternehmensform des Theaters ist Paris und London zu Beginn des 19. Jahrhunderts, nachdem die Aufhebung der Schutzprivilegien, Patente und Lizenzen erstmals eine völlige Gewerbefreiheit auf diesem Sektor gebracht hatte. Theaterunternehmungen werden zu einem in atemberaubendem Tempo expandierenden Industriezweig; die Anfänge der Vergnügungsindustrie haben hier ihre Wurzeln. In den ökonomisch am weitesten entwickelten Staaten haben sich dann auch die wenigen Staatstheater nicht dem Sog der neuen Kulturindustrie entziehen können: sie übernehmen, wenn nicht den Ensuite-Spielplan, so doch zumindest die Abfolge mehrerer, kurzer Stagionen mit wenigen Werken.

Es liegt in der „Dialektik der Aufklärung" begründet, daß das Bürgertum, welches als unterdrückte Klasse es verstanden hat, das Theater als Ort einer kritischen Öffentlichkeit über den Inhalt der Stücke gegen den herrschenden Feudalabsolutismus zu wenden und ihn ideologisch auszuhöhlen, nunmehr – nachdem es zur Macht gekommen ist – den Ort seiner geistigen Emanzipation zu einem gewinnträchtigen Spekulationsobjekt verkommen läßt, indem die ehemals aufklärerischen Funktionen der Bühne den Gesetzen zum Opfer fallen, unter denen die Bürger ihre ökonomische Herrschaft angetreten haben. In den wirtschaftlich und politisch zurückgebliebenen Staaten des Deutschen Bundes liegt die wirtschaftliche Verfügungsgewalt erst teilweise in der Reichweite des Bürgertums. Die aufsteigende Klasse formuliert auf dem Theater noch inhaltliche Positionen, deren Akzeptanz sie erst in den Stand setzen soll, diese Prinzipien auch politisch praktizieren zu können. In diesem Stadium entspricht das auf Erziehung und ästhetische Bildung zielende Repertoiretheater am ehesten den bürgerlichen Interessen, da nur der feste Kanon eines als „klassisch" definierten Repertoires dem öffentlichen Theater den Aufstieg in den Rang einer Kunstanstalt sichert. Im übrigen bedeutet der fest umrissene Spielplan der führenden Hofbühnen, in den die zeitgenössische literarische Produktion nach 1848/49 kaum einzudringen vermochte, nichts anderes als den auf das Theater angewendeten

Historismus. Mit der Verfügbarkeit über alle historischen und nationalen Spielweisen und Darstellungsarten scheinen die formalen Möglichkeiten des Theaters erschöpft.[52] Als bürgerliches Bildungstheater hat sich die deutsche Repertoirebühne, die 1918 auch den Übergang von den Hoftheatern zu den Staatstheatern überlebt, länger als anderswo einen Freiraum bewahren können, der nicht dem direkten Zugriff der Marktgesetze ausgeliefert ist.[53]

All das gilt ebenso für Österreich, das mit seinen deutschsprachigen Reichsteilen bis 1866 Bestandteil des Deutschen Bundes ist. Daß die Wiener Hoftheater dennoch aus der weiteren Betrachtung ausgeschieden werden, ist inhaltlich und arbeitstechnisch motiviert. Die besondere Stellung des Habsburger Hofes im Verband der deutschen Staaten wie gegenüber den europäischen Mächten, nämlich als legitime Vormacht des Bundes neben dem rivalisierenden Preußen und als einzige deutsche Residenz von internationaler Relevanz, welche die Gesamtheit der kleineren Höfe gleichsam mitrepräsentiert, setzt die kaiserlichen Hoftheater eher auf eine Vergleichs- und Anspruchsebene mit ähnlichen Instituten in Paris und Petersburg als solchen in Dresden, Hannover oder Stuttgart. Zudem liegt zur Wiener Hofoper eine umfangreiche Monographie bereits vor, eine weitere über Sempers Burgtheater ist in Vorbereitung.[54]

Die chronologische Einschränkung auf die mittleren Jahrzehnte des 19. Jahrhunderts ist durch eine Periodisierung zu motivieren. Später als in Italien und Frankreich wird der Theaterbau in Deutschland zu einer Angelegenheit der öffentlichen Repräsentationsarchitektur. Freistehende Bauten aus festem Material wie Knobelsdorffs berühmtes Berliner Opernhaus bleiben im 18. Jahrhundert vielbeachtete Ausnahmen.[55] Das betonen schon die Bauten selbst in ihrer äußeren architektonischen Gestaltung, die sich noch eng an Palastfassaden orientiert. Erst in den Jahrzehnten nach der französischen Revolution und der in ihrem Gefolge notwendig werdenden staatlichen Neuordnung erleben die deutschen Höfe eine erste Theaterbauwelle, die meist in Verbindung mit einer Rangerhöhung des Fürsten und, davon abgeleitet, mit der klassizistischen Umgestaltung der Residenzen steht.[56] Viele dieser Theater sind in Abhängigkeit von französischen Theatern der Revolutionszeit errichtet worden und daher unter dem Aspekt der Wirkungsgeschichte des öffentlichen Theaterwesens in Frankreich zu betrachten. Sie distanzieren sich gewollt von den barocken Logensälen der großen Schloßtheater, die ihretwegen stillgelegt werden, und machen mit ihren antikisierenden Portiken der andrängenden Nationaltheaterbewegung ein formales Angebot, mit dem die nüchterne und ärmliche Architektur der wenigen städtischen Theater nicht konkurrieren kann.[57] Die deutschen Theatergebäude aus dem ersten Viertel des 19. Jahrhunderts sind fast ausnahmslos in den einschlägigen Architektenmonographien publiziert.[58]

Gegenstand zahlreicher in Arbeit befindlicher Dissertationen und anderer architekturgeschichtlicher Studien ist die Bauproduktion des letzten Jahrhundertviertels, also die Spanne vom Bauboom der Gründerzeit bis zum Ende der Monarchien in Deutschland. In einem Zeitraum von weniger als 50 Jahren verdoppelt sich die Zahl der deutschen Theatergebäude. Diesem Bedarf ist in den überlieferten Formen der staatlichen Bauorganisation nicht mehr abzuhelfen. Hochspezialisierte privatwirtschaftliche Architektenateliers übernehmen den größten Teil der Aufträge und sorgen durch Standardisierung von Typen für eine effizientere Abwicklung als die schwerfällige Administration der lokalen Baubehörden. Der im Atelier auf Vorrat entworfene Theaterbau wird zum beliebig verkäuflichen Konfektionsartikel, der bei Bedarf an jedem Ort „schlüsselfertig" aufgestellt werden kann, weshalb aus den Produkten dieser modernen Architekturindustrie jene vielfältigen sozialen Einflüsse und Kräftekonstellationen der am Theater konkurrierend beteiligten Gruppen, die in die Form der älteren Theaterbauten sehr individuell eingegangen waren, kaum mehr abzulesen sind. Der Verlust lokaler Spezifika, die aus dem handwerklichen Produktionsprozeß resultieren, führt zur Nivellierung der nach Katalog bestellten Theaterbauten und damit zu ihrer Austauschbarkeit.[59]

Im 19. Jahrhundert hat die Theaterarchitektur quantitativ wie qualitativ einen seither nicht mehr eingeholten Höhepunkt erreicht.

„Der autonome, in der Gliederung seiner Massen reich durchgebildete Theaterbau ist eine Schöpfung des 19. Jahrhunderts gewesen, und auf deutschem Boden sind die weitaus bedeutendsten Entwürfe und Bauten entstanden".[60]

Gegen 1870 kommt die typologische Entwicklung zu einem vorläufigen Abschluß, der erst im 20. Jahrhundert neu revidiert wird.[61]

Erstmals sind an der seit 1870 sprunghaft vervielfachten Bauproduktion nicht mehr die Höfe maßgeblich beteiligt – sie bauen nur noch vereinzelt[62] –, sondern die Städte, die erst jetzt daran gehen, stehende Bühnen in Eigenregie zu unterhalten. Die Epoche der Hoftheater ist endgültig vorbei[63]; die Theater der Residenzen werden von denen der bürgerlichen Handelsmetropolen, die sich schon anschicken, ein zweites städtisches Theatergebäude zu errichten – so etwa in Leipzig, Frankfurt a.M. und Köln – überflügelt. Dabei gleichen sich die großen Theater in den Residenzstädten wie in den übrigen Kommunen äußerlich immer mehr an. Eine separate Behandlung der Hoftheater des letzten Jahrhundertviertels ist daher nicht mehr gerechtfertigt.

Die übrig bleibenden Jahrzehnte zwischen etwa 1830 und 1870 ermangeln auf den ersten Blick eines übergreifenden, gemeinsamen Nenners. Weder sind die in dieser Zeitspanne erbauten Theater quantitativ so eng zusammengedrängt wie in den unmittelbar vorausgehenden und folgenden Jahren, noch ist die Architekturproduktion formal so einheitlich geprägt wie die der klassizistischen Theater nach 1800 oder der historistischen nach 1870. Die Periode von der Gründung des deutschen Zollvereins (1834) bis zur Gründerzeit ist als Übergangsepoche zwischen zwei Gesellschaftsformationen definiert. Dem im Rückzug befindlichen Feudalabsolutismus und dem Zerfall seiner Organisationsformen, u.a. der Höfe, korreliert der wirtschaftliche Aufstieg des Bürgertums und die Konsolidierung seines ideologischen Einflusses. Im Schnittpunkt beider Bewegungen liegt auch das Theater, das als Plattform programmatischer Auseinandersetzungen von der absteigenden wie von der aufsteigenden Klasse in Dienst genommen wird und dadurch über sich hinaus repräsentativ für die historische Entwicklung im angegebenen Zeitraum wird.

Architekturgeschichtlich sind die mittleren Dezennien des 19. Jahrhunderts deutlich markiert. Am Beginn steht Sempers erstes Dresdner Hoftheater (1838/41), am Ende der Nachfolgebau des gleichen Architekten am gleichen Ort (1871/78). Beide Daten, die zumal an eine Stadt geknüpft sind, die in der deutschen Architekturgeschichte des vorigen Jahrhunderts keinen ersten Platz einnimmt, bezeichnen wichtige Wendepunkte in der Architektur dieser Epoche. Daß es gerade zwei Theatergebäude sind, denen Schlüsselcharakter in der Baugeschichte des Historismus zukommt, ist kein Zufall, wenn man bedenkt, wie sehr sich höfisch-staatliche Repräsentanz und pseudosakrale Gehalte in dieser Bauaufgabe durchdringen, Eigenschaften also, die für den Anspruch der öffentlichen Bildungsinstitutionen jener Zeit konstitutiv sind. In den Unterschieden zwischen den beiden Dresdner Theatern manifestiert sich beispielhaft die Ablesbarkeit einer baugeschichtlichen Entwicklung und ihrer Abhängigkeit von den Bedürfnissen der zunächst gegen, dann an der Seite der Höfe sich emanzipierenden bürgerlichen Gesellschaft.

Bereits der erste Semperbau (Abb. 1-3), der 1841, in Schinkels Todesjahr, vollendet wird und seit Gurlitt als oft zitierte Epochenscheide in die Architekturgeschichte eingegangen ist, stellt einen gebauten Kompromiß dar, der die ursprünglichen Intentionen nur kryptisch realisiert. 1835 im Rahmen einer zur Elbe geöffneten Forumsanlage konzipiert, in der Zwinger und Hofkirche durch Theater und Museum relativiert, das Schloß gar ausgeschaltet worden wäre, um nicht einmal den Verdacht eines höfischen Schloßplatzes mehr aufkommen zu lassen, sollte ein Schauspielhaus – keine Oper! – auf der Grundlage der antiillusionistischen Bühnenreform des Dresdner Dramturgen Ludwig Tieck entstehen, dem Semper durch eine Rekonstruktion der englischen Shakespearebühne verbunden war. Sempers Programm zielte auf „eine marktähnliche Anlage, die der leitenden Idee nach gewissermaßen dem hallenumgebenden, von Tempeln und Staatsgebäuden überragten, mit Monumenten, Brunnen und Statüen gezierten Forum der Alten entsprechen sollte".[64]

Der Name Forum meint Staatsplatz und impliziert die bürgerliche Öffentlichkeit der aktiven Benutzer der umstehenden Gebäude, nicht die akklamierende Menge absolutistischer Residenzplätze.[65] Das sächsische Staatsforum scheitert am inhaltlich begründeten Widerstand des konservativen Hofes und am finanziellen Desinteresse der Stände.[66] Dem Einspruch der Hofkreise fallen zudem alle wesentlichen Änderungen des Tieckschen Reformtheaters zum Opfer, die flache

1 Dresden, Erstes Hoftheater von G. Semper, 1838/41, Gesamtansicht von Nordwesten
2 Dresden, Erstes Hoftheater von G. Semper, 1838/41, Zuschauerraum zur Bühne

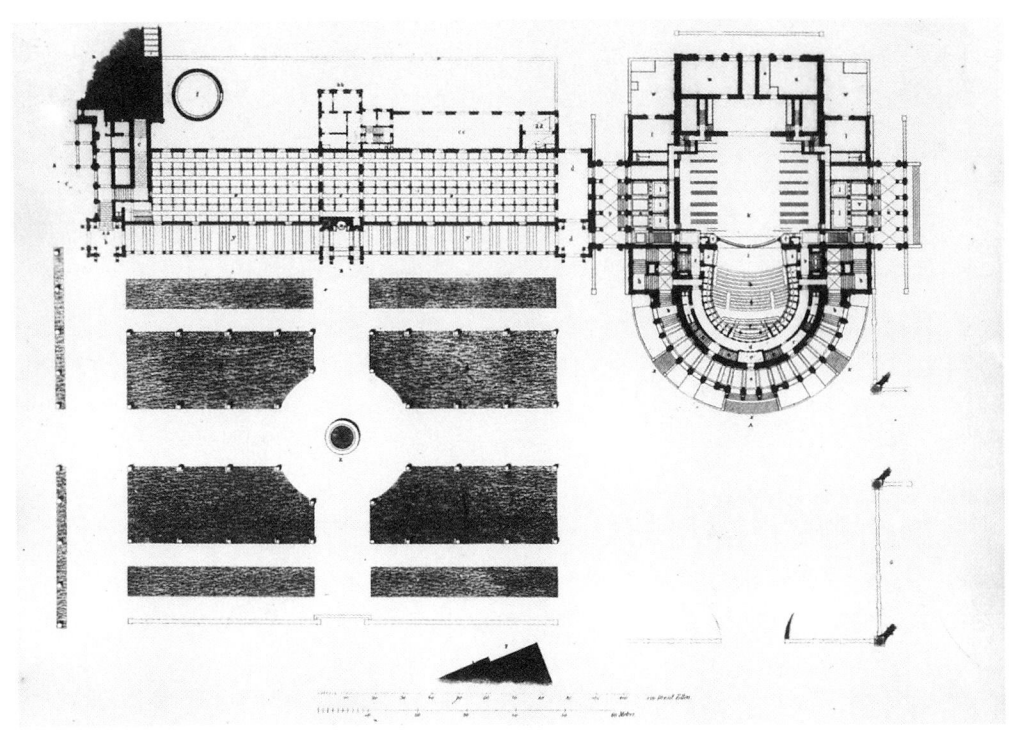

3 Dresden, Erstes Hoftheater von G. Semper, 1838/41, Grundriß Parterre

4 Dresden, Vorprojekt zum ersten Hoftheater von G. Semper, 1835, Grundriß Parterre

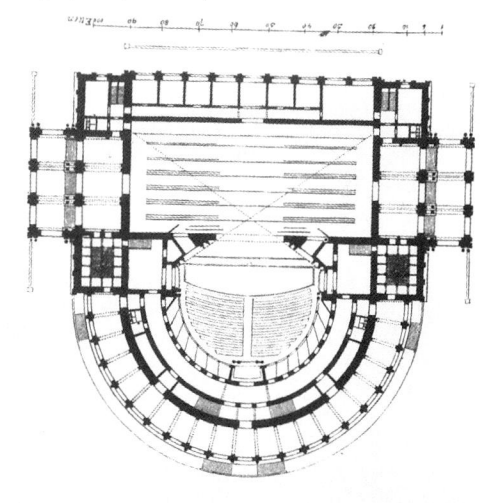

5 Dresden, Zweites Hoftheater von G. u. M. Semper, 1871/78, Gesamtansicht

6 Dresden, Zweites Hoftheater von G. u. M. Semper, 1871/78, Zuschauerraum vor 1945

Reliefbühne hinter der breiten Vorbühne mit den seitlichen Auftrittstüren vor dem Vorhang und das amphitheatralisch ansteigende, halbkreisförmige Parkett (Abb. 4). Nur in seinem unkonventionellen Äußeren, dem plastisch differenzierten Baukörper mit weitgehend aufgelösten oder kleinteilig gegliederten Flächen, der durchlässigen Halbkreisfassade in der Art des römischen Kolosseums, schließlich in der innovatorischen Adaption italienischer Renaissanceformen, denen Semper selbst Extravaganz im Vergleich zu den stilistischen Standards seiner Zeit einräumte, transportiert das erste Dresdner Hoftheater noch etwas vom Anspruch und Elan der bürgerlichen Reform.[67] Wegweisend wird dieser Bau, weil er sich jeglicher Anklänge an die Palastarchitektur enthält – allein Schinkel hatte in dieser Richtung vorgearbeitet – und weil er den Bruch mit der „organischen" Architektur des Klassizismus vollzieht, deren einstmals geforderte Identität von architektonischer und konstruktiver Form leugnet. Die Krümmung der Dresdner Fassade wird auch nicht als Umsetzung oder Reflex von Funktion, sondern als formaler, kulturhistorisch gefilterter Ausdruckswert begriffen.[68]

Der nach dem Brand des alten Theaters 1871/78 errichtete zweite Semperbau (Abb. 5-7) ist dagegen nicht mehr als Teil eines großangelegten urbanistischen Konzepts entstanden. Monumental und vereinzelt „wie Commoden bei einem Ausverkauf"[69] stehen Theater, Hofkirche und Wache nunmehr *auf* dem Platz, dessen Ränder ohne feste Begrenzung ausfransen. Steiler proportioniert als 1841, kulminiert die wie eine Stufenpyramide aufgipfelnde Baugruppe im mächtigen übergiebelten Bühnenturm, der beim ersten Theater noch fehlte. Übersteigert zugunsten eines effektvollen Kontur wird auch die breit ausladende, von massiven Seitenteilen gerahmte Segmentfassade, die mit der vertikal akzentuierten Nischenarchitektur in der Mittelachse[70] zu einer wahrhaft theatralischen Schauwand gerät und die zurückhaltenderen Gebäude in der Nachbarschaft mühelos übertrumpft. Schwere Formen eines römisch orientierten Hochbarock, die Semper kurz zuvor in seinen Entwürfen für das Wiener Kaiserforum entwickelt hatte, und die nahezu abweisende Rustika des hohen Sockelgeschosses halten den Benutzer solcher Architektur mit beschwichtigender

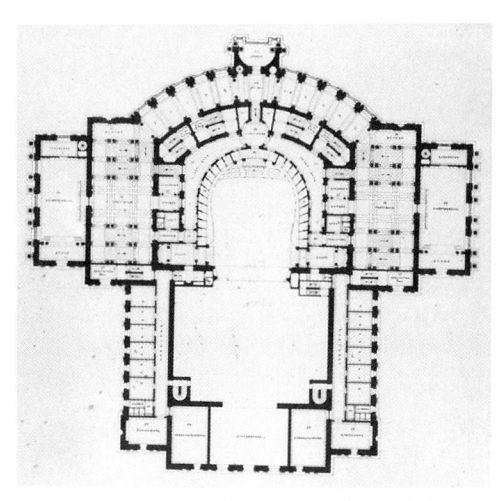

7 Dresden, Zweites Hoftheater von G. u. M. Semper, 1871/78, Grundriß I. Rang

Geste auf ehrerbietige Distanz. Pathetik und Ostentation ersetzen das selbstverständliche Pathos des ersten Baus.[71] Doch noch in dieser machtvoll auftretenden, „lauten" Version des um die seitlichen Treppenhausflügel gestutzten Münchner Festspielhausprojekts, das im Wiener Burgtheater ein weiteres Mal zitiert wird, versucht Semper, mit der amphitheatralischen Verbindung von Parkett und erstem Rang eine der alten Reformforderungen des Vormärz durchzusetzen, das Volkskönigtum in der Sitzordnung des Theaters zu postulieren. Der sächsische König, der nur widerwillig und auf massiven Druck der Stände den seit 1849 verbannten Semper mit dem Wiederaufbau des Theaters betrauen ließ[72] – die Ausführung oblag seinem Sohn Manfred –, verbietet kurzerhand das demokratisierende Raumkonzept und befiehlt alternativ den Einbau einer durch zwei Ränge reichenden Hofloge in der Mittelachse.[73] Diese restaurative Korrektur hat den zweiten Semperbau, der als Inkunabel der Gründerzeitarchitektur mit ebensolchem Recht gelten kann wie der erste für die Periode nach Schinkel, nicht zum genuinen Hoftheater zurückverwandeln können. Zeitgleich mit dem Bayreuther Wagner-Theater entstanden, das in seiner architektonischen Ausprägung großenteils Sempers Verdienst ist, teilt sich die Dresdner Hofoper der 70er Jahre mit Bayreuth die Qualität eines eher bourgeoisen Festspielhauses[74], in dem der teilnehmende Hof zur Inszenierung dazugehört, mehr aufgeputzte Attrappe als souveräner Hausherr.

Das Zusammengehen von Hof und Bürgertum nach 1848 hat auch die Maßstäbe im öffentlichen Bauen neu gesetzt. Der jetzt gemeinsame Herrschaftsanspruch läßt eine genuine Artikulation höfischer Sonderrechte nur noch im Innern des Theaters zu; im Außenbau stellt es sich als Kulturinstitut zur Pflege der nationalen Literatur dar. Als solches aber verlangt es von der Architektur, nicht nurmehr Öffentlichkeit zu signalisieren, wie das für die meisten Theater des ersten Jahrhundertviertels gegolten hat; der Anspruch geht auf ästhetische Bildung in festlicher Form. Beides dem Betrachter durch eine charakteristische, d.h. formelhafte Assoziationen weckende Gliederung der Baumassen und einen bildkünstlerischen, ikonographischen Apparat sinnfällig und anschaulich werden zu lassen sowie den engeren Zweck des Gebäudes durch eine offenkundige Bezugnahme auf abstrakte bürgerliche Wertvorstellungen[75] idealisierend zu überhöhen, das bestimmt die Aufgabe einer Architektur, die sich nach außen an ein anderes Publikum wendet als das, welches sie im Innern voraussetzt.

Hier trifft sich die Theaterarchitektur mit anderen Bauten, die für Bildung und Wissenschaft gestiftet werden, mit den Museen, Bibliotheken und Universitäten. Obwohl diese Institutionen auf den gleichen Prämissen beruhen, nämlich der Verbindung von Bildung und Öffentlichkeit, ist der praktische Vollzug der in ihnen geübten Tätigkeit ein anderer. Den privaten Benutzern dieser Bauten vermittelt die Architektur den Eindruck, als Teil einer gedachten Öffentlichkeit – stellvertretend für diese – zu fungieren. Die im Theater versammelten Zuschauer dagegen als auf eine gemeinsam interessierende Aktion hin ausgerichtetes Publikum stellen die Öffentlichkeit unmittelbar her. In dieser tendenziell formierten, weil sichtbar nach Ständen unterschiedenen Öffentlichkeit sind noch wesentliche Elemente der höfischen Repräsentation aufgehoben, wie sie im höfischen Fest des Absolutismus kulminierte. Folgenreicher ist jedoch, daß der Fürst, der ehemals *vor* der Öffentlichkeit seines Hofes repräsentierte, jetzt integraler wenn auch bevorrechteter Bestandteil des sich repräsentierenden Publikums ist.[76] Dieses Moment der Ostentation geht dem Publikum der raisonnierenden Privatleute, der genuin bürgerlichen Öffentlichkeit also, in den Museen und Bibliotheken ab. Läßt sich das Theater somit als ein Ort definieren, an dem die historisch obsolet gewordene repräsentative Öffentlichkeit der Höfe wenigstens noch residuenhaft ins 19. Jahrhundert hineinragt, folgt daraus, daß die enorme Aufwertung der Bauaufgabe und die quasi staatliche Institutionalisierung des Theaters in der teilweisen Übernahme von Funktionen begründet ist, die im Absolutismus dem gebauten Hof, der Residenz des Fürsten oblagen. Theater und Parlament bzw. Regierungsgebäude werden im 19. Jahrhundert die bevorrechtigten Erben des barocken Schlosses, in dem ehemals nicht nur alle Gewalt des Staates, sondern auch die Gesellschaft ihr Zentrum gefunden hatte.[77] Je mehr die Residenz des Landesherrn analog zu dessen veränderter Machtposition ihres öffentlichen Charakters entkleidet und zum bloß vornehmen Wohnsitz reprivatisiert wird[78], umso stärker drücken sich der abstrakt gewordene bürgerliche Staat in den von ihm geschaffenen Institutionen – Regierungssitz, Parlament, Justizpalast – und die ihn tragende Gesellschaft an dem Ort aus, wo sie vor dem Adel dessen endgültige Entmachtung propagiert und sich letztlich usurpatorisch eine inhaltsleer gewordene Repräsentationsform trophäenhaft aneignet: im Hoftheater.[79]

Ein derart erfolgreiches Durchdringen, Aufweichen und Zersetzen des höfischen Theaters durch neue Inhalte[80] und in deren Folge auch ein neues Publikum setzt eine bereits weitgehende wenn auch unterschwellige Verbürgerlichung des höfischen Lebens voraus, die ihrerseits das veränderte gesellschaftliche Kräfteverhältnis und die Schwäche des absolutistischen Staates markiert. Den äußeren Höhepunkt dieser Entwicklung kennzeichnen in Deutschland die napoleonischen Kriege, als sich die Höfe gezwungen sehen, die Unterstützung durch ihre bürgerlichen Untertanen mit oberflächlich unscheinbaren, in der Folge aber schwerwiegenden Konzessionen zu erkaufen. Das Institut der „öffentlichen Meinung", mit dessen Hilfe die Bürger seit dem späten 18. Jahrhundert Norm- und Wertvorstellungen ihrer Klasse in verschiedenen neuen, meist literarischen Formen, aber auch auf dem Theater propagandistisch durchzusetzen beginnen, ist das wichtigste Instrument, um der alten Öffentlichkeit, die sich in der Person des

Fürsten und seines ständisch gegliederten Hofes als Funktionsträger vor dem Volk entfaltete, jene neue Form der bürgerlich bestimmten Öffentlichkeit gegenüberzustellen, die sich aus freien und rechtsgleichen Privateigentümern konstituiert.[81] Der historische Vorrang des deutschen Bildungsbürgertums vor dem im Vergleich mit anderen Ländern Westeuropas relativ rückständigen Wirtschaftsbürgertum bedingt die herausragende Bedeutung der ideologischen Agitation im Vorfeld der Eroberung politischer Macht. In der Tradition der friderizianischen und josephinischen Aufklärung und ihres Konzepts einer gesteuerten „Revolution von oben" begreift die verbürgerlichte Bürokratie des alten Staates ihren vermittelnden Auftrag.

Theater ist kein literarisches Genre; es wird als gesellschaftliche Aktion in der Synthese von literarischem Text und szenischer Geste produziert. Es ist soziales Produkt, das aus einem Prozeß der Interaktion zwischen Künstler und Gesellschaft hervorgeht, und seine Bedeutung ergibt sich aus der spezifischen Wirkung auf das Publikum und ihrer Umsetzung bzw. Rückübertragung ins gesellschaftliche Leben. Auf der Bühne werden reale Situationen und Konflikte idealisierend oder parodistisch als Mittel der sozialen Kontrolle sublimiert[82] oder aber agitatorisch verschärft, in Frage gestellt und aufhebbar gezeigt.

Letzteres, die Kunst des Theaters als Antipode der bestehenden Herrschaft, hat Schiller mit unmißverständlicher Deutlichkeit als „Gerichtsbarkeit der Bühne" definiert, die da anfange, „wo das Gebiet der weltliche Gesetze sich endigt".[83] Als scheinbar unpolitisches Forum der Kritik, die eine auf menschliche Empfindungen gegründete Gerichtsbarkeit antithetisch zu der in Kraft befindlichen postuliert und – weil sie die staatliche vorerst nicht tangiert – auch ausübt, wird die „Schaubühne als moralische Anstalt betrachtet" selbst an den Höfen etabliert und trägt so unter dem Schutz der absolutistischen Maxime von der konsequenten Trennung zwischen Moral und Politik zur völligen Aushöhlung der faktischen Rechtsnormen bei, indem aus dem sorgsam abgetrennten moralischen Freiraum heraus ein Herrschaftsanspruch formuliert und diesem in Form eines Richtspruchs der Staat unterworfen wird. Auf der Bühne wird dem Staat der Prozeß gemacht und dies umso erfolgreicher, als die Ausschließlichkeit der im absolutistischen System „machtlosen" moralischen Gerichtsbarkeit die geltenden politischen Gesetze als unmoralisch demaskiert und aus ihrer theatralisch vermittelten Unzulänglichkeit die Notwendigkeit einer neuen, „gerechteren" Rechtsprechung folgert; denn die weltlichen Gesetze herrschen zu Unrecht, während die richtigen keine staatliche Verbindlichkeit besitzen. Erst dadurch wird aus dem moralischen Urteil politische Kritik am Staat, welche die zuvor gesetzte Trennung beider Bereiche überwindet und das Unangreifbare auf diesem Umweg desto vernichtender trifft. Die herrschender Praxis gehorchende Aussparung des moralisierenden Theaters aus der Sphäre des genuin Politischen und der sie regelnden Gesetze ist Voraussetzung seiner ungeheuren Wirkung in der Epoche des bürgerlichen Aufstiegs und Folge jenes absolutistischen Dualismus von Politik und Moral, Öffentlichkeit und Privatheit, der in seinen ausschließlich gesetzten Kategorien Kritik immer schon impliziert und so auf die latente Krise der polarisierten Gesellschaft verweist.[84]

„Die moralische Kunst und der herrschende Staat werden einander gegenübergestellt, um die Bühne unbehindert selber eine Rolle spielen zu lassen, nämlich die der politischen Kritik".[85]

Organisatorisch verfestigt in den subventionierten Nationaltheatern, in denen Schiller die Deutschen zur Nation erziehen wollte, während Lessing nach dem Scheitern seiner Hamburgischen Dramaturgie die Existenz der politischen Nation zur Voraussetzung eines nationalen Theaters erhoben hatte[86], findet das moralische Gericht der Bühne seinen Weg ins 19. Jahrhundert. Mit dem Programm *Tribunal artium mores perversos purgans et corrigens* bezieht das Nationaltheater unzweideutig Position gegen das Schloß.[87] Hinzu kommt der namengebende Aspekt, daß die Etablierung der „nationalen" deutschen dramatischen Literatur – Deutsch war die Gebildetsprache nur der Bürger – die Verdrängung der italienischen Oper und des französischen Schauspiels aus den Spielplänen zur Folge hatte, weshalb die Hofbühnen ihren ursprünglichen Zweck, Unterhaltung der Adelsgesellschaft und Stabilisierung ihrer sozialen Normen, nicht mehr erfüllen konnten.[88]

Der dem Theater seit der Aufklärung erteilte moralische Erziehungsauftrag, den Milizia zuerst in die Diskussion der Architekturreformer eingebracht hatte[89], macht die Bühne zudem zur effektivsten Instanz gegen das jahrhundertealte Moralmonopol der Kirche. „Il teatro diventa per la società quello che era stato il tempio nel periodo classico e la cattedrale nel periodo gotico: un servizio sociale altamente rappresentativo".[90] Das Theater als säkularisierte, „ästhetische Kirche" würde mißverstanden, wenn man die ihm innewohnenden sakralen Züge, etwa die tendenziell ritualisierten Beziehungen zwischen den handelnden Schauspielern und der die Botschaft empfangenden, passiven Gemeinde des Publikums, die über den Alltag hinausgehobene Feierlichkeit der Veranstaltung – die nicht notwendig aus dem aufgeführten Stück resultiert – als unvermittelte Entlehnung kirchlichen Brauchs interpretieren wollte. Vielmehr bedeutet die teilweise Okkupation überlieferter Formen aus dem kultischen Bereich als steigernder Rahmen für die radikalen Inhalte der neuen Kultur die historische Überwindung der kompromittierten Kirchen. Das wird nirgends deutlicher dokumentiert als in der Installierung von Theatern in profanierten Kirchen (Freiburg, Würzburg, Hof u.a.) oder, unbedingt noch, in der Errichtung neuer Theater auf dem Grund und Boden aufgehobener und abgerissener Klöster (München, Aachen u.a.). Nicht primär die manchmal günstige Lage der geistlichen Liegenschaften, sondern der meist unausgesprochene Wunsch, die sichtbaren Zeichen und Spuren der im frühen 19. Jahrhundert aufgelösten kirchlichen Gewaltverhältnisse auszulöschen, führt zum Abbruch selbst architektonisch bedeutender Komplexe in vielen Städten.[91] Die Erkenntnis der Aufklärung, die den Pomp der Kirche als Theater durchschaut und die sittliche Belehrung, der jene nicht mehr gerecht wurde, der Bühne zugewiesen hatte[92], scheint noch in Heinrich Heines Versen auf, deren Ironie aus der scheinbar verkehrten Rollenverteilung sich herleitet:

„In die Kirche ging ich morgens, um Komödien zu schauen, / Abends ins Theater, um mich an der Predigt zu erbauen".[93]

Doch behält auch im Theater der Prunk als „eine Säkularisierung oder ein Substitut kultisch ritualen Gepränges" hohen Stellenwert für die bürgerliche Ideologie. Prunk und Feierlichkeit als „säkulare Ostentation, gleichsam die materielle Darstellung der irrationalen Macht und Größe der Klasse, die zugleich Irrationalität selber mit dem Bann belegte"[94], unterstreichen die Autorität der erzieherischen Bühne.

Ausgehend von der romantischen Konzeption des Gesamtkunstwerks als Totalität aller künstlerischen Betätigungen in Reaktion auf die zunehmende Aufsplitterung und Partikularisierung der entstehenden Konkurrenzgesellschaft, wird das Theater zum „Pantheon der Künste" sakralisiert, „denn in ihm vereinen sich Architektur, Sculptur und Malerei".[95] Erstmals wird vom Theatergebäude selbst die Qualität verlangt, Kunstwerk zu sein, nicht bloß neutraler Rahmen, sondern integrierter Bestandteil der in Raum und Zeit entwickelten Inszenierung aller Teilkünste.[96]

„In der theatralischen Kunst vereinigen sich, mit minderer Betheiligung, sämmtliche Künste zu einem so unmittelbaren Eindruck auf die Öffentlichkeit, wie ihn keine der übrigen Künste für sich allein hervorzubringen vermag. Ihr Wesen ist Vergesellschaftung mit Bewahrung des vollsten Rechtes der Individualität."[97]

Diametral der herrschenden Tendenz entgegengesetzt, gerinnt Wagners visionäres Postulat zur regressiven Utopie, indem die Vergesellschaftung der Künste dem unbedingten Illusionszweck der Bühne dienstbar gemacht wird. Denn eben weil das Theater wie andere Produktionsstätten des frühen Industriezeitalters einer immer entwickelteren Spezialisierung und Arbeitsteilung der an ihm beteiligten Einzelfaktoren unterliegt, gefährdet die wachsende Verselbständigung der Einzelkünste die optimale Illusionswirkung, die Wagner retten möchte. Nur durch Konzentration der theatralischen Produktionsmittel in den Händen weniger Regisseure, durch Einschränkung des blühenden Virtuosentums auf der Bühne läßt sich der Illusionismus des Gesamtkunstwerks vorübergehend zwar restituieren, doch die außerhalb der Höfe durchgesetzte Profitorientierung der Theater affirmiert letztlich Arbeitsteilung und Entfremdung, verhindert eine kommunikativere Beteiligung des zum Konsum angetretenen Publikums.[98]

Andererseits ist die Befreiung der ökonomisch gesicherten Hoftheater aus dem Dienst am Fürsten, der zunehmend als Privatperson wahrgenommen wird, unabdingbar.

„In seiner Totalität betrachtet, erscheint es [das Theater, Anm. d. Verf.] immer nur als ein zur Belustigung und Ergötzung vom Staate zugelassenes Institut und, wie die Hoftheater, zur Erheiterung eines mehr oder minder kunstsinnigen Fürsten, von demselben unterstützt. Aber diese Unterstützung ist nur ein Act der Gnade, welcher daher auch widerrufbar und zufällig ist, und die Art der Verwendung derselben hängt wieder von dem zufälligen Geschmack des Fürsten und seiner Umgebung ab."[99]

Dagegen wird an das Theater die Forderung gerichtet, in den Dienst des Staates „als des freien vernünftigen Organismus überzugehen und an der Verwirklichung des grossen Zweckes ächter Humanität mitzuarbeiten. Die Bedeutung des Theaters muss demnach eine ähnliche werden wie einst bei den Griechen".[100] Gegen diese vormärzliche Euphorie polemisiert der skeptischere Devrient, „daß das Theater noch einige Zeit als ein Schoßkind des Hofes erhalten werden müsse, weil die Zugeständnisse und materiellen Vortheile, welche es zu seinem Flor brauchte, nur durch die Gunst des Hofes zu erlangen seien." Gleichwohl räumt Devrient ein:

„Alles, was dem Theater durch Geld zu schaffen war, ist ihm durch das Hoftheater zuteil geworden, alles was der Geist allein ihm geben kann, ihm abgewendet worden."[101]

Kaum vorstellbar sind für unsere Begriffe die Ausmaße der vormärzlichen „Theatromanie", die jedes auf der Bühne gesprochene Wort wie durch einen Schalltrichter verbreiten und zur schlagkräftige Parole werden lassen. Um 1840 sind in Deutschland 16 000 Personen hauptberuflich beim Theater beschäftigt, 40 000 Menschen füllen allabendlich die Auditorien.[102] Der eminente Rang des Theaters als einzig relevantes öffentliches Diskussionsforum ergibt sich aus dem Fehlen von Parlament, freier Presse und Versammlungsrecht in den meisten deutschen Staaten. Dieser Mangel an später selbstverständlichen Einrichtungen der öffentlichen Meinung potenziert die Wirkung jedes neuen Theaterstücks zum Ereignis in den Salons, zum Gesprächsstoff auf der Straße, füllt die ersten Seiten der zensierten Gazetten in dem Maße, wie Kommentare zu politischen Geschehnissen unmöglich geworden sind.[103] In einer Epoche sozialen Umbruchs wird die Bühne zur Kanzel der Revolution. In den häufigen und oft heftigen Theaterskandalen werden vom Publikum jene Aggressionen freigesetzt, die der streng reglementierende Obrigkeitsstaat seinen Bürgern in alltäglichen Unterdrückungsmechanismen angedeihen läßt.[104] Dabei soll nicht vergessen werden, daß sich das Publikum aus einer gemessen an der Gesamtbevölkerung relativ kleinen Gruppe regelmäßiger Theatergänger konstituiert, die sich ihrerseits aus allen sozialen Schichten rekrutiert, wobei der proletarische Anteil begreiflicherweise ein Spezifikum des großstädtischen Publikums bleibt.[105]

Die politische Bedeutung einer solchen Öffentlichkeit der Staatsbürger als kritischer Instanz dem absolutistischen Machtapparat gegenüber erkennen bereits die Monarchen der Restaurationszeit nach 1815 implizit an, indem sie darauf angewiesen sind, eine ihnen günstige „öffentliche Meinung" unter ihren Untertanen herzustellen und für ihre Interessen einzusetzen.[106]

Hinzu kommt, daß mit der Sanktionierung der staatlichen Neuordnung Deutschlands auf dem Wiener Kongreß durch die alten Mächte ein Hauptprinzip des monarchischen Absolutismus auf gefährliche Weise angeschlagen worden ist; die Legitimität der regierenden Häuser und ihrer Herrschaftsansprüche nämlich ist durch Säkularisierung und Mediatisierung partiell in Zweifel gezogen worden.[107] Als Folge entsteht ein gesteigerter Legitimationszwang der Fürsten gerade in den neu erworbenen Landesteilen, der wiederum mit Zugeständnissen an das Bürgertum auf Kosten des ökonomisch nur noch minder relevanten landsässigen Adels verknüpft ist. Um sich der Loyalität ihrer Bürger weiterhin zu vergewissern, müssen die Monarchen Teile des Bürgertums an den bislang streng gehüteten Privilegien des höfischen Adels partizipieren lassen. Dazu gehören vor allem Vorrechte des Hofdienstes wie die unmittelbare Nähe zum Fürsten während des täglichen Hoflebens. Der Fürst reagiert auf die veränderten Bedingungen mit einer teilweisen Privatisierung seiner Lebenssphäre im engeren Wohnbereich analog den Normen bürgerlichen Privatlebens, wogegen er korrelativ eine betont öffentliche Sphäre absetzt, in der er umgeben von seinem Hof aber im Kreise seiner Untertanen repräsentiert und sie durch seine Gegenwart aufwertet, wie es im Hoftheater geschieht. Da er persönlich seines unumschränkt öffentlichen Status verlustig gegangen ist – der Souverän des 19. Jahrhunderts ist öffentlich nur noch qua Amt, nicht mehr durch Geburt – und nicht mehr selbst

Zweck und Mitte, allenfalls Anlaß für eine Theaterveranstaltung ist, zeigt er sich bestrebt, über die Bühne seines Theaters auch die bürgerlichen Zuschauer propagandistisch zu agitieren, wenn er diese sinnfällige und zugleich im Bereich des Hofes repräsentative Form der gesellschaftlichen Auseinandersetzung nicht völlig seinem Publikum überlassen will. Da der Fürst „subjektiv weit in die bürgerliche Gedankenwelt hineingewachsen" ist, andererseits jedoch mit bürgerlichen Vorstellungen teilweise noch „die Apologie des monarchischen Obrigkeitsstaates betrieben werden" kann[108], sieht er sich in der Lage, seine angeschlagene Autorität noch mit den neuen Gedanken zu legitimieren.[109] Um diesen Zweck zu erreichen, muß er in seiner Lebensweise wie auf dem Theater, das der Hof nicht mehr nur für die Adelsgesellschaft produziert, das „Symbolmilieu"[110] seines Publikums ansprechen, um das vorhandene Identifikationspotential im Sinne der alten Herrschaft zu aktivieren.

Allein aus dieser Verfahrensweise, die auf der Instrumentalisierung unabweisbarer Ansprüche des aufstrebenden dritten Standes basiert, wird die defensive Position des Hofes evident. Selbst schon unbewußt von bürgerlichen Idealen infiziert, entgeht die alte Oberschicht nicht der Gefahr, daß ihre genuine Form einer demonstrativen Herrschaftsdarstellung von der sich durchsetzenden neuen Gesellschaft als funktionell veränderte Ausdrucksform eines neuen Gewaltverhältnisses angeeignet wird.[111] Als entscheidende Zwischenstufe setzt dieser Prozeß auch die großen öffentlichen Hoftheater voraus, in die zuerst etwas von der Ausstrahlung höfischer Repräsentanz eingeht und sie in der Dimensionierung und im architektonischen Aufwand dem städtischen Theaterbau weit überlegen macht. Hier fühlt sich ein bürgerliches Publikum zum „Konsumenten höfischen Glanzes" gesteigert.[112] Das interdependente Einwirken höfischer und bürgerlicher Vorstellungen und Verhaltensweisen führt zunächst im Hoftheater zu einer Aufweichung jener in Deutschland spezifisch starren Sozialschranke zwischen dem herrschenden und dem produzierenden Stand.[113] Das aus den Fesseln des höfischen Dienstes freigesetzte Theater wird zum Forum der Selbstdarstellung der neuen Gesellschaft, in deren Oberschicht die alte Hofaristokratie allmählich aufgeht. Doch feiert sich das Publikum im Theater nicht mehr selbst, sondern seine auf der Bühne konkretisierten Ideale, in deren fiktiven Trägern es sich wiedererkennen möchte.[114] Mit dem überwiegenden Repertoire der historischen Schauspiele vergewissert es sich der Geschichte, die aus der Perspektive von Vollendern der Vergangenheit als Vorgeschichte gelesen wird wie in der anderen, von den Höfen ererbten adäquaten Form der Selbstinszenierung, dem bürgerlichen Festzug. Historische Entwicklung gerinnt hier wie dort zu prächtigen szenischen Tableaux aus dem Fundus der Realgeschichte, über die souverän verfügt wird.[115]

Indem nun das zuvor besonders auf dem Theater gegen die alte höfische Oberschicht entwickelte Begriffsarsenal mit der Auflockerung der Ständetrennung seine ursprüngliche Relevanz verliert, müssen die Abgrenzungsmechanismen in eine andere Richtung kanalisiert werden, und zwar nach außen, gegen die konkurrierenden Nationen. Dafür ist es notwendig, daß der in den gesellschaftlichen Aufstiegskämpfen herausgebildete und sich in bürgerlichen Verhaltensnormen äußernde Sozialcharakter der Oberschicht zum Nationalcharakter transformiert wird[116], mit dessen Hilfe sowohl die gewünschte Unterscheidung von den übrigen, auf ähnlicher Grundlage organisierten Nationalstaaten gelingt, als auch ein geeignetes und in seiner historischen Tragweite kaum zu überschätzendes Instrument zur sozialen Domestizierung der eigenen Unterschichten an die Hand gegeben wird.

Dem dient zusätzlich die auf Sublimierung realer Bedürfnisse der Theaterbesucher bedachte Praxis, mit dem von der Bühne vermittelten Genuß die alltäglich erzwungene Askese im Moment des schönen Scheins kompensatorisch vergessen zu machen. Hinsichtlich der Technik großartiger Schaueffekte und ihrer betäubenden Wirkung auf das Publikum sind die Hoftheater erst vom Film des 20. Jahrhunderts übertroffen worden.

„Je mehr die tröstende Religion an sicherem Kredit verliert, um so mehr wird der kulturelle Apparat zur Erzeugung von Freude beim gemeinen Mann verfeinert und ausgebaut."[117]

Hier stehen die deutschen Hoftheater noch ein letztes Mal in vorderster Linie, bevor sie, Zug um Zug ihrer höfischen Komponente entkleidet und nach 1871 im neuen Deutschen Reich, das Wilhelm Liebknecht eine „fürstliche Versicherungsanstalt gegen die Demokratie"[118] genannt hat, den Bedürfnissen einer bonapartistischen Herrschaftstechnik angepaßt, sich in die aus öffentlichen Mitteln subventionierten Staatstheater verwandeln, die sie de facto schon lange vor dem eigentlichen Ende der Monarchien sind.[119] Damit werden die Theater zu den spektakulärsten Außenstellen der staatlichen Kulturdezernate und müssen die verbliebenen inhaltlichen Freiräume gegenüber einer exekutiven Bürokratie zu behaupten suchen, die fester als je eine höfische Verwaltung unter dilettierenden Kavaliersintendanten fundiert ist. Denn die nunmehr vorgesetzte Behörde „leitet ihre Legalität von ihrer gesetzdefinierten Ordnungsmäßigkeit ab, die im Kameralismus des 18. Jahrhunderts wurzelt, der alles wirtschaftliche Handeln von der Staatshoheit abhängig machte. Das Theaterspiel dank Steuergeldern ist ein hoheitlicher Akt."[120]

In dem oben skizzierten Rahmen verstehen sich die hier exemplarisch vorgeführten, projektierten und realisierten, Theatergebäude – Coburg als Beispiel eines von dynastischen Interessen bestimmten Gesellschaftstheaters im Zusammenhang einer Residenzerweiterung, das Stuttgarter Projekt als die gescheiterte Idee einer integrationistischen Kulturanstalt im Vormärz, die Berliner Hofoper als historisches Denkmal des absoluten Königtums und das Karlsruher Theater als Präfiguration des bürgerlichen Staatstheaters – als zeitparallele Möglichkeiten, eine Bauaufgabe unterschiedlichen formalen Lösungen zuzuführen. Die dabei festzustellende stilistische Disparatheit verweist ebensosehr auf unterschiedliche Entstehungsbedingungen eines Bautypus, dem infolge des in einem langwierigen Prozeß sich verändernden Dualismus zwischen Auftraggeber und Benutzer notwendig die kanonische Geschlossenheit etwa des absolutistischen Schloßbaus fehlt, wie allgemein auf eine der Epoche des Historismus eigentümliche Tendenz, die repräsentative Stilarchitektur als manipulierbaren Informationsträger mit dem Anspruch eines Massenkommunikationsmittels einzusetzen, dessen evokative Qualitäten auch der „kunsthistorischen Domestizierung politischen Bewußtseins"[121] dienstbar gemacht werden können.

I.
DAS HERZOGLICH SÄCHSISCHE HOFTHEATER IN COBURG VON KARL B. HARRES (1837-41)

Ein dynastisches Residenzprogramm und seine Anpassung an den privatisierten Status des Hofes

1. Voraussetzungen – Die herzogliche Baupolitik in den Residenzen Coburg und Gotha.

1.1. Der Bauherr und sein Integrationskurs in der Gothaer Theaterfrage.

Das Herzogtum Coburg-Saalfeld hatte sich ähnlich anderen thüringischen Kleinstaaten unter der Führung der ernestinischen Wettiner geschickt zwischen den Großmächten durch die napoleonischen Kriege laviert.[1] Auf territoriale Erweiterungen hoffend und auf Rangerhöhung spekulierend, hatte Coburg zwischen 1806 und 1813 mehrfach die Fronten gewechselt.[2] Die Politik des kleinen Fürstentums wurde seit 1807 maßgeblich von dem ehrgeizigen und zielbewußten Herzog Ernst I. (reg. 1807-44) bestimmt.[3] Im Zusammenhang seiner Bestrebungen, Coburg mit Unterstützung seiner jeweiligen Bündnispartner um ehemals stiftbambergisches oder preußisches Gebiet in Franken zu vergrößern, verdienen seine wiederholt geäußerten Bemühungen um eine „schickliche Residenz" für ein künftiges „Großherzogtum Coburg" besondere Beachtung. Mit Bamberg und Bayreuth standen zwei alte fränkische Residenzen auf der Wunschliste des jungen Rheinbundfürsten, die ihre prägende Gestalt hauptsächlich dem 18. Jahrhundert verdanken. In ihrem barocken Rahmen sah Herzog Ernst I. Voraussetzungen, die dem kleineren, beengten und behäbigen Coburg abgingen. Im erfolglosen Pokern um Bamberg und Bayreuth äußert sich das für den Coburger Herzog typische und weiter zu verfolgende Festhalten an überkommenen Formen höfischer Repräsentation.

Die territoriale Neugliederung auf dem Wiener Kongreß brachte Coburg 1815 weder die erwünschte Arrondierung der Stammlande noch die ersehnte Rangerhöhung. Eine neue Perspektive eröffnete sich dem verschuldeten, altertümlich verwalteten Kleinstaat erst, als 1826 der durch Heirat vorbereitete Erbfall des Herzogtums Gotha gegen Tausch von Saalfeld eintrat[4] und eine tragfähige Basis für die dynastische Aufwertung des Coburger Hauses mit sich brachte. Zwar konnten die Herzöge eine Realunion der räumlich getrennten Länder, an der die beiden Ständeversammlungen verständlicherweise kein Interesse fanden, nicht erreichen, doch hatte die Personalunion bis zum Ende der Monarchie Bestand. Eine erfolgreich kalkulierte Heiratspolitik brachte das Haus Coburg in wenigen Jahren auf die Throne von Belgien (1831), Portugal und Brasilien (1840); Coburger versippten sich mit den regierenden Häusern in Rußland und Frankreich. Die durch politische Umstände versagt gebliebene territoriale Ausdehnung seines Staates hatte Herzog Ernst I. als Chef des Hauses durch eine dynastische Familienpolitik kompensiert, die es ihm ermöglichte, die kleine Coburger Residenz zur repräsentativen Mitte des Gesamthauses auszubauen.

Dies scheint bezeichnend, da offenbar zu keinem Zeitpunkt daran gedacht war, die Stammresidenz mit dem aufblühenden, ererbten Gotha zu vertauschen. Gotha war, anders als Coburg, eine an wichtigen Fernstraßen gelegene Handelsstadt und immerhin der zweite Wirtschaftsplatz in Thüringen. Das starke Gothaische Gewerbebürgertum vertrat sehr selbstbewußt seine Interessen gegenüber dem Hof. Das wird vor allem im Verlauf der zeitlich früher einsetzenden Gothaer Theaterplanung deutlich, deren Initiator – ganz im Gegensatz zu Coburg – ein „Bürger-Comité" unter Führung des Versicherungskaufmanns und Sozialreformers E. W. Arnoldi war, und die gerade in der Differenz aufgrund der unterschiedlich entwickelten Sozialverhältnisse die Möglichkeiten des Herzogs in seinen beiden Residenzstädten beispielhaft konturiert. Von daher rechtfertigt sich an dieser Stelle ein kurzer, kontrastierender Exkurs zur Gothaer Situation, um die Voraussetzungen des Coburger Theaterbaus, soweit sie das Verhältnis zwischen Bauherrn und Bürgerschaft betreffen, besser einschätzen zu können.

Das alte 1775 in einem Turm des Schlosses eingerichtete Theater faßte nur 300 Personen unter primitiven Bedingungen. 1817 machte F. Weinbrenner auf der Reise nach Leipzig zum Umbau des dortigen Stadttheaters in Gotha Station und skizzierte einen Theaterentwurf für den letzten Fürsten der Linie Gotha-Altenburg.[5] 1832 schlug das Bürger-Comité Herzog Ernst I. vor, ein neues Theater auf dem Platz der städtischen Brau- und Malzhäuser in der östlichen Vorstadt unweit des Schlosses am Beginn der nach Erfurt führenden Straße zu erbauen; die Finanzierung sollte auf Aktienbasis erfolgen. Während der städtische Magistrat sich nach anfänglichem Zögern zu einem Tausch des fraglichen Geländes bereit erklärte, lehnte der Herzog es ab, der Stadt ersatzweise die erforderlichen Räume zu Brauzwecken in ungenutzten herrschaftlichen Gebäuden zu überlassen, sondern verlangte dafür eine überzogene Entschädigungssumme. Trotzdem ließ er die Verhandlungen mit dem Stadtrat und dem Komitee nicht abbrechen, weil er ein unabhängig vom Hof errichtetes Stadttheater in seiner Residenz unter keinen Umständen riskieren wollte. 1835 gelang es der unter Zugzwang geratenen Regierung, Arnoldi für eine höfische Theaterbaukommission unter Vorsitz des Hofmarschalls von Wangenheim zu gewinnen, in der die herzoglichen Räte und Beamten den Ton angaben. Die bürgerliche Initiative war damit rechtzeitig neutralisiert und in regierungsloyale Bahnen integriert worden, bevor sie dem herzoglichen Theatermonopol hätte gefährlich werden können. Gleichzeitig mit Coburg wurde auch in Gotha 1836 ein öffentlicher Baubeschluß erlassen.[6] Doch ist festzuhalten, daß sich beide Theater ihrer Aufgabenstellung nach nicht spiegelbildlich, sondern komplementär zueinander verhielten, das Coburger als erweitertes Schloßtheater für die Repräsentation der Dynastie, das Gothaer als Landestheater primär zur Integration des bürgerlichen Publikums unter Kontrolle des Hofes.

In Gotha hätte der Herzog ein Ausbauprogramm der Residenz, wie er es in Coburg nun selbstherrlich realisierte, nur über harte Konflikte mit einer liberal-demokratischen Bürgerschaft durchsetzen können. So erstreckten sich denn umfangreiche Baumaßnahmen nicht auf das weitläufige Schloß Friedenstein in Gotha, sondern auf die räumlich beschränkte Ehrenburg in Coburg, deren schon früher begonnener Umbau jetzt fertiggestellt wurde.[7]

1.2. Der Coburger Schloßumbau als Anstoß für die Theaterplanung.

Bereits seit 1810 hatte Herzog Ernst I. einen geeigneten Architekten für künftige, umfangreiche Bauvorhaben gesucht. Auch Schinkel, damals Assessor bei der Berliner Oberbaudeputation, war in Aussicht genommen worden, blieb jedoch unabkömmlich.[8] 1810-21 war er aber entwerfend und vor allem gutachtend für den Schloßbau tätig, der 1816-40 unter der Leitung von A.M. Renié und Gottlieb Eberhard ausgeführt wurde.[9] Der Ausbau erfolgte nach der stadtabgewandten Seite. Die Öffnung eines tiefen Ehrenhofes, der bis 1830 durch Wirtschaftsgebäude und Graben abgeriegelt war, bot die Möglichkeit zur weiträumigen Anlage eines repräsentativen Schloßplatzes (Abb. 8) zwischen der Altstadt und dem steilen Hang des Festungsberges, der als neuer Hofgarten zum englischen Landschaftspark umgestaltet wurde. Auf dem Areal des neuen Residenzvorplatzes standen außer zwei Privathäusern das städtische Waisenhaus[10] und das alte Ballhaus, das seit 1764 als herzogliches Komödienhaus diente und letztmals 1822 von A.M. Renié[11] in einen tonnengewölbten Saal mit einem Rang umgebaut worden war.[12] Dort hatte 1804/06 kurzfristig schon einmal ein herzogliches Hoftheater bestanden. Die Neugründung dieser Institution 1827[13] war durch den Erbanfall von Gotha wieder aktuell geworden und lieferte den äußeren Anlaß, einen eventuellen Theaterneubau in die geplante großzügige Regulierung des Schloßplatzes als Hauptakzent miteinzubeziehen. Davon zeugen J.A. Gutensohns Situationsplan und Theaterentwurf von 1830 (Abb. 9-11).[14] Doch erst 1836 kam es zum herzoglichen Baubeschluß in dieser Angelegenheit.

2. Die Planungsgeschichte und die Durchsetzung des höfischen Interesses.

2.1. Die Initiative zum Bau und ihre Verschleierung.

Unter dem 27.4.1836 ergeht ein „höchstes Reskript" Herzog Ernsts I.:

„Es ist zu Unserer Kenntnis gekommen, daß bei der Ungewißheit des längeren Bestehens des hiesigen Theatergebäudes von Seiten des Publikums der Ausbau eines neuen Theaters gewünscht wird. Wiewohl wir nur gerne geneigt sein würden, den Bau eines neuen Theaters auf das wirksamste zu unterstützen, so ist doch der damit verbundene Aufwand, der ungefähr auf 40 000 fl.rh. anzuschlagen sein würde, zu beträchtlich, als daß nicht für seine Aufbringung, sei es nun durch Aktien oder eine andere Teilnahme des Publikums, besondere Maßregeln notwendig werden sollten. Das neue Theater würde auf dem Raum zu errichten sein, der gegenwärtig von dem südlichen Teile des Waisenhauses und dem ... angrenzenden Hofraum eingenommen wird, und indem Wir darauf Bedacht nehmen lassen würden, das ganze Waisenhaus für Uns zu acquirieren, würden Wir alsdann zu dem beabsichtigten Bauunternehmen den Bauplatz sofort überweisen und auch Riß und Anschlag dazu anfertigen lassen."[15]

Zweierlei ist an diesem Aktenstück, dem ersten schriftlichen Zeugnis der Theaterpläne des Herzogs überhaupt, von besonderem Interesse: zum einen der toposmäßige Verweis auf die Wünsche des Publikums, denen der Souverän gnädigst zu entsprechen beabsichtigt – und dadurch eigene Ambitionen distanziert –, zum anderen die dezidierte Willenserklärung, zwecks Realisierung dieses Vorhabens das Waisenhausgrundstück als Bauplatz zu erwerben. Die vorgegebene Motivation zum Bau wie die daraus folgenden praktischen Konsequenzen betreffen die gleiche Adresse, die Coburger Bürgerschaft, das Publikum nämlich. Indem ihr das primäre Interesse an einem neuen Theater unterstellt wird, das der Fürst nurmehr reagierend aufgreife, wird ihr zugleich das Opfer nahegelegt, das sie zur Erfüllung des Wunsches zu bringen habe. Denn das Waisenhaus ist städtischer Besitz und wird von einer bürgerlichen Stiftung verwaltet. Der Wunsch des „Publikums" nach einem neuen Theater ist in den Quellen nirgends greifbar!

So ist schon in der Gründungsurkunde des Theaterneubaus der Konflikt angelegt zwischen dem, der baut, und denen, welchen die Absicht dazu unterschoben wird. Der Konflikt ist zunächst auf einer unmittelbar räumlichen Ebene lokalisiert. Hof und Stadt sind im frühen 19. Jahrhundert noch weitgehend getrennte Sphären. Da der Herzog seinen Bereich, die Bannmeile der Residenz, zu erweitern gedenkt, kollidiert er mit der Einflußsphäre der bürgerlichen Stadt, die hier im Interesse der Waisenhausstiftung und von drei Eigentümern angrenzender Grundstücke auftritt. Beide Parteien begegnen sich also zuerst auf privatrechtlicher Ebene. Diesem Status ist auch der Herzog nicht enthoben, und der allgemein in dieser Zeit zu beobachtende Rückzug des Herrschers in die Privatheit des Familienverbandes reflektiert in der aktuellen, konservativen Staatstheorie Carl Ludwig von Hallers, 1820, den in den Verfassungsstaaten eingetretenen Verlust des Öffentlichkeitsmonopols der regierenden Häuser.[16]

Eine solche Ausgangssituation zu einem Hoftheaterbau im Vormärz beleuchtet schlaglichtartig die Situation des fürstlichen Bauherrn. Er sieht sich veranlaßt, seine wahren Interessen, die sein Handeln bestimmen, mit denen anderer gesellschaftlicher Gruppen zu verschleiern, um eigene Intentionen nicht preisgeben zu müssen. Darin äußerst sich das Eingeständnis, eigene Positionen nicht mehr ohne weiteres kraft Autorität seines Amtes gegenüber widerstrebenden Gruppen durchsetzen zu können. Dazu bedarf es der gesellschaftlichen Vermittlung dieser Interessen über die Öffentlichkeit, als welche hier das Theaterpublikum fungiert. Indem Herzog Ernst das Bedürfnis nach einem Coburgischen Theaterbau als ein öffentliches ausgibt, lenkt er einerseits von seinen privaten Ambitionen ab und behält sich andererseits vor, potentiellen Widerstand gegen sein Projekt aus den Reihen der Bürgerschaft als beschränkten Privatinteressen unterworfen zu diffamieren. Sein Konzept scheitert, als es der immer noch ständisch organisierten Bürgerschaft gelingt, ihr Interesse – am Waisenhaus – als öffentlich erscheinen zu lassen und das des Landesherrn – am Theater – als privat zu entlarven. Der Theaterstreit kommt auf die Ebene des Verfassungskonflikts.[17] Diese Entwicklung und die Lösung des Konflikts, also das partielle Scheitern des im April 1836 proklamierten Weges, soll zunächst anhand der Planungsgeschichte geklärt werden.

2.2. Der dynastische Finanzierungsplan.

Am gleichen Tag, an dem Herzog Ernst I. seinen Entschluß zum Neubau eines Theaters kundtut, ernennt er zur Beratung „über die Aufbringung der ... erforderlichen ... Mittel unter dem Vorsitze Unseres Kammerherrn und Obristlieutenant von Schauroth, eine besondere Kommission."
Ihr gehören zwei Kammernherren, der Landschaftssekretär, der Stadtsekretär von Coburg, der Stadtkommandant, ein Finanzrat, ein Advokat und ein Kaufmann an.[18] Die Finanzkommission sieht sich bald vor dem Dilemma, daß infolge des in der Verfassung von 1821 nicht geklärten Verfügungsrechts über die Einkünfte aus den herzoglichen Domänen[19] und durch die Überlastung der Hauptlandeskasse mit dem Schuldenabtragungsprogramm[20] und dem laufenden Etat nur Sonderabgaben oder freiwillige Spenden für den Theaterbau in Frage kommen. Gegen die Erhebung von Sondersteuern sprechen bei der in der Bevölkerung vorherrschenden kritischen Stimmung dem Theaterbau gegenüber gewichtige Gründe, zumal die Erinnerung an den Ausgang des Darmstädter Theaterkonflikts von 1818/19 am Coburger Hof wohl noch lebendig war.[21] Die anfangs für erforderlich erachteten 40.000 fl. sollen daher durch Spenden und Darlehen aufgebracht werden. Im Juni 1836 ergehen Spendenaufrufe an die regierenden Verwandten des Hauses Coburg, unter anderem in Württemberg, Belgien, England und Rußland. Dabei wird bereits von 75 000 fl. Baukosten ausgegangen, wovon 50 000 fl. durch freiwillige Beiträge gedeckt werden sollen. 24 000 fl. schießt die herzogliche Zentraldispositionskasse aus dem Schloßbaufonds vor.[22] Der Erfolg dieser dynastischen Hilfsaktion zugunsten eines Theaters, das nach dem Willen seines Bauherrn dem Haus Coburg zur Ehre gereichen soll, bleibt gering. Auch die einheimische Bürgerschaft hält sich in dem Bemühen, den Bau materiell zu unterstützen, merklich zurück. Ein daraufhin revidierter Finanzierungsplan vom Januar 1837 sieht die Aufnahme eines Darlehens von 50 000 fl. vor.[23] Es wird noch im Februar bei dem Coburger Kaufmann Frank aufgenommen; als Sicherstellung werden Staatspapiere aus der herzoglichen Privatkasse geboten.[24]

2.3. Der Bauplatzstreit um das Waisenhaus und der Verfassungskonflikt.

Wegen des Bauplatzes kommt es zum Streit zwischen dem Herzog und den Landständen[25], die Ernst I. zur Finanzierung seines ehrgeizigen Projekts über Darlehen ebenfalls heranziehen wollte. Der riskante Versuch, sich sein Theater von antagonistischen Interessengruppen, der Dynastie Sachsen-Coburg und den auf ihre verfassungsmäßigen Mitspracherechte pochenden Ständen zugleich finanzieren zu lassen, scheitert schließlich am Erwerb der seit 1702 städtischen Waisenhausstiftung. Das Waisenhaus liegt auf dem vorgesehenen Bauplatz gegenüber dem Schloß. Im Laufe des schnell eskalierenden Konflikts[26] lassen sich drei Positionen zum Theaterbau umreißen, die in ihrer Tendenz paradigmatisch für unterschiedlich motivierte Anliegen der gesellschaftlichen Gruppen an das Theater sind und so über den spezifisch Coburgischen Rahmen hinausweisen. Parallel dazu artikulieren sich verschiedene Vorstellungen von Öffentlichkeit.
– Der Herzog als Promotor des Neubaus betreibt die Auflösung der durch die Verfassung geschützten Waisenhausstiftung, um den ständischen Einfluß bei Verkauf des Gebäudes auszuschalten. Ihm ist lediglich am möglichst billigen Erwerb eines geeigneten Bauplatzes gelegen, weswegen er der Theaterbaukommission seine Absichten auf zumindest teilweisen Abriß des Waisenhauses mitteilen läßt und der Stiftung ersatzweise eine jährliche Rente in Höhe ihrer letzten Pachteinnahmen über 28 Jahre anbietet. Er widersetzt sich energisch der ständischen Forderung nach öffentlicher Versteigerung und erklärt ausdrücklich einen Verkauf des Grundstückes an Private – zu welcher Nutzung auch immer – wegen der Nähe der Residenz für unzulässig. Wenn schon das fragliche Grundstück als zur Privatsphäre des Herrschers gehörig erachtet wird und infolgedessen besonderen Nutzungsbeschränkungen unterliegt, so wird dem darauf zu errichtenden Theater erst recht eine besondere Beziehung zur Residenz bescheinigt. Sein priva-

tes Anliegen verbrämt der Herzog mit dem Anspruch des Landesherrn auf Öffentlichkeit, die de facto schon längst von seiner Person auf den Staat übergegangen ist.

– Für die Stände ist nicht die Theaterfrage das primäre Anliegen – auf das Theater beziehen sie sich nur negativ als Privatsache des Herzogs –, sondern erst über das Waisenhaus fühlen sie sich unmittelbar tangiert. Mit dem Bestand dieses Instituts verteidigen sie ihre ständischen Einspruchsrechte, die daran geknüpft sind. Als Sachwalter der Stiftungsbelange erscheint ihnen im Falle der Auflösung nur der Weg einer öffentlichen, d.h. möglichst gewinnbringenden Versteigerung des Grundstücks akzeptabel. Im Mittelpunkt ihres Interesses steht die Verfassung und ihr darin verbrieftes Recht auf partielle Mitwirkung in Staatsangelegenheiten. Wenn die Stände sich auf Öffentlichkeit berufen und sich als Teil derselben begreifen, so beziehen sie sich auf den Staat und dessen Belange.

– Vermittelnd zwischen diesen konträren Positionen steht die herzogliche Regierung, deren Beamte das Interesse des bürgerlichen Verfassungsstaates am Theater, das für sie nicht identisch mit dem ihres Landesherrn ist, und das Interesse am konstitutionellen Handeln abzuwägen haben. Die liberalen Beamten stellen das allgemeine Interesse der Verfassung vor das partikulare am Theater und veranlassen eine Schätzung des Waisenhauses durch Sachverständige, sofern eine öffentliche Versteigerung nicht in Frage komme.

Erst nach der scharfen Zurückweisung dieses Vorschlags durch den Herzog unterwirft sich die Regierung dessen Wünschen und entwirft einen Kaufvertrag mit der herzoglichen Kammer, demzufolge der Stiftung auf 20 Jahre eine zu 4% verzinste Rente von 400 fl. jährlich, insgesamt 8000 fl., ausgezahlt werden soll. Der Vertrag kommt ohne Anhörung der Stände am 15.7.1837 zustande, nachdem mit dem teilweisen Abbruch des Waisenhauses bereits begonnen worden war.[27] Der Landtag reagiert auf den Kaufvertrag, mit dem er erst im April 1838 offiziell befaßt wird, mit einer Beschwerde gegen die herzogliche Regierung wegen Verfassungsbruchs; 10000 fl. werden als Reparation gefordert. Der Herzog beantwortet die Beschwerdepetition nicht.[28] Er ist nicht gewillt, den Ständen über ihre verfassungsmäßigen Rechte im Stiftungswesen und bei der Finanzverwaltung des Landes irgendeine Mitsprache bei seinem Theaterprojekt einzuräumen. Dieses neoabsolutistische Gebaren in der Mißachtung der neuen Verfassungsorgane findet seine Entsprechung in der ständischen Passivität gegenüber dem Theaterbau. Als Privatsache des Fürsten, die den von ihnen vertretenen öffentlichen Belangen zuwiderläuft, lehnen die Stände das Theater ab.[29] Sie verzichten darauf, dem Interesse des Souveräns nach einem höfisch-dynastischen Repräsentationstheater die Forderung nach einem im bürgerlichen Sinn öffentlichen Theater als Instrument der Bildung entgegenzustellen, wie solches in anderen zeitgenössischen Landtagen formuliert wird.[30] Zwar lobt der Oberregisseur des Hoftheaters F.W. Kawaczynski die „seltene Bereitwilligkeit..., mit welcher sich viele Einwohner Coburgs zu freiwilligen, im Ganzen nicht unansehnlichen Geldbeiträgen, zu diesem Neubau verstanden"[31], doch spricht aus vereinzeltem materiellen Engagement noch kein Anspruch auf inhaltliche Teilhabe. Tatsachenbericht und gefällige Topoi verquicken sich in der Aussage Kawaczynskis, zumal der dem Hof nahestehende Autor auch sonst häufig tendenziös verfährt. So kann der dem Theaterbau feindlichen Kritik aus der Bürgerschaft propagandistisch begegnet werden.

Die rückständige Organisation des Coburger Kleinstaats ist noch zu sehr von altständischen Interessengegensätzen bestimmt, als daß sich eine bürgerliche Öffentlichkeit gegenüber dem noch immer omnipräsenten Hof hätte etablieren können.[32] So darf Herzog Ernst I. die Ständepetition folgenlos ignorieren und sich darauf beschränken, seine liberalen und verfassungstreuen Regierungsbeamten wegen ihres versuchten Einlenkens zurechtzuweisen.[33]

2.4. Die Organisation des Bauwesens.

Anfang 1837 taucht der Name des ausführenden Architekten zuerst in den Akten auf. Am 20.1.1837 eröffnet das Ministerium von Carlowitz[34] der nachgeordneten Schloßbaukommission:

„Da nun die Geschäfte des Baues des neuen Hoftheaters in der obersten Absicht und in der Controle durch Unsere Schloßbaucommission geleitet, unter deren Oberaufsicht aber von dem

Bau-Inspector Harres dieser Bau ausgeführt und Cassa und Rechnung hierüber von der Verwaltung der Schloßbau Cassa geführt werden soll, inzwischen auch auf Unsere unmittelbare Anordnung schon mehrere Einleitungen zu dem beabsichtigten Bau getroffen worden, so weisen Wir Unsere Schloßbaucommission hierdurch an, sich hiernach zu richten und zugleich unverzüglich zu berichten 1., welche Vorbereitungen zu dem erwähnten Bau bereits eingeleitet und 2., welche Vorbereitungen und Anordnungen noch zu treffen sind, damit mit dem Eintritte der ... Fastenzeit sofort mit den Bau selbst der Anfang gemacht werden kann."[35]

Damit sind Zuständigkeiten und Verfahrensweisen innerhalb des höfisch organisierten Bauwesens geregelt. Der Entscheidungsspielraum des beamteten Architekten ist durch eine Vielzahl von Instanzen erheblich eingeschränkt, seine untergeordnete Stellung in der Hierarchie macht ihn vom Wohlwollen des Fürsten besonders abhängig. Ein eigenständiges Bauamt gibt es in Coburg-Gotha erst ab 1842. Bis dahin delegiert das zentralistische Staatsministerium eingeschränkte Befugnisse fallweise an abhängige Kommissionen und behält sich alleinige Finanzhoheit vor. Carl Balthasar Harres (1801-68) steht als Bauinspektor in Coburgischen Diensten, bis er 1839 – noch während des Theaterbaus – die Stelle eines Stadtbaumeisters in Darmstadt annimmt.[36] In seiner Tätigkeit als Architekt des Hoftheaters ist Harres dem ranghöchsten Baubeamten, Hofbaumeister Gottlieb Eberhard, dem Vorsitzenden der Schloßbaukommission, verantwortlich.

3. Die Baugeschichte (1837-1857).

3.1. Der Theaterbau unter Leitung von Carl B. Harres.

Vorbereitende Arbeiten sind seit Ende 1836 in Gang gekommen.[37] Während die Regierung noch den Kaufvertrag über das Waisenhaus entwirft, wartet Harres, "bis der Plan des Theaterbaus höchsten Orts gnädigst genehmigt ist".[38] Der Bauinspektor sieht sich außerstande, die von der Schloßbaukommission geforderten Arbeitsrisse und Kostenvoranschläge vorzulegen, so lange seine Pläne "behufs einer Prüfung durch OberBauDirector Schinkel in Carlsbad sind".[39] Über diese Bemerkung hinaus haben sich keine Aktenstücke aus der Korrespondenz des Herzogs oder seiner Minister mit Schinkel auffinden lassen.[40]

Inwieweit der preußische Staatsarchitekt 1837 Änderungen vorgeschlagen hat, ist nicht sicher zu bestimmen, da sich die erwähnten Risse von Harres nicht erhalten haben und in den Akten von einer Überarbeitung des Entwurfs keine Rede ist. An der Projektierung des gleichzeitig in Gotha auf Anordnung Herzog Ernsts I. errichteten Theaters hat Schinkel dagegen nachweisbaren Anteil.[41] So wird die Annahme wahrscheinlich, daß er im Zusammenhang seines Gothaer Theaterentwurfs auch das Coburger Projekt durch Vermittlung des ihm persönlich bekannten Bauherrn begutachtet hat.

Am 22.10.1837 wird in Anwesenheit des Herzogs und des gesamten Hofes der Grundstein gelegt. Die beigegebene Urkunde erwähnt die Anordnung des Neubaus durch den Landesherrn sowie Harres als ausführenden Architekten und Robert Scherzer aus Gotha als seinen Bauassistenten.[42] Bezeichnend ist, daß Stadtdirektor Bergner als Vertreter der Bürgerschaft in seiner Ansprache das ökonomische Interesse am Theater betont, "da die Fortsetzung dieses Baues gegenwärtig nicht nur eine reiche Quelle der Nahrung und des Verdienstes für so viele eröffnet, sondern auch die schönsten Hoffnungen auf die Zukunft verbürgt".[43]

Bestehende Meinungsverschiedenheiten zwischen der Aufsicht führenden Schloßbaukommission und Harres verschärfen sich. Obwohl wiederholt aufgefordert, habe der Architekt noch nicht die Risse und Kostenvoranschläge geliefert.[44] Auf die Beschwerde der Kommission reagiert Harres im November 1837 mit einem pauschalen Voranschlag über insgesamt 70 000 fl.[45] Nach langwierigen Verhandlungen mit zwei Hauseigentümern, deren Grundstücke für den Bauplatz benötigt werden, wird das zunächst gelegene tauschweise erworben.[46]

Im April 1838 schlägt Minister von Carlowitz den Fürstl. Schwarzburg-Sondershäusischen Baurat Vincenz Fischer-Birnbaum zur Anstellung für Dekorationen und Bühnenmaschinerie in Coburg und Gotha vor.[47] Fischer-Birnbaum bringt reiche Erfahrung auf diesem Gebiet mit[48]; er wird zuerst beim Gothaer Theaterbau beschäftigt, der schon weiter fortgeschritten ist. Unterdessen verhandelt Harres mit den städtischen Behörden in Darmstadt, da sich sein Verhältnis zur Schloßbaukommission ständig verschlechtert, hauptsächlich wegen der überstürzten Eile, mit welcher der ungeduldige Herzog den Bau beendet sehen will.[49] Im Oktober erklärt sich Harres auf Vorladung der Schloßbaukommission über die Gründe der bisherigen Verzögerung des detaillierten Kostenvoranschlags; davon wird ein Protokoll und ein „berichtliches Gutachten" erstellt.[50] Nach zweimonatigem Aufschub wegen überhäufter Dienstgeschäfte legt er den Riß der Fassade „zur hochgefälligen Prüfung und baldigsten Genehmigung" vor und liefert im Dezember den Voranschlag über 84 000 fl. zusätzlich 9 000 fl. für Maschinerie und Ausstattung. Das Baukapital von 50 000 fl. ist bis auf eine Restsumme bereits ausgegeben. Dem Finanzbedarfsplan legt Harres 13 Pläne und Risse bei.[51] Das Kommissionsgutachten beziffert dagegen den voraussichtlichen Mehraufwand mit 52 000 fl., eine Folge der forcierten herzoglichen Baupolitik, welche die Ressourcen des verschuldeten Staates überfordert. Im Januar 1839 verlangt der Herzog eine Prüfung und Kürzungsvorschläge zu Harres' Aufstellung. Da die Kommission urteilt, „daß eine Minderung des Aufwandes ... auf keinen Fall Platz greifen könne"[52], verzichtet Herzog Ernst wenigstens auf das geplante Zinkdach zugunsten einer billigeren Schieferdeckung.

Doch sollte die enorme Kostenüberschreitung weitere Folgen nach sich ziehen. Ein herzogliches Reskript bringt am 21.1.1839 zur Kenntnis, daß Harres Ende März „aus Unseren Diensten austreten, demnach also dann auch die seither von ihm besorgte Leitung des Theaterbaus in Coburg aufgeben wird".[53] Die Kündigung, die wohl von Harres ausgegangen ist, der sich frühzeitig um eine andere Anstellung gekümmert hat, gibt dem Coburger Hof die Möglichkeit, die Versäumnisse in der Planung des Theaterbaus zu personalisieren und so von den unbefriedigenden Zuständen im Finanz- und Bauwesen aufgrund überzogener Bedürfnisse und altertümlicher Verwaltung abzulenken. Es überrascht nicht, daß eine kritische Anfrage der Schloßbaukommission, die anläßlich der Bestellung Fischer-Birnbaums zum Nachfolger Harres die Zuständigkeiten geregelt wissen will, „um allen möglichen Competenz Conflicten gehörig vorzubeugen", ohne verbindliche Antwort bleibt.[54] Laut Übergabeprotokoll läßt Harres in Coburg 60 Blatt genehmigte Risse, „auch über Architecturteile, Kapitäle u.s.w.", zurück; Bühne und Zuschauerhaus stehen im Rohbau.[55] Die Anschuldigungen gegen seine Bauleitung hören nach dem Weggang nach Darmstadt nicht auf.[56]

3.2. Die Fertigstellung des Theaters durch V. Fischer-Birnbaum.

Weil das Anfangskapital erschöpft ist, wird im Frühjahr 1840 bei einer Coburger Bank eine neue Anleihe zur Deckung der laufenden Kosten aufgenommen. Im März belaufen sich die verbauten Gelder schon auf 92 000 fl.[57] Bei der Abtragung des alten Schauspielhauses wird auf sorgfältige Bergung der steinernen Bögen zwecks weiterer Verwendung gedrungen.[58] Trotz der Mahnungen, „in allen Beziehungen auf möglichste Ersparnisse Bedacht zu nehmen"[59], ist die Anleihe im Oktober aufgebraucht. Die Zentraldispositionskasse bewilligt nur noch Vorschüsse auf Einzelposten zwischen 100 und 2 000 fl. Sie betreffen die Dekorationen, die bei dem Meininger Hofmaler Schellhorn[60] bestellt werden, gußeiserne Säulen für die Hofloge aus dem Hüttenwerk Obersteinach und zwei Laternenkandelaber für die Freitreppe von der Berliner Guß- und Maschinenfirma Egells.[61]

Als am 17.9.1840 das Theater fristgerecht eröffnet wird[62], ist im Innern gerade der Zuschauerraum fertig und die Bühne bespielbar. Nach der Einweihung flackert der Verfassungskonflikt kurzfristig wieder auf, als mehrere Abgeordnete unter Protest aus dem Landtag austreten. Der Herzog hatte 1839 die Versammlung nach Auseinandersetzungen in der Domänenfrage aufgelöst[63]; doch hatte der neugewählte Landtag sofort eine Stellungnahme des Fürsten zur Beschwerde wegen des Waisenhauses vom 26.4.1838 verlangt. Auf neuerliche Anfrage der Stände vom 2.11.1840 antwortet Herzog Ernst scharf ablehnend. Er halte keinen Verfassungseingriff für gegeben und betrachte die Affäre als erledigt. Auf dieses deutliche Abwürgen hin wagen die Stände keine Erwiderung.[64]

1841 besichtigt Fischer-Birnbaum auf einer Dienstreise das Theater in Dresden[65] und die Kursäle in Brückenau und Kissingen[66] „für den Fall einer möglichen Anwendung der inneren

Decoration derselben".[67] Im Frühjahr 1842 wird der Mannheimer Dekorationsmaler Friedrich Wilhelm Pose[68] verpflichtet, den sogenannten Spiegelsaal, das Foyer, nach einer vom Herzog genehmigten Skizze für 1.200 fl. auszumalen.[69] Mit einer Verwaltungsreform, welche die Befugnisse der Schloßbau-, der Theaterkommision und der herzoglichen Kammer auf das neu gegründete Bauamt überträgt, findet das Bauwesen offiziell seinen Abschluß; tatsächlich aber wird stückweise weitergearbeitet. Nach dem Einbau vorläufiger Proszeniumslogen gelingt Ende 1844 der Erwerb des Privatgrundstücks Römhild nebst Wohnhaus an der nordöstlichen Ecke der Baustelle auf Abriß.[70] Der zur Regierung gekommene Herzog Ernst II. veranlaßt 1847 nach dem verheerenden Brand des Karlsruher Hoftheaters die Schließung der Baulücke seitlich und hinter der Bühne. 1857 schließlich befiehlt er die Erweiterung der Logen im ersten und zweiten Rang um die Tiefe der Couloirs und den Einbau von „Portallogen" im Proszenium mit eigener Treppenverbindung zur Bühne.[71]

Fortan obliegt Fischer-Birnbaum die Unterhaltung der unmittelbar zu Theaterzwecken dienenden Räume im Auftrag der Hoftheaterintendanz, während der zum Hofbaumeister avancierte Scherzer für die „Publikumsräume" auf Geheiß der Schloßhauptmannschaft zuständig ist.[72] Diese strikte Trennung verdeutlicht, wie sehr das Coburger Theater von seinen Initiatoren noch als private Stiftung zugunsten der höfischen Gesellschaft aufgefaßt wird. Hier übt der Schloßherr das Hausrecht, und die Öffentlichkeit des konstitutionellen Verfassungsstaats bleibt vor der Tür. Im verlängerten Arm der Residenz beschäftigt die herzogliche Hofbühne 123 Sänger, Schauspieler, Techniker und 48 Musiker. Der vom Oberhofmarschallamt verwaltete, für einen Kleinstaat bemerkenswert aufwendige Betrieb gibt im Jahr 140 Vorstellungen, davon im Frühjahr und im Herbst dreimal wöchentlich in Coburg, die übrige Zeit in Gotha, wenn der Hof dort residiert.[73]

4. Die Architektur des Coburger Theaters zwischen Schloß und Kasino. – Ein Teil der Hofausstattung für die Dynastie.

4.1. Das Projekt von Johann Gottfried Gutensohn (1830).

Johann Gottfried Gutensohn (1792-1844)[74] baute 1827/1831 im Auftrag Ludwigs I. von Bayern das Kursaalgebäude im ehemals stiftfuldischen Bad Brückenau.[75] Während dieser Tätigkeit ist er mit dem Coburger Hof in Kontakt getreten, für den er 1830 ein Theaterprojekt mit einer Variante ausarbeitete.[76] Es handelt sich um einen Lageplan, ein Blatt mit dem Fassadenaufriß des Theaters sowie Grundrissen, Aufrissen und Schnitten zu zwei Nebengebäuden und schließlich ein Blatt mit drei Theatergrundrissen (Abb. 9-11). Die großformatigen Pläne in roter und schwarzer Tusche sind sämtlich signiert und datiert. Der Situationsplan „B" und das „Faciaden, Profile und Grundpläne" beschriftete Blatt gehören zusammen; das Blatt „Grundrisse zu einem Theaterentwurf" stellt eine selbständige Variante dar.

Der Entwurf „B" zur Anlage eines Platzes vor der Ehrenburg (Abb. 9, 10) sieht ein von der südwestlich angrenzenden Altstadt und dem nordöstlich beginnenden Hofgarten nahezu abgeschlossenes Forum mit barocken Axialbezügen vor. Das Theater erscheint mit der breit ausladenden Front, deren Mitte basilikal überhöht ist, als Pendant zum gegenüberliegenden Ehrenhof der neugotisch verkleideten Residenz.[77] Die Platzmitte ist durch ein Rondell mit einer Fontäne akzentuiert. Im gleichen Abstand davon erstrecken sich an den Seiten zwei galerieartig schmale, einstöckige, unterschiedlich strukturierte Gebäude. Das bergseitige, eine zum Platz geöffnete Architravkolonnade, ist als „Orangerie" bezeichnet; das stadtseitige „Wohngebäude für Gäste" zeigt große, verglaste Rundbogenöffnungen. Beide Bauten haben an den Platzfronten flache, um einen Halbstock erhöhte Mittelrisalite mit beherrschenden Portalmotiven. Die Orangerie ist übergiebelt und öffnet sich mit einer Serliana zum Platz. Der mit einem Walmdach versehene Mittelteil des Gästehauses ist durch eine tiefe Portalnische charakterisiert. Die Mittelpavillons zitieren bis in Einzelheiten – Nischen, Genien in den Bogenzwickeln, kassettierte

8 Coburg, Schloß Ehrenburg, Gesamtansicht von Norden

9 Coburg, Situationsplan „B" zur Regulierung des Schloßplatzes mit Theaterprojekt von J.G. Gutensohn, 1830

10 Coburg, Theaterprojekt mit Nebengebäuden zum Situationsplan „B" von J.G. Gutensohn, 1830, rechts daneben das alte Ballhaus-Theater

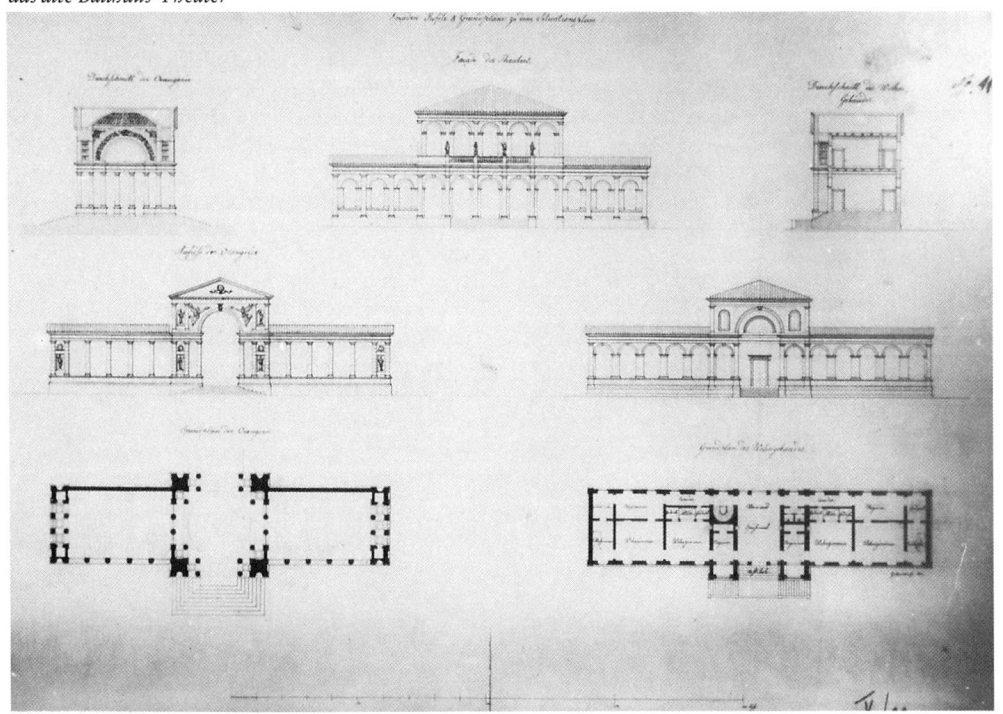

Bögen – in reduzierter Form ein Triumphbogenmotiv, das an klassizistischen Stadttoren häufig begegnet wie am Kasseler Auetor oder an Klenzes Hofgartentor in München.[78] Auch dort bezeichnen sie weniger einen verkehrsmäßig wichtigen Stadteingang als ein repräsentatives Entrée in den Residenzbezirk.

Die Rücklagen der beiden Bauten fluchten mit den Eckpavillons der Ehrenburg. Die freien Platzecken sind durch Baumreihen verstellt, und zwar derart, daß sie südlich die flachen Nebenbauten bis zu den Schloßflügeln fortsetzen, während sie seitlich des Theaters den Platz diagonal – mit je einem freigehaltenen Zugang in der Mitte – abriegeln. Davon ist aber nur der südwestliche, der mit einer zweireihigen Allee am Waisenhaus vorbei den Rand der Altstadt tangiert und im Fontänenrondell seinen Point-de-Vue findet, als Verkehrsweg relevant. Das um der Symmetrie willen angelegte Gegenstück zwischen Theater und Orangerie läuft sich am Fuß des nahen Festungsberges tot. Die gesamte Anlage ist kleiner als der später ausgeführte Schloßplatz. Das umstrittene Terrain des Waisenhauses wäre von diesem Entwurf nicht berührt worden. Gutensohn ist bei der Konzeption eines Platzes mit lockerer Randbebauung wahrscheinlich von Klenzes Münchner Königsplatz ausgegangen, der seit 1816 entsteht und dessen Bauten ebenfalls durch Mittelrisalite axial aufeinander bezogen sind. Doch interpretiert Gutensohn das großartige, vorstädtisch offene Vorbild um, indem er durch die strengen Baumreihen der Anlage einen geschlosseneren und in den Proportionen intimeren Charakter aufdrückt.

Die Einbindung des Theaters in ein größeres höfisches Bauprogramm, das neben der Orangerie und dem Gästehaus außerhalb des Platzes noch eine amphitheatralische Exedra als Abschluß des Hofgartens mit axialem Bezug auf das Orangerieportal vorsieht[79], läßt vermuten, daß die Projektierung eines neuen Hauses für die seit 1827 mit Gotha vereinigte Hofbühne in unmittelbarem Zusammenhang mit dem Schloßbau verstanden sein will. Das erklärt auch die Selbstverständlichkeit, mit der die Standortfrage des Neubaus während der langen Planungszeit behandelt wird. Ein anderer Bauplatz als gegenüber der Residenz hat zu keinem Zeitpunkt zur Diskussion gestanden, obwohl der vom Herzog befohlene Ort an der Peripherie der Stadt für das quantitativ dominierende städtische Publikum ungünstig liegt. So erscheint allein in der Platzwahl schon der höfische Charakter des Instituts determiniert, indem die zugelassene Öffentlichkeit nur als komplementäre Folie dient, vor welcher die höfische Gesellschaft sich repräsentieren will.[80]

Dem gestreckten Rechteck des Theatergebäudes sind bei den Schmalfronten niedrigere, ausladende Querflügel so angesetzt, daß die Rückfront leicht, die Hauptfassade stärker vorspringt. Die Unterordnung der Flügel unter den höheren Hauptbau entspricht der Organisation des begleitenden Galeriegebäude, wodurch das Gliederungsprinzip der Platzwände einheitlich wird. Kurze Freitreppen vermitteln zu den erhöhten Eingängen. Alle drei Bauten sind auffallend niedrig und liegen mit ihren Dächern weit unter der Trauflinie der dreistöckigen Schloßpavillons.

Die Arkadenloggia der Fassade ist in der deutschen Theaterarchitektur um 1830 ungewöhnlich und erklärt sich hier aus dem Kontext des Residenzplatzes. Mit den Säulenordnungen vor den Rundbogenöffnungen adaptiert Gutensohn die im französischen und italienischen Theaterbau verbreiteten Loggienfassaden[81], doch erweist er sich in Anlehnung an Klenze[82] konventioneller als seine experimentierfreudigeren Zeitgenossen F.v. Gärtner, der am Kissinger Kursaalgebäude, 1834/38[83], bei gleichem Grundschema auf die übereinandergestellten Ordnungen verzichtet, und G. Semper, der am ersten Dresdner Hoftheater, 1838/41[84], das Öffentlichkeit signalisierende Motiv historistisch in seinem architekturgeschichtlichen Urbild, dem römischen Amphitheater, zitiert.

Jenseits formaler Anklänge an ähnlich instrumentierte Fassaden im französischen Typus des urbanen „théâtre basilique"[85] überwiegen bei Gutensohn im Ambiente der benachbarten Schloßgebäude Elemente einer anderen bedeutungsgeschichtlichen Ebene, der Loggia als herrschaftlicher Erscheinungsarchitektur. Zweistökkige Theatervorhallen, die vereinzelt tatsächlich für Staatsakte genutzt wurden, setzen sich erst in der zweiten Jahrhunderthälfte durch.[86] Die hierarchisierende Hervorhebung der mittleren Achsen zentriert die geöffnete Fassade – wie auch die Reduzierung auf drei Achsen in der Variante mit dem Arkadenvorplatz – in einer Weise, die den Landesherrn als Institution ständig präsent

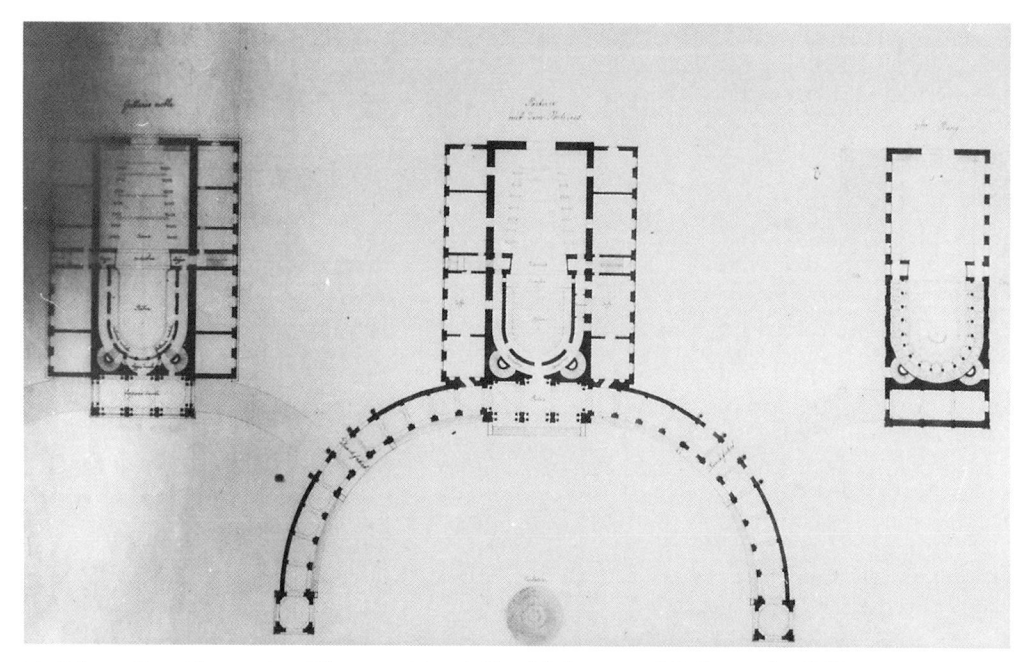

11 Coburg, Grundrisse zu einem Theaterprojekt mit Wandelgängen von J.G. Gutensohn, 1830

macht. Die obere der durch eingestellte Säulen bereicherten Loggien des Alternativentwurfs (Abb. 11) ist „Loggione Ducale" bezeichnet und hat rückwärtig in der Achse eine direkte Verbindung zur Hofloge im ersten Rang.

Diese Variante mit drei Grundrissen ist stark von barocker Platzraumgestaltung geprägt. Anstelle der seitlichen Querflügel und der Nebenbauten auf Plan „B" ist die Theaterfassade nunmehr von zwei viertelkreisförmig ausgreifenden, rundbogigen Pfeilerportiken zu je 12 flach gekuppelten Jochen eingefaßt, deren äußerste in der Art kleiner Eckpavillons verstärkt sind. Die Arkadenreihe ist nur zum Platz geöffnet; die Außenseiten sind bis auf Durchfahrtsjoche in der Mitte beider Arme geschlossen. Die durch die Theatervorhalle zu einem gestelzten Halbkreis verbundenen Portiken fassen sie in den Rahmen eines Architekturplatzes ein, der einerseits eigenwertig dem Ehrenhof des Schlosses gegenübersteht, andererseits wegen seiner niedrigen Verhältnisse zu einem umfriedeten Vorplatz der Residenz entwertet ist. Die Anlage steht typusmäßig in der Tradition barocker Orangerien und Ökonomiebauten, die der Schloßfassade axial zugeordnet sind.[87]

Doch über diesen Typus hinaus reflektiert Gutensohns Entwurf noch ein aktuelles Vorbild, das seinerseits von höfischen Architekturen des Barock abgeleitet ist, die Kurhauskolonnade in den fürstlichen Bädern nämlich. J.C. Zais hatte 1807 im ersten Kurhausprojekt für Wiesbaden den Portikus des Gebäudes beiderseits von Viertelkreiskolonnaden flankiert, die der Situation des Coburger Plans auffallend entsprechen.[88] Bei Gutensohns persönlichem Anteil an der später realisierten Wandelhalle des Wiesbadener Kurforums darf eine Kenntnis der Zaisschen Vorentwürfe als wahrscheinlich angenommen werden, dies umsomehr, als Kursaalgebäude und Kasinos in Brückenau, Kissingen und Meiningen im Zusammenhang mit der Coburger Theaterplanung mehrfach – wie noch aufzuzeigen sein wird – eine Vorbildrolle übernehmen. Diese Orientierung an den damals hochmodernen Gesellschaftshäusern, die seit dem späten 18. Jahrhundert aus den selbständigen Redoutenhäusern der Höfe entwickelt worden waren und nicht nur in den Bädern, sondern auch in den Städten als Festhäuser und Kasinos weite Verbreitung fanden[89], erlaubt wesentliche Aufschlüsse über die Theaterkonzeption des Coburger Herzogs, dem es gerade auf Unterhaltung und Zerstreuung, weniger auf erziehende Belehrung des Hofes und seiner Untertanen ankam. Große formale Ähnlichkeit mit Gutensohns Arkadenplatz weist außerdem Andreas Gärtners Entwurf für das neue Schwabinger Tor in München, 1812, auf.[90]

Das auf kompaktem Rechteckgrundriß – sieht man von der Vorhalle und der leichten Risalitbildung an der Rückfront ab – symmetrisch organisierte Theater besteht aus dem mittleren, basilikal überhöhten Kernbau mit Zuschauerhaus und Bühne und niedrigeren Anbauten für Diensträume und Publikumssäle. Die klare räumliche Organisation, der stark gestelzte, hufeisenförmige Zuschauerraum mit drei Rängen und umlaufenden Korridoren, ferner die außerordentlich tiefe Bühne mit sieben Kulissen und die Anlage der seitlichen „Caffé-Salons" anstelle des axialen Foyers lassen an italienischen Einfluß denken.[91] Dafür spricht auch die durchgängige Beschriftung der Pläne in italienischen Termini.

Akten zu Gutensohns Projekt fehlen in den Beständen des Coburger Archivs; doch darf als sicher angenommen werden, daß die Pläne wenn nicht im Auftrag der Schloßbaukommission so doch im Rahmen des Residenzumbaus vorgelegt worden sind. Über die Gründe der Ablehnung können nur Vermutungen angestellt werden. Bestimmt hat der finanzielle Aufwand, den der Entwurf, sei es nun mit Portiken oder Nebengebäuden, gefordert hätte, zu seinem Scheitern beigetragen, so sehr auch die geschlossene Platzanlage vor dem stadtabgewandten Ehrenhof des Schlosses[92] den Intentionen des Herzogs entsprochen haben muß. Aber gerade diese Absichten verboten es, das Theater als öffentliches Gebäude zu charakterisieren. Trotz gesucht unauffällig gehaltener Proportionen formuliert Gutensohns Fassade eine einladende Geste an das Publikum. Die Offenheit der Theaterfront, durch die man ins Innere hineinschauen kann, kontrastiert zum flächig geschlossenen Gegenüber der neogotischen Ehrenburg, deren maßwerkartige Applizierungen den klassizistischen Charakter der Baukuben kaum beeinträchtigen und so die Zwitterstellung des gartenseitigen Ehrenhofs verraten, einerseits die stadtabgewandte Seite der Residenz mit dem privaten Refugium des Hofes – Garten und Park – zu verbinden, andererseits aus situationsgebundener Notwendigkeit die Anlage nur an dieser unkanonischen Stelle zu einem großzügigen Entrée öffnen zu können. Zweifellos ist es ungewöhnlich und den angeführten Umständen geschuldet, daß gotisierende Formen an einem Stadtschloß erscheinen, wenn man die Vorliebe der deutschen Höfe für den regelhaften Klassizismus bei offiziellen Bauten und die Beschränkung der naturhaft verstandenen Neugotik auf die fürstliche Privatsphäre in Rechnung stellt.[93] Der an der Ehrenburg installierte Formenapparat verweist auf die Wohnfunktion eines Schlosses, das nicht mehr gleichzeitig Fürstensitz und Verwaltungszentrum des Staates zu sein behauptet wie die absolutistischen Residenzen. Den ihnen gegenüber erlittenen Verlust an Öffentlichkeit soll das entsprechend dimensionierte und in der Fassade sich artikulierende Theater wettmachen. Denn die Größe des Auditoriums ist gerade nicht für die Bedürfnisse des Hofes, sondern der Stadt konzipiert. Gutensohns Entwurf reflektiert in seiner Doppeldeutigkeit die widersprüchlichen Vorstellungen des Bauherrn. Eine intime Platzanlage um eine Fontäne gruppiert, hätte in dessen familienpolitisches Konzept, den Coburger Stammsitz zum Mittelpunkt seines weitverzweigten und zu europäischer Reputation aufgestiegenen Hauses auszubauen, bestens gepaßt.[94] Aber die konservative Befangenheit des Herzogs in neoabsolutistischen Herrschaftsvorstellungen verbot es ihm, sich mit dem durch die politischen Verhältnisse aufgezwungenen Rückzug in eine dynastische Politik zu bescheiden. Dieser Rückzug verlangte mit dem Forumsplan eine demonstrative Geste, die das Abschottungsbedürfnis des Hofes gegenüber der Stadt und seinen ungebrochenen Anspruch auf verbindliche Repräsentation zum Ausgleich bringen sollte.

4.2. Die Theaterskizze von Friedrich August Stüler.

Kurz vor der seit 1838 ausgeführten Platzanlage läßt sich eine undatierte Bleistiftzeichnung von F.A. Stüler (1800-65) aus dem Besitz der Kunstsammlungen der Veste Coburg einordnen (Abb. 12).[95] Zu dem signierten Blatt gibt es keine

12 Coburg, Persp. Skizze zur Regulierung des Schloßplatzes mit Theaterprojekt von A. Stüler

schriftlichen Nachrichten oder Provenienzhinweise. Es zeigt eine perspektivische Ansicht des Coburger Schloßplatzes von der Ehrenburg auf ein Theater in Höhe des Waisenhausgrundstükkes. Im Unterschied zu Gutensohns Plänen fällt die reiche, im romantischen Sinn wildwüchsige Vegetation auf, welche die Architektur in den Hintergrund treten läßt. Aus dem Fontänenrondell in der Platzmitte ist eine Grünanlage mit Buschwerk und Schlingpflanzen an Spalier geworden, die Fontäne selbst zur dekorativen Nebensache.[96] Dahinter wird am linken Bildrand der Blick frei auf ein hochragendes Theatergebäude, das aus einem rechteckigen, dreistöckigen Hauptbau und einem niedrigeren, eingezogenen Halbzylinder besteht. Es ist schon am Standort des ausgeführten Theaters angenommen, d.h. anders als Gutensohn vermeidet Stüler die Ausrichtung des Theaters auf die Residenz. Der Platz weist die späteren, weitläufigen Dimensionen auf.

Zu einer seitlich den Hofgarten abriegelnden Arkadenbastion schwingen links vom Theater von einer säulenflankierten Durchfahrt unterbrochene Kolonnadenarme hinüber.[97] Die mittelalterliche Festungsarchitektur zitierende Bastion öffnet sich in einer Pfeilerhalle über hohem Sockel zum Platz. Sie enthält eine doppelläufige Treppe, die über Zwischenpodeste auf eine große Terrasse führt. Zwei Rundbogenportale in der Mitte des Sockels verschließen ein Wachlokal.[98] Nach dem Schloß zu ist der Bogenhalle asymmetrisch eine polygonale Eckbastion vorgelagert. Die Idee, dem von der Festung steil abfallenden neuen Hofgarten eine architektonische Rahmung zu geben, ihn über eine Rampe zugänglich zu machen und zugleich optisch auszusperren, ist aus Gutensohns Ansätzen entwickelt.

Das Theater selbst ist, nicht zuletzt durch den größeren Abstand zur Residenz bedingt, sehr viel unabhängiger und effektvoller angelegt. Der Baukörper sondert deutlich zwei Hauptteile aus. Das flach übergiebelte Bühnenhaus ist an den Längsseiten durch übereinandergestellte Pilasterordnungen gegliedert; davor schließt mit gleichen Gesimshöhen das eingezogene Zuschauerhaus, das im Erdgeschoß durch eine vorgelegte

Architravkolonnade mit dem Kubus fluchtet, wie die monumentalisierte Apsis einer Kirche an.[99] Die markante Zäsur geht über die der Entwurfspraxis der 30er Jahre geläufigen Signalwirkung des freigelegten Zuschauerhauses hinaus.[100] K.F. Langhans baut in Stettin 1846/49 das erste Theater in Deutschland, das die höhenmäßige Differenzierung von Bühne und Saalbau explizit zur Charakterisierung unterschiedlicher Funktionsbereiche einsetzt.[101] Damit schlagen Stülers Entwurf und Langhans' Bau einen ganz anderen Weg ein als etwa der nach rein ästhetischen Prinzipien Blöcke streng symmetrisch gruppierende, denkmalhafte Entwurf Friedrich Gillys zum Berliner Nationaltheater (Abb. 39).[102]

Will man die Skizze nicht nach dem Baubeginn in Coburg 1837 ansetzen – welchen Sinn hätte dann ein neues Projekt für diesen Platz? –, muß es sich hier um einen der frühesten Entwürfe des jungen Berliner Hofbaurats für einen Monumentalbau handeln.[103] Was die Dachlösung anlangt, genügt der Hinweis, daß Stüler selbst noch vor K.F. Langhans' Stettiner Theater 1842 einen nicht ausgeführten Schnürbodenaufbau über der Bühne des Berliner Hofopernhauses entworfen[104] und dadurch mit der Tradition des Einheitsdaches gebrochen hat. Mithin ist Stülers modern anmutende Coburger Skizze nicht sein einziger Beitrag auf dem Sektor des Theaterbaus. Seine Beziehung zum Coburger Hof bleibt unklar; möglicherweise hat ihn Schinkel dorthin vermittelt.

In der Planungsgeschichte des Coburger Schloßplatzes kann Stülers Blatt als Bindeglied zwischen Gutensohn und Harres gelten. Es betont den gartenartigen Charakter des in eine Parklandschaft eingebundenen Platzes[105] und knüpft so trotz anderer Gestaltungsmittel an Gutensohns Idee des halbprivaten Vorplatzes auf der stadtabgewandten Schloßseite an. An zwei Stellen geht Stüler darüber hinaus. Durch den Verzicht auf Bebauung der Westseite öffnet sich der Platz in voller Breite zur Flanke der Altstadt. Das Theater nimmt in seinen Proportionen keine Rücksicht mehr auf die Höhe des Schlosses; in seinen beiden Bauteilen drückt es klar seine Bestimmung aus. Stülers Schloßplatz ist öffentlichkeitsdurchlässiger. Sein Theater erkennt den Primat des Schlosses nicht mehr an, spricht seine formal gestaltete Andersartigkeit als gleichwertige aus.

4.3. Der Theaterbau von C.B. Harres.

4.3.1. Fassaden und Raumorganisation.

Die endgültige Fassung des Platzes behält die aus der Achse gerückte Lage des Theaters bei. Die 1840 errichteten Hofgartenportiken von H. Nicolai mit Terrassen und Hauptwache sind eine vereinfachte Version von Stülers Vorschlag. Die einschneidendste Korrektur zugunsten eines öffentlichen Platzes wird 1849, ein Jahr nach der Revolution, die Aufstellung der Bronzestatue Herzog Ernsts I. von Ludwig Schwanthaler anstelle der Fontäne. Das 1881 als letztes Gebäude östlich neben dem Theater entstehende Palais Edinburgh[106] wertet den Schloßplatz vollends zum Theaterplatz um.

Das konventionell über Rechteckgrundriß organisierte Theater (Abb. 13-15) ist größer als bei Gutensohn und Stüler. Für eine Stadt von kaum 10 000 Einwohnern bei nur 38 000 im ganzen Herzogtum[107] ist der für 1 100 Besucher berechnete Zuschauerraum bemerkenswert. Der längs orientierte Bau zu 9 x 17 Achsen besteht aus einem basilikal überhöhten Mittelteil und niedrigeren, leicht einspringenden Flanken, deren mittlere Achsen als Rücklagen behandelt sind. So wird die Nahtstelle zwischen Zuschauerhaus und Bühne zugunsten klassizistischer Regelfassaden kaschiert und auf Lesbarkeit der Funktionsbereiche verzichtet, sieht man von der nochmals geringfügigen Erhöhung des 'Obergadens' über Bühne und Schauraum ab. Die sorgfältige Abstufung des Baukörpers durch Risalitbildung und differenzierte Höhen von außen zur Mitte kennzeichnet die innere Disposition als eine axial gerichtete, doch in einem Zentrum kulminierende.[108]

Vor dem Kernbau befindet sich hinter der Fassade im Erdgeschoß das Vestibül und darüber ein zweistöckiger Saal. Entsprechend liegen hinter der Bühne Magazinräume und der Malersaal. Die den Kernbau begleitenden Abseiten sind in der Raumaufteilung nicht symmetrisch. Nebeneingänge in den zum Platz gelegenen Kopfrisaliten vermitteln über Korridore zu den Rangtreppen und ins Vestibül. Die Eckräume dienen im Erdgeschoß als Garderoben, im ersten Stock als Gesellschaftsräume in Verbindung mit dem Foyer. In den Rücklagen sind Betriebsräume für Bühne und Verwaltung untergebracht. Stadtsei-

13 Coburg, Ehem. Hoftheater von C.B. Harres, 1837/41, Ansicht von Süden

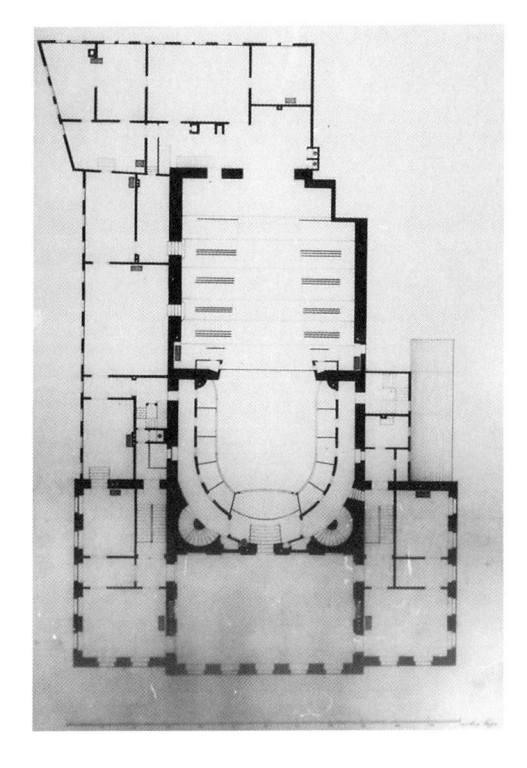

14 Coburg, Hoftheater von C.B. Harres, 1837/41, Grundriß I. Rang

tig ist in der Mittelachse der Eingang zur Proszeniumsloge des Hofes über eine eigene Treppe und ein Vorzimmer.[109] Die bebaute Grundfläche beträgt 1960 qm.[110]

Nur am Schloßplatz ist der Bau in Werkstein ausgeführt, die übrigen Teile bestehen aus verputztem Fachwerk. Eine Freitreppe leitet zu den Rundbogenportalen der Fassadenmitte. Entsprechend gebildete Fenster im Hauptgeschoß zwischen breiten Wandstücken sind durch ein Kämpfersims verbunden; das zweite Obergeschoß öffnet sich in neun schmalen Rundbogenfenstern zwischen pfeilerartigen Mauerzungen. Der im Scheitel und auf den Ecken mit Palmettenakroteren besetzte Giebel bleibt schmucklos. Ein rundum durchlaufendes Gesims verklammert Vor- und Rücklagen der Flanken, die durch verschiedene Fensterformen belebt sind, über dem Erdgeschoß. Dessen leichte Rustizierung unterstreicht die horizontale Schichtung; Vertikalismen fehlen.

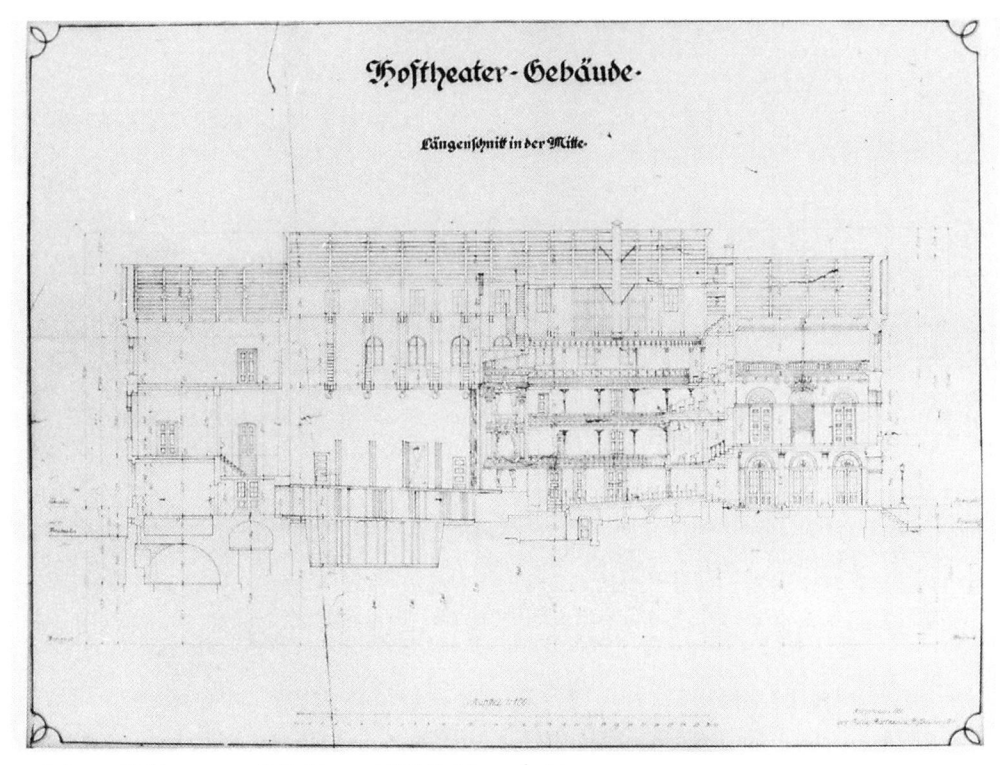

15 Coburg, Hoftheater von C.B. Harres, 1837/41, Längsschnitt

Der gegliederte Kastentypus ist die älteste und am meisten verbreitete Form im freistehenden Theaterbau bis zur Mitte des 19. Jahrhunderts. Voraussetzung ist die Zuordnung von Schauraum und Bühne in axialer, alle übrigen Annexe bestimmenden Raumfolge. Die Zweipoligkeit der beiden Haupträume, die durch eine rahmenhafte Zwischenzone, das Proszenium, verkoppelt werden, das Prinzip des Guckkastentheaters also, korrespondiert dem Wesen bürgerlichen Theaters, das auf der Bühne einen in sich abgeschlossenen, mikrokosmosartigen Charakter in Darstellungsform und Bühnenbild anstrebt, der dem ausgeschlossenen Publikum im Saal als etwas Fremdes gegenübertritt.[111] Daher rührt die Idee der fiktiven vierten Wand. Diderot wollte die Stücke so gespielt wissen, als ob es kein Publikum gäbe. Das bezweckt den totalen Illusionismus auf dem Theater, „die Verdrängung des Spielcharakters und die Verschleierung der Fiktivität der Darbietung".[112] Weder der gestaltete Schauraum mit dem offenen Bühnenportal noch der ungestaltete Negativraum der Bühne, die erst durch das Proszenium einen funktionalen Bezugsrahmen erhält, können als selbständige Räume existieren. Die Verschränkung beider Raumteile durch zwei sozial agierende Gruppen an architektonisch fixierten Plätzen erlaubt erst, sie als zusammengehörig zu begreifen.[113] Die im Gegensatz zu den Haupträumen stetig expandierenden Anbauten schließen sich seitlich bzw. vor dem Schauraum und hinter der Bühne dem Kernbau an. Es sind zum einen die Aufenthaltsräume und Verkehrswege des Publikums, zum anderen die Arbeitsräume für Schauspieler und Personal sowie Magazine und Werkstätten. Ersteres folgt aus der Entstehung des öffentlichen Theaters, das zweite ist Produkt einer entwickelten Arbeitsteilung und Technisierung im Bühnenbetrieb. So lassen sich die beiden grundlegenden Erweiterungen des Bautyps Theater eindeutig historischen Umbruchsepochen zuweisen, der Aufklärung des späten 18. Jahrhunderts und der technisch-industriellen Revolution des 19. Jahrhunderts. Von diesen Daten und ihren architekturgeschichtlichen Auswirkungen hat eine soziale Typologie des Theaterbaus auszugehen.

4.3.2. Die Haupträume des Theaters.

Das flachgedeckte Vestibül (Abb.16) besteht aus einem mittleren quadratischen Durchgangsraum, der von vier Säulen unterteilt wird und durch je drei verglaste Rundbogentüren mit seitlichen Anräumen, die später für Kassenlokale abgetrennt wurden[114], und dem höher gelegenen Korridor des Zuschauerhauses kommuniziert. Der Typus des Vestibüls mit eingestellten Säulen hat aus Italien kommend im klassizistischen Theaterbau oft Anwendung gefunden.[115]

Das Coburger Theater kennt keine eigenwertige Treppenhauszone zwischen Vestibül und Auditorium wie etwa gleichzeitig in Gotha. Im Fehlen einer Repräsentationstreppe äußert sich der nur eingeschränkt öffentliche Charakter eines Theaters, in dem der Herzog „zuhause" ist. Bequeme Treppen zum ersten Rang neben dem Schauraum entlasten die gewendelten Stiegen in den Zwickeln hinter dem Parterrekorridor, so daß das Publikum schon bei Betreten des Hauses durch verschiedene Eingänge in Besucherklassen getrennt zu den Plätzen gelangt. Das Festhalten an ständischen Formationen verbietet, alle Schaulustigen auf dem gleichen Weg ins Theater zu lassen.

Der einzige öffentliche Raum in dem Sinn, daß er für das ganze Publikum zugänglich war, ist der Theatersaal (Abb. 17). Auf halbkreisförmig gestelztem Grundriß hat er ein ansteigendes Parkett und drei Ränge mit unterschiedlich geführten Brüstungslinien. Der „balcon noble" für die Hofgesellschaft ruht im Fond unter der Mittelloge auf vier Stützen, während die Rangseiten frei auf den Umfassungswänden lagern und sich in die Tiefe über den Parterreumgang erstrecken. Die oberen Couloirs wurden 1857 zugunsten tieferer Ränge aufgegeben. Vier schlanke ionische Säulchen, die ein leicht geschwungenes, baldachinartiges Gebälkstück mit flachem Giebel und Attika tragen, teilen und rahmen die dreiachsige Hofloge, deren Brüstung mit einem Samtbehang drapiert ist. Die ursprüngliche Unterteilung der Rangseiten in je fünf Logen mit halbhohen Trennwänden wird in der Brüstungsfelderung ablesbar.[116] Der wenig zurückspringende zweite Rang auf bronzierten Eisensäulen im Hintergrund schwingt seitlich glockenförmig aus. Der weit zurückgestaffelte, nicht sehr tiefe, aber steile dritte Rang ist als offene Galerie gebildet. Kräftige Holzpfeiler mit bronzierten Kapitellen tragen ein vergoldetes Konsolgesims, auf dem die kreisförmige Flachdecke aufliegt. Der in ein kompliziertes System von Kreis-, Ellipsen- und Dreiecksflächen geteilte Plafond ist ornamental in Grisaille und Goldbronze bemalt.

Unter den Theatersälen seiner Zeit weist der Coburger keine spezifischen Merkmale auf. Der abhängige Beamte Harres verweist ausdrücklich auf das vom Herzog benannte Vorbild, das seither untergegangene 'St. James Theatre' in London[117], das 1835 von Samuel Beazley errichtet worden war. Über den Grundriß und die Anlage der Ränge hinaus gibt es keine Parallelen.[118] Deutlicher sind die Ähnlichkeiten mit dem Saal des Meininger Hoftheaters von C.T. Ottmer, 1829/31, in dem Coburg benachbarten und politisch eng verbundenen thüringischen Herzogtum.[119]

Das 1857 nachträglich eingebaute Proszenium hebt sich im Dekor auffällig von den Rangbrüstungen ab. Einachsig und von kompositen Kolossalpilaster gerahmt, ist es zwar in den Höhenverhältnissen den seitwärts anstoßenden Galerien angepaßt, doch markiert die locker auf die bauchigen Brüstungskörbe applizierte Dekoration eine andere Sphäre als der klassizistische Palmetten-Lotos-Fries oder der „laufende Hund" auf den Rangbrüstungen. Während man sich bei der großen Hofloge des offiziellen Klassizismus bedient, verdeutlicht der Rückgriff auf barocke Stilformen für die privaten Logen erneut den widersprüchlichen Charakter eines Instituts, das als höfisches Theater zum Ruhme der Dynastie gestiftet, dennoch nicht einer kulissenhaften Öffentlichkeit entbehren kann. Die Proszeniumslogen sind das Refugium der Coburger Herzöge in ihrem Theater. Mit den hier frei zitierten Schmuckformen verleiht sich der Benutzer einen Status, den er nur noch privat auszufüllen vermag, indem er sich als Aristokrat eines absolutistischen Formrepertoires bedient. Gerade in der unmittelbaren Konfrontation zum

16 Coburg, Ehem. Hoftheater von C.B. Harres, 1837/41, Vestibül

17 Coburg, Ehem. Hoftheater von C.B. Harres, 1837/41, Zuschauerraum

18 Coburg, Ehem. Hoftheater von C.B. Harres, 1837/41, Foyer

Klassizismus des Zuschauerraums verhalten sich die Rokokozitate wie neogotische Parkarchitekturen zur offiziellen Schloßarchitektur, freilich mit dem Unterschied, daß dem Rückzug ins zweite Rokoko der protestierende Einspruch gegen den Verlust der unumschränkten Souveränität des Fürsten als Moment der Erinnerung innewohnt.[120] Daß ein solches Proszenium erst 17 Jahre nach Eröffnung des Theaters eingebaut wird, ist nach der Aufstellung des Standbildes Ernsts I. draußen auf dem Platz als Korrektur des ursprünglichen Konzepts und Anpassung an die tatsächlichen Gegebenheiten zu verstehen. Seine Besonderheit kann der Nachfolger des Bauherrn im eigenen Theater nur gegen die Öffentlichkeit im Saal, die unabhängig von ihm sich konstituiert, behaupten und optisch dadurch vermitteln, daß er seinen Platz außerhalb von ihr und ihrem architektonischen Ort einnimmt.

Über Inkognitologen im Sockel für den Intendanten und Hofbeamte setzt die zweistöckige Architektur an, deren Stoffdraperierung vom übrigen Raum absticht und die Zäsur zwischen dem Saal und der privilegierten Zwischenzone vor der Bühne unterstreicht. Von den weiß gefaßten Architekturteilen abgesehen, wird der Saal farblich durch das Blau-Gold der Applikationen und das Rot der Draperien bestimmt.

Das Foyer wird in den zeitgenössischen Quellen „Großer Saal" oder „Spiegelsaal" genannt (Abb. 18). Das deutet auf die ihm zugedachte Funktion; der zweigeschossige Raum war als Vorsaal der herzoglichen Loge für das adelige Publikum des ersten Rangs reserviert. Je zwei Türen in den Schmalseiten zwischen Zierkaminen mit Aufsätzen verbinden ihn mit den Ecksalons. Über ihnen und den mit großen Spiegeln gefüllten Blendnischen der Längswand vor dem Zuschauerraum sind eingenischte Lunetten durch ein verkröpftes Kämpfersims verklammert. Vor den Schmalseiten läuft in Höhe der oberen Fensterreihe eine auf Konsolen ruhende Empore mit durchbrochener Brüstung entlang, die vom Umgang des dritten Rangs zu betreten ist. Darüber ist die Wand mit illusionistischen Draperien, an den Langseiten mit pompejanischen Motiven bemalt. Über einer ornamentierten Hohlkehle mit gemalten Bildnismasken liegt der flache Deckenspiegel auf, der in Gold- und Grisaillemalerei gefaßt ist. Die Dekoration lehnt sich bis in Details eng an die des Brückenauer Kursaals (Abb. 19) an, den Fischer-Birnbaum auf Wunsch des Herzogs angesehen hat.

Typologisch leitet sich das Coburger Foyer vom zweistöckigen Festsaal im Palais des 18. Jahrhunderts her.[121] Wie Knobelsdorffs ringsum von einer Galerie umzogener Apollosaal im Berliner Opernhaus dient es der Hofgesellschaft als Refugium. Für Coburg sind außerdem Festsäle mit Konsolemporen in städtischen Kasinos in Betracht zu ziehen, zumal dieser Bautyp besonders den Absichten Herzog Ernsts entgegenkam.[122] Die wenig tiefen Emporen konnten zwar gelegentlich Musiker aufnehmen, generell jedoch signalisieren sie als bloße Form die Öffentlichkeit, welche die Adelsgesellschaft in ihrem Ambiente wenigstens zeichenhaft benötigt. Der „Spiegelsaal" drückt von allen Räumen des Theaters den Charakter einer höfischen Dépendance am reinsten aus; in der klassizistischen Raumfolge der Ehrenburg fehlt ein vergleichbar großer Saal.

19 Bad Brückenau, Kursaalgebäude von J.G. Gutensohn, 1827/31, Großer Saal

20 Bad Brückenau, Kursaalgebäude von J.G. Gutensohn, 1827/31, Gesamtansicht

4.3.3. Ein Hofkasino zwischen Berlin und München.

Es fällt auf, daß in der Planungs- und Bauphase nirgends über den Stil des neuen Theaters reflektiert wird. Programmatische Äußerungen, wie sie in Dresden zur gleichen Zeit auf der Tagesordnung stehen, sind nicht überliefert. Das als Teil der Hofausstattung begriffene Coburger Theater steht in keiner öffentlichen Auseinandersetzung. Nach Fertigstellung wird dem Bau von einer schon historisch klassifizierenden Kritik „florentinischer Styl" bescheinigt.[123] Damit ist der italianisierende Rundbogenstil angesprochen, den Harres in einer klassizistisch gedämpften Variante vorträgt. Verbindungen ergeben sich nicht nur nach München, sondern auch nach Berlin. In beiden Städten hat das Schema des basilikalen Giebelbaus, der sich mit dem Zitat der noch normativ verstandenen Würdeform 'Portikus' den Charakter eines „monument public" verleiht, anspruchsvolle Formulierungen gefunden, Fischers Nationaltheater, 1811/18, und Schinkels Schauspielhaus, 1818/21.[124]

Bezeichnenderweise orientiert sich Harres enger an Gutensohns Brückenauer Kursaal, 1827/31[125] (Abb. 20), der nicht ohne Bedacht auf die pathetischen Tempelfronten verzichtet. Die derart entschärfte Version des „nackten" Giebelhauses für eine Vergnügungsstätte, die unter dem Patronat des bayerischen Königs vorwiegend von adeliger Gesellschaft frequentiert wurde, kam den Vorstellungen des Coburger Herzogs von seinem neuen Theater zumindest nahe. Harres adaptiert Gutensohns Basilika konservativ, indem er statt der historischen Komponente, den von Ludwig I. ausdrücklich geforderten „nach außen offenen Gängen oder Logen" vor dem Erdgeschoß[126] und der glatten, wenig differenzierten Massengliederung, die Fassaden einem herkömmlichen Strukturprinzip – Vor- und Rücklagen, verklammernde Gesimse – unterwirft. Trotz dieser restaurativen Korrektur sind Kasino und Theater als Bautypen grundsätzlich austauschbar geworden.[127]

Kein malerisches oder plastisches Programm illustriert den Zweck des Coburger Baus, weil ein reines Theater eben nicht in der Absicht des Bauherrn lag, die Bestimmung des Hauses optisch in der Schwebe gehalten werden mußte. Das leuchtet umsomehr ein, als der unter stärkerem Finanzdruck entstehende Bau in Gotha an der Schauseite zum Platz einen Zyklus deutscher Dichter, Komponisten und Schauspieler in Freskomalerei oder in Büsten erhalten sollte, weil er sich nicht dem Decorum eines Residenzplatzes zu unterwerfen hatte.[128]

Schinkels Einfluß anläßlich der Begutachtung des Entwurfs für Coburg zu bestimmen, ist schwierig, da keine anderen Bauten von Harres zum Kontrast herangezogen werden können. Die Blöcke von einer bedeutungsmäßigen Mitte nach außen abstaffelnde Gruppierung bei achsensymmetrischer Entsprechung von Publikumstrakt und Bühnenhaus ist immerhin am Berliner Schauspielhaus prägnanter als irgendwo sonst durchgeführt. Schließlich erinnert ein Detail der Wandstruktur an den preußischen Oberbaudirektor. Die fast serielle Fensterfolge im zweiten Stock der Fassadenmitte, die durch die Rundbogenschlüsse zwar wieder konventionalisiert ist, wird im Wandrelief eine Schicht zurückgestuft, so daß der ganze Fensterstreifen von dem daraufliegenden Gebälk und an den Ecken von betonten Mauerkanten wie am Berliner Theater gerahmt wird.[129]

In der Coburger Nachbarschaft hat Harres 1837 ein Theater gesehen, das Meininger Hoftheater, 1829/31, dessen Architekt C.T. Ottmer Schüler der Berliner Bauakademie war.[130] Hier sind an den Langseiten Vor- und Rücksprünge ähnlich verteilt wie in Coburg.[131] Doch stärker als solche formalen Parallelen fällt der ausgesprochene Kasinocharakter des 1908 vernichteten Ottmerbaus ins Gewicht. Aus neueren Untersuchungen zum Werk des renommierten Architekten[132] wird ersichtlich, daß schon der Grundriß (Abb. 21) alle Merkmale eines Gesellschaftshauses in der Nachfolge höfischer Lusthäuser aufweist. Die Kasinosäle sind von den im engeren Sinn zum Theater gehörigen Räumen im rückwärtigen Teil des Gebäudes abgegrenzt. Trotz der Öffnung für das bürgerliche Publikum ist das Theater in erster Linie wie in Coburg auf die Bedürfnisse des Hofes abgestellt. Vorstellungen finden nur an wenigen Tagen in der Woche statt. Wie in einem unregelmäßig benutzten Schloßtheater ist die kleine Bühne auf das Notwendigste, eine praktikable Maschinerie, beschränkt. Hier sind einmal nicht die Nebenräume und Dependancen im Verhältnis zu den Haupträumen angewachsen, sondern umgekehrt Audito-

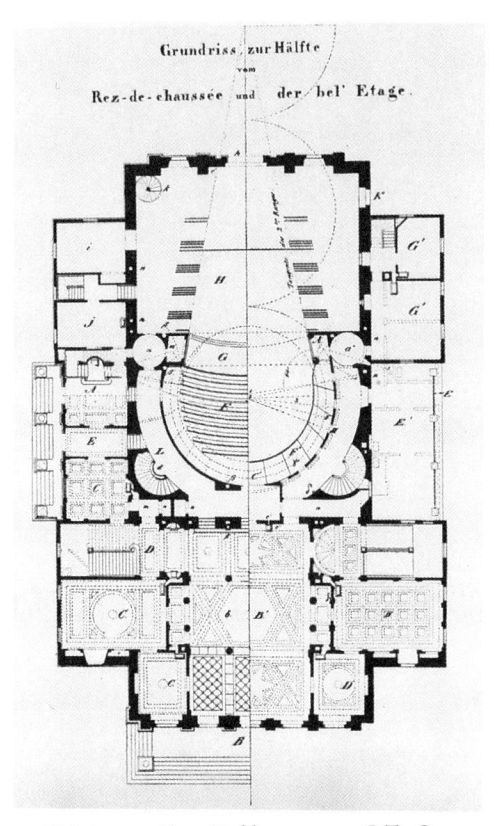

21 Meiningen, Altes Hoftheater von C.T. Ottmer, 1829/31, Grundriß

rium und Bühne gemessen am üblichen Standard eingeschrumpft. Der im Bauprogramm wie in Coburg eigens verlangte Festsaal war auch in Meiningen seitlich von Salons für Konditorei und Restauration begleitet, eine Disposition, die eine mehrteilige Raumfolge in der Querachse des Gebäudes wie schon in Weinbrenners Karlsruher Hoftheater von 1808 ermöglichte.[133] Genau diese Verselbständigung der Eingangszone hat Harres aus Meiningen übernommen, wenn auch weniger deutlich ausgeprägt.[134] Dennoch findet die zeitgenössische Definition des Wortes Casino „für einen geschlossenen Zirkel der vornehmsten Klasse und das Lokal derselben"[135] auf den Eingangstrakt des Coburger Theaters volle Anwendung. Innerhalb der öffentlichen Sphäre des Hoftheaters werden die Gesellschaftsräume im ersten Stock als Retraite des Hofes ausgesondert. In diesen Räumen, deren Aufsicht dem Schloßhauptmann, nicht dem Theaterintendanten obliegt, verkehrt das Haus Coburg mit seinen Gästen abgeschirmt vom Publikum unter sich. Der hierin ausgedrückten Privatheit korrespondiert die Öffentlichkeit, derer sich der Hof im Zuschauerraum während der theatralischen Handlung versichert.[136]

Das Coburger Theater hat sein äußeres und inneres Erscheinungsbild weitgehend unversehrt bis heute bewahrt. Nur die Logeneinteilung wurde aufgegeben, die Hinterbühne 1934/35 erweitert. Unlängst ist das Theater einer schrittweisen Restaurierung der Publikumsräume und einem tiefgreifenden Umbau des Bühnenhauses unterzogen worden.[137] Das Coburger Landestheater, das 1977 das 150-jährige Bestehen seit seiner Gründung durch Herzog Ernst I. feiern konnte, darf heute als eines der am besten erhaltenen deutschen Theater aus der ersten Hälfte des 19. Jahrhunderts gelten.

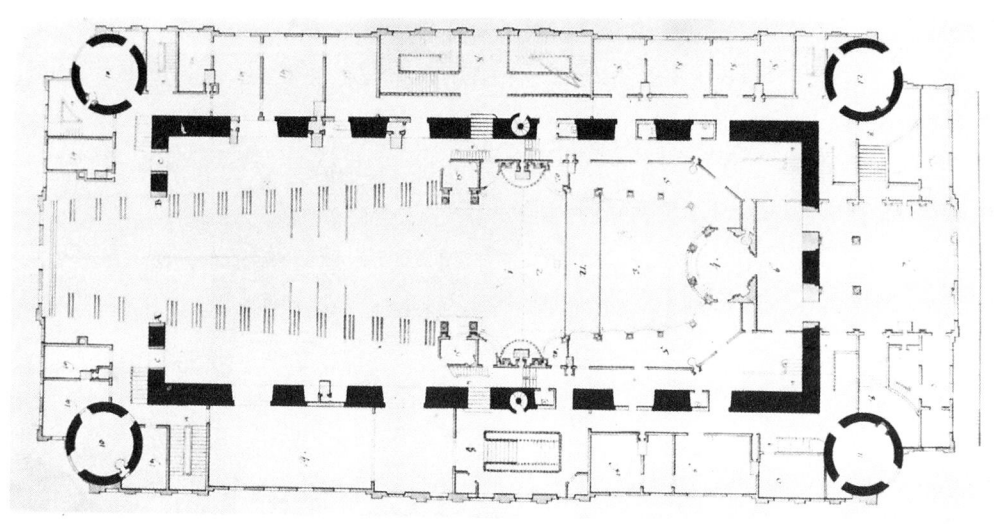

22 Stuttgart, Opernhauseinbau von Ph. de La Guêpière im Lusthaus, 1758, Grundriß I. Rang

23 Stuttgart, Opernhauseinbau von Ph. de La Guêpière im Lusthaus, 1758, Querschnitt und Längsschnitt

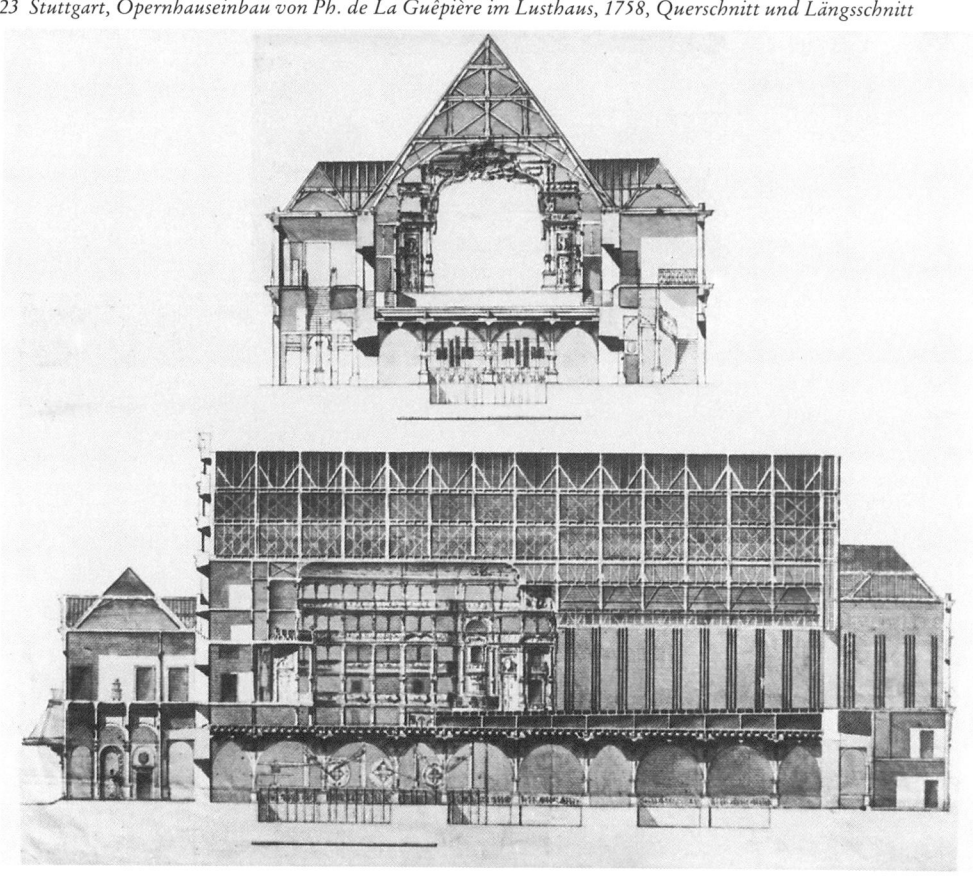

II.
DIE NEUBAUPROJEKTE ZUM KGL. WÜRTTEMBERGISCHEN HOFTHEATER VON N. F. THOURET, G. SALUCCI, K. L. ZANTH UND K. A. HEIDELOFF (1835-39)

Architektur im Dienst sozialer Integration

1. Die Theaterverhältnisse in Stuttgart bis zum Vormärz.

1.1. Die Lusthausoper im 18. Jahrhundert.

Die Begründung des Stuttgarter Hoftheaters ist eng mit der schillernden Figur Herzog Karl Eugens, der von 1744 bis 1793 regierte, verknüpft, „eines Despoten, der noch besser als die meisten anderen Duodezfürsten Deutschlands die Alchymie beherrschte, aus dem Schweiß seiner Untertanen Gold zu machen, eines Phantasten, der es verstand, seinen Hof trotz Versailles zum glänzendsten Europas zu machen".[1] In der Ludwigsburger Residenz, die unter der Regierung Eberhard Ludwigs (1677-1733) mit einem Aufwand von 2,5 Millionen Gulden errichtet worden war, diente ein Hofstaat von über 2000 Personen.[2] Verständlich, daß die Stuttgarter Bürger alles daran setzten, den politisch mißliebigen, doch ökonomisch unersetzbaren Hof wieder in die alte Hauptstadt zurückzuziehen. Karl Eugen nutzte die wirtschaftliche Bedrängnis seiner Untertanen, als er sich 1744 mit dem Angebot der Rückverlegung der Residenz aus Ludwigsburg eine maßgebliche finanzielle Beteiligung von seiten der Stadt Stuttgart zum Bau eines neuen Schlosses erkaufte.

Im Rahmen der weitläufigen Anlage, die der damals ansbachische Oberbaudirektor Leopold Retti nach mehreren Vorprojekten und in Konkurrenz mit den Entwürfen anderer Hofarchitekten[3] für den württembergischen Herzog „als Decorum seiner Würde"[4] entwarf, war auch ein großes, freistehendes Opernhaus vorgesehen, weil die provisorischen Theatereinbauten im Neuen Lusthaus von Georg Beer, 1584/93, nicht mehr den gesteigerten Anforderungen genügten.[5] Nach dem 1750 in Kupfer gestochenen Schloßplan, dem das quer zur Talachse orientierte Ausführungsprojekt Rettis zugrunde lag, sollte sich vor dem Ehrenhof ein weiträumiger, an den Flanken von Kolonnaden begleiteter Vorhof erstrecken, der sich in voller Breite zum verlängerten Großen Graben, der späteren Königstraße, geöffnet hätte.[6] Die Kolonnaden sollten auf der rechten Seite einen Treppenhausvorbau für das Lusthaus mit dem Kopfbau des rechtwinklig abgehenden Opernhausflügels an der neu geplanten Prachtstraße verbinden. Das Theater hätte eine beträchtliche Verschwenkung dieser aus der Altstadt herausführenden Achse und die Aufgabe ihrer orthogonalen Führung als Platztangente, außerdem Abbruch vorhandener Bausubstanz zur Folge gehabt.[7]

So kam es 1750 nur zum eilfertig betriebenen Einbau eines provisorischen Opernsaals mit drei Rängen in das Lusthaus, wobei 600 Arbeiter beschäftigt wurden.[8] Er wurde 1758/59 durch den berühmten Umbau Philippe de La Guêpières ersetzt (Abb. 22, 23), nachdem der Franzose Rettis Nachfolger beim Schloßbau geworden war.[9] Das vierrangige Logenhaus auf glockenförmigem Grundriß und die tiefe Kulissenbühne[10] war nach dem „San Carlo" in Neapel, 1737, und Alfieris „Regio" in Turin, 1738/40, das größte Opernhaus in Europa. Querschiffartige Ausbuchtungen in der Prosceniumszone seitlich der ungewöhnlich ausgedehnten Vorbühne bewirkten eine sinnfällige Zentrierung gerade an der Stelle, wo sich der höfische Festraum des Logensaales und sein illusionistisches Pendant auf der Bühne überschnitten.[11] Die betont vertikale Rhythmisierung des sonst horizontal differenzierten Logensystems an den Gelenkstellen des Raumes steigerte diesen Eindruck und nahm darüberhinaus – trotz seiner ephemeren Qualität – tendenziell etwas von der strukturellen Verfestigung und Monumentalisierung der Saalarchitektur vorweg, die dann seit den Schloßtheatern von L. Vanvitelli in Caserta und J.A. Gabriel in Versailles den höfischen Theaterbau über den Rang einer Saaldekoration hinaushoben.

Mit der kostspieligen Verpflichtung führender

Solisten der Pariser Oper, bedeutender Bühnenarchitekten und Komponisten gelang dem schwäbischen Herzog mit beispiellosem Aufwand bei weitaus geringeren Ressourcen die Einlösung des selbstbewußten Anspruchs gegenüber dem maßstabsetzenden Vorbild des französischen Königshofes, dessen Standard andere deutsche Potentaten meist erfolgloser und in stark reduzierter Imitation nachzueifern versuchten.[12] Eine gemessen an den Revenuen des Landes derart überzogene Hofhaltung konnte Karl Eugen nicht lange durchhalten. Nach schweren Konflikten mit den Landständen um das Steuerbewilligungsrecht[13] sah sich der Herzog 1764 veranlaßt, die Residenz nach Ludwigsburg zurückzuverlegen. Er verlor jedes Interesse am weiteren Ausbau des Stuttgarter Stadtschlosses und dem geplanten Opernhaus anstelle des heutigen Olgabaus. Stattdessen beschäftigte ihn die auf der Solitude errichtete Karlsschule und das in Verbindung mit ihr gegründete, kurzlebige erste Stuttgarter Nationaltheater, das in Konkurrenz zur bedeutenderen Mannheimer Nationalbühne aufgezogen wurde.[14] Das Stuttgarter Hoftheater wurde so 1777 öffentlich zugänglich.

1.2. Das Hoftheater im Königreich Württemberg – ein Instrument zur Reorganisation der Hofgesellschaft.

Zuerst Koalitionär des napoleonischen Frankreich, wechselte der klug seine politischen Möglichkeiten wägende Herzog Friedrich (1797-1816) 1802 die Fronten und ließ sich für verlorene linksrheinische Gebiete auf dem Reichsdeputationshauptschluß 1803, den J. Burckhardt die „kolossale Fürstenrevolution Deutschlands" genannt hat[15], und im Preßburger Frieden 1806 mit säkularisierten und mediatisierten Territorien umfangreich entschädigen. Zum Kurfürsten und König aufgestiegen, gebot der nur widerstrebend dem Rheinbund beigetretene Württemberger über einen Staat, der sich an Fläche und Einwohnern gegenüber dem alten Herzogtum mehr als verdoppelt hatte. Schon seit 1805 hatte Friedrich I. die neuerworbenen Territorien mit seinen Stammlanden durch radikale Ausmerzung der in Württemberg noch besonders lebendigen altständischen Institutionen zugunsten zentralistischer Verwaltungsorgane rücksichtslos zu einem einheitlichen Gesamtstaat zusammengefaßt, den er aufgeklärt-absolutistisch regierte. Der einflußreiche mediatisierte Adel verlor viele seiner Privilegien. Er durfte das Land nicht ohne Genehmigung verlassen, und den Standesherren wurde sogar eine zeitweise Residenzpflicht in Stuttgart vorgeschrieben.[16] Mit diesen rigiden Mitteln gelang es dem König, an der Spitze seines Reiches einen neuen funktionsfähigen und der gesteigerten Würde des Landesherrn angemessenen Hof aus den landsässigen, ehemals reichsständischen Familien zu etablieren. Die – anders als im benachbarten Baden – konservativ-autoritäre Integrationspolitik scheiterte zunächst aber am erbitterten Widerstand des altständischen Bürgertums, das die 1815 oktroyierte konstitutionelle Repräsentativverfassung mit nur einer Kammer ablehnte.[17] Vor diesem Hintergrund erklärt sich Friedrichs langes Zögern, bevor er als letzter Fürst dem Deutschen Bund beitrat, weil er in ihm die potentielle Bedrohung seiner mühsam errungenen Souveränität beargwöhnte.

Die seit Beginn des Jahrhunderts in Angriff genommene Erweiterung Stuttgarts zu einer repräsentativen königlichen Residenz und der daraus resultierende Aufschwung der öffentlichen Bautätigkeit ist vornehmlich mit dem Namen des 1788/91 in Paris und 1793/97 in Rom unter Weinbrenner ausgebildeten Architekten Nicolaus Friedrich von Thouret (1767-1845) verknüpft[18], den Friedrich I. 1800 zum Hofbaumeister machte, nachdem er sich durch Goethes Vermittlung erfolgreich beim Weimarer Schloßbau und beim Umbau des dortigen Hoftheaters 1798/99[19] ausgezeichnet hatte. Als eine seiner ersten Aufgaben fiel Thouret nach dem Brand des auf der Planie zwischen Akademie und Waisenhaus gelegenen Komödienhauses 1803 der Umbau des alten Reithauses, das an der Stelle des späteren Königsbaus lag, zum Schauspielhaus zu.[20]

Weitaus bedeutender aber war seine städtebauliche Leistung durch die Redaktion des spätbarocken Residenzplanes des vormaligen Oberbaudirektors R.F.H. Fischer von 1782, der die spätere Königstraße als repräsentative Talachse an der Gelenkstelle des Schloßplatzes (Abb. 24) knickartig verschwenken wollte, um sie rechtwinklig aus dem Platz heraustreten zu lassen. Genau an diesem prominenten Ort gab Thouret in seinem 1807 vom König genehmigten reduzierten Plan die barocke Axialität auf und ließ die

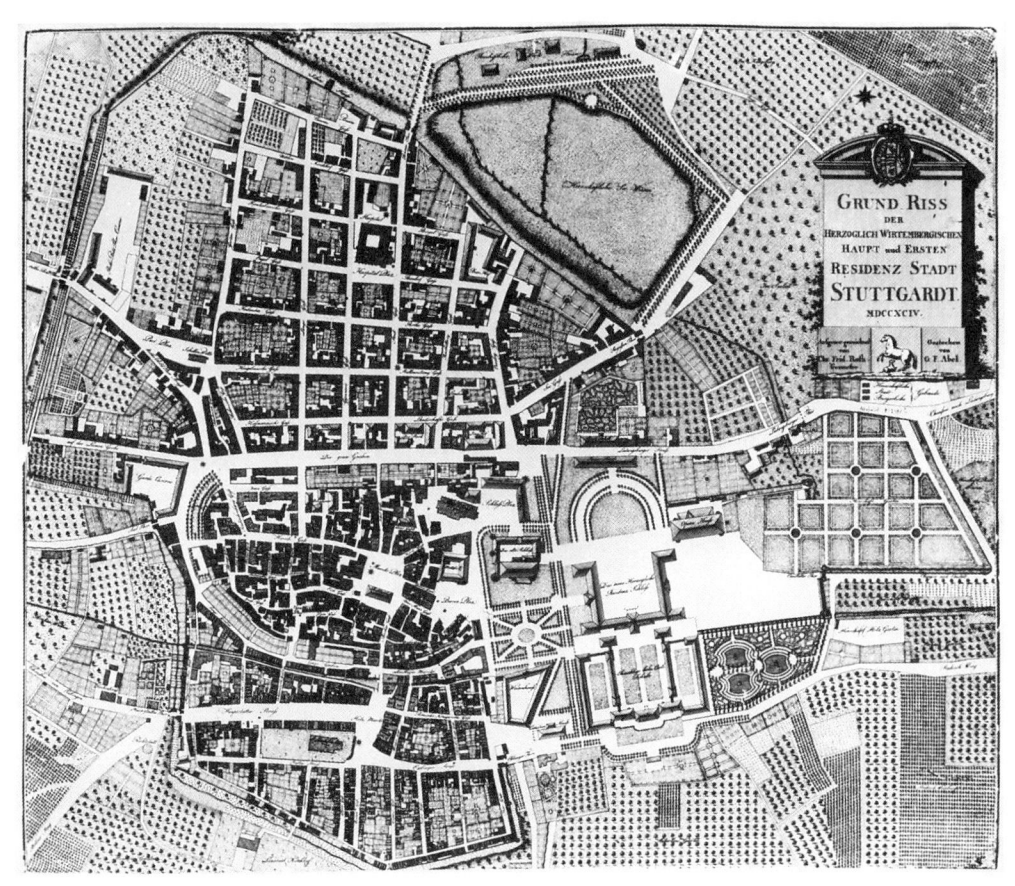

24 Stuttgart, Stadtplan von C.F. Roth, 1794

neue Prachtstraße, die zudem in ihrem Unterlauf von ursprünglich 60 m auf 20 m Breite beschränkt wurde, den angeschnittenen Schloßplatz nurmehr schräg tangieren und am Königstor auslaufen.[21] Der in auffälliger Eile betriebene Ausbau der Straße mit den eigens hierher verbrachten, versatzstückartig eingepaßten älteren Architekturen – Marstall und Eberhardskirche von der Solitude, Eßlinger Tor – verweist auf den Konkurrenzdruck des württembergischen Königs gegenüber den ebenfalls aufgewerteten, baupolitisch ähnlich aktiven Landesherren in München und Karlsruhe. Jenseits der Königstraße entstand als neues Wohnviertel nach Maßgabe strenger Bauverordnungen die residenzbürgerliche Friedrichstadt.[22] Mit der Anlage der Neckarstraße, die als zweite Talachse nach dem Vorbild der Münchner Ludwigstraße von neuen öffentlichen Bauten – Münze, Archiv, Bibliothek und später Kunstgebäude – und Privatpalais gesäumt wurde[23] und durch eine rechtwinklig abgehende Promenadenallee, die Planie, mit der Königstraße verbunden war, gelang Thouret die städtebaulich so notwendige Integrierung der nur durch eine Seitenfassade auf die Altstadt bezogenen Residenz in die neuen Stadtgrenzen und machte das Schloß erst eigentlich zum Zentrum der entstehenden Metropole. Das wurde nicht zuletzt durch allseitige Distanzierung des Schlosses mittels weiträumiger Platzflächen und durch den die ganze Talsohle bis Cannstatt ausfüllenden Englischen Garten zwischen den beiden Hauptstraßen erreicht.[24]

Den gesteigerten Anforderungen einer königlichen Hofhaltung trug Friedrichs Entschluß zum erneuten Umbau der Lusthausoper Rechnung, mit dem Thouret am 14. August 1811 beauftragt wurde. Der König hatte während seines Pariser Aufenthalts 1809/10 die auf Legitimation zielende Hofkunst des Empire kennengelernt, als deren bedeutendster württembergischer Reflex die „äußerst pressante neue Einrichtung des Königl. Opernhauses"[25], also bezeichnenderweise eine stark öffentlichkeitsbezogene Aufgabe der Innenraumgestaltung, anzusehen ist. Der nicht nur finanziell begründete Verzicht auf eine auch äußere architektonische Adaptierung des Beerschen Lusthauses verweist auf das nur noch scheinbar intakte höfische Selbstverständnis des sich absolutistisch gebärenden Friedrich I., demzufolge die Funktion des Theaters sich in der die Institution des Monarchen überhöhenden Prachtentfaltung erschöpft. Der von Napoleons Gnaden aufgestiegene Rheinbundkönig versuchte den revolutionären Makel seiner Würde, die durch keine altfeudalen Legitimationslehren mehr gedeckt war, gerade im kalkuliert höfisch-repräsentativen Auftreten vor den ehemals souveränen, zum dienstpflichtigen Hofadel degradierten Standesherren zu überspielen.[26]

„Unter allen Rheinbundfürsten hatte sich wohl keiner mehr über die gewonnene Souveränität gefreut und dieselbe im vollen Glanz der Königswürde in so großartigem Stile ausgebeutet als König Friedrich von Württemberg".[27]

Der Umbau des am 26. Januar 1812 neu eröffneten Opernhauses, dessen beträchtliche Kosten in Höhe von 62 000 fl. den ersten Anschlag um mehr als das Doppelte überschritten hatten[28], bezog sich in der Hauptsache auf den Zuschauerraum; die tiefe, barocke Bühne wurde übernommen. Auf dem Grundriß eines 3/4 Kreises erhob sich ein vierrangiges Theater, das in Parterrelogen, zwei Logenrängen und zwei Galerien sowie im Parkett 1254 Sitzplätze faßte. Der erste Rang enthielt die Logen für den König und den Hofstaat; zwei vergoldete Figuren trugen den draperiegeschmückten Baldachin über der rot ausstaffierten Hofloge in der Achse. Im Proszenium waren zwischen korinthischen Kolossalsäulen die mit Spiegelwänden ausgekleideten Privatlogen des Königs und des Kronprinzen untergebracht. Ionische Säulen trugen den zweiten Logenrang, vergoldete Karyatiden den Balkon und wiederum Säulen die abschließende Galerie.

Rosetten und oktogonale Kassetten gliederten die gewölbte Decke. Die weiß und in Gold gehaltenen Architekturteile und Dekorationen hoben sich vom blauen Grund der Stoffbehänge ab.[29] Ein gedeckter Gang verband das Neue Schloß über einer Arkade mit den Hoflogen im ersten Rang.

Das königliche Hoftheater des neuen Württemberg war zu sehr von der spätabsolutistischen Konzeption Friedrichs I. geprägt, der sein als Truppenlieferant Napoleons zusammengerafftes Reich ohne die alten Landstände allein mit Hilfe seines aus depravierten Standesherrn rekrutierten Dienstadels regieren wollte, als daß es seinen Bauherrn und dessen Politik lange hätte überleben können.

1.3. Das Hoftheater im Verfassungsstaat als Teil der öffentlichen Kunstpolitik.

Wilhelm I. (1816-64) gab sich den Ständen gegenüber liberaler und ließ sich 1819 eine konstitutionelle Verfassung – nach der badischen die freisinnigste in Deutschland – abringen.[30] Die Berücksichtigung altständischer Elemente war wesentliche Voraussetzung für die Entwicklung eines starken, partikularistischen Liberalismus, der, anders als in Baden oder Hessen-Darmstadt, deutschnationalen Tendenzen gegenüber kaum anfällig wurde.[31]

Der neue integrative Kurs zeitigte bald Konsequenzen in der staatlichen Kunstpolitik. Thouret wurde als Hofbaumeister verabschiedet und erst 1829 mit einer Professur an der neu eingerichteten Kunstschule abgefunden.[32] Nachfolger des stets der Architektur des sogenannten Revolutionsklassizismus und des Empire verpflichteten Thouret wurde der fast gleichaltrige Florentiner Giovanni Salucci (1769-1845)[33], dessen ebenso konservativer, doch international versierter palladianischer Klassizismus dem souveränen König von Württemberg nach Napoleons Sturz angemessener scheinen mußte. Aus der nunmehr bürokratisch reglementierten Kompetenzverteilung zwischen beiden Architekten sprach die strukturelle Anpassung des öffentlichen Bauwesens an den konstitutionellen Staat. Saluccis Zuständigkeit als „Premier architecte du Roi" erstreckte sich nur auf die unmittelbaren Hofbauten; die Stadtplanung blieb Thouret vorbehalten.[34]

Sein Generalbauplan von 1818 rückte die definitive Gestaltung des Schloßplatzes in den Blickpunkt. Das Ministeriengebäude und der Redoutensaal an der Königstraße standen auf Abriß zur Disposition. Die beabsichtigte Verlängerung der Schloßflügel durch Kolonnaden aktualisierte Rettis Vorhofprojekt. Aus der „Erklärung des auf Allerhöchsten Befehl von dem Professor N. Thouret entworfenen General Plans über die Verschönerung und Vergrößerung der Königl. Residenz Stadt Stuttgart"[35] ist zu entnehmen, daß gegenüber dem Schloß an der Königstraße ein kasinoartiges „Colonnade und Boutiquen enthaltendes öffentliches Gebäude" projektiert war. Es sollte „Caffe, Billard und Restaurateur Zimmern, hinter derselben im Mittel aber (...) einen Tanz oder FetenSaal", über dem Vestibül einen „ConcertSaal nach dem Muster der alten Theater oder Odeen" beherbergen.[36] Für ein neues Schauspielhaus offerierte Thouret den Bauplatz des abzubrechenden Waisenhauses zwischen Altstadt und Residenz in der Nähe des großzügig geplanten Zentrums gegenseitig sich steigernder öffentlicher Kulturbauten, der Neuen Bibliothek, der „Physicotechnischen Schule" und der Kunstschule an der oberen Neckarstraße. Obwohl das Theater weiterhin in der Bannmeile des Schlosses verbleiben sollte, trug die angeregte Standortverschiebung, die gerade auch mit der verkehrsgünstigen Erschließung für die Besucher begründet wurde, der veränderten Rolle des königlichen Hoftheaters in der konstitutionellen Monarchie Rechnung. Das alte höfische Opernhaus, „welches der Allerhöchsten Absicht gemäß eine andre Bestimmung erhalten und durch ein neu zu erbauendes Schauspiel Haus ersetzt werden solle", möchte, so Thouret, „als das einz'ge bedeutende Denkmal wirklich vaterländ'scher Baukunst ... seine Entmantelung sowie seine Restauration wohl verdienen und die Erhaltung desselben wünschenswert sein".[37] Seiner Nähe zum Schloßgarten wegen erwog er die Installierung einer unerläßlichen Winterorangerie im Saal des denkmalpflegerisch gereinigten Lusthauses, wodurch dessen höfische Zweckbestimmung im übrigen anschaulich restituiert worden wäre.[38]

Thourets Generalbauplan als letzter städtebaulicher Ordnungsversuch, der das Schloß als sinnstiftende Mitte eines urbanen Komplexes aus Öffentlichkeit konstituierenden Kernbereichen und locker angegliederten Wohnvierteln begriff, hat eher langfristige Wirkungen gezeigt, als daß er unmittelbar sich in den vorgeschlagenen Bauten konkretisiert hätte. Die Schwerpunktverlagerung Stuttgarts talwärts zum Residenzbereich hatte sich bereits soweit verselbständigt, daß eine Regulierung der an die Peripherie gerückten Altstadt „bei all ihrer Ungereimtheit und verworrenen Anlage" von Thouret nur noch beiläufig erwähnt und allenfalls als „Folge eines großen Unglücks" gedacht werden konnte. Der eminente Stellenwert der repräsentativen Randbebauung des Schloßplatzes[39] läßt sich an der langwierigen Planungsgeschichte mit mehrfach wechselnden Konzeptionen verfolgen, die erst um die Mitte des Jahrhunderts in eine fragmentarische Realisierung mündete und in deren Verlauf das große Theaterprojekt der 30er Jahre den herausragenden Platz einnahm.

Zum Verständnis des so lange geplanten Neubaus wichtig sind auch die Veränderungen in der Organisationsform der königlichen Bühnen. 1818 hatte Wilhelm I. eine dem Oberstkammerherrn[40] untergebene Intendanz für Theaterangelegenheiten etabliert, die aus je einem Leiter für den Kunstbetrieb und für die Verwaltung bestand. Die einschneidendste Maßnahme aber war die kurzfristige Übernahme des bislang königlichen Instituts durch den Staat aufgrund einer Ständeinitiative. Die Bühne ging als Kgl. Hof- und Nationaltheater in die Verwaltung des Innenministeriums über, dem auch die Schul- und Kultusbelange oblagen; doch wurde das Theater weiterhin von Beamten des Hofes geleitet.[41] Ein Dekret vom 18.7.1818 über die deshalb von einer Million auf 800 000 fl. ermäßigte Zivilliste verfügte die Übernahme des Theateretats von etwa 100 000 fl. Die beiden Gebäude des nunmehr staatlichen Theaters wurden nach Verabschiedung der Verfassung von 1819 Teil des staatlichen Kammergutes, wogegen die Stände sich zur Gewährung einer Zivilliste verbindlich verpflichten mußten. Jedoch erwies sich die antagonistische Struktur eines staatlich finanzierten Theaters mit einem höfischen Direktorium an der Spitze als nicht praktikabel. Schon der Budgetbericht der Kammerfinanzkommission für 1819/20 kam zu der Ansicht, „das Theater sei mehr eine Anstalt des Hofes als des Staates und sollte deshalb mit einer angemessenen Vermehrung der Zivilliste auf diese zurückgenommen werden". 1820 wurde ein entsprechender Antrag von beiden Kammern angenommen und die Zivilliste auf 850 000 fl. mit der Auflage erhöht, ein Theater und Orchester zu unterhalten, „damit beide bestehen und Württemberg nicht gegen andere, selbst kleinere Staaten zurückstehe".[42] Opernhaus und Redoutenhaus fielen wieder an die Kronausstattung zurück, d.h. als Teil der Krondotation blieben sie Eigentum des Staates, aber in Nutznießung des Hofes. Die Verwaltungsaufsicht fiel an die Hofdomänenkammer; die künstlerische Leitung übernahm ein vom König ernannter Intendant.

2. Die Neubauprojekte in der Planungsgeschichte.

2.1. Die Diskussion in den Instanzen der Behörden.

Regelmäßige größere Reparaturen an der Lusthausoper einschließlich von Magazinanbauten und einem neuen Vestibülvorbau wegen akuten Raummangels[43] führen 1830 zur Wiederaufnahme der Neubaudiskussion, nachdem ein vom König befohlenes Gutachten über „Fehler, Mängel und Gebrechen des Theatergebäudes" vom 6.5.1830 dessen schlechten Zustand und Beengtheit moniert hatte.[44] Ein kgl. Dekret ordnet daraufhin eine durchgreifende „Herstellung und Verbesserung des Gebäudes" nach Maßgabe eines vorzulegenden Modells und nach Abnahme des Kostenüberschlags an. Ausdrücklich wird die Beschränkung des Aufwands auf die „Forderungen der Notwendigkeit und Einfachheit" betont und gleichzeitig auf eine angemessene Berücksichtigung der Bedürfnisse eines Residenztheaters gedrungen.[45]

Ohne direkten Autrag legt Salucci im September „des plans d'une salle de spectacle, telle que me semble réclamer les localités, les convenances de la Cour et le nombre des habitués du théâtre de cette residence Royale" vor und erklärt sie in einer Audienz „sous les yeux du Roi".[46] Im Begleitschreiben „Mémoire additionnel aux notes écrites sur les Plans du projet" argumentiert er für einen völligen Neubau anstelle des alten Theaters, das er nach zwei schweren, in die Substanz eingreifenden Umbauten nach Größe und Raumverhältnissen nicht mehr für ausreichend hält. Implizit kritisiert der Hofbaumeister den Umbau Thourets von 1811/12.[47] Statt Salucci wird jedoch der 1818 abgehalfterte Thouret mit der Ausarbeitung des Entwurfs und eines außen wie innen „detaillierten Modells" beauftragt. Der König äußert seine Zufriedenheit über das im Mai 1831 abgelieferte Modell und die Baurisse und läßt ihm zusätzlich zum regulären Honorar eine goldene Tabatière zur Anerkennung aushändigen.[48]

Daß König Wilhelm seinen „Premier architecte" in der Theaterbaufrage so offensichtlich zu übergehen beabsichtigt, spricht für die im Stuttgarter Bauwesen seit 1818 durchgesetzte Trennung der unmittelbaren Bausachen des Hofes von denen öffentlich-staatlicher Repräsentanz. Für die ersteren, die im Zuge der Konstitutionalisierung des Staates zwangsläufig Elemente tendenzieller Privatheit annehmen, zeichnet Salucci allein verantwortlich, als Architekt des Königs.

Nicht er, sondern Thouret, der noch bis in die 40er Jahre für die Staatsbauten zuständig ist, wird nach Saluccis Abschied 1842 mit dem Titel eines Oberbaurats der höchste beamtete Architekt Württembergs. Seine Person soll Kontinuität mit dem alten Hoftheater garantieren, sein Entwurf den staatsverbindlichen Anspruch der vom Hof betriebenen Bühne neu gestalten. Die Wahl des Architekten folgt weniger nach persönlichen Geschmackskriterien des Monarchen – denen hatte Salucci meist besser entsprochen –, sondern bemißt sich am Rang, den der Bauherr einer Architektur zuweist.

Salucci wird nicht einmal in die Kommission „zu näherer Erörterung des Modells zu den im Theatergebäude vorzunehmenden Verbesserungen und neuen Einrichtungen..." berufen, die der König im Juni 1831 ernennt und der unter dem Vorsitz des Oberhofmeisters von Seckendorff, Hofkammerdirektor von Gärttner, Theaterreferent Hofrat Gerber, der Direktor der Bau- und Gartendirektion Seyffer, Thouret und die Baumeister Autenrieth und Gabriel angehören.[49] Zugleich wird die Theaterdirektion angewiesen, sich wieder „Intendanz der Kgl. Schauspiele" wie vor dem Intermezzo des Nationaltheaters zu nennen. Die Änderung signalisiert, daß die geplanten baulichen Maßnahmen im Zusammenhang eines Versuchs stehen, Status und Funktion des Theaters zwischen Hof und Land Württemberg neu zu definieren.

Der Vorstoß Saluccis, ein „relief modèle" zu seinem Projekt anfertigen zu dürfen, dessen Charakter sich harmonisch der Residenz anpasse, „dont il [das Theater, Anm. des Verf.] est par sa position l'accessoire sans en être la continuation"[50], wird mit dem Hinweis, es gehe nur um Wiederherstellung des Lusthaustheaters, abgebogen. Wenig später jedoch fragt der Theaterintendant Graf Leutrum brieflich Thouret: „Ist es unbedingt der Wille Sr. Majestät des Königs, bei einem vorzunehmenden Theaterbau die alten Mauern stehen zu lassen? Oder gehen S. Majestät der König nur aus ökonomischer Berücksichtigung in diesen Plan ein?" Leutrum spricht sich vorsichtig für einen Neubau aus, der seiner Ansicht nach nicht wesentlich teurer käme.[51]

Ebenso urteilt die Kommission aufgrund eines Gutachtens von Seyffer, nachdem Thouret sein Projekt eines vierrangigen Theaters mit 1664 Plätzen und den Voranschlag über 500 000 fl. in ausführlichen Berichten erläutert hat.[52] In fünf Bauperioden bis 1836 sollen das Lusthaus umgebaut und drei Anbauten errichtet werden. Seyffers Gutachten befürwortet prinzipiell einen Neubau, um dann umso heftiger die stückweise Adaptierung eines untragbar gewordenen Provisoriums zu verwerfen. Die Beschränkung auf die vorhandenen Außenmauern angesichts der räumlichen Enge findet er nicht vertretbar; für Thourets Projekt veranschlagt er rund 100 000 fl. mehr![53] Über diese Einschätzung geht der Bericht der Kommission vom 19.3.1832 noch hinaus, der 650 000 bis 700 000 fl. für den Umbau und ein Interimstheater berechnet, um während der langen Bauzeit einen jährlichen Verlust von 30 000 fl. Eintrittsgeldern zu vermeiden. Dagegen setzt der Bericht ausführlich die Vorteile eines Neubaus an anderer Stelle zu ähnlichen Kosten auseinander, zumal ein Umbau aus der Zivilliste finanziert werden müßte.[54] Da Wilhelm I. aber die Möglichkeit eines Neubaus verworfen hat, begnügt sich die vorsichtig formulierende Kommission damit, dem König die Entscheidung über eine große oder kleine Umbaulösung anheimzustellen und eventuell Thouret mit der nochmaligen Redaktion seines Entwurfs zu beauftragen. Der König entscheidet sich für die sparsamste aller denkbaren Varianten, einen unabdingbaren Magazinanbau auf der Seite zur Eberhardskirche.

Dem abwiegelnden Bescheid des Monarchen zum Trotz verstummt die Diskussion innerhalb der Hofbürokratie über weiterreichende Schritte in der Theaterfrage keineswegs. Das Bemühen, dem widerstrebenden König doch noch die Zustimmung zumindest für eine völlige Neueinrichtung des Theaters abzugewinnen, erhellt sich deutlich aus dem internen Schriftwechsel der Hofbehörden. Anders jedoch als 15 Jahre später in Karlsruhe werden die komplexen Interessen, die an einen Um- oder Neubau des Hoftheaters geknüpft sind, von den Fürsprechern nicht bewußt artikuliert. Auch fehlt auffälligerweise fast jede Unterstützung durch eine interessierte bürgerliche Öffentlichkeit, die den Neubau in Karlsruhe erzwingen wird. Daß die Stuttgarter Theaterdiskussion dagegen den Rahmen der unmittelbar tangierten Bürokratie nicht durchbricht, ist nicht zuletzt der ausgesprochenen Kunstfeindlichkeit des in Schwaben besonders starken Pietismus zuzuschreiben, der das glanzvolle höfische Theater als frivol und gottlos ablehnt.[55]

Im Oktober 1832 erklärt Hofrat Seyffer in einem Gutachten über den veränderten Plan und Kostenanschlag Thourets ausdrücklich, daß ein Neubau zweckmäßiger wäre.[56] Die Theaterkommission schließt sich diesem Votum an und führt als Hauptargument neben den Kosten die Unannehmlichkeiten für die Residenz durch jahrelange Bauarbeiten auf dem Schloßplatz und die vermutlich länger als ein Jahr dauernde Theaterpause ins Feld. Daraufhin bestimmt der König, die Angelegenheit bis zum Frühjahr „vorerst ruhen zu lassen". Seine abwartende Haltung ist durch die innenpolitischen Schwierigkeiten nach der Pariser Julirevolution mit der starken Opposition der zweiten Kammer bedingt, die der König im März 1833 auflösen läßt, weil sie die Rücknahme eines Antrags gegen die reaktionären Frankfurter Ordonnanzen Metternichs verweigert hatte.[57]

Im Mai 1833 weist der König Thouret überraschend an, auf der Grundlage des Umbauplans Modell und Risse anzufertigen und der Kommission darüber Bericht zu erstatten. Diesen Bescheid nehmen die immer offensichtlicher für einen Neubau taktierenden Hofbehörden zum Zeichen der Ermutigung. Ein Schreiben der Intendanz der Kgl. Schaupiele vom 4.6.1833 an den König bezieht sich auf dessen angebliche, nicht näher belegte Äußerung, „daß im Falle der Erbauung eines neuen Theaters solches nicht an der Stelle des gegenwärtigen Theatergebäudes aufgeführt werde", und leitet daraus den Anspruch ab, neue Vorschläge zu einem größeren, „unumgänglich notwendigen" Raumprogramm machen zu dürfen.[58] Die Planung des Anbaus auf der Nordseite des alten Theaters wird eingestellt. Wahrscheinlich hat der zuletzt offene Obstruktionskurs der Behörden gegen halbherzige Umbauvorhaben den König verunsichert; die Frage über Umbau oder Neubau wird wieder einmal vertagt. Die instabilen politischen Verhältnisse sind einer schnellen Entscheidung kaum förderlich. Im Frühjahr 1834 droht König Wilhelm gar mit der Verlegung der Residenz wegen der Unruhe unter der Stuttgarter Bürgerschaft, doch läßt er sich durch eine willfährige Petition des Stadtrates davon abbringen, die liberalen Residenzbürger an ihrem empfindlichsten, dem ökonomischen Nerv zu treffen.[59]

In einem vom 30.3.1834 datierten Brief sucht Thouret um Bezahlung für die „Ausarbeitung der Pläne und Detail-Zeichnungen zu einem Neuen Koenigl. Hof Theater Gebäude und die Fertigung des Modells desselben" an, die er schon im April des Vorjahres „auf allerhöchsten unmittelbaren Befehl" vorgelegt habe.[60] Ende 1834 reicht er als Planvariante das „in Folge allerhöchsten Befehls... mittels einer angebrachten Säulenhalle abgeänderte Modell eines neu aufzuführenden Theater Baues" zusammen mit einem längeren Begleitschreiben ein, das die Bitte um Gehaltsaufbesserung bzw. um Angleichung an seine früheren Bezüge als Hofbaumeister enthält. Das Gesuch wird abgelehnt.[61]

2.2. Der Architektenwettbewerb und die Entwürfe im Spiegel der Gutachten.

Mit der Erweiterung der „Theater Bau Commission", wie sie ab jetzt genannt wird, durch den Intendanten Graf Leutrum am 1.6.1835 tritt die Planungsgeschichte in ein entscheidendes Stadium. Zwar existiert kein Aktenstück mehr, das die königliche Entscheidung für einen neuen Theaterbau anstelle des alten Redoutenhauses gegenüber der Residenz überliefert, doch schon am 2. Juni veranlaßt Oberhofmeister von Seckendorff den aus Breslau stammenden Architekten Karl Ludwig Zanth (1796-1857), der nach der Julirevolution 1830 von Paris nach Stuttgart übergesiedelt war[62], „den Plan zu einem neuen Theater mit den erforderlichen Zeichnungen zu entwerfen". Im September 1835 reicht der ebenfalls aufgeforderte Hofarchitekt Salucci als erster sein auf 11 Blättern niedergelegtes Projekt ein und wird zwecks Rücksprache mit dem König zur Audienz beordert.

Nachdem in der ersten Hälfte des folgenden Jahres auch Zanth seinen Entwurf vorgelegt hat, ergeht am 17.9.1836 die Weisung an die Kommission, „die sämtlichen vorliegenden Pläne einer vergleichenden Prüfung [zu] unterwerfen und über die Ergebnisse derselben in der Richtung sich berichtlich [zu] äussern, welcher dieser Pläne für den zweckmäßigsten zu erkennen und zugleich in der Ausführung mit dem geringsten Kostenaufwand verbunden sein dürfte". Die „etwaigen Modelle" sollen auch berücksichtigt werden.[63] Letzteres kann nur auf Thourets Entwurf von 1833 bezogen sein.

Die Gutachtertätigkeit der Kommission erstreckt sich von Oktober 1836 bis Mai 1837 und schlägt sich in drei ausführlichen Berichten nieder, dem Hauptgutachten des Direktors der Bau- und Gartendirektion Hofrat Seyffer vom Januar 1837, dem Begleitgutachten der technischen Sachverständigen, der Bauinspektoren Gabriel und Gaab vom 3.3.1837 und dem Sammelgutachten des Kommissionsvorsitzenden von Seckendorff vom 19.5.1837.

Seyffers Expertise kritisiert vorab die ungleichen Bedingungen, die aus den wenig konkret formulierten Wettbewerbszielen resultieren und eine gerechte Beurteilung der Entwürfe erschweren. So wurde keine bestimmte Aussage darüber gemacht, ob ein Konzertsaal in den Neubau mit einzubeziehen sei oder nicht. Ferner rügt Seyffer, daß die zu klein ausgefallenen, sorgfältig aquarellierten Risse aller Projekte zu stark auf einen günstigen optischen Effekt hin angelegt seien. Stattdessen hätte er es begrüßt, wenn die Blätter größer, im gleichen Maßstab und „ohne alle Farben und Malerei" entworfen worden wären.[64]

An Zanths Projekt lobt Seyffer die Parallelstellung zur Königstraße mit der Schmalfront, die den Primat des tieferliegenden Schlosses gegenüber nicht beeinträchtigt, dagegen tadelt er die im übrigen „regelmäßig und schön" klassifizierte Architektur der Fassade als zu bescheiden. Die innere Raumverteilung und der Zuschauersaal werden als „ganz zweckmäßig und äußerst gefällig" beurteilt, die freie Rangkonstruktion besonders positiv bewertet, Einwände aber gegen die schmale Bühnenöffnung und die ungeschickt angeordneten Treppenhäuser vorgebracht. Es fällt auf, daß Seyffer sich zwar ausführlich zur Zweckmäßigkeit der Entwürfe äußert, eine ästhetische Wertung aber, die über das Begriffspaar „regelmäßig und schön" hinausginge, peinlich vermeidet. Die Bestimmung der äußeren Form der Architektur, die er zur Geschmackssache deklariert, möchte er allein seinem Bauherrn überlassen.

Zurückhaltend urteilt Seyffer über Thourets Entwurf.[65] Er kritisiert außer dem hohen Aufwand, daß der Schloßplatz vom Theater aus reorganisiert wird und fürchtet eine Beeinträchtigung der Residenz durch dessen beherrschende axiale Position. Zwiespältig taxiert Seyffer den Außenbau, der „viele Ähnlichkeit mit dem Mainzer Theater von Moller aufweist".[66] Er mißbilligt die Vielgliedrigkeit des Baukörpers und rügt – mit der Meßlatte einer noch barocken Decorumslehre – die fehlende Harmonie zwischen der mit großer Ordnung instrumentierten Fassade und den „mageren" Seitenfronten, das Verhältnis des zu hohen Bühnenhauses zu den schlanken Anbauten und die abgestuften Dächer über den niedrigeren Bauteilen. Den Innenräumen und dem komplexen Verkehrssystem zollt er Anerkennung; er vermißt überdeckte Anfahrten für die königliche Familie.

An Saluccis „sehr großartig" empfundenen Entwurf lobt er den „schönen und regelmäßigen" Grundriß, den charakteristischen Außenbau, im Innern den „hinlänglichen Raum für sämtliche Bedürfnisse" und die Ausnutzung des Bauvolumens. Auch hier kritisiert der Hofbeamte, daß das Theater in der Achse des Schlosses und nicht parallel zur den Platz schräg tangierenden Königstraße angeordnet sei. Die Fassade, welche die Bestimmung des Gebäudes richtig ausspreche, „... wird in der Ausführung am meisten, ja vielleicht nur zu viel vis à vis des Schlosses imponieren". Die Subordination des Theaters unter die Residenz möchte er unter allen Umständen gewahrt wissen. Vor diesem Hintergrund verstehen sich auch vorsichtige Einwände gegen das im Verhältnis zu den übrigen Lokalen zu großartige verdoppelte Treppenhaus mit den weitläufigen Vestibülen, gegen die Binnenhöfe und die im Vergleich mit der Hauptfassade, auf die aller Aufwand „verschwendet" sei, „stiefmütterlich" behandelten Seitenfronten. Der vom höfischen Gutachter inkriminierte „ungleichwertige Styl" der Theaterfassaden bei Salucci resultiert wie bei Thouret aus dem Anliegen der Architekten, den auf eine große Benützeröffentlichkeit bezogenen, monumental gesteigerten Eingangstrakt von dem primär utilitär begriffenen Bühnenhaus durch bewußte Abstufung des formalen „Decorum" abzusetzen.[67] An der inneren Einrichtung findet Seyffer Verschiedenes auszusetzen. Daß nur auf dem ersten Rang Privatlogen vorgesehen sind, wird ebenso negativ vermerkt wie die räumliche Enge der überdies in einem Zwischengeschoß untergebrachten königlichen Logen mit den zugehörigen Appartements und die ungenügende Separierung der Verkehrssysteme für Zuschauer und Theaterpersonal.

Nachdem Seyffer die Notwendigkeit eines Theaterneubaus und die Richtigkeit des in Aussicht genommenen Bauplatzes gegenüber früheren Vorschlägen noch einmal bestätigt, plädiert er zusammenfassend dafür, hinsichtlich der Lage und des Außenbaus die Entwürfe von Zanth und Salucci dem von Thouret vorzuziehen, was die innere Einrichtung aber betrifft, Thourets Projekt vor die anderen zu stellen. Rührt die Ablehnung des Thouretschen Außenbaus daher, daß der Seyffer „am wenigsten gefällt", so weist er Zanth und Salucci bei der Bemessung und Verteilung der Innenräume schwerwiegende Fehler nach. Keines der drei Projekte wird im derzeitigen Zustand unbedingt zur Ausführung empfohlen.

Die Bauinspektoren Ludwig Friedrich Gaab[68] und Ferdinand Gabriel[69] schließen sich dem Seyfferschen Gutachten inhaltlich weitgehend an, räumen aber, was die Lage des Theaters angeht, dem Entwurf Thourets einen Vorteil vor dem des Salucci ein.[70] Die abgegebenen Expertisen werden im Namen der Kommission von deren Vorsitzendem von Seckendorff in einem Sammelgutachten kompiliert.[71] In einem Anhang äußert sich die Kommission skeptisch über eine nachgereichte Skizze Saluccis zu einem aus Gründen der Kostenersparnis reduzierten Entwurf, der als unzweckmäßig verworfen wird[72], zumal er noch immer wenigstens so teuer wie die von Thouret und Zanth geschätzt wird. Zuzüglich der in einem ersten Kostenvoranschlag nicht berücksichtigten Ausgaben zur Erwerbung des Bauplatzes und für die Maschinerie beziffern die Sachverständigen den Gesamtaufwand bei Thouret und Zanth auf voraussichtlich 1,1, für Saluccis ersten Entwurf auf mindestens 1,3 Millionen Gulden, ohne einen möglichen Mehrbedarf von jeweils 100-200000 fl. ausschließen zu wollen. Die Kommission schließt ihren Bericht einer Anfrage des Königs gemäß mit einem Vorschlag zur Ausbesserung und Regulierung der drei nordwestlichen Anbauten des Lusthaustheaters. Eine solche Maßnahme wird deshalb für notwendig erachtet, da mit der Fertigstellung eines Neubaus nicht vor acht bis zehn Jahren zu rechnen sei, um die Finanzmittel auf mehrere Haushaltsperioden verteilen zu können.

Der Antwortbescheid des Königs vom Juni 1837 läßt den Wunsch nach Aufschub des ganzen Unternehmens deutlich erkennen. Zwar räumt er dem Zanthschen Entwurf den Vorzug ein und läßt den Architekten zu den gewünschten Planänderungen auffordern, auch wird erstmals direkt die erstrebte finanzielle Beteiligung der Stände angesprochen, zumindest in Form der entschädigungslosen Abtretung des Bauplatzes und durch anderweitige Unterbringung der dort noch befindlichen Kaserne[73]; doch alle näheren Schritte auf den Neubau zu werden davon abhängig gemacht, ob die Kommission von den Ausbesserungsarbeiten an der Lusthausoper erwarte, „daß hierdurch die Brauchbarkeit der fraglichen Gebäude noch auf eine längere Reihe von Jahren gesichert wird".[74]

Gabriel und Gaab geben daraufhin für die Kommission zu Protokoll, daß die Nebengebäude, deren schlechter Beschaffenheit wegen der Neubau so nötig geworden war, nach den vorgesehenen Umbauten für weitere 20 Jahre benutzbar seien. Am 15. Juni stellt der König für den provisorischen Umbau einen Dispositionsfond in Höhe von 12000 bis 15000 fl. bereit.[75] Der endgültige Bescheid über den Neubau, der nach dem Stand der Vorarbeiten das aufwendigste Bauvorhaben in der Hauptstadt des jungen Königreichs erwarten ließ, war wieder auf die lange Bank geschoben. Dennoch erscheint es verfrüht, wenn in der älteren Literatur aus der eingeschränkten Perspektive heraus, die Theaterfrage mit dem Schicksal eines der eingereichten Entwürfe zu verkoppeln, die beiden Reskripte vom Juni 1837 emphatisch als „Schlußstrich unter die Tragödie"[76] bezeichnet werden. Der Epilog zu der behördeninternen Stuttgarter Staatsaktion geht in ebenso vielen Akten über die Bühne wie die Haupthandlung selbst. Allerdings haben sich an der Peripetie des vormärzlichen Dramoletts die dynamischen Schubkräfte zwischen den unerklärten Parteien vertauscht. Je mehr die Initiative der loyalen Beamtenschaft erlahmt, desto zäher verlegt sich König Wilhelm auf findige Ablenkungsmanöver, um die leidige Neubauaffäre in Etappen auszusitzen.

2.3. Die Verschleppung des Neubaus als Folge der Konzeptionslosigkeit des Hofes.

Vollends verfahren stellt sich die königliche Baupolitik in der Theaterfrage dar, als durch ein Dekret im Mai 1838 – die Arbeiten an den Anbauten des Lusthaustheaters waren seit Anfang des Jahres in Gang – ein völlig neues Projekt ins Spiel kommt, der Baubeschluß für ein Theater in der Cannstatter Vorstadt, mit dem Zanth beauftragt wird. Die forcierte Durchführung dieses Unternehmens läßt sich nur dadurch erklären, daß sich der zögernde, noch keinesfalls zum Neubau in Stuttgart entschlossene König Zeitgewinn verschaffen will und mit einem Ausweichquartier für die Hofbühne im Fall des endgültigen Scheiterns der hochfahrenden Neubaupläne es umso leichter bei einer allmählichen Adaptierung des Lusthauses bewenden lassen kann. Dieser Gedankengang wird verständlicher, wenn man berücksichtigt, daß das Cannstatter Theater ursprünglich lediglich als Sommertheater im Zusammenhang der geplanten „maurischen Villa Wilhelma" am Neckarabhang des Schloßparks Rosenstein gedacht war, jetzt aber als einziger Teil zur Ausführung bestimmt wird, während Zanth die übrigen Gebäude erst 1842/1855 errichtet.[77] Im Wilhelmaprojekt und seinem mit Priorität behandelten Privattheater manifestiert sich das Rückzugsverlangen des Hofes aus der vormärzlich beunruhigten Öffentlichkeit der Hauptstadt in die ungestörte Privatheit einer naturhaft verstandenen Lebensweise, die sich hier mit dem Arsenal gotisierender Formen deshalb nicht mehr identifizieren kann, weil diese vom nationalen Bürgertum bereits okkupiert sind. Allein die Planung der Wilhelma, die eine

25 Stuttgart, Wilhelma-Theater in Bad Cannstatt von K.L. Zanth, 1839/40, Fassade

erhebliche Belastung der Zivilliste zur Folge hat, impliziert eine indirekte Absage an den baldigen Hoftheaterbau, und ihre Realisierung ist die Antwort des Königs auf die fast zehnjährige Theaterdebatte. Am Rand des Parkgeländes zur Stuttgarter Landstraße wird das Cannstatter Theater (Abb. 25) unter Zanths Aufsicht und der Leitung des Werkmeisters Carl Friedrich Leins, des späteren Architekten des Königsbaus in Stuttgart, 1839/41 für insgesamt 110000 fl. auf Rechnung der Zivilliste gebaut.[78] Durch Lage und spätklassizistisch zurückhaltenden Habitus ist der kleine Bau deutlich von der großen Villa abgesetzt, deren er sich jedoch gleichzeitig als Hintergrund versichert, bevor er mit vorsichtigen Konzessionen – Giebel, Portikus mit Balkon und Figurennischen – die Fassade an die Öffentlichkeit adressiert. In seiner Doppeldeutigkeit verrät sich Zanths Theater als Probe aufs Exempel für König Wilhelms Stuttgarter Absichten.

Im September 1838 ergeht auf höchsten Befehl an den in Theaterfragen renommierten Karl Alexander von Heideloff (1789-1865)[79] die Einladung, einen Theaterbau zu entwerfen, wobei nach Wunsch des Königs „von einem darin anzubringenden Concertsaale durchaus abstrahiert werden soll". Zur Orientierung werden in der Anlage Aktenstücke aus der Phase der ersten Umbaupläne (1831/32) beigefügt.[80]

Es wird nicht eindeutig ersichtlich, ob der König wiederum an einen großzügigen Ausbau des Lusthauses gedacht hat, was die Auswahl der Heideloff übersandten Anlagen allerdings nahelegt. Der geht im Oktober auf das Anerbieten des Hofes ein und bittet um einen Situationsplan und die Zanthschen Entwürfe, die er „unter der sorgfältigsten und verschwiegendsten Verwahrung zu halten" zusichert. Über den württembergischen Gesandten am bayerischen Hof wird für Heideloff ein vierteljährlicher Urlaub erwirkt und ihm ein Atelier im Alten Kanzleigebäude eingeräumt. Offiziell ist er im Herbst 1839 im Auftrag des Grafen Wilhelm von Württemberg tätig, für den er den neugotischen Ausbau der Burgruine Lichtenstein auf der Schwäbischen Alb entwirft.[81] Als einziger Beleg seiner sorgfältig abgeschirmten Tätigkeit hatte sich bis 1944 ein großes Modell im Schloßmuseum erhalten, dazu ein fragmentarisches Gutachten Seyffers vom 26.1.1840, aus dem hervorgeht, daß keine Pläne oder Risse vorgelegt worden sind. Im April erläutert Heideloff sein Modell dem König. Das Theater soll nach dessen Intentionen „so einfach als möglich, jedoch in der Art gehalten" sein, „daß es möglicherweise einen ähnlichen Eindruck wie das Theater della Scala in Mailand hervorbringe". Im Herbst 1840 begegnet der Name des Nürnberger Architekturprofessors zum letzten Mal in den Theaterakten, als er um Rückgabe der ihm 1838 geliehenen Schriftstücke gebeten wird sowie ein Jahr später anläßlich der Liquidation seiner Rechnung in Höhe von 3 000 fl.[82]

Während eines Besuchs im Cannstatter Theater im Juni 1840, „bei welcher Gelegenheit der Wiederherstellung des Theaters in Stuttgart Erwähnung geschah", äußert der König Zanth gegenüber die Absicht, definitiv auf den Neubau eines großen Hoftheaters zu verzichten. Mit dem Reskript vom 25. Juni, das die Restaurierung des Lusthaustheaters durch Gabriel und Gaab für etwa 200 000 fl. befiehlt, wird der Gedanke an ein Bauwerk, das den Vergleich mit den königlichen Theatern in Berlin, München und Dresden aushalten könnte, endlich archiviert.

Die beiden zu Hofbaumeistern avancierten Inspektoren halten sich auf Anordnung an die ursprünglichen Pläne Thourets. 1843 wird Gabriel eine Reise nach Paris gewährt, „um von einigen dortigen Bauwerken nähere Einsicht zu nehmen".[83] Der mühsam anlaufende Baugenehmigungsprozeß in den bürokratischen Instanzen täuscht nicht darüber hinweg, daß grundsätzliche Zweifel an der Effektivität des Umbaus bei den beteiligten Behörden bestehen bleiben. Nachdem für das auf 1844/45 verschobene Bauvorhaben Kosten von 400 000 fl. errechnet worden sind, melden sich Gabriel und Gaab auf Veranlassung des Geheimrats von Gärttner „in Betreff der Erbauung eines neuen Theaters neben dem bisherigen alten Theatergebäude" zu Wort. Das vorgeschlagene Grundstück nördlich des Lusthauses sei jedoch zu schmal und der Neubau nicht unter 700 000 fl. zu besorgen. Allen weiteren Spekulationen begegnet eine Aktennotiz vom Juni 1843 „über die Frage von der Thunlichkeit der Erbauung eines neuen Theaters", worin festgehalten wird, „daß S.K.M. fortwährend die Absicht haben, das alte Gebäude allein zur Herstellung eines verbesserten Theaters zu benützen, daß jedoch Höchstdieselben nicht schon im gegenwärtigen Jahre eine definitive Entscheidung ertheilen wollen".

1844 überreicht der Hofmarschall dem König die Voranschläge über 372 000 fl. für den inneren Ausbau einschließlich der Fassadeninstandsetzung, zusätzlich 72 000 fl. für Maschinerie. 1845/46 werden die Arbeiten durchgeführt, die sich wegen eines Gewölbeeinsturzes um mehrere Monate verlängern.[84] Dabei wird die restliche Substanz des Beerschen Lusthauses fast vollends vernichtet. Zuschauerhaus und Bühne ragen basilikal erhöht aus dem Kranz der niedrigeren, in den Fluchtlinien vereinheitlichten Anbauten hervor (Abb. 26). Doppelpilaster im Obergeschoß des Fassadenvorbaus über der gebänderten Rustika des Sockels, der gußeiserne Balkon mit dem württembergischen Wappen vor dem Foyer und die Mezzaninfenster der Seitenflügel unterstreichen den höfischen Charakter der vorsichtig an die Residenz angepaßten Architektur. Ein Teil der alten figürlichen Bauplastik wird vom ersten Bauführer Carl Friedrich Beisbarth gerettet, der vor dem Abriß den Renaissancebau noch zeichnerisch aufnimmt.[85]

Das hufeisenförmige Zuschauerhaus faßt im jetzt ansteigenden Parterre und auf vier Rängen 1900 Plätze, also 450 mehr als im alten Saal. Das Programm der 'al fresco' auf den Plafond gemalten Büsten berühmter Dichter und Komponisten „verschiedener Nationen und Zeiten" in Medaillons war von der Theaterintendanz unter Graf Taubenheim vorgeschlagen und von den Stuttgarter Malern Haverkamp, Maier, Hertle und Fischer ausgeführt worden.[86] Am 26.8.1846 wird das umgebaute und räumlich erweiterte Hoftheater festlich eröffnet. Der König bewilligt als Zeichen seiner Zufriedenheit dem Hofbaumeister Gabriel eine Besoldungszulage von 400 fl. und dem Oberbaurat Gaab eine goldene Tabatière.[87] Noch vor Jahresende unterzeichnen die Architekten das Übergabeprotokoll, wodurch das Gebäude von der Bauleitung in die Obhut der

26 Stuttgart, Altes Hoftheater im Lusthaus nach dem Brand 1902, Fassade

Theaterintendanz gelangt, und legen die Kostenabrechnung über 478 000 fl. vor.

Wie wenig jedoch der kostspielige Umbau die in ein königliches Theater gesetzten Erwartungen zu erfüllen vermochte, erhellt nichts klarer als die schon 1847 geforderten Veränderungen der engen und unbequemen Logenränge sowie die Anbringung weiterer Treppen und Ausgänge für die gefährdeten Besucher der oberen Galerien.[88] Hart wird in einem Hamburger Journal im gleichen Jahr aus dem Blickwinkel bürgerlicher Publikumsbedürfnisse das Theater kritisiert, das „in seiner Einrichtung durchaus den Anforderungen nicht entspricht, was den König, nachdem er schon so eine bedeutende Summe für den Bau ausgeworfen hatte, abermals eine Summe von 80 000 Gulden für die theilweise Umänderung aus seiner Privatkasse zu disponiren nöthigte. So prachtvoll die innere Einrichtung zu sein scheint, so wenig wohliges Behagen entspringt aus diesem Luxus. Es liegt im Ganzen gar zu wenig Ruhe; besonders die gestrichte rothsammtene Tapete, die zu geringe Tiefe der Gallerien und der Umgang um das Parterre auf Säulen, welche die erste Gallerie tragen, nehmen dem inneren Bau das Volle, Satte, Umschlossene, was durchaus nöthig, um uns irgend behaglich zu fühlen. Auf dem Parterre ist bedeutend an Raum gewonnen, was jedoch wieder ein volles Haus nöthig macht, um nicht ärmlich auszusehen."[89]

Die Fertigstellung des plastischen Fassadenschmucks am Vorbau zum Schloßplatz zieht sich wegen der stürmischen Revolutionswirren 1848/49 und wegen eines Streites über das Figurenprogramm bis 1850 hin. Ein von Seyffer unterstützter Vorschlag des Bildhauers und Thorvaldsenschülers Johann Wilhelm Braun (1796-1863), der schon 1839/41 für den Hof am Schloß Rosenstein tätig war, Statuen der vier Zeitalter[90] auf der Attika des Portikus aufzustellen, wird abgelehnt; stattdessen werden bezeichnenderweise wie schon beim Cannstatter Theater die Musen Erato, Thalia, Terpsichore und Melpomene verlangt. Die Figuren werden nach Brauns Gipsmodellen 1850 von dem Stuttgarter Erzgießer Wilhelm Pelargus (1820-1901), der sich wenige Jahre zuvor mit den Reliefs der Jubiläumssäule von J.M. Knapp, 1842/46, empfohlen hatte, gegossen und auf der Attika angebracht.[91]

Mit der Neueröffnung des Hoftheaters 1846 tritt der oldenburgische Baron Ferdinand von Gall[92] die Intendanz der Stuttgarter Bühne an, die er bis 1869 innehaben sollte. Während seiner Amtszeit – der ersten längeren nach mehreren unglücklichen Kavaliersintendanzen – und unter dem Dramaturgen Franz Dingelstedt stabilisieren sich die künstlerischen Verhältnisse; Oper und Schauspiel zählen eine Zeitlang zu den ersten in Deutschland.[93]

Ein vernichtender Brand im Frühjahr 1902 zerstört bis auf die Außenmauern das traditionsreiche Lusthaustheater, das über 150 Jahre hinweg der bevorzugte Ort öffentlicher Repräsentanz des Stuttgarter Hoflebens gewesen ist und doch zugleich als einziges der großen Hoftheater in Deutschland seine architektur- und sozialgeschichtliche Herkunft aus der Sphäre des dem Schloß untergeordneten Nutzbaus, dessen spezifische Bestimmungen stets hinter vereinheitlichenden Fassaden verborgen blieben, bis zuletzt bewahrt hat. Hatte dem unter König Friedrich I. noch die streng geübte Exklusivität des württembergischen Hofadels entsprochen, der allein die „gute Gesellschaft" der Residenz ausmachte und das nur langsam an der höfischen Öffentlichkeit partizipierende gehobene Bürgertum deutlicher auf Distanz hielt als in anderen süddeutschen Residenzen, so formiert sich seit dem Vormärz durch den rapiden Bevölkerungszuwachs der Stadt zuerst im Hoftheater eine Standesschranken übergreifende „gebildete Gesellschaft", zumal Stuttgart inzwischen „schon zu groß war, als daß die Leute vom Hofe oder der Hofton hätten vorherrschen können".[94]

Ein monumentales Theatergebäude, welches den einer solchen Einrichtung in der bürgerlichen Gesellschaft zukommenden Rang unter den öffentlichen Bauten einnimmt, wird in Stuttgart erst kurz vor dem Untergang der Monarchie realisiert. Unter dem Intendanten von Putlitz seit 1892 ist die Bühne, die E. Devrient noch als Tummelplatz fürstlicher Favoritinnen und beschränkter Hofschranzen beschreibt[95], in den Ruf eines der aufgeschlossensten und liberalsten Hoftheater gekommen.

Die strukturell zukunftsweisende Doppelanlage der beiden neuen königlichen Theater – Oper und Schauspielhaus – im Schloßgarten von Max Littmann, 1909/12, ist von der Architektur her keinesfalls mehr als ein Hoftheater anzusprechen, obwohl die innere Raumverteilung den Bedürfnissen des Hofes noch Rechnung trägt. Daß das größere, durch eine von ferne an Thourets Entwurf erinnernde Kolossalordnung ausgezeichnete Haus die „höfischere" Theaterform, die Oper nämlich, beherbergt und näher zum Schloß liegt, ist wohl kein Zufall.[96]

3. Die Architekturform der Theaterprojekte.

3.1. Das Umbaumodell von Friedrich v. Thouret.

Das im letzten Krieg zerstörte Holzmodell aus dem Schloßmuseum (Abb. 27) zeigt das Lusthaus an drei Seiten von einem Kranz unsymmetrischer, drei- bis viergeschossiger Anbauten umgeben. Der alte Gebäudekern ist nur noch in dem die Seitendächer um ein Geschoß überragenden, übergiebelten Rechteck zu erkennen, das Auditorium und Bühnenhaus unter einem Dach zusammenfaßt. Jedoch ist das im Theaterbau der ersten Hälfte des 19. Jahrhunderts durchaus konventionelle basilikale Schema[97] in keine verbindliche Ordnung gebracht. Lediglich ein breites Gesimsband, das die als Sockel definierten beiden unteren Geschosse der Anbauten von den oberen absetzt, verklammert die heterogenen Annexe. Unglücklich ist die Verbindung der Giebelfassade mit einer überdeckten Wagenvorfahrt vor den Portalen, über denen sich fünf rundbogige Pfeilerarkaden auf einen Balkon öffnen sollten. Ein reliefiertes Tympanon ersetzt den alten Steilgiebel.

Alle Sorgfalt ist auf den Zuschauerraum (Abb. 28) verwandt. Über altertümlich glockenförmig ausschwingendem Grundriß erheben sich vier freitragende Ränge, die unteren durch niedrige Trennwände in Brüstungshöhe in separierte Logen aufgeteilt, die oberen als Galerien durchgezogen. Die auf die Herrschaftslogen in der Saalachse beschränkte Stützengliederung – vor der dreiachsigen Hofloge im „balcon noble" in Form von Karyatiden, im Rang darüber durch vier Pfeiler – ist eher als hierarchisch ordnendes denn konstruktiv notwendiges Element eingesetzt. Auf die im höfischen Theater so beliebten Parterrelogen wird hier verzichtet. Im Hintergrund der vierten Galerie ist eine Kolonnade, über deren Gebälk der Plafond liegt, vor die Saal-

27 *Stuttgart, Holzmodell von N.F.v. Thouret zum Umbau des Lusthaustheaters, 1831, Außenansicht*
28 *Stuttgart, Holzmodell von N.F.v. Thouret zum Umbau des Lusthaustheaters, 1831, Innenansicht*

29 München, Nationaltheater von K.v. Fischer, 1811/18, Zuschauerraum vor 1944

rückwand gezogen. Von den bis auf die Felderteilung im ersten Rang und das Girlandenmotiv der Hofloge einheitlich dekorierten Brüstungen wird das vertikalisierte Proszenium als eigenwertige Zwischenzone abgesetzt. In eine große Rundbogenarkade auf Kolossalpfeilern sind in der Höhe der Basis, in der Mitte und in der Kämpferzone den Ranghöhen im Saal entsprechend je drei Logenkörbe eingehängt, von denen die unteren, die Privatlogen des königlichen Hauses, sich kanzelartig vorbauchen.

Mit den freitragenden, zwischen die monumentalisierte Proszeniumsarchitektur gespannten Rängen formuliert Thouret einen Saaltypus, den in Deutschland zuerst König Max I. Joseph von Bayern im 1811/18 von Karl von Fischer errichteten Münchner Nationaltheater, für das er ausdrücklich das Pariser Odéon zum Vorbild bestimmt hatte, in den großen Maßstab übersetzen ließ (Abb. 29).[98] Erst durch die offenen Balkonränge der französischen Theater des ausgehenden 18. Jahrhunderts hatte das Publikum eine spezifische Form der Öffentlichkeit im Saal herausbilden können. Herrschte in den italienischen Logenhäusern mit ihren voneinander strikt abgeschlossenen 'Camerini' noch die aus dem privaten Verfügungsbereich abgeleitete und ins Theater transponierte kryptische Öffentlichkeit additiv neben- und übereinander gereihter Salons, deren Besitzer unter Aufrechterhaltung ständisch differenzierter Verkehrsformen sich nur momentan und freiwillig auf das außerhalb dieser Salons, „draußen" im Saal nämlich, sich entfaltende Theaterspektakel konzentrierten, so konstituierte sich erst auf den französischen Rängen mit den niedrigen Logentrennwänden, die allseitige Sichtverbindung ermöglichten, ein eigentliches Theaterpublikum, daß nicht länger aus voneinander separierten Individuen zusammengesetzt war, sondern, obwohl noch nach Ständen geschieden, sich im Zweck der gemeinsam besuchten Veranstaltung einig wußte und sich daraus ergebende besondere Verhaltensformen, Ruhe und Aufmerksamkeit etwa, akzeptierte.[99] Die Theateraufführung konnte in einem solchen Saal nicht mehr bloßes Accessoire gesellschaftlicher Kommunikation sein; sie hatte als sinnstiftender Zweck des Zusammenkommens deren spezifische Form ausgebildet. Das egalisierende Moment der nicht vertikal unterteilten Ränge hat sich dann auch folgerichtig dahin ausgewirkt, daß die Theaterarchitekten nach der französischen Revolution bestrebt waren, auch die letzten optisch trennenden Rangstützen nach Möglichkeit zu eliminieren, wozu die technischen Voraussetzungen inzwischen gegeben waren.[100]

Konnte das Pariser „Odéon" Max I. Joseph und seinem Minister Montgelas als doppelgesichtiges Modell für ihr „Hof- und Nationaltheater" dienen, indem die dem Haus zugedachte Funktion, das bürgerliche Publikum durch seine Teilhabe am Theater des Königs und scheinbar der Nation nur umso fester in den autokratisch-monarchischen Staat zu integrieren, mit einer Architekturform realisiert wurde, die gleichzeitig die dem revolutionären Frankreich verdankte bayerische Souveränität mitrepräsentieren half, so geht es Thouret 20 Jahre später um einen sehr viel prosaischeren Grund. Der platzsparende Pariser Saaltyp war für den beengten Raum des Lusthauses einfach praktikabler als das von Thouret prinzipiell bevorzugte System der zurückgestaffelten Ränge. Im Neubauprojekt kommt er darauf zurück.

3.2. Der Neubauentwurf und das zweite Modell von F.v.Thouret.

3.2.1. Zur Typologie der Fassade.

Thouret löst sich in seinem großen Entwurf mit Modell[101] (Abb. 30, 31, 38) von dem kurz zuvor noch verpflichtenden Leitbild des Münchner Nationaltheaters, dessen städtebaulichem Anspruch er aber weiter nacheifert. Mit der axialen Beziehung des mächtigen Baus auf das Corps de Logis der Residenz – zwischen beiden der zentrale Platz der Hauptstadt – übertrifft er gar die Münchner Situation. Er öffnet den vorher durch Baumreihen nach der Königstraße abgeriegelten Platz ganz auf die Front des Theaters, das fast den vollen Block zwischen Fürstenstraße und

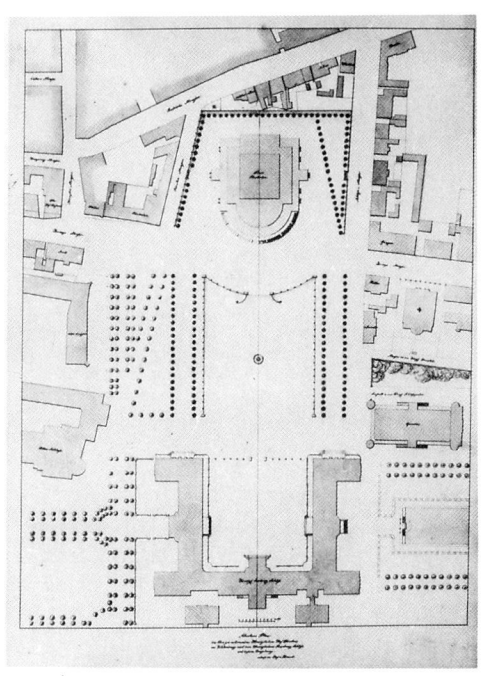

30 Stuttgart, Theaterprojekt von N.F.v. Thouret, 1833/35, Situationsplan

Schloßstraße einnimmt. Mit von den umliegenden Straßenzügen abgrenzenden Baumreihen schafft Thouret aus dem unregelmäßigen Grundstück einen symmetrisch trapezoiden Platz und bezieht ihn durch Alleen, die mit den Schloßflügeln fluchten und bislang platzbestimmende Architekturen wie das Lusthaus links, Kanzleigebäude und Altes Schloß rechts durch sichtsperrende Bepflanzung abdrängen, auf seinen von einem Brunnen bezeichneten Mittelpunkt. Der unbestimmte Durchlaß der Königstraße trägt der Ausrichtung des Theaters auf den Ehrenhof Rechnung. Die das Fassadenmotiv aufnehmende konvexe Balustrade, die wie mit einer distanzierenden Bannmeile auf ihn antwortet, beeinträchtigt nicht die grundsätzliche Einheit des Raumes zwischen den beiden stadtbeherrschenden Bauten.

Anstelle von Fischers basilikal organisiertem, kastenförmigen Block entwickelt der Württemberger eine differenziert gegliederte, stufenförmig nach den Seiten abfallende Baugruppe, die im Korsett der Symmetrie den theaterspezifischen „caractère"[102] diszipliniert. Ihn hatte in Deutschland zuerst Moller in der Halbrotunde des Mainzer Stadttheaters, 1829/32 (Abb. 32), zum Ausdruck gebracht[103], doch genügt dieser Hinweis nicht, um den vielschichtigeren Stuttgarter Entwurf und seine Verbindung einer gestuften Halbkreisfassade mit dem Giebelhaus zu erklären. Thouret fußt auf den Architekturtheorien der italienischen und französischen Utopisten und Reformer des späten 18. Jahrhunderts.[104] Von den Aufklärern hatte besonders F. Milizia in seiner Polemik gegen die zeitgenössischen italienischen Theater die Rezeption antiker Theater gefordert, nachdem kurz zuvor F. Lavega 1762, J.D. Antoine 1763, J.F. Neufforge 1767 und M.J. Peyre mit C. de Wailly 1769 die ersten Bauten mit halbkreisförmiger Fassade entworfen hatten.[105]

„Das Theater des Marcellus hat eine so regelmäßige und edle Schönheit von außen, die sogleich den Charakter des Gebäudes ankündigt. Man muß sich schämen, von den Fassaden unserer Theater zu reden. Wenn nicht darüber geschrieben steht: Dies ist ein Theater – wer kann es erraten?"[106]

Marcellustheater und Kolosseum als Prototypen römischer Theaterarchitektur, die in den provisorischen Bauten zu den großen französischen Revolutionsfesten wiederentdeckt und vielfach rezipiert wurden[107], werden in den folgenden hundert Jahren in einer Unzahl von Fassadenentwürfen für Theater in Italien, Frankreich und Deutschland zitiert. Nur etwa 15 dieser Projekte hat man tatsächlich ausgeführt.[108]

Schon dieser Befund belegt die architekturtheoretische Abkunft des reflexionsbeladenen Motivs aus dem Bereich der aufklärerischen Antikenrezeption, die sich als Gegenmodell zur herrschenden Architektur der Höfe nur in der Utopie unangefochten zu entwickeln vermochte. Den Anspruch der Theaterreformer, die größtenteils die Veränderbarkeit der barocken Kulissenbühne kaum in ihre idealistischen Überlegungen mit einfließen ließen[109], formuliert abschließend Quatremère de Quincy, wenn er als Zielvorgabe für den Weg des Theaterbaus zum „monument public" proklamiert:

„...chercher à concilier la forme du théâtre antique avec les convenances du théâtre moderne. Je veux dire la forme circulaire qui est le véritable type élémentaire du théâtre, en tant que lieu de rassemblement d'hommes pour assister à un spectacle. Cette consideration touche particulièrement à une qualité très précieuse en architecture, celle qu'on appelle le caractère".[110]

Dies vorausgesetzt muß jeder typologische Ordnungsversuch, will er nicht Intention und Erkenntnisstand der reflektierenden Architekten des 18./19. Jahrhunderts ignorieren, von den optisch und haptisch vermittelbaren Architekturqualitäten ausgehen, die an den Betrachter adressiert sind und von ihm wahrgenommen werden. Insofern scheint es nicht ratsam, die Halbkreisbauten und -entwürfe nach abstrakten Strukturprinzipien, etwa nach Grundrissen, zu differenzieren[111], sondern anhand der Aufrisse die den Fassaden mitgeteilte semantische Bedeutung zu dechiffrieren.

Aus dem Bestand lassen sich deutlich zwei Aufrißtypen herauslesen. Der frühere ist zweifellos die aus Halbzylinder und Peripteroskolonnade kombinierte Form mit ihren Varianten, die noch ganz im Rahmen klassizistischer Antikenrezeption im Schloßbau des 18. Jahrhunderts befangen sind.[112] Vom tempelhaft instrumentierten Mittelpavillon der palladianischen Palastarchitektur gelangt das Motiv in den 60er Jahren des 18. Jahrhunderts in die Fassadenentwürfe für die großen Schloßtheater, wobei es zum ersten Mal im Theaterbau zu einer formalen Entsprechung von Außenbau und innerer Raumgestaltung durch die Rangkolonnaden vor den Wänden des Zuschauersaals kommt.[113] Römische Idealentwürfe befruchten maßgeblich die italienischen und französischen Reformprojekte, deren radikalste Ableger das Theater zu monumentalen Zentralbauten – Rotunden oder Ovalbauten – verselbständigen, ihm aber stets das aus der Schloßarchitektur entwickelte Fassadenrepertoire – große Ordnung oder Kolonnaden – belassen.[114] Milizias Forderung der Rückbesinnung auf die römischen Theater und Arenen wird in der plastischen Rundung der Baukörper, jedoch nirgends im Aufriß der Fassaden befolgt. Das ändert erst Durands Entwurf (Abb. 33) durch das Zitat des Kolosseums mit der Superposition der Ordnungen, womit der dem antiken Bau anhaftende Monumentalitätsanspruch für eine spezifische Baugattung der Moderne verfügbar gemacht wird.[115]

Thourets Entwurf amalgamiert Elemente aus beiden Typen und verfremdet ihre Herkunft. Seine große Ordnung verzichtet auf den Sockel[116], steht unmittelbar auf einer knappen Schwelle über dem mehrstufigen Podium, das der

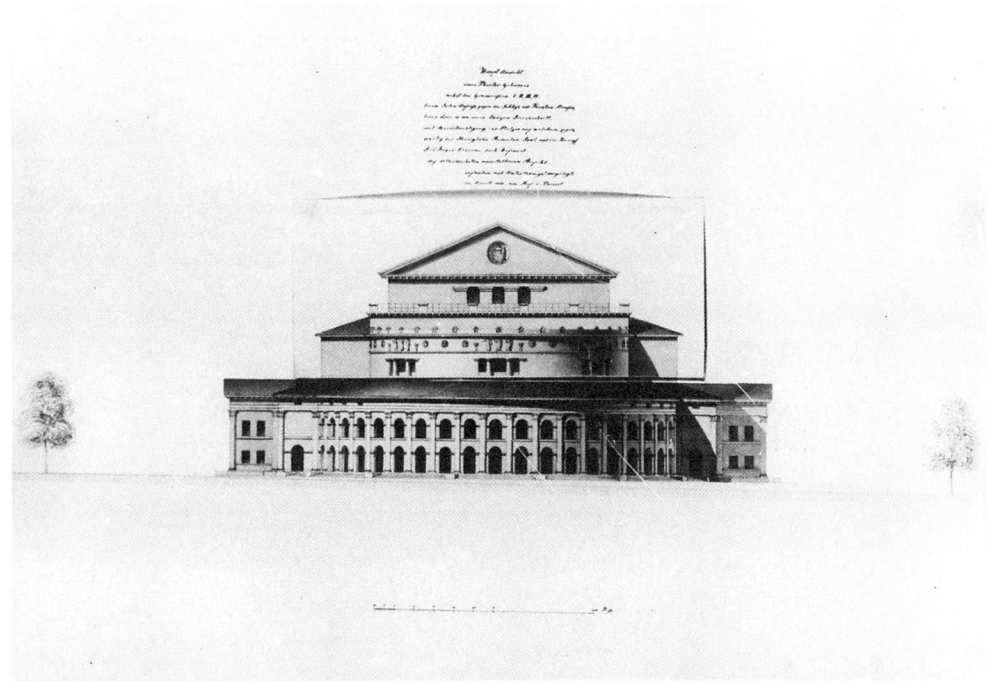

31 Stuttgart, Theaterprojekt von N.F.v. Thouret, 1833/35, Hauptansicht

32 Mainz, Stadttheater von G. Moller, 1829/33, Aufriß der Fassade

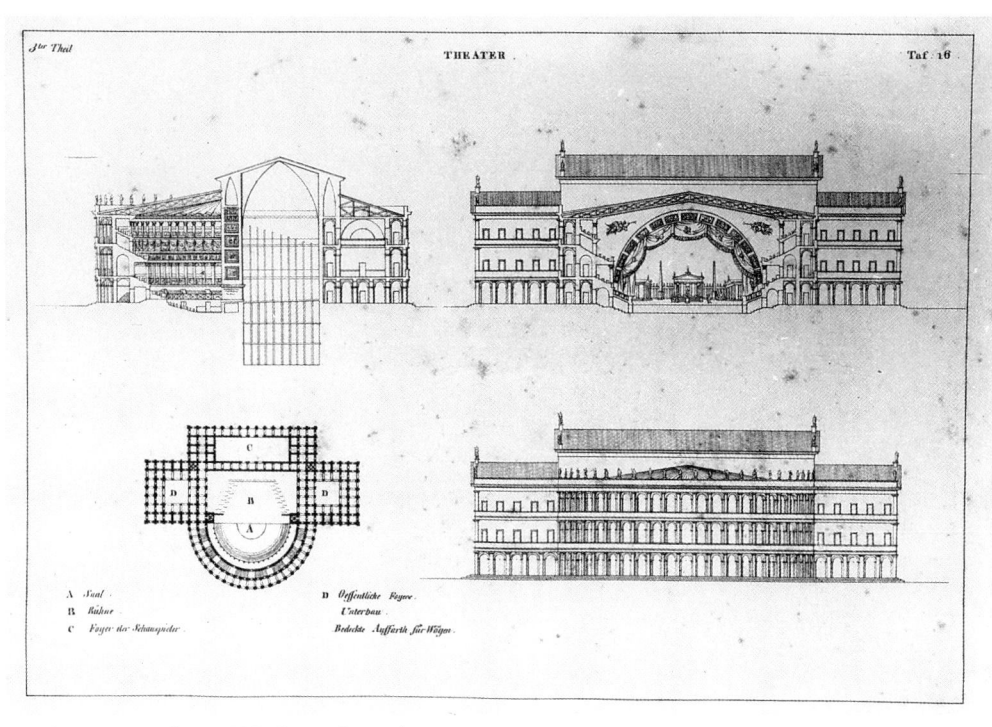

33 Theaterentwurf von J.N.L. Durand, 1802/05

Fassade als Basis dient und zugleich als frei begehbare Treppe öffentlichen Zugang signalisiert. Die endlose Reihe von Rundbogenfenstern über den Erdgeschoßarkaden, die diesen Eindruck verstärken, vermeidet jede weitere Nähe zu einer römischen Arena, indem die Öffnungen glatt aus der Wand zwischen den Pilastern geschnitten sind. Entscheidender jedoch ist, daß in der Fassadenentwicklung der Halbzylinder gar nicht zu freier Wirkung kommt wie in den älteren Projekten und Bauten dieses Typs. Die Einziehung des halbrunden Zuschauerhauses hinter dem Pultdach nimmt den nicht einmal in vollem Halbkreis[117] vortretenden unteren Geschossen die Höhe, die bei dem bedeutenden Durchmesser notwendig wäre, um als eigener Baukörper in Erscheinung zu treten. Stattdessen bleibt der mächtig gerundete Fassadenstumpf mit 21 Achsen im Boden stecken, ist zum Sockel des Zuschauerhauses und des alles überragenden Bühnentempels reduziert. Die beiden ineinander geschachtelten, verschieden instrumentierten Halbzylinder fragmentieren das stereometrisch klare Volumen, das sowohl in Durands gerüsthaft durchlässiger Arkadenkonzeption wie hinter Mollers flach appliziertem Wandrelief stets dominant bleibt. Bei Thouret wird es zum Zitat an untergeordneter Stelle, eingebunden in eine vielgliedrige Baugruppe. Dem württembergischen Hofarchitekten kommt es stärker auf die städtebauliche Integration seines Theaters in den vorgegebenen Rahmen an. Dem Schloß als primärem Bezugspunkt der Theaterfassade opfert Thouret das einheitliche Aufrißsystem des freistehend gedachten Gebäudes. Die Artikulation des riesigen Baus erhält ihren Sinn allein von der platzseitigen Ansicht her. Der frontale Anblick der Flanken wird durch die umgebenden Baumreihen sorgfältig kaschiert, gleichsam privatisiert.

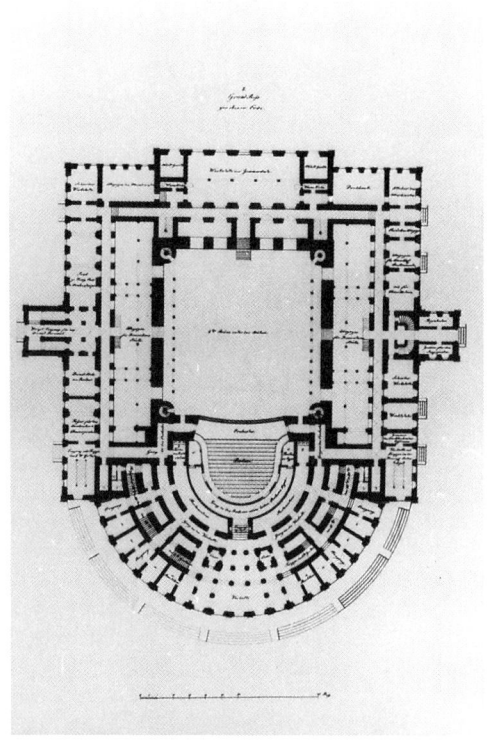

34 Stuttgart, Theaterprojekt von N.F.v. Thouret, 1833/35, Grundriß ebenerdig

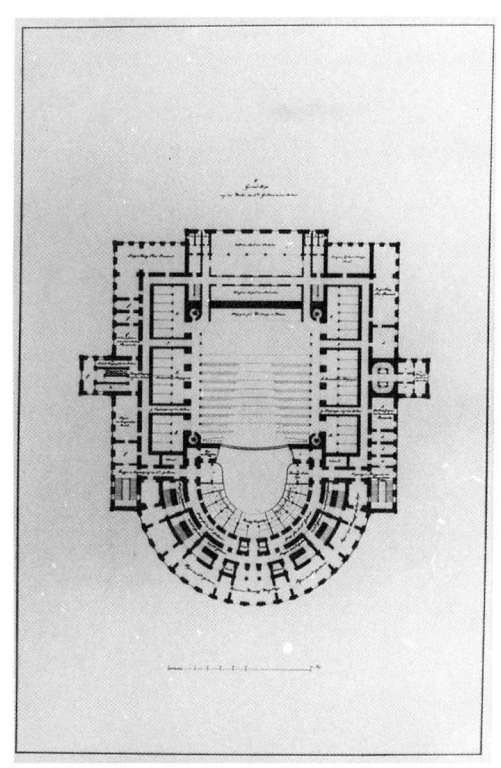

35 Stuttgart, Theaterprojekt von N.F.v. Thouret, 1833/35, Grundriß I. Rang

3.2.2. Außenbau und innere Raumdisposition.

Es verwundert nicht, daß Thouret im Grundriß und in der Raumorganisation (Abb. 34-38) von den oben aufgezeigten Widersprüchen nicht behindert wird und deshalb konsequenter dem durchrationalisierten Schematismus Durands verpflichtet ist, wenn auch die Größe des Theaters eine komplexere Lösung erfordert. Um den Kernbau aus quadratischem Bühnenhaus mit Wendeltreppen in den Ecken und bündig anschließendem, gestelzten Halbkreis des Zuschauerhauses mit seinen Umgängen legen sich neben und hinter die Bühne in zwei Stufen Arbeitsräume und Magazine sowie vor dem Auditorium der konzentrische Ring des Eingangstraktes mit Vestibülen, Foyers, Treppenhäusern und Couloirs. So entsteht ein kompakter, im Bühnenquadrat zentrierter, axial-symmetrischer Grundriß, dessen eingezogene Segmentapsis nicht mehr den Eindruck formalen Gleichgewichts zwischen Bühne und Saal suggeriert, sondern die Umklammerung des Halbrunds als Subordination ausweist. Der Zweck liegt zumindest vorderhand außerhalb des Theaters selbst: die Nähe des Schlosses erheischt, die vorderen Bauteile möglichst niedrig zu halten und das unvermeidlich hohe Bühnenhaus so weit wie möglich in den Hintergrund zu drängen.

In der Tiefenachse ist der üblichen Raumfolge ein ungewöhnliches, sich hinter der Fassade trichterförmig verjüngendes Vestibül vorgelagert, das die konzentrisch um den Zuschauersaal geführten Raumschichten durchstößt und von dem seitlich Rangtreppen und Couloirs abgehen. Es mündet in einen kurzen Treppenlauf, der auf das Niveau des Parterrekorridors vermittelt. Ohne jede formale Differenzierung bleiben die Arkadenöffnungen im Erdgeschoß der Fassade, deren mittlere das Vestibül mit den Kassenlokalen erschließen, während sich an den Seiten die

Ausgänge von den oberen Rangtreppen mit acht „Boutiken" für Ladengeschäfte abwechseln.[118] Darüber liegt das tonnengewölbte Foyer, das durch Zwischenwände, einer Enfilade ähnlich, in fünf Abschnitte unterteilt ist: dem Foyer der Hofloge in den mittleren Achsen schließen sich seitwärts die Pausenräume des ersten Rangs an; es folgen die Privatfoyers für die Proszeniumslogen, die über einen Korridor in direkter Verbindung mit den dreiarmigen Treppenhäusern – gegenläufig mit mittlerem Antritt – stehen. Die Repräsentationsaufgänge dienen dem Hof und sind von den Seitenfronten aus zugänglich; bei Abwesenheit der königlichen Familie entlasten sie die übrigen Rangtreppen zwischen den Foyers und den Couloirs. Insgesamt stehen den Besuchern acht Treppenhäuser zur Verfügung, vier den Schauspielern und dem Bühnenpersonal in den Vorbauten der Flanken und der Rückseite. Beide Zirkulationssphären sind vollständig unabhängig voneinander, was aber der Außenbau nicht zu erkennen gibt, indem etwa die großen Treppenhäuser hinter Seitenfassaden versteckt sind, die den Dienstbereich des Bühnenhauses bezeichnen. Während der Eingang zur königlichen Treppe die gleiche Wertigkeit wie der danebenliegende zu einem Ankleidezimmer hat, führt das große Portal mit dem Lünettenfenster nur ins Dekorationsmagazin und zum Bühneninspizienten. Die horizontal gestufte, nach oben sich verjüngende Abfolge differenzierter Bauteile evoziert über funktional organisiertem Grundriß eine Denkmalhaftigkeit, die über die Konkurrenzentwürfe ebenso hinausweist wie über die einfacher gruppierten Theater von Durand und Moller.

Die unterschiedliche Instrumentierung von Fassade und Flanken im Gebrauch der Fensterformen und der großen Ordnung gilt nur für die beiden Sockelgeschosse. Die hinter Pultdächern aufragenden Magazintrakte der Bühne und der Saalbau werden durch dreiteilige Fenster vereinheitlicht. Verklammerung der unteren Geschosse durch Gesimsbänder, große Ordnung und Dachtraufen unterstreichen den Sockelcharakter des äußeren Raumgürtels, der sekundäre Empfangsräume und Arbeitslokale beherbergt, zugunsten der ostentativ herausgehobenen Haupträume. Erstaunlich ist die Betonung des auf dem terrassierten Kubus thronenden, eingezogenen Giebelhauses, dessen Stirnseite von einem riesigen, Traufgesims in Kämpferhöhe sprengenden Rundbogenfenster akzentuiert ist. Dagegen muß sich das tiefere Zuschauerhaus, das nicht mit seinem Volumen beeindrucken kann, mit plastischem Dekor – ein Fries mit Dreiergruppen antikischer Figuren zwischen Dreifüßen – begnügen, dem umsomehr Verweisfunktion zukommt, als er nicht in die Kategorien des „herben Pathos" und des „doktrinären Dorismus" paßt, mit deren Hilfe Thourets Projekt bisher eingleisig auf die Idealentwürfe der französischen 'Revolutionsarchitekten' bezogen wurde.[119]

Deren unbestreitbaren Einfluß für einen Entwurf zu konstatieren, der drei Jahre nach der Julirevolution entsteht, wird nur verständlich, wenn er als intentionaler Rückgriff, nicht als unreflektierte Tradierung begriffen wird. Das utopische Potential der seit dem späten Ancien Régime konzipierten Staatsbauten wird von Thouret im Vormärz in ein Projekt eingebracht, für das es konkrete Vorbilder kaum geben kann, weil der Auftrag Neues beinhaltet: als Hoftheater nicht primär dem König zu dienen, sondern für die Hauptstadt und das Land eine Mittelpunktfunktion zu übernehmen, die das Schloß im Verfassungsstaat Württemberg nicht mehr zu erfüllen vermag. Trotz formaler Rücksichten im gestaffelten Aufriß tritt der Bau in seiner strukturellen Verschiedenheit als autonomes Gegenüber der Residenz auf und profitiert noch von deren schwindender Aura, insoweit diese an dem durch Tradition sanktionierten Ort inmitten der Stadt haftet.[120] In dieser Konstellation ist die völlige Emanzipation des Hoftheaters vom Schloß, die G.L.F. Laves zehn Jahre später in Hannover anvisiert und schließlich auch durchsetzen kann, bereits keimhaft vorbereitet. Die räumliche Nähe zum Schloß ist in Stuttgart frei von Unterwürfigkeit oder Abhängigkeit; im Gegenteil, der axiale Bezug steigert noch die selbstbewußte Geste der aufgetürmten Kuben angesichts der sorgsam ausbalancierten Architektur des höfischen Barock.

Nur in diesem Kontext wird der Stellenwert des allseits frei aufragenden und bekrönenden Bühnenhauses evident. Hinsichtlich der Trennung von Auditorium und Bühne im äußeren Kontur übertrifft Thourets Projekt seine Vorläufer in Bordeaux und Paris, vor allem das Théâtre Feydeau von Legrand und Molinos sowie die Entwürfe von Gilly und Durand, weit[121]; vor der Jahrhundertmitte findet sich keine ähnlich prä-

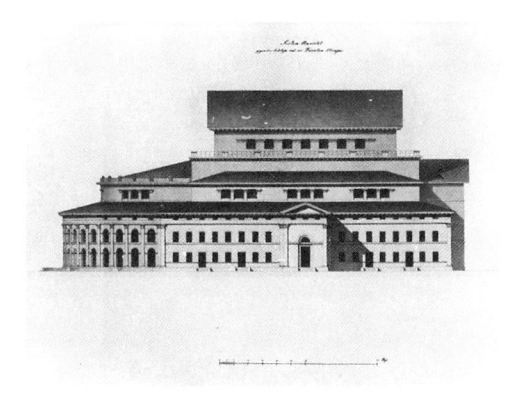

36 Stuttgart, Theaterprojekt von N.F.v. Thouret, 1833/35, Aufriß der Seitenfront

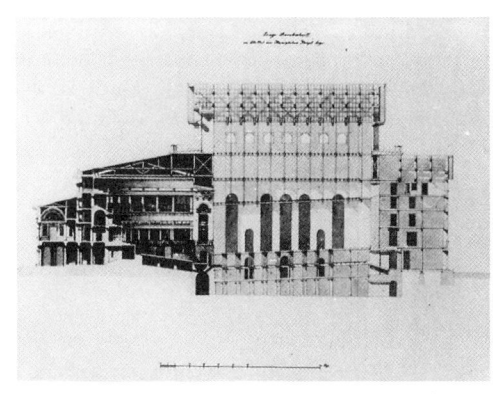

37 Stuttgart, Theaterprojekt von N.F.v. Thouret, 1833/35, Längsschnitt

38 Stuttgart, Theaterprojekt von N.F.v. Thouret, 1833/35, Holzmodell, Außenansicht

gnante Lösung realisiert. Die Notwendigkeit, Dekorationen und Kulissen zwecks Schonung ungerollt über der Spielfläche zur raumsparenden Lagerung aufzuhängen, beeinflußt zwar mit steigender Technisierung des szenischen Betriebs die Anlage von turmartigen Magazinen über der Bühne, doch vorgeblicher Funktionalismus reicht zur Erklärung des Giebelhauses nicht aus. Am besten zeigt ein Vergleich mit Gillys berühmtem Entwurf zum Berliner Nationaltheater[122] (Abb. 39), wie sehr beide Projekte zuerst nach formalästhetischen Aspekten – Symmetrie und Charakter – organisiert sind, stereometrische Körper voneinander abgesetzt und aufeinander bezogen werden, von denen jeder zwar einen bestimmten Raumkomplex umgreift, deren Äußeres jedoch weder Funktionen abbildet noch auf funktionale Bedürfnisse zwingend reagiert, sondern als „architecture parlante" dem Betrachter differenzierte Bedeutungsschichten vermittelt, die über die bloße Nutzungsebene einer Architektur hinausweisen.

Thourets Bühnenhaus und seine Vorbilder verdanken ihre formale Eigenschaft wahrscheinlicher doch ihrem dominierenden Platz im Gesamtgefüge eines Theaterbetriebs, ihrer zentralen weil raumintensiven Bedeutung im Bauorganismus. Denkbar ist allenfalls noch, daß der nach architektonischer Auszeichnung verlangenden Größe des Bühnenraumes eine zusätzliche Wertschätzung der darin geübten Tätigkeit korreliert, also nicht der abstrakten Funktion, sondern der ihr zugemessenen Bedeutung. Das Einheitsdach der traditionellen Hoftheater drückte die Zugehörigkeit von Auditorium und Bühne zum ungeteilten Festraum der sich selbst spielenden und zuschauenden Hofgesellschaft aus; erst im bürgerlichen Theater fallen die Bereiche der Kunstproduktion und der Konsumtion räumlich auseinander. Die eigentliche künstlerische Arbeit, die das Theater des 19. Jahrhunderts zur Kunstanstalt und damit zur öffentlichen Einrichtung des Staates, seine Architektur zum „monument public" erhebt, findet auf der Bühne statt. Daß Thouret dies durch die Hoheitsform des Giebels visualisiert und so den Vorrang des Künstlerischen am Theater vor dessen gesellschaftlicher Vereinnahmung behauptet, mithin ein Theater konzipiert, dessen primärer Zweck die sittliche und erzieherische Einwirkung auf das Publikum, nicht dessen beiläufige Unterhaltung sein soll, gehört zum utopischen Potential dieses Entwurfes, der artikulierter als die diffusen Vorstellungen der Theaterkommission und der Hofbehörden am oberen Rand der Ansprüche an das Theater der württembergischen Hauptstadt angesiedelt ist.

3.2.3. Der Zuschauerraum.

Die innere Achse der Raumfolge bringt Thouret in unvermeidlichen Konflikt mit der richtungslosen Fassade, hinter der sich bei Durand und Moller umlaufende Wandelhallen befinden[123], ein weiteres Indiz gegen die unterstellte Absicht, den Außenbau nur aus der inneren Struktur begründet zu sehen. Der von Korridoren umzogene Zuschauerraum mit vier Rängen (Abb. 40) liegt auf der Nahtstelle der außen artikulierten Baukörper; wo Halbzylinder und Terrasse des Giebelhauses aufeinandertreffen, ist sein Mittelpunkt. Die Ränge mit vorgesetzten Balkonen und tragenden Kolonnaden folgen dem Saaltypus, den die Reformklassizisten aus den Schloßtheatern des späten 18. Jahrhunderts entwickelt hatten.[124] Als direkte Vorbilder kommen der Entwurf Durands und der von ihm abhängige Saal des Aachener Stadttheaters von J.P. Cremer, 1822/25, in Betracht (Abb. 41).[125] Dort sind wie hier zwischen zwei Kolonnadenränge offene, zurückgesetzte „balcons bourgeois", wie sie in Frankreich genannt werden[126], inseriert. Thouret fügt über dem oberen Gebälk eine weitere Galerie ein und läßt die flache Decke stützenlos auf der Außenwand ruhen.

Durch die Rückstufung der Ränge entsteht ein sich nach drei Seiten trichterförmig erweiternder Zuschauerraum, der den in konzentrischen Kreisen angeordneten Besuchern ermöglicht, sich optisch als Publikum wahrzunehmen. Sie werden nicht in übereinander liegenden Rängen hinter einem Stützenschleier versteckt, stattdessen in die Architektur des Auditoriums – beinahe ornamenthaft[127] – integriert. Die ständische Ordnung bleibt durch die strengen, horizontalen Brüstungsbänder gewahrt, die vor jedem Rang anders proportioniert und dekoriert sind. Sogar die große Hofloge fügt sich ohne besonderen Aufwand in den ersten Rang ein, der als einziger vor dem Proszenium glockenförmig aus-

39 Berlin, Entwurf zu einem Nationaltheater auf dem Gendarmenmarkt von F. Gilly, 1798/99, Außenansicht

40 Stuttgart, Theaterprojekt von N.F.v. Thouret, 1833/35, Holzmodell, Innenansicht

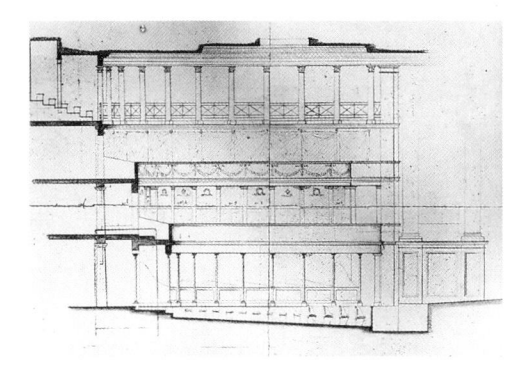

41 Aachen, Stadttheater von J.P. Cremer, 1822/25, Längsschnitt durch den Zuschauerraum

schwingt; lediglich die Brüstung ist durch eine Schabracke akzentuiert.

Das schmale, segmentbogig geschlossene Proszenium hat Thouret weitgehend aus seinem früheren Umbaumodell entnommen. In eine große, bis in den dritten Rang reichende Rundbogenarkade sind drei Logen den Höhenverhältnissen im Saal entsprechend eingehängt, die aber nicht mehr korbartig in den Raum greifen. Das kühle Blau der Türen und Draperien im Hintergrund der Ränge sowie das kräftige Rot der königlichen Logen und der mit Ocker abgesetzten Galeriebrüstungen konstrastieren zu den weiß gefaßten Architekturteilen. Die Kapitelle der Säulen sind vergoldet.

Im Zuschauerraum wird das spezifische Verhältnis des Klassizisten Thouret zur Antike deutlich. Im Bewußtsein ihrer Unwiederbringlichkeit und ihrer Überwindung durch die Moderne wird das erträumte Freilufttheater der Alten mit assoziativen Anleihen und Zitaten in den geschlossenen Saal eingeholt. Die amphitheatralisch zurücktretenden Ränge, über denen der Plafond als zeltartiges Velarium gespannt erscheint und darüber den offenen Himmel suggeriert, die Säulen und der antikisierende Dekor dienen nicht der Illusion des vergangenen griechischen Theaters[128], sondern evozieren im Vormärz die in der Zukunft einzulösende Erinnerung einer mit der Natur versöhnten Gesellschaft.

3.3. Die Entwürfe von Giovanni Salucci.

3.3.1. Der kleine Entwurf mit der Halbkreisfassade.

Im Oktober 1832 hatte Salucci unaufgefordert einen Neubauentwurf vorgelegt und in seinem Begleitschreiben die Wahl der halbkreisförmigen Fassade gerechtfertigt:

„si la position de cet édifice, et particulièrement la ligne de son front ne m'a permis de concilier la forme du Théâtre antique avec la convenance du Théâtre moderne, je me suis étudié de lui imprimer ce caractère qui le fera reconnaître au dehors pour ce qu'il est, et apprendra au spectateur sa destination."[129]

Dieser Entwurf kann mit den von Speidel katalogisierten Blättern[130] (Abb. 42-44) schon wegen der geringen Dimensionen dieses Projekts nicht identisch sein und muß daher als verloren gelten. Alternativ bietet sich der schon von Speidel ohne Begründung erwogene Zusammenhang dieser Zeichnungen mit der ersten, noch von privaten Interessenten bestimmten Planungsphase des Cannstatter Theaters vor 1837 an, was durch eine beiläufige Bemerkung in Ponsis Lebensbeschreibung des italienischen Architekten gestützt wird.[131] Da das Halbzirkelmotiv in den übrigen Theaterprojekten von Salucci keine Rolle mehr spielt, kann zumindest eine mittelbare Beziehung des erhaltenen Entwurfs zu dem zitierten Erläuterungsschreiben von 1832 für wahrscheinlich genommen werden.

Ein über quadratischem Grundriß sich erhebender basilikal organisierter Baukörper zu 9 × 9 Achsen wird an der Stirnseite von einer eingezogenen 11-achsigen Halbrotunde beherrscht, die in den unteren beiden Geschossen mit dem überhöhten Mittelbau fluchtet, während das hinter eine Attika zurückgesetzte Obergeschoß sich nochmals verjüngt und mit dem Kegeldach nur knapp unter der Firstlinie des Hauptbaus bleibt. Durch den hohen, umlaufenden Sockel, auf dem die beide Hauptgeschosse gliedernde große ionische Ordnung – Halbsäulen vor dem Fassadenrund und vor der Mitte der Seitenfronten, Pilaster an den breiteren Eckachsen – aufsitzt, distanziert sich der Bau von der Umgebung. Nur über die der Fassadenkrümmung folgende Freitreppe und eine kleinere vor dem sechssäuligen Portikus der Rückfront ist das Theater zu betreten. Der im

42 Stuttgart, Theaterprojekt mit Halbzylinderfassade von G. Salucci, nach 1832, Aufriß der Fassade und der Rückfront

43 Stuttgart, Theaterprojekt mit Halbzylinderfassade von G. Salucci, nach 1832, Längsschnitt und Aufriß der Seite

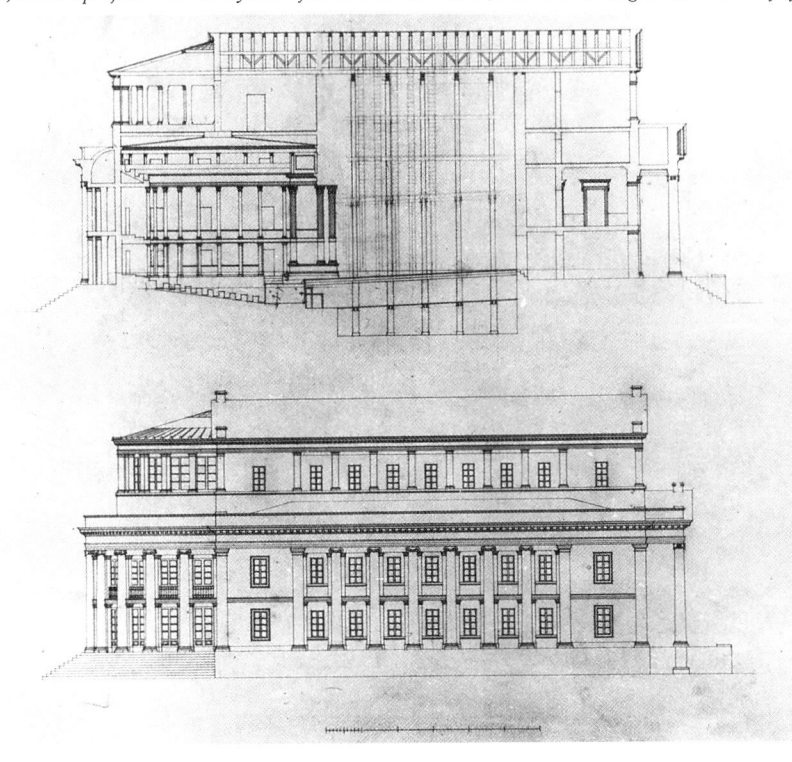

81

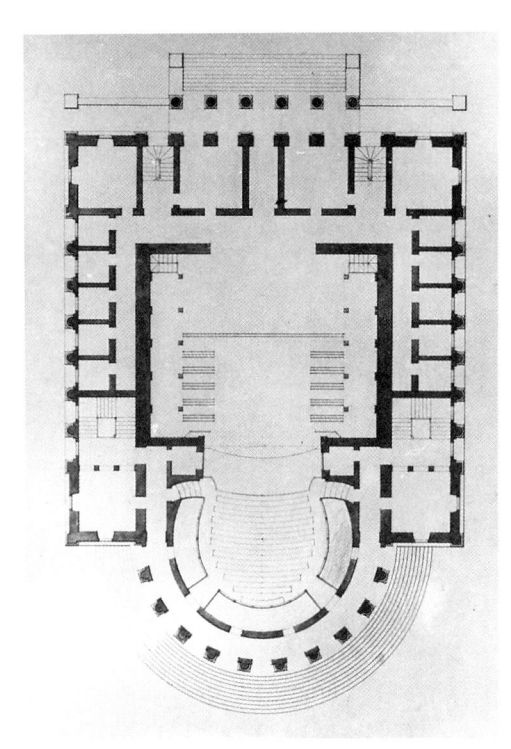

44 Stuttgart, Theaterprojekt mit Halbzylinderfassade von G. Salucci, nach 1832, Grundriß Parterre

Bühnenhaus zentralisierte Grundriß verkehrt sich im Aufriß in eine deutlich gerichtete Architektur, deren gleichförmige Fensterreihen Treppenhäusern, Umkleidezimmern und Magazinen unterschiedsloses Gewicht zumessen. Ähnlich verhält es sich mit der Fassade, deren einspringendes Obergeschoß keineswegs dem Volumen des Zuschauerraums entspricht – dessen Plafond liegt etwa in Höhe der Attika der Säulenfront –, aber derart die Bedeutung des Theatersaals im wörtlichen Sinn formal überhöht. Die wandhaft betonten Ecken des Kernbaus, die durchfensterten Flächen zwischen dem Stützapparat der Stirnseiten und die Verdoppelung des Giebels an der Rückfront erinnern an Schinkels Berliner Schauspielhaus, wenngleich Salucci dessen gerüsthafte Wandstruktur durch die plastische Halbsäulenordnung konventionell abwandelt.[132]

Der verhältnismäßig kleine, über einem 3/4 Kreis errichtete Schauraum setzt sich aus zwei Rängen hinter einer niedrigen Pfeilerkolonnade über dem Parterre und einer schlanken Säulenreihe vor dem „balcon noble" sowie einer amphitheatralischen Galerie zusammen. Das von Kolossalsäulen flankierte Proszenium hat keine eigene Decke und bildet deshalb keine besondere Zone zwischen Saal und Bühne aus. Das Fehlen von Logen und Couloirs erhärtet die Annahme, daß dieser Entwurf nicht für ein Hoftheater gedacht war.

3.3.2. Der Hauptentwurf – Lage und Raumorganisation.

Mehr noch als Thouret sieht Salucci auf seinem Situationsplan (Abb. 45) eine weitreichende Regulierung der Schloßplatzumgebung vor.[133] Durch aufeinander bezogene Neubauten mit seitlich vorspringenden Flügeln anstelle des abzubrechenden Waisenhauses sollen der Charlottenplatz am Ausgang der Neckarstraße und der Karlsplatz zwischen Altem Schloß und dem stadtseitigen Residenzflügel systematisiert werden. Die tangential vorbeiführende Planie wird im unteren Teil verbreitert und axial auf das Wilhelmspalais bezogen. Wo das Alte Schloß in die Flucht der geplanten Allee einspringt und sie zur Verengung nötigt, soll als Point-de-vue das Schillerdenkmal aufgestellt werden.[134] Der Schloßplatz selbst ist eingespannt zwischen die breit gelagerte Theaterfassade und die Cour d'honneur, während Altes Schloß, Kanzlei, Lusthaus und ein paar Privathäuser durch Baumreihen verdeckt und so als Platzwände ausgeschaltet werden. Der axialen Ausrichtung von Schloß und Theater opfert Salucci die Einbindung seiner Fassade in die Flucht der Königstraße, die den Platz schräg passiert, ohne ihn wie eine Gegenachse zu durchdringen.[135] Stärker noch als bei Thouret mit dem Schloß konkurrierend, verdankt das enorm gedehnte Theater seine Form dem Zweck, über ein gleichrangiges Pendant zur höfischen Architektur den Schloßplatz als repräsentatives Zentrum für die expandierende Stadt zu retten.[136]

Das typologische Vorbild für den Grundriß (Abb. 46, 47) ist Schinkels Berliner Schauspielhaus. Einem rechteckigen Kernbau für die Haupträume sind kleinere Flügel an den Seiten, um zwei Binnenhöfe gruppiert, angeschlossen.[137] Bei erheblich gesteigerten Dimensionen läßt Salucci den Mittelbau rückwärtig sieben Achsen über die Flügel vorkommen und setzt zum Platz einen Eingangstrakt zu 21 × 5 Achsen vor, der im Erdgeschoß großzügig bemessene Unterfahrten, Vestibüle, Haupttreppen, Restaurations- und Aufenthaltssaal, im Obergeschoß Foyer und Festsäle und in dem frei aufgesetzten Geschoß über den Ecken die Räume der Intendanz aufnimmt. Über den utilitären Zweck hinaus hat der breite Riegel die Aufgabe, die Zugang erschließende und gesellschaftliche Kommunikation regelnde Raumzone optisch zur Wirkung zu bringen – ein kanalisierender Filter zwischen Stadtraum und Theater.[138]

Für Fußgänger und im Wagen vorfahrende Besucher sind getrennte Ein- und Ausgänge vorgesehen. Die zwischen Fassadentrakt und Hauptbau inserierte bedeckte Durchfahrt ist durch Schinkels Lösung unter der Freitreppe des Berliner Schauspielhauses inspiriert. Die kreisrunde Halle mit Umgang unter dem Zuschauerraum, deren Zweck nicht näher bestimmt wird, rekurriert auf eine Eigenart französischer Theater des späten 18. und 19. Jahrhunderts[139], die zentrale Eingangshalle nämlich, die mit dem Treppenhaus in Verbindung steht. Da Salucci nur die Disposition wiederholt, dem Raum aber nicht die Funktion zuweist, die zu ihrer Entstehung geführt hat, darf man vermuten, daß es ihm primär auf die freie Entfaltung der Treppe ankam, welche die Höherlegung des Zuschauerparterres auf das „piano nobile" – wie im französischen Theaterbau üblich – nötig machte.[140] In diese Konfiguration wird die Rotunde übernommen, obwohl ihr hier keine Verteilerfunktion für die Besucherströme zukommt.

3.3.3. Treppenhaus und Foyer – Vorbilder und Umprägung.

Die Anhebung des Parterre auf das Hauptgeschoßniveau (Abb. 48, 49) verschiebt die übliche Zuordnung von Foyer und Herrschaftslogen im ersten Rang. Das erstere verliert die Qualität eines geschlossenen Salons oder Festsaals – nur der Spiegel über dem Kamin erinnert daran – zugunsten eines nicht fest definierten Durchgangsraumes zwischen Treppen und Saal. Ein solches Foyer, das korrekterweise als oberes Vestibül zu bezeichnen wäre, ist im Übergang vom höfischen zum bürgerlich-öffentlichen Theater – wiederum zuerst im Pariser Odéon

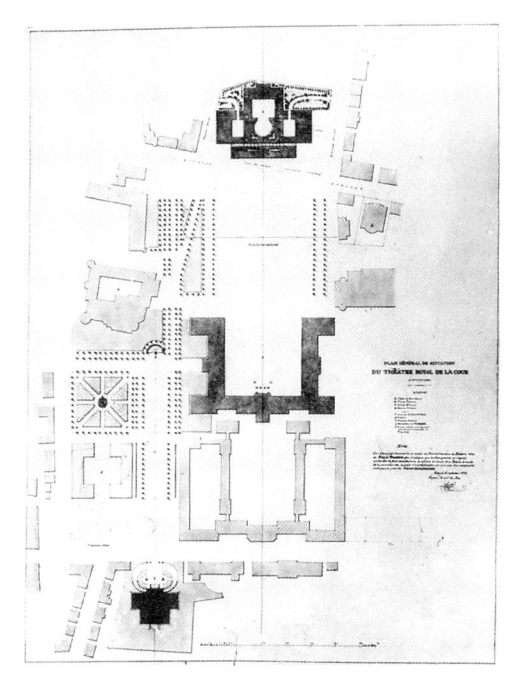

45 Stuttgart, Großes Theaterprojekt von G. Salucci, 1835, Situationsplan

(Abb. 50) – entwickelt worden.[141] In Deutschland ist die repräsentative Verbindung von Treppen und Foyer des Aufwands wegen bis ins späte 19. Jahrhundert ausschließlich auf die Hoftheater in der Nachfolge von Fischers Nationaltheater in München und Mollers Hoftheater in Darmstadt beschränkt geblieben. Auch hier kommt es in keinem Fall zu einer wirklich räumlichen Verschmelzung, die der Situation der Stiegen und des „salon à l'italienne" im 'Odéon' vergleichbar wäre. Vielmehr erzwingt das Bedürfnis nach einem zu bestimmten Gelegenheiten allein dem Hof vorbehaltenen Salon die Abtrennung von den Treppenhäusern durch Zwischenwände. Daß es sich in Saluccis Entwurf nur um optische Abgrenzung eines Restraums von 3 × 3 Achsen, nicht mehr um den einseitig auf die Hofloge orientierten Foyersalon handelt, belegen die neun, von allen Seiten in den Raum mündenden Türen, die ihn als Verteilerplatz zu den Treppenhallen, zum Zuschauerraum und zur Fassadenloggia ausweisen. Während Peyre/de Wailly dem durch Säulenstellungen ausgeschiedenen, achteckigen Foyer den Sichtkontakt zu den Treppen-

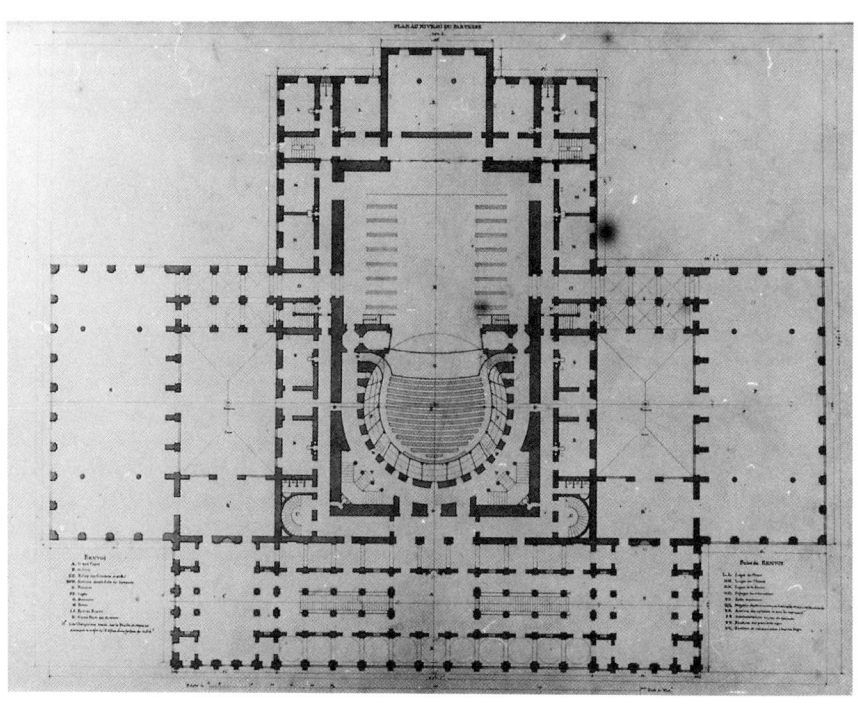

46 Stuttgart, Großes Theaterprojekt von G. Salucci, 1835, Grundriß Parterre

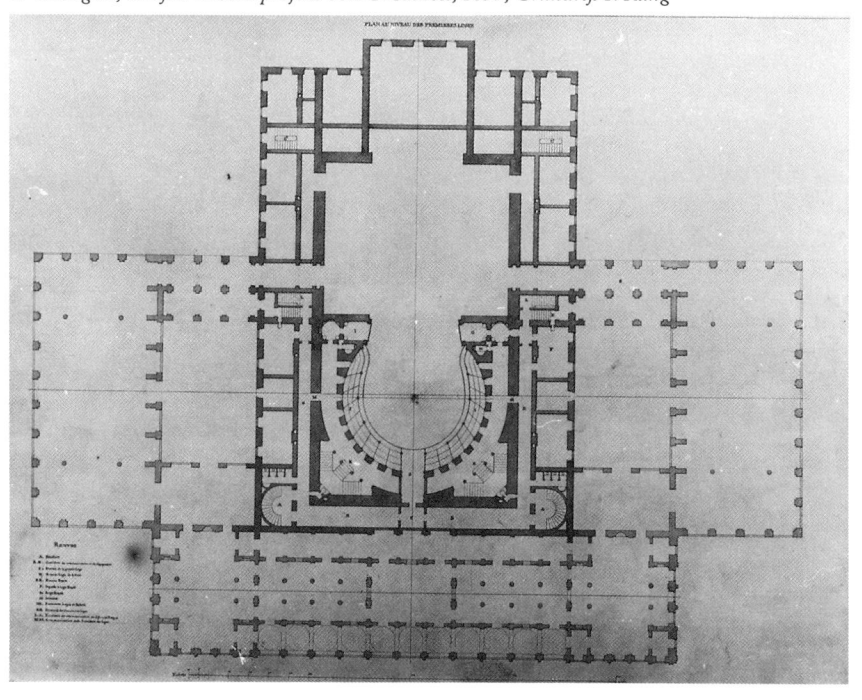

47 Stuttgart, Großes Theaterprojekt von G. Salucci, 1835, Grundriß I. Rang

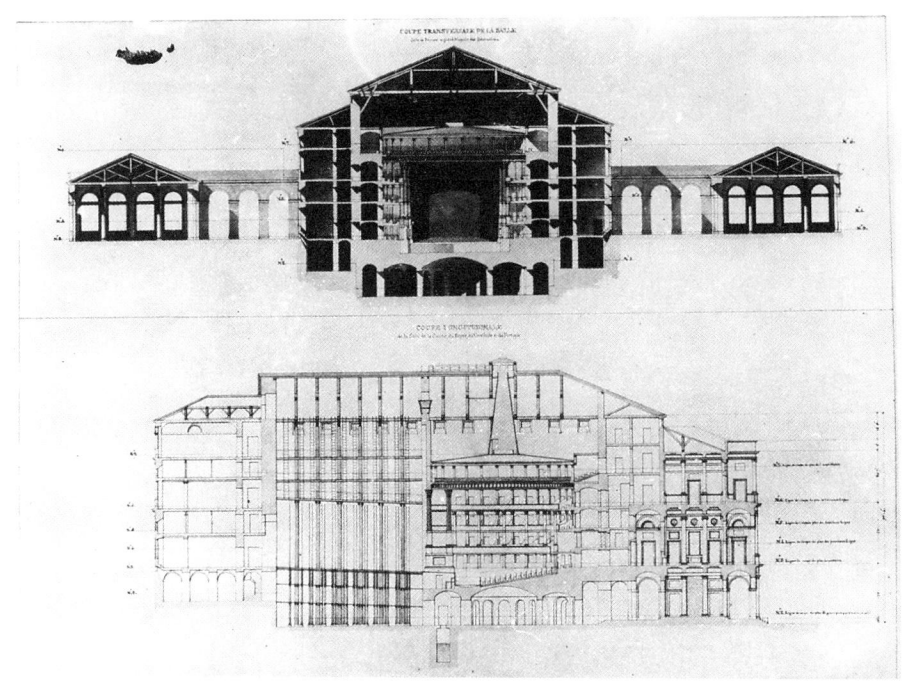

48 Stuttgart, Großes Theaterprojekt von G. Salucci, 1835, Querschnitt und Längsschnitt
49 Stuttgart, Großes Theaterprojekt von G. Salucci, 1835, Schnitt durch den Eingangstrakt und Aufriß der Fassade

hallen wahren, in die es eingespannt ist[142], geht diese optische Kommunikation bei Salucci durch eingehängte Füllwände verloren. Das ändert grundsätzlich nichts an der Übernahme der Pariser Disposition mit der von Kolonnaden markierten Dreischiffigkeit[143], die aus den die Treppenschächte begleitenden Umgängen resultiert. Die einläufigen Rampen bedienen zunächst den Konzert- und den Ballsaal, deren Haupttüren sich exakt auf die Treppenachse öffnen. Damit ist der zielorientierte Charakter der barocken Festtreppe im Rahmen einer programmierten Raumfolge aufgeweicht und die Bedeutung des Foyers zugunsten der Ecksäle relativiert.[144] Barockes Erbteil bleibt die symmetrische Verdoppelung der Treppe und die vom Schloßbau herrührende Sitte, daß sie nur in das erste Hauptgeschoß führt.

Gerade darin liegt ihre utilitäre wie ideologische Funktion begründet, indem sie einem beschränkten Publikum, der adeligen Hofgesellschaft, den Weg zum ersten Rang anweist. Der privilegierte Status dieser Besucher wird noch in dem Moment von Freiheit sichtbar, im Vestibül zwischen zwei Aufgängen wählen zu können, eine Alternative, die dem Publikum der oberen Ränge nicht geboten wird, da es schon bei Betreten des Gebäudes durch die erworbene Eintrittskarte nur einen direkten Weg vorgeschrieben findet. Während die Benutzer der „Grands Escaliers" sich im Foyer wieder treffen können, werden die anderen voneinander getrennt zu ihren Plätzen geführt, treten erst im Zuschauerraum miteinander und den übrigen Besucherklassen in Blickkontakt. Gehört das Selektieren also streng genommen noch zum utilitären Auftrag der Haupttreppen, so ist dieser in der zum Flanieren auffordernden, raumintensiven Ausbreitung der Verkehrswege, im vielfältigen Angebot der erschlossenen Säle – Foyer, Konzertsaal, Ballsaal, Loggia – ideologisch überformt, denn er suggeriert dem Benutzer zweckfreie Weiträumigkeit und zielloses Wandeln. Die Loggia über den Eingangsarkaden etwa, die in jeder zweiten Achse von den Austrittspodesten der Treppen, vom Foyer und den verbindenden Korridoren, schließlich von den Sälen der flankierenden Kopfbauten aus zugänglich ist, erfüllt keine besondere Verkehrsfunktion für das Hauptgeschoß. Der Arkadengang ist an dieser Stelle allein durch seinen Bedeutungsgehalt für die Fassade motiviert.

3.3.4. Fassade und Außenbau.

Die Fassade verspannt die mittleren elf Achsen, welche auf die von Säulenordnungen instrumentierten Arkadenvorhallen der beiden unteren Geschosse entfallen, mit wandbetonten Eckbauten, die durch rhythmisierte Vorlagen in engeren Achsabständen und das freie Obergeschoß vertikale Akzente setzen. Mit den Stirnseiten der um die Breite des Quertraktes zurückgesetzten zweigeschossigen Magazinpavillons an den Flanken ergibt sich eine nach Tiefe und Höhe geschickt gestaffelte Gruppierung, die ihr Zentrum im hohen Walmdach des Kernbaus findet.

Wie sehr Salucci sein Projekt vor allem auf die prospekthafte Wirkung der Schloßplatzfassade anlegt, machen die Seitenfronten (Abb. 51) deutlich. Die von der Kommission als „stiefmütterlich" gerügten Flanken entbehren, asymmetrisch zusammengestückelt[144a], jeder Regelmäßigkeit und sind schwer überschaubar. Durch Terrainunterschiede bedingt, haben die ersten acht Achsen zum abfallenden Schloßplatz ein Geschoß mehr, wodurch das Bodenniveau des Bühnenhauses mit dem Piano nobile im Eingangstrakt zusammenfällt und die Kopflastigkeit zum Platz hin verstärkt wird. Die niedrigen Pavillons, die zwischen sich und den Hauptbau Binnenhöfe nehmen, sind rückwärtig durch bündig anschließende Arkadenbrücken mit dem Bühnenbereich verbunden. Zuschauerhaus und Bühne sind ohne Zäsur unter ein Dach im Kernbau zusammengezogen, der um ein Mezzaningeschoß die Pultdächer der ringsum geführten Diensttrakte überragt. Ein Mittelrisalit vor der Rückfront, dem ein Stockwerk aufgesetzt ist, enthält die Hinterbühne, Magazinräume und Probensäle.

Die als offene Galerie zum Platz definierte Fassade steht der Form nach in ursächlichem Zusammenhang mit den ständisch gegliederten Galerien im Innern.[145] Beiden ist gemeinsam, daß von ihnen ein bevorrechtigtes Publikum auf eine rangniedere Gesellschaft herabblickt und zugleich von ihr zum Gegenstand ihres Schauinteresses gemacht wird. Bei den Galeriebenutzern verbindet sich das Motiv des bevorzugten Sehens mit dem der Ostentation der eigenen Person. Wie sehr die Loggia auf das selektierte Publikum des ersten Rangs zugeschnitten ist, zeigt die dem Palastbau entlehnte Form. Auf Pilaster zwischen den Erdgeschoßarkaden folgt vor dem Piano

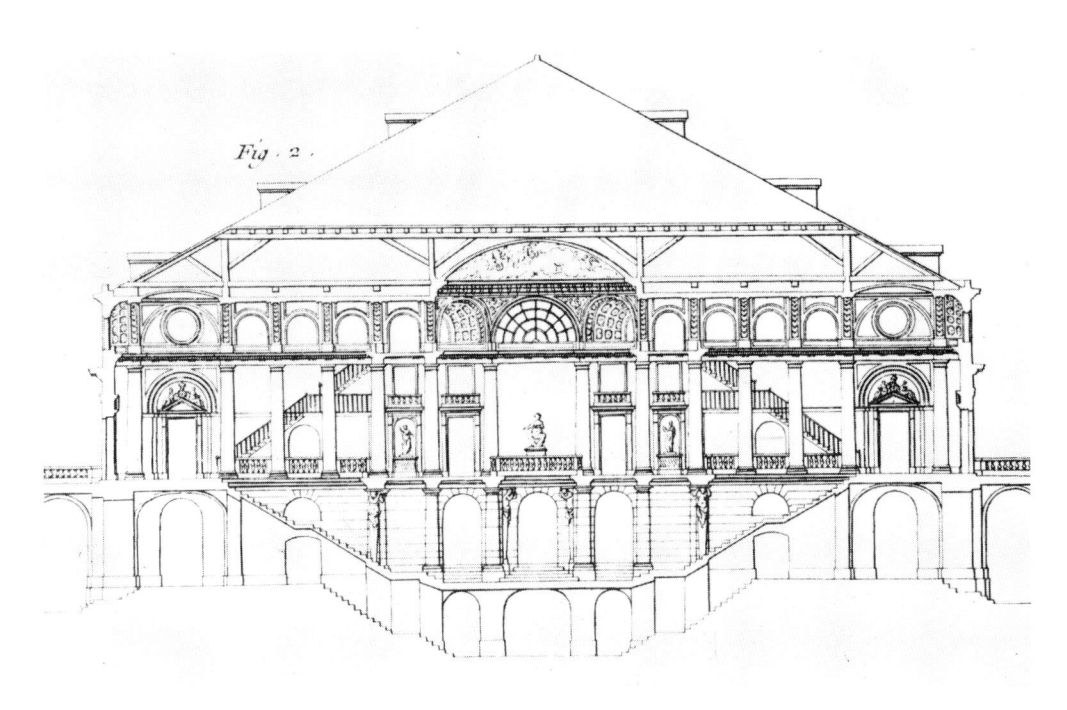

50　Paris, Théâtre d'Odeon von M. J. Peyre / Ch. de Wailly, Querschnitt zum Projekt von 1771
51　Stuttgart, Großes Theaterprojekt von G. Salucci, 1835, Aufriß der Rückfront und der Seite

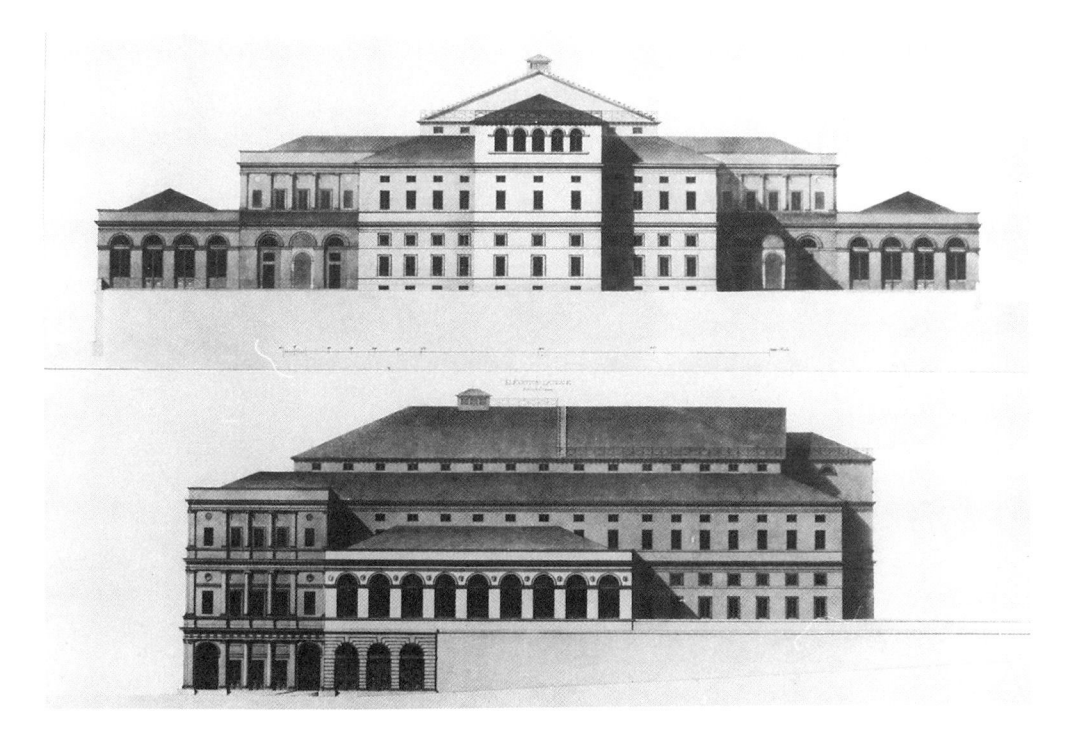

nobile eine Halbsäulenordnung, deren plastische Qualität die Hierarchisierung innerhalb des Stockwerkgefüges ausdrückt.[146] Um eine inflationäre Entwertung des Hoheitsmotivs 'Loggia'[147] zu vermeiden, wird auf eine dritte Galerie zwischen den Eckbauten verzichtet.

Daß die Theaterfassade durchlässiger auftritt als das Schloß gegenüber, heißt nicht Nivellierung zwischen oben und unten, drinnen und draußen. Wer die Eintrittskarte ins Theater erworben hat, besitzt nicht automatisch Zugang zu allen Räumen. Die Loggia dient nur dem Hof und der adeligen Assemblée im ersten Rang.[148] Der architektonisch inszenierte Öffentlichkeitsanspruch kommt zwar ohne den geringsten Verweis auf König und Monarchie in Form von Wappen oder Emblemen aus, doch diese Zurückhaltung ermöglicht die integrationistische Wirkung eines solchen Theaters am Schloßplatz. Die Loggia behaust die staatstragende Führungsschicht nur noch stellvertretend für die Allgemeinheit, der die Fassadenarchitektur das Theater bereits verspricht, ohne jedoch die pathetischen Tempelzitate der älteren Hoftheater zu bemühen. Saluccis Entwurf enthält, gerade im Verhältnis des Außenbaus zur Raumorganisation, Momente jenes dialektischen Umschlags nach der 48er Revolution, die Schillers berühmten Satz, „die Gerechtigkeit der Bühne fängt an, wo das Gebiet der weltlichen Gesetze sich endigt"[149], praktisch ins Gegenteil verkehrt. Die erzieherische Wirkung der Schaubühne wird nicht mehr emanzipativ gegen den absolutistischen Staat verstanden, sondern dient der Legitimierung der bestehenden Ordnung im Bewußtsein der Untertanen, dies umso eher, als die zwar beschränkte doch verfassungsmäßig verbriefte Teilhabe an Verwaltung und Regierung die Bürger auf die Seite des Obrigkeitsstaates führt.[150]

3.3.5. Der Zuschauerraum und sein Stellenwert in der Raumfolge.

Während das allen Aufwand konventioneller Schmuckformen für die Platzfront aufsparende Äußere offensichtlich bestrebt ist, auf Rettis Schloßarchitektur angemessen zu reagieren, nimmt Salucci im Innern Tendenzen vorweg, die im europäischen Theaterbau erst nach den Revolutionen der Jahrhundertmitte zum Durchbruch kommen und beispielhaft im Pariser 'Palais Garnier' kulminieren. Die Dominanz der Eingangsräume mit dem Treppenhaus über den eigentlichen Hauptraum des Theaters und das enorme Anwachsen der Arbeitslokale und Degagements[151], denen gegenüber die Publikumssäle nur noch den kleineren Teil des Gesamtvolumens ausmachen, reflektieren architektonisch verfestigt die Instrumentalisierung des höfischen Theaters durch einen verbürgerlichten Staatsapparat, der die ehemals fürstlichen Lustbarkeiten im Rahmen eines weit ausgreifenden kulturellen Erziehungs- und Unterhaltungssystems organisiert. Was der Weinbrennerschüler A. Weissenburg an den „herrlich imposanten" Eingängen der Hoftheater in Darmstadt und München rühmte, gilt ausgeprägter noch für Saluccis Entwurf, die durch Pracht beschwichtigende und vereinnahmende Geste der Einstimmung auf eine dem Alltag enthobene Scheinwelt, die Trost durch Bildung verheißt:

„... das ist ja der Kunst Bestreben, daß sie uns aus den Engen des alltäglichen Lebens hinaus in die schönen Räume des gesteigerten höheren Lebens führen will... Groß, mächtig, erhebend muß der Eintretende empfangen werden, im Vorhof des Tempels muß er schon die schweren Fesseln des dürftigen Lebens abwerfen, hier sey ihm eine würdige Vorbereitung zu der neuen Welt gegeben, die ihm im Innern des Hauses aufgehen soll".[152]

Der Schwerpunkt verlagert sich aus Bühne und Saal in die Eingangsräume für das Publikum und die Arbeitslokale der Künstler und Techniker. Wird das Ostentationsbedürfnis der Zuschauer verstärkt schon in Vestibül, Treppenhaus und Foyer befriedigt, kann die Aufmerksamkeit im Auditorium gezielter auf das Spektakel gerichtet werden, das, arbeitsteilig in den Ateliers und Probesälen produziert, auf der Szene nur noch zusammengesetzt wird. Die in die theatralische Veranstaltung investierte Arbeit wird zum geringeren Teil noch auf der Bühne selbst ausgeübt. Um das der Aufführung beiwohnende Publikum besser auf die Bühne konzentrieren zu können, wird der Schauraum abgedunkelt. Solches wäre den höfischen Theaterbesuchern des Barock, denen die Szene als Rahmenhandlung, als Folie ihrer gesellschaftlichen Schaustellung galt und der sie sich in einer imaginären Einheit,

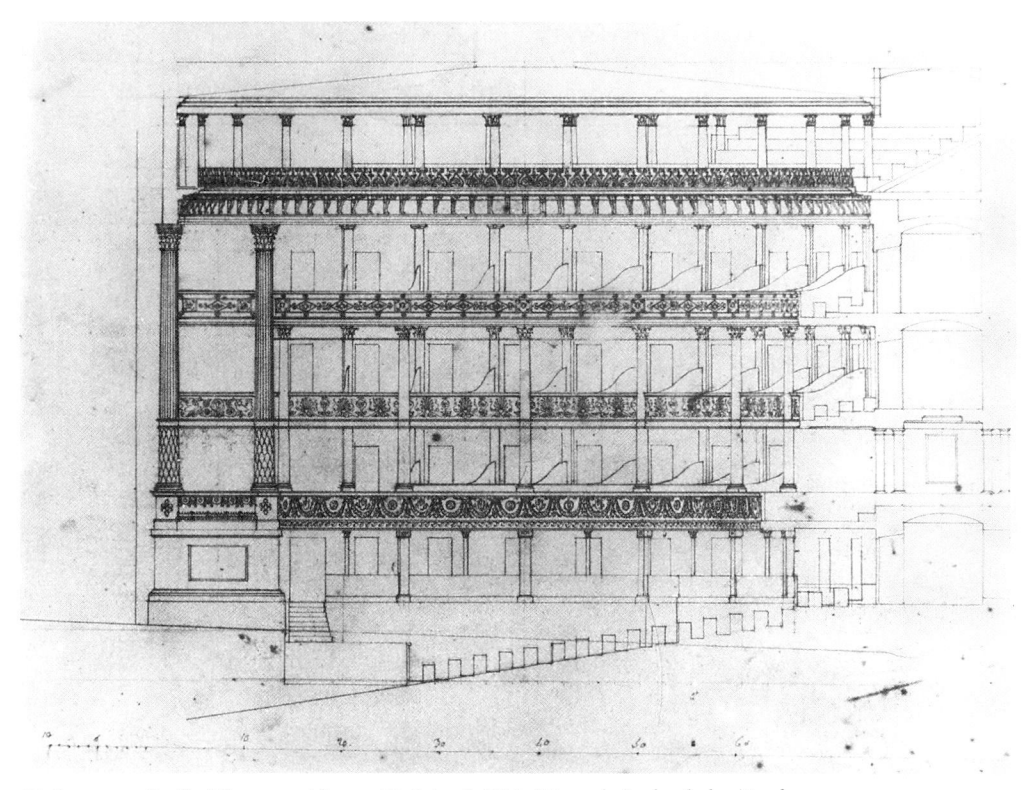

52 Stuttgart, Großes Theaterprojekt von G. Salucci, 1835, Längsschnitt durch den Zuschauerraum

als Zuschauer und Akteure, verbunden fühlten, undenkbar gewesen.[153]

Es überrascht also nicht, daß der proportional zum Gesamtkomplex kleine Zuschauerraum (Abb. 52) mit Parterrelogen über steil ansteigendem Parkett und vier Rängen, die als Holzkonstruktion zwischen die massiven Umfassungswände eingefügt sind, in der Raumwirkung hinter dem vorangehenden Treppenhaus zurückbleibt. Insoweit der Eingangstrakt, dem Seyffer mißtrauisch übertriebene Weitläufigkeit attestiert hatte[154], Teilfunktionen des Schauraums – als Bühne der exklusiven Gesellschaft – wahrnimmt, kann im Saal auf besonderen Aufwand verzichtet werden. Die in ganzer Höhe abgeteilte Hofloge ordnet sich ohne Aufhebens in den Verband des ersten Ranges ein, und sogar die schmale Proszeniumszone ist unter das rundumlaufende Kranzgesims über dem dritten Logenrang gezogen und so in den Zuschauerraum integriert. Der schmale französische Balkon vor dem „rang noble" widerspricht streng genommen dem Usus eines Hoftheaters[155], das hier ohne die königlichen Logen etwa 1500 Besuchern Platz bietet.

Über das Odeonsmotiv des ringförmig gefaßten Kranzgesimses hinaus geht das traditionell italienische Verfahren, Brüstungen und Stützpfeiler in der Art einer Ordnungsarchitektur zu verfestigen. Es erlaubt, die gesellschaftlich tonangebenden Besuchergruppen optisch herauszuheben.[156] Die drei Logenränge, von denen die ersten beiden durch schlanke Säulchen verspannt werden, stehen lotrecht übereinander und sind durch die kolossalen Proszeniumssäulen und das Konsolgesims unter der Galeriebrüstung zusammengefaßt. Auf diese Weise wird das Publikum auf den weniger feinen Plätzen im Parterre und auf der Galerie von dem der Logen abgesondert.[157] Der Zurückhaltung im privaten Raumprogramm des Hofes, der nur auf der rechten Proszeniumsseite über eine Loge mit Salon, Foyer und eige-

53 Stuttgart, Großes Theaterprojekt von G. Salucci, 1835, reduzierter Aufriß der Fassade

54 Stuttgart, Reduktionsentwurf I zum großen Theaterprojekt von G. Salucci, 1837, Grundriß Parterre

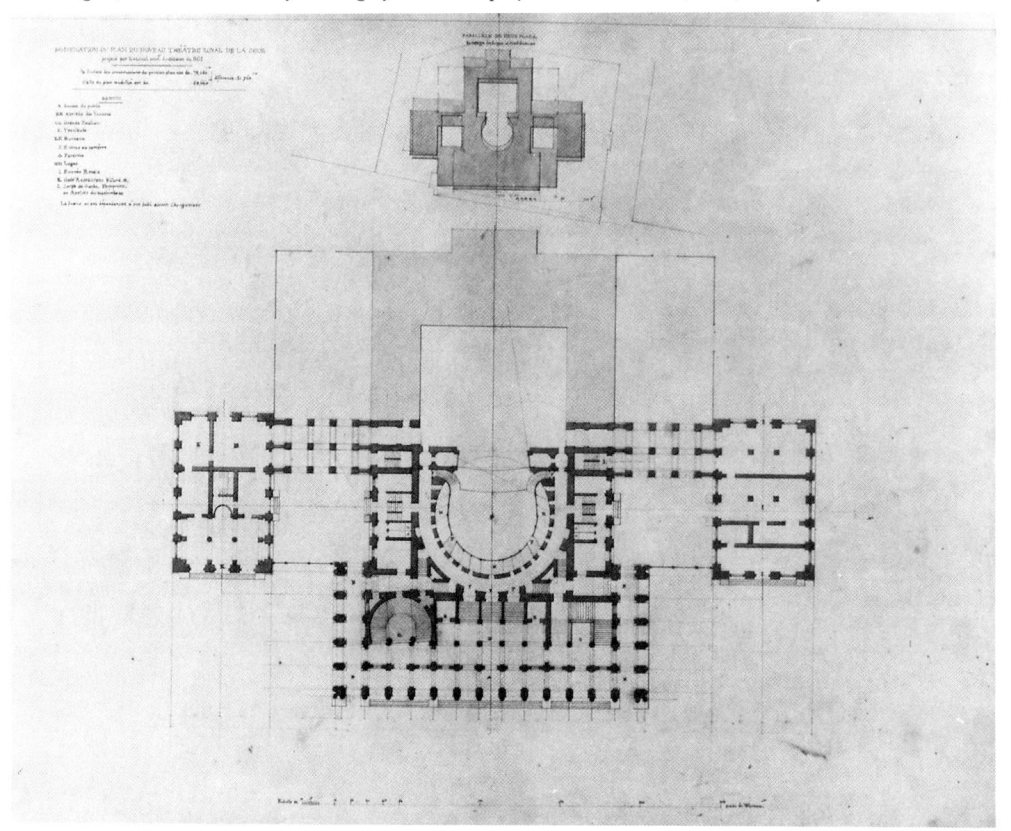

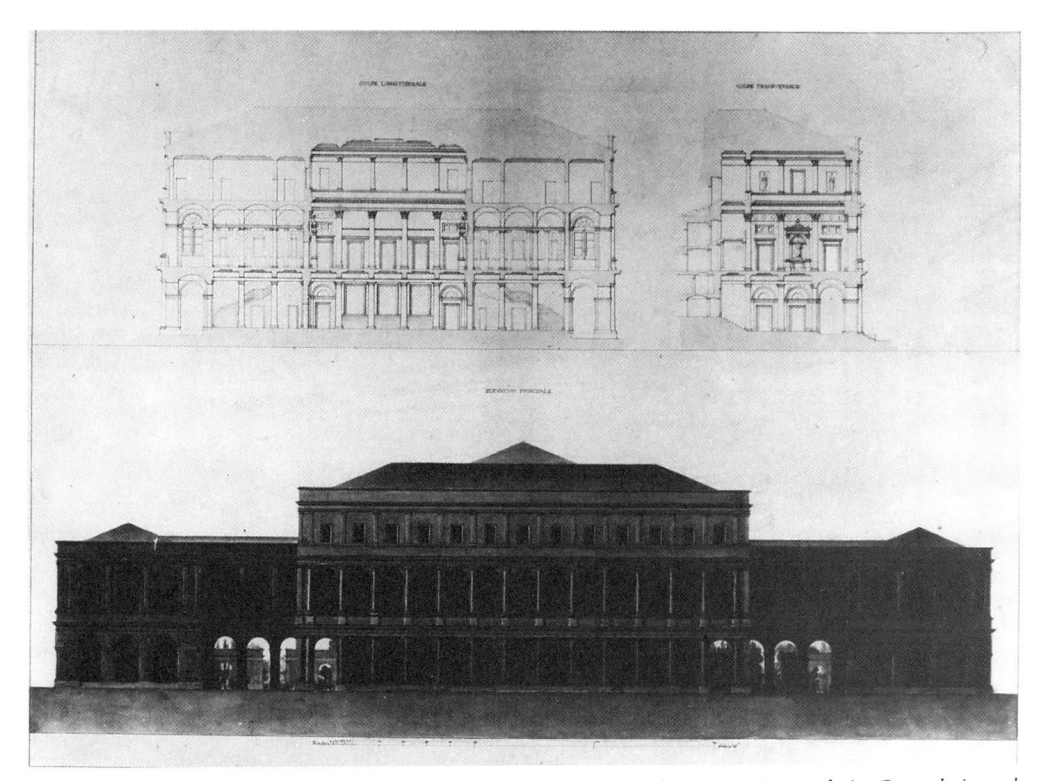

55 Stuttgart, Reduktionsentwurf I zum großen Theaterprojekt von G. Salucci, 1837, Längsschnitt, Querschnitt und Aufriß der Fassade

56 Stuttgart, Reduktionsentwurf I zum großen Theaterprojekt von G. Salucci, 1837, Situationsplan

57 Stuttgart, Reduktionsentwurf II zum großen Theaterprojekt von G. Salucci, 1837, Grundriß Parterre

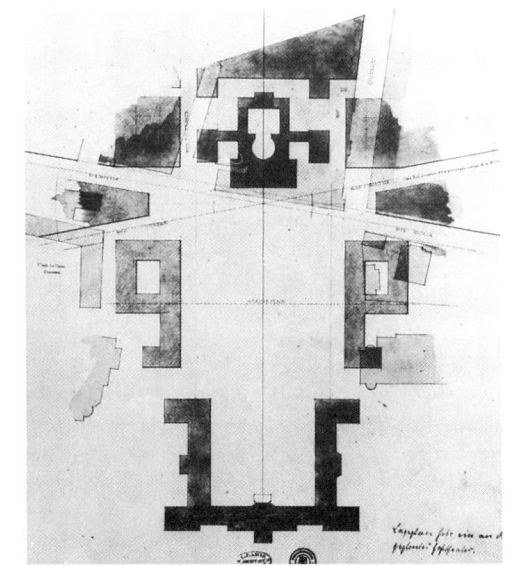

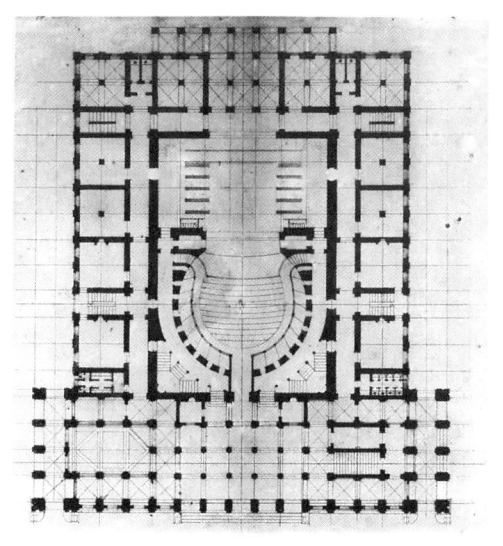

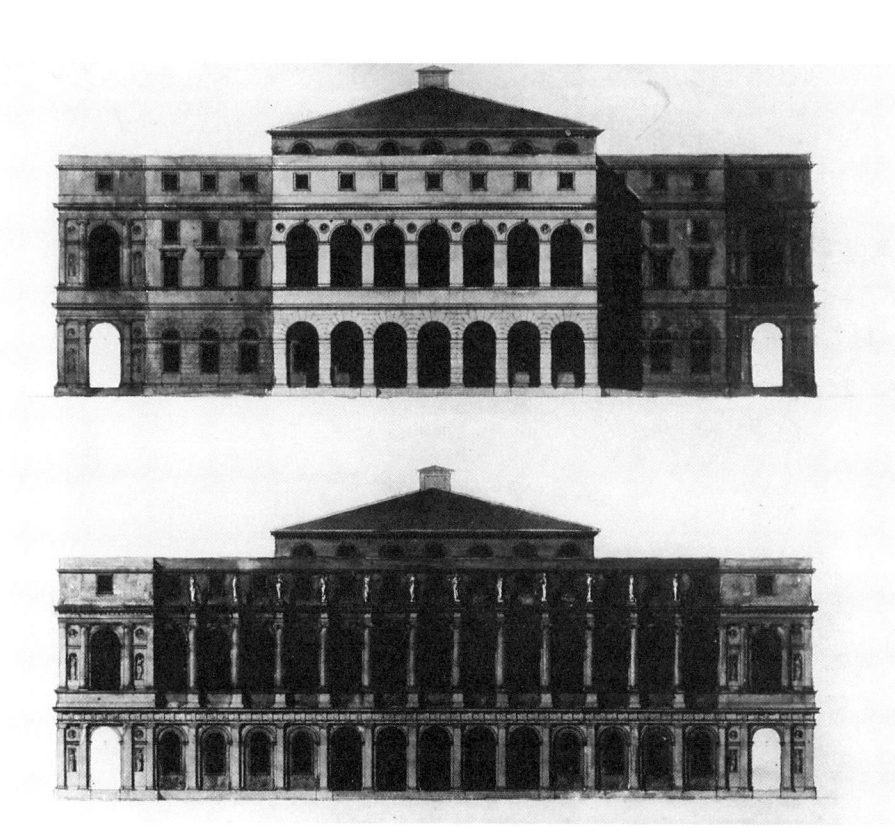

58 Stuttgart, Reduktionsentwurf II zum großen Theaterprojekt von G. Salucci, 1837, Ansicht der Rückfront und der Fassade

nem Treppenaufgang in beengten Räumen verfügt, entspricht die Einverleibung des Proszeniums unter eine gemeinsame Saaldecke, die wie ein zeltartig zum Belüftungsschacht ansteigendes Velarium den Raum zentriert.

3.3.6. Varianten zum Hauptentwurf.

Als Reaktion auf die Kritik der Kommission hat Salucci eine Fassadenvariante und zwei modifizierte Projekte vorgelegt.

In der Variante (Abb. 53), die um zwei Achsen reduziert ist, werden die flankierenden Ecken dem Schema der Fassadenmitte angeglichen. Im Erdgeschoß schließen Blendbogennischen die Arkaden zwischen den Portalen; die obere Loggia ist verglast.[158] Die Fensterfolge anstelle der offenen Galerie gibt dem Aufriß über dem massiven Sockelgeschoß eine konventionellere Note.

Um ein Viertel ist die Grundfläche des vereinfachten Entwurfs (Abb. 54, 55) verkleinert. In dem auf 13 Achsen verkürzten Eingangstrakt sind außen überwölbte Wagendurchfahrten vorgesehen. Die seitlichen Höfe sind nach vorn geöffnet, so daß die abgerückten Pavillons nur über rückwärtige Arkadenbrücken mit dem Hauptbau verbunden sind. Den beiden offenen Loggiengeschossen sind Halbsäulenordnungen vorgeblendet. Hinter der Fassade ist die Raumfolge des Eingangstraktes auf kompakterem Grundriß ohne die vorher dominierende Querachse konzipiert. Für die Haupttreppen seitlich des Vestibüls wird eine Alternative angeboten, rechts eine dreiläufige, um einen quadratischen Kern geführte Treppe und links aufgeklebt eine elegantere, vor der halbkreisförmig ummantelten Wand frei ansteigende Treppe, wie sie aus französischen Hôtels des 18. Jahrhunderts geläufig ist.

Der Situationsplan (Abb. 56) bezeugt das stadtplanerische Interesse an einer gründlichen Regulierung und rigoros symmetrischen Systematisierung des Schloßplatzes und der ihn tangierenden Straßen. Ähnlich wie Thouret 1837 sieht Salucci anstelle der seitlich einfassenden Alleen zwei identische Gebäude mit rückwärtigen Höfen vor, die die Cour d'honneur in einen erweiterten Vorhof bis zur Königstraße verlängern. Um deren Schrägführung durch den Platz auszugleichen, plant er eine zweite spiegelbildlich korrespondierende Achse, die den Alten Schloßplatz mit der Kronenstraße in der Friedrichstadt verbindet und genau vor der Theaterfassade die Königstraße in stumpfem Winkel schneidet. Die reißbrettartig anmutenden Vorschläge steigern noch die Zweipoligkeit zwischen Schloß und Theater im Zentrum Stuttgarts.

Ein nochmals umgearbeiteter und weiter eingeschränkter Entwurf (Abb. 57, 58) hat keine Flügelbauten mehr. Der Eingangsriegel mit seitlich vorspringenden Kopfrisaliten für Wagendurchfahrten verbreitert die Fassade zu einer Schauwand, die von den triumphbogenartig instrumentierten Ecktravéen zusammengehalten wird. Die demonstrative Inszenierung der Loggia mit vorgekröpften Säulen und Statuen auf Gebälkstücken zwischen den Attikafenstern verweist auf Klenzes Festsaalbau an der Hofgartenseite der Münchner Residenz, der in den 30er Jahren hochgezogen wird.[159] Ungewöhnlich für ein Theater ist die Abwandlung des hochrangigen Fassadenrepertoires in den Pfeilerloggien des Mittelrisalits hinter dem Bühnenhaus. Vielleicht hat Salucci, ähnlich wie G.L. Laves zehn Jahre später in Hannover[160] die anspruchsvolle Rückfront als Point-de-vue für einen geplanten Straßendurchbruch angelegt.[161]

3.4. Das Projekt von Karl Ludwig Zanth.

3.4.1. Lage, Grundriß und Aufriß.

Zanths Entwurf verdankt Klenzes Münchner Bauten so viele Anregungen wie dem Pariser Lehrer Hittorf, bei dem der nur wenig jüngere

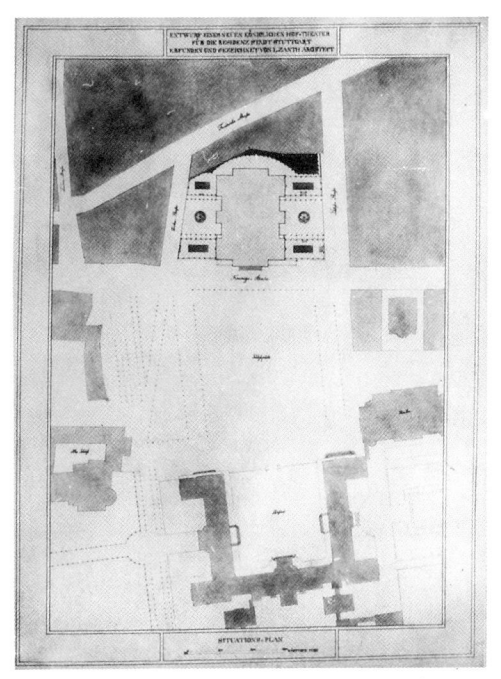

59 Stuttgart, Theaterprojekt von K.L. Zanth, 1836, Situationsplan

seit 1812 studiert hatte.[162] Aber nicht die vorsichtige Münchner Neorenaissance, mit der Zanth die strenge Welt des Stuttgarter Spätklassizismus aufbricht, sondern die Lage des in die Grundstückstiefe entwickelten Baus (Abb. 59), der durch Einbindung in die Flucht der Königstraße den axialen Kontakt mit dem Schloß und alle damit verbundenen Ansprüche fast ängstlich meidet, haben dem Entwurf zuerst das Wohlwollen Seyffers und des Königs eingebracht.[163]

Die asymmetrischen Restgrundstücke vor den Flanken sind in terrassierte Vorgärten mit Rabatten unterteilt, zwischen denen Platz für Wagenauffahrten um ein Fontänenrondell bleibt. Die kleinteilige Zergliederung der Freiflächen und ihre sorgfältige Distanzierung von der Königstraße dient in Verbindung mit der auf der anderen Straßenseite projektierten Baumreihe der Abkapselung des Theaters vom Schloßplatz. Das rücksichtsvolle Bemühen, an dieser heiklen Stelle im Stadtgefüge nicht zu laut aufzutreten, spricht ebenso die auf 13 Achsen beschränkte Fassade aus. Dem rechteckigen, dreistöckigen Hauptbau sind an den Längsseiten knapp einspringende,

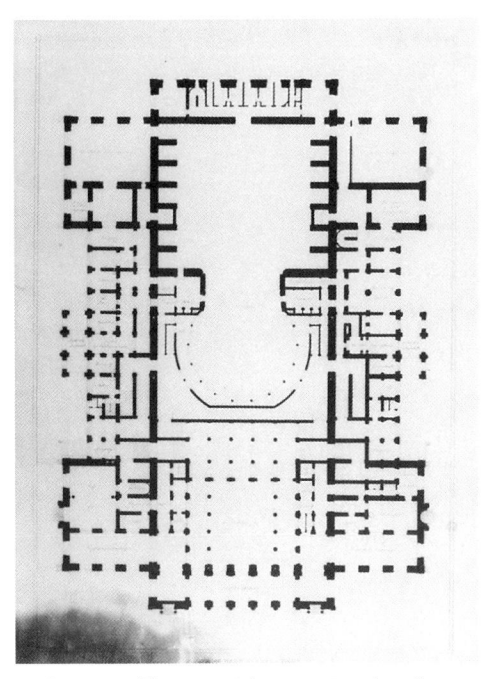

60 Stuttgart, Theaterprojekt von K.L. Zanth, 1836, Grundriß Parterre

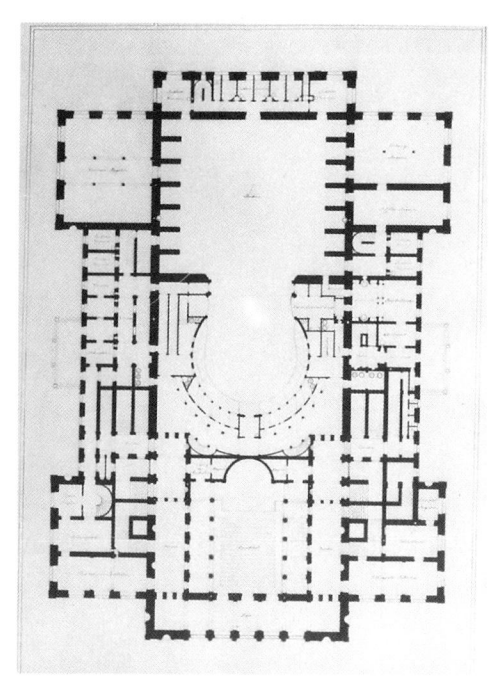

61 Stuttgart, Theaterprojekt von K.L. Zanth, 1836, Grundriß I. Rang

schmale Querflügel gleicher Höhe zugestellt, die durch niedrigere, den Kernbau seitenschiffartig begleitende Rücklagen verbunden sind. Im Gegensatz zu den anderen Entwürfen kommt so ein nach beiden Achsen symmetrischer Baukörper zustande, der sich weitgehend autonom zum Platz verhält, deshalb auch nicht auf Fassadenansichtigkeit reduziert werden möchte. Die gebotene Rücksicht auf die Nähe des Schlosses ist nicht nur Anpassung, sondern auch Movens, im Kontrast zur barocken Pavillonarchitektur ein blockbetontes Architekturprinzip zu artikulieren.[164]

In gleich großen, annähernd quadratischen Teilen umfaßt der Kernbau Eingangsräume, Auditorium und Bühne (Abb. 60, 61). Das im Wagen über seitliche Rampen vorfahrende Publikum steigt in der Vorhalle des Fassadenrisalits aus, während die Fußgänger von den Querflügeln durch offene Galerien die Eingangshalle erreichen. Das ausgedehnte Vestibül, das mit seinen Annexräumen den Zuschauersaal an Fläche fast übertrifft, erstreckt sich, von Säulenreihen dreischiffig unterteilt, bis zu einem nach kurzen Treppenabsätzen erreichten, niedrigen Wandelfoyer, das quer orientiert ist und den Besuchern links und rechts je zwei parallele Treppenläufe erschließt. Sie führen über Eck in die Zwickelräume hinter dem Saalparterre bzw. auf den großen Korridor, der im ersten Rang Foyer und Schauraum seitlich des Konzertsaals verbindet. Weitere Treppen sind über Nebeneingänge von den Rücklagen der Flanken zu betreten.

Das nach großzügigem Auftakt auf dem erhöhten Querpodest in engen Treppenschächten versickernde Entrée hat Zanth in Kauf genommen, um darüber einen zweistöckigen Konzertsaal unterzubringen, der zwischen dem Foyer der Fassadenloggia und dem Schauraum liegt. Dem Musiksaal opfert Zanth die repräsentative Treppenhauszone, die bei Salucci den Kern der Planung ausmacht. Die Abfolge annähernd gleichgewichtiger Haupträume in der Achse erinnert abstrakt an die Disposition in Knobelsdorffs Berliner Opernhaus, ist freilich des formalen und inhaltlichen Zusammenhangs aufgrund gewandelter Theaterpraxis beraubt.[165] Zwischen Konzertsaal und Schauraum gibt es keine direkte

62 Stuttgart, Theaterprojekt von K.L. Zanth, 1836, Aufriß der Fassade

Verbindung; die Funktionen sind streng getrennt.[166] Lediglich die Degagements kommen beiden zugute. Sie ersetzen durch gebündelte Vielfalt, was ihnen an klarer Disposition mangelt. Neun separierte Treppen allein für das Publikum, schlecht aufeinander abgestimmt mit verwirrend versetzten Antritten, sowie die über den ganzen Bau verteilten Magazine und Probesäle bestätigen Seyffers süffisantes Urteil, „daß der Zeichner weit über dem Constructor steht".[167] Grundriß und Raumorganisation des Zanthschen Theaters leiten sich nicht von utilitären Bedürfnissen her, vielmehr erscheinen sie nachträglich in einen achsensymmetrischen Umriß eingeschrieben, dessen Gestalt sich aus der ideologischen Aufgabe der Außenhaut ergibt.

Die Schmalfront zum Platz (Abb. 62) bemüht mit der strengen Ordnungsarchitektur und den von Statuen in abgestuft instrumentierten Wandnischen belebten Eckachsen ein ganzes Arsenal von Würdeformen, ohne sie spektakulär gegen das Schloß auszuspielen. Kämpferprofile und Stockwerksgesimse, die durchbrochenen Attikagitter auf den Traufen[168] und die flach geneigten Dächer produzieren breit lagernde Behäbigkeit. Die selbst das von Salucci volltönend vorgetragene Loggiamotiv auf wenige Achsen zusammenpressende Fassade erschien der Kommission als übertriebenes Understatement.[169] Andererseits ist hier die geforderte Vereinheitlichung aller Fronten erzielt, die Salucci und Thouret ihren ausschließlich auf Ansicht berechneten, effektvollen Fassaden geopfert hatten. Zanth wertet die Seiten (Abb. 63) mit dem Formrepertoire der Fassade auf. Der Aufriß der Rücklagen wird, gelenkartig um die Ecke geklappt, an den Flanken wiederholt; sogar mit figürlicher Plastik besetzte Brunnennischen in der Mitte der Querflügel fehlen nicht. Kleinteiliger wegen erheblich geringerer Fenstermaße geraten die dem Piano nobile korrespondierenden anderthalb Geschosse in den niedrigeren Rücklagen über durchfensterten Pfeilerarkaden.

Von der nüchternen Architektur sticht der Portalbau vor den mittleren drei Achsen des Erdgeschosses ab. Die an den Seiten offene Durchfahrt vor dem Eingang zum Treppenhaus der kgl. Proszeniumsloge präsentiert sich in einer von

63 Stuttgart, Theaterprojekt von K.L. Zanth, 1836, Aufriß der Seite

Halbsäulen und Pilastern gerahmten Serliana. Hinter dem Balkon liegen die königlichen Appartements. Darauf beziehen sich die neben den Bogen applizierten, bekrönten Embleme mit Wilhelms Initialen, die im Hintergrund von Rabattengrün und einer Zierfontäne fast verstohlen den Hausherrn erinnern. Relativiert es dessen Anspruch schon genug, daß der bedeutungsgeladene Apparat nur an den Seiten zur Geltung kommt, so drückt sich eine schwerwiegendere Nivellierung darin aus, daß auf der gegenüberliegenden Seite Künstler und Bühnenarbeiter durch einen identisch gestalteten Vorbau das Theater betreten. Nur scheinbar kehrt sich hier ein durch spiegelbildliche Symmetrie dargestelltes Architekturprinzip gegen gesellschaftliche Funktionszusammenhänge. Keineswegs kündet es von egalitären Tendenzen, wenn Hof und untertäniges Personal gleichermaßen durch ein „königliches Portal" in das Theater gehen, wohl aber vom Aufweichen der Ständehierarchie und ihres Architekturkanons in der konstitutionellen Monarchie. Die im Gefüge des Zanthschen Baus fremd und versatzstückartig wirkenden Portalbauten zitieren unwiederbringlich Portikus und Staatsbalkon des absolutistischen Schlosses. Ihres angestammten Orts im Corps de Logis enthoben, fristen sie ein Schrumpfdasein in der öffentlichen Architektur, wo immer der Hof noch alte Vorrechte in Anspruch nimmt.

Der untergründige Zweck des Neubaus, die ideologische Assimilierung weiter Teile des württembergischen Bürgertums mit Hilfe der neuen Bildungsinstitute, erheischt das Zurückstecken partikular erfahrener höfischer Präsenz zugunsten des allgemein verbindlichen Staatszwecks.

Das Vorbild der Fassade ist durch einen Vergleich mit Hittorfs Pariser Entwürfen für das 'Théâtre des Italiens', 1825, und der ausgeführten Fassade des 'Ambigu Comique', 1827 (Abb. 63), benennbar.[170] Dort finden sich die übereinandergestellten Ordnungen, Loggien, Rundbogenfenster und Statuennischen zwischen straff gespannten Gesimsbändern. Zanth ergänzt das Repertoire um Eckrustizierung und kräftige Ädikularahmungen, wie sie von Klenzes Münchner Palais bekannt sind.[171]

3.4.2. Der Konzertsaal.

Mit dem Konzertsaal (Abb. 65), dem sich in unmittelbarer Nachbarschaft zwei Bibliothekssäle und ein Lesezimmer in den Querflügeln zugesellen, findet eine bürgerliche Raumaufgabe in antikisierender Form Eingang in die Hoftheater. Es gilt dabei, zwischen der Entwicklung des Konzertwesens hinsichtlich des Bedürfnisses nach geeigneten Sälen und der Adaption eines bestimmten Raumtyps, des Peristylsaals, für diesen Zweck zu unterscheiden. Die Anfänge öffentlicher Konzertveranstaltungen hatten sich im späteren 17. Jahrhundert schwerpunktartig in

64 Paris, Théâtre de l'Ambigu Comique von K.I. Hittorf, 1827

65 Stuttgart, Theaterprojekt von K.L. Zanth, 1836, Längsschnitt

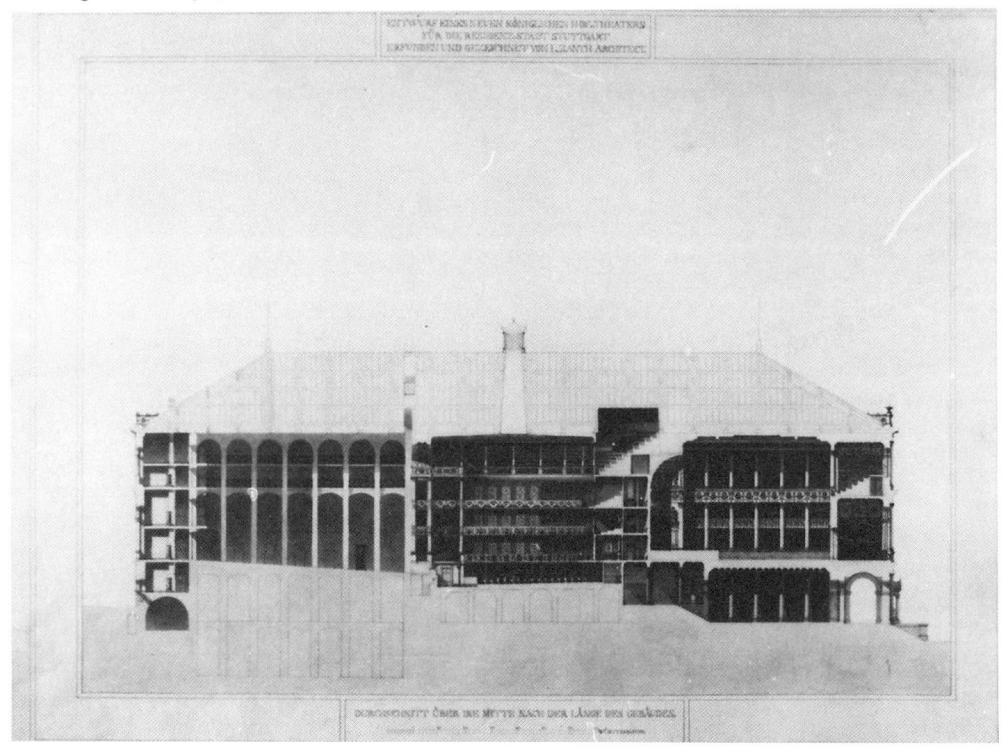

den bürgerlich-protestantisch geprägten Metropolen Nordeuropas herausgebildet, vor allem in Großbritannien und in den Niederlanden. Es fällt auf, daß die frühen Konzertgesellschaften meist dort entstanden, wo sich das aus katholisch-absolutistischen Traditionen gespeiste Operntheater nicht oder nur mit Verzögerung hatte durchsetzen können. Die im technischen Aufwand räumlich sehr viel flexiblere und anspruchslosere neue Kunstform hatte zur Folge, daß die typologische Ausbildung eines adäquaten Saals erst spät einsetzte. Das selbständige Konzerthaus ist ein Produkt des 19. und 20. Jahrhunderts.[172] Gingen die ersten städtischen und privaten Saalbauten über primitivste utilitäre Bedürfnisse kaum hinaus, bedurfte es zur Prägung genuiner Standards erst der Protektion der Höfe, die noch im späten Ancien Régime Konzerte in den Schlössern und dann in den öffentlichen Hoftheatern veranstalteten. Der durch zwei Stock reichende ovale, von einer Kolonnade umsäumte Konzertsaal in Victor Louis' epochalem 'Grand Théâtre' in der blühenden Handelsstadt Bordeaux setzte den Anfang einer Reihe ähnlich aufwendiger Säle in europäischen Hoftheatern vor und nach der Revolution von 1789.[173] Ihr Rang ergibt sich aus der Übernahme des in den meisten zeitgenössischen Residenzen bereits installierten Peristylsaals.[174]

Abweichend von den höfischen Festräumen, deren umlaufende Kolonnade schon 1782/85 in den Konzertsaal des Mannheimer Nationaltheates entlassen[175] und Jahrzehnte später in unzähligen Redoutenhäusern und Kasinos kopiert wurde, stockt Zanth den Saal um eine weitere Säulenreihe über dem Gebälk auf. Das Palladio entlehnte Motiv[176] hatte Klenze 1826/27 in seinem berühmten Konzertsaal im Münchner Odeon variiert.[177] Während dort eine zweistökkige Kolonnade den an der Podiumsseite halbkreisförmig geschlossenen Raum ganz umzieht und nur einen schmalen Umgang vor der Wand übrig läßt, beschränkt Zanth die untere Säulenreihe auf die Langseiten. Zwar umzieht die korinthische Ordnung darüber auch die Schmalseite vor der Empore über dem Foyer, doch ist die gegenüberliegende eingezogene Apsis für das Orchester deutlich abgehoben. Dadurch wird Zanths Saal stärker sakralisiert.

In den Seitenschiffen sind Logen abgeteilt, unten auf einer knappen Estrade, in halber Höhe auf einem hinter den Säulen durchlaufenden Balkon und hinter der oberen Säulenreihe auf der Empore. Weiße Säulen mit vergoldeten Basen und Kapitellen heben sich von den grün-rot dekorierten Brüstungen und der stark farbig ausgemalten Orchesternische ab.

Die traditionelle Architektur weiß im Innenraum keinen höheren Status auszudrücken als den durch Gebrauch von Säulen bezeichneten. Umsomehr Aufmerksamkeit verdient es, wenn der theoretisch überaus versierte Zanth im Zuschauerraum des Theaters selbst die üblichen Prozeniumssäulen vermeidet, andererseits in der Superposition der Halbsäulen an der Fassade das Vestibül im Erdgeschoß und den Konzertsaal darüber korrekt nach außen spiegelt. Das Theater selbst, zur Nebensache geworden gegenüber dem in der Achse vorgerückten Musiksaal, ist in der Front nicht mehr ablesbar. Darin liegt der qualitative Unterschied des Stuttgarter Entwurfs im Vergleich mit anderen Konzertsälen in Hoftheatern, die wie bei Schinkel in Berlin (1818/21) oder später bei Laves in Hannover (1847/52) in Seitenflügeln auf Distanz gehalten werden. Das ungewöhnliche Konkurrenzverhältnis der beiden Haupträume bei Zanth, die demonstrative Nobilitierung des im Hoftheater eigentlich sekundären Konzertsaals ist wiederum aus programmatischem Kalkül, aus dem integrativen Zweck des Baus zu erklären.[178] Zanths Entwurf weist über das Scheitern der Stuttgarter Theaterprojekte hinaus, indem die hier ohne Auftrag vorgedachte Konfiguration von Konzertsaal, Bibliotheks- und Leseräumen das Raumprogramm des 20 Jahre später an gleicher Stelle realisierten Königsbaus in wesentlichen Zügen vorwegnimmt, ohne jedoch dessen Symbiose von kulturellem Divertissement und kommerzieller Bedürfnisbefriedigung anzustreben. Die unentschiedene Januskopfigkeit des vormärzlichen Hoftheaters auf dem Weg zu einer Staatsanstalt, die umwertende Anverwandlung ursprünglich höfischer Raumdispositionen gegenüber der mondänen Allure der Pariser Gesellschaftstheater mit ihren Ladengalerien und Spiellokalen macht Zanths Projekt zu einem typischen Zeugnis für das Dilemma einer öffentlichen Architektur, der die großen Gebärden der antikisierenden Formensprache eines Schinkel oder Fischer abhandengekommen sind.

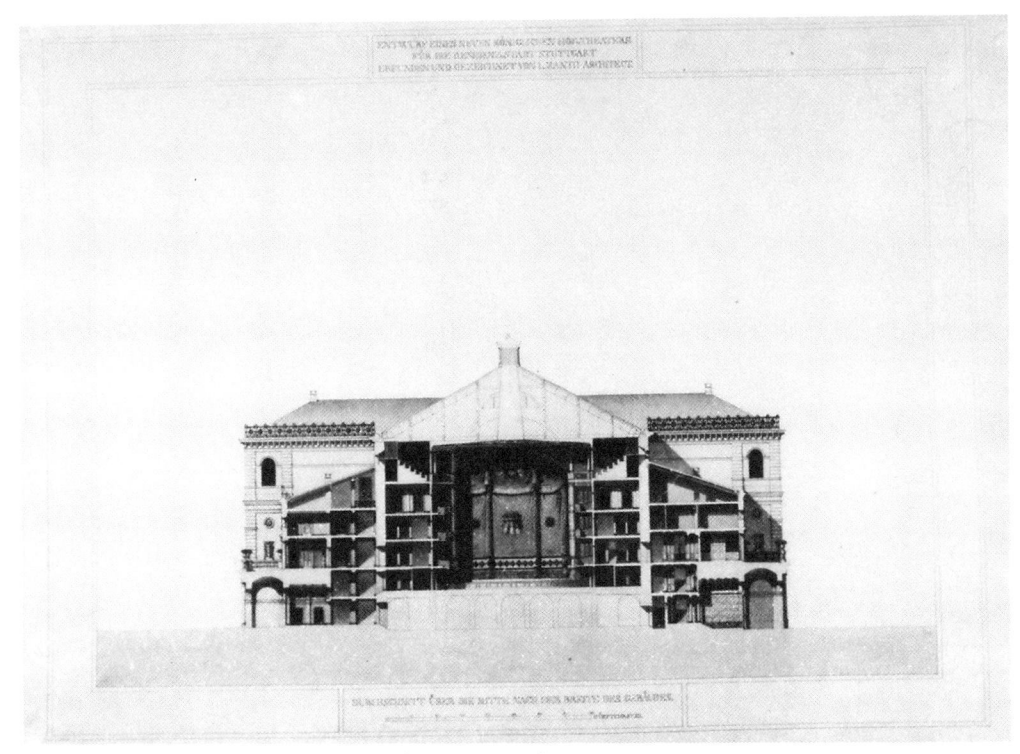

66 Stuttgart, Theaterprojekt von K.L. Zanth, 1836, Querschnitt

3.4.3. Der Zuschauerraum.

Das über einem Dreiviertelkreis errichtete Zuschauerhaus (Abb. 65, 66) verbindet die Raumform von Fischers Münchner Nationaltheater mit den neuesten Errungenschaften des Pariser Theaterbaus. Zanth übernimmt die am Proszenium stark eingeschnürte Saalkurve trotz der oft inkriminierten Sichtbedingungen[179] auf den vorderen seitlichen Plätzen offenbar um der beabsichtigten Zentralraumwirkung willen, die das allseits sichtbare Publikum anschaulicher in eine Gemeinschaft integriert, als das bei gestreckten Sälen mit größerer Proszeniumsbreite der Fall ist. Praktische Erwägungen hinsichtlich günstiger Sehlinien auf die Bühne werden für den ideologischen Zweck eingeschränkt. Unter diesem Aspekt betrachtet, entspricht die Saalform bei Fischer und Zanth durchaus 'funktional' den in sie gesetzten Erwartungen.[180]

Die freitragenden Balkons, die in Deutschland zuerst P.J. Krahe in Koblenz ganz stützenlos vor die Wand auskragen ließ[181], erweitert Zanth durch dünne Eisenstützen im Fond anstelle der Rückwand, um dahinter leicht erhöht Platz für ganz abgeteilte Logen bzw. ansteigende Galerien im mittleren Abschnitt zu gewinnen.[182] Nur der 'balcon noble' ist in Brüstungshöhe in offene französische Logen zergliedert, die übrigen aber sind mit durchlaufenden Bänken bestückt, wodurch zusammen mit der amphitheatralischen Galerie, welche die Umfassungswände des Auditoriums beträchtlich nach außen versetzt, die Platzkapazität des nicht sehr großen Raumes bedeutend vermehrt wird, ohne den von den Brüstungen her einheitlich definierten Saalcharakter zu tangieren. Das scharnierartig geknickte Proszenium besteht aus einer schmalen, von einem Segmentbogen überfangenen Achse im Bühnenportal und davor einer breiteren, unter die Saaldecke gezogenen mit Logen in allen Rängen. Die Hofloge ist kastenartig geschlossen. Ihre Dekoration hebt sich wie die der Ranglinien in Grün, Rot und Gelb vor blauem Hintergrund ab.

67 Stuttgart, Modell zum Theaterprojekt von K.A. Heideloff, 1839

3.5. Das Theatermodell von Karl Alexander Heideloff.

Von dem im Krieg verbrannten Holzmodell gibt nur noch eine photographische Aufnahme Kenntnis (Abb. 67).[183] Anders als die früheren Entwürfe des Theaterwettbewerbs, die sich sämtlich auf der Grundlage eines klassizistischen Vokabulars um eine „charakteristische" Formulierung der Bauaufgabe bemühen, läßt Heideloffs Modell keinen Zweifel daran, daß ihm an einer theaterspezifischen Komposition weniger liegt. Wenn auch die einzig überlieferte Schrägansicht auf die Rückfront und eine Langseite des Modells verbindliche Aussagen zur Fassadengestaltung nicht erlaubt – allenfalls könnte man an eine zweigeschossige Rundbogenloggia denken –, liegt doch die Annahme nahe, die hier erkennbare Variante des Gärtnerschen Rundbogenstils[184] wolle ebenso allgemein und ohne weitere typologische Unterscheidung als öffentliches Bauwerk verstanden wissen wie die Baublöcke an der Ludwigstraße in München. Das kompromißlose Festhalten am klassizistisch-symmetrischen Block bedeutet Verzicht auf die ästhetisch differenzierte Überformung interner Funktionsbereiche; die Zweipoligkeit der inneren Raumorganisation wird im Außenbau negiert zugunsten des allgemeineren Zwecks, als „monument public" neben anderen zu erscheinen.

Schon die Verwendung der in Süddeutschland immer noch ungewöhnlichen Rohziegel hätte im nüchternen Rahmen der klassizistischen Putzbauten in der württembergischen Residenz als Signal gewirkt. Zumal gegenüber dem massiven Hausteinbau des Schlosses hätte sich ein Backsteinbau auffällig von der Hofsphäre abgesetzt. Indem Heideloff dem Theater die repräsentativere Qualität des Natursteins vorenthält, verweigert er ihm zwar den eminenten Rang des Schlosses, wichtiger aber erscheint die durch die Wahl des Ziegelbaus ausgedrückte Angleichung an jene ausgesprochenen Staatsbauten für Bildung und Unterricht, die gerade seit den 30er Jahren von Schinkel in Berlin, Gärtner in München und Hübsch in Karlsruhe errichtet werden. Aus den spärlichen Akten zu Heideloffs Entwurf geht allerdings nicht hervor, daß dem Material diese Bedeutung zuerkannt wurde; doch erübrigt sich wohl ein expliziter Nachweis angesichts der selten artikulierten, desto hartnäckiger aber in allen Entwürfen reflektierten Integrationsaufgabe des neuen Hoftheaters. Erst aus der historischen Distanz vermag der Stellenwert von Heideloffs Projekt bestimmt werden: es wäre der erste Backsteinbau der deutschen Theaterarchitektur geworden.[185]

Zwischen zwei schmale, dreistöckige Fassadenriegel an den beiden Stirnseiten ist der leicht eingezogene, basilikal gestaffelte Hauptbau verspannt. Als 'Seitenschiffe' fungieren die zweigeschossigen, fast völlig von Rundbogenöffnungen aufgelösten Rücklagen der Langseiten, während das über flachen Pultdächern aufsteigende 'Hochschiff' zwischen den massiven Stirnbauten vermittelt. Deren nur von wenigen rhythmisiert verteilten Rundbogenöffnungen und schwach angedeuteten Mittel- und Eckrisaliten aufgelockertes Wandkontinuum sticht auffällig von den monoton durchfensterten Langseiten ab. Fenster und Türen sind am ganzen Bau „à la Fiorentina", wie Gärtner die zweibahnigen, rundbogigen Palastfenster nannte[186], ausgebildet.

Lediglich in der basilikalen Großform, die aber gerade nicht an der Fassade ablesbar wird, greift Heideloff eine im Theaterbau geläufige Architekturformel auf, die wenigstens Publikumsräume und Bühne aus der Masse der Degagements optisch heraushebt und dies im weiteren Sinn funktionsästhetische Motiv in die sakrale Aura des antiken Versammlungsbaus kleidet. Nicht Kirche, Markthalle oder Gerichtssaal, sondern der allen historischen Nutzformen gemeinsame Charakter des uneingeschränkt öffentlichen Orts werden auf diese Weise zum Ausdruck gebracht. Die fortlaufenden Reihen der verglasten Portale und Fenster unterstreichen ihrerseits den historisierenden Fingerzeig auf die Basilika. Denn das Theater ist ja kein Hallenbau, wie die usurpierte Form überreden möchte, vielmehr diese nur die über einen komplizierten und vielteiligen Raumorganismus übergestülpte Hülle.

III.
DER WIEDERAUFBAU DES KGL. OPERNHAUSES IN BERLIN VON KARL FERDINAND LANGHANS 1843/44 IN DER AUSEINANDERSETZUNG ZWISCHEN HÖFISCHER UND BÜRGERLICHER REZEPTION FRIEDRICHS DES GROSSEN.

Ein Denkmal des absoluten Königtums

1. Planung und architektonische Gestalt im funktionellen Wandel.

1.1. Das Hofopernhaus von Knobelsdorff im Rahmen des friderizianischen Forumsprojektes.

1701 wurde Berlin, die recht unscheinbare kurfürstlich brandenburgische Residenz, durch den Krönungsakt von Königsberg zur Hauptstadt eines Königreiches. Die stolze Rangerhöhung des aufstrebenden Hauses Hohenzollern bestätigte im höfischen Titelprotokoll programmatisch eine allmähliche, doch stetig durchgesetzte Kräfteverschiebung unter den größeren Territorialstaaten des „Heiligen Römischen Reiches Deutscher Nation". Der traditionellen Vormacht, dem seit den siegreich bestandenen Türkenkriegen regenerierten, aber immer noch von altfeudalen Herrschaftsvorstellungen gehemmten Habsburgerstaat, war mit der jungen, absolutistischen Militärmonarchie Preußens, die durch eine unbedingt loyale Beamtenschaft in den durch Erbschaft und Kauf vervielfachten Ländern eine Staatstradition erst schaffen mußte, ein letztlich überlegener Konkurrent erwachsen, der die Entwicklung Deutschlands über das alte Reich hinaus durch zweieinhalb Jahrhunderte entscheidend beeinflussen sollte.

Das neue preußische Königtum bedeutete auch für seine ärmliche Hauptstadt – „La Prusse n'était encore qu'un vaste désert" (Voltaire) –, die sich anfangs nicht entfernt mit den führenden deutschen Residenzen Dresden und München, selbst Kassel und Braunschweig, geschweige denn Wien vergleichen konnte, einen ungeahnten Aufstieg, der Berlin schließlich für, wenn auch kurze Zeit, die unbestrittene Stellung einer europäischen Metropole auskosten ließ. Zwar kulminierten Wachstum und Bedeutung der Stadt erst nach dem Sturz der Monarchie, doch umso energischer war die vorangehende Aufstiegsphase von der Dynastie geprägt worden. Um mit den alten Residenzen vergleichbarer Staaten, über die der neue Titel Preußens Superiorität beanspruchte, mithalten zu können, mußte in kurzer Zeit nachgeholt und eingelöst werden, was andernorts seit Generationen zur unbedingten Ausstattung eines königlichen Hofes gehörte.

Die ersten Räume für Theatervorstellungen bestanden in Berlin seit ungefähr 1700 in der Reitbahn an der Breiten Straße für den Hof und im Hessigschen Haus in der Poststraße für das städtische Publikum.[1] Erst mit dem Regierungsantritt Friedrichs II., 1740, wurde das Bedürfnis nach einem repräsentativen Ort für Theaterveranstaltungen, über den die Höfe in Dresden, Stuttgart, München, Hannover, Braunschweig, u.a. schon seit Jahrzehnten verfügten, auch in Berlin aktuell. Wesentliche Anregungen hatte dem jungen König sein Besuch als Kronprinz in Dresden 1728 vermittelt, als er zusammen mit seinem berüchtigt sparsamen Vater der barocken Pracht des verschwenderischen Hoflebens, deren Mitte die zeremoniösen Aufführungen im berühmten Opernhaus des Zwinger ausmachten, in der sächsischen Metropole teilhaftig wurde.[2] Im Mai 1741 befahl der König die Errichtung eines provisorischen Theaters mit zwei Logenrängen im Kurfürstensaal des Schlosses, nachdem absehbar wurde, daß sich der Bau eines „grossen und ansehnlichen Opernhauses" wegen der schwierigen Bodenverhältnisse auf dem vorgesehenen Platz der alten Festungswerke und des Stadtgrabens nahe dem Neuen Tor beträchtlich verzögern würde.[3]

Gleich unter vier Aspekten sprengte das 1741/43 von Friedrichs Surintendanten Georg Wenceslaus v. Knobelsdorff (1699-1753) errichtete Opernhaus (Abb. 68-70)[4] die Konventionen des bisherigen Theaterbaus in Europa, begründete ihn in seinen prägenden Innovationen erst eigentlich als Aufgabe der monumentalen Architektur. Das Berliner Opernhaus entstand im unmittelbaren Zusammenhang der Forumsplanung 'Unter den Linden', deren Anfänge noch in die Rheinsberger Zeit des Kronprinzen, etwa 1735, zurückreichten[5], erwuchs genetisch somit aus einer Maßnahme fürstlicher Stadterweiterung, was nichts anderes als die erste Emanzipation aus dem Schloßbereich bedeutete. Ein Hoftheater gab jede direkte Verbindung zum fürstlichen Wohnsitz auf[6], rückte mehrere hundert Meter von der Residenz ab und konstituierte sich als allseits freistehendes Bauwerk im Rahmen einer Platzanlage. Zu diesen beiden Punkten, Auslagerung aus dem Schloß und isolierte Lage, kam weiter die öffentlichen Anspruch erhebende Außenarchitektur. Mit dem übergiebelten Portikus, einem der ersten in der deutschen Architektur überhaupt[7], trat das Theatergebäude, ebenfalls zum ersten Mal, aus der subordinierten Sphäre einer höfischen Nutzarchitektur in den Rang eines Palastes, der die Hoheitsformen des Schlosses selbst beanspruchen durfte. Schließlich bettete Knobelsdorff den Schauraum in eine Abfolge höfischer Festsäle wie in eine Enfilade ein und fügte auf der Rückseite eine Reihe von „Dependances", darunter zwei Kammern „vor die Acteurs" und eine „vor die Ouvriers" hinzu.

Konventionell in der Anlage blieb dagegen der Zuschauerraum mit Parterrelogen, drei lotrecht übereinander angeordneten Logenrängen mit Trennwänden in Brüstungshöhe und dem zum Bühnenportal einschwingenden, von Doppelpilastern strukturierten Proszenium.[8] Die für die künftige Entwicklung des Theaterbaus folgenreiche Besonderheit des Knobelsdorffschen Festhauses im Vergleich mit der älteren Zwingeroper in Dresden und den etwa zeitgleichen Opernhäusern im Mannheimer Schloß und in Bayreuth, wo Markgräfin Wilhemine, eine Schwester Friedrichs, in enger Rücksprache mit ihrem königlichen Bruder die Planung bestimmte[9], war zunächst durch die Verantwortlichkeit des Architekten für den gesamten Bau begründet. Im Rahmen der höfischen Innenarchitektur galt der Architekturtheorie das Theater nicht als ein Gebäude, sondern lediglich ein zu diesem Zweck adaptierter Saal bzw. Schloßflügel. Daraus folgerte die oft zu beobachtende stilistische Diskrepanz zwischen der meist klassizistisch zurück-

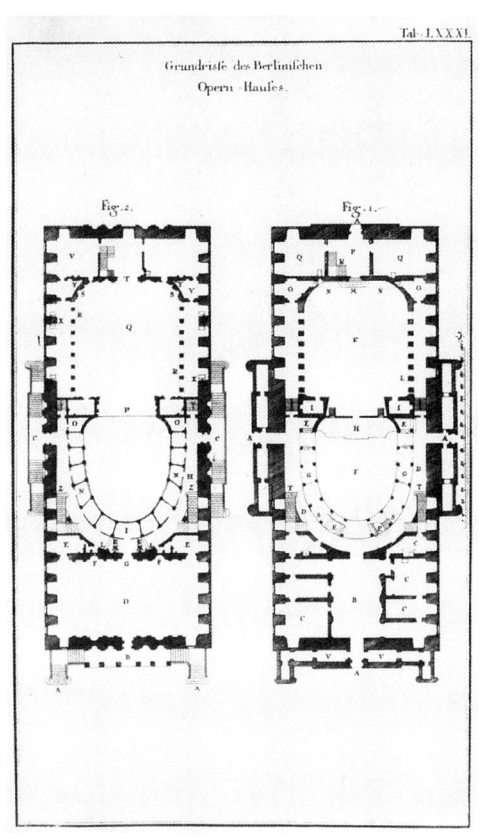

68 Berlin, Opernhaus von G.W.v. Knobelsdorff, 1741/43, Grundrisse Parterre und I. Rang

haltenden Formensprache der in eine größere Schloßanlage eingebundenen Außenarchitektur und der im Kontrast dazu meist konservativen, hochbarocken Dekorationsarchitektur im Innern der Theatersäle. Die erstere wurde in der Regel von den Hofarchitekten als vorgegebene Hülle für die spezialisierten und deshalb gesuchten italienischen Wanderarchitekten, A. Mauro in Dresden, Alessandro Bibiena in Mannheim, Carlo und Giuseppe Bibiena in Bayreuth, bereitgestellt. Dagegen zeichnete die Spannung zwischen klassizistischen Fassaden und Rokokointerieurs fast alle größeren Bauten aus, die Knobelsdorff gesamtverantwortlich entworfen hatte.[10]

Trotz dieser Befangenheit in den Standards der Schloßarchitektur des 18. Jahrhunderts mar-

103

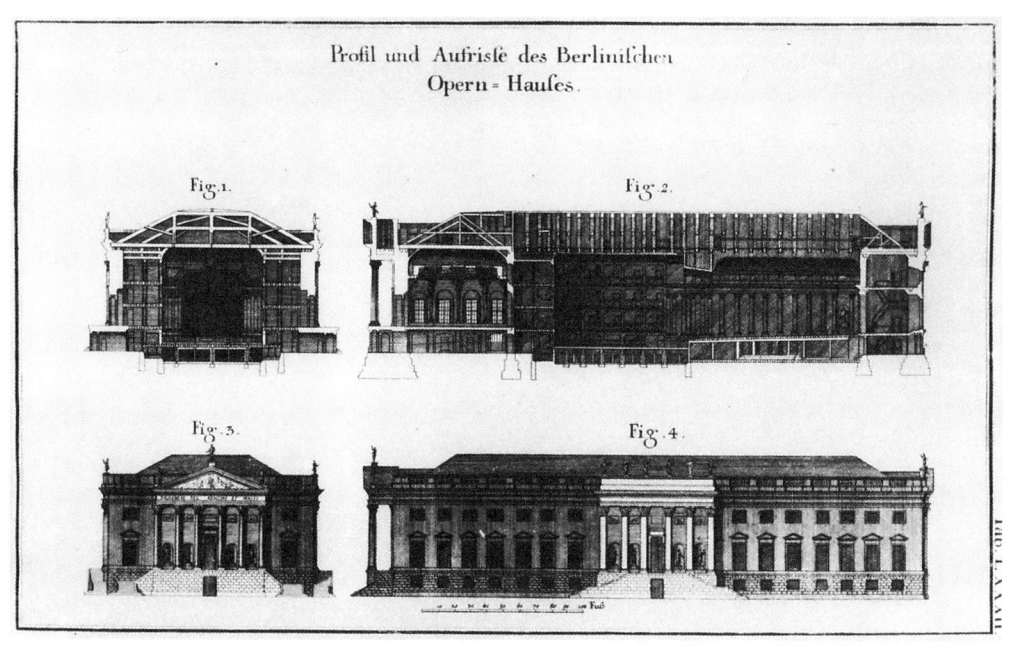

69 Berlin, Opernhaus von G.W.v. Knobelsdorff, 1741/43, Schnitte und Aufrisse

70 Berlin, Opernhaus von G.W.v. Knobelsdorff, 1741/43, Längsschnitt aus der Dedikationsmappe

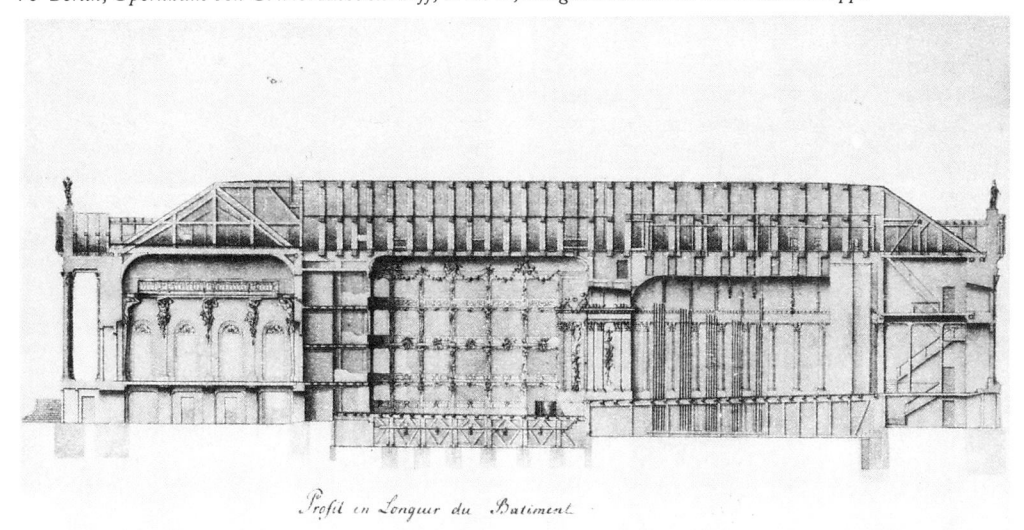

kierte das Berliner Opernhaus den Übergang vom eingebauten Saaltheater zum architektonisch durchstrukturierten Theatergebäude. Die vormals ausschlaggebenden, zum Teil in monopolartigen, handwerklich-zünftlerischen Familienverbänden organisierten, umherreisenden Theaterarchitekten, deren Dekorationskunst und technisches Wissen sich aus der Wurzel der ephemeren höfischen Fest- und Triumpharchitekturen speiste[11], verloren ihren Primat im Baugeschehen an den akademisch gebildeten, meist beamteten Architekten, der die Ausführung seines Entwurfs von untergebenen Kondukteuren überwachen ließ. Bevor der Zuschauerraum im 19. Jahrhundert vollends dem Verfügungsbereich des planenden Architekten zufiel und die komplizierte Technologie des maschinenbetriebenen Bühnenhauses als neuen Spezialisten den Ingenieur auf den Plan rief, gelang es Knobelsdorff in einer Ausnahmesituation, einen höfischen Theaterbau komplett zu entwerfen. Direktiven gab der König; der Bildhauer und Stukkateur J.A. Nahl wurde nur noch für den plastischen Dekor des Außenbaus herangezogen.[12]

Für die Disposition im Großen, speziell die Lage des Vorsaals auf dem Niveau der Hofloge und die Freitreppe vor der Eingangsseite, darf Knobelsdorffs Abhängigkeit von Leonhard Christoph Sturms Idealentwurf in dessen „Anweisung" als gesichert gelten.[13] Wie Sturm das Theatergebäude in eine weitläufige Residenzanlage eingebunden begriff, planten auch Friedrich II. und sein Architekt die Oper als selbstverständlichen Bestandteil des riesig dimensionierten „Forum Fridericianum", d.h. als freistehenden Satelliten wie die ursprünglich in gleichen Formen – „di una simile architettura" – konzipierte Akademie der Wissenschaften und auf die Flanken der dreihundert Meter langen Platzfront des gegenüber projektierten Königspalastes bezogen. Erst aus der maßstäblichen Verkleinerung der tatsächlich ausgeführten Nachbarbauten wuchsen dem jetzt auf dem Platz vereinzelten Theater Friedrichs des Großen unbeabsichtigt jene Qualitäten zu, die in der Folgezeit seinen historischen Rang in der europäischen Theaterarchitektur ausmachten.[14]

1.2. Die Inschriften Algarottis und die Entwicklung des Forumsprogramms bis zum Bau der Kgl.Bibliothek.

Löst sich so der Formen der Palastarchitektur vermeintlich usurpierende Charakter des Opernhauses als Ausfluß seines Status eines residenzlichen Zubehörs auf[15], kann die höfische Intention des Bauherrn selbst noch in dem Moment nachgewiesen werden, das bis heute einseitig verkürzt als programmatischer Titel für die beginnende Autonomie des Theaterbaus im 18. Jahrhundert in Anspruch genommen wird, nämlich die Weiheinschrift im Fries des korinthischen Fassadenportikus „Fridericus Rex Apollini et Musis".[16] Es ist bekannt, aber nie konsequent zu Ende gedacht worden, daß die berühmte Dedikation ebenso ein Torso geblieben ist wie die Gesamtplanung des Residenzviertels jenseits des alten Stadtgrabens, die den Schwerpunkt der Hauptstadt von den Bürgersiedlungen Berlin und Cölln wegverlagert hätte, um mit dem neuen Zentrum die beiden Altstädte und die westliche Friedrichstadt zu verklammern. Die Inschrift der Opernhausfassade gewann den ihr zugedachten Sinn aus der Verbindung mit den vergessenen, weil nicht in Stein verewigten Titulaturen der ungebaut gebliebenen Akademie der Wissenschaften und des neuen Königspalastes. Als kommentierende Interpretationsanweisung waren sie von dem aufgeklärten venezianischen Schriftsteller und Dilettanten in Kunst und Wissenschaft, Francesco Algarotti[17], der mit S. Muttoppi die „Architettura d'Andrea Palladio" neu ediert hatte und 1740/42 sowie 1746/53 als Kammerherr in preußischen Diensten stand, „pour les trois bâtiments que l'on va construire" entworfen und seinem Gönner Friedrich II. im Juli 1742 brieflich vorgeschlagen worden.[18]

Algarotti, dessen Anteil an der gedanklichen Konzeption der Forumsanlage bis heute unterschätzt wird und der ihr doch den klingenden Namen „Foro di Federigo" gab, was dann in "Forum Fridericianum" latinisiert wurde, operierte auffällig mit formelhaften Allusionen an römisch-kaiserzeitliche Dedikationen, in denen militärische Erfolge verherrlicht und Anlaß zu einem Votiv wurden, etwa wenn es für die Akademie hieß: „Federicus Borussorum Rex Germania pacata Minervae reduci aedes sacravit" oder für die neue Residenz: „Federicus Borussorum

Rex amplificato imperio sibi et Urbi". Hier drückte sich in hochfahrend aggressivem Ton der Anspruch der in Königsberg aus der Taufe gehobenen preußischen Monarchie auf das Erbe des römischen Kaisertums aus, als dessen legitimer Verwalter seit Jahrhunderten der Wiener Hof der Habsburger galt. Fehlende altfeudale Rechtstitel wurden durch ein in Architektur gegossenes absolutistisches Programm ersetzt, in dem Kunst und Wissenschaft den Ruhm des Herrschers im Bewußtsein von dessen militärischer Kraft verkündeten oder pointiert formuliert: im Berliner Forumsprojekt Friedrichs des Großen manifestierte sich für einen kurzen Augenblick – nach 1740 – der künftige Anspruch Preußens auf Hegemonie in Deutschland, wie es denn kaum zweifelhaft bleiben konnte, daß die Stoßrichtung Berlins politisch weniger gegen Versailles, dem die Forumsanlage wichtige Züge entlehnte[19], als gegen Schönbrunn zielte. Das erläutert schlaglichtartig die politische Situation zu der Zeit, da der Forumsplan konkrete Gestalt annahm und das Opernhaus gebaut wurde.

Aus den Feldlagern des ersten Schlesischen Krieges gegen Habsburg-Österreich (1740/42) mahnte Friedrich II. wiederholt Knobelsdorff zur Eile; vom Schlachtfeld aus wies er 1742 23 000 Reichstaler zum Weiterbau an, die sein Vater in einem Fonds zur Verbesserung der neumärkischen und pommerschen Städte zurückgelegt hatte.[20] Angesichts dieses eifrig betriebenen Engagements zu einem Zeitpunkt, als die Existenz des Staates auf dem Spiel stand, von einer bloßen Liebhaberei des jungen Königs zu reden, wie die ältere Literatur über Friedrich den Großen wahrhaben wollte[21], hat doch die vom Staatszweck losgelöste Privatheit eines absolutistischen Monarchen arg überschätzt.

Damit relativierte sich aber auch die – gemessen an Knobelsdorffs Architektur durchaus nicht abwegige – Vorstellung, der Preußenkönig hätte sein dem persönlichen Bedürfnis und fürstlicher Prachtliebe entsprungenes Opernhaus dem Musengott Apoll als „Tempel der Kunst", als „Heiligtum der Musik" geweiht.[22] Vom Standpunkt einer spezifisch bürgerlichen Erfahrbarkeit, die erst im späten 18. Jahrhundert das Theater als eine eigengesetzliche Äußerung zwischen Kunst und Kult entdeckte, vor dem Hintergrund ähnlicher Etikettierungen des 19. Jahrhunderts, die allerdings oft um eine deutlich nationale Komponente bereichert waren, und nicht zuletzt eingedenk der Heroisierung Friedrichs des Großen, deren bedeutendster künstlerischer Reflex F. Gillys epochales Tempeldenkmal geworden wäre, wird die Deutung der antikisierenden Palastarchitektur Knobelsdorffs als apollinischer Kunsttempel verständlich.[23] So konnte A. Hagen 1857 Goethes 'Iphigenie' für den Bereich der Dichtkunst mit Schinkels Schauspielhaus in der Baukunst vergleichen und in beiden „die glückliche Vermählung des antik hellenischen Geistes mit deutscher Empfindung" begrüßen.[24] Kürzer, aber nicht weniger emphatisch, brachte J. Petersen 1912 den typologischen Bezug von kanonisierter Antike und deutschnationaler Klassik zum Ausdruck, indem er das gleiche Berliner Theater zur „Akropolis des deutschen Schauspiels" stilisierte.[25] Was indessen Schinkels monumentaler Tempel-Basilika, nur wenige hundert Meter vom älteren Opernhaus entfernt, durchaus adäquat war, da der historisch reflektierte und relativierte Klassizismus aufgrund der ihm abgeforderten individuellen Charakterisierung jedweden Architekturzwecks es gerade darauf anlegte, im gebildeten, „lesekundigen" Betrachter den Eindruck eines nationalen Theaterolymp zu evozieren, mußte bei Knobelsdorffs sprödem Kastenbau mit den zitathaft applizierten Portiken zwangsläufig fehlschlagen; denn die von Palladio[26] geborgte Giebelfront adelte nicht primär das ganze Bauwerk und seine Bestimmung, die in den Rokokoschnörkeln des Innern viel überzeugender gespiegelt wurde, sondern fügte sich, einem Bildtabernakel ähnlich, zum kostbaren Rahmen des erlauchten Stifternamens der Weiheinschrift über dem der königlichen Majestät vorbehaltenen Hauptportal.[27] Der absolute Monarch setzte sich als Bauherr selbst ein Denkmal, der jeweilige Bauzweck war ihm Mittel dazu. Zwar trat Friedrich II. nicht wie Louis XIV.[28] als Apoll auf, aber – stets mit der ihm eigenen Distanziertheit – verschloß er sich auch nicht dem Geschäft der monarchischen Repräsentation.[29]

Das Opernhaus bauend, verstand er sich als Schirmer und Förderer der Künste. Die Inschrift an Apoll mit dem Akzent auf der friedenstiftenden Tätigkeit des Monarchen ersetzte die erste Fassung Algarottis, die noch völlig im Kontext der zuvor zitierten Siegestitel für Akademie und Palast stand: „Federicus Borussorum Rex compositis armis Apollini et Musis donum dedit".³⁰ Der Hinweis „compositis armis" (= nach dem Ende des Krieges) sollte das Opernhaus zu einem Siegesopfer und Denkmal für den erfolgreichen Feldzug in Schlesien machen. Das Nacheinander beider Akte bestimmt grammatisch und inhaltlich die Aussage der Inschrift: im Kriege schweigen die Musen, der Frieden ist Voraussetzung für gedeihliches Blühen der Künste.

Algarotti erläuterte freimütig, auf welches Paradigma er seine Dedikationsvorschläge bezogen wissen wollte:

„La première inscription, Sire, qui exprime le présent que V.M. fait du théâtre à Apollon et aux Muses, après avoir posé la foudre, est imitée d'une inscription qui est sur un obélisque qu'Auguste transporta d'Egypte à Rome et dont il fit présent au Soleil dans le champ de Mars, après avoir reduit ce royaume en province romaine. Il ne fallait pas, je crois, Sire, pour ce qu'on doit faire à Berlin chercher des modèles autre part que dans Rome triomphante."

Algarottis imperiale Siegesikonographie gipfelte in dem Vorschlag:

„Si V.M. permettait qu'après son nom on ajoutât le titre de Silesianus, les inscriptions n'en seraient que mieux... V.M. a assurément merité ce titre mieux que beaucoup d'empereurs n'ont merité celui de Dacius ou Parthicus, et autant que Drusus a merité celui de Germanicus."³¹

Nimmt man die beiden anderen Inschriften hinzu, ergibt sich die ins antike Gewand gekleidete Idee absolutistischen Herrschertums. Friedrich II. vereinigte in sich die Funktionen des Monarchen, des Oberpriesters und des Feldherrn. Als aufgeklärter „grand pontifice" weihte er die Akademie als einen „temple à Minerve", als Feldherr dem Apoll ein Siegesmal in Gestalt des Opernhauses, in dem seine Taten szenisch allegorisiert wurden, sich selbst und dem Staat, „pour son usage particulier autant que pour l'ornement de la ville en général", den Palast. Im Berlin Friedrichs des Großen sah Algarotti das preußische Rom, wobei er keinen Zweifel an der Überlegenheit des modernen Berlin gegenüber der „Rome ancienne" ließ.

„Ici encore, Sire, je puise dans Rome, et appelle Berlin la Ville, tout court, ou la Ville par excellence, ainsi qu'en usaient les anciens par rapport à Rome. J'appelle ainsi les Etats de V.M. imperium, suivant la latinité de Cicéron, plutôt que celle de la bulle d'or."³²

In dem auf Rom bezogenen „encore" wird Algarottis aufgeklärter Standpunkt in der „Querelle" deutlich, deren Ergebnis die normative Antikenrezeption durch die historisch legitimierte Überlegenheit der Moderne überwand.³³

Friedrich II. hatte sich zu dem hypertrophen Feldherrntitel, dessen verbale Aggressivität seinem in Schlesien geführten Eroberungskrieg kongenial entsprach, nicht bekennen wollen³⁴; er winkte ab und erhob den venezianischen Propagandisten seines militärischen Ruhms in den Adelsstand, ein Indiz für den sich abzeichnenden Verzicht auf das ursprüngliche Forumsprojekt. Der Rekurs der absolutistischen Residenzarchitektur auf römische Kaiserforen sollte dem aufsteigenden Preußen versagt bleiben, um seine Energien unbelastet in eine erfolgreiche Expansionspolitik investieren zu können; dem rivalisierenden Habsburger Hof in Wien blieb 140 Jahre später im Stadium des Zerfalls nichts mehr übrig als alle Kräfte nach innen, auf eben eine solche Forumsplanung als Fanal verlorener Geltung zu konzentrieren. In beiden Fällen wurde durch besonderen Aufwand an öffentlichkeitswirksamer Architektur ein Machtstatus beansprucht, der real noch nicht oder nicht mehr einzulösen war. Den Wirkungsmechanismus solchen ideologischen Scheins, der über das Wesen hinter den Fassaden mit dem Gestus der Überredung oder Einschüchterung hinwegtäuschen sollte, hatte Friedrich II. klar benannt, als er das nach dem Siebenjährigen Krieg aus dem Boden gestampfte Neue Palais in Potsdam (1763/69), mit dem Preußen seine neu errungene Großmachtposition artikulierte, abschätzig eine „Fanfaronnade" hieß.³⁵

In drei Etappen entschied sich das Schicksal des Forums und wurde sein einzig vorhandenes Relikt in einen stark veränderten räumlichen Kontext gestellt, der die Grundlage für die spätere Bewertung des Theaters abgab. Nachdem schon 1744 der Baubeginn in Sanssouci und der Umbau des Stadtschlosses in Potsdam den Rückzug Friedrichs aus Berlin signalisierten, erfuhr die Oper durch die Grundsteinlegung zur Hedwigskirche 1747 und zum Palais Prinz Heinrich 1748, dessen Ehrenhofdimensionen freilich nicht mehr ausreichten, das Theater als distanziertes Nebengebäude aufzufassen, unversehens eine Aufwertung im Gefüge der neuen Achsenkoordinaten. Vollends im Kontrast zur auftrumpfend bewegten Fassade der westlich gegenüberliegenden Königlichen Bibliothek, 1774/80, der Friedrich II. ausdrücklich Joseph Emanuel Fischer von Erlachs Entwurf für den Michaelertrakt der Wiener Hofburg zugrunde legen ließ, geriet Knobelsdorffs denkmalhaft isolierter Baukörper zum eigentlichen Zentrum der Anlage. Zwar bezog sich die Inschrift der Bibliothek „Nutrimentum spiritus" offensichtlich als Pendant auf die Dedikation „Apollini et Musis" und evozierte derart den verwandten Zweck der beiden so ungleichen Architekturen für Kunst und Wissenschaft; doch optisch wurde die spärliche Klammer nirgends gestützt. Die stilistische Disparatheit, oft aus mehr oder weniger willkürlich wechselnden Vorlieben des Bauherrn erklärt, war intendiert. In der formalen Differenz zwischen Oper und Bibliothek schlug sich die Auflösung eines übergreifenden und verbindlichen Formgesetzes absolutistischer Selbstdarstellung sowie die spezifische Situation der traditionslosen preußischen Monarchie nieder, die eben seit Schlüters Schloßbau keine über Generationen vermittelte, einheitliche und unverwechselbare Königsarchitektur geprägt hatte wie der französische Absolutismus der Bourbonen.

Die Forumsanlage war ins Stocken gekommen, nachdem Friedrich der Große militärisch und politisch triumphal gesiegt hatte und vorerst kein propagandistischer Bedarf an den durch die Realität eingeholten Ansprüchen bestand. Nach dem verlustreich gewonnenen Siebenjährigen Krieg wurde der Torso fortgeführt, um vergessen zu machen, daß die Ressourcen des Staates erschöpft waren. Der König reflektierte diese Instrumentalisierung von Staatsbauten; er war nicht mehr mit dem Absolutismus identisch wie noch Ludwig XIV. in Versailles. Die Gebrochenheit Friedrichs II., der um die „Fanfaronnade" und ihren Zweck wußte, kennzeichnete ihn als Modernen.[36] In Ermangelung eines allgemein verpflichtenden Stilprinzips, das in der gescheiterten, auf dem Grundsatz der „convenance" basierenden Forumsplanung noch angestrebt war, stellte er Jahrzehnte später am zentralen Platz der Linden zwei Modi der Palastarchitektur einander gegenüber, die durch radikale Differenzierung die Zwecke der beiden Gebäude individualisierten, ohne sie schon zu charakterisieren.

Mit den verschiedenen Modi verbanden sich aber konkrete Zitate.[37] Verkörperten doch Bibliothek und Opernhaus nicht nur zwei Weisen absolutistischer Repräsentationsarchitektur, die sich im 18. Jahrhundert zwischen eben diesen formalen Polen Barock und Klassizismus bewegte, sondern sie vergegenwärtigten darüberhinaus an der Berliner Prachtstraße die in Wien unausgeführt gebliebene Stadtfront der kaiserlichen Hofburg und, zumindest von Friedrich so verstanden, die Vorhalle des Pantheon.[38] Für die assoziative Art dieser Zitierweise[39] war es bezeichnend, daß die erhebliche formale Differenz zwischen der palladianisch orientierten Antikenrezeption Knobelsdorffs und dem angestrebten Vorbild nicht ins Gewicht fiel.

Daß das hier angeführte Beispiel repräsentativ für die vermeintlich willkürlich eklektizistischen, doch viel eher kalkulierten Adaptionen antiker, italienischer, französischer und englischer Architektur im friderizianischen Preußen war, belegen in Potsdam vergleichsweise die königliche Retraite Sanssouci, die das Vorbild des Grand Trianon frei verarbeitet, das Neue Palais nach Vanbrughs Castle Howard, die Communs und schließlich die zahlreichen Palais, die auf Friedrichs Wunsch nach Vorlagen von Palladio, Sanmicheli, Bernini, Fontana, Rainaldi, Fuga, Jones, Burlington, u.a. kopiert wurden.[40]

Es erübrigt sich der Hinweis, daß der innere Zweck von Opernhaus und Bibliothek auch nur Vorwand für die architektonische Staffage des Äußeren war. Solche Mißachtung der spezifischen Funktionen beider Gebäude verriet den privaten Charakter der in diesem Fall nicht öffentlich zugänglichen höfischen Institutionen. Wie das Theater dem Vergnügen des Fürsten vorbehalten war, diente die Bibliothek als Schatzkammer der Aufbewahrung seiner Bücher. Mit beiden Zitaten, dem Pantheon und der kaiserlichen Hofburg wurde die Architektur der beiden europäischen Kaiserstädte repräsentativ für Berlin vereinnahmt und in einem neuen Kontext aufgehoben. Zusammenfassend kann festgestellt werden, daß die scheinbar an ihrem Ort so „unpassende" Fassade der Kgl. Bibliothek ihre Existenz einer wohlüberlegten Redaktion des Forumsplanes verdankt, nachdem sich Preußen aufgrund des Sieges über eine übermächtige Koalition europäischer Mächte als Sachwalter und Erbe des überwundenen österreichischen Kaiserstaates begreifen mußte.[41]

Jedenfalls ist der Planwechsel in der Forumskonzeption und der damit einhergehende Verzicht auf einen einheitlichen formalen Bezugsrahmen ohne den Hintergrund der Schlesischen Kriege nicht schlüssig zu erklären. Noch die nachträglich aus der Ecke an den Platzrand gerückte Hedwigskirche, wahrscheinlich nach Entwürfen Knobelsdorffs[42], die sich gleichfalls auf das Pantheon bezog und außerdem im Innern mit dem Marmorsaal von Sanssouci das preußische Königsschloß im Votivbau für Schlesien anspruchhalber zitierte, erfuhr ihre Rechtfertigung an diesem für einen Sakralbau ziemlich ungewöhnlichen, weil abseits gelegenen Standort im Platzgefüge aus ihrer inhaltlichen Teilhabe an dessen kunstvoll variiertem Generalthema eines „Schlesischen Platzes". Als der Landespatronin geweihte erste katholische Kirche Berlins gebührte ihr ein prominenter Platz in einem Architekturensemble, dessen Programm die Bedeutung Schlesiens für Preußens Durchbruch zur Großmacht reflektierte. Der Kirchenbau war eine mittelbar gegen Wien gerichtete Reverenz des protestantischen Hohenzollernstaates vor dem katholischen Adel der neuen Provinz.[43]

Angesichts so weitgreifender Implikationen, die für die Genese der friderizianischen Architektur in Rechnung gestellt werden müssen, drängt sich die Frage nach dem Verhältnis des kgl. Surintendanten Knobelsdorff zu seinem Bauherrn auf. Gegenstand kontroverser Interpretation ist diesbezüglich immer die Dedikation gewesen, die Knobelsdorff eigenhändig auf dem Deckblatt der Originalpläne angebracht hat.[44]

Auch wenn höfische Topoi etikettemäßiger Devotion sicher die Formulierung geprägt haben, ist nicht zu verkennen, daß Friedrich II. konkrete Direktiven für das Opernhaus und das Forumsprojekt vorgab und sich korrigierende Eingriffe in den Planungsprozeß selbst vorbehielt, wie aus den grob skizzierten Änderungen auf Knobelsdorffs Situationsblatt geschlossen werden kann. Diese Praxis setzt eine dezidierte Vorstellung des Königs von der jeweiligen Architektur und ihrem städtebaulichen Zusammenhang voraus, eine Vorstellung, die im Extremfall mit den Absichten des Architekten kollidieren und gegen ihn durchgesetzt werden konnte.[45]

Weniger ein prinzipieller Unterschied des theoretischen Reflexionsniveaus trennte den Kavaliersarchitekten und ehemaligen Offizier Knobelsdorff von seinem architektonisch nach fürstlicher Art dilettierenden Bauherrn als eher abweichendes Verständnis und andere Interessen an der bevorzugten Stilform. Während Knobelsdorff den in Frankreich gesehenen Barockklassizismus[46] und den ihm aus Stichwerken bekannten englischen Palladianismus als erster in die Architektur eines deutschen Hofes einbrachte und sich als Zeitgenosse der Campell, Burlington und Kent in einer Kontinuität mit der modernen Architektur seiner Zeit verstand[47], war Friedrichs Interesse an der von ihm nebulös mit antikem Gehalt besetzten Form direkter vom Zweck einer legitimationsgebundenen Staatsbaukunst bestimmt, die ästhetische Vorlieben gezielt in den Hintergrund rückte und in der eklektizistischen Auswahl der verwerteten Formen deren instrumentalisierten Charakter denunzierte. Knobelsdorff baute nach seinem Geschmack für Friedrich, und Friedrich baute mit Kalkül für Preußen.[48] Versteht man die preußische Kunstpolitik und das ihr innewohnende selektive Moment vor dem Hintergrund einer „in Kümmerform gewalttätig vorangetriebenen Modernität"[49] des friderizianischen Staates, dann verhielt sich auch Knobelsdorffs Anteil daran wie eine schlecht vermittelte Einzelleistung, die im Gesamtkonzept nicht aufging. Das Opernhaus war Produkt, nicht Ziel der Zusammenarbeit des Königs und seines Architekten, Resultat eines widerspruchsvollen Prozesses, der die Modernität des Baus in der Architekturgeschichte weniger intendiert als nachträglich geworden erweist. Der Versuch, beider Verantwortlichkeit voneinander abgrenzen zu wollen, relativiert sich jedenfalls angesichts der Einschätzung, daß erst die Verbindung von Knobelsdorffs Orientierung an einer klassizistischen Architektur und Friedrichs II. Vorstellung eines Pantheons für seine Hoffeste die neue Qualität des Berliner Opernhauses hervorgebracht haben.

Diese blieb vorerst allerdings nur äußerlich. Schon die Zeitgenossen monierten die Unangemessenheit des höfisches Zwecks in Friedrichs „Palais enchanteur et magique".[50] Voltaire schrieb: „Ich habe noch nie etwas so Flaches in einem so schönen Saal gesehen. Das wirkte wie ein griechischer Tempel, in dem man Tartarenwerke aufführt."[51] Algarotti, der in seinem Traktat „Del teatro" ein Theater forderte, das die modernen Bedürfnisse mit der Majestät der Griechen vereinige, bezeichnete das Opernhaus als Annäherung an dieses Ideal.[52] Der Dresdner Architekturtheoretiker des frühen Klassizismus, F.A. Krubsacius, bewunderte das Gebäude, weil es völlig nach den Regeln der Griechen zustande gebracht sei.[53] 1782 publizierte P. Patte den Grundriß des Theaters mit einer ausführlich kommentierenden Beschreibung, eine Auszeichnung, die unter den deutschen Theatern nur noch dem Mannheimer Schloßopernhaus von Alessandro Galli-Bibiena (1737/42) widerfuhr.[54] Der gefürchtete Kritiker F. Milizia nannte das Berliner Opernhaus „il più sontuoso di quanti Teatri esistono in Europa".[55]

Das in ganz Europa gefeierte Haus hatte nur wenige Jahrzehnte seiner ihm zugedachten Bestimmung gedient. Es war mit der aus dem Apollinischen Saal hinter dem Portikus, dem Logensaal und dem Korinthischen Saal auf der Bühne bestehenden Enfilade großer Festräume konsequent auf die nur während der Karnevalszeit stattfindenden Opernaufführungen und Redouten zugeschnitten, an denen bis zu 4000 geladene Gäste teilgenommen haben sollen.[56] Die Raumfolge war in der Achse durch die Mittelloge der Königin und durch die stark eingeschnürte Proszeniumsöffnung verbunden; der Fußboden des Logensaals konnte mittels einer Holzkonstruktion auf das Niveau der Bühne heraufgeschraubt werden.[57]

1.3. Die Adaption des Opernhauses zum öffentlichen Hoftheater durch den Umbau 1788/89.

Wenn auch das Opernhaus seiner Polyfunktionalität wegen für ein Vierteljahrhundert vorbildlich auf viele europäische Höfe gewirkt hatte – die dreiteilige Raumfolge wurde in der Versailler Hofoper 1768/70 auf das prunkvollste gesteigert[58] – so mußte es in dem Augenblick veraltet sein, als das Theater der Aufklärung auf die Hofbühnen kam, die barocken Apotheosen verdrängte und die Hoftheater einem breiteren Publikum zugänglich gemacht wurden. Das war in Preußen 1789 der Fall, als das Kgl. Opernhaus erstmals gegen ein Eintrittsgeld jedem Bürger offenstand, nachdem der Wucherhandel mit den vom Hof gratis ausgegebenen Billets durch findige Händler zu einem einträglichen Erwerb gediehen war und das höfische Prinzip der „geladenen Öffentlichkeit", welche die akklamierende Kulisse für die Auftritte des Hofes abgab, ad absurdum geführt hatte.[59]

Mehrere Faktoren hatten den Übergang der nur bei seltenen Anlässen benutzten Festoper Friedrichs II. zum öffentlichen Hoftheater mit regelmäßigem Spielbetrieb ermöglicht bzw. begünstigt. Der wachsende Zuspruch des städtischen Publikums an theatralischen Veranstaltungen, dem Friedrich Wilhelm II. gleich nach Regierungsantritt das von J. Boumann d. J. 1774/76 als französisches Komödienhaus errichtete Theater auf dem Gendarmenmarkt als Kgl. Nationaltheater für das deutsche Schauspiel konzedieren mußte, breitete sich über die deutsche Singspielbewegung, die in Berlin einen Schwerpunkt ausbildete, auf die repräsentativeren Formen des Musiktheaters aus und bedrohte mit ihrer nationalen Tendenz den Primat der exklusiven italienischen Hofoper und des Balletts. Dem trug Friedrich Wilhelm II. mit einem durchgreifenden Umbau vor der generellen Öffnung des Opernhauses Rechnung, indem er 1788/89 durch C. G. Langhans die nunmehr zweckwidrigen Einrichtungen der aufeinander bezogenen Abfolge von Festräumen durch ein separiertes Gegeneinander von Zuschauerhaus und Bühne ersetzen ließ, wobei die höheren Ansprüche des anvisierten zahlenden Publikums hinsichtlich der „commodité" der Plätze, d.h. ihrer optischen und akustischen Qualität entsprechend, berücksichtigt werden mußten.[60]

Bezeichnenderweise wurde in der ersten öffentlichen Vorstellung zur Wiedereröffnung des Hauses am 4.4.1789 keine italienische Oper, sondern ein geistliches Oratorium von Dittersdorf aufgeführt. Der teilweise Rückzug des Hofes aus dem Festhaus Friedrichs des Großen, der zunächst eine zwangsläufige Folge der durchgesetzten bürgerlichen Öffentlichkeit im vornehmsten Theater der preußischen Krone war, obwohl nach wie vor in der Karnevalszeit Festaufführungen mit Redouten für geladene Gäste und in Anwesenheit der königlichen Familie veranstaltet wurden, fiel Friedrich Wilhelm II. umso leichter, als mit dem Komödiensaal im Berliner Stadtschloß (1741), dem Schloßtheater im Potsdamer Stadtschloß von Knobelsdorff (1745) und dem Theater im Neuen Palais von Büring und Manger (1763/69) genügend Ausweichquartiere für den Bedarf des Hofes zur Verfügung standen⁶¹ und neben dem Charlottenburger Schloß 1788/90 eigens ein großes, selbständiges Theatergebäude von Langhans errichtet wurde.⁶² Schließlich gilt es zu bedenken, daß der schleichende künstlerische Verfall der Opernaufführungen seit den letzten Regierungsjahren Friedrichs II., die nachlassende Attraktivität beim Publikum, die insgesamt negativ auf das Prestige des Berliner Hofes zurückzuschlagen drohte, den Nachfolger zu einer grundlegenden Veränderung der Verhältnisse bewegen mußte, wollte er sich nicht gänzlich des Mittels fürstlicher Propaganda in Form prachtvoller Schaustellungen begeben. Eine Auflösung der Oper aber stand nie zur Debatte; bürgerliche Nutzerwägung keimte im Schoß höfischen Prestigedenkens und entdeckte den materiellen Gewinn, der aus der Anziehungskraft eines glanzvollen Theaters dem absolutistischen Staat erwuchs.⁶³

Die Öffnung des Berliner Opernhauses im Jahr der französischen Revolution ermöglichte seine weitere Existenz, indem sie die Wirkungsweise des höfischen Theaters auf eine völlig veränderte Grundlage stellte, welche zuletzt die es ursprünglich tragenden Strukturen entscheidend aushöhlte und maßgeblich zu ihrer Auflösung beitrug. Der kurzfristige Gewinn, den der Hof aus der Zulassung des großen Publikums erfuhr, die Entlastung der Hofkasse durch das Eintrittsgeld der Bürger und die anfängliche Legitimation der italienischen Oper durch reges Besucherinteresse war mit einem hohem Preis erkauft: wie die zahlenden Zuschauer ihre durch Geld erworbenen Ansprüche allmählich auch auf den Spielplan ausdehnten, so wurde die Bühne zum Forum der bürgerlichen Kritik in Gegenwart des betroffenen und angeklagten Hofes. Vor dem Hintergrund dieser dynamischen Entwicklung, die den Zweck des Theaters aus der Affirmation der bestehenden Herrschaft in deren Negation verkehrte, verstand sich der Umbau des Berliner Opernhauses 1788/89 als ein letzter, vergeblicher Versuch der alten Gesellschaft, die nachdrängende neue unter Kontrolle zu halten. Dabei wurden übrigens die verschiedenen Kräfteverhältnisse im revolutionären Frankreich und im noch absolutistisch-stabilen Preußen deutlich. Während die Bürger von Paris den König zwangen, aus Versailles in die Hauptstadt zurückzukehren, um ihn verfügbar zu haben, öffnete der König von Preußen seinen Bürgern die Hofoper, um sich dort ihrer „sous les yeux du Roi" zu vergewissern.

Daß der Theaterbau von Carl Gotthard Langhans (1732-1808)⁶⁴ als notwendige, doch vorsichtige Konzession des preußischen Königtums zu werten ist, belegte das unbedingte Festhalten an der äußeren Form des Opernhauses, die allein des geringen Volumens wegen, das sie umgab, mit dem neuen, raumintensiven Zweck eines öffentlichen Theaters kollidieren mußte. Obwohl man sich bei „der ganzen neuen Einrichtung ... zu sehr durch das bestehende Gebäude gebunden" sah, bestimmte der König, daß „das Aeußere, als ein wahres Denkmal edler Schönheit unberührt erhalten zu werden verdiente".⁶⁵ Die Kontinuität der Kgl. Hofoper zu ihrem Gründer Friedrich II. sollte gerade wegen des sich anbahnenden Bruchs ihrer alten Verfassung desto auffälliger in der Wahrung des Knobelsdorffschen Rahmens demonstriert werden. Die 1787 in der Akademie der Künste ausgestellten radikalen Umbauvorschläge des Hofmalers Bartolomeo Verona⁶⁶, der über dem Grundriß des Turiner 'Teatro Regio' „die Kuppel des berühmten Palladio und die Verzimmerung des Pariser Getreidemagazins"⁶⁷ errichten wollte, wurden deshalb verworfen und Langhans, der sich mit dem Theaterbau in Breslau 1782 einen Namen gemacht hatte, zusammen mit F.W. v. Erdmannsdorff, der 1787/89 für den Berliner Hof tätig war, als Sachverständige mit der Prüfung und Revision der vorgelegten Pläne betraut.⁶⁸

Einzig eine nicht signierte Bleistiftzeichnung, ein Längsschnitt (Abb. 71), kann von Veronas Projekt eine gewisse Vorstellung vermitteln, sofern man bereit ist, die im Akademiekatalog zitierte „Kuppel des berühmten Palladio" auf das bombierte Bohlendach der Basilica in Vicenza zu beziehen, denn ein solches ist auf dem Blatt in ganzer Länge über das Opernhaus gezogen und sollte über der Bühne zur Aufnahme der nötigen Obermaschinerie genutzt werden. Die irrtümliche Verbindung dieser Dachform Philibert de l'Ormes mit Palladio vorausgesetzt, würde auch der Hinweis auf die Konstruktion der Pariser Getreidebörse verständlich.⁶⁹ Unzweifelhaft sind das senkrecht über den Parterrelogen errichtete Logenhaus mit drei Rängen und einer Galerie, die zweigeschossige, vorschwingende Hofloge und das von je zwei Kolossalsäulen flankierte Proszenium direkt vom Turiner 'Teatro Regio'

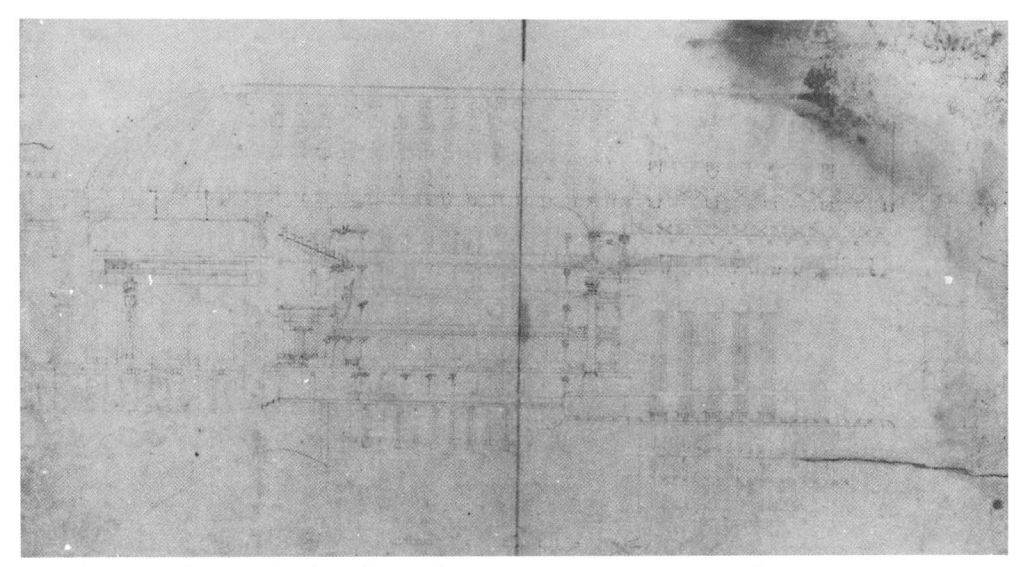

71 Berlin, Entwurf zum Umbau des Kgl. Opernhauses von B. Verona, 1787, Längsschnitt

72 Turin, Teatro Regio von B. Alfieri, 1737/40, Längsschnitt

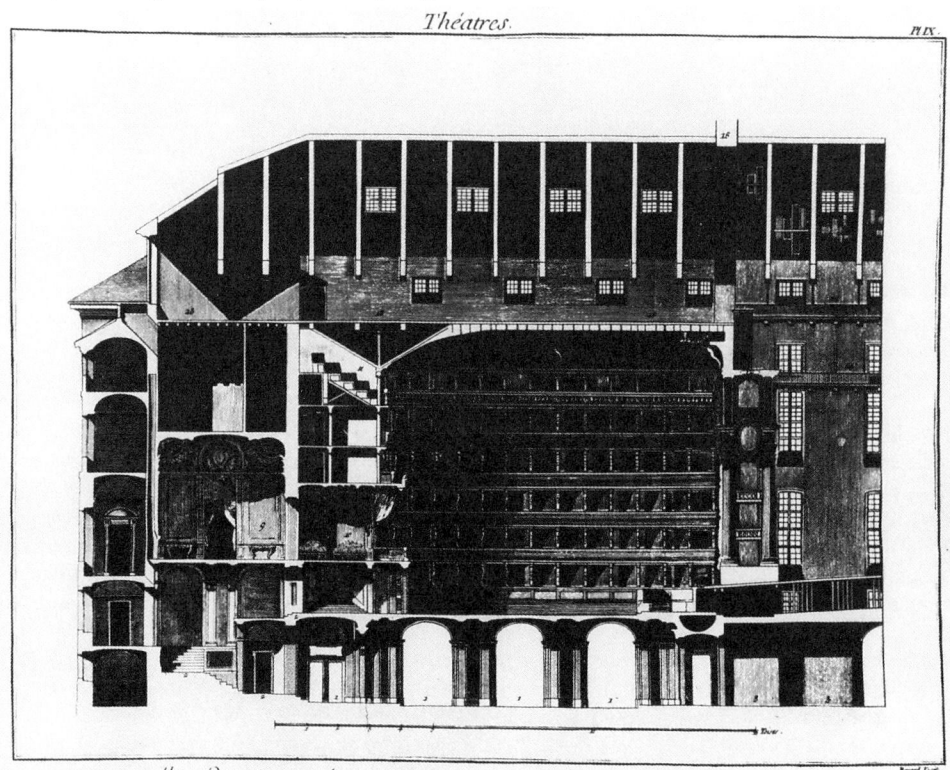

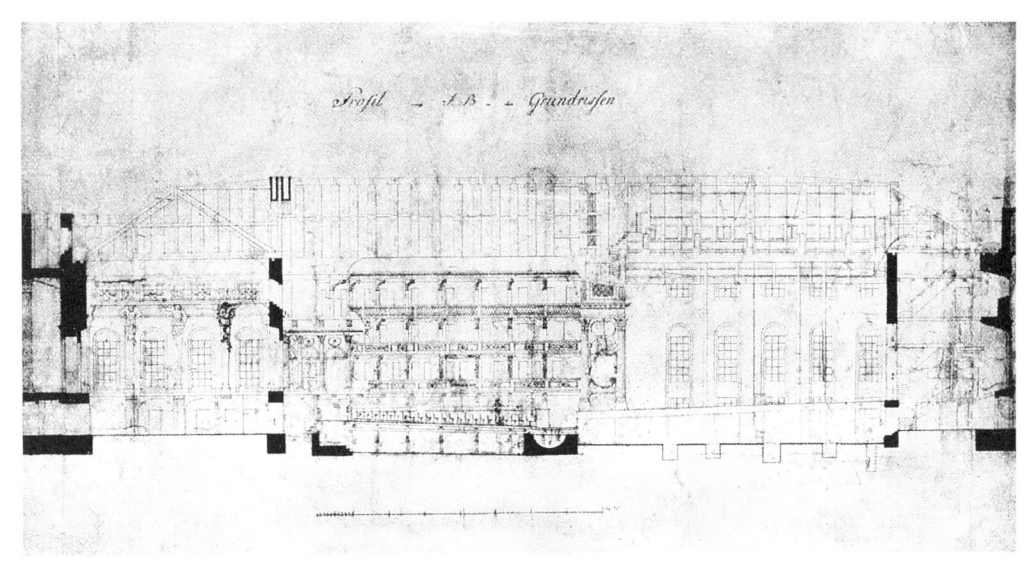

73 Berlin, Kgl. Opernhaus nach dem Umbau von C.G. Langhans, 1788, Längsschnitt

(Abb. 72) abhängig.[70]

Langhans, damals schlesischer Oberbaurat in der Breslauer Administration, nutzte den Revisionsauftrag zum erfolgversprechenden Auftakt seiner Berliner Karriere. Von Erdmannsdorffs Mitarbeit war bald keine Rede mehr[71], der Umbauplan wurde genehmigt und vom jüngeren Boumann ausgeführt. Trotz des Verzichts auf die von Verona vorgeschlagene aufwendige Dachkonstruktion schien sich Langhans an dessen Projekt und besonders sein Vorbild, Alfieris Turiner Theater, das er selbst 1768/69 auf seiner Italienfahrt gesehen hatte, sehr eng gehalten zu haben, wie aus den im letzten Krieg verlorenen Bauzeichnungen zu erkennen ist (Abb. 73).[72] Durch Beseitigung der Säulen des „korinthischen Saals" auf der Bühne wurde das vorher stark eingeschnürte Proszenium auf fast 13 m verbreitert und die Voraussetzung für jene monumentale Portalarchitektur geschaffen, die B. Alfieri 50 Jahre zuvor in Turin innoviert hatte. Je zwei kolossale korinthische Dreiviertelsäulen nahmen zwischen sich die doppelstöckigen Proszeniumslogen für die königliche Familie, eine wichtige Neuerung im Berliner Opernhaus, die auf den Rückzug des Hofes aus dem vorderen Parterre in das distanzierte Refugium einer Loge zwischen zwei Welten reagierte. Privilegiert durch seine Stellung auf der Nahtstelle von Zuschauerraum und Bühne, ging in den neuen Aufenthaltsort noch etwas von der im höfischen Fest behaupteten und vollzogenen Einheit beider Räume ein: Der König gehörte als Theaterbesucher in seiner Privatloge ebenso zur realen Sphäre des gesellschaftlich geordneten Publikums, von dem er durch die Säulen als ein Besonderes abgehoben war, wie zur fiktiven Bühnenwelt des Theaters, dessen verfremdende Beleuchtung ihn den Zuschauern im weniger hellen Saal stets gegenwärtig hielt. Langhans ließ die Rangstützen – im ersten Rang Karyatiden – aus optischen Gründen hinter die Brüstung zurücksetzen und installierte schmale französische Balkons vor den Logen, die jeweils mit einem Sofa und einem runden Tisch salonartig möbliert blieben. Der oberste Logenrang wurde in eine durchlaufende Galerie verwandelt und die Saaldecke deshalb angehoben.

Am Turiner Theater orientierte sich noch das Gefälle des Parterres zur Bühne hin, der Einbau eines gewölbten Resonanzbodens unter dem Orchester und ganz besonders die Anlage der sehr geräumigen, voluminös in den Zuschauerraum vorbauchenden und durch zwei Ränge reichenden Mittelloge[73], die als repräsentative Hofloge von den anderen „durch ihre Anlage und Verzierung gehörig unterschieden ist. Sie ist in Form eines ovalen Saales gebaut, und mit einer Kuppel, auf deren Gipfel die Königliche Krone ruhet, gedeckt, welche von acht geriefelten korinthischen Säulen getragen wird. Die Decken, welche auf den Seiten und an der Brüstung herabhängen, gleichen einem mit Hermelin verbrämten Purpurmantel".[74] War die demgegenüber unprätentiöse alte Mittelloge regelmäßiger Aufenthaltsort der Königin, so verflüchtigte sich der Funktionswert der neuen Hofloge, die sich zitathaft Elemente des ovalen bzw. polygonalen Mittelsaals aus dem Schloßbau und des zeltartig drapierten Baldachins aneignete, fast völlig ins Ideologische, indem sie durch ihre Form den Anspruch des Königtums auf allgegenwärtige Präsenz im Theater auch bei dessen physischer Abwesenheit geltend machte. Im alten Opernhaus Knobelsdorffs, wo der Hof bei jeder Vorstellung, die doch für ihn arrangiert wurde, zugegen war, bedurfte es solcher Hervorhebung nicht. Umsomehr aber sollte im öffentlich gewordenen Theater das Publikum an den Status des meist abwesenden oder in der privaten Proszeniumsloge dem direkten Anblick entzogenen Monarchen demonstrativ erinnert werden. Es hing ursächlich mit der Legitimationskrise der absolutistischen Herrschaft gegen Ende des 18. Jahrhunderts zusammen, daß der leere Thronhimmel – denn um nichts anderes handelte es sich bei der aufwendigen Logenarchitektur – aus dem Ambiente des abgeschirmten Residenzbezirks in die Öffentlichkeit eines Theaters überführt wurde, dessen Publikum allein durch sein Urteil, die „öffentliche Meinung", den Bestand der von ihr abhängig werdenden Staatsform zu garantieren vermochte. Das dem unbesetzten Thron anhaftende Stellvertreterprinzip galt ebenfalls für die Hofloge. Wie der Thronsitz im Schloß nur bei außerordentlichen Anlässen besetzt war, so nahm der König auch nur in besonderen Fällen in der zentralen Hofloge Platz. Ihr Zugang erfolgte in der Achse des unverändert übernommenen Apollosaals, der als Konzertsaal und zu sonstigem Aufenthalt des Hofes ausschließlich dem königlichen Gefolge reserviert blieb, ebenso der Haupteingang im Portikus, während die Parterrebesucher die Eingänge im Sockelgeschoß benutzten und das Logenpublikum über die Freitreppen vor den seitlichen Risaliten auf das Niveau des ersten Ranges gelangte. Schon Knobelsdorff hatte auf diese Weise eine kompliziertere Treppenführung im Innern des Gebäudes vermieden, die den großen Andrang zu den Redouten kaum zufriedenstellend gelöst hätte.

Die Kapazität des Zuschauerraumes wurde auf ca. 2 000 Plätze vergrößert, um jedem „kgl. Dikasterium"[75] eine eigene Loge zuteilen zu können, wodurch der quasi staatsoffizielle Charakter der öffentlichen Theaterveranstaltung beleuchtet wurde. Wenn auch davon die alten Vorrechte des Hofadels im ersten Rang nicht tangiert waren, so belegt doch die ausdrückliche Berücksichtigung der Amtschargen bei der Logenverteilung den eigentlichen Zweck des öffentlichen Hoftheaters, soweit er außerhalb der Bühne lag, nämlich als der gesellschaftliche Ort, an dem das bürgerliche Publikum dem Staat, nicht dem Hofstaat allein, vielfältig personifiziert und sinnfällig geordnet begegnete. Die partikulare Teilhabe der Bürger an diesem im Theater inszenierten „Staatsakt", der bei Erscheinen und Abgang des Königs förmliche Elemente der rechtlich fixierten und im Zeremoniell sanktionierten Huldigung enthielt, war Kernstück jener Domestizierungsstrategie, welche die Nähe des Herrschers als das Glück seiner Untertanen ausgab. So hielt es der offiziöse Rezensent der 'Berlinischen Jahrbücher' für ausgemacht, „daß an diesem Königlichen Schauspiele weit mehr Menschen, als sonst, Theil haben können. Also ist auch hierinn der Wunsch unseres menschenfreundlichen Königs, das jeder sich unter seiner Regierung glücklich fühlen mögte [!], erreicht".[76] In dem Zustand, den der ältere Langhans dem Opernhaus Friedrichs des Großen gegeben hatte, genügte es ein halbes Jahrhundert lang seiner neuen Bestimmung. Zwar waren nach der französischen Okkupation, als das Theater zum Brotmagazin wurde, Reparaturen notwendig, und Schinkel, der 1818/30 für alle baulichen Angelegenheiten des Hauses verantwortlich zeichnete, schlug 1822 umfassende Ausbesserungsmaßnahmen vor; doch gleichzeitig hielt er sich an den schon bekannten Topos, „das Gebäude ohne die mindeste Abänderung seiner ursprünglichen Form herzustellen".[77] Während also die dem Außenbau mehr unausgesprochen als explizit bescheinigte Denkmalhaftigkeit jeden Eingriff verbot, war dem Flickwerk im Innern keine Grenze gesetzt. Das betraf vor allem den Apollinischen Saal, in dem ein Malersaal abgeteilt und des akuten Raummangels wegen seit 1829 häufig für Produktionszwecke genutzt wurde.[78]

2. Der Wiederaufbau nach dem Brand von 1843 in der gesellschaftlichen Auseinandersetzung des Berliner Vormärz.

2.1. Berliner Theaterverhältnisse bei Regierungsantritt Friedrich Wilhelms IV.

Die schweren Belastungen Preußens in den napoleonischen Kriegen und die in der nachfolgenden Reformzeit auf die innere Konsolidierung verwandten Energien hatten das Opernhaus aus dem Blickfeld des Ehrgeizes Friedrich Wilhelms II. verdrängt, der gleichwohl nahezu jeden Abend in einem der Königlichen Theater verbrachte. Spätestens seit der Direktion J.A. Ifflands[79] war das Nationaltheater am Gendarmenmarkt, das mit der beispiellos erfolgreichen Uraufführung von Webers 'Freischütz' 1821 der italienischen Hofoper unter Leitung des umstrittenen und befehdeten G. Spontini einen empfindlichen Stoß versetzt hatte, zum wichtigsten Theater der Monarchie aufgestiegen, und der König hatte diesem Umstand mit dem großzügigen Neubau Schinkels zwischen den beiden protestantischen Domen nach dem Brand von 1817 Rechnung getragen. Gleichzeitig war damit das Scheitern des Integrationskonzeptes eingestanden, das sein Vorgänger 1789 mit der erstmaligen Öffnung der repräsentativeren, zeremoniösen Hofoper eingeleitet hatte. Der Besuch des Hauses nahm noch stärker ab, als 1824 das von C.T. Ottmer am zentralen Alexanderplatz auf Aktienbasis errichtete Königstädtische Theater als erste private, jedoch vom König konzessionierte Bühne Berlins die Konkurrenz mit den seit 1811 „Vereinigten Königlichen Schauspielen" aufnahm, denen seit Ifflands Tod der sächsische Graf Brühl als Generalintendant vorstand. Brühl, von Hardenberg beauftragt, ohne Rücksicht auf die Kosten das beste Theater in Deutschland zu machen, betrachtete die Bühne als eine „Kunstlehranstalt" und nahm sich „Belehrung in Würde und Pracht" zum Ziel. Dem diente die von ihm initiierte Dekorations- und Kostümreform als wichtigste Leistung seiner Amtszeit.[80] Das neue, nach dem Vorbild des volkstümlichen Leopoldstädter Theaters in Wien konzipierte, kommerzielle Königstädtische Theater, das zunächst nur für die geringeren Genres, Lustspiel, Singspiel, Possen etc. lizensiert wurde, machte den Hofbühnen die unteren Publikumsschichten, vor allem aus dem Kleinbürgertum, abspenstig und reagierte damit auf die schleichende Verhofung der hoch dotierten Königlichen Theater seit dem Ende der Befreiungskriege. Zur bedrohlichen Konkurrenz des Opernhauses wuchs sich die neue Bühne gegen Ende der 30er Jahre aus, als fast alle italienischen und französischen Novitäten von Donizetti, Rossini, Auber u.a. zuerst am Alexanderplatz inszeniert wurden, wo auch die größten Sänger der Zeit, die Pasta, die Viardot-Garcia und Henriette Sontag ihr Berliner Debut gaben.[81]

Das war der Hintergrund, vor dem sich Friedrich Wilhelm IV. (reg. 1840-61) gemäß der Tradition seines Urgroßonkels und seines Vaters bald nach Regierungsantritt der Geschicke des in seinen Konventionen erstarrenden Opernhauses annahm. Die Berufung des bislang am Münchner Hoftheater tätigen Karl Theodor von Küstner[82] zum Generalintendanten der Berliner Hofbühnen im Jahre 1842 bedeutete, erstmals in der preußischen Theatergeschichte einen ausgewiesenen Fachmann, keinen dilettierenden Hofkavalier mit dem verantwortungsvollen Posten zu betrauen. Diese programmatische, gegen eine starke aristokratische Opposition gefällte Entscheidung[83] setzte die künstlerische und bürokratische Reorganisation der Hofoper – auf Kosten des Schauspiels allerdings – in Gang. Parallel dazu wurde der italienische Generalmusikdirektor Spontini[84] nach einem Publikumseklat während einer 'Don Giovanni'-Aufführung unter unrühmlichen Umständen verabschiedet und durch den aus Berlin gebürtigen Giacomo Meyerbeer ersetzt, der, mit ähnlichen Vollmachten ausgestattet wie sein Vorgänger, den Einfluß der engeren Hofpartei Küstner gegenüber sichern sollte.[85]

2.2. Das umstrittene Erbe Friedrichs II. im Vormärz und das Interesse der Enkel am Opernhaus.

Noch im Dezember 1842 legt Küstner einen Immediatbericht an das Kgl. Hausministerium, vertreten durch den Staatsminister Fürst Sayn-Wittgenstein[86], vor, in dem er die unerträglichen baulichen Mängel und betriebstechnischen Mißstände im Opernhaus anprangert und zu ihrer Behebung zwei Entwürfe des Bauinspektors H. Krahmer und des Hofbaurats Carl Ferdinand

Langhans (1782-1869)[87] beifügt. Langhans war im Mai 1842 fest in das Berliner Hofbauamt berufen worden.

Küstner geht in dem Bericht detailliert auf die Fehler des „Spektatoriums" ein und appelliert an die deutsche Berufung Berlins:

„Ich fand bei Untersuchungen die Klagen auf das vollkommenste begründet, ja ich kann versichern, daß das ganze Auditorium in Anfahrten, Zugängen und Treppen (die gegen alle Feuersicherheit in einem Theater noch von Holz sind) in Vertheilung der Plätze, der Logen wie des Parketts, welche Plätze eng und unbequem sind und zum größten Theil gegen gegenwärtig in allen großen Theatern eingeführte Sitte und Dezens in Bänken bestehen, über die gestiegen wird, unter welchen Plätzen sich eine bedeutende Anzahl befindet, von denen man z.B. schlecht oder z.B. hinter der Karyatiden nicht sieht, ferner in den Zugängen zu den Logen, die, sich eines starken aber wahren Vergleichs zu bedienen, in Hühnersteigen ähnlichen Treppen und Stufen bestehen, in den Durchgängen endlich zwischen den gesperrten Sitzen usw. den gerechtesten zeitgemäßen Ansprüchen der Zweckmäßigkeit, Anständigkeit, Schönheit und Eleganz nicht entspricht, sonach in gar keinem Vergleich mit den jetzt in Berlin, München, Darmstadt und anderen Orten befindlichen neuen, schönen und zweckmäßigen Theatern steht, welcher Vergleich für die größte Capitale des deutschen Zollverbandes zurücksetzend ist...."[88]

Danach leitet Küstner auf „die ebenso wichtige, ja vielleicht noch wichtigere Scene, die Werkstatt der Kunst" über. Obwohl die gesamte Maschinerie veraltet und unzulänglich sei, „giebt man und verlangt alles in Berlin, was in Paris und Deutschland mit den trefflichst eingerichteten Maschinerien geleistet wird." Die Arbeitsverhältnisse – „wo es an allen Räumen gebricht, so daß die Maschineriearbeiter mehr kriechen als gehen" – werden als unzumutbar geschildert.[89]

Den äußeren Anlaß für die gründlich vorbereitete Umbauinitiative läßt der Generalintendant zwar unausgesprochen, doch der Zeitpunkt verrät zwanglos den Zusammenhang mit dem hundertjährigen Jubiläum des Opernhauses Friedrichs des Großen, und die Art der Feiern liefert den Schlüssel zum Verständnis eines „konservierenden" Theaterumbaus, der seine historische Brisanz aus der vormärzlichen Polemik um Friedrich II. als preußischer Symbolfigur bezieht.

Am 7.12.1842, genau hundert Jahre nach der Eröffnungsvorstellung, kommt im Opernhaus ein musikalisches Festspiel von Ludwig Rellstab und Musikdirektor Wilhelm Taubert zur Aufführung, das mit allegorischem Pomp den Gründer des Theaters in einer naiven Apotheose verherrlicht. In einem „Ewigkeit und Ruhm" suggerierenden Eichenhain steht ein Tempel mit Friedrichs Büste auf einer Hermensäule. Die personifizierten Musen der Musik, der Dichtung und der Architektur preisen „den Geist des großen Friedrich", streiten sich um das Vorrecht, seine Büste mit Lorbeer zu bekränzen, um ihn schließlich gemeinschaftlich zu ehren. Während im Bühnenhintergrund Sanssouci und andere Bauten des Königs angedeutet werden, beendet die „Geschichte", nachdem sie ihren Anteil an der Ehrung für unerläßlich erklärt hat, das Spektakel mit den Worten:

„So ehrt die Nachwelt seinen Heldennamen!
Weit strahlet seiner Glorie goldner Schein;
Stolz sind die Enkel auf den großen Ahnen,
Sie bilden ihn in Erz und Marmorstein."[90]

Die Berliner Jubelfeier von 1842 ist in dieser Form kein einmaliger Rekurs auf den zur Legende verklärten Preußenkönig; ihre Bedeutung reicht über den vergleichsweise harmlosen Anlaß hinaus ins politische Zentrum der Berliner Gesellschaft vor der Revolution von 1848. Aus Rellstabs holprigen Knüttelversen spricht der bemühte Versuch, die in die aktuellen tagespolitischen Auseinandersetzungen geratene und von allen Parteien des Vormärz beanspruchte Figur Friedrichs des Großen auf ein unangreifbar fernes Podest zu heben und seine zum „reinen Geist" destillierte geschichtliche Wirkung in nebulöser Vergötzung aufzulösen. Das real doch so zerrissene Publikum des Jubiläumsspiels soll sich einig sein im Stolz auf den großen Ahnen; sein gesellschaftlicher Zwist wird ihm in allegorisierter Form durch den Streit der drei Musen auf der Bühne vorgeführt und ebendort versöhnlerisch überwunden. Die auf dem Theater inszenierte Harmonie ist eine zwar nicht praktizierbare, aber moralisch wirkende Handlungsanweisung an das Publikum, und Friedrich der Große soll den notwendigen Kitt dazu hergeben. Solches, durch den sanften Druck der Moral ideologisierende Theater, ein glänzendes Beispiel übrigens, wie gerade die Hoftheater im Vormärz mit dem Mittel zeitloser Allegorie für sozialen Frieden agitieren, soll denen zugute kommen, die den Spötter aus Sanssouci gerne von Anfang an aus der Debatte ausgeklammert hätten, den preußischen Konservativen und der Hofkamarilla um Friedrich Wilhelm IV.[91]

Tatsächlich sind es zuerst die Liberalen, die den werbewirksamen Monarchen als herausragende und faszinierendste Gestalt der neueren preußischen Geschichte erkennen, seitdem seine aufklärerischen Schriften gesammelt im Druck erscheinen, ihn als Garanten der erbittert geforderten Verfassung für sich vereinnahmen und damit eine Rezeptionskontroverse eröffnen, die bis heute jede Vorstellung des Preußenkönigs bestimmt. Daß gerade er, welcher der erste Diener seines Staates zu sein beanspruchte, von einer späteren, bürgerlichen Epoche als Diener seines Volkes mißverstanden werden konnte, beruht darauf, daß sich in seinem Wirken naturrechtliche Aufklärung des 18. Jahrhunderts mit der spezifischen Tradition der protestantischen Staats- und Fürstenlehre des 17. Jahrhunderts verband, die den Herrscher stärker etwa als die französische der gottgefälligen Wohlfahrt seiner Untertanen, weniger exklusiv dem Glanz und Ruhm der eigenen Dynastie verpflichtete.[92]

Der aktuelle Anlaß, sich auf Friedrich II. rückzubesinnen, wird zunächst 1840 die Hundertjahrfeier seiner Thronbesteigung, die zufällig in das Jahr des Regierungsantritts Friedrich Wilhelms IV. fällt, dem zu Ehren die brandenburgische Ritterschaft ein Huldigungsfest im Opernhaus gibt.[93] Wenige Monate zuvor ist in unmittelbarer Nähe in der Mitte der 'Linden' zwischen der Universität und dem Palais des Prinzen Wilhelm in Gegenwart des gesamten Hofes der Grundstein zu Rauchs Reiterdenkmal gelegt worden, mit dem das offizielle Berlin den spektakulärsten Beitrag zum Thronjubiläum leistet.[94] Der Standort des Denkmals war lange Zeit umstritten; schon als Kronprinz hatte Friedrich Wilhelm IV. wiederholt umfangreiche Pläne zur Umgestaltung des Opernplatzes zwischen Theater und Bibliothek gehegt. In diesem Zusammenhang müssen auch Schinkels Entwürfe zum Palais des Prinzen Wilhelm gewertet werden, denen der Auftraggeber das einfachere Projekt von C. F. Langhans vorzog. Für die Dauer einer kurzen Planungsepisode erwog Schinkel um 1830 auf Betreiben des damaligen Kronprinzen den Abriß der Bibliothek für eine Platzregulierung mit dem Friedrichsmonument in Form einer Trajanssäule als neuem Zentrum.[95]

Realisiert wird stattdessen Rauchs Denkmal. Die Wahl dieser Form – das auf einen sehr hohen Sockel gesetzte absolutistische Reitermonument, das der Kommentierung durch eine Fülle von Assistenzfiguren, erzählenden Reliefs und Inschriften bedarf – kündet vom Anspruch der monarchischen Gewalt gegen ihre faktische Beschränktheit. Friedrich Wilhelm setzt sich klar von den Monumenten in Darmstadt, Karlsruhe und München ab, mit denen seine fürstlichen Kollegen als Bürgerkönige „zu Fuß" repräsentieren. Der Herrscher, der den Staat wie sein Pferd zu beherrschen trachtet, ist nicht gewillt, mit seinem Volk durch eine Konstitution in ein Vertragsverhältnis zu treten. Zweifellos meint Friedrich Wilhelm sich selbst und sein Regiment auch dann, wenn er die historische Form des Königsdenkmals an seinem Ahnherrn exemplifiziert. Die Figur des Reiters allein jedoch vermag die Intentionen des Auftraggebers nicht zu vermitteln; die beabsichtigte Interpretation des Gefeierten wird erst im Kontext des abgestuften plastischen Sockelprogramms optisch visualisiert und ablesbar. Das Friedrichsdenkmal als Apotheose des preußischen Militärstaates, der sich in Generälen von Stand, nicht aber im „Heldenmuth auch in den Reihen der Gemeinen" vertreten sieht[96], ist zu diesem Zeitpunkt eine Absage an die mehrfach versprochene Konstitution im Namen dessen, den die liberale Bourgeoisie zum „Verfassungskönig" zu stilisieren sich gerade anschickt. Mit Rauchs Denkmal, dessen Aufstellung sich zudem noch bis 1851 verzögert, reagiert Friedrich Wilhelm IV., der als strenger Legitimist den Liberalismus „wie die große Hure der Apokalypse" verabscheut[97], etwa auf den Verfassungsappell des Radikaldemokraten Karl Friedrich Köppen, der 1840 an ihn die mahnenden Worte gerichtet hatte: „Der Himmel ruht nicht sicherer auf den Schultern des Atlas als Preußen auf der zeitgemäßen Fortentwicklung der Grundsätze Friedrichs des Großen".[98]

Ihren nachhaltigsten und wirkungsvollsten Ausdruck findet die liberale Propaganda, die den Stifter des 'Allgemeinen Landrechts' zum „gekrönten Philosophen", zum „königlichen Revolutionär"[99], sogar zum „Vertheidiger der Volkssouveränität"[100] idealisiert und seine polemische Verherrlichung als Vorkämpfer staatsbürgerlicher Freiheiten zur Kritik am autoritären Regiment seiner fürstlichen Nachfolger ausnutzt, in Franz Kuglers „Geschichte Friedrichs des Großen" mit den Illustrationen von Adolph Menzel, deren ersten Auflage 1840/42 erscheint.[101]

Die durch die Berliner Zensur bedingte Taktik, den unkritisierbaren Monarchen durch naheliegenden, unvorteilhaften Vergleich mit seinem in den Augen der Bürger mustergültigen königlichen Vorfahren indirekt anzugreifen, veranlassen Friedrich Wilhelm IV. und den Hof, ihrerseits offensiv dem liberalen Interpretationsmonopol der Verehrer des großen Friedrich entgegenzutreten, obwohl er selbst aus Gründen der Legitimität und orthodoxer Kirchlichkeit Skepsis und Ablehnung der Politik seines Urgroßonkels Vertrauten gegenüber nicht verhehlt.[102] Umso aufschlußreicher, weil gezielt auf die öffentliche Diskussion um ihn Bezug nehmend, ist die offizielle Ehrenrettung des Umstrittenen als Vollstrecker absolutistischer Machtpolitik und Begründer der preußischen Großmachtstellung, also der Versuch, das gefährlich werdende Bild des „roi philosophe" oder des "freien Königs über freie Bürger"[103] im Sinne des siegreichen Kriegshelden zu korrigieren. Eine Verleugnung seiner Person oder auch nur stillschweigende Distanzierung von friderizianischen Traditionen hätte das virulente Agitationspotential dieser geschichtsmächtigen Figur kampflos dem politischen Gegner überlassen. Nur so wird verständlich, warum der Hof das Patronat für die Herausgabe der „Oeuvres de Frédéric le Grand" in 30 Bänden, darunter einer limitierten „Fürstenausgabe" für Bibliotheken, Akademien und königliche Häuser, übernimmt, andererseits aber eine unzensierte und vollständige Edition zu hintertreiben sucht[104], warum der König demonstrativ wieder das Schloß Sanssouci bewohnt, was seit 1786 kein Hohenzoller mehr gewagt hat.[105] Ebenso kalkuliert wie die „altenfritzige" Attitude, die Friedrich Wilhelm IV. zuweilen nachgesagt wird, muß daher sein unbeirrbarer Kurs beim Umbau des Opernhauses gelten.

Gerade an diesem Ort, im Theater nämlich, das den zu agitierenden Untertanen „die Kirche für freie Weltanschauung, Schule und Hörsaal für die Verehrung von Freiheitshelden, Laboratorium für das soziale Experiment, Tribunal und Schauplatz für die Volksversammlung"[106] ist, dem Hof dagegen „zum Vergnügungsort, zur Zuflucht des Zeitvertreibes, zur Réunion der feinen Welt, zur Gelegenheit, Toilette zu machen und sich Rendezvous zu geben, daneben zur Befriedigung der Schaulust"[107] dient, soll coram publico ein Exempel statuiert werden, das die neue, kaum mehr in Frage zu stellende Funktion der Bühne wenigstens in der Kontinuität der alten Form gefangen, im günstigsten Fall gar neutralisiert wissen will. Das Festklammern an überkommener Form und Etikette ist zwar in der blinden Negation der neuen Inhalte perspektivlos, doch im vorliegenden Einzelfall so ohnmächtig nicht, denn der prägende Einfluß der Knobelsdorffschen Architektur auf den in ihr geübten sozialen Zweck zeigt immerhin deutlich genug die normative Kraft des Faktischen, das die Baukunst allemal enger an die Umstände ihrer Hervorbringung bindet und ihren Denkmalwert zur Relativierung der aktuellen Nutzung einsetzt. Allen inneren Reformversuchen zum Trotz ist das in der architektonischen Substanz älteste unter den deutschen Hoftheatern im ganzen 19. Jahrhundert das konservativste geblieben.

Die höfische Rezeption Friedrichs des Großen, der sich das Fortbestehen des Opernhauses verdankt, reagiert in letzter Instanz auf den 1848 scheiternden Versuch der Administration Friedrich Wilhelms IV., „die von der preußischen Verwaltung initiierte, sich dem Staat aber zunehmend entfremdende Gesellschaft politisch einzufangen".[108]

2.3. Die Position des Hofes und der Beamtenschaft während der Planungs- und Baugeschichte 1843/44.

Am 23.1.1843 genehmigt der König den von Küstner geforderten Umbau des Opernhauses im Prinzip, bestellt aber neue Pläne, nachdem der Staatsminister Sayn-Wittgenstein und Graf Stolberg den vorgelegten Entwurf von Krahmer, der sich auf Verbesserungen im Zuschauerraum und im Apollosaal beschränkt, als unzureichend abgelehnt und stattdessen den von Langhans empfohlen haben, weil er darüberhinaus Bühnenmaschinerie und Treppenführung reformiere.[109]

Krahmers auf zwei Blättern niederlegter Ent-

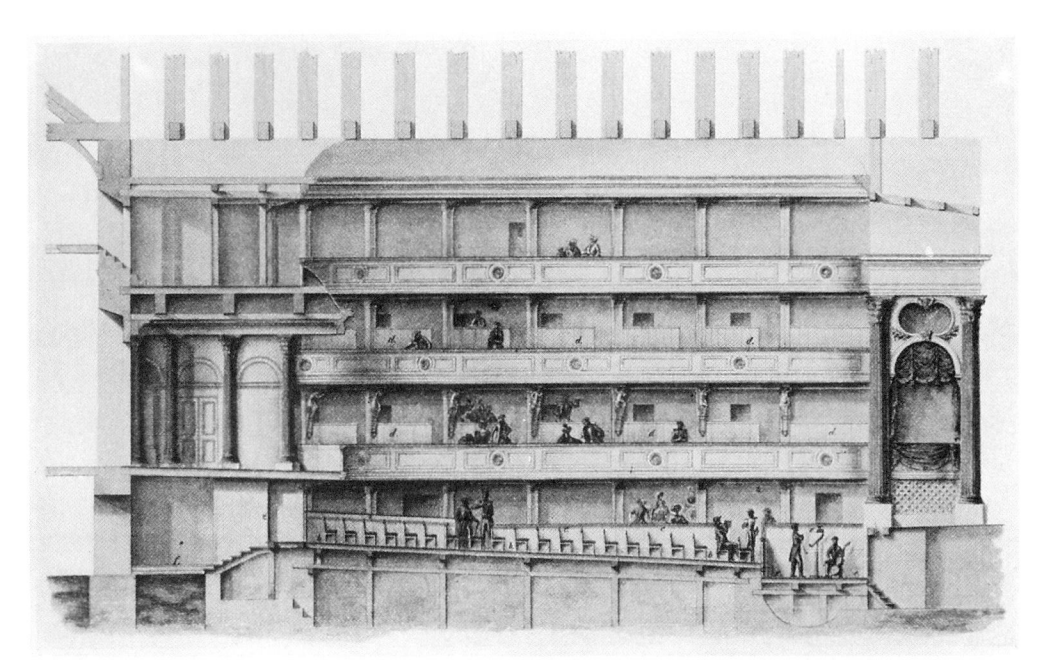

74 Berlin, Entwurf zum Umbau des Kgl. Opernhauses von H. Krahmer, 1842, Längsschnitt durch den Zuschauerraum

75 Berlin, Entwurf zum Umbau des Kgl. Opernhauses von H. Krahmer, 1842, Grundriß des Apollosaals

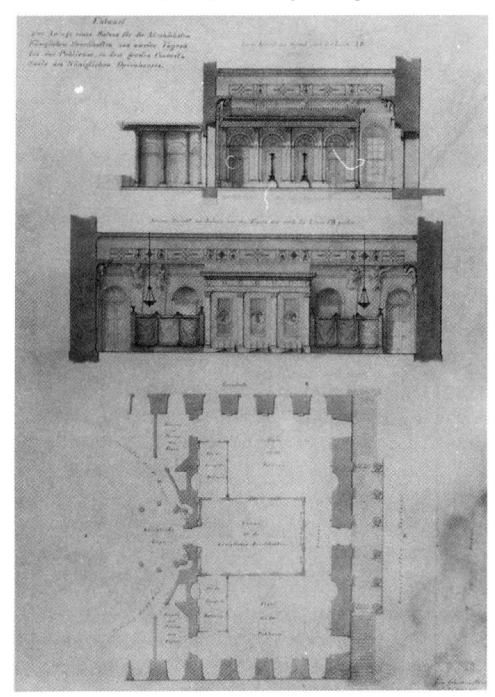

wurf läßt den Zuschauerraum (Abb. 74) fast unverändert in der Fassung von 1788/89; nur werden die Brüstungen, die der ältere Langhans noch hierarchisch differenziert hatte – die obere Galerie schloß mit einer durchbrochenen Dokkenbalustrade ab – nunmehr in allen Rängen durch ein Rosettenmotiv vereinheitlicht. Dünne vergoldete Eisensäulen sollen sichtbehindernde Konsolen ersetzen und die Parterrelogen in durchlaufende Sperrsitzreihen aufgelöst werden.[110]

Der als Konzertraum vom Hof genutzte Apollosaal (Abb. 75) soll dagegen durch eine komplizierte Binnenteilung, die einen „Salon für die Allerhöchsten Königlichen Herrschaften" in der Achse hinter der Hofloge und seitlich davon zwei miteinander verbundene Publikumsfoyers vorsieht, völlig seines ursprünglichen Charakters beraubt werden. Lediglich einige der Satyrhermen vor den verdoppelten Pilastern und das Ziergitter vor dem Umgang über der Hohlkehle wären von der alten Ausstattung übriggeblieben. Ein an die Hofloge anschließender, von Pilastern gegliederter, flach gedeckter Kasten von 4 × 3 Achsen durchschneidet den Saal derart, daß nur

119

in der Mitte der Eingangswand, vor dem vom Portikus hereinführenden Portal also, eine schmale Passage zwischen den Restflächen des Raumes freibleibt. Der rechteckige, allseits abgeschlossene Hoflogensalon, dessen Decke unter der Voute des Emporengangs ansetzt, hätte wie eine Casa Santa an drei Seiten umgehbar, doch vom gewöhnlichen Publikum nicht zu betreten, in der Mitte des Apollosaals gestanden, von dem er sich in seiner strengen Gliederung zusätzlich abgehoben hätte. In zwei seitlichen Annexen längs der Wand zum Zuschauerraum hinter mannshohen, paraventartigen Wänden – aber unter der gleichen Saaldecke wie die Foyerbesucher – hätte sich das königliche Dienstpersonal in unmittelbarer Nähe und gleichzeitig gehöriger Distanz zu den Herrschaften aufgehalten. Krahmers nur auf den ersten Blick provisorisch und konzeptlos anmutender Gedanke, aus der Not der Raumsituation eine Tugend zu machen, indem das Rückzugs- und Abschottungsbedürfnis des Hofes sich nach außen noch als Sichtbarmachung seiner ständigen Präsenz unter den im Foyer promenierenden Bürgern darstellen läßt, scheitert, weil Friedrich Wilhelm IV. sich unter keinen Umständen bereitfindet, den Haupteingang des Theaters über die Freitreppe des Portikus nichthöfischen Besuchern zu überlassen. Der Entwurf von Langhans, der ebenfalls eine Aufteilung des Apollosaals zur Unterbringung eines öffentlichen Foyers vorsah, gilt als verschollen.[111]

Die königliche Ordre vom Januar 1843 enthält bereits die strikte Auflage, daß Außenbau und Apollosaal[112] in keiner Weise verändert werden dürfe, während in den übrigen Sälen eine „anständige" Ausstattung, erweiterte Korridore und nach Möglichkeit geräumige Foyers verlangt werden. Eine Verringerung der Platzkapazität könne zum Zweck größerer Bequemlichkeit für die Besucher erfolgen. Die für einen reibungslosen Theaterbetrieb notwendigen Verbesserungen, deren Berechtigung die Kabinettsordre anerkennt, werden damit bedeutenden Einschränkungen unterworfen, mit denen der Hof den Besitzanspruch an seinem Theater vorrangig vor dem Interesse des zahlenden Publikums postuliert. Über die Prioritäten kann kein Zweifel mehr bestehen.

Am 9.7.1843 reicht Küstner dem Hausministerium seinen Antwortbericht mit alternativen Entwürfen in drei „Cahiers" ein.[113] Das Cahier A enthält die Grundrisse zu zwei Entwürfen und einen kolorierten Schnitt durch den Zuschauerraum von C.F. Langhans, Cahier B die Varianten zum Außenbau mit verschiedenen Aufbauten über dem Bühnenschnürboden und dem Schauraum von Langhans, Klenze und Stüler, und Cahier C umfaßt Pläne und ein Schreiben der Dekorationsmaler C. W. Gropius und J. J. Gerst zur Herstellung einer besseren Maschinerie. Küstner und Langhans überschreiten den ihnen erteilten Auftrag, indem sie einen Bühnenaufbau, der das Äußere des Opernhauses entgegen dem königlichen Befehl maßgeblich verändern würde, für unerläßlich erklären. Folglich bildet die im Cahier B dafür gelieferte Begründung den Schwerpunkt des Gutachtens an das Ministerium. Unter Umgehung der in der Kabinettsordre artikulierten Intentionen des Königs argumentiert der Generalintendant allein mit der Zweckmäßigkeit eines solide und ökonomisch geführten Theaters.

Die gewünschte Obermaschinerie setzt großen Raum über der Bühne voraus. Gestützt auf den beiliegenden Rapport von Langhans, der die Nachteile der gegenwärtigen technischen Ausrüstung und die Möglichkeiten einer neuen erläutert und sich dabei auf den „pflichtmäßig und aus freien Stücken" formulierten Antrag von Gropius und Gerst beruft, glaubt sich Küstner berechtigt, einen durchgreifenden Umbau vorschlagen zu dürfen. Sogar der Prinz von Preußen und der Minister Graf Stolberg[114], die sich der Zustände im Opernhaus persönlich vergewissert haben, werden als Zeugen aufgerufen, „wie der gegenwärtige Raum zur oberen Maschinerie in der Art eng, gedrückt und unzulänglich ist, daß darin eine dem neuesten Bedürfnis entsprechende Maschinerie und namentlich das für die Erhaltung der Vorhänge so nöthige Hinaufziehen derselben im Ganzen und ohne sich wie jetzt in fünf Theile zusammenzufalten unmöglich angebracht werden kann und daß ferner dadurch eine völlige Unsicherheit der Verwandlung, Lebensgefahr für die Maschineriearbeiter und bedeutende, immer fortlaufende Unkosten für den Tagesdienst herbeigeführt werden, was bei künftigem guten Haushalt vermieden werden solle ... Verbleibt nur die gegenwärtige schlechte Maschinerie, so entspricht das mit bedeutenden Kosten veränderte neue Theatergebäude einem seiner wesentlichen Bedürfnisse und Zwecke nicht und erfüllt sonach nicht die Erfordernisse, die mit Recht an ein tüchtiges Gebäude gestellt werden. Ich muß noch bemerken, daß dieser Übelstand sich mit jedem Jahr vermehren wird, sodaß wenn ein Neubau später für nöthig befunden werden sollte, der gegenwärtige kostspielige Umbau vergeblich gemacht sein würde."[115]

Mit diesen Worten meldet Küstner grundsätzliche Zweifel an der Effektivität eines Umbaus an und verfolgt so einen von seinem obersten Dienstherrn abweichenden Zweck. Der Generalintendant ist nur bereit, einen Umbau in Kauf zu nehmen, wenn er den Funktionen einer öffentlichen Hofbühne gerecht wird. Indem er ein Junktim zwischen guter Theaterarbeit und neuen Maschinentechnologien herstellt, wird ein in die Substanz des Opernhauses eingreifender Aufbau für den Schnürboden unabweisbar. Welche Wichtigkeit Küstner dem beimißt, geht daraus hervor, daß er einer Ablehnung des Königs durch Vorlage von drei Varianten zuvorzukommen sucht. Außer von Langhans hat er in eigenmächtiger Regie von Oberbaurat Stüler und dem Münchner Hofarchitekten Klenze, der ihm aus seiner Intendantenzeit am dortigen Hoftheater persönlich bekannt war, Skizzen erbeten und sich ihre Ausführbarkeit bestätigen lassen.

„In Bezug auf einen Aufbau überhaupt und inwiefern derselbe passend oder nicht, erlaube ich mir die submisseste Bemerkung, daß das ursprüngliche Dach des Opernhauses ohnedies schon, um wenigstens einigen, wenngleich ganz unzureichenden Raum für Maschinerie zu gewinnen, nicht vorteilhaft abgeändert worden ist."[116]

Damit wird abschließend allen etwaigen Einwänden schon im voraus beggenet und der Stellenwert der zu wahrenden Architektur Knobelsdorffs dadurch relativiert, daß ihre Unversehrtheit diskreditiert erscheint. Das gezielte Beharrungsvermögen, mit dem Küstner und Langhans ihren Standpunkt bei Überschreitung der vorliegenden Kompetenzen dem König, der sie über seine Ziele nicht im Unklaren gelassen hatte, auseinandersetzen, zeugt von der durchaus selbständigen und selbstbewußten Haltung der preußischen Administration im Vormärz ihrer Regierung gegenüber. Mangels einer verbrieften Konstitution wurden die preußischen Beamten zur Vermittlungsinstanz zwischen gesellschaftlichen Bedürfnissen und staatlichen Belangen; darauf beruht ihr vorsichtiges Reformkonzept, das bis 1848 die Revolution vermeidbar macht und die Staatsdiener selbst vor Handlangerdiensten und der Degradierung zu Erfüllungsgehilfen der konservativen Staatsspitze bewahrt.[117]

Am 22.7.1843 wird Küstners Bericht vom Ministerium dem König vorgelegt. Bevor er sich zu den weitreichenden Vorschlägen erklärt, brennt das Opernhaus in der Nacht vom 17. zum 18. August 1843 nach einer Ballettvorstellung mit Bühnenfeuerwerk im Innern vollständig aus.[118] Bereits am folgenden Morgen kommt der König von Sanssouci nach Berlin und nimmt die Brandstelle „Allerhöchst in Augenschein". Die offiziöse Spenersche Zeitung, die den Verlust „einer der schönsten baulichen Zierden" Berlins beklagt, berichtet, „daß Se. Majestät augenblicklich den Vorsatz ausgesprochen hat, das schöne Gebäude in seiner äußeren Gestalt als Andenken seines hohen Vorfahren erhalten und nur das Innere nach einem neuen, schon früher beabsichtigten Plane, zweckmäßiger ausbauen zu wollen".[119]

Drei Tage später, am 21.8.1843, ergehen von Sanssouci aus zwei Kabinettsordren, die den sofortigen Wiederaufbau befehlen. Die erste, eine kurze Absichtserklärung an die Minister, lautet:

„Ich ertheile hiermit den Befehl, den Wiederaufbau des durch Flammen eingeäscherten Opernhauses ohne Veränderung der äußeren Form und nur mit Verbesserung der zerstörten inneren Räumlichkeiten, soweit sie den Anforderungen und Bedürfnissen der jetzigen Zeit nicht mehr entsprechen, sofort in Angriff zu nehmen. Ich lege großen Wert darauf, daß dieses Denkmal des großen Königs in seinen schönen und einfachen Formen wiederhergestellt wird."[120]

Die zweite Ordre vom gleichen Tag an das Hausministerium erteilt nähere Instruktionen und eine klare Absage an die vorgelegten Entwürfe:

„Die äußere Gestalt soll *unverändert* [Unterstreichung im Original] in ihrer früheren Form wiederhergestellt werden, und will Ich den Aufbau auf keine der drei verschiedenen Arten, die in den mittelst Berichts vom 22.v.Monats eingereichten Zeichnungen vorgeschlagen sind, genehmigen. Entspricht auch die gegebene innere Räumlichkeit nicht mehr allen Erfordernissen,

121

die in jetziger Zeit gemacht werden, so kann Ich mich doch dadurch nicht veranlaßt sehen, die äußern schönen symmetrischen Formen des Gebäudes zum Opfer zu bringen, behalte Mir aber vor, worüber jedoch noch nichts zu verlauten ist, später, falls die finanziellen Verhältnisse es gestatten, ein möglichst allen Anforderungen der Zeit entsprechendes und bei der immer wachsenden Bevölkerung auch umfangreiches Theater auf einem noch zu bestimmenden Platze erbauen zu lassen...".[121]

Ob die vage Vertröstung auf einen Neubau in unbestimmter Zukunft zur bloßen Beschwichtigung jede aufkommende Diskussion über die Zweckmäßigkeit eines kostspieligen Wiederaufbaus abwiegeln sollte oder ob Friedrich Wilhelm ernsthaft daran dachte, die Hofoper langfristig durch ein größeres Theater zu entlasten, um sie desto weniger eingeschränkt den Bedürfnissen des Hofes vorbehalten zu können, muß Spekulation bleiben. Jedenfalls ist von Neubau – bis 1890 – keine Rede mehr von offizieller Seite, und es scheint kaum abwegig, daß der einmalige Hinweis durch die appellierende Weise nahegelegt ist, mit der in den Berliner Zeitungen die öffentliche Meinung ihre Erwartung an den Wiederaufbau vorsichtig artikuliert.

„Ein großer, kunstsinniger König hatte vor hundert Jahren das schöne Bauwerk errichtet, ein anderer, nicht minder kunstsinniger König, ein würdiger Nachkomme seines großen Vorfahren, wird der Residenz bald das Opernhaus in erneuertem Glanze und den Anforderungen der gegenwärtigen Zeit gemäß vervollkommnet, wiederschenken."[122]

Weitaus kritischer sprechen sich einige Kunstzeitschriften unverhohlen gegen eine Rekonstruktion mit halbherzigen Korrekturen aus:

„So wenig wir nun aber auch verkennen, daß das Opernhaus, von Friedrich dem Großen erbaut, für Berlin ein historisches Monument ist, an das sich bedeutsame Erinnerungen knüpfen, so daß die Erhaltung der alten Form in vieler Beziehung wünschenswerth sein dürfte, so müssen wir doch im Interesse der Kunst die Hoffnung aussprechen, daß ein wirklicher Neubau ausgeführt werden möge. Einmal scheint es uns, daß eine bloße Reproduction alter Kunstformen unserer Zeit, und namentlich Berlins, überhaupt nicht würdig ist, und dann bietet das alte Opernhaus auch keineswegs so charakteristische und schöne Kunstgebilde dar, daß man aus diesem Grunde eine Wiedergeburt desselben wünschen dürfte. Vielmehr ist der Baustyl nüchtern und unbedeutend."[123]

Gerade weil hier das historische Interesse an Friedrich II. in Rechnung gestellt wird und man trotzdem für einen Neubau plädiert, ist diese Stellungnahme typisch für das Urteil der bürgerlichen Öffentlichkeit, die das Opernhaus nicht länger dem Hof überläßt, sondern es für das Prestige Berlins in Anspruch nimmt. Die Bedürfnisse von Hof und Stadt sind auseinandergefallen.

Der König hatte in seiner Ordre vom Januar konzediert, daß den gerügten Mängeln „zum Theil auf andere Weise möglichst abgeholfen werden könne", etwa der Feuchtigkeit sowie den beengten Maschinenräumen durch Einbau einer neuen Mechanik.

„Ebenso lassen sich auch Foyers, wenngleich in einem geringeren Umfange, da der Concertsaal in seiner früheren Größe wiederhergestellt und nicht dazu verwendet werden soll, mit einer kleinen, wenig bemerkbaren Veränderung in der äußeren Form anbringen. Die Risalite auf der Ost- und Westseite können nämlich in gleichem Verhältnisse wie der Porticus auf der Nordseite mit durch Pilaster gezierten Wänden hervortreten, wodurch ein nothdürftiger Raum für die Foyers würde gewonnen werden. Ich werde hierüber die näheren Vorschläge und Zeichnungen erwarten."[124]

Mehrfach wird also die Notdürftigkeit und Beschränktheit des Wiederaufbaus offen eingestanden, und der König selbst ergreift die Initiative zu konkreten Änderungsvorschlägen, die keine Alternativen des Architekten mehr zulassen. Indem aber Friedrich Wilhelm IV. das Vorziehen der Risalite der Längsfronten anregt, relativiert er sein eigenes ästhetisches Argument, er wolle der Zweckmäßigkeit des Theaters nicht dessen schöne, symmetrische Formen opfern. Es wird eben doch nicht „unverändert" wiederaufgebaut, sondern korrigierend; die ästhetischen Qualitäten des Baudenkmals erweisen sich sekundär gegenüber der Kontinuität des Zwecks. Die Pietät dem Opernhaus Friedrichs des Großen gegenüber wäre zwar durch einen Schnürbodenaufbau tangiert worden, denn der hätte auf Produktionstechniken verwiesen, mit deren Hilfe die Moderne das höfische Theater und seine

Grundlagen – letztlich auch die Monarchie – überwindet, wie „die Lokomotive der Leichenwagen ist, auf dem der Absolutismus und Feudalismus zum Kirchhof gefahren wird".[125] Im Vergleich dazu bleibt die Aussage der vorgezogenen Risalite neutral und beeinträchtigt die Absichten des Königs nicht.

Im übrigen wird der Wiederaufbau nach den von Langhans im Cahier A vorgelegten Projekten genehmigt und schleunige Anfertigung der neuen Risse und Kostenanschläge gefordert, „damit möglichst noch in diesem Herbste mit dem Bau, dessen Ausführung dem Baurath Langhans übertragen werden soll, begonnen wird". Offenbar um die unbedingte Erfüllung der königlichen Wünsche zu gewährleisten, wird den üblichen Gepflogenheiten zum Trotz nicht der Generalintendant, der sich freimütig für einen weitergehenden Umbau ausgesprochen hat, sondern sein Vorgänger Graf Redern als Generalmusikintendant der Hofmusik mit der administrativen Bauleitung betraut. Küstners Spielraum wird so neuerlich durch loyale Hofchargen eingegrenzt.[126]

C.F. Langhans hält sich an die ihm erteilten Auflagen und stellt das Opernhaus in nur 16 Monaten wieder her, was durch die ungewöhnliche Zahl von 380 Arbeitern und Handwerkern, die bei dem Bauwesen Beschäftigung finden, ermöglicht wird.[127] Durch das Vorziehen der Mittelrisalite der Längsfronten um 3,5 Meter, wodurch die Knobelsdorffschen Freitreppen verloren gehen, gewinnt er zwar Platz für kleinere Vorräume zur Kleiderablage und für massive, aber sehr schmale Treppen zu den oberen Rängen, doch geschieht das zu Lasten der gewünschten Publikumsfoyers, die sehr beschränkt ausfallen. Die neue Maschinerie wird vom Münchner Hoftheatermaschinisten Schütz, den Küstner empfohlen hatte, entworfen und installiert.[128] Namhafte Mitglieder der Akademie der Künste, darunter Schüler von Schadow und Rauch, teilen sich die malerische und plastische Ausstattung der Innenräume. Die acht bewegten, in Zinkguß ausgeführten Figuren, die auf Konsolen vor den Pilastern des dreiachsigen Proszeniums angebracht werden, stammen nach Modellen von Karl Friedrich Wichmann, die kleineren Genien auf Postamenten über dem Gebälk am Ansatz der Voute von Heinrich Berges, die Karyatiden im ersten Rang des Saales von Gustav Blaser[129], die Plafondmalerei von Julius Schoppe[130] und der Vorhang von August von Heyden. Nach Modellen von Christian Friedrich Tieck und in Anlehnung an die alten Vorbilder sind die Satyrhermen gefertigt, die im Apollosaal die Galerie tragen.[131] Das Giebelfeld über dem Eingangsportikus erhält anstelle der verbrannten Nahlschen Opferszene an Apoll ein von Ernst Rietschel modelliertes und in Zinkguß hergestelltes Hochrelief mit Personifikationen der an der Oper beteiligten Künste.[132] Für den Giebel der Rückfront übernimmt Rietschel im Flachrelief das alte Programm, den musizierenden Orpheus zwischen den Tieren.

Die großzügige Innenausstattung treibt die Kosten für den Wiederaufbau erheblich in die Höhe. 493 000 Taler werden insgesamt zu Lasten der königlichen Kasse aufgewendet, obwohl zunächst nur 400 000 Taler veranschlagt waren und der 1843 projektierte Umbau sogar nur auf 80 000 Taler geschätzt worden war. C.F. Langhans hat die Ausarbeitung eines genaueren Voranschlages unter Berufung auf die mit größter Eile geforderte Bauführung trotz mehrfacher Mahnung des Königs zurückgestellt. Friedrich Wilhelm IV. zeigt sich wegen der Einhaltung der angesetzten Bauzeit jedoch generös und läßt Langhans in Anerkennung seiner Verdienste zum Oberhofbaurat in Immediatanstellung beim Opernhaus mit 800 Talern Gehalt avancieren.[133] Über die geleistete Arbeit äußert sich der König zufrieden:

„Vom Opernhaus bin ich entzückt. Es ist heiter und großartig, prächtig und doch klar."[134]

2.4. Das Opernhaus zwischen den Fronten.

Am 7.12.1844, genau 102 Jahre nach der Eröffnungsvorstellung der Hofoper Friedrichs des Großen, wird das wiedererstandene Haus bei Anwesenheit des gesamten Hofes, der Großherzöge von Sachsen-Weimar, Mecklenburg-Schwerin und -Strelitz, der Herzöge von Braunschweig und Anhalt-Dessau, des diplomatischen Corps und der preußischen Staatsregierung mit solennem Pomp eingeweiht. Zur Aufführung gelangt die eigens für diesen Anlaß bei Meyerbeer in Auftrag gegebene historische Oper „Das Feldlager in Schlesien", die mit dem in Berlin vorher nie gesehenen Aufwand von 27000 Talern spektakulär in Szene gesetzt wird.

Das Sujet dieser „Nationaloper", „deren Stoff der glorwürdigsten Zeit der preußischen Geschichte entlehnt ist und welche durch diesen Stoff sowohl als durch die der Oper folgenden Traumbilder das Andenken des großen Königs feierte"[135], läßt keinen Zweifel über die Intentionen eines Wiederaufbaus aufkommen, der Friedrich Wilhelm IV. 100000 Taler mehr gekostet hat als Sempers Neubau den sächsischen König in Dresden. Der Rektor der Berliner Universität beantragt für Meyerbeers Oper eine Anzahl Freibillets eigens mit der Begründung, „da diese Vorstellung vaterländischen Inhalts ist, der studierenden Jugend zu zeigen, daß man ihrer bei einer solchen Gelegenheit gedenkt".[136]

„Es war dabei auf ein preußisches Nationalfest abgesehen, und die Erinnerung an Friedrich den Großen, die in letzter Zeit nach allen Richtungen hin ausgebeutet worden, sollte hier auch den Mittelpunkt einer patriotischen Gelegenheitsdichtung abgeben. Dabei lag ein glückliches Zusammentreffen in dem Umstand, daß der große König der Erbauer des niedergebrannten Hauses und zugleich der Erbauer des preußischen Staatslebens auf seiner höhern geschichtlichen Grundlage ist... Dem patriotisch-nationalen Element gesellt sich auch das religiöse hinzu, das überhaupt in der ganzen Oper häufig in Gebetsformen durchbricht und Choralartiges mitten unter das Getümmel des Kriegslebens mischt."[137]

Der Generalintendant bestimmt das Werk auch in der Folgezeit als „Nationalstück" nur bei „Nationalfeiern" zur Aufführung, wobei er ausdrücklich die Geburtstage des Königs und der Königin sowie die Vermählungen von Mitgliedern des königlichen Hauses unter solche Anlässe rechnet.[138]

Die Oper schildert in einer fiktiven Begebenheit aus dem 7-jährigen Krieg die listenreiche Errettung des als Flötenbläser verkleidet die gegnerischen Truppen inspizierenden Friedrich II. durch seine Getreuen aus der Gefangenschaft. Die anekdotenhafte Handlung enthält viele Gelegenheiten, die Herrschertugenden des Königs, der nur in den Erzählungen der handelnden Personen, nicht selbst auf der Bühne präsent ist, vorteilhaft in ein hagiographisches Licht zu setzen. Den aggressiv aufputschenden Soldatenchören obliegt die Erregung preußischer Identitätsgefühle und bedingsloser Subordination im sozial differenzierten Publikum.[139] Das Werk endet mit einer Traumapotheose, die – in Anlehnung an die dem vormärzlichen Publikum vertraute Kyffhäusersage – den von Geistern bewachten König schlafend in Sanssouci vorstellt, wo „Volkesscharen dankbegeistert wallen/im Opferzug zu seines Ruhmes Hallen" und vor seinem Angesicht zur Versöhnung verpflichtet werden:

„Das ganze Vaterland,/Stark durch der Eintracht Band, /Reicht sich die Bruderhand/Glücklich und frei."[140]

Der Apotheose folgt als Epilog eine Folge von sechs Tableaux, in denen man „den großen König im alten Opernhaus hinter dem Kapellmeister Graun sitzen und den Musen im Tempel der Kunst [sic!] Opfer darbringen" sieht und wie eine „Borussia" Szenen aus der jüngeren Geschichte, u.a. die „Weihe der Vaterlandsvertheidiger 1813" vor der Kulisse des Kreuzberges, den siegreichen Einzug Friedrich Wilhelms III. 1814, schließlich den Brand des Opernhauses und seinen Wiederaufbau, „höchst effectvoll in lebenden Gruppen dargestellt", Revue passieren läßt.[141] Dazu erklingen u.a. der „Dessauer Marsch" und die preußische Königshymne, und der Kommentar der „Borussia" setzt mahnend „die wahre Freiheit und Königsliebe" von „wilden und zerstörenden Trieben der Zeit", der Gegenwart also, ab.

Dem ungeheuren Pomp zum Trotz verfängt die Tendenz dieser „Agitproper" nicht. Das Libretto wird in der Öffentlichkeit heftig kritisiert und abgelehnt. K.A. Varnhagen von Ense resumiert: „Alle Stimmen vereinigen sich, das Machwerk langweilig und gering zu finden".[142] Namentlich die „Hohlheit des Inhalts" der visionären Schlußtableaux wird bitter getadelt.

„Das Publikum schien den rechten Tact nicht finden zu können, mit dem es sich dieser aufgefrischten Traditionen wieder zu bemächtigen habe. Alle nationalen Erinnerungen, wenn sie wieder als unmittelbares Leben erscheinen sollen, bedürfen eines vermittelnden Übergangs, der in der fortlaufenden Kraft der historischen Entwicklung selbst liegen muß."[143]

Am deutlichsten wird der Rezensent der „Zeitung für die elegante Welt":

„Die ganze Oper ist nichts als ein Kratzfuß gegen die königliche Loge. Das aber wollte ich ihm [Rellstab] noch gerne verzeihen, wenn es nur kein ungeschickter, kein alberner wäre. Wenn er nur die Kunst kompromittirte, das würde ich ihm als Kritiker hingehen lassen, daß er aber die Geschichte kompromittirte, empört mich als guten Patrioten... Er [Rellstab] hat nichts von Friedrich dem Großen und seiner Zeit zu benutzen gewußt, als den Zopf, den Zopf und außerdem nur noch die Flöte."[144]

Die liberale Bourgeoisie sieht ihr Idol auf der Bühne des Kgl. Hoftheaters zum ahistorischen Opernhelden mystifiziert und damit entschärft, denunziert. Mit dem Verdikt über Meyerbeers Friedrich-Collage setzt das vormärzliche Publikum seine im Theater erworbene Urteilsfähigkeit unter Beweis. In letzter Konsequenz folgt daraus die hämische Unterstellung, Friedrich Wilhelm IV. selbst habe den Entwurf zu dem „Machwerk" geliefert. Dem König ist der Wiederaufbau der „Ruhmeshalle" Friedrichs des Großen die begleitende Geste zu dem beschwichtigenden Appell, der denen eine nicht näher definierte Freiheit verspricht, die auf die anstehende Revolution verzichten. Er meint die Freiheit, die auf der Bühne „gespielt" wird und deren Abstraktheit den Gedanken an jegliche konkrete Realisierung außerhalb des Theaters erübrigen soll.

Die historische Bedeutung des Wiederaufbaus des Berliner Opernhauses erhellt sich noch vor einem anderen Hintergrund. Ein abgebranntes Theater in seiner ursprünglichen Form wieder zu errichten, war dem 19. Jahrhundert, das keine stärker von der ständigen Gefahr der Zerstörung bedrohte Bauaufgabe kannte, etwas sehr Ungewöhnliches. Neubauten waren nach den zahllosen Brandkatastrophen die Regel, und nur ein besonderes Movens konnte eine Rekonstruktion des Vernichteten legitimieren. Die deutsche Theatergeschichte kennt vor dem Berliner Exempel von 1843/44 nur einen Parallelfall, der allerdings gerade in der Differenz ein grelles Schlaglicht auf den stets wiederkehrenden Interessenkonflikt zwischen Hof und Bürgertum wirft. Anders als in Berlin, wo Friedrich Wilhelm IV. zum Teil gegen den Widerstand der bürgerlichen Öffentlichkeit den Wiederaufbau durchsetzt, um in Knobelsdorffs Architektur als steingewordenem Schrein den politischen Heros Friedrichs des Großen einzusargen und das mit ihm untergegangene absolute Königtum zu restaurieren, wurde die Rekonstruktion des Münchner Hoftheaters 1823/24 von der städtischen Bevölkerung erzwungen, die in K.v. Fischers Nationaltheater das „Denkmal der Bayerischen Nation"[145], das Palladium ihrer 1806/15 erhofften und nicht verwirklichten politischen Vorstellungen erkannte. Während der bayerische Kronprinz dazu riet, das Theater „zu ersetzen, es schöner zu bauen" und König Max Joseph noch zauderte, brachte die Stadt München innerhalb von acht Tagen 780 000 Taler für den Wiederaufbau auf und setzte den Hof unter Zugzwang.[146] Die Wiederherstellung des Nationaltheaters, dessen gewaltige Architektur die unmittelbar angrenzende Königliche Residenz von sich abhängig macht, zumindest deren Primat mühelos aussticht, war den Münchner Bürgern eine erhebliche Verschuldung wert, die über eine Biersteuer auf weite Bevölkerungskreise umgelegt wurde.[147]

In beiden Fällen haftet an der historischen Architekturform der Theater ein hoher Symbolwert, der sie für die eine oder andere gesellschaftlich relevante Gruppe unverzichtbar werden läßt. Wie dauerhaft und wirksam solche symbolmäßigen Besetzungen die Wertschätzung einer Architektur beeinflussen, selbst wenn die inhaltliche Qualität sich im Bewußtsein der Nachkommen verflüchtigt und in eine ästhetische neutralisiert hat, belegt der Umstand, daß die Opernhäuser von Berlin und München zu den wenigen Theatern in Deutschland gehören, die nach der völligen Zerstörung im letzten Krieg neuerlich rekonstruiert wurden.

Zwiespältig fallen die Rezensionen des Wiederaufbaus in der Presse, namentlich in den Kunstzeitschriften, aus. Während Langhans für die opulente Ausstattung der Haupträume zum Teil überschwenglicher Tribut gezollt wird, erhebt sich prinzipielle Kritik an fehlerhaften Konstruktionen im Detail und am Festhalten der alten Mauern überhaupt. So wird zwar konstatiert: „Pracht und Behaglichkeit vereinigen sich, um das Opernhaus zu einer architektonischen Schöpfung zu machen, welcher nur wenige in Europa werden an die Seite gesetzt werden können"[148], und im Innern sieht man „Alles benutzt, was in Frankreich, England, Italien und neuerdings in Deutschland sich als zweckmäßig bewährt hat"[149], doch anderseits wird wiederholt moniert, „daß man in der Beibehaltung der alten Form zu konsequent war". Ausgehend von einer Kritik an dem vermeintlichen „Renaissancestyl" – der Begriff macht sich an der üppigen spätklassizistischen Dekoration des Innern fest – formuliert ein Rezensent hellsichtig das konservative Motiv, das zum Wiederaufbau trieb, und verwahrt den toten König gegen solche Vereinnahmung:

„Vielleicht hat eine große Pietät gegen Friedrich den Großen den Wunsch erweckt, das Opernhaus in dem Geiste seiner ersten Erbauung *reproducirt* zu sehen. Das conservative System aber, auf das Gebiet der Kunst hinübergespielt, ist für die Kunst selbst ein gefährliches... Die Bauwerke Friedrichs des Großen charakterisiren vollkommen seine Kunstepoche, durchaus aber nicht die unsrige, auch glaube ich, daß, wenn ein Friedrich der Große in unserer Zeit lebte, er gewiß das Opernhaus nicht in dem Renaissancestyl erbaut haben würde, da er mit der Kunst, wie in allen Zweigen des Wissens unserer Zeit gleichen Schritt gehalten hätte... Ich glaube, daß trotz des Renaissancestyls das neue Opernhaus nicht in dem Geiste Friedrichs des Großen geschaffen wird."[150]

Mehrfach und mit unterschiedlichem Ergebnis wird Langhans' Leistung an dem wenige Jahre zuvor vollendeten Dresdner Hoftheater von Semper gemessen. Während die Architekturkritik in den Fachzeitschriften sich einig weiß, daß der gerühmte Dresdner Bau „von Langhans nicht einmal annähernd erreicht ist", behauptet die Augsburger Allgemeine Zeitung, daß die Berliner Oper hinsichtlich der Bequemlichkeit des Publikums und des Reichtums der Dekoration das Semper-Theater „bei weitem übertreffe".[151] Dem Hofchronisten Rellstab bleibt es vorbehalten, dem Berliner Publikum in der Vossischen Zeitung die Überlegenheit Preußens auch auf dem Feld des Theaterbaus zu bestätigen:

„Durch aller Urteil, die die Kunsttempel in ganz Europa kennen, steht es fest, daß keiner sich jetzt an Reichtum und wirklicher Schönheit mit dem unsrigen vergleichen kann."[152]

Die Auseinandersetzungen um das historische Erbe Friedrichs des Großen und seine rechtmäßigen Sachwalter, in die das Opernhaus durch den Willen Friedrich Wilhelms IV. und die darauf bezogene Kritik der Opposition geraten ist, verschärfen sich während der Revolutionsjahre 1848/49 und betreffen das wiedererrichtete Theater einige Male direkt. Die borussisch-partikularistische Propaganda von Meyerbeers Preußenoper, die den Opfermut fürs Vaterland beschwört[153], kann als Programm des im Mai 1848 gegründeten konservativen „Preußenverein für konstitutionelles Königtum" gelten, in dessen Statuten die Festigung des friderizianischen Staates gefordert wird. Unterdessen stellen die Liberalen Büsten Friedrichs II. auf und verteilen Flugblätter, in denen der Ruf nach Konstitution aus seiner Politik heraus gerechtfertigt wird. 1849 werden Teile des „Antimacchiavell" unter dem Titel „Worte Friedrich des Großen" auf den Berliner Straßen verbreitet.[154]

Schon seit der Pariser Februarrevolution von 1848 „wurde das Interesse am Theater von dem großen politischen verschlungen, und die Einnahmen minderten sich sehr". Am 20. März 1848 dringt das Dienstpersonal der kgl. Theater in die Wohnung des Generalintendanten ein, um höhere Löhne zu erzwingen. Unter Druck werden die Eintrittspreise vorübergehend herabgesetzt. Küstner erhält ein „Decret des Volkes", in dem es heißt:

„Am Beerdigungstage der Gefallenen darf kein Theater stattfinden, außer zum Vortheil der Hinterbliebenen, für die Sie zu spielen haben. Im Unterlassungsfalle wird Ihnen angerathen, sich sofort dem Publicum zu entziehen."[155]

Die Intendanz fügt sich dem Befehl der Aufständischen, wie sich tags zuvor der König vor den aufgebahrten Gefallenen gedemütigt hat. Daß die kgl. Hofoper zu Berlin, „vom Ludergeruch der Revolution" gestreift, eine Vorstellung zu Ehren jener Untertanen geben muß, deren Tod der König durch seinen Befehl zum Schießen mittelbar verschuldet hat, ist nur eine weitere Konsequenz aus der Aufbahrungszeremonie im Schloßhof, die, so spontan ihr Verlauf auch anmutet, eine kalkulierte Regie verrät. Die öffentliche Erniedrigung des kurzfristig besiegten Königtums, die physische Gewaltanwendung durch die Schmach einer moralischen Verurteilung ersetzt, wird vor der Kulisse der höfischen Repräsentation vollzogen: vor dem Schloß und im Hoftheater. „Berlin, weit entfernt, ein deutsches Paris zu sein, ist nicht einmal ein preußisches Wien. Es ist keine Hauptstadt, es ist eine 'Residenz'."[156]

„Auf Begehren des Volkes" werden die Theater nach zeitweiser Schließung einige Tage später mit „Wilhelm Tell" wieder eröffnet. Opernhaus und Schauspielhaus sind „ein Tummelplatz der politischen Meinungen und der verschiedenen

Parteien, man betrachtet es als eine öffentliche Versammlung, wo Jeder sich für sein politisches Glaubensbekenntnis aussprechen konnte, dazu wurden in den Stücken vorkommende Stellen, so wenig sie auch mit diesem Glaubensbekenntnis in Berührung standen, benutzt, um Beifall und Mißfallen zu bezeigen. Das Kunstinstitut wurde zu einem politischen Club".[157]

Stücke revolutionären Inhalts wie Aubers „Stumme von Portici", deren Aufführung 1830 die Brüsseler Revolution entfesselt hatte, und Schillers „Fiesco" setzt die Intendanz vorsorglich vom Spielplan ab. Das französische Theater bei Hofe als letzte Einrichtung dieser Art in Deutschland, der zum Schluß der Konzertsaal des Schauspielhauses angewiesen war, wird aufgelöst. In den Brennpunkt der Ereignisse gerät das Opernhaus noch einmal im Oktober 1848, als gegen ausdrückliches Verbot die Leichen von zehn Arbeitern, die in einem bewaffneten Konflikt mit der mittelständischen, regierungsloyalen Bürgerwehr erschossen worden waren, während einer von der proletarisch-republikanischen Linken organisierten Kundgebung auf der Freitreppe 'Unter den Linden' ausgestellt werden.[158] Die Asylfunktion für oppositionelles Gedankengut, die das Theater und seine Gebäude in der Übergangsperiode der schleichenden nachmärzlichen Restauration bis zur militärischen Besetzung Berlins noch erfüllen, bestimmt auch hier die Wahl eines hochrangig öffentlichen Ortes, der die Wirkung der in Szene gesetzten Anklage umsomehr potenziert, als sie eine Symbolarchitektur des Königtums zum Zeugen macht.

Asyl gewähren die Berliner Hoftheater schließlich dem konkretesten Produkt der 48er Revolution, der preußischen Nationalversammlung im Schauspielhaus am Gendarmenmarkt. Die Kulisse des Schinkelschen Nationaltheaters kommt wie ihr nicht zufälligerweise sakrales Pendant, die protestantische Frankfurter Paulskirche, der Würde und dem Anspruch des Parlaments zugute. Die neue Institution profitiert von der Aura der sie umhüllenden Architektur, die andererseits langfristig seismographisch deren Zersetzung als politisches Entscheidungsgremium schonungslos entlarvt. Die Architekturform begleitet spezifisch die fortschreitende Deformation des Parlaments in der industriellen Gesellschaft. War das Theater in der Phase der Emanzipation vorparlamentarische Bühne, moralisches Tribunal bar kodifizierten Rechts, so werden später die Gebäude der autorisierten Kammern zu gigantischen Theatern, ihre Debatten zu hochkarätig besetzten Galavorstellungen, ihre Reden zu rhetorischen Arien.[159]

Bevor aber theaterhafte Züge in Stil und Funktion des Parlaments gespiegelt werden, muß die Bühne es in Preußen länger als in allen anderen deutschen Staaten ersetzen. „Als Nachklang dieser Übungen, das Theater als Parlament oder Volksversammlung zu behandeln, bleibt jedoch eine entschieden lebhafte Anteilnahme für seine politische Bedeutsamkeit im Publikum zurück."[160] Darauf kann der Hof nur defensiv reagieren, indem er nach Niederwerfung der Revolution seinerseits jeden Anschein vermeidet, das Theater als Ort politischer Kundgebung anzuerkennen, sogar wenn es sich um solche handelt, die dem Régime genehm sind. So lehnt Friedrich Wilhelm IV. im November 1849 das Gesuch eines bürgerlichen „Festcomités" ab, den Apollosaal für ein Festbankett „zu Ehren der Regierung und der Rettung des Staates" benutzen zu dürfen, da das ein „ganz fremder Zweck" sei.[161]

Folgerichtig hat mit dem militärischen Sieg über die Revolution die höfische Agitation mit Friedrich dem Großen ihren Zweck erfüllt und vorläufig ausgedient. Bei der Einweihung des Rauchschen Reiterdenkmals 'Unter den Linden' an der Stelle, wo 1848 noch preußische Konservative demonstrativ den Verfassungsentwurf der Nationalversammlung verbrannt hatten, ist 1851 kaum vom großen König, umsomehr vom Triumph des Staates über seine Gegner die Rede.[162] Im gleichen Jahr führt die reaktionäre Konsolidierung auch im Opernhaus zu Veränderungen in der Administration. Der Generalintendant von Küstner, der sein Amt in der Tradition des preußischen Beamtentums als ausgleichende Instanz zwischen dem Repräsentationsbedürfnis des Hofes und dem Bildungsinteresse der bürgerlichen Publikumsschichten ausgeübt hatte[163], die im Theater die moralische Überlegenheit ihrer Ideale feiern, reicht, der ständigen Kollisionen mit Meyerbeer und dem Generalmusikintendanten Graf Redern müde, den Abschied ein und räumt seinen Posten, der wieder mit einer zuverlässigen Hofcharge, dem Gardeleutnant Graf Botho von Hülsen besetzt wird. Küstners Abgang zieht den Schlußstrich unter die langjährige

Reorganisationsdiskussion über den Status der preußischen Hofbühnen, die unter dem Druck der vormärzlichen Öffentlichkeit und einer von Franz Kugler im Auftrag des Kultusministeriums v. Ladenberg ausgearbeiteten Denkschrift zufolge als Nationaltheater in staatliche Regie und Oberaufsicht übergehen sollten.[164] Stattdessen verharrt das Theater in dem Status, den ihm die Reformer nehmen wollten; es wird von den Fürstenhöfen weiter dazu benutzt, „finstere Wolken von der Stirn des Volkes zu verscheuchen und düstere, schwere Träume der Freiheit hinwegzugaukeln".[165]

2.5. Ausblick auf die Geschichte des Opernhauses bis zum dritten Wiederaufbau 1952/55

Mit der nächst Wien höchsten Subvention – 140 000 Taler jährlich – die ein deutscher Hof für seine Theater aufwandte, und einem Gesamtetat, der in Europa nur noch von denen der Pariser Staatstheater, der Petersburger Hoftheater und des kgl. Theaters 'San Carlo' in Neapel übertroffen wurde, gelang es dem Grafen v. Hülsen, dank einer geschickten Haushaltspolitik die Eintrittspreise extrem niedrig zu halten und sich dadurch trotz des sehr konservativen Spielplans gegen die wachsende Konkurrenz der ständig zunehmenden Privattheater zu behaupten.[166] Von diesen wurde vor allem das 1859 errichtete Victoria-Theater durch die zyklischen Aufführungen der Werke Richard Wagners, welche die Hofoper lange boykottiert hatte, gefährlich. Um den technischen Anforderungen der neuen Musikdramen und den Ansprüchen der inzwischen sozial aufgestiegenen Künstler entsprechen zu können, wurde 1867 ein Bühnenhausanbau, in dem Langhans auch neue Garderoben unterbrachte, unumgänglich.[167]

Knobelsdorffs Opernhaus sollte nicht nur der Repräsentation des preußischen Staates genügen; seit 1871 wurde ihm zusätzlich die Rolle des ersten Musiktheaters der neuen Reichshauptstadt aufgezwungen, die ihre Vergleichsmaßstäbe aus Paris und Wien bezog. Dennoch hing der Hohenzollernhof und das ihn mittlerweile stützende Bürgertum erstaunlich zäh an dem friderizianischen Monument der Aufstiegsperiode fest, ungeachtet der kolossalen Theaterpaläste, die in Wien und Paris, selbst Dresden, entstanden. Angesichts der wiederholten korrigierenden Eingriffe in die Substanz des Opernhauses, die seine Funktion in den Jahrzehnten nach der Reichsgründung sicherstellen sollten, fällt auf, daß sie fast ausnahmslos den Sicherheitssektor und den technischen Produktionsbereich, die Bühne, betrafen. Während sich das Gesamtvolumen des Theaters dadurch gegenüber dem Ursprungsbau fast verdoppelte, wurde der Publikumsbereich nicht vergrößert und überhaupt nur durch eine Maßnahme tangiert. Der Apollosaal wurde 1887 als Wandelfoyer öffentlich zugänglich gemacht.

Daß Berlin, dessen Bevölkerung sich seit der Zeit Friedrichs des Großen allein bis 1871 verzehnfacht, bis zum Ende der Monarchie gar verzwanzigfacht hatte, sich so lange mit einem Opernhaus des 18. Jahrhunderts begnügte, ist einer intakten Hofgesellschaft[168] geschuldet, die in den vorgegebenen Rahmen Knobelsdorffs hineinpaßte und in ihren tradierten Umgangsformen fortlaufend von ihm geprägt wurde, die ihre ökonomische Unabhängigkeit als grundbesitzender Adel oder feudale Industriemagnaten vor der gesellschaftlichen Assimilierung und politischen Auslieferung ans Bürgertum noch bewahrte, also auch vor den gebauten Kompromissen der neuen Hoftheater in Paris, Wien und Dresden, in denen die Höfe selbst einer bürgerlichen Regie der opulenten Schaustellung von Pracht und Luxus verfielen und damit als Objekte, als integrierter Dekor und wesenloser Schein entlarvt wurden. Die Berliner Hofoper dagegen, außen ohne jeden Architekturprunk, blieb die feste Burg einer unsicher gewordenen und sich beharrlich behauptenden Kaste, die erfolgreich alle Bestrebungen in Richtung eines „zeitgemäßen" Opernneubaus, der freilich auch in Berlin seit den 90er Jahren gefordert wurde, verzögerte und letztlich verhinderte. Dabei waren die Projekte zum „größten Monumentalwerk, das die deutsche Baukunst wohl in diesem Jahrhundert schaffen wird"[169], weit gediehen und die Finanzmittel bewilligt, als der erste Weltkrieg ausbrach. In drei beschränkten Architekturwettbewerben waren zwischen 1904 und 1912 über 70 Entwürfe eingegangen, und der staatliche und nationale Rang der geplanten Kgl. Oper bemaß sich am prominentesten Bauplatz, der damals in Berlin zu vergeben war. Vis-à-vis des Reichstages sollte in ähnlichen Dimensionen ein Theater – „hervorra-

76 Berlin, Deutsche Staatsoper Unter den Linden, Gesamtansicht von Nordwesten nach dem Wiederaufbau

gender, als je ein preußisches Staatsgebäude geschaffen worden sei" – entstehen, das den Königsplatz zum Zentrum der sich nach Westen verschiebenden Metropole, zur Antwort auf das Wiener Kaiserforum gemacht hätte.[170] Im Opernhausprojekt wurde zum letzten Mal ein Konsens angestrebt, der den divergierenden Gruppen des imperialistischen Kaiserreiches eine unbestrittene Gemeinsamkeit zumindest nach außen suggerieren sollte, der sich im preußischen Abgeordnetenhaus auch die Sozialdemokraten nicht versagen mochten. Doch die unterschiedlichen Erwartungshaltungen waren nicht mehr in eine verbindliche Form zu bringen. In den ergebnislosen Wettbewerben setzte sich keine Konzeption durch, weder die des Kaisers, dem ein Hoftheater als Gegengewicht zum verhaßten Reichstag vorschwebte, noch die der Bürokratie, die ein staatliches Bildungstheater propagierte, weder Wilhelm Liebknechts Traum vom Kristallpalast als Nationaltheater für die Massen,

noch der Ruf der Architektenvereine nach einem „Denkmal deutscher Kunst".

Als Denkmal war das alte Hoftheater 'Unter den Linden' sakrosankt geworden, „welches, mit dem friderizianischen Zeitalter eng verbunden, aus der Zeit der werdenden Größe Preußens stamme und abgesehen von seinem hohen Kunstwerte eine Summe von Imponderabilien der Staatsgeschichte verkörpere, die, wenn sie nicht mehr vorhanden wäre, als ein schwerwiegender Verlust empfunden werden müßte".[171] Der gleiche Tenor, die eingeschränkte Funktionsfähigkeit des Opernhauses zugunsten des ihm zugewachsenen Denkmalwertes, der den Besuchern die Kontinuität des preußischen Staates auch noch in der Weimarer Republik verbürgte, in Kauf zu nehmen, durchzog die kritischen Appelle zur Wahrung der überlieferten Form anläßlich der seitlichen Anbauten und der Aufstockung im Bereich des Bühnenhauses 1926/28.[172]

Daß mit dem Opernhaus Friedrichs II. noch Staat zu machen war, als Preußen bereits zerfiel und schließlich offiziell aufgelöst wurde, belegen eindrucksvoll die beiden Rekonstruktionen nach den Kriegszerstörungen vom 9.4.1941 und vom 3.2.1945. Unter erschwerten Bedingungen betrieb die faschistische Regierung den als dringlich eingestuften Wiederaufbau der Ruine „in der Erkenntnis, daß es kriegerischen Ereignissen und Nöten nicht gestattet werden sollte, dem Kultur- und Kunstwillen des deutschen Volkes irgendeinen Abbruch zu tun". Friedrich der Große und „mit ihm auch die Erinnerung an eine kampfdurchtobte, große Zeit" wurden beschworen, um einer Durchhaltepropaganda, die mit dem anachronistischen Luxus eines Opernbetriebes die Normalität im hereinbrechenden Chaos behaupten und zugleich das Unnormale, die Not, zur Voraussetzung der Kunst erklären wollte, zur historischen Weihe zu verhelfen.[173]

Nach dem Untergang des Faschismus bemächtigte sich der sozialistische Staat des zum dritten Mal zerstörten Theaters. Nicht an Schinkels Schauspielhaus, das als Nationaltheater errichtet, die Tradition der Ifflandbühne weitergeführt hatte und einen eminenten Rang in der Geschichte des bürgerlichen Theaters in Deutschland beanspruchen kann, sondern an der alten Hof- und Staatsoper wurde die Aneignung des „kulturellen Erbes" demonstriert. Ihrer repräsentativen Überlegenheit, die durch ihren Denkmalscharakter bestimmt wird, verdankte die Oper Friedrichs des Großen ihre beschleunigte Wiederherstellung in den Jahren 1952/55 (Abb. 76). Sie war Staatstheater in einem wörtlicheren Sinn als je ein anderes Theater in Deutschland. Hier okkupierten die einander ablösenden Gesellschaftsordnungen am sichtbarsten und sinnfälligsten die Macht, indem sie am historisch legitimierten Ort – nach dem Abbruch des Berliner Schlosses gab es keinen anderen mehr – die eigenen Zeichen aufpflanzten. In der „Nationaloper" der DDR prangt deren Staatssymbol vor den Brüstungen der Hoflogen, die einmal der preußische Adler markierte. Diese Geste des Inbesitznehmens bleibt jedoch unvollständig ohne die selektiv korrigierenden Vorstellungen, die dem Wiederaufbau insgesamt zugrunde lagen und nach denen die in der Architektur ablesbare Geschichtlichkeit des Gebäudes zugunsten eines idealisierten Substrats eliminiert werden sollte. Indem die diversen Eingriffe der bürgerlichen Epoche in die Bausubstanz geleugnet wurden, konnte sich der nachbürgerliche Staat in der direkten Erbfolge des 18. Jahrhunderts begreifen und als Vollender der "Ideale" Knobelsdorffs auftreten.[174] Das durch „Weiterbilden und Weiterkomponieren der Knobelsdorffschen Form" von Geschichte gereinigte Opernhaus interpretiert die im historischen Stil zitierte Epoche, wie sie eigentlich hätte sein sollen, um so die Aneignung ihrer als fortschrittlich deklarierten Kultur legitimieren zu können. Die Architekten der Berliner Bauakademie der DDR entwarfen einen mit Ädikulafenstern und statuenbesetzten Attiken maskierten Bühnenturm und im Innern auf dem alten Grundriß eine Folge von Räumen, „die nach unserer Meinung den wahren Knobelsdorffschen Formvorstellungen besser entsprechen als die ursprüngliche Version von 1743 oder der Langhanssche Umbau von 1843".[175] Die darin enthaltene Behauptung, daß die Geschichte Zielpunkt und Erfüllung in der Gesellschaft der DDR finde, täuscht nicht darüber hinweg, daß der in die Architektur Knobelsdorffs eingegangene Herrschaftszweck seines Bauherrn sich die Benutzer nach wie vor unterwirft.[176] Der Repräsentationsanspruch eines der ältesten unter den bestehenden großen europäischen Theatern ist heute ungebrochener denn je.

3. Die Architektur des Berliner Opernhauses im Zustand von 1844.

3.1. Der Außenbau – Korrektur eines Denkmals.

Innerhalb der vorgegebenen und für unantastbar erklärten Mauern des schmalen, längsrechteckigen Gebäudes von 19 × 7 Achsen hält Langhans an der alten Raumfolge fest. Im Vorziehen der 5-achsigen Mittelrisalite der Langseiten unterscheidet sich der Alternativentwurf „A II" (Abb. 78) hauptsächlich von „A I" (Abb. 77). Im niedrigen Sockelgeschoß sind vor dem Zuschauersaal außer dem T-förmigen Vestibül mit einem neuen Ein- bzw. Ausgang nach den Langseiten (A I) links die Konditorei und rechts die Kastellanswohnung untergebracht. Das unprätentiöse, passagenartige Vestibül entbehrt der gewünschten großzügigen Raumwirkung, weil die unveränderbare Raumhöhe die gedrungenen Propor-

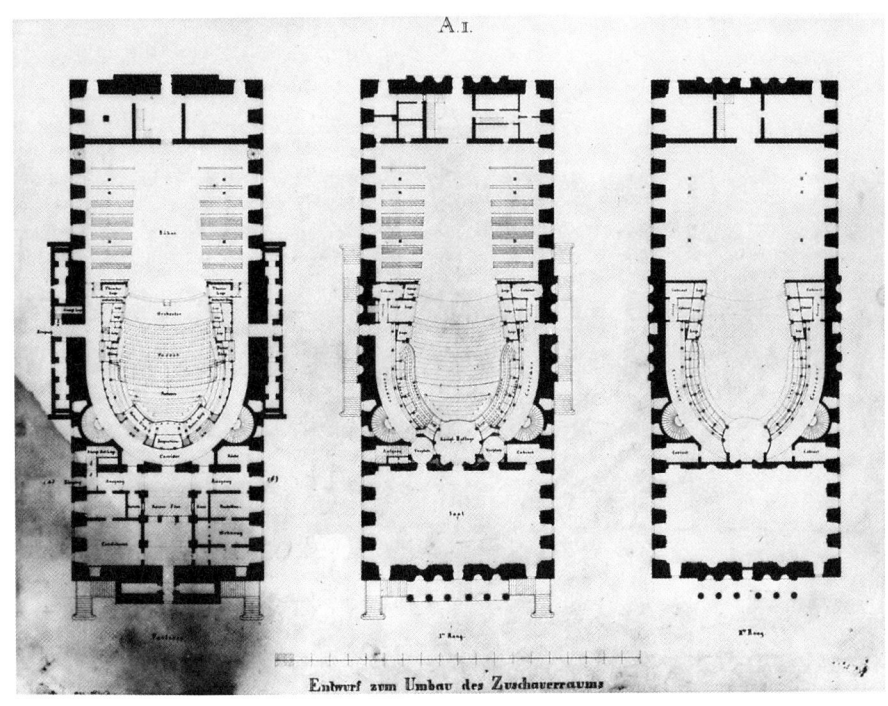

77 Berlin, Entwurf „I" zum Umbau des Kgl. Opernhauses von K.F. Langhans, 1843, Grundrisse Parterre, I.Rang, II.Rang
78 Berlin, Entwurf „II" zum Umbau des Kgl. Opernhauses von K.F. Langhans, 1843, Grundrisse Parterre, I.Rang, II.Rang

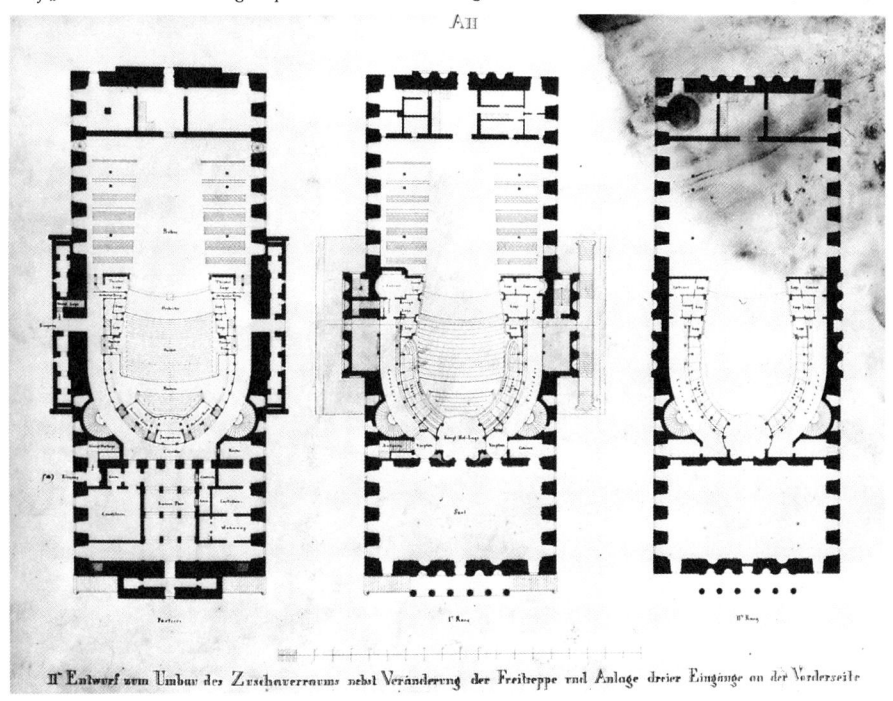

tionen nachteilig in Erscheinung treten läßt. Indem Langhans im Sockelgeschoß Türen einbricht, um eine kompliziertere, funktionale Verkehrsführung zur besseren Erschließung aller Räumlichkeiten zu erreichen, kollidiert er mit dem Sinn der Knobelsdorffschen Fassaden und macht sie zum konservierten Gehäuse einer veränderten Binnenstruktur.

Knobelsdorff hatte das mühselige Treppensteigen auf engen Stiegen dem Hof und der vornehmen Gesellschaft erspart. Während dem König die Freitreppe zum Portikus 'Unter den Linden' als Haupteingang[177] durch den Apollosaal reserviert blieb, benutzten die übrigen Hofleute die seitlichen Freitreppen vor den flachen Mittelrisaliten der Langseiten.

Die vordere Freitreppe mit den beiden schon 1787 rechtwinklig zur Straße abgeknickten Antrittspodesten hat Langhans im Entwurf A II, der dem ausgeführten wesentlich entspricht, analog zu den Seitenfronten vereinfacht. In geraden, ungebrochenen Läufen führen die beiden Rampen vom Straßenniveau auf die Plattform des Portikus. Die Freitreppe war die Bühne des fürstlichen Aufstiegs, das Betreten des Theaters vollzog sich über den Köpfen des gemeinen Publikums. Nach dem Umbau erreicht der König seine Prozeniumsloge durch den Eingang im Sockelgeschoß des Mittelrisalits auf der linken Seite des Theaters und die Hofloge durch ein separiertes, ebenerdiges Entrée in einer Achse der Rücklage. Der Aufstieg auf das Niveau des ersten Ranges erfolgt im Innern des Gebäudes, von außen unsichtbar. Im unbehelligten Zugang zu den Hoflogen drückt sich neben dem Sicherheitsbedürfnis die Privatisierung des Hofes aus[178], der seinen öffentlichen Status erst wieder im Ambiente des Zuschauerraumes erfährt. Zwar ist die Anwesenheit des Hofes während der Vorstellung, nicht aber mehr sein Einzug von der Straße ins Theater von öffentlichem Belang. Da die unbenutzte Freitreppe vor der Hauptfront Repräsentationssymbol des monarchischen Anspruchs weiterhin bleibt, darf sie nicht den Bürgern, welche die Beschränktheit des Entrées im Sockel bitter beklagen, überlassen werden; mehr noch, sogar die Freitreppen vor der Mitte der Langseiten, die Langhans in den ersten Vorentwürfen beibehalten wollte, werden 1843 ersatzlos aufgegeben, um dem Hof die Peinlichkeit zu ersparen, andere Besucher beim Aufstieg über

sich zu dulden.[179] Die Freitreppen des Berliner Opernhauses sind höfische Repräsentationsstiegen und unterscheiden sich darin von der einer differenzierten Regie unterworfenen, demokratisierten Rampe vor Schinkels Schauspielhaus, die als ausschließliche Ausgangstreppe das Publikum aus der „moralischen Anstalt" geläutert in die gesellschaftliche Realität zurückgeleitet.[180]

Trotz der beengten Raumverhältnisse rings um den Zuschauerraum ermöglicht Langhans im ersten Rang eine beispielhafte Verbindung der Hofappartements und der öffentlichen Couloirs mit dem Apollosaal durch zwei gelenkartige, oktogonale Vorplätze seitlich der großen Hofloge. Diese kleinen, „Communications" genannten Zentralräume können theoretisch an vier Seiten geöffnet werden. Bei teilweiser Schließung erlauben sie dem Hof ungestörten Zugang zum eigenen Treppenaufgang links und zu einem „Cabinet" auf der rechten Seite. Wird diese Raumfolge unterbrochen, entsteht eine direkte Verbindung für das Publikum der Ranglogen zum Apollosaal in den Achsen der ehemaligen Ofennischen. Ursprünglich besaß nur der Hof von der Loge einen Zugang zu diesem Festsaal.

In einer verlorenen, undatierten Planvariante[181] hat Langhans die interne Treppenführung systematisch verändert, um das Logenpublikum von den Galeriebesuchern besser abzusondern. Neu ist vor allem der großzügige doppelarmige Aufgang im offenen Portikus des Mittelrisalits am Opernplatz für die Hofgesellschaft im ersten Rang. Die Pilaster sind zu Vollsäulen geworden und die Wandflächen herausgenommen, so daß die Freitreppe hinter den Säulen – wie in Schinkels Museum – im Gegenlauf weiter steigt und nach einem zweiten Wendepodest rechtwinklig in das Innere führt. Im ausgeführten Entwurf verdrängen eine kleine Binnentreppe und ein Seitenfoyer die aufwendig disponierte Anlage.

Der in einen übergiebelten Portikus aufgelöste Mittelrisalit begegnet auch in dem großen Schnürbodenprojekt B II / B III (Abb. 79, 80), dort jedoch an beiden Langseiten und ohne die vorgelagerte Freitreppe. Die Rezeption der palladianischen Rotonda ist in den aufgesockelten Portiken vor den vier Fassaden unverkennbar[182], und Langhans konnte sich bei dieser Interpretation der Knobelsdorffschen Risalite auf B. Veronas Entwurf von 1787 berufen. Das Rotondazitat verändert auch die Beziehung des Opernhauses zu seinem Umraum. Der gewichtige Akzent des Tempelmotivs in der monotonen Reihe der gleichförmigen Fenster und Mezzaninöffnungen bringt eine neue Achse in das Gefüge des Opernplatzes und seines intimeren, gärtnerisch gestalteten Pendants zwischen dem Theater und dem Prinzessinnenpalais. Der vormals allein auf die Linden und das Palais Prinz Heinrich orientierte Kastenbau[183] wird erst jetzt konsequent als isolierter Monumentalbau begriffen, der sich allseitig seine Umgebung unterwirft. Der aus der Geschichte des Gebäudes begründete Denkmalscharakter, den ihm Friedrich Wilhelm IV. jenseits der Utilität zum gleichwohl funktionalen Auftrag bestimmt hatte[184], wird von Langhans formal illustriert und abgesichert. Daß die neuen Portiken nicht betretbar sind, vielmehr von hohen, eisernen Gittern zwischen den Säulen abgeschirmt werden, verschafft dem ganzen Bau, wie auch die schweren, flankierenden Eisenkandelaber, zusätzliche Distanz. Die eigentümliche

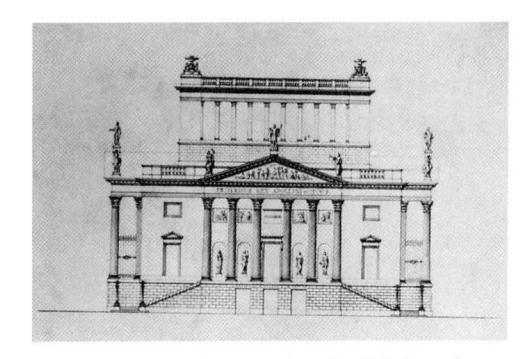

79 Berlin, Entwurf zum Umbau des Kgl. Opernhauses von K.F. Langhans, 1843, Aufriß der Fassade

80 Berlin, Entwurf zum Umbau des Kgl. Opernhauses von K.F. Langhans, 1843, Aufriß der Seite

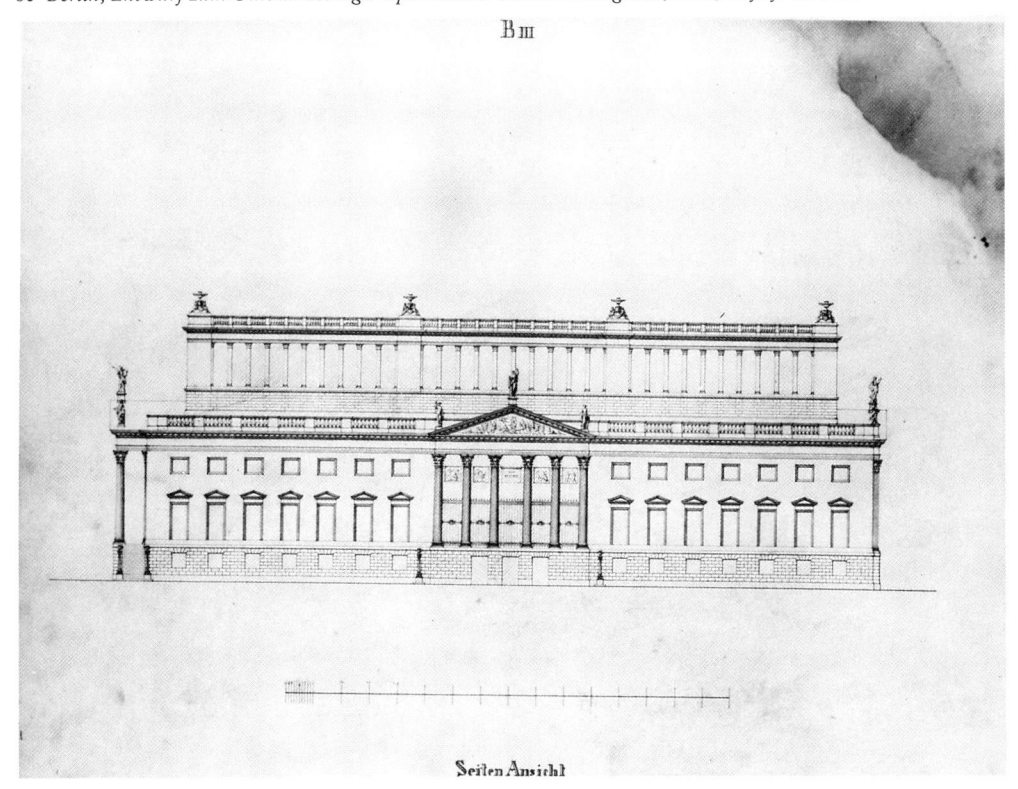

Verbindung des gerichteten Tempelbaus mit dem zentralisierenden Rotondamotiv verweist konkurrierend auf Schinkels Schauspielhaus, das durch differenzierte Gruppierung und Staffelung die gegensätzlichen Ansprüche, die bei Langhans unvermittelt aufeinandertreffen, geschickter harmonisiert. Das vergleichsweise bürgerliche Schauspielhaus gilt es mit den dort vorgegebenen Formmotiven zu übertreffen.[185]

Die Wiederholung des Frontportikus an den Seiten ist für Langhans unbedingte formale Prämisse als Fundament für den gewaltigen, leicht eingezogenen Aufbau über der Attika, der den Knobelsdorffschen Bau zum Sockel der neuen Bühnentechnik und des Malersaals bestimmt. Wenn Langhans auch im Detail dem Unterbau keine Konzessionen macht, gleicht er den Aufsatz wenigstens strukturell an: auf einen rustizierten, durchlaufenden, fensterlosen Sockel, dessen Fußlinie hinter der Attika unsichtbar bleibt, folgt das weitgehend von einer Pfeilerkolonnade aufgelöste Hauptgeschoß und über dem Gebälk eine Balustrade, die das Flachdach verdeckt. Die endlose Kolonnade wird durch wandartig verstärkte Intervalle in drei gleich große Abschnitte rhythmisiert. Die streng vertikale Gliederung der Architektur, die jeden Eindruck von Mauerschwere zu meiden sucht, ist dem Obergeschoß von Schinkels Schauspielhaus entlehnt, woran die massiven Mauerecken und die gußeisernen Schalenfüße auf der Dachbalustrade noch im Detail erinnern.[186] Ungelegen wäre Langhans die Aufstockung des Opernhauses deshalb nicht gewesen, weil sie einen Anlaß geboten hätte, den niedrigen Knobelsdorffbau auf eine angemessene, der benachbarten Kgl. Bibliothek vergleichbare Höhe zu bringen. Dieser städtebauliche Aspekt ist umso höher zu bewerten, als das immense Volumen des Aufsatzes von den geforderten Räumen für den Schnürboden und den Malersaal bei weitem nicht ausgeschöpft wird.

Ähnliches gilt für Klenzes Vorschlag (Abb. 81), „den er übrigens von jedem Schein der Anmaßung entfernt und nur als auf meinen [Küstners] Wunsch verfertigt zu betrachten bittet"[187] und der nur in einem mit Bleistift skizzierten und signierten Deckblatt auf der lithographischen Ansicht von W. Loeillot überliefert ist. Klenzes massiver Aufbau ist weniger hoch als der von Langhans, aber auch nicht eingezogen und behutsamer an den Unterbau angeglichen. Direkt über dem Kranzgesims der alten Umfassungsmauern folgt ein Obergeschoß mit gerade verdachten Fenstern, die in den vorgekröpften Mittelrisaliten von Pilastern gerahmt werden. Darüber sind die Nahlschen Sandsteinfiguren von der vormaligen Attika der Risalite auf das Konsolgesims der Dachtraufe versetzt. Ein gekapptes Walmdach leitet zu der von einer Attika umgebenen, eingezogenen Dachterrasse über, die einen steilen Kontur des Aufbaus vermeiden hilft.

Stüler Entwurf (Abb. 82) sieht einen Schnürbodenaufbau über den rückwärtigen acht Achsen des Bühnenhauses vor. Er läßt den übergiebelten Kubus ebenfalls direkt auf der Knobelsdorffschen Balustrade aufsitzen und gliedert die Wände mit korinthischen, an den Ecken verdoppelten Pilastern zwischen rechteckigen Fenstern im Rhythmus der unteren Geschosse. Stüler versucht in der Frontansicht durch die Wiederholung des Giebels mit den Statuen auf dem Scheitel und den Ecken eine Angleichung an den alten Bestand. Er verzichtet wie schon in seinem älteren Coburger Entwurf auf ein bislang für die Hoftheater unbestrittenes Prinzip, das die sich im Außenbau aufdrängende Wahrnehmung jener Realität, „wie sie dem technischen Apparate zur Hervorbringung des Bildes eigen ist", als „widerwärtige Störung" ausschalten will, weil sie die vorgeblich autonome Scheinwelt der Bühne als mechanisch produzierte entlarvt.[188]

3.2. Der Zuschauerraum.

Im Zuschauerraum (Abb. 83-85) unternimmt Langhans den Versuch, den Schauwert des ausgestellten Hofes gegen die Bühne auszuspielen. Kein anderer Theatersaal des 19. Jahrhunderts in Deutschland ist so stark von der Polarität zwischen Hofloge und Proszenium bestimmt, die hier beide über die sonst üblichen Dimensionen hinausgewachsen sind und zwischen welche die Publikumsränge geradezu eingezwängt erscheinen. Die Saalkurve ist zu diesem Zweck gestreckt und entlang der Achse zusammengezogen worden, so daß sich ein Raum über gestelztem Halboval mit konvergierenden Seitenlinien von 18 × 24 × 15 Metern ergibt. Das ansteigende Parterre ist zweigeteilt; die Parterrelogen im Saal sind aufgegeben. Die vier gegeneinander zurück-

81 Berlin, Ansicht des Kgl. Opernhauses, Lithographie von W. Loeillot mit Aufbauvorschlag von L.v. Klenze auf Klappe, 1843

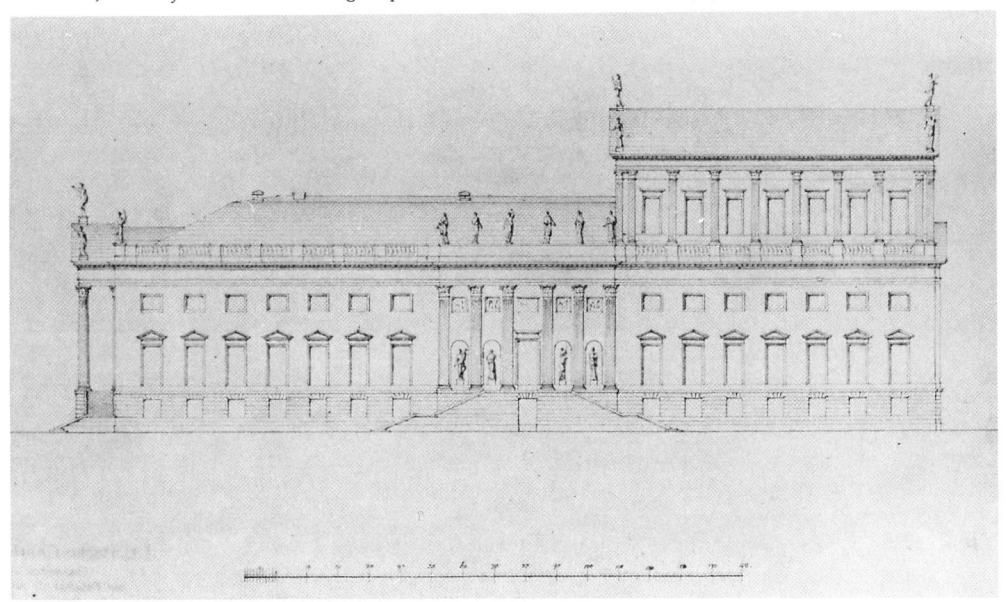

82 Berlin, Entwurf zum Umbau des Kgl. Opernhauses von A. Stüler, 1843, Aufriß der Seite

tretenden Ränge, nach Langhans' eigenem System konstruiert, das er 1810 mit optischen und akustischen Rücksichten zu rechtfertigen suchte, verraten in ihrem hierarchisierenden Aufbau ein Konzept, das die optischen Zweckmäßigkeiten einem anderen Kalkül unterwirft. Die wachsende Distanz von der Saalmitte erhöht zwar nicht die Anteilnahme am Bühnengeschehen – über 300 Plätze bieten fast keine Bühnensicht –, ermöglicht dafür aber, daß die Hofloge noch vom größten Teil der Galerie aus sichtbar bleibt, wie umgekehrt die Hofgesellschaft freien Ausblick auf die zurückgestaffelten oberen Ränge behält. Das Publikum nimmt sich gegenseitig in seiner jeweils unterschiedlichen Position in der Architektur wahr.

„Es ist daher ein Hauptbedürfnis des Theaters, daß sich nämlich der größte Theil des Publicums einander sehe, die vorzüglichste Ergötzung und Unterhaltung in den Zwischenacten."[189]

Daß sich das Publikum im Theater beiläufig und trotzdem anschaulich faßbar als sozial gegliederte Masse erfahre und noch im Blick auf die möglicherweise utopische Gleichheit der Bühnenwelt den eigenen Status nicht einen Augenblick vergesse, garantieren die nach oben zu abnehmenden Schmuckformen der Brüstungen und Stützpfeiler sowie die sorgfältige Abstufung der lichten Ranghöhen. Den höfischen Apollosaal zitieren die durch verschiedene Tragmotive differenzierten, vor den Stützen des „Piano nobile" applizierten Karyatiden. Rokokohafte Kartuschen und Lineament durchdringen sich mit klassizistischen Arabesken in den Brüstungspaneelen. Die drei Logenränge sind im Fond mit Stoffhängen ausgeschlagen. Im ersten Rang ist vor die niedrig abgeteilten Logen ein durchgehender Balkon gezogen. Über der Galerie ruht der Plafond auf einem profilierten Unterzug ohne Stützen. Der Saal ist auf die preußischen Farben rot-weiß abgestimmt; die Architekturteile sind vergoldet.

Fast unverändert übernimmt der jüngere Langhans den ovalen Hoflogensalon aus dem verbrannten Theatersaal seines Vaters. Die zitierte Form verbürgt die äußerliche Kontinuität der angeschlagenen Monarchie und decouvriert gleichzeitig ihre tiefe Krise. Der Hof bedarf zu seiner Inszenierung mit dem „Pathos der Distanz"[190] des ganzen Apparates der hier versammelten Würdeformen wie Zentralraum, kolossale korinthische Dreiviertelsäulen, mit Brokatstoffen verhängte Rundbogenarkaden, figurenbesetzte Nischen, flaches Kuppeldach und schließlich reich gefaltete Draperie, die wie ein momentan hochgezogener Vorhang den Blick auf die königliche Familie freigibt. Eine Nachbildung der preußischen Krone auf dem Vordach der Hofloge scheint den gerafften Stoff zusammenzuhalten und verstärkt den Eindruck einer in den Zuschauerraum installierten Erscheinungsarchitektur, in welcher der Hof wie eine Reliquie ausgesetzt ist, unangreifbar zwar, doch auch unfähig, aus dem halb aufgeschnittenen Zentralraum heraus zu agieren. Die Hofloge wird zur Bühne, auf der die Monarchie zum statischen Bild gerinnt und damit der wirklichen Bühne unterlegen bleibt. Diese fatale Wirkung, demonstriert an einer Form, die 1788 sich noch offensiv der neuen Öffentlichkeit im Theater zu bedienen wußte, bezeugt paradigmatisch, wie untergehende Gesellschaften ihre Vergangenheit legitimationshalber in Krisensituationen zitieren und daß der gewünschte Effekt jäh umschlagen kann, wenn die Diskrepanz zwischen Anspruch und realen Verhältnissen zu groß geworden ist. Die Geschichte des Berliner Opernhauses in der 48er Revolution dokumentiert, daß sich das bürgerliche Publikum von der prunkvollen Inszenierung des Hofes nicht hat täuschen lassen. Im Käfig der triumphal in den Raum greifenden Loge wurde das Königtum zum Gefangenen einer Architektur, mit deren Unterstützung es sein Publikum hatte beherrschen wollen.

Hoftheater ist Langhans' Zuschauerraum nicht nur der Qualität seiner Formen nach, nicht weniger aufschlußreich sind die Quantitäten: in den Kgl. Logen im Fond und im Proszenium finden 158 Personen Platz. Das ist umgerechnet auf eine Gesamtkapazität von 1800 Plätzen ein größerer Prozentsatz als in irgend einem anderen Theater in Deutschland. Der weitaus meiste Teil dieser Hofplätze ist in den Proszeniumslogen untergebracht. Das tiefe, dreiachsige Proszenium ist die kennzeichnende Besonderheit des Langhansschen Opernhauses. Aus der vermittelnden Raumzone, dem Portalbogen zwischen Schauraum und Bühne, wird in Berlin ein eigenwertiger, zur Bühne konisch zugespitzter Trichterraum, der funktional mit dem Zuschauerhaus, formal durch den gesteigerten Dekorationsaufwand und die Bildhaftigkeit mit der Bühne ver-

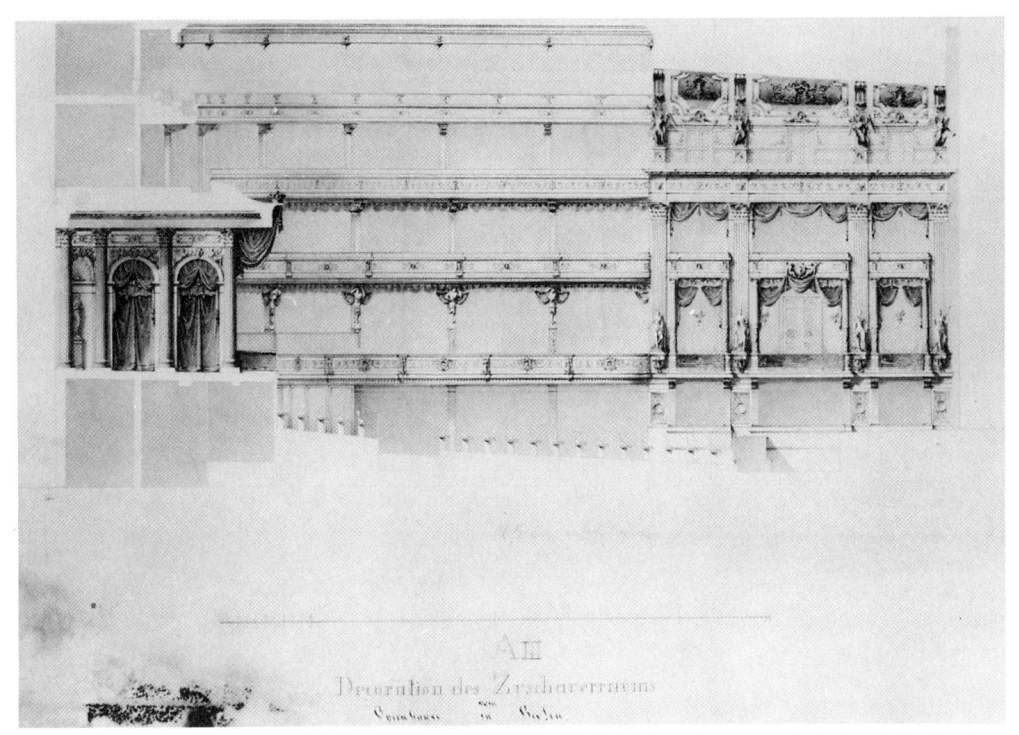

83 Berlin, Entwurf zum Umbau des Kgl. Opernhauses von K.F. Langhans, 1843, Längsschnitt durch den Zuschauerraum
84 Berlin, Kgl. Opernhaus nach dem Wiederaufbau durch K.F. Langhans, 1843/44, Zuschauerraum zur Hofloge

schränkt ist. Das Parterre reicht nur bis in die erste Proszeniumsachse, in der breiteren Mittelachse verläuft der fast ebenerdige Orchestergraben, und die folgende schmale Achse liegt bereits über dem Podium der Vorbühne. Die Verklammerung über beide Nahtstellen hinweg besorgt die korinthische Kolossalordnung vor den Logen und die vom Saal deutlich abgesetzte gemeinsame Decke. Die über niedrigen Parterrelogen aufgesockelten Pilaster rahmen je sechs Logen in den beiden ersten Rängen, von denen die unteren durch eine ädikulaartig vorgekröpfte kleine Ordnung und Brüstungsschabracken als Privatlogen des königlichen Hauses ausgewiesen sind. Die mittlere Achse ist breiter als die flankierenden. Über dem Gebälk in Brüstungshöhe des dritten Ranges leiten lebhaft posierende, geflügelte Genien auf Postamenten, die zwischen sich nochmals drei, nunmehr aber offene Balkonlogen nehmen, zu den Volutenkonsolen der bemalten Deckenvoute über. Die über die gesamte Proszeniumsarchitektur ausgebreitete opulente Dekoration kulminiert in den von Wichmann geschaffenen acht weiblichen Allegorien auf Tugenden und Eigenschaften von Theaterhelden[191], die auf korbartigen Konsolen vor den Pilastern zwischen den Logen des ersten Rangs stehen. Die vollplastischen und stark bewegten Figuren steigern den Bild- und Bühnencharakter des Proszeniums. Sie profitieren von der Lebendigkeit des realen Publikums, das zwischen ihnen Platz nimmt, wie andererseits die in sie und den Architekturrahmen integrierte Hofgesellschaft an der Allegorisierung teilnimmt. Die vor die Pilaster tretende kleine Ordnung, welche die unteren Logen wie kleine Tabernakel rahmt, trägt auch dazu bei, daß die Grenzen zwischen dem Raum der Menschen und dem der Plastik verfließen.

Die derart konstruierte Bildhaftigkeit entzieht das Proszenium und sein privilegiertes Publikum der Sphäre des Zuschauerraumes bzw. verlängert die Bühne über den Vorhang hinaus in den Realraum. Es gibt kein artikuliertes Bühnenportal mehr, das einen genauen Grenzpunkt markierte; das tiefe Proszenium insgesamt ist „large et majestueux encadrement"[192], „der die Bühne wie am Ausgange eines kolossalen Triumphbogens liegend erscheinen läßt"[193], „sanfte Grenzlinie des Würklichen von dem Scheinbaren".[194] Das Neuartige des Langhansschen Theaterraumes wird von der zeitgenössischen Kritik unterschiedlich gewürdigt. In der Zustimmung wird der akzeptierte Repräsentationszweck sichtbar:

„Hier ist ... eine Verschiedenheit der Form von allem bisher Ueblichem versucht worden ... So hat dieses mächtige Portal, Proscenium, oder nenne man es, wie man wolle, einen Charakter der Größe, Pracht und wahrhaften Majestät erhalten, der in hohem Grade imponiert. So gewagt diese Form erscheinen mag, da nirgends ein Muster vorliegt, so glänzend hat sie ihre Berechtigung und Geltung für diesen Zweck dargethan und es wird an Nachahmung nicht fehlen."[195]

Wo aber solches blendende Imponiergehabe durchschaut wird, setzt radikale Kritik ein, die das Theater auf der Bühne gegen das im Zuschauerraum verteidigt und dem Hof das Recht auf Selbstdarstellung in seinem Haus abspricht, um das Publikum besser auf die Bühne zu konzentrieren.

„Die Proscenien bilden den Abschluß des Zuschauerraumes von der Bühne, und wie der Altarraum einer Kirche in seinem Umfang zu den für die Andächtigen bestimmten Schiffen im untergeordneten Verhältnis der Ausdehnung stehen muß, ebenso müssen die Proscenien nicht über den Zuschauerraum dominieren wollen... Bei allem Luxus der Dekoration und Costüme wird es nicht mehr gelingen, einen imposanten Anblick dem Publicum zu bieten. Bedenkt man, daß die Dekorationsmalerei auf Flächen gemalt wenig Vergoldung zuläßt, so wird man zugeben, daß die Concurrenz zwischen dem Dekorationsmaler und dem Dekorateur des Zuschauerraums sehr erschwert ist. Der Luxus eines Crösus auf den Brettern wird nicht vermögen, einen Eindruck auf uns zu machen, wenn wir selbst in Gold eingefaßt sind."[196]

In letzter Konsequenz bedeutet das die eigenräumliche Entwertung des Zuschauerraums und die völlige Subordinierung des Publikums im verdunkelten Saal unter die Idealität der Bühnenwelt, wie Richard Wagner drei Jahrzehnte später fordern wird.

„Dieses Gebäude [Theater] stellt somit in seinem Hauptheile den unendlich komplizirten technischen Apparat zu scenischen Aufführungen von höchster Vollendung dar: der Zugang zu diesem Gebäude enthält dagegen einen, gleichsam nur übermauerten Vorhof, in welchem sich

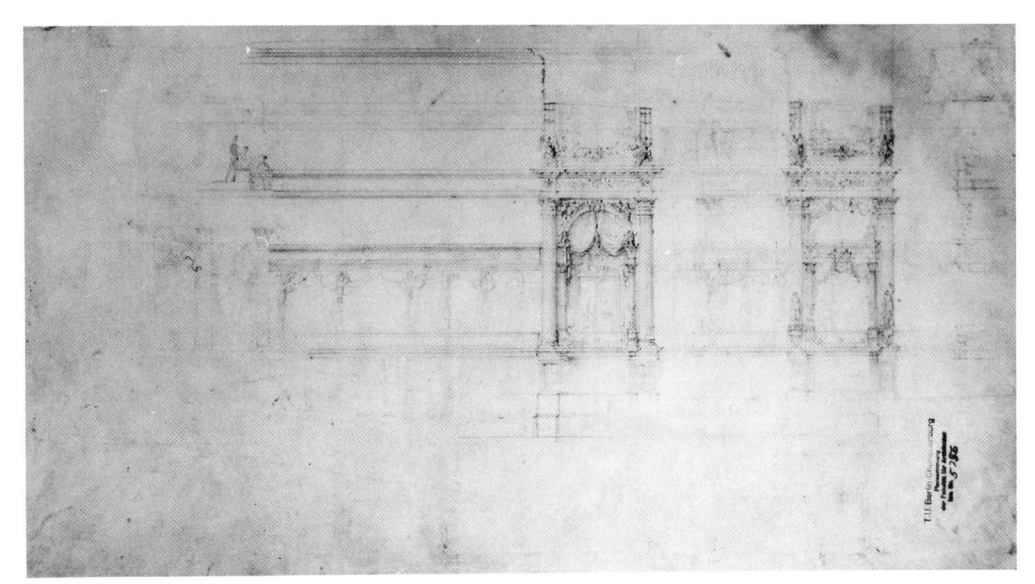

85 Berlin, Entwurf zum Umbau des Kgl. Opernhauses von K.F. Langhans, 1843, Detailskizze mit Variante zu den Proszeniumslogen

Diejenigen zweckmäßig unterbringen wollen, welchen die scenische Aufführung zum Schauspiel werden soll."[197]

Das „Theatron" ist demnach ein Raum, „der für nichts anderes berechnet ist, als darin zu schauen, und zwar dorthin, wohin seine, des Zuschauers Stelle, ihn weist. Zwischen ihm und dem zu erschauenden Bilde befindet sich nichts deutlich Wahrnehmbares, sondern nur eine, zwischen den beiden Proscenien durch architektonische Vermittlung gleichsam im Schweben erhaltene Entfernung, welche das durch sie ihm entrückte Bild in der Unnahbarkeit einer Traumerscheinung zeigt."[198]

Die bürgerliche Kritik an Langhans' Proszenium hat freilich nicht bedenken können, daß hinter den verschwenderischen Schmuckformen keimhaft bereits die den Bildraum in idealische Ferne distanzierende Röhre angelegt war. Das keinesfalls mehr richtungslose, sondern in der Zuspitzung soghaft richtungsbestimmende Ineinandergleiten von Schauraum und Bühne präfiguriert letztlich das allerdings unter anderen Vorzeichen realisierte doppelte Proszenium des Bayreuther Theaters. Wagners hartnäckig verfolgtes Konzept, „das Theater als sozialen Ort aufzuheben und es in einen mystischen zu verwandeln, ... eine uralte Funktion des Theaters zu unterdrücken"[199], reagiert konkret auf die Erfahrung der späten höfischen Theater in Deutschland, wie schon 1817 Schinkels „so abweichende Gedanken von dem, was da war und bestand" sich im „Entwurf zur Veränderung der Scene im Königl. Nationaltheater" zum Bedauern des Grafen Brühl von den unverzichtbaren Erfordernissen des „königlichen Dienstes" freigemacht hatten.[200]

Über das akute Absonderungsbedürfnis der preußischen Hofhaltung hinaus ist Langhans' Berliner Lösung exemplarisch für den Theaterbau des 19. Jahrhunderts geworden.[201] Eine Entwurfsskizze zum Zuschauerraum (Abb. 85) zeigt, daß der Architekt nicht von Anfang an daran gedacht hat, eine größere Anzahl bevorrechtigter Logen zu einer separierten Raumzone zusammenzufassen. Alternativ zu einem einachsigen Proszenium, das der Mittelachse des ausgeführten sehr nahe kommt, variiert er mit der von Vollsäulen flankierten, durch zwei Ränge reichenden Arkadenloge das Proszeniumsmotiv seines Vaters von 1788. Die in Berlin realisierte Dreiergruppe wiederholt Langhans in den Stadttheatern von Stettin und Leipzig und im Entwurf für Riga, wobei die im höfischen Kontext ent-

86 Berlin, Ehem. Kgl. Opernhaus, Zuschauerraum mit Proszeniumslogen vor 1942

wickelte Formel zitathaft verwendet wird.[202]

Das Proszenium bestimmt wesentlich den Gesamteindruck des Schauraumes und bewirkt, daß er optisch in zwei heterogene Bestandteile auseinanderfällt. Die zerbrechende Gesellschaft des Berliner Vormärz spiegelt sich in einem Theaterraum, der die Publikumsklassen nicht mehr unter einer Decke zu versammeln vermag. Zusammen mit den in Berlin akkreditierten Gesandten, die seit je zur höfischen Öffentlichkeit gehören und denen hier die Proszeniumslogen im zweiten Rang angewiesen werden, formiert sich die königliche Familie auf einer Art Vorbühne, um außerhalb der Gesellschaft im Saal deren Zugriff enthoben zu sein. Über die Verunsicherung blendet auch nicht die glänzende Ausstattung hinweg, im Gegenteil: Gips, Steinpappe und andere billige Surrogatstoffe denunzieren den schönen Schein als ephemere Dekoration[203], deren Künstlichkeit Franz Kugler unverhohlen tadelte.[204] In ihrem Rahmen ist für einen Teil jener Öffentlichkeit, für die das Opernhaus im späten 18. Jahrhundert ausgebaut worden war, kein Platz mehr; die fast völlige Eliminierung der Stehplätze ist die letzte Konsequenz aus der reaktionären Verhofung des Berliner Opernhauses, der Langhans die angemessene Form gegeben hat und die sofort nach der Wiedereröffnung des Theaters in der liberalen Presse als solche erkannt worden ist.

„Der Eindruck des neuen Saales ist vornehmer und aristokratischer als sonst, wozu besonders die breiten Prosceniumslogen, die mit besonderem Plafond eine eigene Abtheilung für sich bilden, beitragen. Das Parterre, der eigentliche Standpunkt, in welchem sich die Volksmeinung im Theaterpublicum repräsentirt, ist zusammengeschwunden, und größtentheils durch einen neu geschaffenen Platz, die Tribüne, überbaut, die sich zum Lieblingssitz exclusiver vornehmer Gesellschaft empfiehlt. Das Ganze hat den Anstrich einer fürstlichen und feierlichen Hofhaltung, welche auch an diesem ersten Abend in den glänzendsten Gestalten sich zeigte."[205]

87 Berlin, Entwurf zum Wiederaufbau des Apollosaales von K.F. Langhans 1843, Aufriß der Langseite

3.3. Der Apollosaal.

Für den großen, ursprünglich als Bankett- und Empfangssaal, später auch für Hofkonzerte genutzten zweistöckigen Festsaal vor dem Zuschauerraum hatte Langhans zwei Entwürfe vorgelegt. Der König bestand jedoch auf der Unantastbarkeit der Knobelsdorffschen Raumfassung, die von 22 Pilasterhermen geprägt war. Das Umbauprojekt[206] von Langhans – ein kolorierter, mit effektvoll modellierten Schlagschatten beeindruckender Aufriß der Wand zum Zuschauerraum (Abb. 87) – greift den Rhythmus der breiten Türen- und Nischenintervalle und der kurzen Traveen zwischen enger gestellten Pilastern auf[207] und unterlegt ihn mit einem gegenüber dem Schauraum noch gesteigerten Dekor aus den verschiedensten Materialien.

Langhans ersetzt das ehemalige „Entablement von lauter Satyrhermen" durch michelangeleske Karyatiden in wechselnden Posen auf Pilastern. Ädikulagerahmte Statuennischen sind in den schmalen Wandfeldern zwischen die Sockelboiserie aus Eiche und das von den Pilastern überschnittene Kämpfersims der Lunetten eingespannt. Während die in den Außenachsen und in der Mitte befindlichen Türen – die linke ist wegen des dahinterliegenden Treppenhauses nur eine Attrappe – durch schwere Portieren und Lambrequins charakterisiert werden, sind die vormaligen Ofennischen als Sitzecke gestaltet bzw. durch vom Boden bis zum Kämpferansatz reichende Spiegel in vergoldeten Rahmen zugestellt. Sofas vor den schmalen Traveen und Gaskandelaber seitlich der eingezogenen Rundbogenöffnungen komplettieren das reiche Ensemble. Nach Schnitzwerk und Bildhauerei kommt in den Rechteckfeldern über den Ädikulanischen und in den Lunettenzwickeln zwischen den Karyatiden, die mittels Volutenkonsolen die ausladende Emporenvoute tragen, Freskomalerei mit apollinischen Szenen zu Wort. Mit dem verschnörkelten Brüstungsgitter des Umgangs schließt die hochrepräsentative Raumzone ab. Fries, Kranzgesims und die zur Decke überleitende Hohlkehle sind erheblich zurückhaltender gestaltet.

Trotz der dezidierten Absicht Friedrich Wilhelms IV., den Apollosaal unverändert wiederherzustellen, hat ihm Langhans, ohne daß die näheren Umstände erkennbar wären, in Anlehnung an seinen Entwurf von 1843, doch ohne dessen überschäumende Dekoration, eine klassizistische Fassung geben dürfen, die nur noch in wenigen Punkten an die alte Ausstattung erinnert (Abb. 88). Es darf vermutet werden, daß ein getreuer Wiederaufbau des Rokokosaals schon deshalb nicht mehr in Frage kam, weil der seinerzeit äußerst sparsam stuckierte Raum in seiner Wirkung weit hinter dem neuen prächtigeren Zu-

88 Berlin, Ehem. Kgl. Opernhaus, Apollosaal vor 1942

schauerraum zurückgestanden hätte.

Die vor den Pilasterfüßen verkröpfte Sockelzone zwischen den Türen, den bis zum Boden reichenden Fensternischen und den großen Spiegeln ist mit poliertem Eichenholz verblendet. Die Wandflächen darüber sind mit weißem Stuckmarmor überzogen. Zwischen die Bogenscheitel und die rahmenden Goldleisten an der Unterkante des Voutenansatzes sind Kartuschen eingepaßt, welche die Namen der vier preußischen Könige seit Friedrich dem Großen tragen. Diese dynastische Komponente wird durch die beiden, von Putti gehaltenen Stuckmarmorschilde mit dem Hohenzollernschen und dem burggräflich Nürnbergschen Wappen auf dem durchgezogenen Kämpfersims in den Lunetten der beiden äußeren Türen nach der Seite des Zuschauerraums fortgesetzt.[208] Dazu kommen die Stuckkartuschen in den Ecken der mit mythologischen Szenen bemalten Hohlkehle und die preußischen Kronen in der mit ornamentaler Schablonenmalerei gefaßten, rautenförmig gefelderten Kassettendecke.

Auf diese Weise wird der Apollosaal als zur Sphäre des Hofes gehörig ausgewiesen; und so erhellt sich die Bedeutung der in dem strengen klassizistischen Rahmen fast fremdartig wirkenden Rokokoadaptionen – außer den Kartuschen etwa das verschlungene Gespinst der feinen Stuckvergoldungen der Emporenvoute und das ähnlich strukturierte Gitter aus vergoldetem Zink – als Zitate der höfischen Tradition des Raumes. Als solche wollen auch die Karyatiden nach Modellen von C.F. Tieck verstanden sein, wie denn überhaupt der höfische Emporensaal[209] nur noch als historische Würdeform[210] an den verlorenen Öffentlichkeitsanspruch des Königtums erinnert und ihn in der Architektur festzuhalten sucht. Jedenfalls fehlen irgendwelche Anhaltspunkte dafür, daß nach 1844 den Besuchern der oberen Ränge der Aufenthalt auf der Galerie des Apollosaals – außer bei den seltenen öffentlichen Konzerten – gestattet worden wäre.[211] Die kühle Farbigkeit des Raumes wird über die Vergoldungen hinaus in erster Linie von den azurblauen Draperien in den Lunetten der Fenster und Türen bestimmt. Die Stoffe sind an dieser Stelle notwendig, da die Fenster schon in Höhe des Kämpfersimses mit gerader Verdachung abschließen.[212]

Langhans begnügt sich nicht mit dem von Knobelsdorff überkommenen Emporensaal. Er verdoppelt dessen höfischen Charakter, indem er einen zweiten hochrangigen Raumtypus des barocken Schloßbaus in ihn einarbeitet. Der Apollosaal in der Langhansschen Fassung greift zusätzlich nach Form und Funktion auf das Vorbild der Spiegelgalerie zurück. Er dient vornehmlich der Promenade des Fürsten und der Hofgesellschaft, wie allgemein das Theaterfoyer, zu dem der Berliner Saal erst am Ausgang des 19. Jahrhunderts erklärt wird, seiner Zweckbestimmung nach aus dem höfischen Galerietypus abgeleitet ist.[213] In Berlin überschritt die dort verkehrende Gesellschaft die Grenzen des Adels nicht. Ebenso wie die „Grande Galerie" in Versailles auch als Antichambre für den ranghöchsten Raum des Schlosses, das königliche Schlafzimmer, diente, wo der Hof jeden Morgen die Entrée zum Lever erwartete[214], verhält sich der Apollosaal zur Hofloge. Hier wird im Theater Cour gehalten. Der Apollosaal hinter der Loge ist wie eine Galerie Bestandteil der Paradeappartements, die Verlängerung des Schlosses ins Theater und Erinnerung daran, woher das Theater kam. In ihm, dem zweitgrößten Raum des Opernhauses, manifestiert der preußische Hof im Wortsinn exklusiv den Besitzanspruch an seinem Theater. Hier wird den Bürgern noch erfolgreich vorenthalten, was im Kgl. Schauspielhaus am Gendarmenmarkt praktisch längst durchgesetzt ist, das öffentliche Foyer für alle Besucher.

IV.
DAS GROSSHERZOGLICH BADISCHE HOFTHEATER IN KARLSRUHE VON HEINRICH HÜBSCH (1847-52)

Ein Staatstheater für die konstitutionelle Monarchie

1. Voraussetzungen.

1.1. Der badische Staat und das erste Karlsruher Hoftheater von Friedrich Weinbrenner.

Als Verbündeter der französischen Republik in den Revolutionskriegen seit 1796 und als Rheinbundfürst an der Seite Napoleons bis 1813 nutzte der aufgeklärt absolutistische Markgraf Karl-Friedrich (reg. 1738-1811) unter dem Einfluß seines überlegenen Bevollmächtigten und späteren Ministers von Reitzenstein die Gunst der geopolitischen Lage Badens zwischen dem auseinanderbrechenden Reich und dem nachrevolutionären „Empire" zielstrebig aus. Auf dem Reichsdeputationshauptschluß 1803 und im Frieden von Preßburg 1806 sicherte er sich üppige Entschädigungen für den Verlust linksrheinischer Gebiete und zweimalige Rangerhöhung zum Kurfürsten und Großherzog. Bereichert durch säkularisierte und mediatisierte Territorien, hatte sich das Großherzogtum Baden, „die künstlichste aller napoleonischen Staatschöpfungen", an Umfang und Einwohnerzahl am Ende vervierfacht.[1] Der aus dem Verband des alten Reiches freigesetzte markgräfliche Patrimonialstaat transformierte sich in wenigen Jahren zum konstitutionellen Verfassungsstaat.[2] Um die Wandlung vom räumlich zersplitterten Kleinfürstentum zur zentralen politischen Einheit am Oberrhein auch im Innern zu festigen, waren grundlegende Reformen notwendig. Vor dem Hintergrund vereinheitlichender Maßnahmen in Justiz und Administration, die sämtlich der Integration der Landesteile und Bevölkerungsgruppen in den neuen Staat dienten, ist nicht zuletzt der Entschluß zum Bau eines neuen Theaters am Schloßplatz zu werten.[3]

Das 1807/08 für nur 65 000 fl. hinter dem mittleren alten Orangeriegebäude in Verlängerung der rechten Schloßflanke erbaute Theater von Friedrich Weinbrenner[4] (1766-1826) war das erste der großen öffentlichen Hoftheater, mit denen deutsche Fürsten die an der Seite Frankreichs errungene Konsolidierung und Souveränität ihrer Staaten zum Ausdruck brachten.[5] Diesen späten Reflex höfischer Repräsentation gab Weinbrenners Theater im Bauplatz und in der fehlenden Fassade zu erkennen. Es blieb außerhalb der Stadt der engeren Sphäre der Residenz in Abhängigkeit zugeordnet. Deshalb durfte sich das neue Gebäude auch im Äußeren nicht explizit als Theater aussprechen. Das niedrige, unauffällige barocke Orangeriegebäude wurde als Eingangstrakt an der Schloßgartenpromenade beibehalten und der wesentlich höhere, schmucklose Kastenbau mit Zuschauerhaus und Bühne an der Rückseite angesetzt. Daß der Architekt mit diesem durch höfische Rücksichten erleichterten Fassadenverzicht keineswegs einverstanden war, geht aus seinen Vorentwürfen seit etwa 1806 und aus der Publikation des Theaters (Abb. 89, 90) hervor, in der er den tatsächlichen Zustand des Gebäudes nach eigenen Intentionen korrigierte.[6] Die dort vorgeschlagene, in der Mitte aufgestockte Fassade über rustiziertem Erdgeschoß und mit korinthischem Giebelportikus hätte mit dem gleichen Anspruch wie die Hauptkirche am Markt und das Markgräfliche Palais aufgewartet. Wenn die Fassade 40 Jahre lang aus angeblich finanziellen Erwägungen nicht ausgeführt wurde, so wird daran deutlich, wie entbehrlich sie bei Hofe schien. Weniger sein, sondern das Interesse des Staates war es zunächst, das Theater auch außen attraktiv zu gestalten, um die angesprochene, bunt zusammengewürfelte Gesellschaft des neuen Baden dann im Innern zu formieren und zu integrieren. Indem das Publikum auf einen gemalten Bühnenprospekt mit der leicht idealisierten Perspektive des Karlsruher Marktplatzes orientiert werden sollte, die nur noch verblaßt und winzig im Fluchtpunkt der barocken Stadtachse das Residenzschloß ahnen ließ, behielten die mehrheitlich bürgerlichen

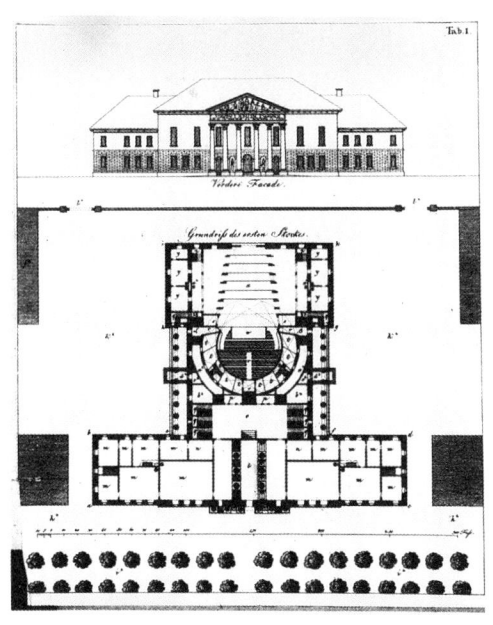

89 Karlsruhe, Hoftheater von F. Weinbrenner, 1807/08, Aufriß der Fassade und Grundriß I. Rang

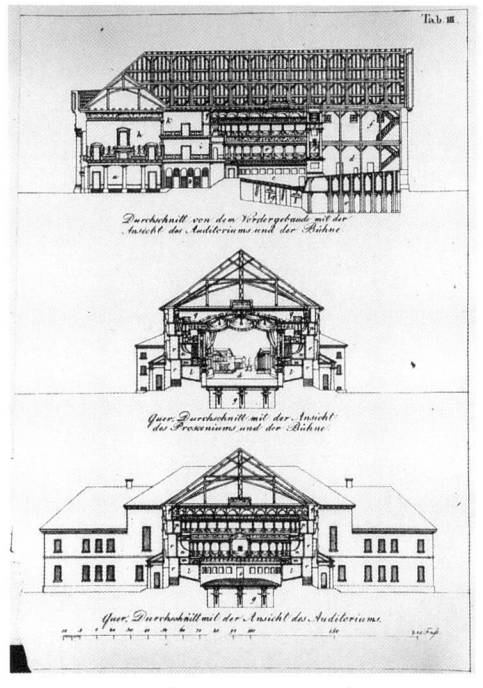

90 Karlsruhe, Hoftheater von F. Weinbrenner, 1807/08, Schnitte

Theaterbesucher selbst im Vorfeld des Fürstensitzes ihren städtischen „Standpunkt", aus dessen Optik der natürliche Magnet des urbanen Organismus empfindlich an Strahlkraft eingebüßt hatte.[7] Weinbrenners Raumprogramm war ganz auf die Bedürfnisse eines öffentlichen Theaters abgestellt. Der Eingangstrakt sollte ein „Caffeehaus" im Erdgeschoß und im oberen Stock den als Foyer benutzbaren Tanz- oder Casinosaal sowie seitlich anstoßend Spiel- und Speisezimmer enthalten. Das Auditorium über einem 3/4 Kreis mit Parterrelogen und drei stark zurückgestaffelten Rängen – die unteren mit offenen Balkonen vor den Logen –, schließlich die Kolonnade auf dem Niveau der Hofloge verraten den Einfluß französischer Theater und „italiänischer" Sitte.[8]

Mit einem Fassungsvermögen von 1 800 Zuschauern gehörte der ausgeführte Rumpfbau zu den größten Theatern seiner Zeit in Deutschland. Weinbrenner hatte es eingedenk der von ihm betriebenen Stadterweiterung sicher bewußt so groß dimensioniert. Die Einwohnerzahl Karlsruhes, nunmehr Hauptstadt eines Mittelstaates, stieg allein zwischen 1803 und 1813 von 4500 auf über 13 000.[9] Das Theater wurde 1810 unter Aufsicht einer Hofintendanz von der Hofverwaltung übernommen und firmierte seitdem als Großherzoglich Badisches Hoftheater.[10]

1.2. Das Theater zwischen Hof und Staat 1815 -1847.

Nach dem Wiener Kongreß, der 1815 die Verhältnisse der deutschen Staaten restaurativ fortschrieb, konzedierte Großherzog Karl 1818 eine Verfassung, die liberalste der drei süddeutschen Konstitutionen. Baden wurde konstitutionelle Monarchie mit vollem Budget- und Steuerbewilligungsrecht der Stände. Die zweite Kammer war von Anfang an als reine Volkskammer aus gewählten Abgeordneten konzipiert. Scharfe Opposition des liberalen Landtags gegen reaktionäre Regierungen unter Großherzog Ludwig stabilisierte trotz mehrfacher Landtagsauflösung den eingeschlagenen verfassungsmäßigen Weg und verankerte ein badisches Selbstbewußtsein im Bürgertum. Parallel dazu zog sich der politisch weitgehend entmachtete Großherzog in den privat gewordenen Bereich des Hofes zurück, den er noch unumschränkt kontrollierte. Für die Hofbühne bedeutete das über lange Zeit den Sieg des höfischen Theaters. Trotz rascher Folge von neun Kavaliersintendanzen erlebte das Theater in der Restauration eine 15-jährige Glanzzeit und wurde Mittelpunkt des gesellschaftlichen Lebens, das vorwiegend von den mediatisierten Familien und dem Beamtenadel getragen wurde. Weite Kreise des gehobenen Bürgertums partizipierten an diesem Lebensstil, mit dem sie die beanspruchte, doch noch nicht voll durchsetzbare politische Gleichberechtigung kompensierten.[11]

Der Versuch von seiten der alten Mächte, die aufsteigende Bourgeoisie durch Integration in das soziokulturelle Normensystem der adeligen Gesellschaft zu domestizieren, scheiterte in dem Maße, wie die liberaldemokratische zweite Kammer unter Großherzog Leopold (reg. 1830-52) im Vormärz zum dominierenden politischen Faktor des Landes wurde und die feudalabsolutistische Gesellschaft selbst verstärkt bürgerlichen Denk- und Verhaltensweisen erlag. Die Agitation der Demokraten bewirkte wirtschaftspolitisch den Beitritt zum Zollverein und den Eisenbahnbau und führte kulturpolitisch zur Gründung der Polytechnischen Hochschule nach dem Vorbild der Pariser École Polytechnique und zum Bau der Kunsthalle (1836/45), bei der das betont „badisch-vaterländische" Programm der Ausstattung jedoch durch Schwinds Treppenhausfresko im Sinne des Großherzogs konservativ-dynastisch korrigiert wurde.[12] So ist es nicht verwunderlich, daß auch der Theaterbau in der badischen Öffentlichkeit breite Resonanz fand, nachdem Weinbrenners großenteils aus Holz und verputztem Fachwerk bestehendes Gebäude, dessen Saal noch 1826 von dem auf Theatereinrichtungen spezialisierten Innenarchitekten B. Schlick aus Paris neu ausgestaltet worden war[13], am 28.2.1847 einer Brandkatastrophe zum Opfer fiel, bei der 62 Besucher ums Lebens kamen.[14]

2. Die Planungsgeschichte.

2.1. Die Diskussion um den Neubau.

Wenige Tage nach der Zerstörung des Theaters beantragt der Hofmusik- und Theaterintendant von Auffenberg, wegen der laufenden Kosten des Theaterbetriebs die Errichtung eines Nottheaters zu erwägen. Am 6.4.1847 erklärt sich der Großherzog auf Vorschlag der Hofdomänendirektion mit dem Einbau eines Interimstheaters in das große Orangeriegebäude des Botanischen Gartens einverstanden, besteht aber auf Finanzierung durch den Domänengrundstocksfonds der Generalstaatskasse.[15] Noch am gleichen Tag bittet von Auffenberg, den baldigen Neubau zu beschließen.[16]

Auf den lebhaften Widerhall, den die Forderung nach dem Theaterneubau in der Presse findet, bezieht sich Karl A. Heideloff in einem Brief an den Großherzog, worin er den Wunsch äußert, „Eurer Königlichen Hoheit zu diesem Neubau Modelle vorlegen zu dürfen".[17] Der Monarch läßt Heideloff antworten, nach definitivem Beschluß über den Bauplatz werde ihm ein Situationsplan übersandt und das angesprochene Modell erbeten, „von dem Ich mir Ausgezeichnetes verspreche".[18]

Daraus ist zu entnehmen, daß bei Hofe noch keine konkreten Vorstellungen, insbesondere nicht bezüglich des Architekten existieren. Umso auffälliger erscheint es, wie vehement sich bürgerliche Kreise des Theaters annehmen und den zurückhaltenden, persönlich wenig engagierten Großherzog Leopold unter Zugzwang setzen. Selbst die Beamten der engeren Hofbehörden machen sich eine Argumentation zu eigen, die dem höfischen Charakter des Instituts keine Rechnung mehr trägt. Der Hofmusik- und Theaterintendant schreibt im April 1847 an den Fürsten:

„Da das hiesige Hoftheater zur Ausstattung des Großherzoglichen Hofes und zum geistigen und materiellen Nutzen der Stadt Karlsruhe die ihm gewidmeten Kräfte zu verwenden bestimmt ist, und in seiner Eigenschaft als größeres Kunstinstitut auch in genereller Beziehung zum badischen Vaterlande steht, so zweifeln wir keineswegs daran, daß die Interessen des Hofes und des Staates vereint sich für dessen Neubau aussprechen werden."[19]

Das Interesse des Hofes wird im weiteren als ein nurmehr finanzielles definiert. Weil das Interimstheater wegen geringerer Platzzahl bei gleichbleibenden Personalkosten beträchtliche finanzielle Ausfälle verursacht, kann nur durch einen möglichst bald zu errichtenden Neubau die Zivilliste entlastet werden.[20]

Weitaus radikaler und geradezu dem Begriff eines Hoftheaters entgegengesetzt sind die Vorstellungen, die 1847 in der badischen und deutschen Presse sowie in den Fachzeitschriften der Architekten artikuliert werden. Zwei Fragenkomplexe stehen im Vordergrund: in welchem Stil soll das neue Theater erbaut werden und wozu soll es dienen? Von ihm wird ein Signal erwartet, welches das technisch immer noch vorbildliche Münchner Nationaltheater seines „gemeinen Stils" wegen nicht mehr geben kann.[21]

Der neue Theaterbau soll ein „deutsches Monument", ein „vaterländisches deutsches Mustertheater" werden.[22] Bezog sich das Beiwort „vaterländisch" in der Argumentation des Intendanten von Auffenberg sowie wenige Jahre zuvor in der Debatte um die Kunsthalle noch eindeutig auf den badischen Staat, wird es jetzt auf die deutsche Nation gemünzt. Die dem Bürgertum vorsichtig konzedierten wirtschaftspolitischen Einigungstendenzen haben nationale Ansprüche im kulturellen Bereich geweckt, die der landesherrlichen Souveränität schnell gefährlich werden. Der Weg zu einer nationalen Architektur, so heißt es, sei nur durch den „ungehemmten Concurs der Kräfte" zu erreichen.

„So sei es denn erlaubt, bei der berührten Frage des neuen Karlsruher Theaters den Wunsch auszusprechen, daß hierfür von der Regierung ein *allgemeiner Concurs unter den deutschen Architecten* eröffnet werden möchte, und zwar mit der leitenden Bestimmung, daß eine Durchführung der eingehenden Projekte im Geiste deutscher Baukunst gewünscht werde!"[23]

Es ist zwar kein Einzelfall, wenn im Vormärz die Anwendung des liberalistischen Prinzips der freien Konkurrenz auf den Bereich des öffentlichen Bauwesens gefordert wird[24], singulär jedoch ist, daß diesem bürgerlichen Verlangen noch vor der Revolution von 1848 durch einen fürstlichen Bauherrn offensichtlich entsprochen werden sollte, wie aus einem Artikel der Augsburger Allgemeinen Zeitung vom 22.4.1847 hervorgeht. Demnach hat man mit allgemeiner Befriedigung vernommen, „daß Se.k. Hoheit beschlossen hat, zum Behufe des neuen Baues eine Preisaufgabe für alle deutschen Baukünstler ausschreiben zu lassen".[25]

Zuvor hatte die badische Regierung den belgischen Architekten J.P. Cluysenaar zu einem Gutachten über den künftigen Theaterbau aufgefordert.[26] Bei dem bemerkenswerten Vorsatz einer Konkurrenz, welcher dem Münchner, von Max II. Joseph ausgeschriebenen Wettbewerb im Bemühen um eine „nationale Neugestaltung der Architektur" immerhin drei Jahre vorausgeht[27], ist es geblieben. Wahrscheinlich ist der Großherzog in seiner anfänglichen Haltung dadurch verunsichert worden, daß die Pressekampagne für ein Karlsruher Theater im „freien deutschen Style" von starken demokratischen und nationalpolitischen Akzenten begleitet war, die dem legitimistischen Fürsten des Deutschen Bundes verdächtig sein mußten, zumal er noch 1846 den Landtag hatte auflösen lassen, weil sich der zu sehr in alldeutsche Forderungen „verirrt" habe.[28]

Zwecks eines baldigen Erlasses über den Wiederaufbau des Theaters, „namentlich auch damit der hiesigen Stadt die so wichtige Nahrungsquelle, die ihr durch das Theater eröffnet war, nicht lange vorenthalten bleibt"[29], äußert sich das Finanzministerium am 6.5.1847 zur Finanzierung nach der geltenden Gesetzeslage. Das Theater wird zur Hofausstattung gerechnet, da es zu den im Schloßbezirk gelegenen Gebäuden gehört. Daraus ergibt sich die Zuständigkeit des Zivillistengesetzes von 1831, demzufolge die Unterhaltungskosten des Theaters dem Hof obliegen, während das Gebäude, wenn es durch Zufall oder höhere Gewalt zugrundegegangen ist, vom Staat als Garanten der Zivilliste aus dem Grundstock des Domänenvermögens ersetzt werden muß. Das Finanzministerium hält auf Grund dieser Rechtsverbindlichkeit ein besonderes Gesetz durch die Stände wie beim Bau der Kunsthalle nicht für erforderlich.[30] Auf dieses Gutachten hin ergeht am 14. Mai eine „höchste Staats-Ministerial-Entschließung", durch die der Großherzog den Baudirektor Heinrich Hübsch[31] mit der Erstellung des Nottheaters und der Leitung des künftigen Neubaus beauftragt.[32] An die Stelle der in Aussicht gerückten Preisaufgabe für alle deutschen Architekten ist eine Verfügung getreten, die den beauftragten Hofarchitekten dem Instanzenweg der Bürokratie unterwirft.

147

2.2. Die Standortfrage in der Auseinandersetzung von Hof und Stadt.

Nachdem der Großherzog eingedenk des Brandunglücks und mit Rücksicht auf die benachbarte Residenz „sich auf das bestimmteste dahin erklärt hat, daß das neu zu erbauende Hoftheater nicht wieder auf den bisherigen Platz zu stehen komme"[33], und der Hof von sich aus auf die Benennung eines alternativen Bauplatzes verzichtet, nimmt sich die Karlsruher Bürgerschaft der Standortfrage an. Der Große Bürgerausschuß, der in seiner Sitzung vom 5.7.1847 die Pläne zu drei projektierten Stadterweiterungen im Süden nach dem Eisenlohrschen Bahnhof zu verabschiedet, fordert in diesem Zusammenhang die Errichtung des Theaters im Erbprinzengarten an der Kriegsstraße, um so dem Bedürfnis nach einer allseits freien und günstigen Lage im Stadtgefüge nachzukommen.

„Und zu der möglichen Vermeidung aller Nachtheile würde sich noch der große Vortheil gesellen, daß das neue Theater in Verbindung mit dem Stadtbauplane dazu beitragen müßte, dieser so seltsam [!] entstandenen und durch ihre unnatürliche Gestalt [!] so vielfach verkümmerten Stadt endlich einmal ein Herz mit Hauptschlagadern für ihre nach Leben ringenden Verkehrsströmungen zu schaffen."[34]

Aus diesen Worten spricht Fremdheit und Kritik an der auf das Schloß des Landesherrn zentrierten absolutistischen Stadtanlage von 1715, deren Eigentümlichkeit nur noch als seltsam, unnatürlich und verkümmert wahrgenommen wird. Nichts drückt die verlorene Autorität des Fürsten in der Residenzstadt des Vormärz deutlicher aus als die Privatisierung und damit Egalisierung seines Wohn- und Lebensbereichs. An der obsolet gewordenen fürstlichen Idealstadt entzündet sich der Widerspruch zwischen der tradierten Organisationsform des monarchischen Staates und der auf günstige Verkehrsbedingungen zwecks schnellerer Warenzirkulation angewiesenen kapitalistischen Wirtschaftsform der Untertanen. Obwohl das Theater in Karlsruhe formell noch zur Ausstattung des Hofes gehört, wird es de facto nicht mehr zur Sphäre des Fürsten gehörend betrachtet. Der vom Bürgerausschuß verlangte Bauplatz im künftigen Zentrum des gewerblichen Karlsruhe formuliert an das Theater den Anspruch einer öffentlichen Einrichtung, die der Repräsentanz der Stadt ebenso dient, wie sie die ökonomische und soziale Infrastruktur des umgebenden Viertels verbessern soll. Der Hof reagiert auf den Vorschlag des städtischen Gremiums nicht.[35]

2.3. Der erste Entwurf von Heinrich Hübsch (1847).

Im Juni 1847 wird Hübschs Entwurf für ein Nottheater im großen Orangeriegebäude des Botanischen Gartens zu 25 000 fl. genehmigt.[36] Nachdem der Baudirektor die „höchsten Orts gewünschte Beaugenscheinigung" der beiden Theater des Weinbrennerschülers G. Moller in Darmstadt und Mainz[37] und des Frankfurter Theaters von J.A. Liebhardt[38] vorgenommen hat, legt er am 23.7.1847 einen Neubauentwurf in sechs Rissen nebst Erklärungen und Kostenüberschlag vor.[39] Der Kommentar konzentriert sich auf die Feuersicherheit des Baus. Das Theater soll an allen Seiten frei stehen, Treppenschächte und Gänge sollen durchgehend gewölbt werden; die Konstruktion des Zuschauerhauses – Säulen, Architrave und Deckenrippen – ist in Eisen projektiert, ebenso der Dachstuhl und die Saaldecke mit Eisenblech belegt zu denken. Für das Bühnenportal plant Hübsch eine Art eisernen Vorhang aus zwei mit Draperien bemalten Torflügeln.[40] Durch Höherlegen des Saalbodens könnten Bühne und Auditorium wie im alten Weinbrennertheater zu einem Festsaal vereinigt werden. Die Anlage der Hofloge sowie der Großherzoglichen und Markgräflichen Privatloge im Proszenium mit Vorzimmern und eigener Treppe entspricht den persönlichen Wünschen des Bauherrn.[41]

Dieser Entwurf wird von den Vertretern der betroffenen Hofbehörden in einer eigens dazu einberufenen Konferenz bis auf geringfügige Änderungen gebilligt. Um zwei Fassadenrisse und zwei Schnitte komplettiert, wird das Projekt im Februar 1848 dem Finanzministerium mit dem Bemerken unterbreitet, die äußere Anordnung der Nebengebäude bleibe von dem zu bestimmenden Bauplatz abhängig, worüber die höchste Verfügung noch ausstehe.

Der Kostenvoranschlag geht von 465 000 fl. aus, wovon 371 000 fl. auf reine Baukosten entfallen, der Rest auf innere Einrichtung, Maschinerie und Dekoration. Nach Abzug der Brandversicherung habe der Domänengrundstock 437 000 fl. aufzubringen. Bei Verzicht auf die Nebenbauten mit Magazinen und Malersaal ließe sich der Betrag auf 400 000 fl. reduzieren.[42] Die hohen Kosten erklärt Hübsch mit den feuersicheren Gewölben und Eisenkonstruktionen und verweist relativierend auf die wesentlich höheren Summen für die Hoftheater in Darmstadt (600 000 fl.), Dresden (900 000 fl.) und das noch im Bau befindliche in Hannover (1 080 000 fl.).[43] Der Finanzminister legt Plan und Überschlag umgehend zur „Allerhöchsten Beurtheilung" vor und bittet um Ermächtigung, die nötigen Gelder in das Domänengrundstocksbudget aufzunehmen.[44]

Der bis dahin vor allem von der Intendanz und Beamtenschaft mit Eifer betriebene Neubau kommt in dem Augenblick ins Stocken, als die letzte Entscheidung beim Landesherrn liegt. Im Vorfeld der revolutionären Ereignisse von 1848/49[45] versagt der zögernde Großherzog Leopold dem Neubau eine schnelle Genehmigung und bescheidet sich stattdessen mit dem inzwischen eröffneten Nottheater sowie mit der Wiederherstellung des Orangeriebaus vor dem abgebrannten Theater, für den er 10 000 fl. aus der Hofkasse vorschießt. Die Dringlichkeit dieser Maßnahme wird mit der Nähe des Schlosses begründet.[46]

2.4. Die Theaterfrage während der badischen Revolution.

Die im März 1848 umgebildete liberale Regierung vermag trotz versprochener Konzessionen die revolutionären Erhebungen nicht zu dämpfen. Die wachsenden wirtschaftlichen Schwierigkeiten nach den niedergeschlagenen Aufständen in Konstanz, Offenburg und Lörrach, wo die Republik ausgerufen, der Großherzog „Leopold Baden" tituliert und die gemäßigten Frankfurter Abgeordneten als „Reichsbajazzos" verhöhnt worden waren[47], bewegen die Karlsruher Einwohnerschaft im Januar 1849, in einer Petition an den Monarchen den alsbaldigen Wiederaufbau des Theaters am alten Ort zu empfehlen, da die benutzbaren Fundamente sicherlich zur Kostenersparnis beitrügen. Das Anliegen wird mit wirtschaftlichen Interessen motiviert, „um durch einen großen öffentlichen Bau der dringendsten Not unter den Gewerbetreibenden abzuhelfen".[48] Gleichzeitig wird der Theaterbau mit den politischen Zielen der Bürger verknüpft und zum Zeichen einer neuen Ordnung stilisiert:

„Es erhebe sich als ein freundliches Vorzeichen einer nahenden schönen Zeit und wachse freudig mit dem Bau der Einheit und Größe unseres deutschen Vaterlandes."[49]

Die Petition schließt mit einer Eloge auf den Großherzog, der als Vorbild aller deutschen Fürsten gepriesen wird, was angesichts der im Lande äußerst unpopulären Dynastie mehr als fordernder Appell und kaum als Freundlichkeit zu verstehen ist, berichtet doch der um die badische Zukunft besorgte bayerische Gesandte aus Karlsruhe: „... was absolut fehlt und was man vergebens sucht, das ist eine herzliche Zuneigung für die regierende Familie".[50]

Hübsch meldet noch im Februar, daß sich die Kosten für einen Neubau auf dem alten Platz auf 185 000 fl. ermäßigen würden, sofern vorerst die Errichtung des Eingangstraktes mit Vorhallen, Foyer und Magazinanbauten unterbleibe. Der Großherzog antwortet den Bürgern, der Theaterbau sei nur durch die „Ungunst der eingetretenen Verhältnisse" bislang unterblieben. Ohne diese Vorkommnisse, d.h. bei Wohlverhalten, hätte er von den Ständen eine Summe aus dem Grundstocksvermögen verlangt.[51]

Während die restaurative Entwicklung in den deutschen Königreichen, vor allem in Preußen, neue revolutionäre Aktionen in Sachsen und in der Pfalz provoziert, setzen die Liberalen in Baden die Anerkennung der Frankfurter Reichsverfassung durch. Das beschwichtigende Entgegenkommen der Regierung beruht auf ihrer Schwäche und der des unfähigen, unentschlossenen Großherzogs, nicht auf konsequenter Parteinahme für das Frankfurter Parlament.[52] Die Unsicherheit der wenig beliebten Dynastie, die ihre Mediatisierung befürchten muß, wenn sie die Krise des Regimes nicht aus eigener Anstrengung meistert, wird immer offensichtlicher und trägt zur Isolierung der badischen Regierung unter den Mächten des Deutschen Bundes bei. Ihr wird zum Verhängnis, daß sie die Opposition nur auf der Ebene des Parlaments bekämpfte, nicht aber die zunehmend liberale Rekrutierung der eigentlich entscheidungsrelevanten Administration zu verhindern vermochte. „Der Schwerpunkt des politischen Lebens lag aber nicht im

Parlament, sondern in der Bürokratie".⁵³ Sie bestimmt den Staat nachhaltiger als Fürst und Regierung, von deren Autoritätsverfall sie nicht mehr betroffen wird, seitdem aus privatrechtlich angestellten Fürstendienern eine juristisch und ökonomisch abgesicherte Beamtenschaft geworden ist, die ihr Amt als öffentlich-rechtliche Staatsangelegenheit versteht.

Angesichts bedrohlicher ökonomischer Stagnation wendet sich eine von der Einwohnerschaft erwählte „Kommission zur Beratung der Theaterbaufragen" neuerlich an das Staatsministerium. Das Theater wird als „nothwendiges Mittel zur Hebung unseres tiefgesunkenen Gewerbelebens" bezeichnet, von dem sich die Stadt wirtschaftliche Belebung verspreche.⁵⁴ Um diesen allgemeinen Wunsch zu erfüllen, bieten „wohlhabende Einwohner" das erforderliche Baukapital – ca. 200 000 fl. – auf Darlehensbasis, „insofern der Staat die Garantie für die dereinstige Heimzahlung des Capitals und der Zinsen auf den Grundstock übernehme". Die Unterzeichner bitten das Staatsministerium, eine betreffende Vorlage an die Stände zu bringen.⁵⁵ Gegenüber der ersten Petition ist das revolutionäre Pathos verschwunden, das wirtschaftliche Interesse der Bittsteller tritt unverschleiert zutage. Ein Gutachten des Finanzministeriums empfiehlt die Ablehnung des Gesuchs, „sowohl weil es anstößig ist, in der jetzigen Noth eine Anforderung an den Staat für einen Theaterbau zu machen, und bedenklich, dieses Zweckes wegen der anschwellenden Staatsschulden noch zu vermehren, als weil es eine schwer zu verantwortende Unvorsichtigkeit verrathen würde, in der Hoffnung baldiger Besserung der bedrängten Zeitumstände Verbindlichkeiten ... einzuräumen".⁵⁶ Außerdem würden 200 000 fl. kaum für ein „anständiges Theater" ausreichen. Hier manifestiert sich ein Kurswechsel der Regierungsbeamten, die bisher das Projekt als treibende Kraft unterstützt hatten. Ihr Ziel war es, das Hoftheater für die Zwecke der staatlichen Integrations- und Bildungspolitik zu funktionalisieren. Das Scheitern dieser Politik in der Revolution von 1848/49 begründet das Nachlassen ihres Engagements für den Theaterbau.

Das moderate Residenzbürgertum behält zwar in Karlsruhe 1849 lange die Oberhand, doch kann es sich dem Sog des Umsturzes nicht mehr entziehen, nachdem die Rastatter Meuterei vom 11. Mai auf die Karlsruher Garnison übergegriffen hat und fast das ganze badische Militär den Aufstand aktiv unterstützt. Nach der Flucht des großherzoglichen Hofes und der Regierung übergibt der Gemeinderat am 14. Mai die Stadt dem revolutionären Landesausschuß, der de facto die Republik installiert, ohne sie offen zu proklamieren. Das ermöglicht der Administration, nahezu geschlossen für die neue Zentralgewalt tätig zu werden.⁵⁷ Das Hoftheater ist am Abend zuvor geschlossen worden und wird am 18. Mai, dem Tag, an dem die alte Regierung offiziell für abgesetzt erklärt und die rebellierenden Bataillone feierlich auf die Reichsverfassung vereidigt werden, mit Rossinis programmatischer Wilhelm-Tell-Oper wieder eröffnet und für die neue Ordnung vereinnahmt.⁵⁸ Die Forderung der Revolutionäre, „die politischen Feste im Theater als in der wahren Volkskirche zu feiern", ist kurzfristig erfüllt.⁵⁹

Die Kontroversen zwischen gemäßigten Liberalen und radikalen Demokraten haben nicht unwesentlich zum schnellen Zusammenbruch der badischen Erhebung beigetragen, zumal die Mehrheit der Aufständischen nicht bereit war, die Basis des Staates zu zerstören. Nach dem Einmarsch der preußischen Truppen mit dem „Kartätschenprinzen" Wilhelm und der Besetzung Karlsruhes am 25. Juni emigrieren 80 000 badische Demokraten nach Nordamerika, um den blutigen Standgerichten zu entgehen. Das Land muß die Armee auflösen, preußisches Besatzungsrecht hinnehmen und 1,5 Millionen Taler Kostenersatz für die Militärintervention der Hohenzollern zahlen. Die Karlsruher Politik wird für Jahre völlig von Preußen abhängig.⁶⁰ Die von den Interventen als der „eigentliche Herd der Revolution" bezeichnete Beamtenschaft wird auf ihre Treue zum großherzoglichen Regime überprüft und von kompromittierten Demokraten und Liberalen gesäubert.⁶¹ Die Standgerichtsjustiz führt zu einer Welle von Todesurteilen, welche die in der Bevölkerung herrschende Empörung und Verbitterung auf Jahre hinaus vertiefen. Der preußische Geschäftsträger von Arnim, der die reaktionäre Berliner Politik in Baden exekutieren hilft, resumiert zynisch, „daß für die nächste Zukunft dieses Land nur mit eiserner Strenge und ein gewisser Teil des Volkes nur mit dem Stock regiert werden könne", und sein König Friedrich Wilhelm IV. wünscht anmaßend, „daß

Baden eine Mustermeierei in Deutschland werde".⁶² Der Kriegszustand wird erst im September 1852 aufgehoben.

In dieser Situation überreicht Baudirektor Hübsch am 26.10.1849 dem Großherzog in zwei Varianten ("II" und "III") einen reduzierten Entwurf für ein Theater auf dem alten Bauplatz, das bei teilweiser Benutzung der alten Fundamente und bei Verwendung des alten Vorbaus am Schloßplatz für Malersaal, Garderobe und Magazine für 223 000 fl. zu erstellen wäre.⁶³ Die Alternative betrifft die Nebenbauten, die Anordnung des Vestibüls und der Haupttreppen sowie die Gestaltung der Fassade.⁶⁴

Vom 9.2.1850 datiert eine neue Petition des Karlsruher Gemeinderats an die nachrevolutionäre Regierung. Die Bittschrift bemüht eifrig die vom Großherzog der Stadt attestierte, „in Anbetracht ihrer vielen Erlittenheiten in den letzten Jahren stets bewiesene loyale und gesetzliche Haltung in den abgewichenen stürmischen Zeiten". Der Gemeinderat offeriert einen verlorenen städtischen Zuschuß von 40 000 fl. zum Theaterbau gegen eine zehnjährige Verzinsung durch die Staatskasse, um der „herrschenden und noch größer werdenden Noth hiesiger Stadt abzuhelfen, und zwar ehe es zu spät wird".⁶⁵ Trotz des bedrohlichen Fingerzeigs, der weitere revolutionäre Akte nicht grundsätzlich ausschließt, bleibt das Gesuch ohne Echo. Die Diskussion verlagert sich auf eine offizielle Ebene, als auf der ersten Ständeberatung nach der Revolution Karlsruher Deputierte den Neubau verlangen. Die Regierung erwidert ablehnend, „daß die Herstellung des Hoftheaters unter den jetzigen Verhältnissen nicht alsbald geschehen kann und daß dies von dem Hof gewiß nicht einmal gewünscht wird".⁶⁶

Eine daraufhin von über 1000 Bürgern unterschriebene „unterthänigst wiederholte Bitte der hiesigen Einwohnerschaft" formuliert exemplarisch die unterschiedlichen Ansprüche, die an das Theater gemacht werden. Der Großherzog möge den Neubau beschließen, weil das jetzige Theater „in kümmerlichen Räumen weder dem Glanz des Hofes noch dem Bildungsstande des Staates noch den Interessen der Residenz entsprechen kann".⁶⁷ Fürstliche Repräsentation, das Bildungsideal des liberalen Staates und die wirtschaftlichen Belange der Gewerbetreibenden stehen gleichberechtigt nebeneinander. Die Bürger haben ihren Burgfrieden mit dem monarchischen Regime geschlossen; sie artikulieren keine inhaltlichen Positionen zum Theater mehr. Es wird in seiner Zugehörigkeit zum Hof nicht mehr bestritten. Der Großherzog soll durch eine Wiederaufbauvorlage an den Landtag verhindern, „daß die Nahrungs- und Erwerbsverhältnisse einer Residenz ... durch den Untergang einer Anstalt verkümmern, auf deren Existenz jene Verhältnisse mit begründet waren".⁶⁸ Auf dem unverminderten Luxusbedarf des Hofes beruht noch immer das Auskommen des Wirtschaftsbürgertums. Diesem Tenor schließt sich die Petition des Karlsruher Gewerbevereins vom 13.9.1850 an. Der als „Rettungsanker für den gesamten Bürger- und Gewerbestand" geschilderte Neubau soll Arbeit bringen und Fremde in die Stadt ziehen. Die Bittsteller zeihen sich sogar der „geringen Pflichterfüllung" während der Revolutionsjahre, um den Fürsten für ihre Wünsche gewogen zu stimmen.⁶⁹

2.5. Die Durchsetzung des Theaterbaus unter dem Druck der bürgerlichen Öffentlichkeit.

Die wachsende Arbeitslosigkeit und der drohende Zusammenbruch der öffentliche Aufträge entbehrenden Wirtschaft, die eine starke Auswanderungsbewegung zur Folge haben, veranlassen schließlich den Finanzminister Regenauer, nach einem Promemoria von Hübsch über den schlechten baulichen Zustand des Nottheaters beim Großherzog vorstellig zu werden. Mit dessen Einverständnis unterbreitet die Regierungskommission der zweiten Kammer folgenden Antrag:

„Art. 1 Zur Wiederherstellung des hiesigen Theatergebäudes wird ein Baukostenbetrag von höchstens 228 000 fl. bestimmt.

Art. 2 Zur Deckung dieser Baukosten wird die Entschädigungssumme von 46 500 fl.⁷⁰, welche die Generalbrandkasse für das abgebrannte Theater noch zu entrichten hat, sodann der von der Stadt Carlsruhe vorbehaltlich einer Zinsvergütung während der nächsten 10 Jahre zugesicherte Baubetrag von 40 000 fl. verwendet.⁷¹

Art. 3 Den Rest der Bausumme bis zu höchstens 141 550 fl. leistet – je nach Bedarf – der Domänengrundstock. Er entrichtet überdies die der Stadt Carlsruhe nach Art. 2 vorbehaltene zehnjährige Zinsvergütung.

151

Art. 4 Nach Vollendung des Baues wird den Ständen in besonderer Nachweisung über den Bauaufwand Rechenschaft gegeben.

Art. 5 Das neue Theatergebäude wird, gleich dem abgebrannten, Bestandteil der durch das Gesetz vom 2. November 1831 für die Civilliste bezeichneten Hofausstattung, und die Bestimmungen dieses Gesetzes sind auf dasselbe anwendbar."[72]

Die Vorlage wird mit Rücksichten auf den Hof, auf Kunst und Wissenschaft sowie staatswirtschaftliche Interessen begründet.[73] Weil nach Überzeugung der Kommission eine großzügig ausgestattete Kunstanstalt, wie 1847 noch geplant, gegenwärtig nicht zu vertreten sei, stattdessen die finanzielle Lage des Staates nur ein solides, seinem Zweck entsprechendes Gebäude erlaube, seien Fassade und Eingangstrakt mit Vestibül und Foyer vorläufig entbehrlich. Die Budgetkommission empfiehlt in einem ausführlichen Gutachten unter Hinweis auf die Not der Stadt, „deren Bevölkerung mit massenhaften Petitionen die großherzogliche Regierung bestürmte"[74], die Vorlage zur unveränderten Annahme, da „auch die Ehre des Landes selbst" den Neubau fordere.

Am 29.1.1851 genehmigt die zweite Kammer mit großer Mehrheit den Regierungsentwurf.[75] In der vorausgehenden Debatte haben die meisten Redner den wirtschaftlichen Nutzen für die Stadt in den Vordergrund gestellt. Nur vereinzelt werden ideologische Implikationen berührt, etwa wenn der ehemalige Minister A. von Dusch das Theater als eine „höhere allgemeine Bildungsanstalt für das Volk" definiert:

„Je mehr sich ein Volk von den Uranfängen der Gesellschaft entfernt und in die industrielle Entwicklung gerät, desto nötiger ist ein Gegengewicht gegen die materiellen Strebungen durch die geistliche und sittliche Macht der wahren Kunst."[76]

Ein anderer Abgeordneter drückt die Hoffnung aus, die Regierung möge über den Bau hinaus ihren Einfluß auf die Leitung des Instituts geltend machen.[77]

Unzweifelhaft verdankt das badische Hoftheater seine Wiedererstehung den hartnäckig wiederholten Appellen des Karlsruher Wirtschaftsbürgertums und den Anstrengungen der bildungsbürgerlichen Beamtenschaft, die den Bau in erster Linie zwar als Sanierungsmaßnahme für die angeschlagene Ökonomie begreift, in zweiter Linie aber die langfristige Perspektive im Auge hat, das Theater aus der Bindung an den Hof zu lösen und der Herrschaftssicherung des bürgerlichen Staates gegen die Unterklassen ideologisch dienstbar zu machen. Ein solches Konzept ist das Ergebnis der gescheiterten Revolution von 1848/49. Die Behauptung ist nicht übertrieben, daß das Karlsruher Theater im Frühjahr 1851 von beiden Flügeln des Bürgertums[78] dem Hof abgerungen wird. Der Großherzog ist während der vorbereitenden Diskussion niemals initiativ beteiligt, ebenso halten sich die engeren Hofbehörden zurück. Auch im weiteren Verlauf hält Hübsch näheren Kontakt mit Regierungsbehörden, besonders mit dem Finanzministerium, als mit dem Fürsten und seinen persönlichen Dienststellen.

3. Die Baugeschichte.

3.1. Bauorganisation und Auftragsvergabe.

Auf Vorschlag des Ministers Regenauer wird „zur Geschäftsvereinfachung und Förderung des Bauwesens" einem Komitee, das aus Baudirektor Hübsch, dem Bauinspizienten Ministerialrat Prestinari und einem Mitglied des Oberhofverwaltungsrats besteht, die unmittelbare Leitung des Theaterbaus unter der Oberaufsicht des Finanzministeriums übertragen.[79] Am 29.3.1851 meldet Hübsch dem Großherzog, sein Plan habe bei einer „artistisch-technischen Revision durch fünf zu Rate gezogene Architekten, Fischer, Berckmüller, Kuentzle, Eisenlohr und Hochstetter, vollen Beifall gefunden; Beanstandungen bezögen sich nur auf untergeordnete Gegenstände.[80] Vorbehaltlich von drei Punkten, über die sich der Großherzog weitere Bestimmungen vorbehält – u.a. die Höhe der Logentrennwände betreffend – werden Hübschs Plan und Überschlag endgültig genehmigt, die wesentlich dem im Herbst 1849 eingereichten Projekt "III" entsprechen.[81]

Unterdessen sind die Arbeiten aufgenommen worden. Aufgrund einer Petition von 30 Karlsruher Handwerkern, die unter Hinweis auf den städtischen Zuschuß um Verwendung beim Bau nachsuchen, schließt Hübsch einen Vertrag mit einem Konsortium, das alle Maurermeister der Stadt umfaßt. Ähnliche Kontrakte werden mit

Schlossern, Schreinern und Polsterern vereinbart.⁸² Gußeiserne Säulen und Treppen werden bei den Maschinenfabriken Kessler in Karlsruhe und Gebr. Benckiser in Pforzheim bestellt. J. Mühldorfer aus Mannheim verpflichtet sich zur Herstellung der Bühnenmaschinerie.⁸³

Im Kostenvoranschlag hatte Hübsch 2720 fl. für Modelle und Kartons zu den plastischen und malerischen Arbeiten eingeplant.⁸⁴ Mit Franz Xaver Reich⁸⁵, den Hübsch zu allen seinen öffentlichen Bauten herangezogen hat, zeichnet er im Mai 1851 einen Vertrag über die Lieferung verschiedener Gipsmodelle zu den Karyatiden auf der ersten Galerie des Zuschauerhauses⁸⁶, zu figürlichen Hochreliefs und Bildnistondi nach besonderen Anweisungen. Im Juli folgt ein zweiter Kontrakt über Terrakotten, und zwar 64 große und 40 kleine Bildnismedaillons „alle von verschiedenem Ausdruck" sowie 16 lebensgroße Hochreliefs im rötlich-gelben Ton der beim Bau verwendeten Ziegel.⁸⁷ Im September akkordieren die Maler Lucian Reich⁸⁸, Rudolf Gleichauf⁸⁹ und Joseph Heinemann⁹⁰ wegen „Anfertigung mehrerer an dem Plafond des hiesigen Theaters anzubringender Figuren, die in Leimfarbe auf Leinwand zu malen sind und später an der Deckenfläche befestigt werden sollen".⁹¹

Am 15.11.1851 wird auf dem neuen Hoftheater das Dach gesetzt. Der Spruch der Bauleute enthält eine Reverenz gegenüber dem Bauherrn, „der das Bedürfnis seines Volkes und die Noth der Zeit erkannte, und uns Arbeit gab und reichlichen Verdienst." Neben deutlichen, doch unorthodoxen Fingerzeigen auf die materiellen Ursachen des Theaterbaus liest sich der devote Satz „Landesväterlichem Verlangen verdankt dies Haus seine Entstehung" nur noch als belanglos höflicher Schnörkel, um dem Hof das Gesicht zu wahren.⁹²

3.2. Der Fassadenbau und die Fertigstellung des Theaters.

Um dem städtischen Baugewerbe weiterhin Aufträge zu sichern, wendet sich der Gemeinderat und Bürgerausschuß im Januar 1852 in einer „unterthänigsten Bitte" an die Regierung, den Bau des aufgeschobenen Eingangstraktes und der Fassade gleichzeitig mit der Vollendung des Hauptgebäudes anzuordnen. Im Umgang mit

der Obrigkeit gewitzt, argumentiert die Petition verdeckterweise mit ästhetischen Rücksichten⁹³ und schwer anfechtbaren Gründen der Feuersicherheit für den Neubau und das Schloß. Die Bürger erinnern an die bedeutende Kostenersparnis und den bei späterer Errichtung der Fassade entstehenden Verdienstausfall der Hoftheaterkasse. Auf Anfrage des Finanzministeriums befürwortet der Baudirektor den sofortigen Ausbau unbedingt; den Aufwand beziffert er auf 70000 fl.⁹⁴ Die Regierung bleibt abwartend; erst der Tod des Großherzogs Leopold im April bringt die Angelegenheit wieder in Fluß. Sein Nachfolger, der 26-jährige Prinzregent Friedrich I.⁹⁵, der – geprägt von den Ideen des liberalen Konstitutionalismus – das Hoftheater in eine „würdige Kunstanstalt" umwandeln will, befiehlt im Juli 1852 „bei möglichster Beschleunigung" den Ausbau der Fassade. Die Hofkasse soll dazu 66000 fl. vorbehaltlich des Ersatzes aus dem Domänengrundstock vorstrecken.⁹⁶

Den Auftrag für die dekorative Ausstattung der Fassadenloggia – ein allegorischer Puttenfries in enkaustischer Malerei – erhalten wiederum L. Reich, R. Gleichauf und J. Heinemann. F.X. Reich fertigt die Terrakottafiguren des Giebelfeldes, der Mannheimer Dekorationsmaler F.W. Pose⁹⁷ den Hauptvorhang. Ende 1852 befiehlt der Prinzregent die Herstellung des Verbindungsgangs vom Schloß zum Theater und den Einbau der Gasbeleuchtung. Wieder schießt die Hofkasse vorbehaltlich späterer Erstattung 17000 fl. vor.⁹⁸

Um das Theater fristgerecht eröffnen zu können, werden im Frühjahr 1853 weitere Arbeitskräfte eingestellt.⁹⁹ Von den 24 Logen im Parterre und im ersten Rang sind bereits 23 fest vermietet, und zwar 17 an adelige und 6 an bürgerliche Familien – 5 Beamte und ein Kaufmann –, als das badische Hoftheater am 17.5.1853 mit einem Festspiel von E. Devrient und Schillers „Jungfrau von Orleans" eröffnet wird.¹⁰⁰

Durch diverse Vorschüsse der Hofkasse und kleinere Zusatzzahlungen der Staatskasse hatte sich der Bauetat bereits auf 315000 fl. erhöht, als im Februar 1854 die Stände auf Antrag der Regierung eine Nachbewilligung von 118000 fl. für den ursprünglich nicht eingeplanten Fassadentrakt, das südwestliche Magazingebäude, den Verbindungsgang zum Schloß und die Gasbeleuchtung beschließen. Im gleichen Jahr werden auf Anordnung des Prinzregenten im Balkon des ersten Rangs neun weitere Logen eingebaut. Die Maßnahme wird mit der Nachfrage „ausländischer Gesandter" motiviert.[101] Am 12.12.1854 reicht Hübsch seinen abschließenden Arbeitsbericht ein, demzufolge der Theaterbau bis auf einige rückständige Bildhauerarbeiten vollendet ist. Die Gesamtkosten haben annähernd 400000 fl. betragen; das Theaterbaucomité wird durch eine Verfügung aufgelöst.[102]

1858 wird der aus finanziellen Gründen aufgeschobene Magazinanbau an der Rückfront des Theaters fertiggestellt[103] und die Bestreitung der Kosten aus dem Domänengrundstock von den Ständen nur mit der Auflage zugestanden, daß keinerlei Nachforderungen mehr erhoben werden.[104] Um dem akuten Platzmangel abzuhelfen, nimmt J. Berckmüller[105] Änderungen im Zuschauerhaus vor, die auf Vergrößerung des zweiten Rangs abzielen. Die Architekturteile des Saals werden vergoldet und ein neuer Luster aufgehängt.[106]

3.3. Die reorganisierte Hofbühne im neuen Haus.

Im neuen Haus erlebt die Karlsruher Hofbühne unter der Direktion von Eduard Devrient 1852-70 ihre größte Blütezeit. Devrient wird nach langwierigen Verhandlungen 1852 durch den Prinzregenten aus Dresden berufen. Der junge Fürst unterstützt – anders als sein Vorgänger – die Öffnung des Hoftheaters zu einer Staatsanstalt rückhaltlos.[107] Mit Devrient, der als Beamter seinen Geschäftsbereich eigenverantwortlich vertritt und nicht zum Hofstaat gehört, durchbricht der Regent erstmals in Deutschland das Prinzip der abhängigen Kavaliersintendanzen bei Hofe.[108] Ein solcher Schritt ist nur vor dem Hintergrund eines allgemeinen Revirements der badischen Beamtenschaft in den 50er Jahren zu verstehen. Friedrich I. läßt in den ersten Jahren seiner Regentschaft systematisch adelige Dilettanten in Ämtern und Behörden durch meist bürgerliche Fachbeamte ersetzen[109], wovon nur die engeren Hofchargen nicht tangiert werden.

Unter Devrients Leitung konkretisiert sich in Karlsruhe nach zeitweisen Querelen mit dem düpierten Hofadel, der seine Protektion im

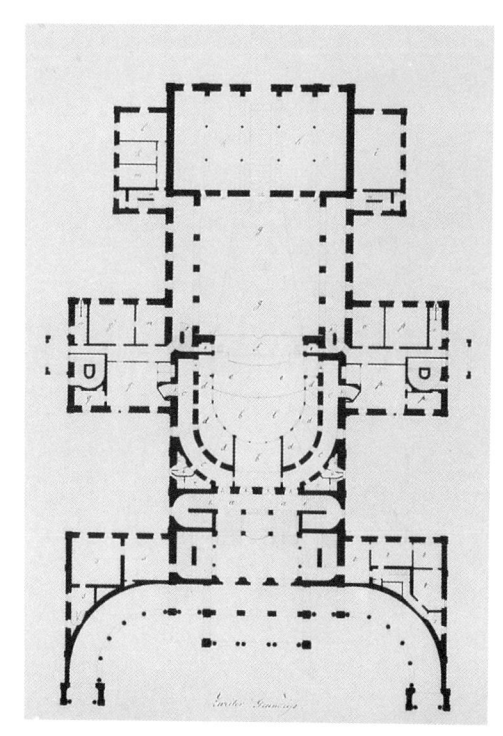

91 Karlsruhe, Theaterprojekt I von H. Hübsch, 1847, Grundriß Parterre

Theater durch den liberalen Fürsten verraten sieht, modellhaft die Idee des von höfischer Willkür freien Staatstheaters.[110] Hier wird im Interesse des durch die Revolution in seinen Grundlagen erschütterten Staates zuerst durchgesetzt, was andernorts – etwa in der Instruktion zur österreichischen Theaterordnung von 1850 – über eine papierene Forderung nicht hinauskommt: „Das Theater als ein mächtiger Hebel der Volksbildung darf in seinen höheren Zwecken – der Pflege und Vervollkommnung der auf demselben thätigen Künste – nicht nur nicht beirrt, sondern es muß vielmehr auf das wirksamste unterstützt werden."[111]

Das Karlsruher Hoftheater als Präfiguration eines solchen Theaters verdankt sich der Liberalität eines verbürgerlichten Fürsten, der mit dieser Konzession das Publikum seiner Untertanen nachhaltiger pazifiert als die preußischen Bajonette vier Jahre zuvor.

Der neue Kurs der Bühne, der sich zuerst im Aufbau eines klassischen Repertoires – haupt-

92 *Karlsruhe, Theaterprojekt I von H. Hübsch, 1847, Hauptansicht*

sächlich Schiller und Shakespeare – und im allmählichen Zurückdrängen der zeitgenössischen Unterhaltungs- und Sensationsdramatik ausdrückt[112], stößt anfangs auf den Widerstand der gewerbetreibenden Bevölkerung, die um die Attraktivität eines Bildungstheaters fürchtet.[113] Die ökonomisch vom Theater profitierenden Gewerbe, vor allem Gastronomie und Hotellerie, müssen Einbußen hinnehmen, weil der Eisenbahnverkehr auswärtigen Besuchern erlaubt, die Stadt noch am Abend nach der Vorstellung wieder zu verlassen.[114] Doch in wenigen Jahren entwickelt sich das Karlsruher Hoftheater zu einer der ersten deutschen Bühnen.[115] Es steht auf der Höhe der Zeit, weil es die nach 1848/49 politisch möglich gewordene Koalition zwischen dem nachrevolutionären Besitz- und Bildungsbürgertum und den privatisierten Höfen ideologisch absichert. Der Kompromiß ist durch beiderseitige Konzessionen gangbar geworden. Der Hof verzichtet auf das Theater als Forum einer unzeitgemäßen Selbstdarstellung und beginnt, den konstitutionellen Staat als übergeordnete Einheit anzuerkennen. Das Bürgertum rückt von der Forderung nach tagespolitischer Aktualisierung der Bühne ab und gibt sich mit der zur Klassik stilisierten und entschärften Literatur seiner eigenen Klasse zufrieden.[116] Konsumierende Öffentlichkeit ersetzt die repräsentative der Höfe und die literarisch-raisonnierende der bürgerlichen Vormärztheater. Bevorzugte Zielgruppe des durch ästhetische Erziehung sozial domestizierenden Theaters werden die 1848/49 noch revolutionären Kleinbürger.

4. Die Architektur des Theaters von Heinrich Hübsch.

4.1. Der Baukörper und seine Gliederung.

Im ersten Entwurf von 1847 (Abb. 91-93), der noch nicht auf einen bestimmten Bauplatz festgelegt war, hat Hübsch einem sehr schmalen und tiefen, basilikal eingezogenen Kernbau seitlich mehrere Annexe für Magazine und Proberäume

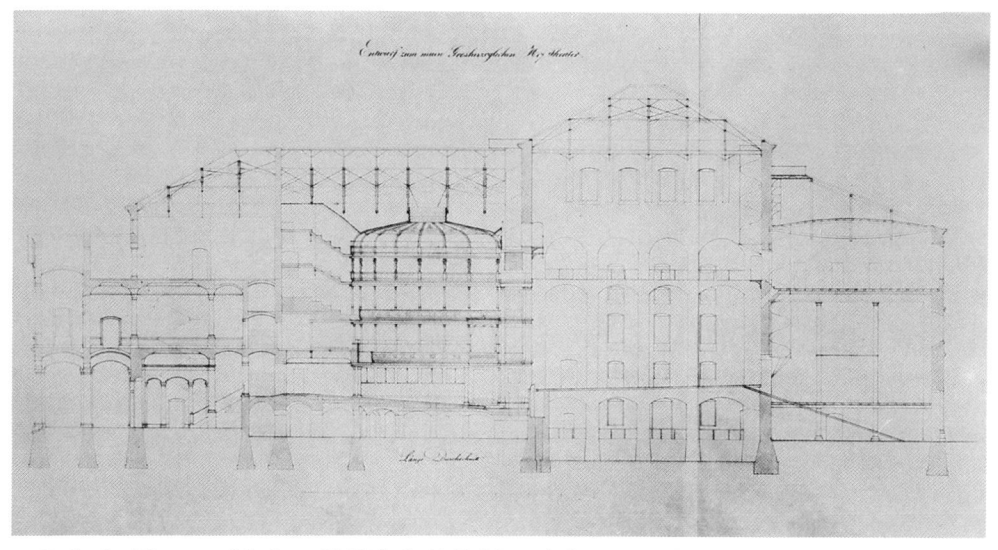

93 Karlsruhe, Theaterprojekt I von H. Hübsch, 1847, Längsschnitt

94 Karlsruhe, Theaterprojekt II von H. Hübsch, 1849, Hauptansicht

angestückt, die aber in der von einer dreiachsigen, doppelgeschossigen Vorhalle und niedrigeren, viertelkreisförmigen Wandelgängen akzentuierten Frontansicht nicht zur Geltung kommen. Die im Oktober 1849 vorgelegte, bereits für das alte Grundstück am Schloßplatz konzipierte Variante "II" (Abb. 94) präludiert in der Komposition das Ausführungsprojekt. Die doppelte Loggia wird als Mittelrisalit in den breiteren Fassadenkörper integriert, der zusammen mit den jetzt sichtbaren Seitenflügeln als Sockel für das halbrund über dem Frontgiebel aufsteigende Zuschauerhaus fungiert. Der Trend zum kompakten Zusammenschließen der Baumassen nimmt Rücksicht auf den möglichst zu schonenden, rückwärtig anstoßenden Botanischen Garten. Das gilt auch für den realisierten Bau (Abb. 95-99), dessen Fassade ebenso mit den Rückseiten der begleitenden Orangeriegebäude fluchtet, um einen eigenwertigen Vorplatz zu gewinnen.

Über den Kranz von zweistöckigen, an allen Seiten den Raumkern umschließenden Anbauten ragen der Halbzylinder des Zuschauerhauses mit seitlich abgehenden schmalen Querflügeln, welche die mittleren Flankenrisalite um anderthalb Geschosse aufstocken, und das nur wenig höhere Bühnenhaus mit – zum Teil hinter Balustraden kaschierten – ziemlich flachen Dächern heraus. Die nur in der Vorderansicht verständliche, auf die älteren Orangeriebauten antwortende Quer-

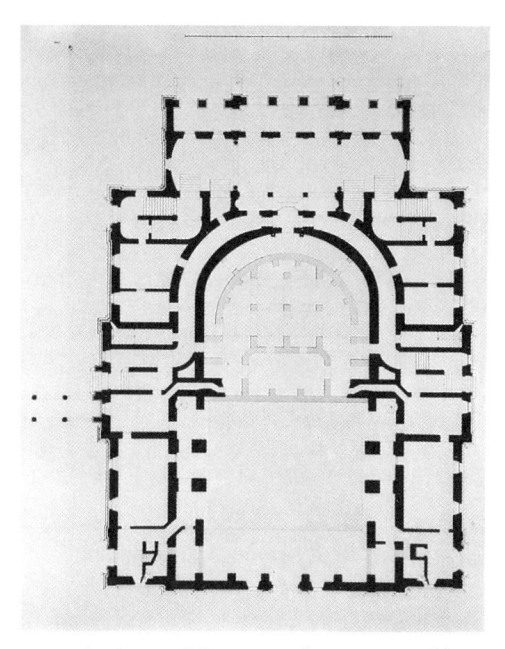

95 Karlsruhe, Ausführungsprojekt III zum Hoftheater von H. Hübsch, 1849, Grundriß ebenerdig

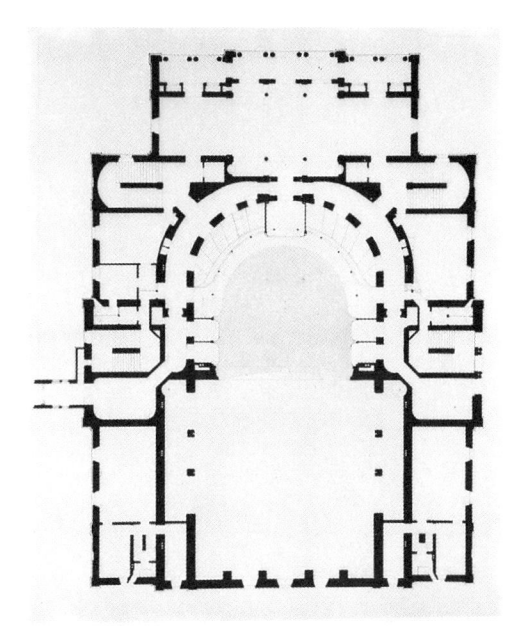

96 Karlsruhe, Ausführungsprojekt III zum Hoftheater von H. Hübsch, 1849, Grundriß I.Rang

achse ist eine Reminiszenz des in die Tiefe entwickelten Baukörpers an die von den Schloßflügeln diktierte radiale Fluchtlinie der Platzwände. Die Angleichung der bühnenseitigen Flankenrücklagen an die Höhe der Querarme infolge eines Umbaus 1898/99 hat die Verhältnisse der Seitenfronten empfindlich gestört.

Der durchgehend massiv gemauerte und gewölbte Bau steht auf niedrigem, roten Sandsteinsockel. Die Wände sind in feinen, gelbrot gebrannten Ziegeln gemauert und leicht geschlämmt; Lisenen, Gesimse, Profile, Fenster- und Portaleinfassungen sind aus Sandstein und Terrakotta. Verschieden geformte und instrumentierte Fenster auf Konsolen – rundbogige mit durchgezogenem Sturz, stichbogig verdachte, dazu quadratische und Lunetten in den Halbgeschossen – beleben einzeln oder in Gruppen die lisenengerahmten Wandfelder. Zu den bauplastischen Ziergliedern tritt reicher figürlicher Schmuck aus Terrakotta: der Fassadengiebel, lebensgroße Hochreliefs in flachen Nischen in den nicht belichteten Achsen des zweiten Stocks, Bildnistondi auf den Lisenenfüllungen in Höhe der Kämpferzone, schließlich kleine Bildmasken im Fries über dem Hauptgeschoß.

Der Dekoration kommt umsomehr die Aufgabe zu, den Charakter des Gebäudes zu unterstreichen, als die Gruppierung der Baukörper nur in der Hauptansicht (Abb. 97) diesem Postulat gerecht wird. Die unglücklich um Symmetrie bemühten Seitenfronten (Abb. 98) verkleistern die heikle Prozeniumszone mit einem Aufriß, der keine Rücksicht auf die dahinterliegenden Räume nimmt. Die Dreierarkade auf gekuppelten Säulen im Piano nobile etwa beleuchtet zu zwei Dritteln ein Treppenhaus und zu einem Drittel den Salon der Proszeniumsloge. Hübschs Architektur, die hier noch ganz konventionell ein kompliziertes Raumprogramm hinter formal weitgehend autonomen Fassaden zurechtstutzt, operiert mit einem verdünnten „caractère"-Begriff[117], der in der ersten Hälfte des 19. Jahrhunderts zu einem semantischen Zeichensystem geronnen war.[118] Als „charakteristische Wahrheit" fortgeschrieben, wird der Darstellungszweck der Architektur von Hübsch enger auf die Konstruktion bezogen[119] und damit in Richtung

157

97 Karlsruhe, Ehem. Hoftheater von H. Hübsch, 1849/52, Gesamtansicht vom Schloßplatz

einer abstrakten Funktionsästhetik modern verändert. Allerdings scheut der badische Oberbaudirektor die historisch sich abzeichnende Konsequenz, den Kunstwert der Architektur über die Ästhetisierung technischer Rationalität und Zweckmäßigkeit behaupten zu wollen. In einer konservativen Wendung[120], für die das Karlsruher Theater exemplarisch einstehen mag, unterscheidet Hübsch „Utilitäts-Architektur" für private und Industriezwecke von der idealen Monumentalarchitektur der Kirchen und staatlichen Repräsentationsbauten, die allein einer „poetischen Auffassung" und „individuell-künstlerischer Decorirung"[121] bedürfen.

Dieser Anspruch kollidiert mit den zurückhaltenden älteren Bauten am Schloßplatz und am Zirkel für Ministerien, Behörden und Hofdienste, die sich hinter schlichten Fassaden und Arkadengängen im Erdgeschoß der keine Konkurrenz duldenden Autorität des zentralen Schlosses unterwerfen.[122] Das durch die Korridorbrücke zur Proszeniumsloge zwar immer noch wie an einer Nabelschnur mit der Residenz verbundene Hoftheater beugt sich aber nicht deren nivellierendem Druck, entfaltet unverhohlen seine Individualität und entlarvt die maßstäbliche Reverenz der offenen Loggiafassade gegenüber der Höhe des Schlosses als bloße Floskel.[123] Die davor angepflanzten Baumreihen, die den Bau aus dem Blickfeld des sonst intakten Residenzplatzes aussparen sollten, haben den Wolf im Schafspelz des absolutistischen Stadtplans und seiner Verbindlichkeiten nur mühsam bedecken aber nicht zahnlos machen können.

An Mollers Mainzer Theater erinnert die organische Verbindung des Halbzylinders mit den Querflügeln; dem Semperbau in Dresden ist die Art entlehnt, wie die hinter die Fassade zurückgesetzte Halbrotunde des lisenengegliederten Zuschauerhauses als Dekorationsträger[124] die Aufmerksamkeit auf sich zieht und die innere Raumfolge der Tiefe nach ablesbar werden läßt.

98 Karlsruhe, Ehem. Hoftheater von H. Hübsch, 1849/52, Seitenansicht

Doch erlauben weder der Standort des Theaters in unmittelbarer Nähe des Schlosses[125] noch die expandierenden Raumbedürfnisse im Publikumsbereich, den Halbzylinder des Zuschauerhauses unverdeckt die Fassade bestimmen zu lassen. Hübsch behilft sich, indem er den zentralen Raum des Theaters mit niedrigeren Anbauten ummantelt, ohne den bedeutungsmäßigen Primat des „charakteristischen" Schauraums aufzugeben.[126] In seiner differenzierten Massengliederung geht der Karlsruher Bau über die gleichzeitige, viel wuchtigere Theaterbasilika von Laves in Hannover weit hinaus und wird darin erst von Sempers zweitem Hoftheater in Dresden (1871/78) übertroffen.

4.2. Die Loggienfassade.

Der in der Achse vor das Zuschauerhaus geschaltete, in Rücksicht auf seine Umgebung nur in „mäßigen Dimensionen" gehaltene Eingangstrakt realisiert erstmals an einem deutschen Hoftheater ein Motiv, das in der zweiten Hälfte des 19. Jahrhunderts zur dominierenden und charakteristischen Fassadenformel des europäischen Theaterbaus wird, die offene Vorhalle bzw. Loggienfassade.

99 Karlsruhe, Hoftheater von H. Hübsch, 1849/52, Aufriß der Rückfront mit Bühnenanbau von 1858

Die ausgeführte Fassung ist aus der zweifachen Redaktion des ersten Entwurfs mit den einen Vorplatz begrenzenden Arkadenportiken (Abb. 92) hervorgegangen, die anders als in Gutensohns Coburger Entwurf 1830 hinter dem Vorbau mit der Galerie im Erdgeschoß des Kernbaus fluchten. Darüber sind vom Foyer aus balustradengesäumte Terrassen zugänglich, deren Postamentvasen die barocke Note dieser eher ein Landschloß als ein städtisches Theater evozierenden Schaufront steigern helfen. Offensichtlich gilt es, eben diesen Eindruck zu korrigieren, als Hübsch das erste Reduktionsprojekt (Abb. 94) betont kontrastierend aus der Kombination zweier Großformen entwickelt, die unmißverständlich Öffentlichkeit ausdrücken, Loggia und Halbzylinder. Der Vereinfachung ist auch das palastähnliche Mezzanin zum Opfer gefallen. Die schon in der Vorplanung für die benachbarte Kunsthalle (Abb. 100) 1837/38 ventilierte doppelstöckige Loggia über drei Achsen[127] – jetzt allerdings mit Stich- statt mit Rundbögen! – hätte bei den weitläufigen Dimensionen des Schloßplatzes nicht ausgereicht, das Theater als Staatsbau von der höfischen Sphäre gebührend abzusetzen. Hübsch entschließt sich deshalb in der endgültigen Version "III" zu einer in ganzer Breite geöffneten Fassade (Abb. 101, 102).

Sieben Rundbogen auf Pfeilern im Erdgeschoß und darüber flache Stichbogen auf kannelierten Säulen aus weißem Murgtaler Sandstein sind rhythmisch in drei mittlere, von Lisenen gerahmte und einem skulpierten Giebel bekrönte, leicht vorgekröpfte Achsen und je zwei an den

100 Karlsruhe, Kunsthalle von H. Hübsch, Entwurf zur Hauptfassade, 1837

101 Karlsruhe, Hoftheater von H. Hübsch, 1849/52, Hauptansicht

102 Karlsruhe, Ehem. Hoftheater von H. Hübsch, 1849/52, Fassade

Flanken gegliedert. Sehr flache Stufen führen in die wie die obere Loggia mit einer Stichbogentonne gewölbte Vorhalle, von der drei Türen ins Vestibül vermitteln.[128] Nirgendwo sonst am ganzen Bau sind die Schmuckformen so konzentriert wie hier. Zwischen die Säulen bzw. Doppelsäulen ist eine Dockenbalustrade gespannt, die Zwickel zwischen den wie ein gewellter Architrav durchlaufenden, profilierten Flachbögen sind mit einem vegetabilischen Volutenornament ausgefüllt. Figürliche Giebelaktrotere und Wandmalerei im Innern komplettieren die reiche Inszenierung.

Die Verbindung des Hauptbaus mit dem opulent dekorierten Eingangstrakt ist von Zeitgenossen und späteren Rezensenten als unorganisch gerügt worden.[129] Die nachträglich vorgesetzte Fassade als Chiffre für den Öffentlichkeitsanspruch wird nicht wie bei Moller und Semper aus dem Baukörper entwickelt, sondern vermittelnd zwischen ihm und dem Platz inseriert. Die zweistöckige Vorhalle wird zur Gelenkstelle zwischen dem weiten Freiraum und dem umbauten Innenraum des Theaters, die sich hier verschränken und durchdringen. Durchlässig in beiden Richtungen verschleift sie die Gegensätze zwischen höfischem Schloßplatz und bürgerlichem Theaterpalast.[130]

Der Fassadentypus der ein- oder mehrstöckigen, offenen, gewölbten Theatervorhalle ist in französischen und italienischen Entwürfen der zweiten Hälfte des 18. Jahrhunderts entwickelt worden[131], konnte sich aber lange gegen die konventionelleren architravierten Portiken selbst an fortschrittlichsten Bauten von Louis, Peyre/de Wailly und Ledoux nicht durchsetzen. Es bedurfte der reflexiven Vergewisserung über den Status der neuen kommerziellen Theater, die die strategische Nähe bedeutender Märkte und Warenumschlagsplätze zum Anlocken kaufkräftiger Besucher suchten und sich selbst durch eigene Ladengalerien und Luxusboutiquen[132] mit dem großstädtischen „System des öffentlichen Raumes (...) zu einem Gebiet der Kommunikation für das durch die Revolution emanzipierte Stadtpublikum"[133] verzahnten, um die offene

Loggiafassade anstelle der klassizistischen Portiken zu etablieren. Die Rezeption italienischer Loggien im „théâtre basilique"[134] zitiert auf die Bühne des 19. Jahrhunderts die Epoche, in der das frühe Bürgertum seine ökonomischen Bedürfnisse im Schatten staatlicher Hoheitsakte auf den Märkten vermittelt hatte:

„Les basiliques modernes ont retenu ce nom parce que ces vastes édifices étaient aussi destinés à recevoir le peuple lorsque les rois rendaient eux-mêmes la justice; et comme les marchands se portent d'eux-mêmes partout où il y a une grande affluence, ils s'établirent sous les portiques de celle-ci."[135]

Während hier angesichts der immer undurchsichtiger werdenden, abstrakt erfahrenen Verflechtungen der Marktmechanismen im nachrevolutionären Frankreich die staatliche Rechtspflege auch als Garant für geregelte wirtschaftliche Verkehrsformen verstanden wird[136], verdankt sich 40 Jahre später dem Rezensenten der Augsburger Allgemeinen Zeitung anläßlich des Karlsruher Theaterbaus die Vorbildlichkeit einer jener Loggienhallen, „die das mittelalterliche Italien für das Theater seines Marktlebens (um in bildlicher Beziehung zu reden) erbaute"[137], eher ihrer alltägliche Geschäftigkeit transzendierenden Monumentalität.

Durch die Publikation der Pariser Theaterbauten der 20er und 30er Jahre in zwei umfangreichen Tafelwerken, die Hübsch 1847 anschaffen läßt[138], wird der neue Fassadentypus zwar auch in Deutschland bekannt, seiner anderen Voraussetzungen wegen aber nicht übertragbar.[139]

Hübsch selbst hatte während seiner Frankfurter Lehrtätigkeit am Städel schon 1825 einen Theaterentwurf im Rundbogenstil publiziert[140], vor dessen übergiebelter Front ein eingezogener zweistöckiger Vorbau vorspringt, der über einer sich in drei kämpferlosen Bogen öffnenden Unterfahrt mit seitlichen Anfahrtsrampen eine sechsachsige Säulenloggia enthält.

Die Theaterfassade von 1852, nurmehr im Typus der doppelten Loggia den Pariser „théâtres basiliques" verpflichtet, kompiliert auf originelle Weise weit auseinanderliegende Möglichkeiten der Instrumentierung. Von Klenzes gewaltiger palladianisierenden Vorhalle am Festsaalbau der Münchner Residenz, nach 1832[141], unterscheidet sich Hübsch durch den anderen, allein auf die Segmentbogen bezogenen

103 Brüssel, Marché de la Madeleine von J.P. Cluysenaar, 1847

Gebrauch der Säulen und die vertikale Hierarchisierung auf die Mitte hin, die mit dem zitathaft verkümmerten Giebel eine Chiffre traditioneller Theaterfassaden vereinnahmt. Anders auch als bei Klenze sind die Flanken vermauert, womit ein Durchgangsraum im Parterre und ein Ausblick aus der Galerie ausgeschlossen werden. Trotz ebenfalls starker Differenzen in den verwendeten Materialien und in der Rhythmisierung der Karlsruher Fassade zeigt sich eine stärkere Affinität zu einer moderneren Adaption des Loggiatypus, die ihrerseits dem Dunstkreis französischer Spekulationen um die Architekturform von Basilika, Markt und Theater zugeordnet werden kann.

1847 baut der belgische Architekt J.P. Cluysenaar in Brüssel die Marché de la Madeleine (Abb. 103), eine der ersten überdeckten Markthallen überhaupt, die in einer zweistöckigen Loggienfassade Formen der Trecentoarchitektur mit den Säulenordnungen der römischen Hochrenaissance verbindet und die der Architekt der Florentiner Loggia dei Lanzi nachgebildet bezeichnet.[142] Während die untere, niedrigere Arkaden-

104 Baden-Baden, Trinkhalle von H. Hübsch, 1839/42

reihe Segmentbogen aufweist, wird die obere Loggia durch große Rundbogenöffnungen gebildet. Im Entstehungsjahr dieser italianisierenden Fassade hatte Cluysenaar ein „Mémoire" zum Theaterbau für den badischen Großherzog erarbeitet, das nicht mehr bei den Akten liegt.[143] Auch ohne Kenntnis dieses Gutachtens muß angenommen werden, daß sich der badische Hof durch Vermittlung von Hübsch an den Brüsseler Architekten gewandt hat, zumal dessen reiche Erfahrung auf dem Gebiet der Eisenkonstruktion ihn für den Karlsruher Oberbaudirektor sicher besonders interessant machte.

Die Korrektur betrifft außer dem dekorativen Aufputz vor allem den Stellenwert der oberen Loggia. Mit der Wiederaufnahme der Säulen auf Stichbogen von der knapp aufgesockelten Trinkhalle (Abb. 104) in Baden-Baden (1839/42) wird der zwanglose Promenierzweck anstelle einer hieratischen Erscheinungsarchitektur herausgestrichen. Dieser Raum steht als galerieartiges Wandelfoyer allen Theaterbesuchern offen. Der traditionellen Formenlehre zum Trotz befreit Hübsch den rangniederen, gedrückten Stichbogen aus dem substruktionsartigen Sockelgeschoß und installiert ihn in Verbindung mit Säulen im Piano nobile.[144] Die formale „Demokratisierung" sekundiert der ideologischen Öffnung des Karlsruher Theaters und entwertet die Loggia für den höfischen Gebrauch, dem eben nicht an praktischer Benutzbarkeit, sondern wie vor Klenzes Thronsaal in München an einem distanzierenden Hoheitsraum gelegen war.[145]

4.3. Die Haupträume des Theaters.

Durch drei Türen gelangen die Besucher aus der Vorhalle in das Vestibül (Abb. 105). Der wenig tiefe, aber breite Raum ist als Vorplatz und Verteiler angelegt. Nach einem Umbau in den 90er Jahren des vorigen Jahrhunderts ist es schwer, den ursprünglichen Zustand zu beurteilen.[146] Je zwei mit Gebälk vor die Wand gekröpfte Säulen grenzen der Fassade entsprechend die mittleren Achsen aus. Seitlich gehen kurze

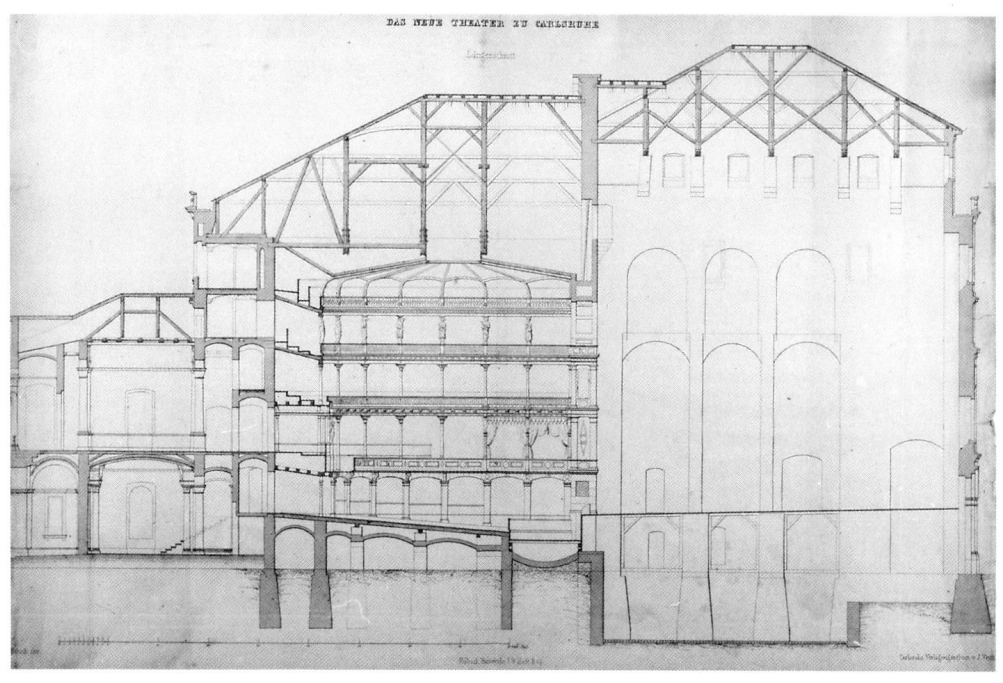

105 Karlsruhe, Hoftheater von H. Hübsch, 1849/52, Längsschnitt

Stiegen in den Parterrekorridor und zu den Treppenhäusern in den Ecken der Seitenflügel ab, die vom Wagen aus direkt von den Flanken her zu betreten sind. Die Eingänge zu den Treppenhäusern der oberen Galerien befinden sich in den Mittelrisaliten. Trotz des entwickelten Kommunikationssystems wird immer noch auf eine repräsentative Haupttreppe in der Achse zwischen Vestibül und Saal verzichtet. Das Foyer ist in den mittleren drei Achsen durch schmale Anräume hinter je zwei Säulen nach der Loggia und dem Zuschauerhaus erweitert. So wird der axialen Verbindung der Hofloge, die keinen Vorsalon mehr hat, mit dem Mitteljoch der Fassade optisch Gewicht verliehen und der Breitraum zentriert. Der großherzoglichen Familie sind zwei kleine Salons hinter den Proszeniumslogen als Privatfoyers vorbehalten. Auf der rechten Seite mündet darin der Verbindungsgang vom Schloß.

Das auf hufeisenförmigem Grundriß in Eisenkonstruktionen errichtete Zuschauerhaus mit vier Rängen und umlaufenden Korridoren (Abb. 106, 107) übernimmt die altertümliche Teilung des abfallenden Parketts in zwei Platzkategorien und den schmalen Balkon vor dem Logenrang aus dem abgebrannten Weinbrennerschen Theater. Auch die Anordnung der obersten Galerie hinter der als Kranzgesims gestalteten Brüstung in der Deckenzone ist dort – allerdings konventioneller in Form von Lunetten – vorgeprägt. Hübsch läßt stattdessen die den Karyatiden[147] des dritten Rangs folgenden Stützen zum Deckenschirm einbiegen, so daß sie umgekehrt als verlängerte Rippen des aufgemalten Zeltdachs zu lesen sind, das organisch aus dem Stützkorsett des Saales entwickelt ist. Die insgesamt sehr leicht wirkende, gußeiserne Konstruktion wird im ersten Rang durch die in den Balkon reichende und mit vorgekröpftem Gebälk abgesetzte Hofloge akzentuiert. Karyatiden tragen die segmentbogige Bekrönung, die auf dem Scheitel das zähringische Wappen und an den Enden zwei Greifen zum Schmuck hat.

Die Besonderheit dieses Theatersaals liegt in der Beschränkung der Logen auf den ersten Rang und den Parterrekorridor sowie im Fehlen einer ausgebildeten Proszeniumszone. Der Raum stößt unmittelbar an das schmale, stichbogig überwölbte, kassettierte Bühnenportal. Für den Hof sind im ersten Rang jeweils zwei Logen zunächst der Bühne reserviert. War im ersten Entwurf (Abb. 108) nur je ein an die vergitterten Separées des Proszeniums anstoßendes, in den Formen der Mittelloge instrumentiertes Abteil vorgesehen, das in der redigierten Fassung durch zwei von der Rangkurve abgehobene, leicht vorschwingende Korblogen mit aufgemalten Wappen und konsoltragenden Putten vor den Zwischenpfosten ersetzt wurde, so sind die Seitenlogen in der ausgeführten Version nur durch Draperien markiert. Der Verzicht auf isolierte Logen unter dem Proszeniumsbogen beraubt den badischen Hof der ostentativ inszenierten Privatheit, die ihm Weinbrenners Theater noch bot. Im neuen Theater verliert der Großherzog als Privatier auch den Rest von Besonderheit, die ihn von den Bürgern noch unterscheiden würde.

106 Karlsruhe, Ausführungsprojekt III zum Hoftheater von H. Hübsch, 1849, Ansicht des Zuschauerraums

107 Karlsruhe, Ehem. Hoftheater von H. Hübsch, 1849/52, Zuschauerraum zur Hofloge

108 Karlsruhe, Theaterprojekt I von H. Hübsch, 1847, Ansicht des Zuschauerraums

4.4. Das Programm der Ausstattung – Die Erfüllung des „badischen Vaterlandes" im deutschen Nationalstaat.

Seiner Architekturtheorie folgend, die von der Großform fordert, den Charakter eines Gebäudes auszusprechen, und den ausfüllenden Zierformen verweisende und unterstreichende Funktionen abverlangt, konzipiert Hübsch ein geschlossenes bildnerisches Ausstattungsprogramm, das mehr noch als die Architektur selbst das Unhöfische, geradezu Bürgerliche an diesem Hoftheater aufdeckt. Außer der Hoflogenbekrönung gibt es am ganzen Bau nur einen Hinweis auf den Herrn des Hauses: von zwei geflügelten Löwen gehalten erscheint das großherzogliche Wappen als Mittelakroter des Fassadengiebels. Das Herrscheremblem hat – zur Zierform reduziert – seinen angestammten Platz, das Giebelfeld, einer Künstlerallegorie räumen müssen. Der in der Mitte thronende Genius der dramatischen Poesie wird von Goethe, Schiller und Lessing, Mozart, Beethoven und Gluck assistiert. Die Terrakottafiguren sind ebenso wie die Puttengruppen der Temperamente auf den Seitenakroteren Werke von F.X. Reich.[148] Der enkaustisch auf blauen Grund gemalte Fries über den Türen und Fenstern der Loggiarückwand stellt in lebensgroßen Puttengruppen Drama (L. Reich), Ballett (R. Gleichauf) und Oper (J. Heinemann) mit dazugehörigen Gerätschaften dar.

Dem allegorischen Programm der Fassade entspricht an der Halbrotunde des Zuschauerhauses und den anstoßenden Querflügeln sowie im Obergeschoß der Seitenfronten ein historisch-allegorischer Zyklus von Hauptfiguren aus Werken deutscher Dichter und Komponisten. Obwohl Hübsch in den Kontrakten mit den bildenden Künstlern deren Weisungsgebundenheit stets betont, ist vor allem F.X. Reich mehrfach an der inhaltlichen Ausarbeitung der Programme maßgeblich beteiligt. Im August 1851 unterbreitet F.X. Reich dem Baudirektor einen eigenen Vorschlag: „Vorne am Rundbau muß das Bedeutendste, was wir an musikalischen und dramatischen Werken besitzen, dargestellt werden, und zwar, weil man die ganze vordere Rundung mit den Seitenvorsprüngen mit einemmal übersehen kann, so muß dieses ein in sich abgeschlossenes Ganzes bilden."[149] Der ausgeführte Zyklus umfaßte 20 lebensgroße Terrakottareliefs: Fidelio, Max, Orpheus, Myrrha, Nathan, Bürgermeister von Saardam, Oberförster, Iphigenie, Faust, Götz, Jungfrau von Orléans, Papageno, Königin der Nacht, Titus, Giovanni, Zerline, Osmin, Wallenstein, Maria Stuart und Wilhelm Tell.

Das Thema der nationalen deutschen Kunst klingt auch in der Decke des Zuschauerraumes an, die in zehn Feldern Apoll mit den Musen sowie mit „etwas kolossalen Portraits verschiedener Dichter und Componisten grau in grau auf Goldgrund" in Medaillons (Goethe, Schiller, Lessing, Iffland, Kleist, Gluck, Mozart, Beethoven, Weber und Winter) bemalt ist.[150] Zwei plastische Genien unter dem Proszeniumsbogen von F.X. Reich symbolisieren die dramatische und musikalische Poesie. Nur das Bildprogramm des Vorhangs formuliert an untergeordneter Stelle noch einmal den durch die politischen Ereignisse überholten Anspruch des Theaters als einer spezifisch badischen Kunstanstalt. Veduten oberrheinischer Städte bilden einen friesartigen Sockel für drei Zeitaltergruppen, Iphigenie und Orest, Götz und Elisabeth, Ferdinand und Luise, wobei das antike Paar dem römischen Baden-Baden das mittelalterliche dem gotischen Freiburg und das Schillersche dem Mannheim des Nationaltheaters zugeordnet sind.

Mit Hilfe dieser literarisch-geographischen Allusion wird die Geschichte Badens, der in Hübschs Kunsthalle noch ein zähringisch zugespitztes Programm gewidmet war, in den Dienst der nationalen Kunstapotheose genommen. Für

109 Karlsruhe, Badisches Staatstheater von H. Bätzner, im Rohbau 1972

Shakespeare oder Molière, selbst für die antiken Dramatiker ist in diesem deutschen Künstlerolymp kein Platz. Im bildnerischen Programm realisiert sich die bürgerliche Forderung, der Einzelstaat möge in der Gesamtnation aufgehen, kompensiert mit Bedacht auf kultureller Ebene die versagte politische Erfüllung. „Lessing, Schiller, Goethe sind seit dem Erwachen nationalen Selbstgefühls Helden der Nation geworden, welche zur Zeit unsere Armuth an politischen Heldengrößen ersetzen müssen."[151] Das Karlsruher Theater ist in seiner Architektur wie in seiner Bühnenarbeit unter Devrient erstes Exempel und Schrittmacher jener verbürgerlichten Hoftheater, in denen die Koalition der alten und neuen Mächte nach 1848/49 ihren sichtbarsten gesellschaftlichen Ausdruck findet. Die 1789 und in weiteren Anläufen 1830 und 1848 nicht eingelösten, zu Idealen geronnenen Ansprüche der neuen Gesellschaft erfuhren auf der Bühne ihre alltagsferne Konservierung, die schließlich im Verzicht auf deren Durchsetzung überhaupt mündete, sobald es die errungenen Positionen nach unten zu sichern galt. Der ästhetische Schein meint beides: „die Vergoldung des Bestehenden und den Abglanz dessen, was anders wäre; das Surrogat des Glücks, das den Menschen verweigert wird, und das Versprechen des Wahren".[152] Aus den Symbolformen der Emanzipation werden Herrschaftsmarken.

Das Theater hat sein Erscheinungsbild bis zur Zerstörung im zweiten Weltkrieg bewahren können. Ein 1940 projektierter Erweiterungsbau der Bühne, in dessen Zusammenhang auch der alte Zuschauerraum erheblich verändert werden sollte, kam nicht mehr zur Ausführung.[153] Der Wiederaufbau des 1944 ausgebrannten Hauses war zwar von seiten der Stadt und des Landes erwogen worden, scheiterte aber schließlich daran, daß die Richter des neu gegründeten Bundesverfassungsgerichts sehr nachdrücklich und entschieden einen Bauplatz für ihren Amtssitz im Schatten der feudalabsolutistischen Residenz der badischen Landesherren beanspruchten und auch bekamen.[154] 1962 wurde die Ruine abgerissen, ein neues Theater am Ettlinger Torplatz 1975 eingeweiht.

Die Stätte des moralischen Gerichts, das zum Schluß kaum noch jemand wehtat, ist an ein Tribunal abgetreten, das mit Hilfe der bürgerlichen Schaubühne, als *sie* noch Urteile fällte, zu Macht und Würde gekommen ist. Die Verfassungsrichter üben ihr Amt in einem Glashaus, das zeitweilig von Stacheldraht und schwerbewaffneten Patrouillen abgeriegelt wird. Das neue Staatstheater, auf dem Gelände des ehemaligen Bahnhofs wie ein Container abgestellt, produziert seine Ware hinter mächtigen Mauern von Beton.

ANMERKUNGEN

ANMERKUNGEN
zum VORWORT und zur EINLEITUNG.

1 G. Storck, S. 249 ff.; J. Jacobi, Theaterbauten der Restauration. in: Die neue Stadt 6.1952, S. 278-280; E. Nölle, S. 126 ff. u. 131 ff.
2 R. Pausch, S. 59 f.
3 G. Storck, S. 260 ff. u. 276 ff.; E. Berckenhagen/G. Wagner, S. 41 f.
4 W. Hartig, Baugeschichtliche Betrachtungen zum Wiederaufbau des Nationaltheaters in München. München 1955; W. Bertram, Wettbewerb zum Wiederaufbau des Nationaltheaters in München. in: Deutsche Kunst und Denkmalpflege. 13.1955, S. 26-32; M. Brix, München: Residenz und Nationaltheater. Langfristig konzipierter Wiederaufbau eines Schloßkomplexes. in: Denkmalpflege in der Bundesrepublik Deutschland. München 1974, S. 40-43.
5 F. Dieckmann, S. 2-9; G. Glaser, Die bildkünstlerische Ausstattung des zweiten Opernhauses Gottfried Sempers in Dresden und der Versuch ihrer Rekonstruktion. in: Bildende Kunst. 27.1979, S. 85-89; W. Hänsch/H. Magirius/D. Schölzel, Wiederaufbau des Dresdner Opernhauses. in: Gottfried Semper, S. 214-216 und H. Nadler, Denkmalpflegerische Aufgaben beim Wiederaufbau des Dresdner Opernhauses. in: Gottfried Semper, S. 227-233.
6 Hierzu existiert eine umfangreiche Dokumentation der Auseinandersetzungen um den Wiederaufbau in der Tagespresse, zusammengestellt im Archiv der AG Versammlungsbauten im Fachbereich Architektur der TU Berlin. Siehe grundsätzlich C. Meckseper, Architekturrekonstruktionen in der Geschichte. in: Deutsche Kunst und Denkmalpflege. 42.1984. H.1, S. 17-24.
7 Vgl. die Argumentation von F. Dieckmann, S. 7, für den Wiederaufbau der Dresdner Staatsoper: „Was für diese [Rekonstruktion] spricht, ist weniger das – so sehr in das Bande der Epoche geschlagene – Genie Sempers als die Tatsache, daß, wie die Statistik mit Nachdruck ausweist, die Oper ... eine restaurative Gattung ist, der der restaurative architektonische Rahmen möglicherweise angemessen ist. Es müßte eine moderne, in das Bewußtsein der Gegenwart eingreifende Oper geben, um einen neuen Opernsaal wirklich zu rechtfertigen."
8 Das illustriert G. Storck, S. 463 ff., in der Beschreibung des Recklinghäuser Festspielhauses. Distanzierende Freiräume um hermetisch geschlossene Gebäude produzieren eine sakrale Aura, welche die Isolierung des Theaters vom gesellschaftlichen Alltag in der Architektur verdoppelt. Vgl. E. Nölle, S. 128.
9 T.W. Adorno, 1973, S. 264
10 Zit. bei G. Rohde, Leiden an den Theaterzwängen. Dramaturgentagung in Darmstadt. in: Frankfurter Allgemeine Zeitung vom 4.11.1977.
11 R. Pausch, S. 165 ff.
12 K. Messelken, S. 122, hat m.E. als erster den von der Bühne des dokumentarischen Theaters der 60er Jahre ausgehenden Einfluß auf die Studentenbewegung mit der besonderen Tradition des politischen Theaters in Deutschland in Verbindung gebracht, das vorzugsweise in Umbruchsituationen (z.B. im Vormärz und 1918/19) sich der Identität stiftenden Funktionen des aufklärerischen „Nationaltheaters" erinnerte.
13 Unter der Bezeichnung Hoftheater werden im folgenden jene Theater verstanden, die am Ort eines residierenden Hofes und mit ausschließlicher oder wesentlicher Unterstützung durch den regierenden Landesherrn unterhalten werden und einem öffentlichen Publikum gegen ein Eintrittsgeld zugänglich sind. Unter diesen Begriff fallen dagegen nicht die privaten Schloßtheater, die in unmittelbar räumlicher Beziehung zur Residenz stehen, die höfischen Theater in Kur- und Badeorten, soweit diese nicht zugleich Orte einer festen Hofhaltung sind (etwa Wiesbaden) und schließlich die Theater der säkularisierten geistlichen und mediatisierten weltlichen Höfe, auch wenn sie formell noch den Titel eines Hoftheaters führen.
14 H. Zielske, 1971, S. 7, begründet seine Auswahl von 50 Theatern als einen Querschnitt durch den deutschen Theaterbau, ist aber objektiv vom Überlieferungsgrad der ausgewerteten Plansammlung im Archiv des ehem. Instituts für Theaterbau, AG Versammlungsbauten im Fachbereich Architektur der TU Berlin, abhängig. Zur Gliederung und Ordnung des umfangreichen Materials wendet Zielske, S. 73 f., ein Typenschema an, das in seiner Mischung von historisch-sozialen und formalen Kategorien nicht überzeugt. Zielske unterscheidet in zehn Gruppen zwischen quantitativen, qualitativen und sozialen Faktoren, die aber nicht parallel

für alle untersuchten Theater, sondern jeweils für einen bestimmten Zeitraum veranschlagt werden, ein letztlich unhistorisches Verfahren, da den angelegten kategorialen Maßstäben immer nur eine beschränkte Gültigkeit zugesprochen wird und sie so eigentlich unvergleichbar nebeneinander stehen. Dadurch verliert die versuchte Typologie ihren postulierten Zusammenhang. Zudem bezieht Zielske die historisch-sozialen Faktoren nicht auf das Bauwerk, sondern reduziert sie auf dessen Entstehungsbedingungen, also auf Bauherrenverhältnisse. Auf diese Weise entgeht der Autor der Beantwortung bzw. der Lösung des Problems, das er sich selbst eingangs stellt: „Die Frage ist lediglich, in welcher Weise am einzelnen Bauwerk selbst die jeweils bestimmende soziale Situation, die soziologischen Bedingungen, von denen das Gebäude abhängt, zum Ausdruck kommen." Ebd. S. 21.

15 „I sovrani rappresentano sul palcoscenico la loro parte simbolica come sovrani: Essi identificano la loro parte, nella rappresentazione scenica, colla loro posizione nella vita." H. Tintelnot, 1955, S. 240. Vgl. R. Alewyn/K. Sälzle, S. 30 ff. u. 41 ff. Aus dem höfischen Turnier als Spiel hatte sich das barocke Festwesen als konstitutives Element feudaler Lebensführung, die keine berufliche Erwerbstätigkeit duldete, herausgebildet. J.v. Kruedener, S. 11 f., 53 u. 66 f.; F. Moser, S. 20 ff.
Grundlegend für das Verständnis des höfischen Theaters und Funktionsweisen höfischen Aufwands überhaupt sind Etikette und Zeremoniell, Pracht und Luxus als standesspezifische, nach innen und außen gerichtete Herrschaftsmittel zur Stabilisierung der wechselseitigen Abhängigkeit von Hof und Souverän sowie zur Distanzierung der Untertanen. Dazu: N. Elias, 1969, S. 120-177; J. v. Kruedener, S. 21-24, 60-65.

16 M. Hammitzsch, S. 105-195.
Zu den wichtigsten deutschen Schloßtheatern des Ancien Régime, die in einen vorhandenen Saal eingebaut (Theater in Celle von G. Arighini 1674/75) oder in einem eigenen Flügel der Residenz angebaut wurden, gehören das erste Opernhaus in Dresden (1664/67) von W.C. von Klengel, das alte Hofopernhaus in Hannover von T. Giusti (1689/90), das Mannheimer Schloßtheater von Alessandro Galli-Bibiena (1737/42), das Münchner Residenztheater von F. Cuvilliés d.Ä. (1750/53), das Schwetzinger Schloßtheater von N. de Pigage (1752). Daneben gab es eine Reihe von mehr oder weniger freistehenden Theatern in unmittelbarer Nähe, wenn auch nicht mehr in räumlicher Verbindung mit dem Residenzschloß wie das Reithaustheater in Darmstadt von L. Remy de la Fosse (1683), das markgräfliche Komödienhaus in Erlangen (1715/18), das Dresdner Zwingertheater von den Gebrüdern Mauro (1718/19), das Opernhaus im Stuttgarter Lusthaus von L. Retti und P. de La Guêpière (1750 u. 1758) und das Ludwigsburger Opernhaus, ebenfalls von La Guêpière (1764/65). Alle diese Theater übernehmen das italienische Logenschema, allerdings oft nur mit halbhohen Logentrennwänden, wie sie aus dem französischen Theaterbau nach Deutschland vermittelt wurden. Es sind Innenarchitekturen, deren Besonderheit im Außenbau nirgends zur Geltung kommt.

17 J. Habermas, S. 17 ff.

18 Als Vorläufer solcher nurmehr auf die engste Öffentlichkeit des Hofes bezogenen Theater können die nach dem Vorbild von Palladios Vitruv rezipierenden 'Teatro Olimpico' in Vicenza (L. Magagnato, The genesis of the Teatro Olimpico. in: Journal of the Warburg and Courtauld Institutes 14.1951, S. 209-220 und neuerdings G. Butterweck, Die Entwicklung des Theaterbaus und der Architekturbühnenform von der Antike zur italienischen Renaissance. Phil. Diss. Masch. Wien 1974) amphitheatralisch angeordneten Säle mit rückwärtiger Säulenkolonnade und einem Rang gelten, das Ermitage-Theater in Petersburg von G. Quarenghi (1783/86), aber auch das Theater im Neuen Palais in Potsdam von Boumann und Hoppenhaupt (1765/68), das Schloßtheater in Zweibrücken von J.C. Mannlich (1775/76), das in Dessau von Erdmannsdorff (1777) und das im Schloß Gripsholm von E. Palmstedt (1782). Zum französischen Ursprung dieser antikisierenden bzw. palladianisch vermittelten Schloßtheater vgl. H. Habel, 1967, S. 155 ff. sowie L. Hautecoeur, Bd. 4, 1952, S. 436, über ein Saaltheater in R. de Cottes Entwürfen für Schleißheim, ca. 1714 (H. Hauttmann, Abb. 259). Von den Schloßtheatern des 19. Jhs. sind Klenzes Theater in Wilhelmshöhe bei Kassel (1808/09), Krahes Braunschweiger Schloßtheater (1811) und Thourets Ludwigsburger Schloßtheater (1812) zu nennen. Krahes Projekt, im Zentrum des nach der Revolution 1830 neu zu errichtenden Braunschweiger Schlosses ein großes Theater anstelle der Sala Terrena einzubauen, blieb eine flüchtige Idee (R. Dorn, Bd. 1, S. 76). Als Kuriosum sei angemerkt, daß noch die nationalsozialistische Bauverwaltung in Kassel 1942 den Einbau eines Schloßtheaters mit Hofloge und zwei Rängen in das klassizistische Rote Palais von Bromeis am Friedrichsplatz projektierte. Die Pläne dazu sind im Landesamt für Denkmalpflege in Marburg/Lahn erhalten.

19 So trugen beispielsweise zehn vergoldete Palmbäume den einzigen Rang des Theaters von Knobelsdorff u. Nahl im Potsdamer Stadtschloß, 1745 (F.B. Biermann, S. 5). Als Palmbäume, deren

Zweige sich über den Logen zu Arkaden zusammenschließen, verkleidete J.F. Leroy die Rangstützen im Schloßtheater von Chantilly, 1767 (R. de Broglie, Le Théâtre de Chantilly. in: Gazette des Beaux-Arts. 57.1961, S. 155-166). In J.C. Mannlichs Schloßtheater in Zweibrücken, 1775/76, wurde durch die Bemalung der Seitenwände und der Decke eine Gartenlandschaft mit üppiger Vegetation, antiken und gotisierenden Architekturelementen unter freiem Himmel illusioniert. (H.J. Wörner, S. 217 f. u. Abb. 194-196). Freiheit von der Ordnung der Architektur beginnt mit den noch mehr emblematisch als naturhaft verstandenen Palmbaumstützen in Potsdam und in Cuvilliés Kasseler Entwurf um 1750 und löst dann die Theater selbst in spalierbesetzte Freiräume auf, die an die sentimentalen Gärten der Revolutionszeit erinnern. Dazu: H. Müller, Natur-Illusion in der Innenraumkunst des späteren 18. Jahrhunderts. Ein Beitrag zur Erkenntnis von Rokoko und Frühklassizismus. Phil. Diss. Göttingen 1957, S. 122-128. 1831 errichtete C.T. Ottmer in einem Saal des Wolfenbütteler Schlosses ein kleines Theater in gotisierenden Maßwerkformen (D. Joseph, Bd. 3,1, Abb. 101; R. Theobald, S. 317-341). Auf die Parallelen zwischen der klassizistischen Bühnenarchitektur und der englischen Gartenkunst hat zuerst P. Zucker, S. 6, hingewiesen.

20 In Ulm 1641 und 1780/81, in Hamburg 1678 (Opernhaus) und 1765 (Komödienhaus), in Aachen 1751, in Königsberg 1754/55, in Leipzig 1766, in Augsburg 1776, in Frankfurt am Main 1780/82, in Breslau 1782, in Altona und Köln 1783, in Stettin 1792/93, in Magdeburg 1794, in Danzig 1799/1801, in Nürnberg 1800/01. Siehe auch H. Zielske, 1971, S. 31 ff.

21 W. Lenk, Das kommunale Theater. Phil. Diss. Berlin 1933.

22 Z.B. in Königsberg 1806/08 (Societät der Actionäre), in Leipzig 1816 (Theaterverein), in Hamburg 1825/27 (Actien-Verein), in Chemnitz 1837/38 (Theaterbauverein A.G.), in Breslau 1839/41 (Theater-Aktien-Verein), in Bremen 1841/43 (Theater-Aktien-Verein).

23 Zumeist Einbauten in säkularisierte Kirchen und Klöster (Trier 1802, Amberg 1803, Würzburg 1803/04, Hof 1823, Freiburg 1825), Arsenale und Zeughäuser (Nürnberg 1801), Festungwerke (Bautzen 1795) und Zunfthäuser (Zwickau 1823).

24 1766 wird in Leipzig ein Schauspielhaus nach dem Muster des kurfürstlichen Theaters in Dresden errichtet. 1809 wird in Mainz auf ein Dekret Napoleons, aber gegen den Willen des Stadtrats mit einem Theaterbau nach dem Vorbild des Petersburger Hoftheaters begonnen; das ehrgeizige Projekt des Architekten E. Saint-Far kam über die Grundmauern nicht hinaus. 1829 entsteht der Neubau des Kölner Theaters nach dem Vorbild des Darmstädter Hoftheaters von G. Moller (1818/19).

25 A. Fahne, Kurze Begründung eines Theater-Neubaus für Düsseldorf. Düsseldorf 1864, S. 8.

26 Repräsentative Stadttheater wie das Hamburger Schinkelprojekt von 1825/27 oder die Theater in Stettin (1846/49), Riga (1861/62) und Leipzig (1864/68) bleiben vor 1870/71 Ausnahmen. Nach der Reichsgründung konkurriert der Neubau in Frankfurt a.M. (1873-80) gar mit den kaiserlichen Opernhäusern in Wien und Paris.

27 Hierzu zählen etwa die direkte axiale Verbindung zwischen der zentralen Hofloge im Fond und dem Foyer, die Salons und Privatappartements sowie die separaten Treppenhäuser zu den Proszeniumslogen. Deren Verbindung zur Bühne und der generell gesteigerte Raumbedarf im Publikumsbereich des Eingangstraktes unterscheiden die Hoftheater von den weniger raumintensiven Stadttheatern.

28 Noch 1835/36 errichtete H. Tollberg ein Gebäude für das reichsgräfliche Theater des Grafen Schaffgotsch in dem kleinen schlesischen Residenz- und Badeort Warmbrunn. G. Grundmann, S. 248 ff. Zum Fürstenbergischen Hoftheater in Donaueschingen siehe G. Tumbült, Das Fürstlich Fürstenbergische Hoftheater zu Donaueschingen 1775-1850. Ein Beitrag zur Theatergeschichte. Hg. v. d. Fürstlichen Archivverwaltung. Donaueschingen 1914.

29 Eine kurze, zusammenfassende Geschichte der Pariser Theaterbauten des späten Ancien Régime gibt L. Hautecoeur, Paris de 1715 à nos jours. Paris 1972, S. 378-383; außerdem E. Povoledo, Parigi. in: Enciclopedia dello spettacolo, Bd. 7, Sp. 1618-1674; M.L. Biver, S. 131-134, und umfassend L.H. Lecomte, Histoire des théâtres de Paris. 10 Bde., Paris 1905-1912.

30 M. Steinhauser/D. Rabreau, S. 9-49. Mit dem 'Odéon' von Peyre/de Wailly und dem 'Théâtre Francais' beim Palais Royal von Victor Louis wird Paris erst spät von einer massiven Bauwelle erreicht, die in etwa 30 Jahren ca. 20 Provinzstädte in Frankreich mit einem öffentlichen Theater versorgt hatte.

31 Zur Architektur der Schloßtheater siehe P. Pougnaud, Les Théâtres dans les Châteaux et Résidences privées. in: Monuments historiques de la France. 1978, S. 21-25; T. Boucher, Les Théâtres de Palais en France au XIXe siècle. in: Victor Louis, S. 187-197. Nach der Revolution kommt es im 19. Jh. nur in Fontainebleau und Compiègne zum Bau neuer Schloßtheater, sieht man von den napoleonischen Umbauten der zeitweilig von den Revolutionären okkupierten Säle einmal ab.

32 L. Hautecoeur, Bd. 5, 1953, S. 230.
33 „Tout art dont l'exercice doit procurer les moyens de subsistance à ses adeptes est par cela seul une industrie, et subit les lois générales de la production et de la consommation, dont l'étude constitue une science toute moderne que nous appelons l'économie politique. Si les écrivains qui ont tant déploré la décadence de nos théâtres avaient été économistes, ils auraient vu que l'art dramatique ne peut pas plus se soustraire aux lois de cette science que toute autre branche de l'industrie humaine, et que le talent des auteurs et des artistes, quelque parfait qu'il soit, ne peut lutter contre les conditions matérielles qui lui sont faites au dehors (...) Ni subvention, ni impôt spécial, ni privilèges, ni restrictions. Que le théâtre soit assimilé à toutes les autres industries licitées, et protégé par les lois générales qui protègent la propriété, le commerce et les professions libérales, sa propriété et ses progrès sont à ce prix."
C. Contant/J. de Filippi, Introduction, S. 40 u. 43; dagegen F. Saß, S. 143 ff.
34 Das Dictum von Théophil Gautier (1863) ist zitiert bei M. Steinhauser, 1969, S. 106.
35 Die Geschichte der Pariser Opernhausprojekte reicht bis in die Zeit des Ancien Régime zurück. Zwischen 1781, nachdem die Moreau'sche Oper im Palais Royal abgebrannt war, und dem Neubauwettbewerb von 1860 war die Pariser Oper in sieben verschiedenen Lokalen provisorisch untergebracht. Der Neubau kam infolge der instabilen politischen Lage in Frankreich erst im zweiten Kaiserreich zur Ausführung. M. Steinhauser, 1969, S. 41 ff. u. Anm. 113, S. 184; M. Rambaud, S. 241 ff. Über den französischen Theaterbau der Aufklärung und seinen Zusammenhang mit einer neuen Urbanistik bereiten M. Steinhauser und D. Rabreau eine größere Arbeit vor.
36 Erst 1843 hob die 'Theatre Regulation Act' das sogenannte Patent, das Sprechbühnenmonopol von Drury Lane und Covent Garden, auf. Neue Theater für Oper und Drama wurden vom Lord Chamberlain lizensiert. A. Nicoll, S. 170 ff. u. 185 ff.
37 Zur Geschichte des englischen Theaterbaus vgl. R. Leacroft. Typisch für den Londoner Theaterbau ist seit dem späten 17. Jh. die von der „Shakespeare-Bühne" übernommene, weit in den Saal reichende Vorderbühne mit den flankierenden Proszeniumstüren und das Nebeneinander von abgeteilten Logen und offenen Rängen im Zuschauerraum. Beides verweist auf den öffentlichen Status des englischen Theaters, das zuerst in Europa allen Ständen zugänglich war.
38 Zum elisabethanischen Theater der Shakespearezeit vgl. A. Nicoll, S. 118-137. Bis ins 19. Jh. gelingt es in unzähligen 'pit riots', erbitterten Preiskämpfen, dem proletarischen Publikum, seinen angestammten Platz in den großen Londoner Theatern zu behaupten.
39 Die kurze Blütezeit eines spezifisch englischen Hoftheaters unter den Stuarts, die in den von Inigo Jones ausgestatteten 'masks' in Whitehall im frühen 17. Jh. ihren Höhepunkt fand, wurde durch die puritanische Revolution jäh abgeschnitten. Dazu: S. Orgel/R.Strong, Inigo Jones. The Theatre of the Stuart Court. 2 Bde., London 1973.
40 Nur für eine kurze Zeitspanne, etwa 20 Jahre von der französischen Revolution ab gerechnet, orientieren sich die patentierten Bühnen am Standard des öffentlichen Theaterbaus auf dem Kontinent, vorzugsweise in Paris. In diesen Jahren entstehen die Neubauten des King's Theatre (Novosielski), des Covent Garden (Smirke) und Drury Lane (Holland 1791, Wyatt 1812). D. Howard, London theatres und music halls 1850-1950, London 1970, gibt einen umfassenden Katalog der späteren Londoner Theaterbauten. Vgl. auch E. Sherson, London's lost theatres of the 19th century. London 1925 und V. Gladstone, Victorian and Edwardian theatres. An architectural und social survey. London 1975.
41 Zur russischen Theaterarchitektur siehe P. de Corvin, Le théâtre en Russie depuis ses origines jusqu'à nos jours. Paris 1890 und G.B. Barchin, Architektura teatra. Moskwa 1947.
In den Provinzstädten übernehmen die großen Privattheater des Adels stellenweise die Funktion der öffentlichen Bühnen in Moskau und Petersburg, indem sie zum Treffpunkt der guten Gesellschaft wurden.
42 Das Fehlen von Hoftheatern in den Hauptstädten verschiedener Klein- und Mittelstaaten mit monarchischer Spitze läßt sich bei allen Differenzen doch auf eine grundlegende, gemeinsame Ursache zurückführen, auf eine schwache Position der Monarchie gegenüber dem Bürgertum, wodurch Konzessionen in der Hofhaltung notwendig werden. In den stark bürgerlich geprägten Niederlanden ist der Verzicht auf ein prunkendes Hofleben mit Rücksichten auf den staats- und gesellschaftstragenden Calvinismus erzwungen. In den Staaten Osteuropas sehen sich die herrschenden, landfremden Dynastien veranlaßt, das Anliegen an den repräsentativen Theatern den nationalen Bourgeoisien zu überlassen. Dafür stehen die Nationaltheater in Warschau, Prag und Budapest exemplarisch.
43 Fundamental sind die sich ergänzenden Arbeiten von M. Hammitzsch, H. Leclerc, 1946, und L. Zorzi zum italienischen Theaterbau.
44 1. die an Serlios und Palladios Antikenrezeption orientierten, amphitheatralisch bzw. arenaförmig organisierten Saaltheater der Höfe (Florenz, Sab-

171

bioneta, Parma) und der humanistischen Akademien (Vicenza).
2. die halböffentlichen Theater mit abgeteilten, verkäuflichen oder auf Dauer zu vermietenden Logen in mehreren Rängen. San Cassiano in Venedig, 1637, gilt als das erste Logenrangtheater, noch im 17. Jh. folgen weitere in Bologna, Genua, Fano, Rom und Florenz. Die Logentheater, in denen gesellschaftliche Privatheit (Logen) und Öffentlichkeit (Saal) aufeinandertreffen, können mit geringfügigen Veränderungen von verschiedenen Trägern für verschiedene Zwecke adaptiert werden: als grundsätzlich gegen Eintrittsgeld zugängliche, kommerzielle Theater auf privater Eigentumsbasis, als Versammlungs- und Festhaus der in Akademien reprivatisierten, exklusiven höheren Gesellschaftszirkel, die sich auch bei Tage zu Sitzungen und Debatten im Theater treffen, schließlich als öffentliche Hoftheater für die großen dynastischen Staats- und Familienfeste.
3. die wiederum über Palladio an die Antike anknüpfenden Reformtheater der Traktate und Akademiewettbewerbe des 18. Jh., in denen amphitheatralisches Parterre und Rangsystem miteinander verbunden werden und sich nach außen in einem theaterspezifischen Fassadentyp, dem gegliederten Halbzylinder, darstellen. Die italienischen Entwürfe werden hauptsächlich im französischen und deutschen Theaterbau des 19. Jh. umgesetzt.

45 Vgl. L. Zorzi, S. 237-279.
46 Dazu M. Hammitzsch, S. 81-104 und G. Ricci, S. 199-202.
47 Dabei kommt es im 19. Jh. schon zu trustähnlichen Verflechtungen unter den führenden Theatern. In den 20er Jahren hatte der berühmte Impresario D. Barbaja die Opernhäuser von Neapel, Mailand und Wien zum größten „Musikkonzern" Europas zusammengeschlossen. H. Fetting, S. 96.
48 Insgesamt gab es 1888 in Europa 1584 Theater, davon in Italien 348, in Deutschland und Österreich 341, in Frankreich 337, in Spanien 168, in Großbritannien 150, in Rußland und Polen 44, in Belgien 34, in Holland 23, in der Schweiz 20, in Schweden und Norwegen 18, in Portugal 16, in Dänemark 15, in der Türkei und Griechenland je 4, in Rumänien 3. The Dictionary of Architecture. Hg. v. d. Architectural Publication Society. Bd. 8, London 1892, S. 35.
Nach O. Weddigen gab es in Deutschland zu Ende des 19. Jh. noch 28 Hoftheater [im sonstigen Europa etwa 13-15].
49 Die territoriale Zersplitterung der feudalen Staatenwelt Deutschlands, die durch die katastrophalen Folgen des Dreißigjährigen Krieges bewirkte ökonomische Rückständigkeit und der damit in Zusammenhang stehende Machtverlust des einst einflußreichen städtischen Bürgertums ermöglichten hier eine außerordentlich lange Phase des Absolutismus, der das Reich in einer Vielzahl mittlerer und kleinerer Einheiten mit einem oft überproportional großen Hof an der Spitze organisierte. Darin unterscheiden sich die Staaten Deutschlands von Frankreich und anderen westeuropäischen Mächten, in denen Konkurrenz- und Ausscheidungskämpfe kleinerer Herrschaftseinheiten schon frühzeitig eine mächtige Zentralgewalt mit entsprechend stärkeren Verflechtungsmechanismen im Innern hervorgebracht hatten. Das Fehlen solcher Zentralisierung und fortgeschrittener gesellschaftlicher Interdependenzverhältnisse hatte deshalb in Deutschland einen betonten und nachhaltigeren Abschluß des Adels von den Bürgern und umgekehrt zur Folge, zumal dem Bürgertum der Zugang zu den Herrschaftszentralen – den Höfen – besonders erschwert war. N. Elias, 1969, S. 148 ff. und ders., 1976, Bd. 2, S. 236 und 431 ff.
50 A. Gosset, S. 23.
51 „Stagione" bedeutet hier, daß das Theater nur während einer zeitlich beschränkten Saison „en suite" bespielt wird; die neuen Produktionen werden nach einer Anzahl rasch aufeinanderfolgender Reprisen wieder vom Spielplan abgesetzt. Dagegen beruht das Repertoiresystem auf einem umfangreichen Spielplan, dessen Inszenierungen auch nach größeren Zeitintervallen sofort abrufbar sind.
52 Bezeichnend ist in diesem Sinn der enorme Einfluß, den der Historismus der Meininger Theatertruppe seit 1874 auf fast alle europäischen Bühnen und darüberhinaus ausübte. H. Kindermann, Bd. 7, 1965, S. 233 ff. Vgl. auch G.C. Argans Verweis, S. 22 f., auf den Historismus als Konstituens des Theaters im Sinne einer Vergegenwärtigung vergangener Ereignisse in Sprache und Handlung analog zum zeitgenössischen Historienbild, das durch seinen szenischen Charakter bestimmt wird.
53 H.v. Treitschke, Deutsche Geschichte im 19. Jahrhundert. T.2. München 1882, S. 20, hat den Umstand, daß die Hoftheater selbst unter den Kavaliersintendanzen „hochgeborener Dilettanten... von der Freigebigkeit kunstfreundlicher Fürsten immerhin noch mehr zur erwarten hatten als von der sparsamen, kleinbürgerlichen Gesinnung der neuen Landtage", mit Bedauern festgestellt, ohne ihn erklären zu können. Vor ihm bereits der Intendant der Weimarer Hofbühne den kulturellen Nutzen der deutschen Kleinstaaterei den Höfen gutgeschrieben. J.P. Eckermann, Gespräche mit Goethe. Leipzig 1921, S. 428. M. Horkheimer/ T.W. Adorno, S. 140, folgern:
„In Deutschland hatte die mangelnde Durchdrin-

gung des Lebens mit demokratischer Kontrolle paradox gewirkt. Vieles blieb von jenem Marktmechanismus ausgenommen, der in den westlichen Ländern entfesselt wurde. Das deutsche Erziehungswesen samt den Universitäten, die künstlerisch maßgebenden Theater, die großen Orchester, die Museen standen unter Protektion. Die politischen Mächte, Staat und Kommunen, denen solche Institutionen als Erbe vom Absolutismus zufielen, hatten ihnen ein Stück jener Unabhängigkeit von den auf dem Markt deklarierten Herrschaftsverhältnissen bewahrt, die ihnen bis ins 19. Jahrhundert hinein die Fürsten und Feudalherrn schließlich noch gelassen hatten."

54 Siehe H.-C.Hoffmann u.a. 1972 u. K. Eggert.
Mit erheblicher Verspätung gegenüber den anderen deutschen Residenzen kommt es in Wien zum Bau repräsentativer Hoftheater. Bis zur Errichtung der neuen Hofoper waren die Wiener Theater von konzessionierten Privatunternehmern gebaut worden und architekturgeschichtlich ohne Belang (Theater in der Josefstadt, Kärntnertortheater, Theater auf der Wieden, Carl-Theater). Der Standort von Hofoper und Burgtheater in der Architektur des 19. Jh. ist nur im Zusammenhang der monumentalen Stadterweiterung an der Ringstraße zu bestimmen.

55 Nur in wenigen Fällen sind fürstliche Theater seit dem 17. Jh. abseits der Residenz errichtet worden. Räumliche Selbständigkeit verdanken sie nur dem Umstand, daß vorhandene, freistehende Gebäude zu Theatern umgebaut werden wie das aus einem Kornspeicher entstandene Opernhaus am Salvatorplatz in München, 1651, oder das 1690 im Rathaus am Hagenmarkt installierte fürstliche Theater in Braunschweig, nachdem der Herzog 1671 die Stadt erobert hatte. Im späteren 18. Jh. häufen sich eigenständige Hoftheatergebäude außerhalb des Schloßbezirks, die aber zumeist in eine Straßen- oder Platzzeile eingebunden sind und sich im besten Fall durch eine Palaisfassade artikulieren wie das markgräfliche Opernhaus in Bayreuth (1745/48). Die fürstlichen Theater aus den 70er und 80er Jahren in Mannheim, Münster, Passau, Saarbrücken und Koblenz sind mehr oder weniger vom Nationaltheatergedanken infizierte Hofbühnen, die um ein städtisches Publikum werben, also die direkten Vorläufer der öffentlichen, quasi staatlichen Hoftheater des 19. Jh. Den Bauten von Lipper, Mannlich und Krahe kommt eine Pionierrolle bei der Durchsetzung klassizistischer Formensprache in der städtischen Profanarchitektur zu.

56 So z.B. in Karlsruhe 1807/08, München 1811/18, Darmstadt 1818/19, Berlin 1818/21, Weimar 1825. Zu Beginn des 19. Jh. bestanden in Deutschland etwa 80 feste Theatergebäude. O. Weddigen, Bd. 1, S. 59.
„Der Pariser Friede hatte den deutschen Höfen Macht und Herrlichkeit zurückgegeben. Das Theater war es, das zunächst von dem erneuerten Glanze Zeugnis abzulegen hatte." E. Devrient, 1967, Bd. 2, S. 93.

57 Wie konträr sich die fürstlichen Festtheater des Barock zu den bürgerlichen Theaterbedürfnissen verhielten, vermag eine aufklärische Kritik an der alten Dresdner Zwingeroper zu erhellen: „Das alte Opernhaus, worinn ehedem die 80 000 Thaleropern gegeben wurden, vergleicht ein gewisser Herr Grüner in seinen theatralischen Reisen mit der Größe der Fürsten. Das tertium comparationis müßte darinnen liegen, daß es leer, kostbar und unnütz ist." A. Rabiosus, Wanderungen und Kreuzzüge durch einen Theil Deutschlands. Altona 1795, S. 138.

58 W.T. Hinrichs, 1909; E.P. Riesenfeld, 1913; A. Valdenaire, 1919; W. Rohe, 1931; P.O. Rave, 1941; W. Schneemann, 1943; M. Frölich/H.G. Sperlich, 1959; O. Hederer, 1960 und 1964.

59 An der Spitze dieser arbeitsteilig organisierten Architekturbüros steht das Wiener Theaterbauatelier von Fellner und Helmer, das in Mitteleuropa 47 solcher Gebäude errichtet. Dabei sind Wiederholungen von einmal bewährten Lösungen nicht ausgeschlossen. Das Deutsche Schauspielhaus in Hamburg (1900) kopiert das Volkstheater in Wien (1889). Von den deutschen Architektenfirmen bauen Seeling 12, Littmann 10, O. Kaufmann 9, Moritz 7, Dülfer 6 und Sehring 5 Theater.
H.-C. Hoffmann, 1966, S. 9 u. Anm. 3 S. 125 u. ders., 1974, S 209-222.

60 H. Beenken, 1944, S. 27; vgl. auch W. Herrmann, T.1, S. 38 ff. u. H. Sedlmayr, 1948, S. 43.

61 Die kanonisierte typologische Form des europäischen Guckkastentheaters wurde weniger durch die Reformansätze des Wagnertheaters berührt, das auf nur perfektere Illusionierung angelegt war, als durch die revolutionären Konzepte der westeuropäischen Dadaisten und der russischen Konstruktivisten, die durch Aufsprengen der geschlossenen Theaterformen und Negierung jeglicher verabredeten Konvention zwischen Spielern und Publikum im Theater nach eigenem Anspruch Wirklichkeit gestalten, nicht illusionistisch abbilden wollten. Das totale Theater als eine die neuesten Medien benutzende Bilderfabrik sollte zum utopischen Stadtraum gegen den existierenden werden. Dazu: M. Tafuri, Il teatro come città virtuale. Da Appia al Totaltheater. in: Lotus international. 17.1977, S. 30-53. Zum Topos des Theaters als Stadtraum vgl. auch F. Barbieri, Il Teatro Olimpico: della città esistenziale alla città ideale. in: Bollettino del Centro Inter-

nazionale di Studi di Architettura Andrea Palladio. 16.1974, S. 309-322.
62 Hoftheater entstehen noch in Oldenburg 1880/81 und 1892/93, Schwerin 1883/86, Gera 1900/02, Weimar 1906/08, Stuttgart 1909/12 und Detmold 1914/15.
63 H. Zielksse, 1971, S. 30, setzt als Periodengrenze das Jahr 1880 an.
64 G. Semper, 1849, S. 1.
65 Die Angemessenheit von Sempers Forumsplan in den Kategorien des vormärzlichen Verfassungsstates betont W. Herrmann, T. 2, S. 16 f. Das wird besonders deutlich im Vergleich von Sempers 1849 gedruckter Publikation des Dresdner Theaters mit seinem Manuskript, in dem er sich sehr viel kritischer und rückhaltloser über ihm aufgezwungene Korrekturen bei der Forumsplanung äußert. W. Herrmann, Gottfried Semper. Theoretischer Nachlaß an der ETH Zürich. Katalog und Kommentare. Basel/Boston/Stuttgart 1981, S. 84.
66 Zur Planungs- und Baugeschichte: M. Mütterlein, 1913; C. Zoege von Manteuffel, Der Dresdener Theaterplatz von Gottfried Semper. in: Jahrbuch zur Pflege der Künste. 4.1956, S. 105-120 und ders., 1977, 178-182. Zoege von Manteuffel, S. 178, vertritt allerdings unhistorisch die Meinung, der Architekt habe das Schloß aus dem Forum optisch ausschalten müssen, weil es „in seiner unregelmäßigen Renaissance-Anlage nicht architektonisch Ausgangspunkt von Sempers Planung werden konnte." K. Milde, Gottfried Sempers städtebauliche Leitgedanken. in: Architektur der DDR. 28.1979, S. 219, schält bereits aus der Vorgeschichte des Projekts den Konflikt zwischen Semper und dem Hof heraus, der dann zum Scheitern führt. Die Versetzung von Rietschels Reiterdenkmal Friedrich Augusts I. aus der Hauptachse der noch offenen Zwingeranlage auf die innere Querachse verschafft dem höfischen Festplatz eine gewisse Selbständigkeit, nimmt ihm aber gleichzeitig die Möglichkeit, durch die Ausrichtung des Denkmals das ganze Elbforum zu bestimmen. Aus diesem Konzept folgt später konsequent die Abriegelung der offenen Zwingerseite durch Sempers Museum. Siehe auch: Gottfried Semper, S. 177-186.
67 Vgl. K. Milde, S. 144 ff.
68 F. Dieckmann, S. 3.
69 C. Sitte, S. 127.
70 Bereits in Vincenzo Ferrareses Theaterentwurf zum Traktat des Milizia befindet sich in der Mitte der Halbrotunde eine durch zwei Stockwerke reichende Nische mit dem leierspielenden Apoll auf dem Parnaß. Die der Hofloge im Innern entsprechende Erscheinungsarchitektur über dem Theatereingang in Dresden dagegen zitiert den Mittelbalkon des absolustistischen Schlosses pomphaft aufgebläht und gleichsam verstaatlicht, indem die kolossalen Proportionen dieses Thronsitzes jeden monarchischen Gebrauch davon denunzieren. Das Theater maskiert sich als mächtigeres Schloß als das des Königs! Vgl. C. Zoege von Manteuffel, S. 182 f. Das in der neueren Architektur häufig vorkommende Motiv der großen exedrenartigen Portalnische im Hauptgeschoß – vgl. etwa Guarinis Palazzo Carignano in Turin (1679/83), Vanvitellis Fassade des Schlosses in Caserta (1752 ff.) und das alte preußische Militärkabinett von W. Titel in Berlin (1792/93) – wurde erstmals 1846 in großem Maßstab für ein Theater adaptiert, und zwar über dem Eingang des Théâtre Historique in Paris (L. Hautecoeur, Bd. 6. 1955, Abb. 75 S. 90).
71 Vgl. W. Herrmann, T.2, S. 52 f.; Gottfried Semper, S. 194-207; K. Milde, S. 270-274. H. Magirius, Dresden, bereitet eine Monographie über das zweite Sempertheater vor; vorläufig ders., S 360 ff.
72 M. Mütterlein, S. 342 ff.; H. Magirius, S. 369 f.
73 F. Dieckmann, S. 5; H. Magirius, S. 370.
74 Das Theater wurde in der Öffentlichkeit nicht als Hofoper, sondern als „Semperbau" rezipiert. Erinnerung an die Aufklärung und nationales Pathos mischen sich in einer bezeichnenden Wertung von M. Hammitzsch, S. 199: „Was Gluck und Mozart für die deutsche Musik, Lessing für die deutsche Sprache und Dichtung waren, wurde Gottfried Semper für die deutsche Baukunst und insbesondere für den deutschen Theaterbau." Siehe auch H. Habel, 1970.
75 Die öffentliche Architektur des 19. Jh., deren ins Gewaltige gesteigerter Maßstab, als Pathosgebärde verstanden, den moralischen Anspruch und das Selbstbewußtsein der nachabsolutistischen Gesellschaft zu erkennen gibt, tritt selbst als authentische Darstellung bürgerlicher Werte auf, die den Charakter von Hoheitszeichen angenommen haben. K. Döhmer, S. 91.
76 Vgl. Anm. 17 und in Abgrenzung von der sich selbst imponierenden Masse, von der Goethe im Tagebuch der 'Italienischen Reise' berichtet, als einer fremdbestimmten und von aktiver Beteiligung am gesellschaftlichen Leben ausgeschlossenen, F.-J. Verspohl, S. 26 f. Demgegenüber wird das Theaterpublikum, das nicht die Qualität einer ungeordneten Masse aufweist, durch ständische Selektion partiell integriert und domestiziert.
77 Unter die zuvor „im Bereich der Fürstenresidenz eingebundenen politischen, verwaltungstechnischen und kulturellen Funktionen", die sich jetzt durch die Verfügung bzw. Beteiligung bürgerlicher Schichten als Träger oder Publikum zu eigenen Bauaufgaben verselbständigen, zählt H. Habel,

1967, S. 132, die Baugattungen Parlamentsgebäude, Ministeriums-, Regierungs- und Verwaltungsgebäude, Justizpalast, Museum, Bibliothek, Theater, Konzerthaus, Fest- und Gesellschaftshäuser. Durch die Auslagerung der kulturellen Funktionen in die Stadt „verliert der Hof die zentrale Stellung in der Öffentlichkeit, ja seine Stellung *als* Öffentlichkeit." J. Habermas, S. 42.

78 Vgl. G. Mollers Palais für den Herzog von Nassau in Wiesbaden, 1837/41 (Darmstadt, S. 174-187). Nur wenige der regierenden deutschen Fürsten residieren nach 1815 noch ständig in ihren angestammten Schlössern; die meisten beziehen zum Wohnsitz neu errichtete Palais, deren Architektur die Stadthäuser des hoffähigen Adels kaum mehr übertrifft, so in Berlin, Stuttgart, Hannover u.a.

79 In der französischen „Großen Oper" (Meyerbeer) und ihrem zum Kolossalen drängenden Aufwand in musikalischer und bühnentechnischer Hinsicht kulminieren Tendenzen, die an die Praxis der höfischen Feste des Barocktheaters anknüpfen, um darin einen politisch empfundenen Mangel zu kompensieren.

80 Grundlegend sind ihnen die bürgerlichen Kategorien der Natürlichkeit, Individualität, Subjektivität, dazu: L. Balet/E. Gerhard, S. 180 ff., 299 ff., 394 ff.

81 J. Habermas, S. 102 ff.

82 A. Silbermann, S. 387 ff.
Bereits F. Milizia beschrieb das Moment der Kontrolle in Form von verabredeten Verhaltensnormen der zum Publikum versammelten Privatleute als nützliche Affektregulierung: „Einer der größten Vorteile der öffentlichen Theater ist die Öffentlichkeit. In seinem eigenen Hause und unter seinen Standesgenossen läßt jeder seiner Laune die Zügel schießen, aber er beginnt sich zu zügeln in dem Maße, als die Zahl und die Bedeutung seiner Zuseher wächst, daher erscheint jedermann in der Öffentlichkeit mit einem Schein von guter Erziehung und Höflichkeit, die er im intimen Verkehre kaum besitzt, und zwingt sich, zu erscheinen, wie er eigentlich sein sollte."
F. Milizia, 1847, Bd. 2, S. 374; hier zit. in der deutschen Übersetzung von C.L. Stieglitz bei A. Streit, S. 197. Vgl. auch Anm. 114.

83 F. Schiller, S. 92.

84 R. Koselleck, 1959, S. 82 ff.

85 Ebd., S. 85.

86 W. Klein, S. 5 u. ff.; J. Bab, S. 170, nennt die Nationaltheater „Dachbauten des Geistes, ohne soziales Fundament".

87 So lautet die Gebälkinschrift unter dem Giebel von Fischers erstem Wettbewerbsprojekt zum Münchner Nationaltheater 1802. W. Nerdinger 1980, S. 257 u. 273.

Sogar der Königsmord auf der Bühne kann als Warnung an das eigene Fürstenhaus inszeniert werden. 1838 entwirft der Darmstädter Theatermaler J.H. Schilbach den Ballsaal im 3. Akt von Aubers „Maskenball" nach dem Libretto von E. Scribe als getreues Abbild des Zuschauerraums mit der übergiebelten Mittelloge in Mollers Hoftheater. Siehe: Darmstadt, S. 506 u. Abb. S. 507. Die „Ermordung" Gustavs III. von Schweden auf der Bühne und in der gespiegelten Szenerie des großherzoglich hessischen Hoftheaters mag auf das Konto des zensurfreien, liberalen Klimas im vormärzlichen Darmstadt zu buchen sein; ganz ohne Irritationen aber wird sich das Publikum nicht den ästhetischen Reizen dieses Theaters auf dem Theater hingegeben haben. Immerhin, die gute Miene des Großherzogs zum bösen Spiel bei seiner Bühne ließ es die Darmstädter Bürger beim Opernmord bewenden.

88 Diese Funktion und ihre Wirkung auf die Theaterarchitektur beschreibt C. Elling, Operahus og Casino. Studier i det italienske Logetheater 1670-1830. Kopenhagen 1942.

89 „Il vero dramma é una scuola di virtù. Allora il teatro divine una scuola di morale, una scuola, in cui la morale è posta in azione con tutte le grazie e con tutto il diletto per iscuotere e incitare gli uomini alla virtù." F. Milizia, 1847, Bd. 2, S. 375.
Siehe auch M. Gollwitzer, Francesco Milizia: Del Teatro. Ein Beitrag zur Ästhetik und Kulturgeschichte Italiens zwischen 1750 und 1790. Phil. Diss. Köln 1969.

90 G. Ricci, S. 190.

91 Weitaus extensiver als in Deutschland werden in Italien kirchliche Gebäude für Theaterbauten abgerissen. Dazu: A.M. Fundarò, S. 69 f. u. G. Ricci, S. 194 f. Vergleichbar mit der Okkupation kirchlicher Räume für Theaterzwecke ist die Installierung der neuen bildungsbürgerlichen Universitäten in Schlössern und Residenzen in Berlin, Bonn, Erlangen, Hannover und Münster. Vgl. in diesem Zusammenhang J. Zänker, S. 74.

92 z.B. Diderot; dazu: M. Steinhauser, 1975, S. 351. J. Bab, S. 201, erinnert an Lessings 'Nathan' als Manifest gegen orthodoxe Theologie.
Die moralische Nützlichkeit der Bühne erscheint als Argument bereits voll ausgebildet bei J.B. von Rohr, Einleitung zur Ceremoniel-Wissenschafft der Grossen Herren. Berlin 1729, S. 813 f.: „So sehr als nun der gleichen Schau-Spiele von einigen alten und neuen Kirchen-Lehrern herunter gemacht werden, so finden sich auch hingegen wieder sehr viel Verfechter und Vertheidiger der Opern und Comoedien. Sie schreiben den grotesquen Actionen auf dem Theatro einen unvergleichlichen Nutzen zu; Sie meynen, ihr Haupt-Endzweck bestünde

keineswegs darinnen, daß man die Gemüther der Menschen bey ihrer Ungezogenheit divertiren solte, gleichwie sich etwan diejenigen, so keinen Verstand von der Sache hätten, träumen ließen, sondern sie zielten vielmehr directe dahin, daß man die Laster unartiger Leute vor Augen stellen, und sie gleichsam mit solchen heßlichen Farben abmahlen wolte, daß sich andere daran spiegeln, und vor dergleichen hüten lernten. Man hatte aus der Erfahrung, daß eine so lebendige Vorstellung und in Schertz beschehene Bestraffung der Laster, den Leuten offt weit mehr zu Hertzen gienge, als eine vorgeschriebene Morale, oder der Usus epanorthoticus in der Leipziger Prediger-Kunst. Die schertzhaffte Morale fruchtete öffters weit mehr, als die ernsthaffteste, und bahnte dieser nicht selten den Weg, daß sie hernach besser eindringe, und aufgenommen würde."

93 H. Heine, Reisebilder 2. Teil. Die Nordsee 3. Abteilung. in: ders., Sämtliche Werke, Bd.2. München 1925, S. 109.
94 T.W. Adorno 1959, S. 38. Vgl. M. Horkheimer, S. 22 f.
95 H.T. Rötscher, S. 395. Der Topos wird von H. Sedlmayr, 1948, S. 40, wieder aufgenommen. Literatur zum Thema Theater und Oper als Gesamtkunstwerk ist bei E. Kluckert, Ideologie und Utopie in Schinkels Entwurf für eine Idealresidenz. in: Festschrift für Georg Scheja. Sigmaringen 1975, Anm. 14 S. 195, zusammengestellt.
96 „Ein Theaterbau soll nicht nur – im günstigsten Fall – selbst Kunstwerk sein, sondern ganz unabhängig davon zur Produktion von Kunstwerken dienen. Ein solches Produkt ist wiederum ein dynamisches 'Gesamtkunstwerk' von meist beträchtlichem Ausmaß und Aufwand." R. Theobald, S. 11.
97 R. Wagner, 1871, S. 312.
98 H.-M. Kemme, S. 156 f.
99 H.T. Rötscher, S. 397.
100 Ebd., S. 398.
101 E. Devrient, 1967, Bd. 2, S. 86 u. 218. Vgl. auch ders., 1848, S. 402.
102 E. Devrient, 1964, Bd. 2, S. 233; C. Trilse, S. 433; J. Bab, S. 133 f.
103 R. Theobald, S. 97 f.
104 Dazu: A. Paul, 1969.
105 R. Theobald, S. 100 ff.
106 „Um es überspitzt zu formulieren: Das Prinzip der Volkssouveränität wurde im propagandistischen Bereich scheinbar anerkannt, um es auf konstitutioneller Ebene zu verhindern... Um die Position des Monarchen kurzfristig zu sichern, konnten beispielsweise bürgerlich-fortschrittliche Kunstrichtungen in den Dienst der öffentlichen Propaganda gestellt werden, die freilich langfristig zu einer Schwächung des monarchischen Gedankens beitragen sollten." R. Schoch, S. 89 f.
107 Zur Unmöglichkeit des Gottesgnadentums nach dem Wiener Kongreß und zur „neuen monarchischen Legitimität" siehe O. Brunner, Bemerkungen zu den Begriffen „Herrschaft" und „Legitimität". in: Festschrift für Hans Sedlmayr. München 1962, S. 116-130, bes. S. 130.
108 R. Schoch, S. 89. Noch im prozentualen Schwund der Hofetats, die der Verfassungsstaat als Zivilliste dem Landesherrn aus öffentlichen Mitteln zur Repräsentation gewährt, wird die Privatisierung der Höfe ablesbar.
109 In diesem Sinn will schon 1799 ein Dekret des Innenministers von Neapel gewertet werden, in dem es heißt:
„Il Teatro, onde si propaga ugalmente il vizio e la virtù, a misura delle direzioni che gli si dà, deve formare uno degli oggetti piu gelosi della cura e della vigilanza delle Amministrazioni, per non soffrire, che il popolo venga da altri sentimenti animato che da quelli del patriottismo, della virtù e della sana morale." Zit. bei G. Ricci, S. 195.
110 Der Begriff „Symbolmilieu" stammt von Ernst Cassirer. Vgl. R. Schoch, S. 11 u. Anm. 6, S. 204.
111 O. Negt/A. Kluge, S. 132 ff., interpretieren die Anverwandlung der repräsentativen Öffentlichkeit für die Bedürfnisse des bürgerlichen Nationalstaates als gesamtgesellschaftliche Scheinsynthese, da die neue Gesellschaft de facto nicht mehr von der konstituierten Öffentlichkeit, sondern von der die Individuen isolierenden, auf Wertgesetz und Konkurrenz beruhenden Ökonomie zusammengehalten wird. Dem korrespondiert das abnehmende Interesse der bürgerlichen Herrschaft an der öffentlichen Repräsentation von Festen und Manifestationen, wenn darin ihre Legitimation nicht mehr sinnfällig geleistet werden kann. Vgl. W. Hartmann, S. 133 f. u. 163 f.
112 Habel, 1967, S. 133 ff.

Vor allem in der Oper hat sich der ostentative Charakter der ehemals höfischen Festveranstaltung residuenhaft noch bis heute bewahrt. In einer Mischung aus Bewunderung und Zynismus beschreibt Stendhal die raffiniert kalkulierte Regie des neapolitanischen Hofes, den blendenden Schein des neuen Theaters gegen die Tribüne des debattierenden Parlaments auszuspielen: „Ce qui rend précieux le desert moral de l'Italie, c'est que, même avec les discussions des deux Chambres, ce pays mettra toujours son bonheur dans les beaux-arts (...). Le théâtre de Saint-Charles a attaché les Neapolitains à leur roi plus que la meilleure constitution." Rome, Naples et Florence en 1817. in: ders., Voyages en Italie (Ed. la Plejade). Paris 1973,

S. 123.
113 N. Elias, 1976, Bd. 2, S. 431 f., weist nach, warum – anders als in Frankreich, wo sich seit dem 18. Jh. im Umkreis des Hofes eine aristokratische und bürgerliche „gute Gesellschaft" als normsetzende Oberschicht formiert hatte – in Deutschland erst so spät eine Amalgamierung der höheren Stände zu einer einheitlichen „Society" sich vollzog. Das aus der romantischen Erinnerung an die erste bürgerliche Blüteperiode des 16. Jh. gespeiste Gefühl der sozialen Ohnmacht prägte das bürgerliche Selbstbewußtsein umso stärker, je länger die ökonomischen Bedürfnisse den Schutz durch die staatlichen Gewaltmonopole erforderlich machten. Der Abwendung von der Verwaltung des vorläufig noch unerreichbaren Herrschaftsapparates entsprach eine besonders tief verwurzelte Obrigkeitsmentalität gegenüber der Staatsautorität, die andererseits durch Hinwendung zur individuellen Subjektivität, durch das Herausstellen von „geistigen und kulturellen Werten" kompensiert wurde.
114 Ungeklärt ist noch der spezifische Funktionswert des bürgerlichen Theaters für die Triebverwandlung und Affektregulierung, wie sie N. Elias, 1976, Bd. 2, S. 376, für den Bereich der geschriebenen Literatur annimmt. Es spricht einiges dafür, daß die paradigmatische Affektdämpfung, wie sie in der vormärzlichen Literatur der bürgerlichen Familienstücke (Kotzebue u.a.) begegnet, der Phase aktiver Emanzipation zuzuordnen ist, während die übersteigerten und normsprengenden Leidenschaften in den Tragödien Hebbels und in den Musikdramen Wagners in der Scheinwelt des Theaters als Kompensation der dem Publikum auferlegten Affektregulierung dem Erlebnis der gescheiterten Revolution von 1848 entsprechen.
115 W. Hartmann, S. 7 f.
116 N. Elias, 1976, Bd. 1, S. 37 f.
117 M. Horkheimer, S. 12.
Auf die Spätfolgen des barocken Maschinentheaters bis heute zielt E. Bloch, Bd. 2, S. 823: „Das französische zweite Kaiserreich bezog von dorther seine bereits verrotteten Glanzlichter, ja heute noch lombardiert jeder Prunk – von New Yorker Eisrevuen im Madison Square bis zur Londoner Königskrönung – auf erquälte Weise Feerien des Barock."
118 Zit. bei H.U. Wehler, S. 456.
119 In diesem Kontext wird erst verständlich, warum etwa das Auditorium der 1861/69 von E. van der Nüll und A. v. Siccardsburg erbauten kaiserlichen Hofoper in Wien 1720 Stehplätze, – das sind drei Fünftel der Gesamtkapazität! – enthielt. Die Wiener Ringstraße. Hg. v. R. Wagner-Rieger. Bd. 1, Wien 1969, S. 120.

120 H. Daiber, S. 292.
121 K. Döhmer, S. 80, sieht den Historismus im Rahmen der idealistisch verbrämten Kompensation politischer Einflußlosigkeit, die der Bürger in seinen Kulturidealen und Bildungsbestrebungen fand. „Den durch die Befreiungskriege und den damit einhergehenden Verfassungsversprechungen der Fürsten Politisierten spiegelte letztlich auch der Historismus Verfügungsgewalt lediglich dort vor, wo sie – gesellschaftlich irrelevant, politisch unverfänglich, historisch entrückt – den Marsch der restaurativen Kräfte nicht eigentlich zu behindern vermochte: im ästhetischen Bereich." Ebd., S. 79. In der abstrakten Ausschließlichkeit dieser Formulierung unterschätzt m.E. K. Döhmer das emanzipative Potential ästhetischer Formen, die über sich hinausweisen und oft mit Ansprüchen aufgeladen sind, die eben *noch* nicht einlösbar, d.h. über politische Instanzen vermittelt nicht durchsetzbar sind. Die Langzeitwirkung der ästhetisch formulierten Ansprüche, in denen sich die Bürger im Historismus als Vollstrecker der Geschichte zu erkennen suchten, wurde durch ihre zeitweiligen Kompensationsfunktionen nicht beeinträchtigt, haben sie doch den späten und allerdings leichten Triumph des Bürgertums über die auseinanderfallende Feudalgesellschaft nicht aufzuhalten vermocht. Während der Bildungsbürger nach 1848 und noch 1871 dank seiner überlegenen Einsicht für überparteilich hält, verzichtet der Besitzbürger auf seine politische Emanzipation, so lange der Staat seine ökonomische Entwicklung fördert und ihm gegen das Proletariat und die ausländische Konkurrenz zu Hilfe kommt. Der Preis war immer die Anerkennung der alten Führungsschichten auf politischem und sozialem Gebiet. Dazu H.U. Wehler, S. 458 ff.

ANMERKUNGEN zu KAPITEL I

1 A. Lotz, S. 90 ff.
2 H. Bachmann, S. 122 ff.
3 H. Bachmann, S. 121 f., gibt ansatzweise eine Neubewertung der Person Herzog Ernsts I. und seiner politischen Vorstellungen gegenüber dem harmonisierenden Bild des kunstbegeisterten Landesvaters, das die ältere Literatur gezeichnet hat.
4 G. Hirschfeld, S. 22 ff.
5 A. Valdenaire, 1919, S. 200.
6 E. Müller, Aus den Anfängen des Hoftheaterbaus. in: Rund um den Friedenstein. Blätter für Thüringer Geschichte und Heimatgeschehen 5. 1928. Nr. 1, S. 1 ff.
7 KDM Coburg. 1907, S. 214 u. 228 ff.
8 Schinkel hielt sich 1810 kurze Zeit auf Urlaub in

Coburg wegen des Schloßumbaus auf. A. Faber (Schirer), Neue Schinkel-Zeichnungen für Coburg. in: Jahrbuch der Coburger Landesstiftung 28. 1983, S. 263-268.
9 Karl Friedrich Schinkel. Architektur, Malerei, Kunstgewerbe. Kat. d. Ausst. Orangerie Schloß Charlottenburg. Berlin 1981, S. 127-131; A. Schirer, Karl Friedrich Schinkels Entwürfe für den Umbau der Coburger Ehrenburg 1810-1811. in: Jahrbuch für fränkische Landesforschung. 43, 1983, S. 171-181. Die Autorin hat außerdem eine ausführliche Arbeit über den Coburger Schloßumbau angekündigt.
10 KDM Coburg. 1907, S. 274. Das Waisenhaus befand sich im Gebäude der ehem. herzoglichen Stahlhütte.
11 André Marie Renié (1789-1853), Schüler von A. Vaudoyer und Percier, war in Paris, Meiningen und Coburg tätig.
12 L. Kaemmerer, Ballhaus und Stahlhütte als Vorläufer des Coburger Hoftheaters. in: I. Krauß, S. 32; P.v. Ebart, S. 13 u. H.A. Frenzel, 1965, S. 139-150 mit Abb.
13 Bayerisches Staatsarchiv Coburg (im folgenden: STA Co) Theater Nr. 30; O. Weddigen, Bd. 1, S. 473 f.; F.W. Kawaczynski, S. 14 f.; H. Hirschberg, S. 75 ff.
14 Siehe hier Abschnitt 4.1.
15 StA Co Bauamt Nr. 55.
16 „Der Familiensinn, das 'Haus', die Betonung der dynastischen Tradition, die Selbstdarstellung als 'pater familias' und einfacher Grundherr – das alles entsprach nicht nur dem subjektiven Bewußtsein des Monarchen. Vielmehr bilden diese Begriffe die Stützen der restaurativen Staatslehre, wie sie von Carl Ludwig Haller klar formuliert wurde. Entgegen der abstrakten Staatsvorstellung der Neuzeit leitet sich Hallers 'Patrimonialstaat' vom Urbild der Familie und deren Grundbesitz her. Die Trennung zwischen öffentlichem und privatem Bereich wird aufgehoben durch die Vorstellung, daß die fürstliche Gewalt lediglich privatrechtlicher Natur sei, daß sie sich auf dem erblichen Eigentum am Staatsboden, dem 'patrimonium' aufbaue." R. Schoch, S. 104. Vgl. F. Saß, S.95 f.
17 H. Bachmann, S. 135 ff.; vom selben Verf., Herzog Ernst I. und der Coburger Landtag 1821-1844. Coburg 1973.
18 StA Co Theater Nr. 53. Der ausdrückliche Hinweis auf eine besondere Kommission bezieht sich auf die Existenz der schon seit Jahrzehnten bestehenden Schloßbaukommission, die mit dem hzgl. Kammerdirektor, einem Kammerherrn und einem hzgl. Baurat besetzt und für den Umbau der Ehrenburg nach Entwürfen von A. M. Renié zuständig war.

19 Herzog Ernst I. betrachtete die Domänen als sein Privateigentum. Die Stände versuchten erfolglos, die Domäneneinkünfte dem Staatsetat zuzuschlagen, der in Form der Hauptlandeskasse wesentlich das Steueraufkommen umfaßte. Zum Domänenstreit H. Bachmann 1973 (oben: Anm. 17).
20 Die Schuldenlast resultierte noch aus den napoleonischen Kriegen. Zu ihrer Abtragung war eine Schuldentilgungskommission eingesetzt.
21 1818 hatte Großherzog Ludewig I. während der schwierigen Verfassungsverhandlungen und vor dem Hintergrund wirtschaftlicher Not für 600000 fl. durch seinen Hofarchitekten G. Moller ein Hoftheater errichten lassen, das er mißbräuchlich aus französischen Kontributionsgeldern und über eine 100%ige Sonderabgabe auf den Brennholzpreis finanzierte. Unter dem Einfluß einer scharfen Protestwelle der eigenen Bevölkerung als auch unter Druck der Regierungen in Preußen und Österreich, die revolutionäre Erhebungen und in deren Folge Konzessionen in der Verfassungsfrage fürchteten, sah sich Großherzog Ludewig I. genötigt, ein Drittel der Krondomänen als Wiedergutmachung in Staatsbesitz zu überführen.
A. Müller, Die Entstehung der hessischen Verfassung von 1820. Darmstadt 1931, S. 28 f., 61 u. 95.
22 H. Bachmann, S. 127.
Für den Theaterbau in Gotha war zum gleichen Zeitpunkt ein Etat von nur 15000 fl. angesetzt. Allein dieses Mißverhältnis verrät die Bevorzugung des höfischen Coburger Projekts zum Nachteil des Gothaer Theaters, mit dem der Herzog lediglich den bürgerlichen Interessenten zuvorkommen will.
23 StA Co Bauamt Nr. 291.
24 StA Co Bauamt Nr. 292.
25 Nach der 1821 erlassenen Verfassung setzen sich die Landstände aus 17 Abgeordneten zusammen, davon sind 6 Rittergutsbesitzer und 11 bürgerliche Vertreter der Städte und Ämter. KDM Coburg 1907, S. 195.
26 H. Bachmann, S. 135 ff. Auf Bachmanns detaillierter Schilderung basiert im folgenden meine Interpretation.
27 Der Herzog selbst hatte gegen eine zurückhaltende Empfehlung seiner Regierung mit der Demolierung des Hinterhauses und eines Seitengebäudes des Waisenhauses beginnen lassen, um ein „fait accompli" zu schaffen, von dem er sich das Einlenken der widerspenstigen Stände versprach. Als sein brutales Vorgehen deren Widerstand versteifte, ordnete er den Kaufvertrag an, bevor das Waisenhaus im Sommer 1837 vollständig eingerissen wurde. H. Bachmann, S. 140 u. 144.
28 Ebd. S. 143 ff.
29 Das Theater zählt mit dem Gebäude bis 1919 zum

Privatvermögen des Herzogs. H. Bachmann, S. 133 u. Anm. 3 S. 154.
30 Vgl. die Situation beim Dresdner Theaterbau 1838, M. Mütterlein, S. 334.
31 F.W. Kawaczynski, S. 16.
32 Die überwiegend handwerklich strukturierte Coburger Wirtschaft produzierte in der ersten Hälfte des 19. Jh. noch vorrangig für den Hof. Das Hoflieferantensystem verzögerte die Ausbildung eines freien Marktes. Vgl. E. Kayser/H. Stoob, Bd. 1, S. 137.
33 Die Beamten hatten Landtagsmitgliedern Einblick in Regierungsakten gewährt. H. Bachmann, S. 147 ff.
34 Christoph Anton Ferdinand von Carlowitz (1785-1840) war 1824-40 leitender Staatsminister in Coburg. ADB, 3.1876, S. 790 f.
35 StA Co Bauamt Nr. 291.
36 1842 übernimmt Harres in Darmstadt die städtische Gewerbeschule. Über seine früheren Ausbildungsverhältnisse ist nichts Näheres bekannt. Vgl. Die Bau- und Kunstdenkmäler der Stadt Darmstadt. Bearb. v. G. Haupt. Bd. 1, Darmstadt 1952, S. 325.
37 11 000 Kubikfuß Bauholz aus herzoglichen Forsten waren bereits der Kammerhauptkasse vergütet; die Lieferung von 500 000 Backsteinen war vertraglich geregelt. StA Co Bauamt Nr. 291.
38 Ebd.
39 Ebd., vom 30.6.1837.
Bereits 1835 wurde der Gothaer Hofbaumeister Gustav Eberhard, Bruder des Coburger Baurats Gottlieb Eberhard, mit der Planung des Theaters beauftragt. Nicht erhalten ist das Gutachten von Schinkel, „dessen Ratschlägen" – so Eberhard – „ich namentlich in Betreff des Äußeren manche wesentliche Verbesserung zu verdanken habe."

110 Gotha, Ehem. Hoftheater von G. Eberhard, 1837/41, Entwurf von K.F. Schinkel und Ansicht der Ruine vor dem Abriß

Schinkel lieferte dazu 1837 zwei Zeichnungen, eine perspektivische Außenansicht (Abb. 110) und eine Ansicht des über einem Dreiviertelkreis konstruierten Auditoriums mit Proszenium und Blick auf die Bühne, die heute im Gothaer Museum verwahrt werden (publiziert bei W. Volkland, Taf. 29). Die eingezogene Halbkreisfassade, die anders als die Theater von Moller in Mainz und Semper in Dresden nicht auf den Zuschauerraum verweist, sondern lediglich die Entrées, Vestibül und Foyer umfaßt wie das sehr ähnlich organisierte Theater in Antwerpen von P. Bourla, 1829/34 (P. Klopfer, Abb. 59 S. 74), geht auf den Vorentwurf von Eberhard zurück, der als Schüler von A.F. Leclère (1783-1853) in Paris sicherlich den berühmten Entwurf von J.F. Lecointe und J.I. Hittorf zum Umbau des Théâtre des Italiens, 1825, gekannt und verarbeitet hat (K. Hammer, Abb. 47). Außerdem reist Eberhard noch 1836 nach Paris, München und Brüssel, um die dortigen Theaterbauten zu studieren. Am Théâtre de la Monnaie in Brüssel von L. Damesme, 1817/19, und an diversen Pariser Theatern in der Nachfolge des Odéon sind die Langseiten im Erdgeschoß in einen durchlaufenden Arkadengang aufgelöst, was Eberhard für die Platzseite seines Baus übernimmt. Auf Schinkels Intervention ist dagegen die Kolonnade über dem Arkadengeschoß zurückzuführen. Bei der Ausführung wurde auf das ebenfalls von ihm vorgeschlagene Giebelrelief und auf die Säulenordnung im Obergeschoß der Seitenrisalite verzichtet und der Haupteingang von der Langseite an den Vorbau verlegt. Das sonst getreu nach Schinkels revidiertem Entwurf errichtete Theater hat G. Eberhard in der Zeitschrift für praktische Baukunst 7. 1847, Sp. 439-444 u. Taf. 49-52 publiziert und kommentiert. 5 Risse von 1844 befinden sich im Staatsarchiv Coburg, Theater 88, fol. 21-24 (Abb. 111), in der Anlage zu einem Protokoll.

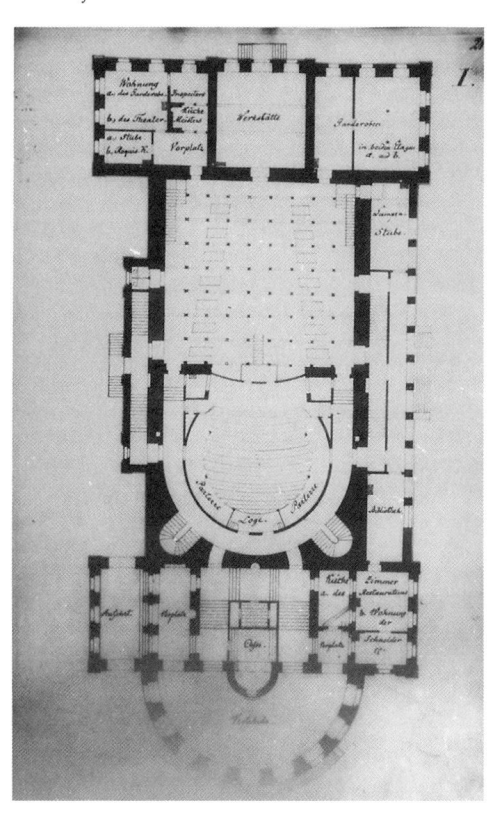

Das 1945 ausgebrannte Theater wurde, obwohl es lange Zeit zum Wiederaufbau vorgesehen war, 1959/60 gesprengt. S. Asche, Thüringen. Ein Beitrag zur Geschichte und zum Charakter des Landes. Troisdorf 1967, S. 83 und Abb. 40.

40 Vgl. Anm. 9. Schinkel weilte in den 30er Jahren wiederholt zur Kur im nahen Karlsbad.

41 W. Volkland, S. 74; G. Motschmann, S. 81-84 u. oben: Anm. 39.

42 Robert Scherzer (1811-94), in München und an der Berliner Bauakademie ausgebildet, war 1833/34 an der Herstellung einzelner Tafeln für Schinkels „Entwürfe" beteiligt. 1835 wurde er als Hofbauassistent nach Gotha engagiert und war mit Eberhard beim Bau des Theaters und des Schlosses Reinhardsbrunn tätig. 1836 avancierte Scherzer zum Hofbaumeister. Siehe: Die Schüler Schinkels. in: Deutsche Bauzeitung 18.1884, S. 404.

43 P.v. Ebart, S. 16.

44 StA Co Bauamt Nr. 291.

45 StA Co Bauamt Nr. 292.

46 StA Co Bauamt Nr. 302. „Vertrag über tauschweise Acquisition des Grundstückes Schwesinger" vom 27.8.1838.

47 StA Co Bauamt Nr. 292.
Vincenz Fischer-Birnbaum (1789-1879), Ausbildung in Prag und Wien, tätig in Sondershausen und Berlin, in Coburg Ausbau des hzgl. Staatsministeriums und Neubau der kath. Kirche St. Augustin 1855/60. Nachruf in Beilage 301 der Coburger Zeitung vom 24.12.1879, S. 1259; G. Lutze, Aus Sondershausens Vergangenheit. Bd.2, Sondershausen 1909, S. 48 f. u. Bd. 3, 1919, S. 152.

48 Auf Fischer-Birnbaum geht die Maschinerie des Prager Ständetheaters und der Theater in Sondershausen und Erfurt zurück. Das alte Erfurter Theater soll er selbst gebaut haben. Zuletzt war er Deko-

111 Gotha, Hoftheater von G. Eberhard, 1837/41, Grundriß Parterre

rationsmaler am Berliner Königstädtischen Theater, das C.T. Ottmer 1823/24 errichtet hatte. StA Co Bauamt Nr. 292.
49 Ebd. Möglicherweise steht der Zeitdruck mit dem Empfang der englischen Delegation in Zusammenhang, die im Frühjahr 1840 den Prinzen Albert, künftigen Gemahl der englischen Königin Victoria, in Coburg-Gotha abholte, um ihn nach London zu begleiten.
50 StA Co Bauamt Nr. 293.
51 Ebd. Die Risse sind in Coburg nicht mehr nachweisbar.
52 Ebd.
53 Ebd.
54 In verschiedenen Reskripten von 1839 war die Theaterbaukommission als aufsichtführend bezeichnet worden.
55 Die Risse gelten sämtlich als verloren. Das Übergabeinventar verzeichnet außerdem „1 Heft von Heideloff, das Nürnberger Theater" StA Co Bauamt Nr. 293.
K.A. Heideloff war 1816-21 als Architekt im Coburger Dienst tätig. Seine Publikation „Entwürfe zu einem neuen Theater-Gebäude in Nürnberg. Mit erläuterndem Texte. Nürnberg 1829" ist in Coburger Beständen nicht mehr nachweisbar. Ein Entwurf ist im „altdeutschen Style" konzipiert, wurde aber nicht ausgeführt. Siehe auch S. 65 f. u. 146.
56 StA Co Bauamt Nr. 294.
57 Ebd. Auch der Gothaer Theaterbau überschritt alle vorgesehenen Finanzkalkulationen. Mit einer Endabrechnung von 84 000 Talern war der erste Etat von 1836 um das Sechsfache überschritten worden. G. Eberhard, Sp. 444.
58 StA Co Bauamt Nr. 313.
59 StA Co Bauamt Nr. 294.
60 Friedrich Paul Schellhorn, Schüler der Münchner Akademie 1817/20. Naglers Neues allgemeines Künstler-Lexicon 15.1845, S. 178 f.
61 StA Co Bauamt Nr. 294.
62 F.W. Kawaczynski, S. 16; KDM Coburg. 1907, S. 274.
63 Vgl. Anm. 19.
64 H. Bachmann, S. 150.
65 Von Gottfried Semper 1838/41 (Abb. 1). Literatur siehe Einleitung, Anm. 66.
66 Kursaal in Brückenau von J.A. Gutensohn 1827/33, Kursaal in Kissingen von Friedrich Gärtner 1834/38. Siehe Anm. 75 u. 83.
67 StA Co Bauamt Nr. 294.
68 Vgl. Kap. IV, S. 153.
69 StA Co Bauamt Nr. 322.
70 StA Co Theater Nr. 142.
71 StA Co Theater Nr. 143.
72 StA Co Theater Nr. 145.
73 K.T. v. Küstner, 1857, S. 153-158; vgl. auch K. Wahl, S. 109; H.A. Frenzel, Die Hoftheater von Coburg und Gotha als Theaterzentren seit 1825. in: Geschichte Thüringens. Hg. v. H. Patze u. W. Schlesinger. Bd.4, Köln/Wien 1972 (= Mitteldeutsche Forschungen. 48/IV.), S. 291 f.; H. Bachmann, Coburger Theatertraditionen. in: H. Bachmann/J. Erdmann, S. 59-99. Tabellen und Übersichten zum Spielplan bei F.W. Kawaczynski, S. 26 (für die Jahre 1827-52); H. Hirschberg, S. 175 ff. (1827-1909); Weiß, S. 167 f. (1827-77).
74 Gutensohn studierte mit Friedrich Gärtner an der Münchner Akademie, reiste 1819-27 in Italien, wurde von König Ludwig I. v. Bayern als Hofbaumeister und Kreisbauinspektor nach Würzburg berufen, seit 1832 für Otto von Wittelsbach in Griechenland tätig, 1839-44 Professor für Perspektive an der Prager Akademie. Zusammen mit J. Thürmer und J.I. Hittorf publizierte er über italienische Architektur des Mittelalters. Zu Leben und Werk Gutensohns neuerdings E. Wegner, dessen Monographie erst nach Abschluß meiner Arbeit erschien.
75 Allgemeine Bauzeitung 6.1841, S. 5 f.; W. Nerdinger, 1980, S. 415-420; E. Wegner, S. 236-277. Obwohl Gutensohn sich wegen Kostenüberschreitung mit dem König überworfen hatte und vorzeitig aus den Dienst geschieden war, konnte er sich in diesen Jahren einen Namen als Spezialist für Gesellschaftshäuser und Kasinobauten machen. 1835 engagierte ihn der Herzog von Nassau nach Wiesbaden für Arbeiten am neuen Stadtpalais und beteiligte ihn maßgeblich an Planung und Ausführung der Kurhauskolonnaden. Im gleichen Jahr wurde er mit den Entwürfen für das neue Kursaalgebäude in Bad Ems beauftragt, das 1836/39 gebaut wurde. Dazu: J. Kloft, Die politische Entwicklung des Bades Ems im Lichte seiner Baugeschichte. in: Jahrbuch für Geschichte und Kunst am Mittelrhein und seiner Nachbargebiete 15/16. 1963/64, S. 39-72, bes. S. 62 ff.; zuletzt E. Wegner, S. 278-318.
76 StA Co Plansammlung Mappe 23. Aufgrund dieses Projektes war vom Herzog, der gerade in Gotha Hof hielt, an Gutensohn der Ruf auf die Stelle eines Baudirektors in Coburg-Gotha ergangen. Gutensohn benützte das Angebot lediglich, um seine Position in bayerischen Diensten zu verbessern und lehnte dem Coburger Hof ab, nachdem er eine Erhöhung des bayerischen Dienstsoldes auf 1 100 fl. durchgesetzt hatte.
Diesen Hinweis verdanke ich A. Baeumerth, Usingen, die Gutensohns Personalakten im Bayerischen Hauptstaatsarchiv München eingesehen hat. Siehe jetzt auch E. Wegner, S. 141-153, der Gutensohn als

Entwerfer von Raumausstattungen für Schloß Ehrenburg bestimmt, u. S. 158-168.
77 KDM Coburg. 1907, S. 198. Siehe auch Anm. 93.
78 Für das den unteren Friedrichsplatz nach Osten abriegelnde Friedrichstor oder Auetor – da ein Stadteingang an dieser Stelle infolge des steil abfallenden Geländes fehlte, bestimmte allein die Größe des Platzes die Dimensionen des zum Denkmal aufgewerteten, verkehrsmäßig kaum relevanten Tores – hatte Ledoux einen riesigen Triumphbogen in der Art der Pariser Porte St. Denis projektiert, zu dessen Ausführung sich aber der Landgraf der enormen Kosten wegen nicht entschließen konnte. Zwei stattdessen von S.L. du Ry 1779/82 errichtete Wachhäuser mit Portiken baute C. Bromeis 1824/26 in Anlehnung an den ersten Entwurf, doch in weitaus geringeren Verhältnissen um. Ein im Durchgang kassettierter römischer Triumphbogen war durch in Kämpferhöhe ansetzende Säulenkolonnaden beidseitig mit den Wachhäusern verbunden. A. Holtmeyer, Die Bau- und Kunstdenkmäler im Regierungsbezirk Cassel. 6. Kassel 1923, Textbd. 1, S. 125 f. und Atlas 1, Taf. 74; Aufklärung und Klassizismus in Hessen-Kassel unter Landgraf Friedrich II. 1760-1785. Ausst.Kat. Kassel 1979, S. 209 (Nr. 263); M. Gallet, S. 135 f.
Klenzes Hofgartentor in der Achse der Brienner Straße in München, 1816 (O. Hederer, 1964, S. 229, Abb. 111; W. Nerdinger, 1980, S. 149-152), ist eine vereinfachte Variante von Andreas Gärtners Entwurf zum neuen Schwabinger Tor zwischen Theatinerkirche und Residenz in der Achse der späteren Ludwigstraße, nach 1804 (siehe Anm. 90).
79 Die mit seitlichen Treppenabgängen versehene Exedra als Abschluß des alten, barocken Hofgartens ist in der Achse durch den offenen Torbogen der Orangerie auf das Fontänenrondell orientiert, in dem die orthogonal aufeinander bezogenen Hauptachsen Ehrenburg – Theaterfassade und Hofgarten – Mittelpavillon des Gästehauses ihren Schnittpunkt haben.
80 Vgl. J. Habermas, S. 17.
81 Eine dem Gutensohnschen Entwurf sehr ähnliche zweistöckige Loggienfassade mit Säulenordnungen findet sich etwa vor der 'Salle Ventadour' von Huvé und Guerchy in Paris 1826/28 (J.A. Kaufmann, Taf. XXIII, Fig. 1) In Deutschland taucht das Motiv zuerst beim Stadttheater in Frankfurt/Oder auf, das nach einem Vorentwurf von Schinkel 1840/42 von E.K.A. Flaminius verändert ausgeführt wurde. (H. Kania/H.H. Möller, Abb. 104 und 107). Vgl. Kap. IV, Anm. 138.
82 Vgl. das Obergeschoß der Schmalfronten der Alten Pinakothek in München, nach 1826, (V. Plagemann, Abb. 73), und dagegen die Fassade von Gutensohns Brückenauer Kursaalgebäude, 1827/33, (hier: Abb. 19).
83 H. Reidelbach, Abb. S. 261; O. Hederer, 1976, S. 189 f. u. Abb. 128, 131. Gärtner gruppiert den zweistöckigen Kursaal und die eingeschossigen Wandelhallen zu einem ehrenhofartig geöffneten, weit gestreckten Hufeisen im Kurgarten.
84 G. Semper, 1849, Taf. 2 und hier: Abb. 1. Semper ist von J.N.L. Durand, hier: Ab. 33, abhängig. Vgl. K. Eggert, S. 201 ff.
85 Zum Begriff des „théâtre basilique" siehe Kap. IV. Anm. 134.
86 H.-C. Hoffmann, 1966, S. 42.
Semper entwarf eine solche Loggia für das kaiserliche Theater in Rio, 1858, von der aus der Kaiser sich bei besonderen Anlässen dem Volk zeigen sollte. Semper wiederholt das Motiv ohne diese ausdrückliche Zweckbestimmung bei den Entwürfen für das geplante Wagner-Festspielhaus in München (1866) und beim zweiten Opernhaus in Dresden (1871/78). H. Habel, 1976, S. 137 u. Abb. 12, 13. Für einen Staatsakt wird noch 1925 die Arkadenloggia des Potsdamer Bahnhofs in Berlin genutzt, um dort Friedrich Ebert, den ersten Reichspräsidenten der Weimarer Republik, nach seinem Tod pomphaft aufzubahren. E. Redslob, Von Weimar nach Europa. Erlebtes und Durchdachtes. Berlin 1972, Abb. 12.
87 A. Tschira, Orangerien und Gewächshäuser. Ihre geschichtliche Entwicklung in Deutschland. Berlin 1939, S. 33 ff. u. W. Götz, Deutsche Marställe des Barock. München/Berlin 1964, S. 31 f., 45-48.
Exedrenartige Ökonomiebauten vor der Stadtfront eines Palastes bzw. entsprechend eingebogene Gartenarchitekturen auf der Parkseite mit Kolonnaden sind seit Palladios Entwurf zur Villa Trissino di Meledo (publ. 1570) ein häufiges Motiv der Schloßarchitektur. Darunter gehören in Deutschland Jean Marots Projekt für Mannheim (1672), die Stallgebäude von B. Neumann in Pommersfelden, die Exedren des Zwingers in Dresden, die Rennbahnkolonnade von S.L. du Ry vor dem alten Kasseler Landgrafenschloß oder die Kolonnade zwischen den Communs des Neuen Palais in Potsdam, schließlich die seitlich am Corps-de-Logis ansetzenden Zirkelbauten in Schwetzingen (gartenseitig) und Nymphenburg (stadtseitig) bzw. die eine Querachse vor dem Ehrenhof ausbildenden Exedren vor P.M. d'Ixnards Residenz in Koblenz.
Im neuzeitlichen Theaterbau geht das Kolonnadenmotiv auf die Auseinandersetzung mit Vitruv, V.9, zurück. In einer anonymen Idealskizze für die römische Residenz der Christina von Schweden aus dem späteren 17. Jh. wird dem Palazzo Riario an der Lungara ein freistehendes Hoftheater im Zentrum

einer dreiseitig den rechteckigen Vorplatz umfassenden Portikus gegenübergestellt. S. Vänje, Queen Christina and the Vitruvian theatre. in: Queen Christina of Sweden. Documents und studies. Hg. v. M. v. Platen. Stockholm 1966, S. 378 ff. Folgenreicher ist Arnaldis Traktat von 1762, S. 72 ff., das die vitruvianischen Portiken in die italienisch-französische Reformdebatte eingeführt hat. In den großen Maßstab der Urbanistik übersetzt sind die ein Theater flankierenden Viertelkreiskolonnaden zwischen den Domen auf dem Berliner Gendarmenmarkt in F. Gillys Schauspielhausentwurf „in nächtlicher Beleuchtung", A. Oncken, Abb. 55 b.

88 U.v. Hase, Wiesbaden als Kur- und Residenzstadt. in: L. Grote, S. 131, Abb. 2. Vgl. auch die hufeisenförmige Anlage des Quellenplatzes (Esplanade) in Bad Nenndorf mit dem segmentförmig eingebogenen Badehaus im Scheitel, 1791 nach Plänen von S.L. du Ry, über dessen Grundmauern 1904/06 das heutige, palastartige Gebäude errichtet wurde. O. Hodler, Die bauliche Entwicklung des Staatsbades Nenndorf. In: 175 Jahre Bad Nenndorf. Das Jubiläum des niedersächsischen Staatsbades. Hg. v. Staatsbad Nenndorf, 1963, S. 44-48.

89 Die typologische Entwicklung dieses wichtigen Zweiges der öffentlichen – zumeist städtischen – Architektur ist noch weitgehend ungeklärt. Literatur fehlt nicht zuletzt wegen des im zweiten Weltkrieg radikal dezimierten Denkmälerbestandes nahezu völlig, sieht man von Bearbeitungen einzelner Objekte und einem grob skizzierten Ansatz bei H. Habel, 1967, S. 143 ff., ab. Zwei Wurzeln sind für die Genese der Gattung vorauszusetzen, zum einen die städtischen Festhäuser und Saalbauten seit dem Spätmittelalter (Tanz- und Hochzeitshäuser, Gürzenich in Köln, Römer in Frankfurt), zum anderen die Redoutensäle und freistehenden Lusthäuser der großen Residenzen (Prag, Stuttgart). Die noch stark höfisch bestimmte Gruppe der rheinischen Redoutenhäuser in den vornehmen Badeorten (Aachen, 1782/86 von J. Couven; Godesberg, 1780/90 von M. und A.F. Leydel) ist das Bindeglied zur umfangreichen Zahl der Kursaalgebäude und Kurhäuser einerseits (dazu E. Wegner, S. 319-328) und zu den städtischen Kasinos andererseits (Zivilkasinos in Potsdam 1821/23 und Magdeburg 1825/29 von K.F. Schinkel, in Koblenz 1827/28 von F. Nebel, in Köln 1829/32 von M. Biercher nach Entwurf von J.H. Strack). Zu den rheinischen Kasinos, die stärker in der Tradition politischer Clubs und Lesegesellschaften stehen, siehe E. Brües, Kasinobauten. in: Kunst des 19. Jahrhunderts im Rheinland. Hg. v. E. Trier/W. Weyres, Bd. 2, Düsseldorf 1979, S. 191-202. Kasinos enthalten eine Abfolge von Festräumen, in denen auch Konzerte und Theateraufführungen stattfinden, sofern keine eigenen Gebäude für diesen Zweck zur Verfügung stehen. Obwohl sie Treffpunkt einer standesspezifischen, geschlossenen Gesellschaft waren – adelige und bürgerliche Kasinos bestanden zuweilen nebeneinander – müssen die Gebäude ihrer Polyfunktionalität wegen als Vorläufer der Stadthallen (zuerst Mannheimer Rosengarten von B. Schmitz 1899/1903) gelten, die sich seit der Jahrhundertwende überall durchsetzten.

90 O. Hederer, 1976, S. 253 Abb. 172; W. Nerdinger, 1980, S. 136. Vgl. Anm. 78.

91 Gutensohn war von 1819 bis 1827 in Italien.

92 Anders als üblich liegt die Cour d'honneur der Ehrenburg nicht vor der stadtseitigen Front, sondern wurde im Rahmen der barocken Erweiterung der einzig noch freien Gartenseite vorgebaut. H. Brunner, Die Bautätigkeit an Schloß Ehrenburg unter Herzog Albrecht. in: Jb. der Coburger Landesstiftung. 1958, S. 170 f. u. 181 f.

93 H.J. Kunst, 1976, S. 23 f.
Die aus England importierte Neugotik der Parkschlösser und Gartengebäude tritt in Deutschland zunächst im höfischen Bereich auf (Wörlitz 1773, Löwenburg bei Kassel 1793 ff., Laxenburg bei Wien 1798 ff., später Babelsberg bei Potsdam, Marienburg bei Hannover und Kamenz in Schlesien) und dient oft der Besinnung auf die Familiengeschichte der privat gewordenen Dynastien (Löwenburg und Laxenburg als dynastische Denkmäler) zu einem Zeitpunkt, als sich die regierenden Häuser nicht mehr ohne weiteres mit dem von ihnen geführten Staat identifizieren konnten, sondern ihren Status als Grundbesitzer mit privatrechtlicher Verfügungsgewalt über Land und Leute begriffen (vgl. Anm. 16). Auch in Coburg-Gotha gab es solche abgelegenen neugotischen „Retraites" für den privaten Wohnbedarf der herzoglichen Familie, fernab von öffentlicher Repräsentanz, so das 1808/17 umgebaute ältere Schoß Rosenau in der Nähe von Coburg (N. Ott, Schloß Rosenau. Vom Rittergut zur herzoglichen Sommerresidenz. in: Jahrbuch der Coburger Landesstiftung. 14.1969, S. 61-154; Entwürfe von Schinkel, C.G. Langhans u.a.; ausgeführt von K.A. Heideloff) und das 1827/33 von Gustav Eberhard auf den Fundamenten eines säkularisierten Klosters errichtete Schloß Reinhardsbrunn im Thüringer Wald (G. Eberhard, Das hzgl. Schloß Reinhardsbrunn. in: Architektonisches Album. Hg. v. Architekten-Verein zu Berlin. Heft 11 u. 13. Berlin 1845 u. 1849.

94 Als Teil dieses Konzepts ist auch der seit 1838 unter der Leitung von K.A. v. Heideloff erfolgte romantische Ausbau der Veste Coburg zu werten.

95 Ohne Kommentar veröffentlicht bei H. Zirnbauer,

1952. In der Legende wird das Blatt, das sich damals noch im Besitz der Landesbibliothek befand, fälschlich als Tuschezeichnung genannt.

96 Zur malerischen Auffassung der in eine Gartenszene eingebetteten Architektur und zum Fontänenmotiv in der Bildachse vgl. die Ölskizze „Oberste Terrasse mit dem Schloß Sanssouci und zwei Springbrunnen" in der Berliner Nationalgalerie, Nr. 694, von K. Blechen. Siehe: Karl Blechen, Leben, Würdigungen, Werk. Denkmäler deutscher Kunst. Hg. v. Dt. Verein f. Kunstwissenschaft. Berlin 1940, S. 430 Abb. 1712.

97 Die Arkaden wurden nach 1840 in veränderter und reduzierter Form gebaut.

98 Im Mittelbau der Hofgartenarkaden war die Hauptwache der Residenz untergebracht. H. Brunner, S. 29.

99 Vgl. etwa die späteren byzantinisierenden und italianisierenden Kirchen der Schinkelschule in Berlin und Potsdam, z.B. die Heilandskirche in Sakrow, 1841/43, von L. Persius mit ebenfalls vorgelegtem, offenen Umgang und Stülers Matthäuskirche im Berliner Tiergartenviertel, 1844/46.

100 Zu halbkreisförmigen Theaterfassaden siehe Kap. II., Anm. 108.

101 H. Zielske, 1971, S. 155-158; K.F. Langhans, 1853, Taf. 22-26. Die Kenntnis von Schinkels Residenztheater in dessen Idealentwurf einer Residenz von 1835 kann vorausgesetzt werden; H. Beenken, 1952, Abb. 47.

102 Vgl. hier S. 76 ff.
Die Dächer von Bühne und Zuschauerhaus sind zuerst getrennt in Detants römischem Akademieentwurf für ein Schloßopernhaus, 1762 (P. Marconi, u.a., Abb. 603) und in den Reformtheaterentwürfen von V. Ferrarese (F. Milizia, 1773), A.J. Roubo-fils (1777) und beim Grand Théâtre Bordeaux von V. Louis (1773/80, M. Steinhauser, 1969, Abb. 170). 1784 überragt das übergiebelte Bühnenhaus des Théâtre Feydeau von Legrand/Molinos in Paris die gerundete Fassade des Publikumstrakts um ein volles Stockwerk (A. Rietdorf, Abb. 100). F. Gilly hatte den Bau auf seiner Parisreise 1797/98 gezeichnet. Halbkreisfassade vor höherem Bühnenhaus zeigt auch J.N.L. Durands Entwurf (hier Abb. 33). 1826/28 realisiert C. Barabino das höhere Bühnenhaus am Teatro Carlo Felice in Genua (E. De Negri, Abb. 107 S. 136 u. Abb. 109 S. 139).
In Deutschland folgt auf F. Gillys Entwurf zum Berliner Schauspielhaus, 1798 (hier Abb. 39), der von K.F. Langhans 1817 als Ersatz für das abgebrannte Nationaltheater seines Vaters konzipierte (W. Rohe, Abb. 25 u. 26). 1823/24 gibt C.T. Ottmer beim Berliner Königstädtischen Theater dem Bühnenhaus ein eigenes Dach (ders., 1830, Taf. V u. VII), ebenso G.F. Thormeyer um 1830 in seinem Umbauprojekt für die Zwingeroper in Dresden (K. Milde, Abb. 68 S. 77).

103 1839 gewinnt Stüler den Frankfurter Wettbewerb für ein großes Börsengebäude. Siehe: Kunstblatt. 44.1843, S. 290.

104 W. Rohe, S. 61 u. hier S. 134.

105 Hinter der lockeren, fast kulissenartigen Gruppierung der Bauten in einem als natürlich vorgestellten Landschaftszusammenhang wie in den Ensembles der Schinkelschule in Sanssouci und Klein Glienicke ist bereits keimhaft die Entwicklung zu den späteren parkartigen Stadtplätzen angelegt, in denen öffentliche Gebäude an die Stelle privater Gartenarchitektur treten.

106 H. Brunner, S. 29.

107 H. Bachmann, S. 121; E. Kayser/H. Stoob, Bd. 1, S. 137.

108 Dieses Gestaltungsprinzip mit eingezogenem basilikalen Oberbau zeigen die rechteckigen Theatergebäude in München von K.v. Fischer (1811/18), in Darmstadt von G. Moller (1818/19), in Hamburg von C.L. Wimmel (1826/28) und das nach einem Schinkelentwurf errichtete Theater in Gotha von G. Eberhard (1837/41), schließlich das Covent Garden Opera House von R. Smirke in London (1824) und das Alexander-Theater in Petersburg von C. Rossi (1827/32).

109 Die hier publizierten Grundrisse des StA Co Theater Nr. 88 beziehen sich auf den Zustand von 1844. Zum Zustand nach dem Ausbau der rückwärtigen Teile 1847 vgl. den Grundriß bei H. Zielske, 1971, Abb. 28 S. 109.

110 Genaue Maßangaben enthält die Mappe Coburg im Archiv der AG Versammlungsbauten am FB Architektur der TU Berlin.

111 Das Logenhaus fand gleichsam nur eine Unterbrechung durch den Vorhang; der Existenzraum des Publikums verschmolz mit dem Aktionsraum der Bühne. Siehe: H. Tintelnot, 1939, S. 114 ff. Der Saalarchitektur korrespondierte eine feste Dekoration der Bühnenwände, wie sie im alten Berliner Opernhaus und im Koblenzer Komödienhaus noch am Ende des 18. Jhs. existierten. Das Barocktheater war analog zum Illusionismus der Quadraturmalerei so lange Einheitsraum, bis etwa ab 1720 die „scena per angolo" auf der Bühne einen eigenwertigen Illusionsraum, vergleichbar mit der parallel erfolgenden Verselbständigung der Deckenmalerei über den vorgegebenen Grenzen der Realarchitektur, installierte. Vgl. B. Rupprecht, Die bayerische Rokokokirche. Kallmünz 1959, S. 11 ff. u. E. Stadler, Die Raumgestaltung im barokken Theater. in: Die Kunstformen des Barockzeit-

alters. Hg. v. R. Stamm. Bern 1956, S. 190-226.
112 A. Hauser, S. 605.
113 „Wenn im Theater die für jeden Beteiligten ganz bestimmt vorgeschriebene Zirkulation in die verschiedenen Räume des Bühnenhauses beziehungsweise durch Vestibüle zur Kasse, durch Korridore über Treppen zu Garderoben führt usw., so ist eine bestimmt geregelte Handlung vorausgesetzt, und von ihrer besonderen Art ist die Raumform durchwegs abhängig." P. Frankl, S. 143.
114 H. Zielske, 1971, Abb. 28 S. 109.
115 Vgl. Disegni, Abb. 1-3, Entwurf für Bergamo. Konsequent als zentralen Verteiler nutzt K. v. Fischer den Raumtypus im Münchner Nationaltheater, indem er seitlich die Haupttreppen anschließt. (W. Nerdinger, 1980, Abb. S. 271.) Zum Durchgangsraum reduziert, erscheint der Typ oft in den Stadttheatern des Schinkelkreises, die keine repräsentativen Treppen besitzen, so in Aachen, J.P. Cremer 1823/24 (Allgemeine Bauzeitung 18.1853, Taf. 605 f.) u. in Frankfurt/Oder, E.K.A. Flaminius 1840/42 (H. Kania/H.H. Möller, Abb. 105 S. 104).
116 1841 befahl der Herzog anstelle der durchlaufenden Ränge den Einbau von Logentrennwänden im 1. Rang, um den „balcon noble" wieder stärker herauszuheben. StA Co Theater Nr. 138.
117 „Während meiner Anwesenheit in Gotha kamen Zeichnungen von dem St. James' Theater in London, welches hinsichtlich des Auditorii beinahe in denselben Dimensionen als das hiesige ausgeführt ist, an, von denen ich dreie copirte, um solche den Rissen vom hiesigen Theater beizulegen, da S. Herzoglichen Durchlaucht die Risse von dem St. James' Theater zu dem Ende haben anfertigen lassen, um bei der Einrichtung der Theater in Gotha und hier dasjenige Zweckmäßige zu berücksichtigen, was dort ausgeführt, hier aber übergangen worden sein könne." StA Co Bauamt Nr. 293. Die Pläne sind nicht erhalten.
118 R. Mander/J. Mitchenson, Lost theatres of London. London 1968, S. 451 ff. Die Decke des St. James' Theatre ruht anders als in Coburg auf 12 Stichkappen. Die reiche Dekoration des Saales war im Stil „Louis Quatorze" ausgeführt.
119 Das Meininger Auditorium, ebenfalls ohne Parterrelogen und mit gußeisernen Säulchen als Rangstützen entsprach bis zum Brand 1908 seinerseits weitgehend Ottmers Königstädtischem Theater in Berlin. Dazu R. Theobald, S. 286 f. An diesem Berliner Theater war V. Fischer-Birnbaum Dekorationsmaler, bevor er nach Coburg und Gotha berufen wurde.
120 Vgl. dazu R. Wagner-Riegers Interpretation des zweiten Wiener Rokoko in der Ausstattung des Stadtpalais Liechtenstein (1842/47) als Komplement zur Neogotik des böhmischen Hochadels auf seinen Landsitzen. R. Wagner-Rieger, 1970, S. 135 f. u. dies., 1975, S. 16 f. 1852 läßt sich der Herzog von Braunschweig von C. Wolf in einen Trakt des neugotischen Schlosses Sibyllenort bei Oels in Schlesien ein barockisierendes Schloßtheater einbauen. G. Grundmann, S. 244.
121 Vgl. z.B. den Fürstensaal im Ingelheimer Trakt der Würzburger Residenz von 1771/72 (RDK, Bd. 5, Abb. Sp. 311/12).
Wesensbestimmende Merkmale dieses Typus sind rechteckiger Grundriß, Emporen auf Konsolen an den Schmalseiten, darunter Kamin oder Konsoltisch mit Aufsatz zwischen flankierenden Türen. Eine klassizistische Umbildung zeigt Klenzes Fest- und Ballsaal im Münchner Herzog-Max-Palais 1822/26 (O. Hederer, 1964, Abb. 135 u. 136). Siehe auch Kap. III. 3.3.
122 Vgl. etwa den Festsaal im Zivilkasino am Augustinerplatz in Köln, 1829/32, von M. Biercher nach einem Entwurf von J.H. Strack. Die Kunstdenkmäler der Stadt Köln. 2.4. Bearb. v. H. Vogts (= Die Kunstdenkmäler der Rheinprovinz, 7.4.). Düsseldorf 1930, Abb. 234 S. 360. Siehe auch H. Reuther, Festsaal. in: RDK, Bd. 8, Sp. 301 f.
123 Almanach für die Freunde der Schauspielkunst auf das Jahr 1840, S. 298.
124 Gleichzeitig mit Fischers Nationaltheater errichtete E.J. v. Herigoyen 1812 das Theater am Isartor als königliche Nebenbühne. Ausmaße, Gruppierung und Risalitbildung entsprechen ziemlich genau dem Coburger Bau, allerdings ist entgegen dem ursprünglichen Entwurf ein viersäuliger Portikus vor den Fassadenrisalit geschoben. Siehe W. Nerdinger, 1980, S. 122-126.
125 Allgemeine Bau Zeitung. 6.1841, S. 5 f. u. Taf. 376-378, ausführlich behandelt bei E. Wegner, S. 236-277.
126 W. Nerdinger, 1980, S. 415.
127 Der enge typologische Bezug des Brückenauer Kursaals zur Kasinoarchitektur erweist sich u.a. in der Gemeinsamkeit des mehrstöckigen Festsaals und infolgedessen in der Bevorzugung des basilikalen Schemas, das hier aber im Gegensatz zum konventionellen Theaterbau nicht mit einem antiken Portikus verbrämt wird. In dieser Hinsicht lassen sich an den hochmodernen Brückenauer Kursaal die Kasinos in Brünn von L. Förster (Allgemeine Bauzeitung 20. 1855, Taf. 707-712) und in Kopenhagen von Stilling (Allgemeine Bauzeitung. 15. 1850, Taf. 309-310), beide von 1846, und L. Bohnstedts Entwurf für das Gesellschaftshaus des Rigaer Künstlervereins, um 1862, anschließen (D. Dolgner, S. 82). In der nach außen sichtbar

gemachten Hervorhebung des Festsaals über die umgebenden Dependancen bleiben sie freilich dem Theaterbau verpflichtet.

128 Es handelt sich um Beethoven, Goethe, Mozart, Schiller, Gluck, Lessing, Weber, Kotzebue und die auf der Gothaer Bühne selbst tätig gewesenen Ekhof, Winter, Gotter, Benda und Iffland. Ihre Büsten sollten auf Konsolen vor der Rückwand der Kolonnade angebracht werden; ein Alternativvorschlag sah an dieser Stelle Fresken mit Szenen aus deutschen Dramen und Opern vor. G. Eberhard, Sp. 440 und O. Weddigen. Bd. 1, S. 482.

129 Vgl. auch das Hoftheater in Hannover von G.L.F. Laves von 1847/52. H. Zielske, 1971, Abb. 29 S. 111.

130 StA Co Bauamt Nr. 291. Das Meininger Theater wurde 1908 nach Brand stark verändert wiederaufgebaut.

131 Bau- und Kunstdenkmäler Thüringens. 34. Heft. Jena 1909, Abb. S. 112.
Der Kernbau aus Schauraum und Bühne bildet nicht die Mitte der Anlage, sondern ist auf Grund eines wesentlich tieferen und komplexeren Eingangstraktes für die Säle der Kasinogesellschaft in der Achse nach hinten verschoben, so daß das Bühnenhaus nicht wie in Coburg kranzartig ummantelt wird, vielmehr aus der Flucht der Rückwand vorspringt. Die Front ist durch einen Portikus akzentuiert.

132 R. Theobald, S. 281 ff.

133 Vgl. hier S. 144 f. u. Abb. 89, 90. 1828 publiziert J.M. Voit das Projekt zu einem für Augsburg gedachten öffentlichen Gebäude mit Theater, Börse, Konzert- und Redoutensälen sowie einem Lokal für die Harmoniegesellschaft, die ebenfalls die Dominanz der Querachse hinter dem breiten Fassadenprospekt sichern. W. Nerdinger, 1980, S. 345-348.

134 In Meiningen führt die Haupttreppe zur Hofloge und zum Kasinosaal; sie ist in erster Linie für den Hof bestimmt und dient nur *„in besonderen* Fällen" dem Publikum des ersten Rangs. Die Eingänge zum vorderen Kasinobereich und zum Theatersaal sind voneinander getrennt. In diesem Sonderfall eines Hoftheaters liegt der Schwerpunkt auf den Funktionen eines Gesellschaftshauses; das Theater wurde lange Zeit nur sporadisch von reisenden Truppen bespielt, da ein eigenes Ensemble fehlte. (R. Theobald, S. 284). Eine ähnliche Konstellation boten viele Theater zu Anfang des 19. Jh., vorwiegend im höfischen Bereich, die zusammen mit Redoutensälen, aber bei getrennten Zugängen, durch eine gemeinsame Fassade unter ein Dach kamen: so etwa die Theater von E.J. v. Herigoyen für den Kurfürst-Erzkanzler C.T.v. Dalberg in Regensburg, 1803/04, und Aschaffenburg, 1810/11 (W. Nerdinger, 1980, S. 50 ff.) oder die landständischen Theater in den österreichischen Provinzhauptstädten, z.B. in Linz 1801/03 (Österreichische Kunsttopographie. Bd. 42. Die profanen Bau- und Kunstdenkmäler der Stadt Linz. Teil 1. Wien 1977, S. 382-395 u. Abb. 332).

135 Allgemeine Encyclopädie der Wissenschaften und Künste. Hg. v. J.S. Ersch und J.G. Gruber. Bd. 15, Leipzig 1826, S. 263: „Vorzugsweise nannte man in Venedig die kleinen Zimmer über den Kaffeehäusern des Markusplatzes Casini. Sie waren ehemals von den Nobili in Beschlag genommen, um in denselben, frei von häuslichen Standeszwängen, Gesellschaft zu empfangen und zu bewirthen. Diese Mode war lange Zeit allgemein..." Diese Definition läßt sich umstandslos auf die Logensalons und Camerini der italienischen Theater übertragen. Die Praxis der Auslagerung offizieller Formen des gesellschaftlichen Verkehrs aus dem Bereich des Hauses hat zur Voraussetzung, daß der Adel seine öffentlich-repräsentative Lebensweise, „ein großes Haus zu führen", zugunsten der bürgerlichen Trennung in privates Wohnen und öffentliche, vom Standeszwang geregelte Kommunikationsformen aufgegeben hat.

136 Ganz anders verhält es sich mit der Nutzung des großen Saals im halbrunden Vorbau des vergleichsweise „städtischen" Hoftheaters in Gotha, wo der Herzog dem bürgerlichen Publikum weitgehende Konzessionen macht. 1839 setzt er eine Kommission ein, die über die Vermietung des Foyers an städtische Vereine entscheidet, „da Wir endlich gerne geneigt sind, die Räume des neuen Theatergebäudes, insoweit dieselben ganz oder theilweise für die eigentlichen Theaterzwecke entbehrlich sind, zu anständigen geselligen Vergnügungen für das Gothaische Publikum benutzen zu lassen." StA Co Theater 138. Auch hier begegnet also die Tendenz zum kasinoartigen Mehrzweckgebrauch des Theaters, wenngleich mit umgekehrten Vorzeichen; denn ein Saal, in dem sich die Hauptversammlung des Thüringer Gartenbauvereins (1843) oder die Jahresversammlung der deutschen Architekten (1846) trifft und 1849 gar die Gothaer Fraktion der aus Frankfurt vertriebenen Nationalversammlung unter dem Vorsitz Heinrich von Gagerns bis zur endgültigen Auflösung tagt, ist für die Hofgesellschaft diskreditiert. Das war der Preis für die Integration der städtischen Oberschichten, deren politisch gebotene Kontrolle im Vormärz in der Obhut eines Hofinstituts leichter zu bewerkstelligen war. Das Nachgeben in der Theaterfrage hat sich für den Herzog während der 48er Revolution ausgezahlt; in Gotha blieb es

ruhiger als in den benachbarten Residenzen.
137 Siehe: Landbauamt Hof – Dienststelle Coburg, Altes Haus in neuem Glanz. Das Coburger Landestheater nach dem Umbau – ein Beispiel lebendiger Denkmalpflege. in: H. Bachmann/J. Erdmann, S. 131-145.

ANMERKUNGEN zu KAPITEL II

1 E. Bloch, Bd. 2, S. 823.
2 Über die Hofhaltung berichtet anschaulich K. Pfaff, S. 139 ff. Zur personellen Expansion der deutschen Höfe im 18. Jh. vgl. J.v. Kruedener, S. 7-11.
3 Seit Ende 1747 hatte sich auch Balthasar Neumann mit mehreren Entwürfen in die Planung eingeschaltet. In der ersten Fassung des zur Stadt um 90 Grad gedrehten Vorprojekts hat Neumann im linken, im Großen Projekt (1748/49) im rechten Ehrenhofflügel ein Schloßtheater vorgesehen. L. Andersen, Die Residenz im Stuttgart. in: Balthasar Neumann in Baden-Württemberg, Bruchsal-Karlsruhe-Stuttgart-Neresheim. Ausst. Kat. d. Staatsgalerie Stuttgart 1975, S. 75-91.
4 Zit. nach K. Pfaff, S. 277.
5 1664 wurde das erste provisorische „Theatrum" im Saal des Neuen Lusthauses (1584/93) eingerichtet. Ein Komödienhausentwurf von 1665 gegenüber dem Prinzenbau auf dem heutigen Schloßplatz wurde nicht realisiert, stattdessen 1669 das alte Schießhaus auf der Planie zum Theater umgebaut. W. Fleischhauer, S. 29 u. 58 f.; M. Schefold, Bd. 2, S. 618, Nr. 8496, 8497.
In Ludwigsburg existierten seit 1712 meist sehr kurzlebige, provisorische Theatersäle in verschiedenen Flügeln des Schlosses sowie interimistische Komödienhäuser aus Holz (1719 u. 1728). Dazu: W. Fleischhauer, S. 198 f.
6 F. Scholl, S. 191 u. Abb. 43; R. Schmidt, S. 226 ff. Zur Baugeschichte des Neuen Schlosses vgl. F. Scholl, S. 168 ff.
7 K. Weidle, Bd. 1, S. 68.
8 Der Opernsaal wird beschrieben bei Röder, Statistisch-geographisches Lexicon von Schwaben, Bd. 2, Ulm 1792, Sp. 725 ff. Vgl. F. Scholl, S. 197; J. Sittard, Bd. 2, S. 44 ff. Zu G. Beers Neuem Lusthaus, das dem italienisierenden Typus des Prager Belvedere verpflichtet war, vgl. KDM Stuttgart. 1889, S. 30 ff. und G. Halmhuber, S. 321-25, 329 f. u. 340 f.
9 Ph. de La Guêpière (1715-73), 1752-68 Württembergischer Oberbaudirektor, hatte in Paris im Umkreis Marignys und der sich gegen das Rokoko des 'Louis Quinze' profilierenden Architekten Gabriel, Soufflot, Cochin und Dumont die Projekte der französischen Theaterreformer kennengelernt, die das italienische System der Logenhäuser durch offene, galerieartige Ränge aufbrachen. Von Guêpières Theaterentwürfen verdienen besonders Erwähnung: das durch die Publikation in Diderot/d'Alemberts 'Encyclopädie', Planches X. 1772, bekannt gewordene Projekt für ein Stuttgarter Opernhaus am Schloßplatz, ein Knobelsdorffs Berliner Oper übertreffender höfischer Festsaalbau, hinter dessen Palastfassade – große dorische Ordnung über rustiziertem Sockelgeschoß – ein reich artikuliertes Zuschauerhaus mit geteiltem Parterre, zwei Logenrängen mit niedrigen Trennwänden und darüber einer durchlaufenden Galerie unter der von Hermen getragenen Decke den Höhepunkt einer aufwendigen Raumfolge ausmacht (H.A. Klaiber, 1959, S. 113 Abb. 74, 75), die nur in Guêpières 'Recueil d'Architecture' 1758 veröffentlichte, ähnlich strukturierte Variante, deren galerieartiger Oberrang erstmals auf die hochmodernen Balkons in Soufflots Theater in Lyon (1754) Bezug nimmt (H.A. Klaiber, 1959, S. 112, Abb. 73) und der 1764 der Académie vorgelegte und bei G.P.M. Dumont, Suite de projets détaillés des Salles de Spectacles particulières avec les principes de construction, tant pour la mèchanique des théâtres, Paris 1773, publizierte, von Cochins Vorgaben und Potains Querovalprojekt angeregte Entwurf mit dreiteiliger Szene im Rahmen einer Schloßanlage (H.A. Klaiber, 1959, S. 113-116 und F.B. Biermann, S. 11 Abb. 10). Für den höfischen Charakter dieser Projekte, die alle in Beziehung auf eine Residenz angelegt sind, spricht auch die Anlage aufwendiger Mittellogen, die im französischen Theaterbau selten sind. 1758 baute La Guêpière im Theaterflügel des Ludwigsburger Schlosses für 10000 fl. ein Logenhaus ein, das 1810 von Thouret klassizistisch verändert wurde. Dazu H.A. Klaiber, 1959, S. 116 f. u. Abb. 79; H. Zielske, 1971, S. 85-88.
10 H.A. Klaiber, 1959, Abb. 80-82 u. S. 117-120, R. Krauß, S. 48 ff.
11 Vgl. H. Tintelnot, 1939, S. 115 f.
Die Lusthausoper wurde auch als Ballsaal verwendet, zu welchem Zweck Saal und Bühne zusammengezogen werden konnten. Den höfischen Charakter dieses großen Schloßtheaters unterstrich das Deckenfresko von Matthäus Günther, der zur gleichen Zeit mehrere Säle der neuen Residenz, darunter die Aeneasgalerie, freskierte. Zwei zerschnittene, aber zusammengehörige Modellskizzen in Salzburg und Tours, die Günther zugeschrieben werden, sind das einzige Zeugnis des 1762 durch Brand zerstörten Deckenbildes. Barock in Baden-Württemberg. Vom Ende des dreißigjährigen Krieges bis zur französischen Revolution. Kat. d. Ausst. im Schloß Bruchsal. Karlsruhe 1981, S. 93 f.
12 Unter Karl Eugen wirkten u.a. die Bühnendekora-

teure G.N. Servandoni (1763/64), I. Colomba (1750/68), der Komponist N. Jomelli und die Ballettmeister J.G. Noverre und G. Vestris an der Stuttgarter Oper. Zu den Sängern vgl. O. Weddigen, Bd.2, S. 1036 f. Die jährlichen Aufwendungen für Oper, französisches Schauspiel und Ballett betrugen 200000 fl. Dazu ausführlich K. Pfaff, S. 147 ff. Einige Solisten bezogen höhere Gehälter als die Minister. J. v. Kruedener, S. 14.

13 K. Weller, S. 160 f.
14 Dazu R. Buchwald. Zur Entlastung der Lusthausoper ließ der Herzog 1779/80 als zweite Spielstätte ein hölzernes Theater aus Bad Teinach nach Stuttgart an die Planie versetzen.
15 E. Ziegler, Jakob Burckhardts Vorlesung über die Geschichte des Revolutionszeitalters in den Nachschriften seiner Zuhörer. Rekonstruktion des gesprochenen Wortlautes. Basel/Stuttgart 1974, S. 380.
16 E. Gönner, S. 410. Im Ancien Régime war der Hofstaat „ex officio" sogar verpflichtet, das Theater zu besuchen. Vgl. die „Mémoires" des J.C.v. Mannlich, zit. bei W. Weber, Die Rotunde auf dem Karlsberg. in: Wittelsbach und Bayern. Bd.III/2. Krone und Verfassung. König Max I. Joseph und der neue Staat. Ausst.Kat. München 1980, S. 368. Die neuen, vergrößerten Höfe wurden zum existenzsichernden Auffangbecken für den durch Verlust der Souveränität reichskirchlicher Pfründen freigesetzten Adel, der sich von der akuten Gefahr des sozialen Abstiegs bedroht sah. Nirgends jedoch wird mit härteren Methoden versucht, die sozial deklassierten Mediatisierten zu einem botmäßigen Landesadel zu machen als unter König Friedrich I. Zur Lage der mediatisierten Fürsten in Württemberg, das damals als „purgatorio der Standesherrn" galt, vgl. H. Gollwitzer, S. 54 ff.
17 K. Weller, S. 172 f. u. E. Schneider, S. 468 ff.
18 zu Thouret: P. Faerber und A. Winttterlin, S. 172-78.
19 P. Faerber, S. 58-63 u. Taf. 6; A. Doebber, Taf. 8; S. Pückler-Limpurg, S. 186 f.; der Grundriß bei C.G. Langhans, 1800.
20 P. Faerber, S. 237-42; J. Sittard, Bd.2, S. 152 f.; E. Willrich, Alt-Stuttgart in Bildern. Stuttgart 1912, Taf. 16. Vgl. hier Anm. 14.
A. Winttterlin, S. 175, gibt den an anderer Stelle nirgends belegten Hinweis, daß Thouret schon bei Gelegenheit dieses Theatereinbaus einen großen Neubau entworfen und „die eifrigsten Vorstudien zu dessen Ausführung" betrieben habe, ohne daß ein entsprechender Auftrag an ihn ergangen sei.
Bereits 1801 hatte der Herzog den zeitweise verpachteten Theaterbetrieb wieder in die Verwaltung des Hofes übernommen, O. Weddigen, Bd. 2, S. 1040. Das einfache Saaltheater, das ca. 24000 fl. gekostet hatte, wurde 1813 in einen Redoutensaal umgebaut. H. Habel, 1967, S. 176.
21 K. Weidle, Bd. 1, S. 74 f. u. Atlas, Plan 26; R. Schmidt, S. 228 f. R.F.H. Fischer hatte als Pendant zum Neuen Schloß jenseits der Straße einen konkav einspringenden Marstall und eine Reiterstatue des Herzogs in der freigelassenen Mitte vorgesehen. Stattdessen wurden auf dem Platz vor der Cour d'honneur 1782 zwei konzentrische, hufeisenförmige Doppelalleen als Begrenzung angelegt, die sich im Scheitel auf das die Königstraße flankierende Ministeriengebäude öffneten, wie auf den Stadtplänen von K.F. Duttenhofer und C.F. Roth (1794) ersichtlich ist. G. Wais, Alt-Stuttgart. Die ältesten Bauten. Ansichten und Stadtpläne bis 1800. Stuttgart 1941, Taf. 51 u. hier Abb. 24; M. Schefold, Bd. 2, Nr. 7759.
22 K. Pfaff, S. 14 ff.
23 Realisiert zumeist erst unter der Regierung Wilhelms I., P. Faerber, S. 207.
24 Auch bei den „Anlagen" ist ein Münchner Vorbild, Sckells Englischer Garten, vorauszusetzen. Vgl. P. Faerber, S. 177.
25 Zit. nach P. Faerber, S. 244. Pläne oder Ansichten von diesem Umbau haben sich nicht erhalten.
26 Noch 1803 und 1806 untersagte ein höchster Befehl jede Beifalls- oder Mißfallenskundgebung im Hoftheater in Anwesenheit des Herzogs (K. Pfaff, S. 153). Bei Erscheinen des Fürsten stand das gesamte Publikum auf, auch wenn er erst nach Vorstellungsbeginn eintraf. Das Stück wurde unterbrochen, und Friedrich I. zog unter Pauken und Trompeten in seine Loge ein (A. Paul, S. 38). Vgl. die ausführlichen Schilderungen zur Hofhaltung bei E. Schneider, S. 442 f., und zu den noch ganz in den Bahnen des 18. Jh. verlaufenden Empfangsfeierlichkeiten anläßlich der Besuche Napoleons (1806) und Zar Alexanders (1815) in Württemberg P.Faerber, S. 281-93. Zum Hofzeremoniell als Prestigefetisch siehe N. Elias, 1969, S. 130.
27 Zit. nach einem zeitgenössischen Beobachter bei V. Valentin, Bd. 1, S. 142.
28 Aus Thourets Rechtfertigungsschreiben vom 20.11.1813 geht hervor, daß die Verteuerung wesentlich durch Extrawünsche des Königs begründet war, etwa die „zweimalig auf Allerhöchsten Befehl vorgenommene totale Veränderung" der bereits fertiggestellten großen Hofloge. P.Faerber, S. 249.
29 Die Rekonstruktion des Zuschauerhauses beruht auf einer Beschreibung in der Zeitung „Das Morgenblatt" vom 9.3.1812, die P. Faerber, S. 245 f., wiedergibt. Bildquellen sind nicht überliefert.
30 W. Grube, S. 489-508.

31 K. Weller, S. 175 f.; E. Gönner, S. 417 f., P. Gehring, Das Wirtschaftsleben in Württemberg unter König Wilhelm I. (1816-1864). in: Zeitschrift für Württembergische Landesgeschichte. 9.1949/50, S. 196-257.
32 Über Thourets Abgang unterrichten zwei Schreiben, die W. Speidel, S. 102 f. Anm. 1, publiziert.
33 Schüler der Akademie in Florenz und des großhzgl. toskanischen Hofarchitekten N.G. Paoletti, Genieoffizier in napoleonischen Diensten und kgl. Württembergischer Hofbaumeister 1817-39. Seine erste Verabschiedung von 1828 wurde in gegenseitigem Einvernehmen wieder rückgängig gemacht. Seine wichtigsten Bauten in Stuttgart sind die Gruftkapelle auf dem Wirtemberg (1820/24), die kgl. Villa Rosenstein (1822/29) und das Wilhelmspalais (1834/39). Siehe besonders: G. Ponsi; W. Speidel; J. Beder-Neuhaus.
34 K. Weidle, Bd. 1, S. 79.
35 abgedruckt bei P. Faerber, S. 317-23.
36 Die aus Frankreich importierte Idee, ein zentral gelegenes, öffentliches Gebäude im Erdgeschoß mit Geschäftsgalerien und Boutiquen zu umgeben – Thouret betont ein entsprechendes Interesse der Kaufleute besonders zu Messezeiten –, hat in Deutschland nur selten Anklang gefunden (vgl. Kap. IV, Anm. 139). Thourets Anregung wurde nach dem definitiven Scheitern des Theaterneubaus in den Jahren 1855/59 von J.M. Knapp und dem Labrouste-Schüler C.F. Leins beim Königsbau aufgegriffen, der über den Geschäftslokalen im Obergeschoß einen Saal für Konzerte, Vorträge und Hoffestlichkeiten enthielt. Zur Planungsgeschichte dieses ungewöhnlich monumentalen Saalbaus mit luxuriösen Ladengalerien siehe H.A. Klaiber, 1960, S. 164 und J. Beder-Neuhaus, S. 87-92.
Die mächtige, durch zwei übergiebelte Risalite rhythmisierte Kolonnadenfront gegenüber dem Neuen Schloß zitiert Schinkels Altes Museum in Berlin, das sich in einer ähnlichen Situation auf die Residenz bezieht. Daß ein Gesellschaftshaus sich mit einem derart offziellen Fassadenrepertoire maskiert, bleibt singulär. Das 1828 eröffnete, ebenfalls unter Protektion des Hofes stehende Münchner 'Odeon' von Klenze mußte sich angesichts der Residenz mit einer Wiederholung der Fassade des benachbarten Palais Leuchtenberg begnügen. H. Habel, 1967, S. 1 ff. Vgl. Kap. I., Anm.89
37 P. Faerber, S. 318.
38 Thourets aufschlußreiche Bemerkung, derzufolge er in dem mehrfach adaptierten höfischen Nutzbau, dessen aktueller Gebrauch sich durchaus kontinuierlich aus seiner ursprünglichen Zweckbestimmung entwickelt hatte, doch noch ein Denkmal vaterländischer, und das heißt hier zweifellos württembergischer Architektur, erkennen konnte, steht ganz im Kontext früher denkmalpflegerischer Äußerungen gerade von seiten beamteter Hofarchitekten. Nicht der Kunstwert steht im Vordergrund von Thourets Interesse, sondern – ähnlich wie schon 1804 bei der preußischen Verordnung zur Erhaltung der Marienburg in Westpreußen – der historische Bezug auf Haus und Land Württemberg, der sich denkmalhaft im plastischen Programm (Wappen der Städte, Ämter und Klöster, Ahnengalerie des herzoglichen Hauses in 65 Brustbildern) des Lusthauses ausdrückt. Thourets Appell blieb ohne Echo, vermutlich, weil unmittelbar nach Beendigung der Verfassungskämpfe mit den Altständischen ein dezidierter Rückgriff auf altwürttembergische Traditionen den Integrationsabsichten der königlichen Politik nicht opportun erscheinen mochte.
39 Es galt vor allem, durch kalkulierten Wechsel von platzabschließenden Bauten und offenen Durchblicken den Wunsch nach räumlicher Eigenwertigkeit des Schloßplatzes mit dem Verlangen nach verzahnender Anbindung der angrenzenden Stadtviertel zum Ausgleich zu bringen. Das wird besonders deutlich auf der Altstadtseite, wo Thouret 1818 das benachbarte Platzensemble mit Altem Schloß, Stiftskirche und Prinzenbau durch Abriß des abriegelnden Alten Kanzleigebäudes auf den größeren Schloßplatz hin orientieren wollte. Im vierten Projekt zu einem Kunstsammlungsgebäude (V. Plagemann, Abb. 112), das in Verlängerung des stadtseitigen Residenzflügels sich bis zur Königstraße erstrecken sollte, versuchte Thouret dagegen 1837 – wie Retti 1750 – den Schloßplatz zur Planie und zur Altstadt hin fest abzugrenzen.
40 Nach einer Verwaltungsreform von 1816 bildeten der Oberstkammerherr, der Oberstallmeister und der Oberhofintendant unter Vorsitz des Obersthofmeisters den Oberhofrat als Zentralbehörde für den gesamten Hofstaat.
41 E. Devrient, 1967, Bd. 2, S. 147 f. und Staatsarchiv Ludwigsburg (im folgenden: StA Lb) Rep. zu E 18 III, S. V.
„Nur um den Schauspielern den Charakter als Hofschauspieler und ihren privilegierten Gerichtsstand bei dem Hofgericht zu erhalten, ist durch eine besondere Entschließung vom 28.8.18 dem Theater der Charakter eines Hof- und National-Theaters beigelegt worden." Hauptstaatsarchiv Stuttgart (im folgenden HStA St) E 14 Büschel 332 Kabinett, Denkschrift über die rechtlichen Folgen des Hoftheaterbrandes 1902, S. 5 f. Nationaltheater unterhielten im frühen 19. Jh. auch die Höfe in Wien, Berlin, München, Dresden u.a. Siehe auch R. Krauß, S. 150 ff. u. J. Petersen, S. 49-82.

42 HStA St E 14 Büschel 332 Kabinett, S. 5 f.
43 P. Faerber, S. 247 u. Taf. 82 sowie M. Schefold, Bd. 2, S. 592, Nr. 8136. E. Kellers Ansicht gibt den Zustand des Hoftheaters etwa zu Beginn der 30er Jahre wieder.
44 StA Lb E 21 Büschel 204 Obersthofmeisteramt.
45 Ebd. u. P. Faerber, S. 252 f. Dort ist die Planungsgeschichte, soweit sie unmittelbar Thouret betrifft, ausführlich S. 252-75 publiziert. Es wird deshalb im folgenden mehrfach darauf verwiesen, insbesondere um Fehleinschätzungen und Auslassungen zu korrigieren, die sich bei Faerber aus der speziellen Wertschätzung Thourets und der Kanonisierung des strengen Klassizismus Weinbrennerscher Observanz ergeben, so etwa S. 264 f., 299, 339 f. Zum Theaterwettbewerb von 1835 jetzt auch J. Beder-Neuhaus, S. 68-86, deren Arbeit mir erst kurz vor Manuskriptabschluß bekannt wurde.
46 HStA St E 14 Büschel 266 Kabinett. J. Beder-Neuhaus, S. 69, erschließt lediglich aus den Akten einen weiteren Entwurf Saluccis zum Umbau des Lusthauses; zwei Schnitte aus dem Nachlaß Leins im Heimatmuseum Ludwigsburg bieten sich dazu an (Abb. 112). Eine gleichzeitige Offerte des Pariser Architekten Benjamin Schlick, „Membre de l'Institut de France", der gerade in Karlsruhe das Hoftheater von Weinbrenner neu einrichtete (Vgl. Kap. IV, Anm. 13), Umbauvorschläge für das Lusthaustheater auszuarbeiten („pour d'en faire une belle salle"), wurde von Stuttgart dankend mit der zweifelhaften Begründung abgelehnt: „...dans un moment où tous les arrangements étant pris définitivement, un changement quelconque ne peut désormais avoir lieu".
47 StA Lb E 21 Büschel 204 Obersthofmeisteramt. Saluccis erstes Theaterprojekt für Stuttgart ist mit keinem der vorhandenen Entwürfe sicher zu identifizieren. Vorschlagsweise möchte ich hierzu das 1944 verbrannte, unidentifizierte Holzmodell (Abb. 113) nennen, das J. Beder-Neuhaus, S. 88, im Zusammenhang der ersten Planungsphase des Königsbaus (1818) Thouret zuschreibt, wobei sie die Problematik einer Frühdatierung aus stilistischen Gründen einräumt. Einem zweistöckigen Giebelhaus mit eingezogenem ionischen Portikus sind atriumsartig dorische Kolonnaden zwischen niedrigen Flügelbauten um zwei Höfe vorgelegt. Typologisch am nächsten kommt ein unpublizierter römischer Theaterentwurf des im Kasseler Hofdienst nachweisbaren Akademieschülers Schäffer von 1802 (Landesdenkmalamt Marburg, Archiv Nr. 27519/9237).

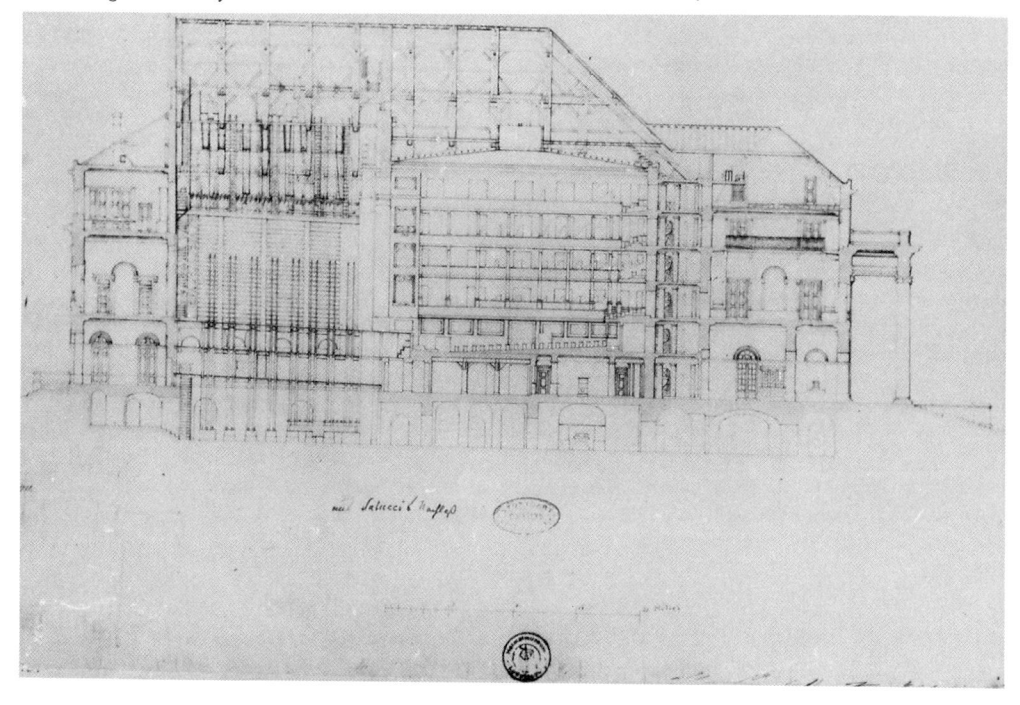

112 Stuttgart, Entwurf zum Umbau des Theaters im Lusthaus von G. Salucci, ca. 1832

113 Stuttgart, Holzmodell zu einem Theaterprojekt von G. Salucci (?), ca. 1832/34

48 HStA St E 14 Büschel 266 Kabinett und P. Faerber, S. 253, dort auch das Dankschreiben Thourets vom 29.5.1831. Das zuletzt im Residenzmuseum befindliche Modell ist bei der Kriegszerstörung des Neuen Schlosses 1944 untergegangen.
49 HStA St E 14 Büschel 266 Kabinett.
50 StA Lb E 21 Büschel 204 Oberthofmeisteramt. Saluccis Schreiben enthält Hinweise auf eine geplante Giebelfassade des verlorenen Entwurfs. Der Architekt hofft, daß der König den Giebel nicht unwürdig finden möge, so nahe der Residenz errichtet zu werden. Siehe Anm. 48.
51 Ebd.
52 Ebd. vom 26.2.1832 und 5.3.1832. Der zweite Bericht ist bei P. Faerber, S. 254-58, publiziert.
53 StA Lb E 21 Büschel 204 Oberthofmeisteramt.
54 HStA St E 14 Büschel 266 Kabinett.
55 Vgl. A. Tholuck, Eine Stimme wider die Theaterlust nebst den Zeugnissen der theuren Männer Gottes dagegen, des sel. P. Speners und des sel. A.H. Francke. Berlin 1824.
Das Urteil von J. Beder-Neuhaus, S. 48 ff., über das Verhältnis der gesellschaftlichen Gruppen zum Stuttgarter Hoftheater während der Neubaudiskussion bedarf der Korrektur. Zwar ist es richtig, daß der im schwäbischen Bürgertum verwurzelte Pietismus (ebd. S. 188) mit seiner radikalen Ablehnung prunkvollen Hoflebens und jedweden Sinnengenusses überhaupt ein tragendes Motiv für die fehlende Resonanz, sogar Apathie der Stuttgarter Bürger gegenüber dem Hoftheater darstellt und ihr Desinteresse an dem kostspieligen Neubau begründet; doch folgert J. Beder-Neuhaus daraus vorschnell, der König selbst sei dann wohl die treibende Kraft in der Neubaufrage gewesen, was den überlieferten Quellen eklatant widerspricht. Die Verf. verkennt die selbständige, zum Teil gegen den König durchgesetzte und am Staatszweck orientierte Politik der Beamtenschaft, die als der eigentliche Promotor eines Neubaus anzusehen ist. Die Beamtenschaft kann dies umsomehr, als sie trotz ihrer bürgerlichen Herkunft eben nicht pietistisch geprägt ist, sondern, wie J. Beder-Neuhaus selbst an anderer Stelle festhält (S. 192), aus der rational-aufklärerischen Tradition der Karlsschule ihre wichtigsten Impulse empfängt. Die besonders vor dem Hintergrund des altwürttembergischen Ständestaates so selbstbewußt gewordene Bürokratie versucht zur Festigung des Staates gegen den deutlich abgeneigten König ein Bildungstheater durchzusetzen. Daß das Konzept in Stuttgart – anders als später in Karlsruhe – scheitert, hat seinen Grund darin, daß

den württembergischen Beamten die Rückendeckung durch das liberale Wirtschaftsbürgertum und das pietistische Bildungsbürgertum fehlt. J. Beder-Neuhaus verkürzt die komplexe Verschränkung von Öffentlichkeit und Privatheit in der Person des Monarchen im 19. Jh., wenn sie das Hoftheater für ein königliches, nicht öffentliches Gebäude erklärt (S. 85 f.), weil sie den König damit einseitig auf seinen Privatstatus festlegt.

56 StA Lb E Büschel 204 Obersthofmeisteramt u. HStA St E 14 Büschel 266 Kabinett.
Thouret hatte seinen ersten Entwurf nur unwesentlich verändert und war hauptsächlich im Zeitplan der einzelnen Bauabschnitte den Wünschen des Königs und der Kommission entgegengekommen. Den Kostenaufwand bezifferte er nunmehr auf 522 000 fl.

57 E. Gönner, S. 419; E. Schneider, S. 503 ff. und D. Langewiesche, S. 71-84.

58 HStA St E Büschel 266 Kabinett.

59 K. Pfaff, S. 291.

60 HStA St E 14 Büschel 266 Kabinett. Der auf die Vorlage bezogene eigenhändige Datierungsvermerk findet sich auf dem signierten Fassadenaufriß des Württ. Landesmuseums, Inv. Nr. 1953/550, hier Abb. 31. P. Faerber, S. 260 f., ignoriert dieses Datum. Seine Datierung des großen Neubauentwurfs in das Jahr 1835, in dem auch Salucci und Zanth mit Theaterplänen beauftragt werden, beruht darauf, daß er 1834 um eine „Säulenreihe" – an anderer Stelle von Thourets Brief vom 29.12. (siehe Anm. 61) heißt es „Säulenhalle" – bereicherte Modell mit dem Umbauprojekt des Lusthauses, 1831/32 in Verbindung bringt. Aus der richtigen Frühdatierung folgert J. Beder-Neuhaus, S. 70, allerdings ohne quellenmäßigen Rückhalt, der König, dem sie die Neubauabsicht von vornehrein unterstellt, habe im Mai 1833 einen entsprechenden privaten Auftrag an Thouret vergeben.

61 HStA St E 14 Büschel 266 Kabinett und P. Faerber, S. 262 f., dort auch Thourets Dankschreiben für die königliche Gratifikation von 1 000 fl. Das in devoter Unterwerfung formulierte Bittschreiben des ausrangierten Hofarchitekten erlaubt interessante Einblicke in die bis zur Selbstaufgabe führende sozialpsychologische Konstitution eines abhängigen höheren Hofbeamten, dem zur Sicherung seines gefährdeten Sozialstatus als letzte Instanz nur der Weg des direkten Appells an die Gunst seines Monarchen übrig bleibt, etwa wenn Thouret sich bereit erklärt, seinen Entwurf „so lange und so oft umzuarbeiten, bis er nach allen Teilen des Allerhöchsten Beifalls und Zustimmung gewürdigt, und der von mir ebenso erwünschte als für mich ehrenvolle Auftrag zu Ausführung desselben errungen sein wird".

62 Zanth war bereits 1815-17 in Stuttgart unter dem Oberbaurat von Fischer als Architekt ausgebildet worden, bevor er 1820/22 in Paris seine Studien bei Lecointe und Hittorf fortsetzte, bei den 'Menus-Plaisirs du Roi' angestellt wurde und sich unter Hittorfs Aufsicht an der Neueinrichtung des Théâtre des Italiens und am Bau des Théâtre de l'Ambigu Comique beteiligte. Gemeinsam mit Hittorf unternahm Zanth 1822/24 eine große Sizilienreise, deren Ergebnisse anschließend in zwei aufwendigen Tafelbänden „Architecture moderne de la Sicile" von beiden publiziert wurden und in engem Zusammenhang mit dem damals sensationellen Polychromiestreit standen. So wurde der Stuttgarter Hof auf den jungen, seit 1830 wieder in Württemberg ansässigen Architekten aufmerksam. Mit dem Planauftrag für das Hoftheater begann Zanths Hofkarriere, die ihn nach dem erfolgreichen Theaterbau in Cannstatt (1839/40) und während der Aufsehen erregenden Realisierung der maurischen Villa Wilhelma (1840/52) 1845 zum Hofbaumeister avancieren ließ.
Zu Zanth: Nekrolog des Dr. Ludwig v. Zanth, Königl. Württ. Hofbaumeister. in: Zeitschrift des Architekten- und Ingenieurvereins für die Provinz Hannover. 1859, Sp. 372-75; M. Bach, S. 291 ff. K. Hammer, S. 41 f., 43 ff., 101 ff. (vor allem zur Sizilienreise und zum Polychromiestreit) und zuletzt E. v. Schulz, S. 90-101.

63 HStA St E 14 Büschel 266 Kabinett. Ende 1836 werden Zanth 2 550 fl. für seinen Theaterentwurf und die Revision eines Wohnhausplans ausbezahlt.

64 StA Lb E 21 Büschel 204 Obersthofmeisteramt. Solche Bedingungen galten etwa im Londoner Parlamentswettbewerb von 1835, zweifellos dem wichtigsten Unternehmen der öffentlichen Repräsentationsarchitektur jener Dekade im europäischen Maßstab. Vgl. M.H. Port (Hg.), The Houses of Parliament. New Haven/London 1976, S. 25 u. 28 ff. Wettbewerbsähnliche Einladungen zu Entwürfen für königliche Bauten waren in Württemberg bereits 1817 und 1819 für das Mausoleum auf dem Wirtemberg (Entwürfe von Salucci, Thouret, Knapp und Thürmer) und für das Landhaus Rosenstein (Entwürfe von Salucci, Knapp, Fontaine, Papworth u. Rossi) ergangen. Vgl. H. Sachs, Zur Geschichte des künstlerischen Wettbewerbs. in: Staatliche Museen zu Berlin. Forschungen und Berichte 7.1965, S. 7-25.

65 Dieser Abschnitt des Gutachtens ist bei P. Faerber, S. 267 ff., publiziert.

66 Moller hatte mit dem Stadttheater in Mainz (1829/33) den von der Architekturtheorie der zweiten Hälfte des 18. Jh. propagierten Typus mit halb-

kreisförmig vortretendem Zuschauerraum erstmals in Deutschland realisiert. M. Frölich/H.G. Sperlich, S. 293 ff. u. hier Anm. 108.

67 Salucci verfährt dabei weniger konsequent als Thouret, der dem französischen Begriff des „caractère" verpflichtet ist. Der konventionellere Salucci hingegen operiert noch explizit mit dem älteren Begriff „convenance" aus der höfischen Architekturtheorie, auch wenn er dessen ursprüngliche Bedeutung, nach der „convenance" nur im Bezug auf ein übergeordnetes Ganzes zu ermitteln ist, aushöhlt und tendenziell mit dem Gehalt des bürgerlichen, weil individuell bestimmten, nicht mehr auf ein Übergreifendes bezogenen „caractère" besetzt. Vgl. J.F. Blondels Definition der Begriffe „bienséance" und „convenance", Discours sur la Nécessité de l'Etude de l'Architecture. [Reprint] Genève 1973, S. 42, Anm. b und S. 45, Anm. a.

68 (1800-69), in Stuttgart bei Gross zum Architekten ausgebildet, Reisen nach Frankreich und Italien, anschließend in württembergischen Diensten tätig. Seine wichtigste Arbeit für den Hof war das 1846/49 nach dem Vorbild der Klenzeschen Paläste an der Münchner Ludwigstraße errichtete Kronprinzenpalais als Point-de-vue am Ende der Planie. G. Himmelheber, Das Kronprinzenpalais in Stuttgart. in: Schwäbische Heimat. 8.1957, S. 46-51. 1846 wurde Gaab zum Oberbaurat ernannt.

69 Gebürtig aus Waldsee, wurde 1823 Nachfolger des Bauinspektors Autenrieth, rückte in den 40er Jahren zum zweiten Hofbaumeister auf. W. Speidel, S. 22 ff.

70 Publiziert bei P. Faerber, S. 271.
Als Anlage fügen Gabriel und Gaab einen Verbesserungsvorschlag mit drei Blatt Zeichnungen bei, die eine symmetrische Vereinheitlichung der drei westlichen Magazinbauten am alten Lusthaus für ca. 15 000 fl. zum Ziel haben. Ebenfalls vom 3.3.1837 datiert eine kostenmindernde Planvariante von Salucci, deren Zeichnungen er bei Gelegenheit der Kommission zu erläutern wünscht. StA Lb E 21 Büschel 204 Oberhofmeisteramt.

71 P. Faerber, S. 272 ff.

72 „indem das Äußere des Vorbaues, welches dem Gebäude seinen Charakter geben soll, eine zu schwerfällige Gestalt erhält, im Innern aber eine zu große Raumbeschränkung, insbesondere bei den Magazinen, angenommen ist." StA Lb E 21 Büschel 204 Oberhofmeisteramt.

73 Die vom König erwartete ständische Beteiligung am Theaterbau – sie wird „in Rücksicht auf die Zweckmäßigkeit des Unternehmens" und mit der „Verschönerung der Hauptstadt" begründet – beschränkt sich auffällig auf Kosten, die nicht das Bauwesen direkt betreffen: Abtretung des Bauplatzes, Ersatz für die Kaserne. Nach dem Krondotationsedikt von 1819 hätten der Staat bzw. die Stände nur zufällig entstandenen Schaden ersetzen oder aber bei Untergang des Theaters für den Neubau aufkommen müssen. Auch wenn der dehnbare Passus, wonach sich die Kronausstattung an der Würde des Königs zu bemessen habe, zugunsten des Hofes interpretiert würde, könnte daraus keine Verpflichtung der Stände zur Finanzierung des Neubaus abgeleitet werden. Wilhelm I. geht also notgedrungen davon aus, daß das neue Theater aus seiner Zivilliste bestritten werden muß. Es haben mit den Ständen nachweislich auch keine Verhandlungen stattgefunden. HStA St E 14 Büschel 332 Kabinett.

74 P. Faerber, S. 274.

75 HStA St E 14 Büschel 266 Kabinett und StA Lb E 21 Büschel 204 Oberhofmeisteramt.

76 P. Faerber, S. 274.

77 HStA St E 14 Büschel 193 Kabinett.
Siehe: Die Maurische Villa Wilhelma S.M. des Königs Wilhelm von Württemberg, entworfen und ausgeführt von Karl Ludwig Zanth. Stuttgart 1855; O. Gerhardt, Stuttgarts Kleinod. Die Geschichte des Schloßgartens, Rosensteins sowie der Wilhelma. Stuttgart 1936; neuerdings E.v. Schulz. Heideloff hatte sich mit dem Entwurf für ein „moreskes Lusthaus" an der Vorplanung des Wilhelma-Komplexes beteiligt (U. Boeck, S. 376).
Die Wilhelma war anfangs als eine höfische Badeanlage konzipiert; das Theater ersetzte die Spielbank, „um deren Einführung damals von mehreren Seiten gebeten wurde". (Beschreibung des Oberamts Cannstadt. Stuttgart 1895, S. 478; vgl. E.v. Schulz, S. 41 u. 46). Zanth hatte sich vor der Übernahme dieser Aufgabe vom Bauherrn weitgehende Eigenverantwortlichkeit und Autonomie gegenüber dem bürokratischen Chef der Kgl. Bau- und Gartendirektion Seyffer zusichern lassen.

78 Kunstblatt. 20.1839, S. 240; E.v. Schulz, S. 41-48.

79 Heideloff stammte aus einer alten württembergischen Künstlerfamilie, als Maler und Architekt u.a. in Stuttgart bei Thouret ausgebildet, 1817-22 Stadtbauinspektor in Coburg, 1827-54 Konservator der städtischen Altertümer und Professor an der Polytechnischen Schule in Nürnberg. Er wurde als einer der ersten Restauratoren mittelalterlicher Architektur, durch zahlreiche Kirchenbauten „im altdeutschen Stil" sowie durch seine Publikationen berühmt. U. Boeck, hier bes. S. 378 f. und 386 f. Er kam erstmals mit dem Theaterbau in Berührung, als er in Nürnberg zwei alternative Neubauentwürfe im neugotischen und im Rundbogenstil veröffentlichte (C.A. Heideloff, 1829), die aber beide nicht zur Ausführung gelangten. H. Weninger, Das alte Stadttheater in Nürnberg 1833-1905. Phil. Diss.

193

Erlangen 1932, bes. S. 9-18 u. W. Nerdinger, 1980, S. 379 f.
80 HStA St E 14 Büschel 266 Kabinett.
81 Ebd. und StA Lb E 18 I Büschel 103 Theaterneubau und Kunstblatt. 20.1839, S. 179. Heideloff hatte ausdrücklich Arbeitsräume für seine Mitarbeiter beansprucht und bestand darauf, daß „sub rosa gesprochen ... diese Gemächer nur für Seine Majestät und für die in den Plan eingeweihten hochgestellten Personen zugänglich sein" sollten. Ob diese geheimnistuerische Klausel und die merkwürdigen Umstände der verdeckt inszenierten Berufung nach Stuttgart als Indizien dafür gewertet werden können, daß der König ungestört hinter dem Rücken der Theaterkommission ein Umbauprojekt vorantreiben und in seinem Sinne beeinflussen wollte, muß offen bleiben. Immerhin sind die Heideloff betreffenden Akten in einer eigenen Repositur archiviert worden. Andererseits war der Drang bürgerlicher Architekten, ihre Forderung nach eigenverantwortlicher Tätigkeit ohne Dazwischenreden übergeordneter, fachfremder Behörden auch im höfischen Bereich durchzusetzen, in der ersten Hälfte des 19. Jh. durchaus geläufig. Schinkel etwa betonte darüberhinaus in berufständischer Abgrenzung seinen Status als entwerfender Architekt gegenüber den ausführenden Bauarbeitern und verlangte deshalb anläßlich der Errichtung des Berliner Schauspielhauses in einem Brief an den Intendanten Graf Brühl vom 16.3.1818, „daß niemand anders als Euer Hochwohlgeboren und ich allein irgend Einfluß auf die Entwürfe und Ausführung haben dürfen, auch daß alles mit dem tiefsten Geheimnis bis zur Vollendung, so weit sich dies irgend treiben läßt, behandelt werde und selbst kein einziger Ouvrier die ganze Vollständigkeit des Werkes übersehen müsse, sondern nur immer teilweise die ihm übertragene Partie kennen lerne".
Zit. bei P.O. Rave, 1941, S. 91.
82 StA LB E 21 Büschel 205 Obersthofmeisteramt und HStA St E 14 Büschel 266 Kabinett.
83 HStA St E 14 Büschel 266 Kabinett.
Von den 16 Pariser Theatern, für deren Besuch Gabriel nach seiner Rückkehr Spesenrechnungen vorlegt, wird keines mit Namen genannt.
84 Ebd. und StA Lb E 21 Büschel 205 Obersthofmeisteramt; Kunstblatt. 26.1845, S. 119.
85 M. Bach, S. 305 ff.
C.F. Beisbarths Beschreibungen und Zeichnungen des alten Lusthauses befinden sich im Besitz der Universitätsbibliothek Stuttgart, Plansammlung.
86 Die 10 Portraitmedaillons und 10 bildlosen Tondi mit Emblemen und Namenszügen beziehen sich auf die Dichter Schiller, Goethe, Lessing, Schröder, Iffland, Sophokles, Plautus, Shakespeare, Calderon, Molière und die Komponisten Mozart, Beethoven, Gluck, Weber, Dittersdorf, Méhul, Boildieu, Paer, Cherubini und Bellini. Abgelehnt werden die ursprünglich von Gabriel und Gaab vorgeschlagenen Musiker Haydn, Spohr, Rossini, Auber und Meyerbeer, der französische Dramatiker Scribe sowie die ehemals in Stuttgart engagierten Schauspieler L. Devrient, Eßlair und Seydelmann.
StA Lb E 18 I Büschel 103 Theaterneubau.
87 HStA St E 14 Büschel 266 Kabinett.
Besprechungen des Umbaus in: Zeitschrift für praktische Baukunst. 6. 1846, Sp. 382; Jahrbuch der Baukunst und Bauwissenschaft in Deutschland. 4. 1847, S. 144 f.; Bauten, 1857, S. 12 f.
88 StA Lb E 21 Büschel 205 Obersthofmeisteramt.
Der geschäftsführende Hofbaurat Büchler beruft sich in dieser Angelegenheit ausdrücklich auf das gerade veröffentlichte Buch des wichtigsten russischen Theaterarchitekten des 19. Jh., des Petersburger Hofbaumeisters Albert Cavos, *Traité de la construction des théâtres*, Paris 1847, und insbesondere auf dessen 1836 vollendeten Umbau des Großen Kaiserlichen Opernhauses von 1783 in Petersburg, „wovon Eure Königliche Majestät kürzlich dem Hofkammerbaumeister [Gaab] Zeichnungen mitteilen ließen". Demzufolge sollten die Logen „in gebrochenen, nach hinten schiefen Linien voneinander abgeteilt" werden. Gemeint ist das im Petersburger Alexander-Theater von C. I. Rossi zuletzt angewandte, hochbarocke Prinzip der zwecks stärkerer Differenzierung jeweils versetzt vorspringenden Logen, deren Bodenniveau von der Hauptloge in der Saalachse beidseitig nach den Proszenien stufenförmig abfällt, so daß die Rangkurven zur Bühne hin absteigen. Das von Andrea Sighizzi und Bibiena entwickelte System ist im oberitalienischen Theaterbau des frühen 18. Jh. (Genua, Reggio Emilia, Verona) sehr beliebt gewesen und wurde durch Alessandro Galli Bibienas Mannheimer Schloßoper (1737/42) auch in Deutschland bekannt. Die schnelle Verbreitung des Traktats von Cavos erklärt sich durch die engen verwandtschaftlichen Beziehungen der württembergischen Könige zum Zarenhof.
89 Jahreszeiten. Hamburger Neue Mode-Zeitung. 6.1847, S. 589 f.
90 StA Lb E 21 Büschel 205 Obersthofmeisteramt.
Braun wollte mit den Zeitalterallegorien zugleich verschiedene Charaktere und Gattungen des Theaters ausdrücken. Stand die Venus Victrix für „Griechentum, alte Mythe, Schönheit und die alles umfassende und alles besiegende Liebe", so der Orator für „Römerzeit und römische Geschichte, Ernst und Würde, Pantomime und Deklamation", der Troubadour für „Romantik und Poesie, Musik und

Gesang", schließlich die Schäferin für „die Neuzeit, Idylle, Heiterkeit und Tanz".
91 StA Lb E 19 Büschel 398 Bau- und Gartendirektion.
92 1809-72. NDB Bd. 6, 1964, S. 44.
93 C. v. Schraishuon; R. Krauß, S. 207-51; O. Weddigen, Bd. 2, S. 1047 ff.; E. Devrient, 1967, Bd. 2, S. 281 f. Der Theateretat betrug 1847/48 205 000 fl., wurde jedoch nach der Revolution gekürzt (1850/51: 172 000 fl.). Während der Badezeit in den Sommermonaten bespielte die Hofbühne das Theater in Cannstatt. HStA St E 6 Büschel 161 Kabinett.
94 W. Menzel, Denkwürdigkeiten. Hg. v. K. Menzel. Bielefeld/Leipzig 1877, S. 214 ff., über die ausgeglichene soziale Zusammensetzung der 'guten Gesellschaft' in Stuttgart.
95 E. Devrient, 1967, Bd. 2, S. 276 f.
96 Im Opernhaus sind die im Krieg zerstörten Raumausstattungen Littmanns 1983/84 wieder restauriert worden.
Zur zehnjährigen Planungs- und Baugeschichte des neuen Hoftheaters, das nach langwierigen Auseinandersetzungen um den Standort und die eingereichten Konkurrenzentwürfe erbaut wurde, siehe neuerdings: D. Weiss-Vossenkuhl, Das Opernhaus in Stuttgart von Max Littmann (1910-1912). Stuttgart 1983 (= Veröffentlichungen des Archivs der Stadt Stuttgart. 34.). Interessant ist die öffentliche Diskussion um den Wiederaufbau des alten Theaters. Während einflußreiche Hofkreise um Herzogin Wera mit dem aus dem Bildungsbürgertum rekrutierten Lusthauskomitee für das alte Gebäude votierten, propagierten Architekten und Kunsthistoriker wie T. Fischer, R. Muther und C. Gurlitt einen Neubau ohne denkmalpflegerische Rücksichten auf Beers Festhaus. Dazu: R. Uhland, Der Brand des Stuttgarter Hoftheaters und die Entstehung des Interims-Theaters im Jahre 1902. in: Schwäbische Heimat. 15.1964, S. 122-32; ders., Von der Brandruine des Hoftheaters zum Kunstgebäude. in: Schwäbische Heimat. 16.1965, S. 234-46. Der Aufsatz von G. Halmhuber nimmt dezidiert Stellung für die Rekonstruktion des „kostbarsten Juwels spezifisch württembergischer Baukunst".
97 Die Thermenfenster im Obergeschoß variieren die Lunettenfenster des Münchner Nationaltheaters von K. v. Fischer. W. Nerdinger, 1982, Abb. S. 68 f.
98 Frei auskragend bzw. auf mit der Rückwand verbundenen Konsolstützen ruhend, waren bereits die Galerien in kleineren Sälen angelegt, die vorzugsweise von adeligem Publikum besucht wurden, so z.B. W.F. Lippers Komödienhaus in Münster, 1774/78 (K. Bussmann, S. 24 u. Abb. 8,9) und P.J. Krahes damals kurfürstliches Theater in Koblenz, 1786/87 (R. Dorn, Bd. 2, S. 55 ff.; Anm. 44, S. 275 u. Abb. 32). Von einem großstädtisch differenzierten Publikum frequentiert wurde der entsprechend geräumigere Saal des alten Berliner Nationaltheaters von C.G. Langhans, 1800/01, auf dem Gendarmenmarkt (H. Schmitz, Abb. 173). Zum Münchner Nationaltheater siehe: Allgemeine Bauzeitung. 6.1841, S. 355 ff. u. Taf. 170-185; O. Hederer, 1960, S. 75-85; ders., 1963, S. 16-21; W. Nerdinger, 1982, S. 50-69 u. 182-188; H.K.E.L. Keller, 1960.
1807 verzichtete Chalgrin beim Wiederaufbau des ausgebrannten 'Odéon', das 1794 in 'Théâtre d'Egalité' umbenannt worden war, auf die ursprüngliche kolossale Pilasterordnung unter dem Kranzgesims der Saalrückwand zugunsten der nunmehr allein raumbestimmenden Ranglinien; die Logentrennwände waren schon vorher beseitigt worden (M. Steinhauser/D. Rabreau, Abb. 54, 55).
99 Vgl. J. Bab, S. 117 f.
100 Mit stützenlosen Rängen experimentierten noch im Ancien Régime Soufflots Theater in Lyon, 1753/56 (Soufflot et son temps 1780-1980. Ausst. Kat. Paris 1980, S. 68-73), die 'Opéra' im Palais Royal von P.L. Moreau-Desproux, 1763 (L. Hautecoeur, Bd. 4, 1952, S. 446) und die Amsterdamer 'Nieuwe Schouwburg' von A.D. Witte, 1774 (M. Baur-Heinhold, Abb. 235).
101 Das Holzmodell befindet sich heute im Depot des Württembergischen Landesmuseums in Ludwigsburg.
102 Vgl. Kap. IV, Anm. 117.
103 Vgl. hier Anm. 66 u. P. Faerber, S. 265.
104 Die wichtigsten Reformtraktate und -entwürfe stammen von: S. Maffei, 1753; F. Algarotti 1755; E. Arnaldi, 1762; G. dal Pozzo, 1768; C. N. Cochin, 1765; F. Milizia, 1771; J. Damun, 1772; A.J. Roubo-fils, 1777; P. Patte, 1782; P. Gonzaga, 1800; L. Catel, 1802. Dazu: F.B. Biermann, S. 3 ff. u. D. Lenzi, S. 178 ff. u. 331 f.
105 Lavegas Theater ist Teil eines Residenzentwurfs für den Wettbewerb der römischen 'Accademia di San Luca' 1762 (P. Marconi u.a., Bd. 1, Abb. 584). Antoine und Peyre/de Wailly konzipierten solche Entwürfe für die 'Comédie' bzw. das 'Odéon' in Paris (M. Steinhauser/D. Rabreau, Abb. 65 u. 30, 31), Neufforge im Rahmen seines 'Recueil élémentaire d'architecture', 8.Buch, Paris 1767/68. Sein Entwurf wird von R. Dorn, Bd. 1, Anm. 213 S. 277, fälschlich auf 1757, das Erscheinungsjahr des ersten Bandes, datiert. Verloren ist das „modello di Teatro disegnato sull'antico gusto Greco-Romano", das Scipione Maffei für das 'Teatro Filarmonico' in Verona, ca. 1713, entworfen hat. S. Maffei, De'teatri antichi e moderni. Verona 1753; F. Milizia, 1794, S. 81.
106 F. Milizia, 1794, S. 77; die deutsche Übersetzung von Stieglitz zit. J. Bayer, S. 11. Siehe auch: M.

Severini, Il teatro del Milizia. in: Studi in onore di Matteo Marangoni. Pisa 1957, S. 277-293 und M. Gollwitzer (hier: Anm. 89 d. Einleitung).

107 Dazu: D. Rabreau, Architecture et fêtes dans la Nouvelle Rome. Notes sur l'estétique urbaine de la fin de l'Ancien régime et de la révolution. Le colisé-le cirque-l'amphithéâtre. in: J. Ehrard/P. Viallaneix, Les fêtes de la révolution. Colloque de Clermont Ferrand (1974). Paris 1977, S. 645 ff.

108 Die bislang umfangreichste Materialsammlung zur Genese dieses Fassadentyps gibt R. Dorn, Bd. 1, Anm. 213 S. 277 f., der zwischen 1767 und 1857 21 Entwürfe und ausgeführte Theater aufzählt. Seine Liste soll hier um Beispiele ergänzt werden, die für eine noch ausstehende Geschichte des typologisch wichtigsten Fassadenmotivs der Theaterarchitektur bedeutsam sind.

I. Ausgeführte Bauten:

a) Theater in Lauchstädt, H. Gentz 1802 (A. Doebber, Heinrich Gentz, ein Berliner Baumeister um 1800. Berlin 1916, Abb. 38).

b) Teatro Metastasio in Prato, L. Cambray-Digny 1827/30 (F. Gurrieri, Un episodio di architettura neoclassica in Toscana. Il Teatro Metastasio di Prato da Giuseppe Valentini a Luigi Cambray-Digny. in: ders. u.a., Architettura e interventi territoriali nella Toscana granducale. Firenze 1972, S. 225 ff. u. Abb. S. 204).

c) Stadttheater in Rennes, C. Millardet 1832/36 (F. Loyer, Le théâtre de Rennes: un effort de modélisation. in: Victor Louis, S. 231-245, Abb. 1 u. 6).

d) Hoftheater in Gotha, G. Eberhard 1838/40 (Zeitschrift f. praktische Baukunst. 7.1847, Taf. 49-52).

e) Teatro Nuovo, später: 'Guiseppe Verdi', in Padua, G. Jappelli 1841/43 (P. Bellonzi, Architettura, pittura, scultura dal neoclassicismo al liberty. Roma 1978, Abb. 241).

f) Stadttheater in Stettin, K.F. Langhans 1846/49 (W. Rohe, Abb. 50, 51 u. Zeitschrift f. prakt. Baukunst. 13.1853, Taf. 22-26).

g) Stadttheater in Hagenau/Elsaß, C. Morin, nach 1850 (Allgemeine Bauzeitung. 25.1860, S. 85 f. u. Abb. Bl. 333,334).

h) Ruotsalainen-Theater in Helsinki, G.T.P. Chiewitz 1860 (Arkhitehti.1967, Nr. 10/11, S. 47 ff.u. Abb. 3,8,9).

i) Hoftheater in Altenburg/Sachsen, O. Brückwald 1870 (H. Zielske, 1971, Abb. 33 u. 35).

k) Teatro Politeama Garibaldi in Palermo, G.D. Almeyda 1874 (A. Streit, Abb. S. 153).

II. Planungen und Entwürfe von:

1. F. Lavega 1762 für einen fürstlichen Palast mit großem Theater, Concorso Clementino (P. Marconi u.a., Bd. 1, Abb. 584).

2. J.D. Antoine 1763 für die 'Comédie' in Paris am Quai Conti (M. Steinhauser/D. Rabreau, Abb. 65 S. 39).

3. J.G. Soufflot – zugeschrieben – 1763 für die 'Comédie' am Quai Conti in Paris (J. M. Pérouse de Montclos, Abb. 73).

4. E.M. Buscaglione 1769 für Turin (?) (L. Tamburini, Taf. 24).

5. J.M. Peyre/C. de Wailly 1769 für das 'Odéon' in Paris (M. Steinhauser/D. Rabreau, Abb. 30-32).

6. F.J. Bélanger 1781 für ein Kgl. Opernhaus auf der Place du Carrousel in Paris (E. Kaufmann, Abb. 167).

7. G. Lucatelli 1790 für das Teatro Vaccai in Tolentino (Crosscurrents, French and Italian neoclassical drawings and prints from the Cooper-Hewitt Museum. Kat. Washington 1978, Abb. 64 S. 81).

8. C. de Wailly 1791 für ein großes Theater in Brüssel, 2.Entwurf (M. Mosser/D. Rabreau, Abb. S. 67).

9. F. Weinbrenner 1792, Idealprojekt (ders., Sammlung von Grundplänen. Frankfurt a. Main 1847, Bl. 43).

10. B. Latrobe 1797 für das Theater in Richmond/Virginia (T. Hamlin, Taf.9).

11. G.A. Antolini 1802 für ein Theater auf dem Foro Bonaparte in Mailand (ders., Disegni del Foro Bonaparte in 24 gran tavole. Bologna 1802).

12. J.F. Lecointe 1811 für das 'Théâtre de la Monnaie' in Brüssel (K. Hammer, S. 91).

13. K.F. Langhans 1817 zum Wiederaufbau des Nationaltheaters in Berlin (W. Rohe, Abb. 25,26).

14. T.C. Beccega 1817, Idealentwurf (ders., Sulla architettura greco-romana applicata alla costruzione del teatro moderno italiano. Venezia 1817).

15. J.I. Hittorf 1825 zum Wiederaufbau des 'Théâtre Favart' (=des Italiens) in Paris (K. Hammer, Abb. 47 S. 311).

16. A. Canoppi 1830, Idealentwurf (ders., Opinion sur l'architecture en géneral et en spécialité sur la construction des théâtres modernes. St. Petersbourg 1830).

17. C. Sada 1830 für ein Teatro Diurno, Concorso der 'Accademia di Brera' in Mailand (Civiltà neoclassica nella Provincia di Como. Sonderheft Arte Lombarda. 1980, Abb. 14-17 S. 191).

18. G. Salucci ca. 1834/35 für ein Theater in Stuttgart (hier: Abb. 42-44).

19. F. Stüler vor 1837 für ein Hoftheater in Coburg (hier: Abb. 12).

20. H. Horeau 1843/45 für ein Opernhaus in Paris (M. Steinhauser, 1969, Abb. 174, 183, 185).

21. J.I. Hittorf 1849 für ein 'Théâtre National' auf den Champs Elysées in Paris (K. Hammer, Abb. 124 S. 360).

22. A. Lovatti 1853 für ein Theater am Corso in Rom (ders., Progetto di un Teatro Municipale. Roma 1853).
23. G. Semper 1858 für ein kaiserliches Theater in Rio de Janeiro (M. Semper, Abb. 30 S. 55 u. Gottfried Semper, S. 187 ff.).
24. K.F. Langhans 1859 für das Victoriatheater in Berlin, verändert ausgeführt von E. Titz (W. Rohe, Abb. 56-59 u. Zeitschrift f. Bauwesen 10.1860, Taf. 36-39).
25. Botrel, H. Fevre, F. Uchard, J.M. Tétaz, A.J. Magne, E. Lambert, A.J. Henard u. Nicolle, alle 1861, für ein Kaiserliches Opernhaus in Paris (M. Steinhauser, 1969, Abb. 77, 78, 82, 83, 86, 92, 95, 97, 98, 103).
26. L. Leybold 1872/73 für das Stadttheater in Augsburg (Architektur des 19. Jahrhunderts in Augsburg. Zeichnungen vom Klassizismus bis zum Jugendstil. Ausst. Kat. Augsburg 1979, S. 111-114 u. Abb. Xa, b u. 28).
Weitere Theaterprojekte mit Halbzylinderfassaden wurden in den Wettbewerben der römischen 'Accademia di San Luca' vorgelegt, in deren Schoß das antikisierende Reformtheater mit frei vortretendem Zuschauerraum und innen wie außen umlaufender Kolonnade seit dem mittleren 18. Jh. immer wieder debattiert worden ist. Siehe P. Marconi u.a., Abb. 1150-1153, 1947-1952 u. 1979-1983. Außerhalb des Theaterbaus kommt der Typus vereinzelt bei Konzertsälen (O. Hederer, 1976, S. 19 u. Abb. 2; H. Habel, 1967, Abb. 39) und Parlamentssälen (J.Beder-Neuhaus, S. 105 ff.) vor.
109 F.B. Biermann, S. 2 ff.
110 A. Quatremère de Quincy, S. 478.
111 M. Frölich unternahm in der von H.G. Sperlich zu Ende geführten Monographie über Moller, S. 298 ff., den wenig hilfreichen Versuch, die halbkreisförmig gestalteten Theaterentwürfe des 19. Jh. auf zwei Grundrißtypen, den gestreckten, 'beutelförmigen' des Pietro di San Giorgio (1821) und den quergelagerten Durands (hier: Abb. 33) zurückzuführen, obwohl die Raumorganisation in den Halbzirkeln beidesmal nahezu identisch ist. Abgesehen davon, daß beide Grundrißtypen bereits im 'Recueil élémentaire d'architecture', Bd. 8, 1767, Taf. 370 u. 469, von J.F. Neufforge vorgestellt wurden (vgl. E. Kaufmann, S. 152), erlaubt eine Gliederung nach standardisierten Grundrissen, deren Variationsbreite sich in der Kombination des Halbzylinders mit einer anderen stereometrischen Grundform erschöpft, keinerlei Aufschlüsse über den solchen Fassaden zugedachten spezifischen Ausdruckswert, als Vergegenwärtigung nämlich des antiken Rundtempels oder Arenatheaters.

112 Aus Vorstufen des 17. Jh. entwickelt, deren bedeutendste der Mittelpavillon aus Berninis erstem Louvreprojekt ist (1664), tritt der Typus in reiner Form zuerst in einem Entwurf von J. Paine für Kedleston Hall auf (H.C. Dittscheid, S. 58 f. u. Abb. 61). Die Variationsmöglichkeiten in den Theaterentwürfen betreffen hauptsächlich den oberen Abschluß – Zeltdach oder Kuppel –, die Aufsockelung der großen Ordnung bzw. der Kolonnade und deren Verhältnis zum Halbzylinder, d.h. Tholos mit niedrigerer Ringkolonnade oder Peripteros.
113 Vgl. Anm. 105.
114 Entwürfe von J. Delafosse, L.E. Boullée, G. Pistocchi, V. Louis, J.F. Bélanger, F. Gilly, L. Quaglio, G.A. Antolini u. C.L. Engel; sie sollen an anderer Stelle gesondert interpretiert werden.
115 Davon zeugen exemplarisch Entwürfe von Valadier, vor 1807 (R. Dorn, Bd. 1, Anm. 213 S. 277 Nr. 11) u. E. J. Gilbert, 1822 (L. Hautecoeur, Bd. 6. 1955, fig. 109 S. 151), Schinkels Entwurf zu einem Residenztheater, 1835 (H. Beenken, 1952, Abb. 47) und die Theater von Moller in Mainz (Abb. 32), Millardet in Rennes (S. Anm. 108 c), Semper in Dresden (Abb. 1), alle aus den 30er Jahren.
116 In den Entwürfen von Antoine, Neufforge, Peyre/ de Wailly, Boullée und Krahe; dagegen mit Sockel bei Desprez, Bélanger, Quaglio, Antolini, K.F. Langhans 1817 u. Hittorf 1825 sowie das Antwerpener Theater von P.B. Bourla. Vgl. hier Anm. 108 u. R. Dorn, Bd. 1, Anm. 213.
117 Das Motiv in der Fassade steckenbleibenden Halbzirkels, also des eingezogenen Segments, bildet schon B. Latrobe 1797 in seinem Entwurf für das Theater in Richmond/Virginia aus (T. Hamlin, Taf. 9). Das System der „interpenetrating blocks" zählt E. Kaufmann, S. 198 ff., zu den Strukturprinzipien des französischen 'Revolutionsklassizismus'.
118 Die Ausnutzung der zwischen den Eingängen übrig bleibenden Raumkompartimente wiegt die radiale Zerstückelung der inneren Disposition nicht auf, die Moller und Semper mit dem durchlaufenden Wandelgang als Verbindung der seitlichen Haupttreppen modellhaft organisiert hatten. Mit den „Boutiquen" im Erdgeschoß greift Thouret die französische Tradition der Theaterläden auf, die Luxusartikel für ein gehobenes Publikum feilboten. Im später anstelle des Theaters errichteten Königsbau wurden in größerem Maßstab Verkaufsräume vermietet. Dazu: Anm. 36; zu der in Deutschland seltenen Praxis der Theaterläden vgl. Kap. IV, Anm. 139.
119 W. Fleischhauer/J.Baum/S.Kobell, Die schwäbi-

197

sche Kunst im 19. und 20. Jahrhundert. Stuttgart 1952, S. 62.

Hier sei darauf verwiesen, daß die hauptsächlich von .E. Kaufmann geprägte Erforschung des 'Revolutionsklassizismus' in der Architekturgeschichte jüngst wieder in Bewegung zu geraten verspricht. Begründete Zweifel an der französischen Priorität in der Entwicklung des utopischen Klassizismus des 18. Jh., „als ob man gleichsam heute noch der seit Louis XIV wesentlich mit dem Kunstschaffen Frankreichs verbundenen Kulturpropaganda auf den Leim ginge", hat W. Oechslin an programmtischer Stelle geäußert. Hinter dem „Gespenst der sogenannten Revolutionsarchitektur" entdeckt Oechslin eine europäische Kontinuität klassizistischer Strömungen, in der etwa die italienischen Avantgardisten der römischen 'Accademia della Pace' die Architektur der Gentz, Gilly, Weinbrenner und Fischer nachhaltiger beeinflußt haben als Ledoux und Boullée. W. Oechslin, Zur Architektur des Klassizismus in Deutschland. in: W. Nerdinger, 1980, S. 2 f. u. 9 ff. Neuerdings ders., Friedrich Gillys kurzes Leben, sein Friedrichsdenkmal und die Philosophie der Architektur. in: Friedrich Gilly (1772-1800) und die Privatgesellschaft junger Architekten. Ausst. Kat. d. Berlin-Museums. Berlin 1984.

120 Hinsichtlich des selbstbewußten Bezugs auf das Schloß sind die Stuttgarter Entwürfe einzig mit den Pariser Opernhausprojekten für die 'Place du Carrousel' nach 1781 vergleichbar, die – vollends Boullées Rotunde – die Tuilerien zur rahmenden Kulisse herabdrücken. Siehe: M. Mosser/D. Rabreau, S. 68-71; H. Leclerc, Louis Etienne Boullée, architecte visionnaire et la compétition pour une nouvelle Salle d'Opéra 1781. in: Revue d'histoire du théâtre. 9.1965, S. 151-159 und M. Steinhauser, 1975, S. 346.

121 Vgl. Kap. I, Anm. 102, zur formalen Entwicklung des Motivs; zur Würdeform H. Magirius, S. 373.

122 G. Storck, S. 30-38; A. Rietdorf, S. 108-126; A. Oncken, S. 63-77 u. Ausst. Kat. Friedrich Gilly 1984 (hier Anm. 119).

123 Ähnlich verfährt Pietro di San Giorgio in seinem römischen Projekt von 1821 (M. Frölich/H.G. Sperlich, Abb. S. 303) und C.W. Coudray in dem Halbzirkelentwurf für ein Hoftheater in Weimar (W. Schneemann, Abb. 15).

124 Das steil ansteigende, amphitheatralische Parterre über halbkreisförmigem Grundriß und die den Rang tragende Kolonnade sind die besonderen Merkmale der an Palladios 'Teatro Olimpico' anknüpfenden Theatersäle in den Schlössern von Potsdam (G.W. Knobelsdorff im Stadtschloß 1747, J.G. Büring im Neuen Palais 1763/69), Dessau (F.W. v. Erdmannsdorff 1777), Gripsholm (E. Palmstedt 1782), Petersburg (Ermitage-Theater, G. Quarenghi 1783/86) sowie U-förmig verändert in Detants römischem Akademieentwurf für ein Schloßopernhaus 1762 (P. Marconi u.a., Bd. 1, Abb. 603) und als 'ovale troncé' im Versailler Opernhaus von J.A. Gabriel 1767/70. Die in solchen Sälen versammelte Hofgesellschaft konnte auf Logen verzichten und sah sich durch die egalisierenden Amphitheater nicht kompromittiert: man war unter sich. Hier hatten nur Hofleute Zutritt, weshalb sich architektonisch sichtbar gemachte Ausgrenzungen in der Sitzordnung erübrigten. Diese Tendenz war der Ausgangspunkt der Reformtheoretiker, z.B. bei A.J. Roubo-fils (M. Steinhauser, 1969, Abb. 181), Amphitheater und freie Ränge mit dem Kolonnadenmotiv zu verbinden und so beide optisch zu verfestigen, etwa in den Entwürfen von V. Ferrarese für F. Milizia, bei Boullée, Desprez, F. Gilly, Antolini und Durand. Realisiert wurden solche Säle in den öffentlichen Theatern von Ledoux in Besancon 1776/84 (M. Gallet, S. 126-132), von Legrand/Molinos im Pariser 'Théâtre Feydeau' (A. Donnet, Taf. 7), in Deutschland zuerst in Erdmannsdorffs Dessauer (1797) und in Weinbrenners Karlsruher Hoftheater (1808; hier Abb. 89), ausgeprägter in den Stadttheatern in Aachen von J.P. Cremer 1823/24 (Allgemeine Bauzeitung. 18.1853, Bl. 606) und in Mainz von G. Moller 1829/33 (M. Frölich/H.G. Sperlich, Abb. S. 297).

125 R. Bertig, Abb. 34 u. 42.

126 So de Chaumont, Véritable construction d'un théâtre d'Opéra à l'usage de France. Paris 1766. Vgl. M. Steinhauser, 1975, S. 349.

127 Schon 1763 hatte F. Algarotti, S. 189, die Zuschauer als Raumdekoration mit „Bücher(n) in den Schränken einer Bibliothek" (deutsch von A.E. Raspe, Versuche über die Architektur, Mahlerey und musikalische Oper. Cassel 1769) verglichen: „Gli spettatori debbono far parte anch'essi dello spettacolo ed essere in vista come i libri negli scaffali di una biblioteca, come le gemme ne'castoni del gioiello." P. Patte sah „le signore da gran pezzo accostumate a fare il principale ornamento in questo luogo dei nostri divertimenti" (P. Landriani, S. 221) und propagierte deshalb stützenlose Balkonränge (P. Collins, S. 232). Boullée möchte die schön geputzten Damen gezähmt seinem Architekturbild einverleiben: „Jaloux enfin d'offrir le tableau le plus agréable, j'ai cru y parvenir en disposant les spectateurs tellement, que ce fussent eux qui décorassent ma salle et en formassent le principal ornement. C'est en effet, par la réunion et l'assemblage du beau sexe, disposé de manière à

tenir lieu de basreliefs à mon architecture, que je crois être assuré d'avoir donné à mon tableau l'empreinte et le caractère de la grace." (H. Rosenau ed., S. 129). Thourets Lehrer Weinbrenner begründet 1817 den schönen Anblick des amphitheatralisch sitzenden Publikums: „Denn es giebt dem Auge nach jeder Richtung hin eine angenehmere Unterhaltung, in dessen es die Zuschauer in den Galerien, die um die Logenreihen in amphitheatralischer Abstufung herumlaufen, selbst zu lebenden Bildern macht, durch welche der Saal ausgeschmückt wird..." (Zit. bei A. Valdenaire, 1912, S. 45).
Ledoux zielt dagegen auf die sittliche Erziehungsfunktion des Theaters.: „La salle n'admet aucune décoration que celle des spectateurs... On ne doit perdre de vue que les spectacles, chez les anciens faisaient partie de la réligion. C'est là où l'on méritait la faveur des dieux, c'est là que l'on appaisait leur colère. Si nos théâtres ne font pas partie du culte, il est au moins désirer que leur distribution assure la pureté des moeurs, il est plus facile de corriger l'homme par l'attrait du plaisir que par des cérémonies réligieuses, des usages accrédités par la superstition." (C.N. Ledoux, L'architecture considerée sous le rapport de l'art, des moeurs et de la législation. Paris 1804, zit. bei H. Leclerc, 1958, S. 110 und D. Rabreau, 1968, S. 134).

128 R. Theobald, S. 346.
129 StA Lb E 21 Büschel 204. Fast wörtlich zitiert Salucci hier aus Quatremère de Quincy, S. 478, der unter antiker Form unmißverständlich eine Halbkreisfassade versteht. Vgl. hier S. 72. J. Beder-Neuhaus, S. 70 f., bezieht Saluccis Vermerk irrtümlich auf das Begleitschreiben zu seinem Hauptprojekt von 1835.
130 W. Speidel, S. 124, Nr. 108-110, Grundriß, Aufrisse und Längsschnitt, ohne weitere Angaben als Projekt zu einem „kleinen Theater (Wilhelmatheater?)" benannt.
131 „Delle due invenzioni di teatri una fu fatta per commissione di varj particolari unitisi in società, e doveva anch'essa effettuarsi nella città di Stuttgard, cosa che poi non avvenne." G. Ponsi, S. 30 f.
132 Ein weiteres bei W. Speidel, Nr. 111, erwähntes Blatt mit Grundriß und Aufriß muß als vereinfachte Variante dieses Entwurfs gelten. Sie unterscheidet sich durch die Aufgabe des basilikalen Prinzips zugunsten eines kompakten, niedrigeren Giebelhauses, vor dessen Stirnseite die tholosartige Halbrotunde mit kegelfömigem Dach einspringt.
133 Auf dem 15.9.1835 datierten Situationsplan vermerkt der 'Premier Architecte du Roi': „Nous avons jugés convenable de réunir au Plan de Situation du Théâtre celui du Palais Wilhelm afin d'indiquer par les Changements qu'il serait convenable de faire actuellement au terrain en avant de ce Palais, le mode de la raccorder avec le projet d'embellissement qui pourrait être adopté plus tard pour la Place du Palais de Résidence."
134 Thorvaldsen hatte 1836 das Modell für die Schillerstatue abgeliefert, der Bronzeguß wurde erst 1839 auf dem Schillerplatz aufgestellt. Dazu: Allgemeine Bauzeitung.4.1839, S. 120 u. S. Heinje, Zur Geschichte des Stuttgarter Schiller Denkmals von Bertel Thorvaldsen. in: Bertel Thorvaldsen. Untersuchungen zu seinem Werk und zur Kunst seiner Zeit. Ausst. Kat. Köln 1977, S. 399-411.
135 Die selbstbewußte Attitude, mit der Salucci sein Theater als gleichwertiges Pendant dem Schloß axial gegenüberstellt, hat Seyffer als unangemessen verstanden, weil sie angesichts der Dimensionen des Entwurfs nicht mehr als Subordination mißverstanden werden kann: „Das Gebäude scheint uns nicht richtig gestellt zu sein, indem es auf die Axe des Schlosses und nicht nach der durchlaufenden Linie der Hauptstraße und der beiden anderen vorübergehenden Straßen gestellt ist." StA Lb 21 Büschel 204 Obersthofmeisteramt.
136 Solche monumentalen Architekturplätze, die aus zwei gegenüberliegenden Platzwänden bestehen und nur noch als distanzierende Freiflächen zwischen denkmalhaften Gebäuden fungieren, sind besonders in der zweiten Hälfte des 19. Jh. weit verbreitet. Eindrucksvoll vertritt diesen Typus etwa der Platz zwischen Burgtheater und Rathaus an der Wiener Ringstraße. An Sempers in die Grundstückstiefe entwickeltem Theater werden seitlich die riesigen, 'funktional' überflüssigen doch enorm repräsentativen Festtreppenhäuser angestückt, um den Bau gleichgewichtig auf die Fassade des wenig älteren Rathauses von F.v. Schmidt zu beziehen.
Siehe R. Wagner-Rieger, 1970, S. 190 ff.
137 1811 liefert K.v. Fischer sein Projekt für das Nationaltheater in München ab, das sich als breit gelagerter Bau mit überhöhtem, vortretenden Mittelteil zwischen zwei Höfen seitlich an die Residenz anschließen sollte (O. Hederer, 1960, Abb. 40 S. 81. Vgl. E.J. v. Hérigoyens Vorentwurf in: W. Nerdinger, 1980, S. 266 ff.). Beim ausgeführten Bau wurde auf den rechten Seitenflügel, der einen Redoutensaal enthalten sollte, verzichtet.
138 Vgl. die T-förmig vor die Hauptachse gelegten Eingangstrakte mit seitlich angeordneten Festsälen in F. Borlettis Wettbewerbsentwurf der Bologneser Akademie 1801 (I Concorsi Curlandesi 1785-1870, Accademia di Belle Arti Bologna. Hg. v. R. Grandi. Bologna 1980, S. 171 ff. u. Abb. 59)

und in T.C. Beccegas Idealentwurf für Venedig 1817 (hier: Anm. 108 Nr. 14), in Deutschland Weinbrenners Karlsruher Hoftheater 1806/08 (hier: Abb. 89) und J.M. Voits Entwurf zu einem Theater mit Börse und Konzertsaal in Augsburg, vor 1828 (W. Nerdinger, 1980, S. 345 ff.).
139 Etwa beim ersten Projekt von de Wailly für Brüssel, 1783 (M. Steinhauser/D.Rabreau, Abb. 67), im Pariser 'Théâtre Francais' von V. Louis (A. Donnet, Taf. 9) und im Opernhaus von C. Garnier (M. Steinhauser, 1969, S. 113 ff. u. Abb. 173). Alle diese Räume sind vorgeprägt durch das 'Atrio' zur Vorfahrt der Kutschen unter Alfieris Turiner Schloßopernhaus, 1737/40 (L. Tamburini, Taf. XIII u. XVIII ff.).
140 Wie sehr das vom Erdgeschoß aus direkt zugängliche Parkett noch im 19. Jh. charakteristisch für das „teatro italiano" und der über Treppen erreichbare, erst im Hauptgeschoß gelegene Theatersaal typisch für das „teatro francese" galt, belegt P. Landriani, S. 355 ff.
141 Vgl. M. Steinhauser/D. Rabreau, S. 39 f. Die Verfasser betonen „un retour characteristique aux grands escaliers d'apparat, en particulier à la tradition de Le Vau; retour qui marque un tournant dans l'histoire de l'architecture". Hatten die französischen Architekten in der ersten Hälfte des 18. Jh. auf monumentale Stiegen verzichtet, so greifen jetzt Peyre/de Wailly in Paris und V. Louis in Bordeaux fast gleichzeitig in ihren Theatern auf repräsentative Schloßtreppen zurück, Louis auf die T-förmige Versailler Gesandtentreppe (1672/79), Peyre/de Wailly im 2. Odéon-Projekt (1770) dagegen auf einen anderen, klassizistisch abgewandelten Typus Le Vau's, der bei parallel versetzten, gegenläufigen Rampen mit mittlerem Antritt und bei symmetrischer Verdoppelung (ebd. Abb. 34) den Benutzer die ganze Anlage nicht mit einem Blick, sondern im Abschreiten einer raumzeitlichen Folge von Points-de-vue allmählich erschließt. Ausgeführt wurde der reduzierte Entwurf einer einläufigen, symmetrisch verdoppelten Schachttreppe zum ersten Rang. Die Begründung, die Peyre/de Wailly für ihre epochal wirkende Theatertreppe geben, kann noch wörtlich für die mehr als sechs Jahrzehnte jüngere des Salucci-Entwurfs in Anspruch genommen werden: „... où ferait-on un escalier plus intéressant, si on ne le place dans un édifice destiné à être le plus fréquenté de la Capitale du Royaume et à la plus grande affluence tant du peuple que de personnes les plus distinguées" (zit. ebd., S. 40). Die erste aufwendig verdoppelte Theatertreppe in Deutschland entwirft L. Quaglio d.Ä. nach 1785 im 1. Projekt für ein neues Opernhaus am Salvatorplatz in München (W. Nerdinger 1980, Abb. 254).
142 M. Steinhauser/D. Rabreau, Abb. 1.
143 Die Situation entspricht weitgehend dem Umbauprojekt von de Wailly für das 'Odéon' 1794. M. Steinhauser/D. Rabreau, Abb. 47.
144 Der Prototyp für die klassizistischen Schachttreppen in Deutschland – etwa in der Münchner Staatsbibliothek von F. Gärtner 1831/37 (O. Hederer, 1976, Abb. 66, 67 S. 120 f.) – ist J.F. Chalgrins 'escalier d'honneur' im Pariser Palais du Luxembourg, die 1803/07 für den Senat anstelle der berühmten Rubensgalerie eingebaut wurde. Eindeutig auf einen Raum bezogen sind dagegen die einläufigen Barocktreppen mit begleitenden Umgängen, besonders aufwendig in der Klosterneuburger Kaiserstiege von D.F. d'Allio 1731/39, deren Idee, über Vorentwürfe J.E. Fischers von Erlach vermittelt, von R. de Cotte stammt (F. Mielke, 1966, Abb. 328 S. 264). Der hatte eine einläufige, beiderseits von Galerien begleitete Prunkstiege erstmals im Projekt I für Schleißheim, ca. 1714/15, formuliert. Dazu: M. Hauttmann, S. 256 ff. u. Abb. S. 259 und H. Rose, S. 205 f.
144a Zum „Prinzip der asymmetrischen Seitenansicht" vgl. H. Beenken, 1952, S. 43.
145 Theaterfassaden mit offener Vorhalle im Untergeschoß und einer Loggia bzw. galerieartig gereihten Fenstern im Hauptgeschoß zwischen massiven Eckrisaliten sind in Frankreich seit dem späten 18. Jh. nachweisbar. Vgl. den Entwurf von L. Moreau-Desproux zum 'Théâtre Francais' in Paris, 1773 (E. Berckenhagen/G. Wagner, S. 34 f. u. Abb. S. 32).
146 In der geschoßweisen Hierarchisierung unterscheiden sich in der Regel die neuzeitlichen von den römischen mehrstöckigen Bogengalerien. Vom Tabularium des Kapitols und vom Kolosseum gelangt die durch Halbsäulenordnung gegliederte Arkadenfolge über die untergegangene vatikanische Benediktionsloggia in die mehrgeschossigen Höfe der europäischen Palastarchitektur. Seltener begegnet sie als nach außen gewandte Loggia; dafür wird Serlios Entwurf für Fontainebleau wichtig (VII. Buch, cap. 40). Im vorliegenden Zusammenhang bemerkenswert ist im frühen 19. Jh. der Rückgriff auf oberitalienische Arkadengalerien des Cinquecento von Sansovino ('Libreria di San Marco' in Venedig) und Palladio ('Basilica' in Vicenza). In Deutschland hatte vor Salucci K.v. Fischer 1809 in München für die Südfront der Residenz eine zweistöckige Bogenhalle mit verdoppelten Säulen an den Ecken wie in Vicenza vorgeschlagen (O. Hederer, 1960, S. 86 u. W. Nerdinger, 1982, Abb. 73-75). In Klenzes 1826 entworfenem und nach 1832 ausgeführtem Festsaal-

bau der Residenz ist dagegen das rustizierte Erdgeschoß der Loggia, die durch Vollsäulen vor Pilastern und die verkröpfte Attika akzentuiert wird, deutlich als Sockel subordiniert (O. Hederer, 1964, Abb. 154,155, S. 274 f); im Theaterbau zuerst bei A. M. Chenavard in Lyon, 1826/42 (L. Hautecoeur, Bd. 6.1955, fig. 94 S. 117).

147 Loggia und Galerie haben in Frankreich und Italien ihre typologische Ausbildung erfahren. Das Problem der begrifflichen, formgeschichtlichen und ikonologischen Scheidung beider Typen ist in der Kunstgeschichte noch nicht zufriedenstellend gelöst worden. Neuere Literatur: W. Prinz, Die Entstehung der Galerie in Frankreich und Italien. Berlin 1970, bes. S. 7-17 u. 57 ff., dazu V. Hoffmanns Rezension in: Architectura.1.1971, S. 102-112; C. Mignot, Les Loggias de la Villa Médicis à Rome. in: Revue de l'Art.19.1973, S. 50-61, bes. S. 50 ff. u. 55 ff. Die Funktionsebene wird am eingehendsten von F. Büttner, S. 117-167, untersucht, wo der Galerietypus aus den Bedürfnissen der höfischen Gesellschaft abgeleitet wird.

148 Die typologisch verwandte 'Galerie de promenoir' des absolutistischen Schloßbaus, die als öffentliches Forum der Hofgesellschaft fungierte (F. Büttner, S. 161 u. Anm. 240), wird hier – demonstrativ nach außen geöffnet – noch durch die Disposition der Loggia zwischen den beiden Ecksälen erinnert.

149 F. Schiller, S. 92.

150 Die Instrumentalisierung der Schaubühne durch den Staatszweck ist ebenfalls schon bei Schiller, S. 98 f., einkalkuliert:
„Nicht weniger ließen sich – verstünden es die Oberhäupter und Vormünder des Staats – von der Schaubühne aus, die Meinungen der Nation über Regierung und Regenten zurechtweisen. Die gesetzgebende Macht spräche hier durch fremde Symbolen zu dem Untertan, verantwortete sich gegen seine Klagen, noch ehe sie laut werden, und bestäche seine Zweifelsucht, ohne es zu scheinen."

151 Der Begriff stammt aus der Theorie des französischen Schloßbaus und bezeichnet ursprünglich als Komplement zur Enfilade das raumerschließende Verkehrssystem der Korridore und Nebentreppen. Die quantitativ aber auch qualitativ veränderten Nutzungsformen, auf denen die öffentliche Architektur des 19. Jh. beruht, erheben die Degagements als Kommunikationssysteme zur zentralen Kategorie der Raumorganisation.

152 A. Weissenburg, S. 406.

153 Zur Geschichte der Theaterbeleuchtung und ihrer sozialgeschichtlichen Implikationen : A. Lavoisier, S. 19-34; W. Gabler, S. 91-94; C.F. Baumann, Entwicklung und Anwendung der Bühnenbeleuchtung seit der Mitte des 18. Jahrhunderts. Phil. Diss. Köln 1956 u. neuerdings W. Schivelbusch, S. 193 ff.

154 StA Lb E 21 Büschel 204 Oberhofmeisteramt.

155 Schon beim Bau des Münchner Nationaltheaters wurden die Galerien vor den Logen, die seit dem Odéon in Paris üblich und von Weinbrenner in Karlsruhe eingeführt worden waren, ausdrücklich mit der Begründung abgelehnt, „daß diese Galerien der Schönheit und Einfachheit des Auditoriums nachteilig wären, den Logenbesitzern unangenehm sein müßten, für ein Hoftheater sich nicht schickten." Zit. nach O. Hederer, 1960, S. 138 Anm. 160.

156 Eine rangübergreifende architektonische Ordnung im Zuschauerraum zeigt zuerst der Opernhausentwurf von G.M. Oppenord, 1734 (D. Rabreau, Des scènes figurées à la mise en scène du monument urbain. Notes sur le dessin 'théâtral' et la création architecturale en France après 1750. in: Piranèse et les Francais. Actes du colloque tenu à la Villa Médicis 12-14 mai 1976. Paris 1976, Abb. 3). Ausgehend von La Guêpières Stuttgarter Querovalprojekt 1764 (H.A. Klaiber, 1959, S. 113-116), Vanvitellis 1769 eröffnetem Schloßtheater in Caserta und Damuns Umbauprojekt für die alte 'Comédie' in Paris aus dem gleichen Jahr (D. Rabreau, 1982, Abb. 8 S. 36), setzt sich das Prinzip der großen Ordnung im späten 18. Jh. in vielen italienischen und französischen Theatersälen durch. Siehe D. Lenzi, Abb. 188-191. Projekte deutscher Architekten zuerst P.J. Krahe 1785 (R. Dorn, Bd. 1, Abb. 123) u. K.v. Fischer 1803 (W. Nerdinger, 1982, Abb. S. 59 f. u. 63). F. Algarotti, S. 188, beklagte die große Ordnung im Saal als „pedanteria, ... che ci è rimasa dal secolo del cinquecento in cui nè scrivania facevasi, nè armadio senza porre in opera tutti gli ordini del Coliseo".

157 Zur Geschichte der sozialen Präferenz der Platzkategorien im Theater vgl. A. Paul, S. 34 ff. Erst in der 1. Hälfte des 19. Jh. wird in den deutschen Hoftheatern der erste Rang als Aufenthaltsort des Fürsten und seines Gefolges verbindlich. Vorher befanden sich die Plätze des Adels im abgeteilten 'Parterre noble' zunächst der Bühne.

158 Vgl. Klenzes Entwurf zur Alten Pinakothek in München, nach 1826 (V. Plagemann, Abb. 72), u. hier Anm. 146.

159 O. Hederer, 1964, Abb. 155 S. 275. Vgl. die ähnlich angelegte Fassade im Entwurf für das Théâtre des Italiens in Paris, 1825, von Hittorf und Lecointe. K. Hammer, Abb. 49.

160 Laves hatte die Rückseite seines Hoftheaters durch ein zweistöckiges Kolonnadenmotiv aufgewertet, um ihre Signalwirkung auf die ihr entgegenkommende Landstraße in der Art eines repräsentativen

Stadtentrées zu erhöhen. A. Nöldeke, Die Kunstdenkmäler der Provinz Hannover. I.2., Stadt Hannover, Hannover 1932, Abb. 504 a. Vgl. Kap. IV, Anm. 35.

161 Auch das 1845 für Florenz entworfene Doppeltheater, ein normales Logentheater und ein amphitheatralisches 'Odeon' für Aufführungen bei Tage mit gemeinsamer Bühne, gibt sich in den Fassaden wesentlich als reduzierte und kompakte Überarbeitung des ersten Entwurfs für Stuttgart zu erkennen. Die farbig aquarellierten Pläne befinden sich im Salucci-Nachlaß in der Plansammlung der UB Stuttgart. W. Speidel, S. 125 Nr. 137 f.; G. Ponsi, S. 31. Weitere Theaterpläne, sämtlich Schnitte, sind aus Saluccis Nachlaß in den Besitz von C.F. Leins gekommen und werden heute im Heimatmuseum Ludwigsburg verwahrt; vgl. Anm. 46.

162 Hittorf war es auch, der sich 1841 vergeblich bei Alexander von Humboldt in Berlin für Zanth wegen der Nachfolge Schinkels verwendete. K. Hammer, S. 239.

163 Seyffer lobt, daß der Bau sich nur mit der schmalen Seite dem Schloßplatz zuwende: „Zugleich aber wollte er [Zanth] wahrscheinlich dem Schlosse durch eine lange und hohe Front des ohnedies schon viel höher stehenden Gebäudes nicht schaden.", StA Lb E 21 Büschel 204 Oberhofmeisteramt.

164 Bezüglich der ohne Rücksicht auf die innere Raumaufteilung symmetrisch schematisierten Blockbildung steht auch Zanth in der Nachfolge Durands, der für fast alle öffentlichen Bauaufgaben der Zeit Prototypen entworfen hat. J.N.L. Durand, Bd. 2, Taf. 20 (zu Durand jetzt W. Szambien). Einem ähnlich rigiden Symmetriezwang bei entsprechender Risalitverteilung wie in Stuttgart sind die Theater in Coburg, Bremen und Braunschweig unterworfen.

165 Zu Knobelsdorffs „trois grandes Salles en enfilade pour donner des fêtes" siehe A. Streichhan, S. 37; T. Eggeling, 1980, S. 89 und hier: Kap. III, Anm. 56. Vgl. damit die Raumfolge in P.J. Krahes Theaterentwurf mit vorgelagertem Ballsaal 1784/85 (R. Dorn, Bd. 2, Abb. 14 S. 365), in F. Gillys Vorstudie zum Berliner Schauspielhaus mit großem Saal hinter der Bühne (A. Oncken, S. 72 u. Taf. 55 a) und die drei in der Querachse aufgereihten Festsäle des Kgl. Opernhauses in Gent von L. Roelant 1837/40, mit denen das selbstbewußte Stadtbürgertum das Theater des neuen konstitutionellen Hofes in Brüssel ausstechen wollte (Allgemeine Bauzeitung.3.1838, Abb. zu S. 22).

166 Schon 1822/25 hatte P.J. Cremer im Aachener Stadttheater Ähnliches versucht. Der zu Konzerten bestimmte 'Odeonsaal' liegt über dem Vestibül direkt hinter der Fassade und wird durch die Haupttreppe und das Foyer erschlossen, das zwischen Konzertsaal und Zuschauerraum geschaltet ist. R. Bertig, S. 69 u. Abb. 34,53.

167 StA Lb E 21 Büschel 204 Oberhofmeisteramt.

168 Schinkel hat wohl zuerst die durchbrochenen, gußeisernen Attikagitter verwandt, um die Traufenkante dekorativ zu kaschieren. Vgl. etwa den Entwurf zum Hamburger Stadttheater 1825/26; E. Hannmann, Abb. 73.

169 Seyffer notiert: „... besonders die vordere Front ist zu bescheiden, so daß der Charakter des Gebäudes weniger dem eines Theaters, sondern dem eines Hôtels entspräche". StA Lb E 21 Büschel 204 Oberhofmeisteramt.
Hier wird der im Verständnis des frühen 19. Jh. grundlegende Unterschied zwischen einer öffentlichen und einer privaten Architektur und der ihr jeweils adäquaten Formensprache direkt berührt.

170 K. Hammer, Abb. 51, 55, 57, 48. Hittorf, Hofarchitekt wie sein Studiengenosse Zanth, entwarf das von der Krone subventionierte 'Théâtre des Italiens' zusammen mit Lecointe; es kam aber nur ein völliger Innenausbau des alten Theaters zustande, den Schinkel „unstreitig für das geschmackvollste" von Paris hielt (zit. ebd., S. 93). Beide Architekten errichteten anschließend das von einer Privatgesellschaft geführte 'Théâtre de l'Ambigu Comique', das 1827 abgebrannt war (ebd. S. 94 ff.).

171 O. Hederer, 1964, Abb. 93 S. 211, Abb. 100 S. 221, Abb. 133 S. 255.

172 Vgl. dazu: H. Habel, 1967, bes. S. 131 ff. Der früheste in Deutschland errichtete und architektonischen Anspruch erhebende Konzertsaal war der im alten Leipziger Gewandhaus von J. F. C. Dauthe, 1781 (P. Klopfer, Abb. 64 S. 79).

173 H. Habel, 1967, S. 157 f., ders., S. 143 ff., nennt als reine Konzertsäle die im Londoner King's Theatre (1790), im Teatro San Carlos in Lissabon (1792/95), in Schinkels Berliner Schauspielhaus (1818/21) und im Dessauer Hoftheater (1818/22). Dazu kommen Redoutensäle, die auch für Konzerte verwendet wurden, u.a. im Petrovsky-Theater in Moskau (1780/87), im Teatro La Fenice in Venedig (1792), im fürstlichen Theater in Regensburg (1803/04) und in den Projekten von A. Gärtner, E.J. v. Herigoyen und K.v. Fischer für das Nationaltheater in München (1808 u. 1811).

174 Vgl. J. Zänker, S. 73 f. u. H. Habel, 1967, S. 124-127.
Der vitruvianische Raumtyp gelangt über die Palladiorezeption in den europäischen Schloßbau des 18. Jh., wo er mit dem Katharinensaal im Taurischen Palais in Petersburg von J. Starov, 1783/88,

zum unübertroffenen Gipfelpunkt geführt wird. Von den zweigeschossigen Thronsälen in den klassizistischen Residenzen sind nach wichtigen Vorstufen (J.J. Busch in Ludwigslust, 1772/76) der Festsaal im Weimarer Schloß von H. Gentz, 1802/03, der Zermoniensaal der Wiener Hofburg von L. Montoyer, 1804/07, der Thronsaal im Festsaalbau der Münchner Residenz von L. Klenze, 1832/42, und der Georgssaal im Winterpalais in Petersburg von Stassow, 1837, zu nennen. Außer im Theater begegnet der Raumtyp im 19. Jh. etwa im Kurhaussaal in Wiesbaden von J.C. Zais (1807), in K.v. Fischers Entwurf für die Münchner Glyptothek (1816) und in den Universitätsäulen von Göttingen (1835/37) und Tübingen (1841/45).

175 E.L. Stahl, Abb. XC u. F. Walter, Der Konzertsaal des Mannheimer Nationaltheaters. in: Rheinische Thalia. 19.1922, S. 376.

176 A. Palladio, Quattro Libri dell'Architettura. IV, 12 u. II, 10.

177 O. Hederer, 1964, S. 218-224; H. Habel, 1967, S. 35 ff. u. 127 ff. Vgl. auch Mollers Entwurf zum Kurhaussaal in Bad Homburg, 1830, Darmstadt, Abb. S. 167 f.

178 In Stuttgart errichtete C. Leins 1874/75 mit der Liederhalle das erste selbständige Konzerthaus. 1853 hatte Zanth vergeblich Plan und Modell für ein Konzertsaalgebäude auf dem Bauplatz des Hoftheaters an der Königstraße vorgelegt. An seiner Stelle errichteten Knapp und Leins den gemischtfunktionalen Königsbau (siehe Anm. 36). Auch die späteren Konzertgebäude blieben im Typus oft dem klassizistischen Kolonnadensaal verpflichtet, wie beispielhaft die Konzertsäle im Neuen Kurhaus in Wiesbaden (1904/06) und im Neuen Konzerthaus in Wien (1912/24) zeigen. Siehe: Friedrich von Thiersch. Ein Münchner Architekt des Späthistorismus 1852-1921. Ausst. Kat. d. Münchener Stadtmuseums. Hg. v. W. Nerdinger, München 1977, Kat. Nr. 153 u. Abb. S. 127.

179 Darauf bezieht sich u.a. die scharfe Invektive Schinkels gegen die „nach Weinbrennerschem Prinzip" erbauten Theater in Karlsruhe, Darmstadt, München und Leipzig. A. Doebber, S. 67.

180 Das je nach Sprachgebrauch sogenannte funktionsgemäße oder zweckorientierte Bauen im 19. Jh. wird mißverstanden, wenn es auf abstrakt abgehobene utilitäre Zwecke bezogen wird, die es derart voraussetzungslos nicht geben kann, so lange Architektur über ihre bedingte Form eine ästhetisch verkleidete Aussage für den Benutzer transportiert. Vgl. E. Kaufmann, Von Ledoux bis Le Corbusier. Ursprung und Entwicklung der autonomen Architektur. Wien/Leipzig 1933.

181 Vgl. hier Anm. 98; im Koblenzer Theater auch das bei 3/4 Kreissälen häufige stumpfwinklig abknickende zweiachsige Proszenium.
Schinkel wandte sich in einem Gutachten vom 5.7.1820 für die preußische Regierung in Düsseldorf gegen einen Theaterentwurf von Weinbrenner und dessen „gewöhnliche Konstruktionsform der Säulen und Architrave..., durch deren Ansicht der Genuß nicht ersetzt wird, welcher dem Zuschauer durch sie an der Aufführung verloren geht." Zit. bei E. Brues, S. 43.

182 Das ökonomisch sparsame und gleichzeitig die soziale Hervorhebung einzelner Zuschauerklassen erleichternde Verfahren, die flachen Rangseiten für offen einsehbare Logen oder Balkons zu reservieren und den Fond der Tiefe nach für abgeschlossene Logen oder steile Galerien hinter einem zurückgesetzten Stützenkranz zu erweitern, hat sich nach Vorstudien von de Wailly seit den Pariser Theatern von Hittorf und Lecointe durchgesetzt. Vgl. etwa den Saal des 'Ambigu Comique', 1827 (A. Donnet, Taf. 10).

183 Das Modell befand sich wie die anderen zuletzt im Neuen Schloß.

184 H.R. Hitchcock, S. 25 ff.

185 1849/52 entsteht das Karlsruher Hoftheater von H. Hübsch, der geschlämmte Ziegelwände mit Gliederungselementen aus Terrakotta strukturiert. Beim Kölner Stadttheater von J. Raschdorff, 1870/72, sind die Wandfüllungen zwischen der aufgelegten Ordnung und den Rustikastreifen aus Backstein, der auf Sicht gearbeitet ist.

186 z.B. bei der Staatsbibliothek, 1832/43. Vgl. O. Hederer, 1976, S. 118, dort auch Abb. 81 S. 136.

ANMERKUNGEN zu KAPITEL III.

1 Das Theater im Marstall wurde nur bis 1708 benutzt. L. Schneider, S. 2-5; H. Fetting, S. 10 f.; H. Frenzel, 1959, S. 21-39.

2 L. Schneider, S. 12 u. 47; A. Streichhan, S. 37; W. Hegemann, S. 128; H. Mackowsky, S. 24 f. Mit der Zwingeroper (1718/19) hat jedoch der Berliner Bau kaum noch etwas gemein. Vgl. M. Hammitzsch, S. 135-139.

3 H. Frenzel, 1959, S. 42; M. Hammitzsch, S. 140 f., T. Eggeling, 1980, S. 88.

4 Zur Baugeschichte vgl. L. Schneider, S. 14-19; H. Mackowsky, S. 31 ff.; M. Hammitzsch, S. 140 f., A. Streichhan, S. 37 ff. u. L. Weyl.

5 A. Streichhan, S. 37; H. Drescher, S. 223.

6 Räumlich unabhängig von der fürstlichen Residenz waren zuvor nur das Münchner Opernhaus am Salvatorplatz (1657) von F. Santurini und das Hzgl.

Opernhaus am Hagenmarkt in Braunschweig (1690) von H. Korb entstanden. Braunschweig war jedoch nur Nebenresidenz der Herzöge von Wolfenbüttel.

7 Der erste übergiebelte Portikus in der deutschen Architekturgeschichte ist Fischer von Erlachs Vorhalle der Karlskirche in Wien, nach 1716. Im Theaterbau folgen nach dem Berliner Opernhaus das Stadttheater in Münster (1774/78), das Ständetheater in Prag (1781/83) und das Komödienhaus in Saarbrücken (1786/87).

8 A. Streichhan, S. 41; M. Hammitzsch, S. 139-142.

9 Zum Mannheimer Schloßtheater (1737/42) und zum Markgräflichen Opernhaus Bayreuth (1745/48) siehe: M. Hammitzsch, S. 150 ff. und 160 ff. u. K. Merten, Der Bayreuther Hofarchitekt Joseph Saint-Pierre (1708/09-1754). Phil. Diss. Frankfurt a.M. 1964, S. 49-54 u. Taf. 12,13; Das von L. Hager noch J.Saint-Pierre zugeschriebene Fassadenprojekt im Metropolitan Museum New York konnte kürzlich von D. Lenzi, L'arte del Settecento. Architettura, scenografia, pittura di paesaggio. Ausst. Kat. Bologna 1979, S. 117, Giuseppe Bibiena zugeschrieben werden.

10 H. Keller, 1971, S. 26 f. möchte das Nebeneinander verschiedener Stile zu einem Nacheinander erklären und beobachtet daher um 1755 eine Abwendung Friedrichs II. vom französischen Rokoko zum englischen Palladianismus hin. Die angebliche Wende soll ursächlich mit der Entfremdung zwischen Knobelsdorff und dem König zusammenhängen, der sich daraufhin an Algarotti orientiert habe. Ein Antipodenverhältnis zwischen Knobelsdorff und Algarotti ist aus den Quellen jedoch nicht ersichtlich und angesichts ihrer Zusammenarbeit am Forumsprojekt schwer vorstellbar.

11 Dafür stehen exemplarisch die meist oberitalienischen Architekten, die seit dem späten 17. Jh. den gesamten deutschen Theaterbau über annähernd ein Jh. fast wie ein Monopol beherrschten, an ihrer Spitze die Bologneser Familie der Galli-Bibiena, in deren zunftmäßigem Betrieb die einschlägigen Technologien über mehrere Generationen vermittelt und weiter entwickelt wurden. M. Hammitzsch, S. 143-176 u. H. Leclerc, 1971.

12 T. Eggeling, 1980, S. 87 ff., schreibt die durch den Umbau 1787 beseitigte Innendekoration durch Stilkritik aufgrund der erhaltenen Pläne Knobelsdorff zu. Er findet, Anm. 275 S. 97, Arbeiten Nahls für das Innere des Opernhauses weder archivalisch noch in anderen Quellen belegt.

13 Anweisung Grosser Herren Paläste stark, bequem, nach den Regeln der antiken Architektur und nach dem heutigen Gusto schön und prächtig anzugeben. Augsburg 1718. Siehe M. Hammitzsch, S. 197; H. Zielske, 1974, S. 48-54. Hinsichtlich eines repräsentativen Entrées mag die spezifische Dresdner Situation vorbildlich auf die Anlage des Apollosaals vor dem Zuschauerraum gewirkt haben. In Dresden war der nordöstliche Eckpavillon des Zwingers zum Eingangsbau für das anschließende Opernhaus von D. Pöppelmann und A. Mauro (1718/19) umfunktioniert worden. Da in Deutschland, anders als in Italien und Frankreich, selbständiges Schrifttum zur Theorie des Theaterbaus erst seit 1800 mit den Traktaten der beiden Langhans, Catel und Weinbrenner einsetzt, die sich zumeist auf die technische Lösung optischer und akustischer Probleme beschränken, kommt den auf das Theater bezogenen Äußerungen im Rahmen der allgemeinen Architekturkompendien von J. Furttenbach, N. Goldmann und C.L. Sturm bis zu J.F. Penther umso größere Bedeutung zu. Der Theaterbau wird bei den deutschen Autoren ausnahmslos im Zusammenhang mit Residenzanlagen abgehandelt. Dazu H. Zielske, 1974, S. 28 ff. u. 55 ff.

14 Dieser Gedanke klingt zuerst bei P.O. Rave, 1926/27, S. 70, an, wurde aber von der umfangreichen Literatur zum Opernhaus bis in jüngste Zeit nicht berücksichtigt.

„Und daß er [Friedrich II.] auch mit der Oper so frei schaltete..., wirft ein neues Licht auf sein Verhältnis zum Opernhaus. Im Gesamtplan seines Bauprojektes maß er ihm anfänglich wohl nicht jenes Gewicht bei, das ihm wegen seiner vom Schloßbau herausgelösten Verselbständigung allgemein zuerkannt wird." Rave publiziert als ersten Forumsplan (Landeshauptarchiv Berlin Pr. Br. Rep. 42 – Plankammer VIII.34), den Friedrich II. eigenhändig, grob skizzierend, korrigiert hat. Dabei verstärkte er noch die untergeordnete Beziehung des Theaters auf den gegenüberliegenden Palast, indem er das von Knobelsdorff mit der Schmalseite zu den Linden projektierte Gebäude um 90 Grad schwenkte, wodurch das rechteckige Theater mit der Langseite in die Flucht der Straßenachse gerückt wurde und wie ein Pendant auf den parallel liegenden, ähnlich strukturierten Schloßflügel auf der anderen Seite reagierte. Neuerdings hat T. Eggeling, 1980, Anm. 255 S. 89, einen undatierten Forumsplan aus Knobelsdorffs Baubüro im Staatsarchiv Marburg, C 687/23, ausfindig machen können, auf dem das Opernhaus entsprechende Gebäude nicht als Akademie der Wissenschaften sondern als „Ball Haus" bezeichnet ist. Vgl. H. Drescher, Anm. 24 u. 24 a S. 223. Demnach bezeugt der Marburger Plan ein Stadium vor Friedrichs Eingriff, als das die Schloßanlage in letzter Instanz sprengende Akademieprojekt noch nicht zur Debatte stand.

15 „Auf dem neuen Platz entstand eine Trias von

Schloß, Theater und Bibliothek, in denen selbständig auseinander trat, was im alten Schloßkomplex unter einem Dach, wie verzweigt auch immer, vereint gewesen war". H. Kauffmann, Berliner Baukunst von Schlüter bis Schinkel. in: Jahrbuch Preußischer Kulturbesitz. 13.1976, S. 29. Siehe auch F. Rothstein, Die Bauten am Berliner Lindenforum. in: R. Gilsenbach/U. Zielinski (Hg.), Von Domen, Mühlen und Goldenen Reitern. Dresden 1955, S. 97-102.

16 Eine ähnliche Inschrift, „MAXIMILIANO FRIDERICO MUSIS FAVENTE APOLLINI SPQM MDCCLXXVIII", findet sich am hoch aufgesockelten Frontportikus des Komödienhauses in Münster, das der Staatsminister Franz von Fürstenberg für den Kölner Kurfürsten Maximilian Friedrich von der Stadt 1774/78 errichten ließ. K. Bussmann, S. 29 u. Abb. 2 u.3. Giebelreliefs mit Apoll und den Musen befanden sich vor Knobelsdorffs Theater am Potsdamer Stadtschloß, von J.A. Nahl (F. Bleibaum, S. 101 f. u. Taf. 43), und über den mittleren drei Achsen des Mittelrisalits an L. Quaglios Mannheimer Nationaltheater, von J. M. Branden 1777 (F. Walter, S. 65 u. S. Michaelis, S. 245).
Apoll im Sonnenwagen ist das Thema des Tympanonreliefs in einem undatierten Theaterentwurf von B.W. Stengel für Wiesbaden, wahrscheinlich aus den 80er Jahren (A.v. Rohr, Abb. S. 141), ein leierschlagender Apoll im zentralen Interkolumnium von J.C. v. Mannlichs Hoftheater in Zweibrücken (H.J. Wörner, Abb. 194). Alle genannten Beispiele sind versatzstückartig eine Fassade inseriert oder dem Bau vorgeklebt, behaupten nicht Tempelcharakter für das ganze Theater. Vgl. dagegen Anm. 23.

17 Siehe F. Haskell, S. 256 f. u. E. Bonora, Francesco Algarotti. in: Dizionario biografico degli Italiani, Bd. 2, Roma 1960, S. 356-360; N. Pevsner, 1956, S. 89 ff., sieht in Algarotti, der in Venedig unter den Einfluß von C. Lodoli geriet, eine Schlüsselfigur des europäischen Palladianismus im 18. Jh. Algarotti war erstmals 1734/36 in London, kannte Lord Burlington und war mit der englischen Architektur seiner Zeit bestens vertraut. So kam der frühe deutsche Palladianismus in Berlin und Potsdam durch Algarottis Vermittlung aus England zustande.

18 H. Mackowsky, S. 55 f.
Am 23. Juni 1742 formulierte Algarotti in einem Brief aus Dresden das Forumsprogramm, das Friedrich, mit Apoll und Minerva zu einer Trias vereint, beherbergen und so die Aura der römischen Antike am preußischen Hof installieren sollte: „Sire, je félicite les beaux arts, la musique et la philosophie de ce qu'elles vont à la fin posséder V.M. Elles regagneront aisément le temps perdu, si V.M. se prend pendant la paix comme elle a fait à la guerre. Apollon, Minerve et V.M. vont être logés dans toute la magnificence de l'ancienne Rome." Oeuvres. 18, Nr. 33 S. 46.

19 Die auf eine Versailles-Rezeption weisenden Momente – etwa der tiefe Ehrenhof und die Orientierung der gegenüberliegenden Trabantengebäude auf die Flügel des Corps de Logis – spricht H. Drescher, S. 223, summarisch an.

20 L. Schneider, S. 18. Diese Summe wurde bis 1763 jährlich aus dem angegebenen Etat zugunsten des Opernhauses entnommen.

21 Dafür sei exemplarisch H. Mackowsky, S. 21 ff., 24 ff., 39 f., 57, genannt.
Das Opernhaus-Kapitel erschien zuerst separat unter dem Titel: Das Opernhaus Friedrichs des Großen und sein Erbauer G.W.von Knobelsdorff. in: Kunst und Künstler.4.1906, S. 308-313 u. 336-346.

22 Die Tempel-These vertritt zuerst C. Gurlitt, S. 474; es folgen H. Mackowsky, S. 38 u. H. Beenken, 1952, S. 41; als „Heiligtum der Polyhymnia und der Terpsichore" bei A. P. Moeller van den Bruck, Der preußische Stil, München 1922, S. 104.
Gurlitt beruft sich wohl implizit auf den erläuternden Begleittext zu den Rissen, die 1743 von Knobelsdorffs Baukonduktor Johann Georg Füncke unter dem Titel „Plans de la salle de l'Opéra, bâtie par le Baron de Knobelsdorff" in Druck gegeben worden sind. Dort heißt es unter dem Fassadenriß: „Cette Facade est ornée d'un grand Portique de l'Ordre Corinthien à la Façon d'un Temple de l'Antiquité, dedié à Apollon". Wenig später beschreibt J.F. Penther, S. 97, das Opernhaus „von außen [!] als ein dem Apollini krafft der Inscription ... gewidmeter antiquer Tempel". Vorsichtiger, den Kurzschluß zum bürgerlichen Kunsttempel vermeidend, drückt sich A. Dohmann, S. 151, aus, wenn er dem Opernhaus „eine erstaunlich weit den bürgerlichen Vorstellungen entgegen kommende Erscheinung" attestiert.

23 Als Apollontempel geriert sich unbestreitbar J.P. Cremers Aachener Stadttheater mit der Portikusinschrift „MUSAGETAE HELICONIADUMQUE CHORO" unter dem Tympanonrelief. R. Bertig, S. 67 f. u. Abb. 30; S. Michaelis, S. 250. Cremers Entwurf war von Schinkel maßgeblich im Sinne der Tempelform vereinheitlicht worden. Er rekurriert offensichtlich auf A.T. Brongniarts Projekt des 'Théâtre Napoléon' in dem bereits seit 1808 in Bau befindlichen Peristyl für den aufgegebenen Denkmalbau der „Grande Armée", der schließlich zur Kirche der Madeleine adaptiert wurde (M.L. Biver, Abb. 27).
Erstmals 1797 kann die Tempelbezeichnung offiziell für einen Theaterbau nachgewiesen werden.

F.J. Bélanger nannte sein zweites, wohlgemerkt nach der Revolution entstandenes Opernprojekt für die Place du Carrousel „Grand Théâtre des Arts ou Temple à Apollon" (H. Rosenau, S. 129).

24 A. Hagen, Bd. 1., S. 213. Mit Goethes 'Iphigenie' war das Theater 1821 eröffnet worden. Vgl. G. Storck, S. 56 f.
Friedrich Wilhelm III. hat den Bau in der Dedikationsinschrift unter ganz anderen Voraussetzungen als sein Urgroßonkel, "MAIORE CULTU" gewidmet.

25 J. Petersen, S. 73.

26 Auf den Zusammenhang der Opernhausarchitektur mit englischen Palladio-Rezeptionen aus dem Umkreis von Campbells 'Vitruvius Britannicus' machte schon C. Gurlitt, S. 474 f. aufmerksam. Vgl. hier Anm. 46.

27 Ähnlich verhält es sich mit dem übergiebelten Mittelrisalit vor der Langseite des Braunschweiger Opernhauses von H. Korb, 1690. Das klassizistische Giebelmotiv über einer kolossalen Pilasterordnung kontrastiert auffällig zu den nach Art barokker Bürgerhäuser rhythmisierten Rücklagen mit einspringenden Giebelaufsätzen über der Traufe. Stärker als in Berlin wird an der langen Braunschweiger Fassade der versatzstückartige Charakter des Tempelgiebels deutlich. Das Tympanon trug ein Fresko mit der Apotheose Herzog Anton Ulrichs, dessen Büste von Apoll besungen wird. Angesichts der engen Beziehungen Friedrichs II. zum welfischen Hof in Wolfenbüttel ist eine Anregung durch das damals größte Hoftheater in Norddeutschland sehr wahrscheinlich. Vgl. U.v. Alvensleben, Die Braunschweigischen Schlösser der Barockzeit und ihr Baumeister Hermann Korb. Berlin 1937 (=Kunstwissenschaftliche Studien.21.), S. 80 f. Abb. 24,25.
Erst die dorisierende Tempelfassade von J.C.v. Mannlichs Hoftheater in Zweibrücken, 1775/76, läßt unter Berufung auf Vitruv, IV,1.5., keinen Platz mehr für fürstliche Repräsentation in Bild oder Schrift (H.J. Wörner, Abb. 194). Zum Giebelportikus als höfischer Tabernakel siehe die kaiserliche Hofloge in der Wiener Winterreitschule des jüngeren Fischer von Erlach, 1729/35. T. Zacharias, Joseph Emanuel Fischer von Erlach. Wien/München 1960, Taf. 23.

28 Zu entsprechenden Allusionen in Versailles siehe: H. Sedlmayr, 1955, S. 201 f. u. ders., Zeichen der Sonne. in: ders., 1960, Bd. 2, S. 253 ff. u. E.H. Kantorowicz, Oriens Augusti – Lever du Roi. in: Dumbarton Oaks Papers. 17.1963, S. 163 ff. Zur Vorbildlichkeit der Höfe in Versailles und Wien: J.v. Kruedener, S. 74 f.

29 R. Borrmann, Die Bau- und Kunstdenkmäler von Berlin. Berlin 1893, S. 398, berichtet von einer Kolossalstatue Apolls vor dem Potsdamer Stadtschloß, die später in den Berliner Tiergarten gelangte. H. Mackowsky, S. 21, erwähnt eine vergoldete Apollstatue auf dem Dach eines sechssäuligen Pavillons von Knobelsdorff im Park von Neuruppin und ein Deckenbild, Apoll im Sonnenwagen, das A. Pesne im Konzertsaal des Schlosses Rheinsberg für Friedrich II. ausgeführt hat.

30 Siehe Anm. 18.

31 Oeuvres, Bd. 18, Nr. 34 S. 48 f. Vgl. P. Seidel, S. 219 f.

32 Oeuvres, Bd. 18, Nr. 34 S. 49. F. Matsche, Die Kunst der Staatsidee Kaiser Karls VI. Ikonographie, Ikonologie und Programmatik des „Kaiserstils". Berlin/New York 1981, S. 297 ff. u. 306 f., hat umfangreiches Material zu Wien als „Nova Roma" zusammengetragen. Zum Topos des preußischen Rom in der friderizianischen Kunstpolitik vgl. O.E. Schüddekopf, Das preußische Rom. Italienische Kultureinflüsse in Potsdam. in: 1000 Jahre deutsch-italienische Beziehungen. Braunschweig 1960 (= Schriftenreihe des internationalen Schulbuchinstituts.5.).

33 Dazu R. Jauß, Aesthetische Normen und gesellschaftliche Reflexion in der „Querelle des Anciens et des Modernes". Einleitung zum Reprint von Charles Perrault, Parallèle des Anciens et des Modernes en ce regarde les arts et les sciences. München 1964, S. 8-64.

34 „Vous faites les plus belles inscriptions du monde; mais il leur faudrait et d'autres sujets, et d'autres palais pour les faire briller." Oeuvres, Bd. 18, Nr. 35 S. 50.
Eine 1763 von Chodowiecki gestochene Kupferplatte, die den König als römischen Imperator stilisierte, kaufte Friedrich II. an – „Ce costume n'est que pour les héros du théâtre" – und ließ sie auf ausdrücklichen Befehl vernichten, weil er keine Verbreitung des Stiches wünschte. J.A. Schmoll gen. Eisenwerth, Die Bilder der Königsfamilien von Goya und Chodowiecki. Vergleiche und Vermutungen. in: Amici Amico. Festschrift Werner Gross zu seinem 65. Geburtstag am 25.11.1966. München 1968, S. 311.

35 Zit. bei G.B. Volz, Das Sanssouci Friedrichs des Großen. Berlin/Leipzig 1926, S. 80 u. Anm. 113 S. 117.

36 „Ich hoffe, daß die Nachwelt, für die ich schreibe, den Philosophen in mir vom Fürsten und den anständigen Menschen vom Politiker unterscheiden wird" (Histoire de mon temps, 1742). Zit. bei R. Koselleck, 1959, S. 98. „Friedrich erliegt dem epochalen Zwang zu dualistischer Aufspaltung. Er sieht sich außerstande, die zeitgemäßen polaren

Begriffe wie Mensch und Fürst oder Philosoph und Politiker in sich zu vereinen, vielmehr impliziert die kritische Funktion der dualistischen Begriffsbildung, wenn man sich ihr einmal unterwarf, die Selbstkritik. Friedrich war Philosoph genug, um sie an sich als Fürsten auszuüben, aber zu sehr König, als daß sie in eine Selbstbezichtigung umgeschlagen wäre." Ebd.

37 Das noch nicht eindeutig definierte Verhältnis von Modus und Zitat in der Architektur ist von H.-J. Kunst, 1974, bes. S. 248 ff. , an einem Berliner Beispiel des beginnenden Historismus zum Gegenstand der Architekturgeschichte gemacht worden. Zum Modusbegriff J. Bialostocki, S. 11 f. Im 19. Jh. wird das Modusproblem auch in der Theaterarchitektur virulent. Siehe C.A. Heideloff, Taf. 1 u. 2.

38 In der „Eloge du Baron de Knobelsdorff" auf dessen Tod 1753 spricht Friedrich II. die beabsichtigte Allusion aus: „Arrivé à Berlin, le Roi le chargea de la construction de la maison de l'Opéra, un des édifices les plus beaux et les plus reguliers qui ornent cette capitale. La Facade en est imitée, et non pas copiée, d'aprés celle du Panthéon." Oeuvres, Bd. 7., S. 35. Pantheonrezeptionen spielen in der friderizianischen Architektur allein schon quantitativ eine auffallende Rolle; sie liegen u.a. der Hedwigskirche in Berlin, der französischen Kirche in Potsdam, dem Marmorsaal im Schloß und den beiden Rundtempeln im Park von Sanssouci zugrunde. F. Mielke, 1972, Bd. 1, S. 103 f.

39 Von der historisierenden Zitierweise in der Architektur des 19. Jh., die zwischen Großform und Kleinform als Zitatträger unterscheidet, weil beide in verschiedene Zuständigkeitsbereiche fallen, erstere dem Architekten obliegt, letztere oft von Handwerkern ausgefüllt wird (Dazu: H.J. Kunst, 1976, S. 20 f.) muß das hier geübte Verfahren deutlich abgesetzt werden. Im Falle der Kgl. Bibliothek sehr seltenem Beispiel einer Architekturkopie nach einem ungebauten Entwurf ist zu überlegen, ob hier nicht das wörtliche, auf Identität mit dem Vorbild zielende Zitat schon den Charakter einer Spolie annimmt, freilich mit dem wichtigen Unterschied, daß hier nicht mehr authentische Einzelteile in einen neuen Zusammenhang installiert werden, um das Compositum gleichsam magisch zu auratisieren, sondern die dem eigenen Interesse nutzbar gemachte Authentizität rührt vom Concetto des kaiserlichen Hofarchitekten in Wien her, den Friedrich der Große in Berlin materialisieren läßt. Primitiv im Sinne einer Spolienübertragung ist diese Vorstellung deshalb, weil mit der reliquienhaften „Translation" des in Wien unfertig und ruinös steckengebliebenen Entwurfs in die preußische Hauptstadt die Überwindung des Hauses Habsburg durch die Hohenzollern thematisiert wird. Politische Rechtfertigung bezieht solches Vorgehen aus der gesicherten Existenz Preußens und der Krisensituation Österreichs nach dem Siebenjährigen Krieg. Insofern gewinnt auch die Korrektur im heraldischen Aufputz entscheidende Bedeutung: an die Stelle des Reichsadlers über dem Portalbogen und der Habsburger Krone auf der Weltkugel über der Attika treten in Berlin der Adler auf der Weltkugel über den Eckpavillons und die preußische Krone über der zentralen Kartusche aus Büchern, Globen und Schriftrollen.

40 Die einzigartige Folge von fast 20 Palastkopien in der Potsdamer Bürgerhausarchitektur zwischen 1750 und 1775 ist im Rahmen der friderizianischen Baupolitik noch nicht überzeugend erklärt worden. Hervorragend dokumentiert sind die heute fast ausnahmslos zerstörten Häuser bei F. Mielke, 1972, Bd. 1, S. 305-330.
Es handelt sich um reine Fassadenarchitekturen, hinter denen Potsdamer Bürger logierten. Der Adel spielt bei dem Unternehmen gar keine Rolle, er scheint sogar bewußt ausgeschaltet worden zu sein. Friedrich II. „wünschte die Symptome einer fürstlichen Residenz ohne ihre Ursachen" (Ebd., S. 306), d.h. ohne den um Prestigechancen konkurrierenden, sich womöglich gar dabei ruinierenden Hofadel. Potsdam wurde künstlich zur Residenz ausstaffiert; seine Paläste sind verkleidete Bürgerhäuser.
Unbestreitbar ist der federführende Einfluß Algarottis, der in einem Brief an Friedrich II. von Potsdam als einer künftigen „école d'architecture" durch Nachahmung bewährter fremder Vorbilder („de naturaliser... et de les entremêler aux siennes") spricht. H. Keller, 1971, S. 28 f. Ebenso einseitig, wie mit N. Pevsner, 1956, S. 90, diese Potsdamer Bautätigkeit zu einem englisch orientierten Frühhistorismus generalisieren zu wollen, scheint H. Kellers Versuch, S. 29, die Stilkopien allein unter Palladianismus zu rubrizieren, weil beide Ableitungen der breit angelegten Stilrezeption, die bezeichnenderweise den Palastbau zwischen Spätrenaissance und Barock fast enzyklopädisch umfaßt, nicht gerecht werden. Neuerdings versucht H. Drescher, bes. S. 233 ff., sie aus Friedrichs persönlichem, vorbürgerlich-aufgeklärtem Interesse an der historischen Entwicklung der Gesellschaft zu interpretieren, das sich in seinen geschichtlichen Abhandlungen äußert. Bei dieser auf eine wahrhaft dominante Persönlichkeit zugespitzten Sicht vernachlässigt Drescher das Moment der Friedrich II. prägenden Struktur des preußischen Staates als einer rasch zur Großmacht aufgestiegenen und eigene Kulturtraditionen weitgehend entbehrenden Militärmonar-

chie, die ihren neuen Status hauptsächlich in der unvermittelten Aneignung fremder Formen der Selbstdarstellung auszudrücken vermag. Der französische Ton bei Hofe und die Schausammlung europäischer Architektur in den Residenzen Berlin und Potsdam werden zwar effektiv zu Trägern zukunftsweisender Ideen der Aufklärung und der historischen Bedingtheit der Moderne; doch intentional dienen sie zunächst einmal normativ einem feudalabsolustistischen Zweck, der Behauptung und Legitimation Preußens vor der Öffentlichkeit der konkurrierenden Höfe in Wien und Versailles.

41 Daß das Forumsprojekt der ersten Regierungsjahre noch in den späten Bauunternehmungen des Königs nachwirkt, hat H. Drescher, S. 231, überzeugend dargelegt, indem er das Neue Palais in Potsdam als veränderte Wiederaufnahme des Palastprojektes Unter den Linden interpretiert, wobei die Communs die Trabantenstelle des Opernhauses und der Akademie einnehmen.

42 So neuerdings H.J. Giersberg, Studien zur Architektur des 18. Jahrhunderts in Berlin und Potsdam. Phil. Diss. Masch. Humboldt-Univ. Berlin 1975, entgegen früheren Zuweisungen an den älteren Boumann oder Le Geay. Diese Arbeit war mir leider nicht zugänglich.

43 Der Bau der Hedwigskirche versetzt die Hauptkirche der Schlesier von Breslau nach Berlin. Wie vorsichtig das protestantische Preußen bestrebt war, der katholischen Provinz die Integration in das Königreich zu erleichtern, beweist das ungewöhnliche Festhalten am Status der Breslauer Fürstbischöfe, die diesen in den habsburgischen Ländern üblichen Ehrentitel bis 1918 führen durften. Zu Planung und Bau der Kirche siehe H.J. Giersberg (hier Anm. 42) und T. Eggeling, 1979, S. 113-115.

44 „Sire, j'ai l'honneur de présenter à Votre Majesté les Plans de la Maison de l'Opéra qu'Elle a formés Elle même, et dont il Lui a plu de me confier l'Exécution. Je La supplie très-humblement de les recevoir comme un témoignage de mon empressement à remplir, autant qu'il est en moi, les grandes Idées de Votre Majesté, et d'être persuadée que cette facon de penser sera toujours unie au très-profond respect avec lequel je suis Sire de Votre Majesté le très-humble, très-soumis et très-obéissant Serviteur Knobelsdorff."
Zit. bei L. Schneider, S. 20, Anm. 1. Vgl. T. Eggeling, 1980, S. 88 f.

45 Vgl. H. Drescher, S. 217 f. u. A. Streichhan, S. 19-24.

46 Am nächsten kommt der Lindenoper, vor allem in der Abwicklung der Langseiten, freilich Berninis drittes Louvreprojekt, das durch einen Stich von Marot verbreitet war. Darauf hat zuerst O. Kerber, S. 178 f., aufmerksam gemacht.

47 Im ersten und dritten Band des 'Vitruvius Britannicus' finden sich Entwürfe zu englischen Landsitzen, die den Fassaden des Opernhauses überraschend nahe kommen und für Knobelsdorff vorausgesetzt werden dürfen, zumal sich das Werk in der Potsdamer Bibliothek Friedrichs II. befand. Sowohl der erste Entwurf wie die ausgeführte Westfassade von Wanstead House, schließlich in kleineren Dimensionen die Ostfassade von Stourhead House weisen das gleiche Instrumentarium wie die Opernfassade auf. C. Campbell, Vitruvius Britannicus, Bd. 1, London 1715, Taf. 22-25; Bd. 3, London 1725, Taf. 42. Daß in solchen Entwürfen die zuerst in der italienischen Renaissance ventilierte Möglichkeit der Fusion von Tempel und Palast neu reflektiert und aktualisiert wird, hat J. Dobai, Die Kunstliteratur des Klassizismus und der Romantik in England. Bd.1, Bern 1974, S. 271 f., herausgestellt. E. Hempel, Baroque art and architecture in Central Europe. Germany, Austria, Switzerland, Hungary, Czechoslovakia, Poland. Harmondsworth/Middlesex 1965, S. 269, bezieht die Opernhausfassade auf den korinthischen Portikus des Londoner Parlamentsentwurfs von W. Kent, 1739.

48 In dieser Konfrontation der Zwecke unterscheidet sich das Verhältnis Knobelsdorffs und Friedrichs II. von anderen vertrauten Beziehungen eines an Architektur interessierten Fürsten zu seinem Hofarchitekten, etwa von Leopold Friedrich Franz von Anhalt-Dessau zu F.W.v. Erdmannsdorff. Gemeinsam ist in beiden Fällen das Bewußtsein des Souveräns vom hohen Rang der Kunst des Entwerfens von Architektur, die – analog zur Kunst der Organisation des Staatswesens – als eine traditionell zum Erziehungsideal des Fürsten gehörende Beschäftigung den besonderen Umgang mit Architekten, zumal wenn sie von Stand sind, rechtfertigt. Knobelsdorff hatte bezeichnenderweise Ministerrang, was seine Tätigkeit als eine den speziellen Befugnissen des Monarchen assistierende hinreichend ausweist.

49 D. Hoffmann-Axthelm, S. 42. Die Modernität Preußens, das den Adel stärker über das Militär als über den unmittelbaren Hofdienst für den Staat funktionalisiert, besteht u.a. in der so vorbereiteten Integration des Adels in den bürokratisch-kapitalistischen Nationalstaat. Der spezifische Absolutismus Preußens zögert jedoch die Ablösung des Adels in Administration und Militärwesen durch das Bürgertum um fast 200 Jahre – gemessen an der westeuropäischen Entwicklung – hinaus.
J.v. Kruedener, S. 78 f.

50 Zit. bei H. Mackowsky, S. 37.

51 Zit. bei W. Hegemann, S. 129.

52 „E non lunghi dalla medesima idea è il teatro che fu, non sono ancora molti anni, consecrato a Berlino ad Apollo e alle Muse, ed è uno dei primari ornamenti di quella città regina." F. Algarotti, S. 189 f.
53 H. Schmitz, S. 16.
54 P. Patte, Taf. III, Fig. 20 und S. 101-104; übersetzt bei P. Landriani, S. 170-173.
55 F. Milizia, 1794, S. 77.
56 E. Fürstenau, Baugeschichte, S. 17. Siehe Knobelsdorffs Beschreibung der Raumfolge in der „Berlinischen Zeitung" vom 27.11.1742, nachgedruckt bei L. Schneider, S. 20 f. Mobile Festsaaldekorationen für die Bühne besaßen das Koblenzer Komödienhaus von P.J. Krahe, 1786/87, das bis 1792 als Hoftheater für Kurtrier diente, und Weinbrenners Hoftheater in Karlsruhe, 1808/09. R. Bertig, S. 240 mit Abb. 121 u. C. Elbert, S. 88.
Ein letzter Ausläufer dieser höfischen Praxis ist die feste Wanddekoration des Bühnenhauses im Projekt zu einem neuen Hofopemtheater am Kärntnertor in Wien von F.X. Lössl, um 1840 (H.-C.Hoffmann u.a., 1972, Abb. 44).
Die Beleuchtung des Berliner Theaters mit Kerzen und Fackeln kostete pro Abend 2700 Reichstaler. Während der Vorstellung saß der König mit dem engeren Hof vorne im Parterre auf Sesseln, dahinter die hohen Offiziere. Die Mittelloge im ersten Rang blieb der Königin und ihrem Gefolge vorbehalten, in den benachbarten Logen fanden der Hofadel, im zweiten Rang Staatsbeamte und im dritten Rang geladene Bürger Berlins Platz. Für Fremde waren die Parterrelogen vorgesehen. L. Schneider, S. 21. Zur Geschichte des Berliner Musiktheaters siehe H. Fetting, S. 25-39; L. Geiger, Bd.1, S. 601 ff.
57 Solche Hebevorrichtungen, um Bühne und Zuschauerraum zu einem durchgehenden Ballsaal zusammenziehen zu können, sind seit etwa 1700 (Robert de Cotte im kleinen Theater von Versailles – Cour des Princes) in den meisten Hoftheatern üblich, im späten 18. Jh. vereinzelt auch an städtischen Theatern, sofern ein vorwiegend patrizisches bzw. adeliges Publikum am Ort den Ton angibt, etwa im Berner 'Hôtel de Musique', 1767/70, und in den Komödienhäusern von Münster, 1774/78 und Koblenz, 1786/87. Im 19. Jh. werden nur noch wenige Theater, etwa Weinbrenners Theater in Karlsruhe, 1808/09, mit solchen Einrichtungen versehen, um den Anforderungen der Redouten, in denen sich noch residuenhaft etwas vom Charakter des höfischen Festes bewahrt hat, Genüge zu tun. Im Wiener Opernhaus, 1861/69, wird die alte Schraubtechnik bis heute zu entsprechenden Veranstaltungen benutzt. Zu den Anfängen dieser Praxis in Frankreich vgl. H. Kindermann, Bd. 4, 1961, S. 296.

58 P. Pradel, Les projets de Gabriel pour l'Opéra de Versailles. in: Gazette des Beaux Arts. 17.1937, S. 109-125 u. Abb. 3, 4; J. Feray, Les théâtres successifs du château des Versailles. in: Les Monuments historiques de la France, N.S. 3.1957, S. 3-18, Abb. 11, 15. Neuerdings bezweifelt A. Gruber, L'Opéra de Versailles, est-il l'oeuvre de Gabriel? in: Revue de l'art. 13.1971, S. 87-97, die Autorschaft Gabriels zugunsten eines Teams der Menus-Plaisirs mit B.H. Arnoult und F.J. Bélanger. Dagegen C. Tadgell, Ange-Jacques Gabriel, London 1978, S. 119-124. Versailles geht insofern über Berlin weit hinaus, als die Raumfolge auf Steigerung berechnet ist und in einer provisorischen Festarchitektur kulminiert, die bei Bedarf in zwei Tagen aus vorgefertigten Teilen auf der riesigen Bühne zusammengesetzt werden kann. Außerdem werden Bühne und Auditorium durch die Säulenkolonnade und den offenen Emporenrang, die im Hoftheater die Schloßkapelle von Versailles vergegenwärtigen, auf eine später nie mehr erreichte Weise sakralisiert.
59 O. Weddigen, Bd.1, Anm. S. 240 f.
60 1787 war im 'Teutschen Merkur' erstmals öffentlich Kritik an den standesbewußten aber unbequemen Logen des Opernhauses geübt worden. Berlin, 1786, S. 136 u. A. Streichhan, S. 42. Die Logentrennwände konvergierten nicht zur Bühne hin, sondern dem Charakter eines Festhauses entsprechend zur Saalmitte.
61 Der Rückzug des Hofes in die privat gewordenen Schloßtheater war nicht von Dauer, ihre Funktion für das exklusive Hofleben bald überholt. 1800 ließ Friedrich Wilhelm III. das Theater im Potsdamer Stadtschloß und 1805 das im Berliner Schloß ausbrechen. M. Hammitzsch, S. 141 u. 143; A. Streichhan, S. 42 ff.
62 H.A. Frenzel, 1959, S. 130-142; Die Bauwerke und Kunstdenkmäler von Berlin. Charlottenburg. 1.Teil. Schloß Charlottenburg. Bearb. v. M. Kühn. Berlin 1970, Bd. 1, S. 127-130. Das Charlottenburger Theater ist bei weitem das größte in der Gruppe der preußischen Schloßtheater und mit 700 Plätzen sicherlich als Ersatz für die Berliner Hofoper konzipiert, deren Bühnenmaße und -einrichtung sogar übertroffen wurden.
63 Für Berlin lassen sich entsprechende Aussagen nach dem Aktenverlust des letzten Krieges nicht mehr nachweisen; umso deutlicher teilt sich das ökonomische Interesse an Investitionen im Theater in einem französischen Bericht der 'Menus-Plaisirs' vom Februar 1768 mit, in dem der kolossale Aufwand der neuen Versailler Hofoper als „une circulation utile aux finances de Sa Majesté" gerechtfertigt wird: Opéra de Versailles. L'inauguration de l'Opéra en 1770 (textes et documents). in: Les

Monuments historiques de la France, N.S.3. 1957, S. 26 f.
64 Zu C.G. Langhans als Theaterbaumeister vgl. W.T. Hinrichs, S. 38 f., 50 ff. u. 77 ff.; G. Schulz, S. 15-21; G. Grundmann, S. 244 ff.
Vom älteren Langhans bzw. nach seinen Plänen ausgeführt wurden das Aktienvereinstheater in Breslau, 1782, das Opernhaus in Charlottenburg, 1788/90, das Theater in Potsdam, 1794, und das Nationaltheater in Berlin, 1800/01, das außer dem Zuschauerraum noch Konzertsaal, Foyer und kleinere Vestibüle umfaßte. In seinem Traktat bespricht er die bedeutendsten europäischen Theater des 18. Jh. in Neapel, Rom (Teatro Aliberti und Argentina), Turin, Bologna, Lyon, Bordeaux, Paris (Opéra, Théâtres Francais, Feydeau, de la République), London (Covent Garden, King's Theatre), Wien, Berlin, Dessau.
65 Beschreibung, S. 107 u. 109.
66 B. Verona, aus Piemont stammend und in Turin ausgebildet, war seit 1773 bis zu seinem Tod 1815 als Dekorationsmaler am preußischen Hof tätig. Er lieferte Bühnenbilder für die Berliner Hofbühnen und auswärtige Theater. I. Müller, Der Theaterdekorateur Bartolomeo Verona. Phil. Diss. Berlin 1945.
67 Ausstellungskatalog der Akademie der Künste Berlin, im Mai 1787, S. 43 f. in: Die Kataloge der Berliner Akademie-Ausstellungen 1786-1850. [Reprint] Bearb. v. H.Börsch-Supan. Bd.1. Berlin 1971 (= Quellen und Schriften zur bildenden Kunst.4.).
68 E. Fürstenau, Um- und Erweiterungsbau, S. 161.
69 Der berühmten Rotunde der 'Halle au blé' von Le Camus de Mézières, 1763/69, hatten Legrand u. Molinos 1781 ein Kuppeldach aus Holz und Glas aufgesetzt (P. Klopfer, S. 135 Abb. 141). Als Inkunabel der modernen Bautechnologie wurde sie wegweisend bei der Überwindung großer Spannweiten durch Eisenkonstruktionen. C.G. Langhans bedient sich eines ähnlich konstruierten, hölzernen Bohlendachs in seiner getuschten Federzeichnung des Opernhauses (A. Streichhan, Abb. 14) und später am Nationaltheater auf dem Gendarmenmarkt, ebenso H. Gentz beim Theater in Lauchstädt. Im Pariser Theaterbau der ersten Jahrzehnte des 19. Jh. (Salle Ventadour) vergegenwärtigt diese monumentale Dachform zusammen mit den palladianischen Loggien die Vicentiner Basilica (vgl. Kap. IV, S. 161 ff.). Wie später noch über den Opernhäusern von Wien, Budapest und dem Prager Nationaltheater verbindet sich mit den signifikant bombierten Einheitsdächern die Vorstellung eines öffentlichen Versammlungsgebäudes, auch wenn sie längst nicht mehr konstruktiv notwendig gewaltige Hallenräume überdecken, sondern nur noch zeichenhaft

Öffentlichkeit demonstrieren.
Mit dem irritierenden Terminus 'Palladiokuppel' könnte theoretisch auch die Flachkuppel der Villa Rotonda mißverstanden worden sein. Eine solche hat V. Ferrarese in F. Milizias Traktat 1772 als Pantheonzitat in den Theaterbau eingebracht; J.F. Penther hatte schon 1748 ein französisches Kuppeldach „en dome" für das 'Schloß-Opern-Haus' im Rahmen seiner 'Anleitung zur bürgerlichen Bau-Kunst' entworfen. H. Zielske, 1974, S. 55 ff. u. H. Reuther, Johann Friedrich Penther (1693-1749). Ein Göttinger Architekturtheoretiker des Spätbarock. in: Niederdeutsche Beiträge zur Kunstgeschichte. 20.1981, S. 156 f. Flachkuppeln zeigen Entwürfe von Peyre/de Wailly, F. Bélanger u. L.E. Boullée für die Comédie, 1769, bzw. ein Opernhaus auf der Place du Carrousel in Paris, 1781 (M. Steinhauser/D.Rabreau, Abb. 32, 33; E. Kaufmann, Abb. 167; J.M. Pérouse de Montclos, Abb. 74). In Deutschland ist das Kuppeldach des Danziger Stadttheaters von S. Held, 1798/1801 (P. Klopfer, Abb. 62 S. 77), zu nennen, außerdem der Entwurf von C.F. Lange zum Hamburger Stadttheater, 1822 (E. Hannmann, Abb. 67) und ein Wiederaufbauvorschlag für das abgebrannte Münchner Nationaltheater von Fischer (Kunstblatt.6.1825, S. 130). Aus den gleichen Jahren stammt der Entwurf des Genuesen C. Barabino (E. de Negri, Abb. 101,102). Erst seit der inflationären Entwertung dieser sakralen Würdeform im späteren 19. Jh. bekrönt sie häufiger den Zuschauerraum großer Opernhäuser, als Flachkuppel über dem Palais Garnier in Paris, als hoch aufragende Tambourkuppel über dem Teatro Massimo in Palermo (A. Streit, Abb. 154).
70 Zum Turiner Theater von Benedetto Alfieri, 1737/40, vgl. Anm. 73.
71 E. Fürstenau, Um- und Erweiterungsbau, S. 159.
Die beiden großen Theaterbauten von Erdmannsdorff, das Theater in Magdeburg, 1794, und das Hoftheater in Dessau, 1798, entstanden erst nach dem Berliner Aufenthalt.
72 E. Fürstenau, Um- und Erweiterungsbau, S. 161, hielt die Urheberschaft der unsignierten Zeichnungen, die sich im Nachlaß des älteren Langhans und im Berliner Stadtarchiv befanden, für umstritten und möchte Verona und Erdmannsdorff nicht grundsätzlich ausschließen. E. Meffert, Abb. 38, E. Fürstenau, Zuschauerraum, Abb. 61 u. hier: Abb. 73.
73 Zum Teatro Regio in Turin siehe M. Hammitzsch, S. 92 ff.; A. Bellini, Benedetto Alfieri. Milano 1978, S. 107-115 u. L. Tamburini, S. 38-89. Eine in dieser Art aufgeschnittene Tempietologe planten Schinkel in seinem Umbauentwurf für Langhans' Nationaltheater 1813, C.T. Ottmer für das Braun-

schweiger Opernhaus auf dem Hagenmarkt 1826 und für die Dresdner Zwingeroper 1828. An anderer Stelle möchte ich der italienischen Herkunft dieses Typs aus dem 17. Jh. im Rahmen einer Untersuchung zur Hofloge als „Tabernaculum Majestatis" detailliert nachgehen.

74 Beschreibung, S. 108.

75 Ebd., S. 109. Logenpläne für alle Ränge, 1788, bei E. Meffert, Abb. 44. Im engeren Sinn werden mit Dikasterien die kgl. Gerichte und ihre Kollegien bezeichnet; daß hier allgemeiner sämtliche oberen kgl. Behörden und Ämter gemeint sind, verrät wieder den Rückgriff auf eine ältere absolutistische Praxis. Vgl. C. Hinrichs, Staat und Gesellschaft im Barockzeitalter. in: ders., Preußen als historisches Problem. Berlin 1964, S. 216 f.

76 Beschreibung, S. 109. Nachdem Abstammung als einziger Maßstab der Rangfolge bereits relativiert war, wird jetzt ein Grundprinzip der höfischen Gesellschaft, nämlich die in der Nähe zum Thron konstituierte Gnade des Fürsten, auch auf das nichthöfische Publikum im Theater ausgedehnt. Zuerst A. G. v. G. in: Ephemeriden der Menschheit. 8.Teil. Leipzig 1782, S. 153. Vgl. J.v. Kruedener, S. 57 f.

77 Gutachten Schinkels vom 13.5.1822. P.O. Rave, 1941, S. 142.

78 E. Fürstenau, Baugeschichte, S. 17.

79 H. Fetting, S. 72 ff., E. Devrient, 1967, Bd. 2, S. 13-30; L. Geiger, Bd. 2, S. 155-185 u. D. Scheper in: Berlin 1981, S. 278-286.

80 „Das Volk – ich meine nämlich den vornehmen und geringen Pöbel – nach und nach an eine bessere Speise zu gewöhnen, das dünkt mich das gescheiteste ... Gewiß würde ich nie die Aufführung so manches besseren Werkes haben bewirken und selbst dem Publiko angenehm machen können, wenn ich nicht den verwöhnten Geschmack nach und nach bearbeitet und selbst durch glänzende und zierliche Ausstattung großer Kunstwerke sie dem Laien annehmlich und zugänglich gemacht hätte." Zit. bei H. Fetting, S. 79; zur Kostümreform ebd., S. 78 f.; E. Devrient, Bd. 2, S. 96-117, 201-205; M. Hübscher-Bitter, Preußens theatralische Sendung. Die königlichen Schauspiele zu Berlin unter der Intendanz des Grafen Brühl 1815-1828. in: Preußen, Bd. 4, S. 189-199 u. D. Scheper in: Berlin 1981, S. 286-291.

81 C. Weddigen, Bd. 1, S. 250 ff.; R. Theobald, S. 93-196; H. Fetting, S. 98 ff.; D. Scheper in: Berlin 1981, S. 291-294.
Die jährlichen Kasseneinnahmen der Hofoper verringerten sich durch die Konkurrenz von 200000 auf 40000 Taler!

82 Zu K.T. von Küstner: ADB. 17.1883, S. 440 ff.; R. Genée, S. 149-165; W. Schulze-Reimpell, 'Die Königlichen Schauspiele zu Berlin' unter dem Generalintendanten Karl Theodor von Küstner. Phil. Diss. Masch. Berlin 1955; D. Scheper in: Berlin 1981, S. 297-299, und Küstners Biographie, 1853. Küstner hatte vorher das Stadttheater in Leipzig sowie die Hoftheater in Darmstadt und München geleitet. Ihm unterstanden außer der Berliner Oper und dem Schauspielhaus das Potsdamer Theater sowie die Schloßbühnen im Neuen Palais und in Charlottenburg. Der Berliner Generalintendant gebot über „unzweifelhaft die größte aller europäischen Theateranstalten" mit über 800 Angestellten, „eine schwerfällige, complicirte Maschine, die mehr einer großen industriellen Anstalt als einem Kunstinstitute gleicht". K.T.v. Küstner, 1853, S. 183 f.

83 K.T.v. Küstner, 1853, S. 173 f.

84 Gaspare Spontini (1774-1851), der gefeierte Komponist des napoleonischen Empire, den Friedrich Wilhelm III. 1820 aus Paris nach Berlin berufen und gleichsam wie eine Trophäe des überwundenen Frankreich nach Preußen verpflanzt hatte, wurde über das Maß persönlicher Intrigen hinaus ein Opfer der symptomatischen Auseinandersetzungen zwischen der Hofpartei der Generalintendanten Grafen Brühl und Redern und dem selbstbewußt gewordenen bürgerlichen Publikum, das die verschwenderisch ausgestatteten Prunkopern des Italieners ihrer antikischen und mythologischen Sujets wegen ablehnte und in Spontini den Antipoden Carl Maria von Webers, den er so verkürzt nicht war, bekämpfte. Seine Stellung bei Hofe erschütterte er durch allmähliche Annäherung an den Stil der deutsch-romantischen Oper und die Vertonung eines mittelalterlichen Stoffes aus der nationalen Vergangenheit (Agnes von Hohenstaufen 1827/29). Vgl. W. Pfannkuch, Gaspare L. P. Spontini. in: Die Musik in Geschichte und Gegenwart. 12.1965, Sp. 1978-1090; L. Geiger, Bd. 2, S. 494 ff. u. N. Miller, Der musikalische Freiheitskrieg gegen Gaspare Spontini. Berliner Opernstreit zur Zeit Friedrich Wilhelms III. in: Preußen, Bd. 4, S. 200-227.

85 K.T.v. Küstner, 1853, S. 177 f.

86 Wilhelm Ludwig Georg von Sayn-Wittgenstein war 1814/51 preußischer Staatsminister; doch rückte er seit dem Regierungsantritt Friedrich Wilhelms IV. in den Hintergrund, ohne seinen Einfluß in der reaktionären Hofpartei zu verlieren. ADB. 43. 1898, S. 626-629.
Anders als an den übrigen deutschen Residenzen waren die Berliner Hofbühnen seit 1815 nicht mehr unmittelbar dem engeren Hofstaat, sondern dem Hausministerium unterstellt, d.h. als Institute von öffentlichem Belang in der Verantwortung einer Staatsbehörde anerkannt.

87 K.F. Langhans wurde nach der Ausbildung durch seinen Vater Carl Gotthard L. und durch F. Gilly 1797 als Baukonducteur des preußischen Hofbauamtes angestellt, bevor er 1806 eine Italienreise unternahm und sich anschließend bei privaten Bauherren in Breslau und Wien – dort als Theaterarchitekt des Wiedener Theaters – verdingte. Nach Konsolidierung der politischen Verhältnisse kehrte er als Baurat nach Berlin zurück, unterlag aber mit seinem unaufgefordert eingereichten Projekt zum neuen Schauspielhaus 1817/18 gegen Schinkel und 1823 bei der Konkurrenz um das Königstädtische Theater gegen den jungen Ottmer. Seine Karriere bei Hofe begann 1834/36 mit dem Palais des Prinzen Wilhelm Unter den Linden. Der Wiederaufbau des Opernhauses begründete seinen Ruf als bedeutendster Theaterarchitekt neben Semper. Schon vorher hatte er kleinere Theater in Liegnitz (1839) und Breslau (1837/41) errichtet; es folgten der an Mollers Mainzer Schauspielhaus anschließende spektakuläre Neubau des Stettiner Stadttheaters (1846), das von E. Titz abgeändert ausgeführte Victoria-Theater in Berlin (1859) und schließlich mit dem großen Bau in Leipzig (1864/67) das erste deutsche Stadttheater, das im architektonischen Aufwand den bis dahin unbestrittenen Führungsanspruch der Hofbühnen, hier der Dresdner Hofoper in der benachbarten Landeshauptstadt, zu übertrumpfen suchte. Mehrfach wurde Langhans als gutachtende Autorität in verfahrene Planungs- und Bauprozesse eingeschaltet und trat mit Alternativprojekten auf, so 1835 in Dresden beim Umbau der Zwingeroper, 1854 in Hannover, als Laves wegen des Zuschauerhauses im neuen Hoftheater heftig kritisiert worden war, und 1855 in Dessau.
Lit. zu C.F. Langhans als Theaterarchitekt: W. Rohe, 1931; E. Meffert, S. 54-60; H. Zielske, 1971, S. 102-106, 155-166; G. Grundmann, S. 250 ff.; E. Börsch-Supan, S. 612-616.

88 Zit. bei E. Fürstenau, Festschrift, S. 237 f.
Die Benutzung der Restakten des ehemaligen Brandenburg-Preußischen Hausarchivs im Deutschen Zentralarchiv Merseburg ist mir seitens der Behörden der DDR auf entsprechenden Antrag (1976) nicht gestattet worden. Ich stütze mich daher auf die Restbestände im Geheimen Staatsarchiv Berlin-Dahlem und auf die auszugsweise von E. Fürstenau an verschiedenen Orten publizierten Akten. Die bis 1945 kompletten Bestände einschließlich der Akten des Kgl. Geh. Cabinetts Abt. IV. Nr. 1, zu denen der Immediatbericht vom 19.12.1842 gehörte, sind nach Repertoriumsnummern bei W. Rohe, S. 27 ff., genannt. Der dem Bericht beigelegte Entwurf von Krahmer befindet sich heute in der Plansammlung der TU Berlin (Abb. 74,75).

89 Zit. bei E. Fürstenau, Baugeschichte, S. 18.
90 O. Weddigen, Bd. 1, S. 245 f.
91 V. Valentin, Bd. 1, S. 30, hat ihn „einen fürstlichen Psychopathen" genannt. Allgemein zur Person des Königs ebd., S. 28-37. Zu seinem „architektonischen Fluchtreich" in Planung und Wirklichkeit, H. Beenken, 1952, S. 84-92.
92 Vgl. U. Keller, S. 103-111.
93 Siehe: Das Huldigungsfest zu Ehren S.M. des Königs Friedrich Wilhelms IV. und I.M. der Königin Elisabeth, veranstaltet von der Ritterschaft der Provinz Brandenburg in dem Kgl. Opernhause zu Berlin am 18.10.1840. Berlin 1840.
94 Zur jahrzehntelangen Vorgeschichte dieser wohl langwierigsten Denkmalplanung des 18./19. Jh., die 1791 ihren Anfang nahm und führende Architekten und Bildhauer über zwei Generationen beschäftigte, vgl. F. u. K. Eggers, Bd. 4, S. 48-168 u. neuerdings J.v. Simson/F. Mielke, Das Berliner Denkmal für Friedrich den Großen. Die Entwürfe als Spiegelung preußischen Selbstverständnisses. Frankfurt/Berlin/Wien 1976. In den hier vorgestellten Zusammenhang hat zuerst R. Nürnberger, Rauch's Friedrich-Denkmal historisch-politisch gesehen. Ein Beitrag zur Geschichte der preußischen Traditionen im 19. Jahrhundert. in: Jahrbuch Preußischer Kulturbesitz. 8.1970, S. 115-124, das Reiterdenkmal gerückt.
95 L. Dehio, Friedrich Wilhelm IV. von Preussen. Ein Baukünstler der Romantik, Berlin 1961, S. 49 ff. u. Abb. 34-37. J. Sievers, S. 140-147 u. Abb. 113-128; P. O. Rave, 1962, S. 299-315.
96 Die Forderung nach Repräsentation der unteren militärischen Ränge war von offizieller Seite abgewiesen worden. F.u. K. Eggers, Bd. 4, S. 109 f.
97 V. Valentin, Bd. 1, S. 36.
98 K.F. Köppen, Friedrich der Große und seine Widersacher Berlin (1840). in: Berlin und die Provinz Brandenburg im 19. u. 20. Jahrhundert. Veröffentlichungen der Historischen Kommission zu Berlin. 25.1968, S. 54.
99 K.E. Born, S. 19. Borns Darstellung leidet unter der allzu schematischen Kategorisierung der Friedrich-Rezeption nach politischen Parteien und sozialen Gruppen. So wird vom Friedrich-Bild der Liberalen und der Konservativen ein volkstümliches abgehoben, das in seiner besonderen Ausprägung eindeutig dem vormärzlichen Liberalismus zugeordnet werden muß, denn die Popularität des 'Alten Fritz' beruhte doch vor allem auf den ihm nachgesagten „unköniglichen", letztlich also bürgerlichen Charakterzügen und Verhaltensweisen, die dem legitimistisch-konservativen Monarchenideal abträglich erscheinen mußten.
100 K.F. Köppen, siehe Anm. 98; zit. bei F. Forster-

Hahn, S. 260 Anm. 93.

101 Den engen Zusammenhang des Kugler/Menzelschen Werks mit der bürgerlichen Opposition des Vormärz herausgeschält und von der späteren, unter dem Eindruck der Reichseinigung von 1871 betont nationalen Interpretation abgesetzt zu haben, ist das Verdienst von F. Forster-Hahn, bes. S. 256 ff. u. passim.
Forster-Hahn belegt sowohl aus der Genese der zum Thronjubiläum 1840 geplanten Biographie wie aus der Ikonographie der Menzelschen Bildschemata, deren anekdotische und genrehafte Tendenz sowie „daguerrothypartige Realität" – wie Kugler sich ausdrückte – den akademischen Anspruch des heroisierenden Historienbildes bewußt unterläuft, die dezidiert politische Absicht, den abseits von Staatsaktionen in alltäglichen „bürgernahen" Episoden reportagehaft ins Bild gesetzten König als „Mann des Volkes" (F. Kugler, S. VII) zur propagandistischen Waffe gegen Friedrich Wilhelm IV. zu schärfen, der das mehrfach gegebene Verfassungsversprechen schuldig geblieben war. Vgl. auch C. With, Adolph Menzel and the German revolution of 1848. in: Zeitschrift f. Kunstgeschichte. 42.1979, S. 195-214.
102 K.E. Born, S. 42 ff.
103 F. Förster, Leben und Thaten Friedrichs des Großen, Königs von Preußen. Ein vaterländisches Geschichtsbuch. 5 Bde. Meißen 1840, Bd. 5, S. 857.
104 F. Forster-Hahn, S. 242 u. 258.
105 V. Valentin, Bd.1, S. 36.
106 V. Valentin, Bd.1, S. 257.
107 E. Devrient, 1848, S. 424.
108 R. Koselleck, 1966, S. 62.
Koselleck weist auf, daß die Reform des preußischen Staatsapparats durch den Beamtenstaat von Steins und Hardenbergs mit Hilfe des 'Allgemeinen Landsrechts' von 1791/94 und durch dessen Fortschreibung eine von ständischen Fesseln freigesetzte liberale Wirtschaftsgesellschaft erst produziert hat, ohne die neue Sozialordnung verfassungsmäßig absichern zu können. Vgl. ders., Preußen zwischen Reform und Revolution. Allgemeines Landrecht, Verwaltung und soziale Bewegung von 1791-1848. Stuttgart 1967.
109 E. Fürstenau, Baugeschichte, S. 18; ders., Um- und Erweiterungsbau, S. 164.
110 Zu H. Krahmer s. E. Börsch-Supan, S. 611 f. Optisch kaum wahrnehmbare Korrekturen betreffen die Aufgabe der unbequemen Seiteneingänge im Parkett zugunsten eines zentralen im Fond, vermehrte Steigung des Parterrefußbodens und Erhöhung der Logen im ersten und zweiten Rang gegenüber den davorliegenden Balkons.
111 W. Rohe, S. 27. Der Entwurf befand sich schon 1931 nicht mehr bei den Akten.
112 E. Meffert, S. 58, berichtet, Friedrich Wilhelm IV. habe erst „in Verfolg einer öffentlichen Debatte" befohlen, von der Aufteilung des Apollosaales abzusehen. Den Beleg dieser interessanten Angabe bleibt Meffert schuldig.
113 Teilabdruck, die Maschinerie betreffend, bei E. Fürstenau, Baugeschichte, S. 18.
114 Anton Graf zu Stolzberg-Wernigerode war seit seiner Ernennung zum Staatsminister 1842 zweiter Chef im Hausministerium und sollte den alternden Sayn-Wittgenstein entlasten. ADB.36.1893, S. 376-380.
115 E. Fürstenau, Baugeschichte, S. 18.
116 Ebd., S. 18.
117 R. Koselleck, 1966, S. 61 ff.
118 Zeitgenössische Berichte über den Brand bei E. Meffert, S. 50 f., Abb. 41, 42; O. Weddigen, Bd. 1, S. 247, und Zeitschrift für praktische Baukunst. 3.1843, S. 196.
119 Berlinische Nachrichten von Staats- und gelehrten Sachen. 1843. No. 194 vom 21. August.
120 E. Fürstenau, Baugeschichte, S. 20 f.
121 Geheimes Staatsarchiv Preußischer Kulturbesitz Berlin-Dahlem (im folgenden: GStAPK) 192 Wittgenstein; Abdruck bei E. Fürstenau, Baugeschichte, S. 21.
122 Berlinische Nachrichten von Staats- und gelehrten Sachen. 1843. No. 194 vom 21. August.
123 Zeitschrift für praktische Baukunst. 3.1843, S. 197.
124 GStAPK 192 Wittgenstein.
125 Dieses berühmte Diktum des rheinisch-westfälischen Industrieunternehmers F. Harkort zit. F. Rothe im Zusammenhang mit Rethels Gemälde der Harkortschen Fabrik auf Burg Wetter, 1834, in dem Feudalismus und Industrialisierung unvermittelt aufeinanderprallen.
F. Rothe, Klassenpositionen fortschrittlicher Maler im Vormärz. Kommentar zu Werken von Rethel, Menzel, Hübner und Hasenclever. in: Kunst der bürgerlichen Revolution von 1830 bis 1848/49. Ausst. Kat. Neue Gesellschaft für Bildende Kunst. Berlin 1972, S. 145.
126 K.T.v. Küstner, 1853, S. 178 f.
127 Zeitschrift für praktische Baukunst. 4.1844, S. 97.
128 GStAPK 192 Wittgenstein.
129 Zu Wichmann u. Blaser siehe P. Bloch, Anmerkungen zu Berliner Skulpturen des 19. Jahrhunderts. in: Jahrbuch Preußischer Kulturbesitz. 8.1970, S. 167 u. 171.
130 Das Hauptbild über dem tiefen Proszenium zeigt den Eintritt des Apoll in den Olymp, wo ihn die Versammlung der Götter erwartet. Die neun

Musen erscheinen auf Wolken in den fünf trapezoiden Feldern des Plafond über dem Schauraum. In den vergoldeten Rahmen der Bildfelder sind Medaillons mit Portraits von elf verstorbenen deutschen Komponisten angebracht, darunter Mozart, Gluck, Beethoven und Weber an vornehmster Stelle im Proszeniumsbereich. E. Meffert, Abb. 49, und A. Cosmar, S. 97.

131 F. Fürstenau, Um- und Erweiterungsbau, S. 164 f.; Berlin 1877, S. 492 f.

132 E. Förster, Das Giebelfeld des Berliner Opernhauses. in: Kunstblatt. 27.1846, S. 7 f. u. Beilage 1; A. Oppermann, Ernst Rietschel. Leipzig 1873 (2. Aufl.), S. 187-190; F. Pecht, Deutsche Künstler des neunzehnten Jahrhunderts. Studien und Erinnerungen. Bd. 1, Nördlingen 1877, S. 104 f.; S. Michaelis, S. 254 f.

133 E. Fürstenau, Um- und Erweiterungsbau, S. 165; W. Rohe, S. 28. Als leitender Architekt hatte Langhans während des Baus täglich 5 Taler in Gold bezogen, die Baukondukteure Sontag und Degener empfingen je 2 Taler und eine abschließende Gratifikation von je 100 Dukaten. GStAPK 192 Wittgenstein.

134 Friedrich Wilhelm IV. an G. Meyerbeer, Brief vom 20.10.1844. G. Meyerbeer, Bd. 3, S. 542.

135 K.T.v. Küstner, 1853, S. 279.
In dem Vertrag, den Meyerbeer 1843 mit seinem Librettisten Eugène Scribe über die Lieferung des Buches zur Oper „Le premier flûtiste du Roi, épisode de la guerre de sept ans" abschloß, mußte der Franzose versichern, „de ne jamais s'avouer comme auteur de ce poème", da dem preußischen Besteller bei seiner Absicht, das Publikum mit einer militärisch-vaterländischen Interpretation Friedrichs des Großen zu agitieren, der berühmte Pariser Salonschriftsteller eine kompromittierende Adresse schien. Stattdessen firmierte der Berliner Musikkritiker L. Rellstab als Verfasser des Librettos, das er lediglich ins Deutsche übersetzt hatte. G. Meyerbeer, Bd. 3, S. 551 u. 769 f.

136 G. Meyerbeer, Bd. 3, S. 550.

137 Augsburger Allgemeine Zeitung. 1844. Nr. 349 vom 14. Dezember.

138 K.T.v. Küstner, 1853, S. 279 u. 281.
L. Schirmer, Friedrich der Große als Theaterheld. in: Preußen, Bd. 4, S. 229-247, beschreibt die Berliner Tradition der Preußenfeiern um die Person des 'Alten Fritz' im Opernhaus bis 1912.

139 „Vor Preußens Grenadieren,
Wenn sie nur aufmarschieren,
Da fährt dem Feind das Zagen
Durch Herz, Gebein und Magen.
Panduren und Kroaten,
Sie sehn sich schlecht berathen,
Sie müssen retiriren,
Sobald wir avanciren.
Und reitet Vater Fritze
Voran an unsrer Spitze,
Der läßt, durch Wall und Schanzen
Sie noch ganz anders tanzen.
Drum, wenn sie *ihn* nur wittern,
Faßt sie das Gliederzittern;
Und schnaubt er nur die Nasen,
So sind sie weggeblasen.
Auf, Bruder, auf, zu Kampf und Sieg!
Noch wehen Preußens Fahnen! ...
Wir fechten für den einzigen König und Herrn,
Wir folgen ihm, wohin er ruft, auf ew'gen Ruhmes Bahnen!
Es führt uns hoch am Himmel sein leuchtender Stern!
Und griff er auch die ganze Welt mit kühnem Muthe an,
Wir fechten für den König bis auf den letzten Mann."
L. Rellstab, II. Akt, S. 29 f. u. 43.

140 L. Rellstab, II. Akt, S. 55 f.

141 Berlinische Nachrichten von Staats- und gelehrten Sachen. 1844. No. 289 vom 9. Dezember, Beilage.

142 G. Meyerbeer, Bd. 3, S. 792.

143 Augsburger Allgemeine Zeitung. 1844. Nr. 349 vom 14. Dezember.

144 Zit. in: G. Meyerbeer, Bd. 3, S. 793.

145 J. Wankmüller, Das Nationaltheater in München. Phil. Diss. München 1958, S. 49.

146 O. Hederer, 1964, S. 244; K.T.v. Küstner, 1853, S. 349.

147 O. Hederer, 1964, S. 248.
Noch 1837, als König Ludwig I. die Fassade des Nationaltheaters nach dem Vorbild des Postgebäudes (Palais Törring) polychrom fassen lassen wollte, machte ihn Klenze, der jeder Sympathie für Fischers Theater unverdächtig war, darauf aufmerksam, „wie gefährlich es sei, sich an dem architektonischen Palladium des Münchener Publikums zu vergreifen". Der gewünschte Eingriff unterblieb. O. Hederer, 1960, S. 85 u. Anm. 176.

148 Berichte, 2.1845, S. 218.

149 Berichte, 3.1846, S. 141.

150 A. Romberg, S. 50.
Das Verdikt gegen den „Renaissancestyl" meint nicht die Großform, sondern den „Mangel an Durchführung" in der Dekoration. „Was die Dekoration anbetrifft, so ist sie überaus reich, aber ohne die nöthige Beobachtung der Oekonomie, wodurch der Reichthum wie im gewöhnlichen Leben als Prahlerei erscheint und so Wirkung und Eindruck verfehlt." Ebd., S. 51. Der Vorbehalt gegenüber einer im höfischen Bereich verbreiteten

Tendenz der 40er Jahre, die Strenge der klassizistischen Formen durch ein kleinteiliges Gespinst luxuriöser Schmuckformen aufzuputzen, mit deren Hilfe ein historistisches Vokabular die normative Qualität des noch offiziellen Repräsentationsstils allmählich zersetzt, trifft sich im vorliegenden Fall mit der Ablehnung des Kontrastes zwischen höfisch-prunkvollen Innenräumen und klassizistisch-nüchternen Fassaden. Daß dem bürgerlichen Rezensenten die höfische Note der Innenausstattung, ihre „Prahlerei" nicht paßt, sei durch einen parallelen Vorgang erläutert. 1851 verurteilt ein Kritiker am neuen Hoftheater in Hannover von Laves den gleichen Stilbruch zwischen innen und außen. Nach der Würdigung der Fassaden in den „Formen römischer Bauweise" zeigt er sich „überrascht und betrübt, in der ganzen Ornamentation des Gebäudes, von den Kandelabern des Vorplatzes, den Karyatiden des Concertsaales, den Kronleuchtern des Inneren bis zu den Balustraden, Gesimsen und ähnlichen Gliedern Nichts als den ausschweifendsten Rococo-Ungeschmack anzutreffen". Bruno, S. 403.

151 A. Romberg, S. 51; Augsburger Allgemeine Zeitung. 1844. Nr. 348 vom 13. Dezember.

152 Zit. nach E. Meffert, S. 52.
Gegen solchen lokalpatriotischen Überschwang der im Glanz des Hofes sich sonnenden Residenzbürger, deren Überheblichkeit sich weniger der Fürstenliebe als der Einsicht verdankt, nur Berlins Beruf zur deutschen Metropole vermöchte den restriktiven Einfluß des Hohenzollernstaates auf die gesellschaftliche Entwicklung der Stadt aufzuweichen, sofern nur die Revolution vermeidbar wäre, wendet sich der Architekturkritiker A. Romberg, S. 51, wenn er die großsprecherische Attitude der selbstbewußten Hauptstädter geißelt: „Fast möchte man sich über dergleichen Gewäsch ärgern, wenn man nicht wüßte, daß es in Berlin gewisse Berliner giebt, die den abgeriebenen Backstein dem geschliffenen carrarischen Marmor, den Lustgarten dem Tuleriengarten vorziehen, die da behaupten, eine Haselnuß in der Haselhaide sei reichlich so groß wie z.B. Apfelsinen und die gern auf Arndts Frage: was ist des Deutschen Vaterland? die Antwort geben: Berlin. Uebrigens sind das nur gewisse Berliner."

153 „Ein Preußenherz schlägt voller Muth
In Tod und in Gefahr,
Ein Preußenherz bringt treu sein Blut
Dem Vaterlande dar.
Und ist des Königs Haupt bedroht,
Da glüht es mächtig auf!
Auf Brüder! freudig in den Tod
In Siegers Sturmeslauf!"

L. Rellstab, II. Akt, S. 34.
„Die darin vorkommende Stelle: 'und ist des Königs Haupt bedroht' scheint nicht ohne Bedeutung für naheliegende Vorgänge der letzten Zeit dazustehen." Augsburger Allgemeine Zeitung. 1844. Nr. 349 vom 14. Dezember. Gemeint ist hier das fehlgeschlagene Attentat des Storkower Bürgermeisters Tschech auf Friedrich Wilhelm IV. im Juli 1844.
Vgl. D. Heikamp in: F. Saß, S. 211 f.

154 V. Valentin, Bd. 2, S. 560.

155 K.T.v. Küstner, 1853, S. 192.

156 Die sarkastische Kritik Friedrich Engels' in der Rheinischen Zeitung vom 27.8.1848 zit. G. Mattenklott, Junges Deutschland und Vormärz in Berlin. in: Berlin 1981, S. 146. Ebd., S. 423-426, ist Adolph Menzels instruktiver Erlebnisbericht der Gefallenenaufbahrung im Brief an C.H. Arnold vom 23.3.1848 abgedruckt.

157 K.T.v. Küstner, 1853, S. 192. Zwei Jahre zuvor hatte F. Saß, S. 126, skeptisch geargwöhnt: „Man übergibt das Theater vielleicht gerade deshalb einer ungehemmten Kritik, um diese Kritik anderen Sphären zu entziehen."

158 V. Valentin, Bd.2, S. 253.

159 Vgl. H. Sedlmayr, 1948, S. 47.
Die Parlamentsgebäude in London, Wien, Budapest und Berlin, in denen die Plenarsäle gemessen am Gesamtvolumen zu einem ähnlichen Accessoire geschrumpft sind wie die Auditorien der zeitgenössischen Theater, zeugen von der repräsentativen, d.h. stellvertretenden Kraft der Architektur, einen abstrakten Begriff, die „Souveränität des Volkes", das sich erst in der Unterwerfung unter den Staat als solches konstituiert, in eine gebaute Metapher umzusetzen, welche die Ausübung von Herrschaft auf der Bühne des antiken Hellas, des nationalen Mittelalters oder des modernen Rom spielen läßt. Das Theaterhafte wird zum Zweck; die Kostümierung mystifiziert die Herkunft der bürgerlichen Herrschaft. Die zeitgenössische Interpretation von Schinkels Schauspielhaus wäre ohne weiteres auf die spektakulären Parlamentsbauten der zweiten Jahrhunderthälfte, etwa den Wiener Reichstag von T. Hansen, übertragbar: „Der hohe Sockel entreißt es jeder Vergleichung mit dem Gewöhnlichen ... Mögen überhaupt andere Theatergebäude größer seyn oder noch mehr gekostet haben, so ist es doch unläugbar, daß seit den antiken Bauten dieser Art keines so monumentartig im Äußeren durchgeführt ist." [Anonym] Schreiben eines Architekten über die Werke Schinkels. in: Kunstblatt. 10.1829, S. 39.
Die bislang ungeschriebene Geschichte der Um-

215

funktionierung höfischer Theatersäle für die neuen Parlamente datiert seit 1793, als J.P. Gisors die 'Salle des Machines', das Schloßtheater der Tuilerien, zum Tagungsort der 'Convention Nationale' umbaut. Bezeichnenderweise setzt sich Gisors gegen ein Konkurrenzprojekt von de Wailly durch, der das seit der Auflösung der 'Comédie' leerstehende, bürgerlich bestimmte Théâtre de l'Odéon für diesen Zweck vorgeschlagen hatte. Nicht die verkehrsmäßige Lage oder nackte Utilität, sondern die sieghafte Versicherung des legitimierten Herrschaftsortes noch im revolutionären Bruch entscheidet über den Standort. Voll ausgebildet erscheint der Archetyp des kontinentalen Parlamentssaals im halbkreisförmigen Amphitheater der 'Chambre des Députés', die Gisors 1795/97 im Palais Bourbon einrichtet. Mit dem Namen seines vormaligen feudalen Besitzers erinnert das Pariser Parlamentsgebäude bis heute an den revolutionären Akt seiner Entstehung in den Mauern der französischen Königsarchitektur (Siehe: C. de Vaulchier, Projets pour l'Assemblée nationale: les ambitions décues entre 1789 et 1792. in: Revue de l'Art. 52.1981, S. 59-62 u. M. Steinhauser/D. Rabreau, Anm. 94 S. 46). Eben diesen Parlamentssaal nimmt F. Gilly 1798 zum Vorbild für den Zuschauerraum seines Nationaltheaterentwurfs für Berlin! (J. Posener, Friedrich Gilly 1772-1800. in: Berlin 1981, S. 113).

Eine aufschlußreiche Parallele zu Berlin hinsichtlich der Nutzung eines Hoftheaters als Parlament bietet in einer historisch verschobenen Phase die Installierung des französischen Senats in der Versailler Schloßoper nach 1871, deren Okkupation die neuerliche Überwindung der Monarchie, des Second Empire, ebenso kenntlich macht wie die Theatralisierung und den Schaucharakter der ritualisierten Debatten, die der Inszenierung und Überhöhung bedürfen, je mehr das Monopol der öffentlichen Entscheidungsfindung von außerparlamentarischen Instanzen und Interessenverbänden eingeholt und ausgehöhlt wird, bis nur noch der Schein von öffentlicher Macht im Parlament repräsentiert wird. Anders wiederum ist die Wahl des ehemaligen Weimarer Hoftheaters zum Sitz der verfassunggebenden Nationalversammlung 1919 motiviert. Gemeinsam ist zwar dem französischen Senat und dem Weimarer Konvent die Flucht vor revolutionären Bewegungen in den jeweiligen Hauptstädten, der Pariser Commune und der Berliner Novemberrevolution, in die Kontinuität der nationalen Geschichte, die jahrhundertelang eine höfische war, um über die verlorenen Kriege hinweg den staatlichen Neubeginn an die Tradition des untergegangenen Empire bzw. Reiches anzuknüpfen; doch in der Art und Weise solcher Traditionsaneignung und -Verwertung trennt sich Weimar von Versailles. Während die Versailler Regierung, die sich als Erbe der Revolution von 1789 verstand, sich der Residenz der gestürzten Monarchie zugleich in triumphaler Geste bemächtigen und deren Legitimationspotenz zunutze machen konnte, verrät der Weg der ersten deutschen Republik, die sich im Theater Schillers und Goethes, dem Tempel der Weimaraner Klassik, einer bloß kulturellen Tradition und Legitimationsinstanz verschrieb, den mangelnden Konsens über die staatliche Konzeption, der 1933 ihren Untergang erleichterte. Zwischen den Polen von Kirche und Theater vollendete sich das Schicksal des Parlaments. Seine Entmachtung bedurfte nicht nur der Zerstörung des Reichstages, sondern auch seiner Auslieferung an die Architektur der Potsdamer Garnisonkirche, in der ein mit kirchlichem Zeremoniell zelebrierter Staatsakt die Abgeordneten angesichts der Särge von Hohenzollernkönigen zur Zuschauerkulisse degradierte, und an die Berliner Krolloper, in der zwei Tage später die Selbstauflösung durch das Ermächtigungsgesetz vollzogen wurde. Die faschistische Regie setzte Ritus und Schauspiel im jeweils adäquaten Architekturrahmen zur Eliminierung des Parlaments ein, nachdem dessen genuine Bauform vorsorglich ausgeschaltet worden war.

160 M. Martersteig, S. 387.
161 GStAPK 192 Wittgenstein.
162 K.E. Born, S. 44 f. An die Adresse der angetretenen militärischen Formationen gerichtet, sprach Friedrich Wilhelm IV. seiner Armee den feierlichen Dank aus, „daß sie noch in jüngster Zeit, als alles Land umher mit schwarzer Nacht bedeckt erschien, über die giftigen Nebel wie ein Berg Gottes in den heiteren Aether des Himmels gragt hat, im hellsten Sonnenscheine unangetasteter Ehre und Treue". An die Deputation der Stadt Berlin gewandt, mahnte der König unmißverständlich, „daß das Monument zu einem ... Malzeichen der Versöhnung werde für Alle und der Rückkehr für Viele". Reden, Proklamationen, Botschaften, Erlasse und Ordres Sr. Majestät des Königs Friedrich Wilhelm IV. Vom Schlusse des Vereinigten ständischen Ausschusses, am 6. März 1848, bis zur Enthüllungs-Feier des Denkmals Friedrich des Großen am 31. Mai 1851, Berlin 1851, S. 86 f.
163 H. Fetting, S. 131 ff., vereinfacht den Gegensatz zwischen dem bürokratischen Intendanten Küstner und dem selbstherrlichen Künstler Meyerbeer auf ein Antipodenverhältnis Höfling – Bürger. Es ist aber Meyerbeer, der seine Kunst einer höfischen Verwertung zugute kommen läßt, wogegen

Küstners Auffassung seiner Intendanz als staatliches Amt etwaige Konflikte mit dem Hof nicht ausschließt. Fetting stützt sich offenbar auf das vernichtende Urteil E. Devrients, 1967, Bd. 2, S. 340-345, über Küstner, dem gegenüber der Schauspieler-Intendant ein unüberwindliches Mißtrauen hegte, obwohl er Küstners Verdienste um die Theatergesetzgebung und den ersten deutschen Bühnenverein von 1846 nicht in Abrede stellt. Vgl. die Kritik von F. Saß, S. 121, an den auf „rohe Sinnenbefriedigung" spekulierenden Inszenierungen der Intendanz Küstners und sein Résumé, S. 144: „Herr von Küstner gehört schon an ein Theater, wo der Charakter der Bourgeoisie und nicht mehr der Hof den Ausschlag gibt. Er selbst repräsentiert den Übergang zu einer neuen Epoche."

164 W. Klein, S. 69 u. E. Devrient, 1967, Bd. 2, S. 387 f. Die Denkschrift von 1847 trug den Titel 'Ueber die Kunst als Gegenstand der Staatsverwaltung, mit besonderem Bezuge auf die Verhältnisse des preußischen Staates' und wurde anonym publiziert. Ebenfalls im Sinn einer Verstaatlichung der Hoftheater äußerte sich der Dresdner Dramaturg Karl Gutzkow, Zur Bühnenreform, mit besonderer Berücksichtigung auf die königlichen Schauspiele in Berlin. Leipzig/Dresden 1848. Vgl. auch H.T. Rötscher; E. Devrient, 1848; H. Hammermeister; T. Hagen.

165 H.T. Rötscher, S. 398.

166 Ein Theaterplatz kostete in Berlin bis etwa 1870 die Hälfte einer Wiener Eintrittskarte, ein Drittel des in London und gar ein Achtel des in Paris oder Petersburg üblichen Preises. M. Martersteig, S. 370 f.
Zur Statistik der Berliner Hofbühnen vgl. K.T.v. Küstner, 1853, S. 310 ff. u. 341-346.

167 Plansammlung der TU Berlin Nr. 5872; W. Rohe, Abb. 39. Der niedrige, eingezogene und flachgedeckte Riegel hinter der Rückfront ist im rustizierten Sockelgeschoß dem Altbau angeglichen, während das Hauptgeschoß dagegen fast völlig von riesigen Fenstern zwischen schmalen Pfeilern gerüsthaft aufgelöst wird.

168 Die gesellschaftliche Exklusivität schloß nicht aus, daß sich der preußische Hofadel, der immer landsässig blieb, durch Versippung mit aufgestiegenen Bürgerlichen regenerierte und damit die Voraussetzung schuf, mit Hilfe der feudalisierten bürgerlichen Elemente länger als irgendeine Adelsgruppe sonst in Europa seine Stellung als staatstragende Elite behaupten zu können. N.v. Preradovich, S. 182 f.

169 Deutsche Bauzeitung. 47.1913, S. 180.

170 Die kaum übersehbare zeitgenössische Literatur zu den Opernhausentwürfen in den deutschsprachigen Architekturzeitschriften ist in: Bibliographie zur Architektur im 19. Jahrhundert. Nendeln 1977, Bd. 4, Nr. 39742-39965, zusammengestellt. Besondere Erwähnung verdient die Publikation der Wettbewerbsentwürfe von 1912 von H. Schliepmann u. neuerdings W. Strey, Wettbewerb für den Neubau eines Königlichen Opernhauses in Berlin für Wilhelm II. Phil. Diss. F.U. Berlin 1981.

171 Zur Berliner Opernhausfrage. in: Deutsche Bauzeitung. 38.1904, S. 411. Vgl. P. Wallé, Zur Erhaltung des königlichen Opernhauses in Berlin. in: Deutsche Bauzeitung (DBZ). 38.1904, S. 157-159 u. M. Hammitzsch, S. 142.

172 M.Liebermann, Gegen die Verunstaltung des Opernhauses und seiner Umgebung. in: DBZ (s. Anm. 171). 60.1926, S. 392; F. Eiselen, Zur Frage des Umbaus des Berliner Opernhauses. in: DBZ. 60.1926, S. 430-432 u. 471; B. Meier, Der Kampf um das Berliner Opernhaus. in: Zeitschrift für Denkmalpflege.1.1926, S. 111 f. u. 142-145; E. Fürstenau, Der Abbruch des Berliner Opernhauses. Eine Entgegnung. in: DBZ. 61.1927, S. 410-414; H. Schmitz, Der Abbruch des Berliner Opernhauses. Seine Mahnungen und Lehren. in: DBZ. 61.1927, S. 196-198; L. Adler, Das Verbrechen an der Berliner Oper. in: Wasmuths Monatshefte für Baukunst.12.1928, S. 179-181.

173 E. Meffert, S. 5 u. 11; J. Popitz, Zur Wiederherstellung des Berliner Opernhauses. in: Zentralblatt d. Bauverwaltung. 61.1941, S. 609 f.

174 „Die 'historische Form', die bewahrt werden soll, setzt die Beseitigung noch der historischen bürgerlichen Aneignung voraus." (D. Hoffmann-Axthelm, S. 62)
Indem die positiv besetzte Form Knobelsdorffscher Architektur von den sie ermöglichenden Bedingungszusammenhängen, dem negativ besetzten Preußischen Absolutismus Friedrichs II., abgehoben wird, soll sie für neue Inhalte verfügbar gehalten werden. Die zweifelhafte Sicht, Knobelsdorff habe seine Bauten einem widerstrebenden König abgetrotzt, führt sich spätestens angesichts der gemeinsamen Produktion von Sanssouci ad absurdum, wo gerade Knobelsdorff auf der Einhaltung etikettemäßiger Regeln (Sockelgeschoß) besteht und Friedrich gegen diese seine privaten Wohnbedürfnisse durchsetzt. Im Ergebnis ihrer Zusammenarbeit ist hier wie beim 'Forum' eine Trennung in einen vorgeblich progressiven Architekten und einen reaktionär unterstellten Bauherrn nicht möglich. Es wäre allzu leichtfertig, die in die Architektur eingegangene Widersprüchlichkeit in einen platten Dualismus von Auftraggeber und Architekt auflösen zu wollen.

175 R. Paulick, 1952, S. 39.
176 So schlagen etwa die Aufgaben der staatlichen Repräsentanz schon im Begründungszusammenhang der Wiederaufbaukonzeption durch, wenn den ehemaligen Hoflogen die Funktion von „Staats- und Regierungslogen" abgefordert wird und der Apollosaal, dessen Neufassung der Speisesaal und der Paroleesaal von Knobelsdorff in Sanssouci zugrundegelegt werden, ausdrücklich auch für Staatsempfänge benutzbar sein soll. R. Paulick, 1953, S. 266 u. 258.
Zur Eröffnung des Opernhauses wurde 1955 nicht, wie ursprünglich angekündigt, Beethovens 'Fidelio', sondern die repräsentativeren 'Meistersinger' von Wagner angesetzt.
177 Noch am alten Nationaltheater von C.G. Langhans war der in der Querachse gelegene Eingang des Königs zu seiner Loge durch einen Säulenportikus als Hauptportal gekennzeichnet und suggerierte dem Betrachter von außen eine Raumfolge auf der kurzen Achse hinter der Platzfront.
178 Vgl. M. Steinhauser, 1969, S. 158 und S. 198 Anm. 522.
179 Das ist im Entwurf A II besonders deutlich. Auffälligerweise wird zwar die Freitreppe an der Seite des Opernplatzes für das große Publikum belassen, das entweder direkt in den ersten Rang oder durch das Treppenhaus im vorgezogenen Risalit auf die oberen Ränge gelangt, nicht dagegen an der Seite zum Prinzessinnenpalais, wo stattdessen ein gewendeltes Treppenhaus zu den Galerien seinen Antritt in der Ecke zwischen Risalit und Rücklage hat, so daß das dort eintretende Publikum die Auffahrt des Königs vor dessen Privateingang im Sokkel nicht stören kann. Die Freitreppe sollte an dieser Stelle weg, weil der König sonst unter ihr hindurch das Theater hätte betreten müssen.
180 Die zeitgenössische Kritik hatte Schinkels wohlüberlegtes Freitreppenkonzept, das sich unmittelbar aus der Funktion des bürgerlichen Erziehungstheaters herleitet, gründlich mißverstanden. Sie monierte das Mißverhältnis zwischen der Treppe und der „peinlichen Passage" des anschließenden dunklen Vestibüls sowie die Eingänge unter der Rampe. „Wenn man den Tag durch in der beschränkten Wohnung zugebracht und des Abends ins Theater geht, um durch einen Kunstgenuß den Geist zu erheitern, darf man nicht durch einen engen, armseligen, drückenden Eingang geführt werden... Könnte man nur zur großen äußern Treppe hinaufgehen, so wäre doch dem Uebelstande einigermaßen abgeholfen..., aber die Treppe ist nicht fürs Hinaufgehen eingerichtet (man finde dies nicht lächerlich, die Kasse ist im untern Geschosse, man muß daher inwendig hin-

aufgehen), sondern nur fürs Heruntergehen." A. Weissenburg, S. 406 ff.
Gerade weil Schinkels Theater seiner Intention nach und dem offiziellen Status zum Trotz kein Hoftheater sein will, in dem die Bürger durch kurzfristigen Kunstgenuß den im gesellschaftlichen Leben entgangenen kompensieren, sondern eine Nationalbühne im Schillerschen Sinn, „eine Schule der praktischen Weisheit, ein Wegweiser durch das bürgerliche Leben", der auf der Bühne Impulse nach draußen freisetzt, werden Ein- und Ausgänge im Berliner Schauspielhaus mit Bedacht voneinander unterschieden. Das im Theater agitierte Publikum verläßt den Ort anders, als es an ihm erschien. Es ist verändert worden – so zumindest die Prämisse, wie auch Ludwig I. von Bayern von Klenzes aufgesockelter Walhalla erwartet, „auf daß teutscher der Teutsche aus ihr trete, besser, als er gekommen!" (Zit. bei H. Bauer, „Der Herrschaft Größe vor der Kunst verschwindet,..." Die Bedeutung der Kunst bei Ludwig I. von Bayern. in: Festschrift für Wilhelm Messerer zum 60. Geburtstag. Köln 1980, S. 319. Schinkel möchte die vom Alltag beladenen und gedrückten Besucher einschließlich des Hofes durch niedrige Pforten unter den Substruktionen jener Treppe in das Theater einlassen, die sie gemeinsam, ohne Unterschied des Ranges, nach der Vorstellung aus dem Tempel herabsteigen, damit sich „das Licht der Weisheit... von da aus in milderen Stralen durch den ganzen Staat verbreite" (F. Schiller, S. 97). Daß die praktische Benutzung der Treppe und der Unterfahrt dem idealistischen Anspruch, der im Theater etwas Reinigendes erblickt, nicht gerecht wurde, tut Schinkels Architekturkonzept keinen Abbruch, erklärt aber auch das Unverständnis der Kritiker gegenüber einer kaum noch aktuellen Position.
181 W. Rohe, Abb. 35.
Der Apollosaal ist wie auf dem ebenfalls verlorenen ersten Entwurf von 1842 ähnlich dem von Krahmer in ein höfisches und ein umlaufendes öffentliches Foyer aufgeteilt, doch entspricht die übrige Raumorganisation mit Ausnutzung der vorgezogenen Risalite dem Planungszustand von 1843/44.
182 Vgl. W. Kurth, S. 214 u. O. Kerber, S. 178, zu Knobelsdorffs „Paraphrase über ein gegebenes Thema".
183 Mehrere kastenförmige Theater des 19. Jh. über gestrecktem rechteckigen Grundriß mit Seiten- bzw. Mittelrisaliten sind unverkennbar von Knobelsdorffs Opernhaus abgeleitet, so das erste Breslauer Theater 'in der kalten Asche' von C.G. Langhans, 1782 (W.T. Hinrichs, Abb. XII), das Wies-

badener Hoftheater von C. Zais, 1827 (H.E. Mittig/ V. Plagemann, Abb. 34) und das Schweriner Hoftheater von G. Demmler, 1832/35 (O. Weddigen, Bd. 2, Abb. S.1002.)
Ausgesprochen neobarock und in enger Anlehnung an den benachbarten Flügel der Wiener Hofburg ist ein Opernhausentwurf von M. Löhr für den Burgplatz gestaltet, dessen Fassade das Theater nach 1860 noch einmal an die kurze Leine des Hofes nehmen möchte (R. Wagner-Rieger, 1971, S. 194 u. H.-C. Hoffmann u.a., Abb. 52,53).

184 Als Kritik am herkömmlichen Funktionalismusverständnis artikuliert R. Wagner-Rieger, Rezension zu N. Pevsner. in: Kunstchronik. 30.1977, S. 535 f., das Problem, ideologische Bedeutung und Aussagewert einer Architektur, etwa ihren Denkmalcharakter, als Teil ihrer Funktion zu begreifen, auch wenn diese die Utilität – als abstrakten Gebrauchswert verstanden – beeinträchtigt.

185 Schinkel reagiert mit den Rotondarepliken, die an den Seitenfronten des Theaters in die Fläche geklappt sind, auf die Architektur der flankierenden Gontardschen Kuppelbauten auf dem Gendarmenmarkt und integriert sie durch das gemeinsame Motiv zu einem sich wechselseitig steigernden Ensemble. Den Unterschied zu Palladio im Überkreuzen der Nebenachse hat H. Beenken, 1952, S. 44, herausgestellt.
Während K.v. Fischers palladianischer Entwurf eines Theaters mit vier Portiken für Wien (1803) unbekannt blieb (W. Nerdinger, 1980, Abb. S. 260), ist Quarenghis Idealentwurf eines die Platzmitte beherrschenden „Grande Teatro à la Rotonda" für Petersburg (1800/05) mit breiten Freitreppen auf allen Seiten (Disegni, Abb. 9-12) verschiedentlich in ausgeführten Theaterbauten reflektiert worden, etwa in den Portiken des Petersburger Alexandertheaters von C. Rossi, 1827/32 (G. Hamilton, Abb. 138 A). Das kleine, hölzerne Esplanade-Theater von C.L. Engel in Helsinki, 1827, das mit den Blendportiken in der Mitte der Langseiten stärker die Richtung des Rechteckbaus betont, verweist direkt auf Schinkels Schauspielhaus (C. Meissner, S. 44 f. u. Abb. 19 b u. c). Dagegen setzt G. Dollmann in seinem zentralisierenden, fast quadratischen Theaterentwurf für den Park von Linderhof, 1875, die Portiken unmittelbar in eine neobarocke Version palladianischer Villen um, die durch die Lage auf einem Hügel vollends zum Zitat der Rotonda gerät (M. Petzet, Abb. 16, S. 222).

186 Vgl. auch den von Friedrich Wilhelm IV. skizzierten und von Schinkel redigierten Entwurf zum Schloß Belriguardo über der Havel bei Potsdam, 1823, das sich als 'Neu-Sanssouci' auf die Anlage Friedrichs des Großen axial beziehen sollte und in dessen Architektur Schinkels Schauspielhaus und das Alte Museum verschmolzen werden. F. Mielke, 1966, S. 170 Abb. 212. Mehrfach hat Langhans den für Berlin konzipierten, basilikal erhöhten Schnürbodenaufbau realisiert, zuerst beim Breslauer Theater, 1838/41 (W. Rohe, Abb. 32), dann über der Bühne des Leipziger Stadttheaters, 1865/68 – dort fast wörtlich zitiert (W. Rohe, Abb. 42) – und in voller Länge über Zuschauerhaus und Bühne des Stadttheaters in Riga, das 1860/63 von L. Bohnstedt nach veränderten Plänen ausgeführt wurde (W. Rohe, Abb. 48 und L. Bohnstedt, Taf. 31).

187 Zit. bei E. Fürstenau, Baugeschichte, S. 18.

188 Daß dieses Prinzip mit den Worten R. Wagners, 1873, S. 400, zu beschreiben ist, deutet auf die Affinität seiner Theateridee zum Illusionscharakter des höfischen Festspiels. Der Unterschied besteht darin, daß im höfischen Theater durch die Mitwirkung der Zuschauer die Realität in der Fiktion aufgehoben wird, während dem im Realraum verharrenden Publikum bei Wagner die Idealität der durch den mystischen Abgrund des Orchestergrabens und das doppelte Proszenium in ungreifbare Ferne gerückten Bühne nur als optische Täuschung ansichtig wird. Um dies technisch zu sichern, gibt Wagner die imaginäre Einheit von Theater und Publikum im Außenbau auf, an welcher der Hof trotz gegenteiliger Praxis im Innern so erbittert festhält. Gegenüber der Berliner Hofoper, die Wagner für ein „naives Exemplar" hält, stellt sich das Bayreuther Festspielhaus als „ein Konglomerat von zwei aneinander gehefteten Gebäuden von verschiedenartigster Form und Größe" dar. Ebd. S. 406.

189 A. Weissenburg, S. 407, hatte sich mit diesem Argument gegen die senkrecht übereinanderstehenden Galerien in Schinkels Schauspielhaus gewandt: „Durch diese Anordnung können die Zuschauer, welche in den Logen sitzen, nur die Bühne sehen, die Aussicht aufs Parterre, nach den Galerien, den Logenreihen und der Decke ist ihnen gänzlich abgeschnitten. Eben so wenig kann man vom Parterre aus die Leute in den Logen sehen."
Anders als Weissenburg, der den Zuschauerraum von Schinkels Theater als „zusammengefügtes und geleimtes Schreinerwerk" disqualifiziert hatte, verteidigte J. Wetter, Anm. S. 38 f., gerade darin das Konzept des Erziehungstheaters: „Allein das Auditorium soll... kein Gegenstand des Beschauens und Gefallens seyn. Diese untergeordnete Bestimmung muß seinem höhern und eigentlichen Zwecke weichen, und diesem gemäß soll es so ein-

gerichtet seyn, daß man überall gut hört und bequem sieht. Daß dies erreicht werde, müssen alle mit innerer Festigkeit verträglichen Mittel zur Anwendung kommen, wie auch die äußere Erscheinung ausfallen möge." Aus Anlaß des Wiederaufbaus des Berliner Opernhauses hatte H.D.F.v. Linstow, S. 209, offen einsehbare Ränge „in stets erweiterten Kreisen" gefordert: „Man verlangt soviel möglich von jedem Platze aus die ganze Menschenmasse übersehen zu können." Darüberhinaus verlangt der schwedische Schloßbauintendant, die diversen Platzkategorien sollten sich nach der kgl. Hofloge orientieren und von ihr als dem zentralen, auch optisch günstigsten Punkt, abgestuft nach allen Seiten sich verbreiten, so daß die teuersten Plätze im Parterre nicht die vor dem Orchester, sondern die im Fond wären. Ebd., S. 210.
190 Mit diesem Terminus von Nietzsche beschreibt J.v. Kruedener, S. 38, die sich von den Untertanen absetzende Geste des Hofes in der repräsentativen Öffentlichkeit.
191 Die Allegorien stellen dar, auf der rechten Seite „Klugheit mit Metallspiegel, Schlange und Eule, Freude mit Rosenkranz auf dem Kopf, Witz einen Pfeil entsendend mit Sphynx zur Seite, Genius der Kunst mit Geisterflamme und verschiedenen Attributen der Kunst", auf der linken Seite (Abb. 85) die „Wahrheit, fast nackt, der Welt einen Spiegel hinhaltend, Furcht mit charakteristischen Bewegungen vor sich blickend, Kritik, wagend und prüfend, Unschuld mit der Lilie". A. Cosmar, S. 96.
192 C. Contant/J. de Filippi, S. 100.
193 Berichte 3.1846, S. 143.
194 So hatte K.v. Fischer 1811 anläßlich der Planung des Nationaltheaters das Proszenium als Rahmen „um das Gemählde der Bühne" interpretiert. Zit. bei W. Nerdinger, 1982, S. 183 f.
195 Berichte 3.1846, S. 142 f.
196 A. Romberg, S. 50 f.
197 R. Wagner, 1873, S. 406.
Das barocke Festtheater als gesteigerte Form des gesellschaftlichen Lebens hält noch am architektonisierten, der Saalstruktur verwandten Bühnenbild fest. Die konkrete Umwelt im Zuschauerraum und die Illusionswelt der Bühne sind formal aufeinander bezogen. Im 19. Jh. tritt die Bühne als bildhafte Erscheinung der Saalarchitektur gegenüber und vollendet die Trennung der Realitätsebenen. Die Zuschauer im verdunkelten Saal werden Beobachter der autonom gesetzten Welt auf der Guckkastenbühne. Das Publikum nimmt sich im Schauraum nicht mehr als Gesellschaft wahr. „Die künstlerische Realität wird bestimmend gegenüber der gesellschaftlichen". D. Frey, S. 195 ff. Vgl. W. Schivelbusch, S. 193 ff.
198 R. Wagner, 1873, S. 402. Vgl. W. Gabler, S. 49 f.
199 W. Schivelbusch, S. 198.
200 „Soll die Scene einen höheren Charakter gewinnen, so muß unser Proscenium mehr das Wesen der festen Scene der Alten erhalten, und ein kräftiger Abschluß-Rahmen sein für das Bild der ganzen Theater-Erscheinung, in welchem aus der Scene hervor die bewegliche Handlung tritt, wie ein herausgeworfener Fokus, und so den leuchtendsten Punkt der ganzen Erscheinung bildet." Zit. bei H.v. Wolzogen, 1887, S. 85. Vgl. G. Storck, S. 43 ff. Zu den Beziehungen von Schinkels Reformvorschlägen zum Wagner-Theater im Werk G. Sempers vgl. F.B. Biermann, S. 51-88 u. G. Storck, S. 67-76.
201 K.F. Langhans selbst hatte beim Breslauer Stadttheater, 1837/41, mit einem dreiachsigen Proszenium unter eigenem Plafond experimentiert, aber erst nach dem Brand des Theaters 1865 die Logen nach dem Berliner Vorbild markant von denen im Saal abgesetzt. W. Rohe, Abb. 33, 34. Mehrgliedrige Proszenien sind charakteristisch für die Theaterbauten des Wiener Ateliers von Helmer und Fellner aus dem späten 19. Jh. H.-C. Hoffmann, 1966, Abb. 58, 99, 105, 142, 157, 165, 233, 267. Im Berliner Opernhauswettbewerb von 1912 erscheint das Motiv – hier wiederum als Zitat – in mehreren Entwürfen. Siehe H. Schliepmann u. W. Strey, hier: Anm. 170.
202 W. Rohe, Abb. 52, 42, 48.
Der Bezug auf die Berliner Hofoper drückt sich in den genannten Theatern z.T. auch in der Wahl des aufgesockelten Portikus vor der Fassade aus und ist aus den jeweiligen lokalen Bedingtheiten zu erklären. Das Theater der Provinzhauptstadt Stettin versichert sich derart der übermächtigen Metropole; das Leipziger Theater entsteht konkret gegen die sächsische Hofoper in Dresden und bedient sich in dieser Konkurrenzsituation mit Langhans eines „ausländischen" Hofarchitekten, der sogar durch eine in städtischen Theatern bis dahin unübliche zentrale Mittelloge das höfische Raumprogramm vervollständigt.
203 Die Theatralisierung des Schauraumes weist das Theater als Fluchtort aus der gesellschaftlichen Realität aus, was durch die Darstellungsform der Oper noch begünstigt wird. Die Praxis der Einbeziehung der Architektur in die Mittel der Illusionserzeugung findet ihre konsequent zu Ende gedachte Entsprechung in den von Theaterdekorateuren errichteten Schlössern Ludwigs II. von Bayern, der sein kaum noch reales Königtum in riesigen Theaterkulissen zelebriert, die nach sei-

nem Tod – soweit sie mobil waren – dem Fundus des Münchner Hoftheaters einverleibt wurden. M. Petzet, S. 209-236.

204 „Sie fühlen sich überrascht durch den großartigen Raum, der uns umfängt, geblendet durch die, wenn zum Theil auch nur scheinbare Pracht der Stoffe und den Glanz der tausend Gasflammen. Sie prüfen mit Behagen den raffinirten Comfort der Sitzplätze... Aber Sie verlangen mehr: Ihr Auge, kunstbedürftig und in einem Tempel der Kunst mit doppeltem Recht nach künstlerischer Befriedigung verlangend, schweift über diese funkelnde Pracht hin und wider; aber es findet keinen Punkt, wo es ausruhen möchte. Es ist eben ein buntes, wirres Durcheinander von Zierraten und Figuren, wie es die Chablone oder die Gußform gegeben haben mag, ohne organische oder rhythmische Gesetz, das wir doch in allen Kunststylen vergangener Kunstepochen, den Rococostyl nicht ausgenommen, vorfinden". F. Kugler, 1854, S. 630.

205 Augsburger Allgemeine Zeitung. 1844. Nr. 349 vom 14. Dezember.

206 Zu diesem Entwurf, der dem wiederaufgebauten Apollosaal im wesentlichen zugrunde liegt, gehört eine bei E. Börsch-Supan, S. 181 mit Abb. 593, und ebd., Katalog C.F. Langhans Nr. 24, S. 614, publizierte Variante (Abb 114) mit kleinen Karyatiden, die sich lediglich in Höhe der Voute unter der Galerie erstrecken und auf den vorgekröpften Gebälkstücken zwischen den rundbogigen Öffnungen und den rechteckig gerahmten Wandfeldern stehen. Durch stärkere horizontale Schichtung der unteren Wandzonen und additive Reihung der vertikalen Gliederungselemente zwischen den neun Achsen von gleicher Breite, durch die geringere Plastizität des Dekors und filigrane Ornamentsysteme, die kleinteilige renaissancistische, manieristische und barockisierende Vorlagen in eine reiche Dekoration des 'Deuxième Rococo' verschmelzen, hebt sich die Variante von dem rhythmisch gegliederten und architektonisch stärker strukturierten ersten Entwurf ab.

Die bei E. Börsch-Supan, S. 613-615, im Katalog zu C.F. Langhans angegebenen Inventarnummern zu Zeichnungen in der Plansammlung der TU Berlin folgen großenteils einer alten Zählung (?). Für die Entwürfe zum Apollosaal gibt E. Börsch-Supan an anderer Stelle, im Abbildungsverzeichnis, S. 842, die richtigen Nummern an.

207 Vgl. die ursprüngliche Fassung bei E. Meffert, Abb. 22. Bei den Entwürfen zum Wiederaufbau des Apollosaals treten erstmals in der Berliner Architektur Formen des Zweiten Rokoko auf, nachdem kurz nach Regierungsantritt Friedrich Wilhelms IV. auf Geheiß des Königs sich L. Persius bei den Erweiterungsflügeln in Sanssouci (1841/42) eng an Knobelsdorffs Bau anpassen mußte. 1844/47 dekorierte Stüler, ebenfalls für Friedrich Wilhelm IV., den Weißen Saal des Berliner Stadtschlosses neu in barockisierender Manier. E. Börsch-Supan, S. 44 u. 181.
Zum zweiten Rokoko vgl. Kap. I., Anm. 120.

208 A. Cosmar, S. 98.

209 T. Eggeling, 1980, S. 90, sieht Knobelsdorffs Saalfassung von Juvarras Dekoration des Ballsaals im Turiner Schloß angeregt, die seit 1722 im Stich verfügbar war; siehe M. Hammitzsch, Abb. 62 S. 91. Vgl. den ungefähr zur gleichen Zeit entstandenen Fest- und Musiksaal im kurköllnischen Schloß Augustusburg bei Brühl (G. Bandmann, 1962, Abb. 1 u. 4) oder den Festsaal in Schlauns Erbdrostenhof zu Münster (T. Rensing, Johann Conrad Schlaun. Leben und Werk des westfälischen Barockbaumeisters. München/Berlin 1954, Abb. 58). Die umlaufende Festsaalempore markiert im Gegensatz zur Herrschaftsempore, die dem Fürsten und seinem Gefolge vorbehalten ist, den Ort der zugelassenen, akklamierenden Öffentlichkeit; von ihr aus konnten bürgerliche Gäste bei Hofe dem Souper oder der Redoute zusehen. Dabei vertraten sie, die aktiv vom höfischen Geschehen ausgeschlossen blieben, die Gesamtheit der Untertanen des Fürsten.
Am nächsten kommt dem Apollosaal der von J.L. Desprez 1791 in analoger Situation vor das Schloßtheater in Drottningholm gesetzte Vorbau des 'Dejeunersalongen'. S. Fogelmarck, Gustav III – teaterbyggaren. in: U.G. Johnsson (Hg.), Gustav III en konstbok från Nationalmuseum. Stockholm 1972, Abb. S. 75.

210 Zur Emblemfunktion der Empore, die hier im Opernhaus den Festsaal des Schlosses mitrepräsentiert, vgl. H.-J. Kunst, 1974, S. 255 f.

114 Berlin, Alternativentwurf zum Wiederaufbau des Apollosaals im Kgl. Opernhaus von K.F. Langhans, Aufriß der Langseite

211 Im 18. Jh. dagegen war die Galerie der Ort für das bürgerliche Publikum während der Redouten in der Karnevalszeit. Anständige Kleidung galt als einzige Voraussetzung für den Zutritt dorthin. Berlin, 1786, S. 137 f. u. F. Nicolai, Bd. 2, S. 917 f.

212 A. Cosmar, S. 97; Berichte 4.1847, S. 176.

213 Auch etymologisch ist dieser Sachverhalt belegt. Im Italienischen z.B. hat sich für das Theaterfoyer bis heute die Bezeichnung „ridotto" (=Redoute) gehalten.

214 N. Elias, 1969, S. 129.

ANMERKUNGEN zu KAPITEL IV

1 V. Valentin, Bd.1, S. 152; vgl. G. Haselier, 1964, S. 289 ff. und E. Strobel, Land und Städte in Baden. in: Badisches Städtebuch. Hg. v. E. Kayser, Stuttgart 1959, S. 19 ff.

2 E. Arndt, S. 157-264, 436-531.

3 K.G. Fecht, S. 580 ff.
Seit 1719 fanden Theateraufführungen zunächst in einem Saal des Schlosses von F.v. Batzendorf und seit 1782 im Komödienhaus, einer ehemaligen Remise, statt, die an der Stelle der 1853/57 von H. Hübsch errichteten neuen Orangerie stand. O. Weddigen, Bd. 1, S. 731; E. Gutmann, Das großherzogliche Residenzschloß zu Karlsruhe. Heidelberg 1911 (=Zeitschrift f. Geschichte d. Architektur. Beiheft 5), S. 18 ff.; H. Gremmelspacher, S. 52 f.

4 Zu Weinbrenner als Theaterarchitekt: A. Valdenaire, 1919, S. 187-199; C. Elbert, S. 86-90; H. Gremmelspacher, S. 55 f. Weinbrenner hatte sich durch den Karlsruher Bau und sein 1809 publiziertes Traktat, mit dem er wichtige Positionen der italienischen und französischen Theaterreformer in Deutschland bekannt machte, den Ruf eines Theaterspezialisten erworben. Claudia Elbert, Karlsruhe, bereitet eine Diss. über Weinbrenners Theaterbauten vor.

5 Es folgten München 1811/18 und Darmstadt 1818/19.

6 F. Weinbrenner, S. 22 f. u. Taf. I-III und A. Valdenaire, 1919, S. 187-192.

7 Der Querschnitt aus der Slg. d. Instituts f. Baugeschichte ist bei C. Elbert, Abb. 64, publiziert. In der gestochenen Fassung (1808) ist das Schloß durch ein erst geplantes Denkmal Karl Friedrichs auf dem Marktforum ersetzt. Vgl. die Bühnenprospekte von Schinkel in Berlin, 1821, und Thouret im Stuttgarter Entwurf, 1835, die eine perspektivische Ansicht des Theatergebäudes selbst auf die Bühne projizieren.

8 F. Weinbrenner, S. 25 u. 27, erwähnt mehrfach, was er an römischen und Pariser Anregungen verarbeitet hat. Insgesamt sind seine Entwürfe und Bauten stärker durch die römische 'Accademia della Pace' als durch die sogenannten französischen Revolutionsklassizisten geprägt worden. Vgl. hierzu: Kap. II, Anm. 119. Das 1813/14 von Weinbrenner errichtete Gesellschaftshaus 'Museum' in der Stadt ersetzte in gewisser Weise den Redoutenvorbau des Hoftheaters; A. Valdenaire, 1919, S. 159 f. Eine Parallele bietet Dessau, wo erst 1820/22 C. Pozzi dem Erdmannsdorffschen Theater von 1798 zum Fassadentrakt an der Straße mit dem monumental aus der Baufluchtung tretenden übergiebelten Portikus vor den Gesellschaftsräumen verhelfen durfte, W. v. Kempen, S. 52-56.

9 K. Widmer, Die bildende Kunst in Karlsruhe. in: R. Goldschmit, Die Stadt Karlsruhe. Ihre Geschichte und ihre Verwaltung. Festschrift zur Erinnerung an das 200-jährige Bestehen der Stadt. Karlsruhe 1915, S. 315. Unvergleichlich bedeutender waren die neu erworbenen pfälzischen Städte, vor allem Mannheim mit etwa 22000 Einwohnern. Erst 1852 erreicht Karlsruhe die Bevölkerungszahl der alten kurpfälzischen Residenz.

10 O. Weddigen, Bd. 1, S. 732; E. Sander, Karlsruhe einst und jetzt in Wort und Bild. Karlsruhe 1911, S. 60.

11 Siehe dazu ausführlich G. Haass.

12 D. de Chapeaurouge, Die deutsche Geschichtsmalerei von 1800 bis 1850 und ihre politische Signifikanz. in: Zeitschrift des Deutschen Vereins für Kunstwissenschaft. 31.1977, S. 131-133 u. V. Plagemann, S. 93-101.

13 Benjamin Schlick (1796-1872), Schüler von Percier und Fontaine, hatte in Paris 1828 den Auftrag zur Neueinrichtung des Théâtre de l'Odéon erhalten; 1830 flüchtete er vor der Julirevolution über Karlsruhe nach Italien. Siehe Kap. II, Anm. 46 u. A. Michel, Bd. 8.1, 1925, S. 248 f. Dagegen setzen K.G. Fecht, S. 581, u. A. Valdenaire, 1919, S. 192 f., den Umbau in das Jahr 1826.

14 E. Giavina, Der Hoftheaterbrand in Karlsruhe am 28. Februar 1847, dessen Entstehung, Verlauf und Folgen. Beschrieben aus Mittheilungen geretteter Augenzeugen..., Karlsruhe 1847; K.G. Fecht, S. 582 f. Weinbrenner ist aus dem Unglück wohl kein Vorwurf zu machen, denn noch am 17.12.1819 wandte er sich in einem Schreiben an den Finanzminister aus Sicherheitsgründen entschieden gegen geplante Veränderungen in der Konstruktion des Zuschauerhauses und lehnte jede weitere Verantwortung ab. (Generallandesarchiv Karlsruhe – im folgenden GLA Ka – 422/326 Baudirection). Schwerwiegender waren die Eingriffe bei dem Umbau von 1830, als große Teile des Zuschauerraums einschließlich der Decke mit leicht brennbaren Stoffen ausgeklei-

det worden waren.
15 GLA Ka 56/3098 Oberhofverwaltungsrat.
16 GLA Ka 237/36297 Finanzministerium.
17 GLA Ka 56/942 Generalintendanz der Civilliste. Heideloff schreibt, er habe den Plan zu einem Theater entworfen, „in welchem das Beste, das Praktischste von allen Theatern, die ich gesehen, zusammengestellt und angewandt ist." Er bittet zwecks Anfertigung eines Modells, „welches besser und anschaulicher als eine geometrische Zeichnung die nöthige Übersicht gewährt", um einen Situationsplan. Er hatte bereits 1838 ein großes Holzmodell für das Stuttgarter Hoftheater angefertigt. Vgl. Kap. II.2.3. u. II.3.5.
18 GLA Ka 56/942 Generalintendanz der Civilliste, vom 27.3.1847.
19 Ebd. vom 12.4.1847.
20 Vgl. A. Valdenaire, 1926, S. 69.
21 Zit. in: The Builder 5.1847, S. 295.
22 Zeitschrift für praktische Baukunst 7.1847, Sp. 378 f. Daß es ein solches Mustertheater in der Vergangenheit nicht gegeben habe, wird mit der ungleichen Entwicklung von deutscher Baukunst und Dichtung begründet. Das Fehlen einer dramatischen Poesie im Mittelalter habe Erwin von Steinbach gehindert, ein deutsches Theater zu bauen. Der Aufschwung der deutschen dramatischen Poesie falle in eine Zeit, da die nationale Blüte der Baukunst längst durch die italienische verdrängt sei. Nun aber sei die deutsche Baukunst voll gerüstet, ein erstes deutsches Schauspielhaus zu bauen. „Es handelt sich nur darum, daß ihr von oben her Gelegenheit geboten werde, es zu thun." Ebd. Sp. 378. Der hier mehrfach zitierte anonyme Artikel ist kompiliert aus zwei Aufsätzen in der Beilage der Augsburger Allgemeinen Zeitung. 1849. Nr. 93 vom 3. April (Ein Wunsch für das neue Karlsruher Theater) und Nr. 112 vom 22. April 1847 (Erwiderung auf den Wunsch für das Karlsruher Theater). Einig in der Forderung nach einem öffentlich ausgeschriebenen Wettbewerb, unterscheiden sich beide Artikel in der Propagierung des gewünschten Stils. Gegenüber dem national argumentierenden Neugotiker erweist sich der zweite Autor als Klassizist strenger Observanz, der auch mit Hübschs Architektur hart ins Gericht geht. Zu den nationalen Implikationen des Neugotik in Deutschland vgl. G. Germann, Gothic Revival in Europe and Britain: Sources, influences, and ideas. London 1972, bes. 81-97 u. 151-165 und H. Gollwitzer, Zum Fragenkreis Architekturhistorismus und politische Ideologie. in: Zeitschrift für Kunstgeschichte. 42.1979, S. 3 ff.
23 Zeitschrift für praktische Baukunst. 7.1847, Sp. 379 „Während dem unsere deutsche Malerei durch den ungehemmten Concurs der Kräfte eine so große Zahl vorzüglicher Meister und ruhmvoller Werke zu Tage gefördert hat, ist die Architektur ... durch den Mangel dieses freien Concurses in ihrer nationellen Entwicklung vielfach gehemmt."
24 Aus den Preisaufgaben der Akademien und Architektenvereine hatte sich seit den 30er Jahren das System der öffentlichen Ausschreibung entwickelt, setzte sich aber erst nach der Revolution 1848/49 allgemein durch. K. Döhmer, S. 136 f. Vgl. etwa den Hamburger Wettbewerb um den Neubau der Nikolaikirche 1844 und den Wiener Wettbewerb um den Bau der Altlerchenfelder Kirche 1848. R. Wagner-Rieger, 1970, S. 106-110.
25 Zit. in: Zeitschrift für praktische Baukunst. 7.1847, Sp. 380. Vgl. Ephemeriden. 2.Beilage zur Allgemeinen Bauzeitung. 12.1847, S. 141.
26 Jean Pierre Cluysenaar (1811-80), der vor allem durch die Konstruktion der Galerie St. Hubert in Brüssel 1846/47 schlagartig außerhalb Belgiens bekannt geworden war, in Deutschland aber nur mit dem Bau des Theaters und des Kurhauses in Bad Homburg in Erscheinung trat, nennt in seinem Testament unter diversen empfangenen Auszeichnungen das Ritterkreuz des Zähringerordens, das ihm „à la suite d'un mémoire que le Gouvernement badois m'avait demandé sur la construction des théâtres après l'incendie du théâtre de Carlsruhe" verliehen worden sei. F. Hymans, S. 16.
27 G. Hojer, München – Maximilianstraße und Maximilianstil. in: L. Grote, S. 33-65; K. Döhmer, S. 38 ff u. E. Drüeke, Die Maximilianstraße in München – Zum Problem des neuen Baustils. in: M. Brix/M. Steinhauser, S. 107-119.
28 Ein Rezensent vertröstete die Erwartung einer neuen Architektur auf die bevorstehenden politischen Veränderungen, „bis neue Kraft wiederkehren wird in die gelähmten Schwingen des Reichsadlers." Erwiderung auf den Wunsch für das Karlsruher Theater. in: Augsburger Allgemeine Zeitung. 1847. Nr. 112 vom 22. April. Zu den seltenen neugotischen Profanbauprojekten der Jahrhundertmitte gehören in erster Linie die Entwürfe von J. Felten, J. Raschdorff und F.A. Stüler für das Wallraf-Richartz Museum in Köln. Siehe auch Heideloffs Theaterentwurf für Nürnberg 1829 (W. Nerdinger, 1980, S. 379 f.).
29 GLA Ka 233/27521 Staatsministerium.
30 Ebd.
31 Badischer Baudirektor seit 1842; wichtigste Lit.: A. Valdenaire, 1926; J. Göricke, Die Kirchenbauten des Architekten Heinrich Hübsch. Karlsruhe 1974 (=Studien zur Bauforschung.8); N. Pevsner, 1972, S. 62-75; Heinrich Hübsch, 1983. G. Vilmar, Freiburg, bereitet eine Arbeit über die Profanbauten

115 Hannover, Ehem. Hoftheater von G.L.F. Laves, 1848/52, Zuschauerraum vor 1943

Hübschs vor; bislang ders., in: NDB.9.1972, S. 723 f.

32 GLA Ka 56/3099 Oberhofverwaltungsrat.
„S.K.H. haben hinsichtlich der Wiederherstellung des Hoftheaters beschlossen 1. den Baudirector Hübsch mit der Leitung des Theaterbaus, sowohl was die Herstellung des Nottheaters als was den künftigen Neubau betrifft, zu beauftragen; 2. denselben anweisen zu lassen, Plan und Kostenüberschlag für den Neubau wie für das Nottheater überall unter Mitwirkung der wegen der Bestimmung des Gebäudes beteiligten Hofbehörden zu entwerfen und seiner Zeit dem Finanzministerium vorzulegen; 3. dem letzteren Ministerium aufzugeben, die Vorlagen seiner Zeit zur allerhöchsten Entschließung einzureichen und – wenn diese erfolgt sein wird – die Herstellung des Nottheaters gleichbald aus Domänengrundstocksmitteln vollziehen zu lassen, den Aufwand für den Neubau aber in das Domänengrundstocksbudget für 1848 und 1849 aufzunehmen."

33 GLA Ka 237/36297 Finanzministerium. A. Valdenaire, 1926, S. 68 f., berichtet, daß anfangs verschiedentlich der Wiederaufbau des alten Theaters gefordert worden war.

34 Zeitschrift für praktische Baukunst. 7.1847, Sp. 536.

35 Auch der Langensteinsche Garten an der Langen Straße in der Nähe des Mühlburger Tores wurde zeitweise als Bauplatz erwogen. A. Valdenaire, 1926, S. 70.

Nahezu umgekehrt lagen die Verhältnisse beim gleichzeitigen Hoftheaterbau in Hannover (Abb. 115). Es bedurfte dort langer Verhandlungen, bis der Hof den Bauplatz auf der ehemaligen Windmühlenbastion in der von Laves neu angelegten Ernst-August-Stadt vom bürgerlichen Magistrat erwerben konnte. In Hannover war es der Hof, der mit dem Theater die Infrastruktur des neuen Stadtteils heben wollte, um ihm die Lebensfähigkeit zu sichern, da das noch stark handwerklich-zünftlerisch gebundene Bürgertum die staatliche Stadterweiterungspolitik aus Sorge vor unliebsamer Konkurrenz bekämpfte. Durch die lange Abwesenheit des Hofes war das hannoversche Bürgertum selbstbewußter und unabhängiger als in anderen Residenzen geworden, fühlte sich dem Adel ebenbürtig und achtete von sich aus auf die strikte Trennung der Gesellschaftsklassen. Zugleich blieb es fest in den überlieferten ständisch-sozialen Bindungen verwurzelt, was noch in den heftigen Verfassungs-

kämpfen im Vormärz ablesbar wird. Auf dieses feindselige Verhältnis reagierte der Hof mit dem im 19. Jh. beispiellosen Entschluß, das Hoftheater weitab der Residenz in ein neues Stadtviertel zu verlegen, um das angeschlagene Königtum im neu entstehenden gewerblichen Zentrum der Hauptstadt wirksam zu repräsentieren. Die Anlage des Bahnhofs entschied endgültig über die gelungene Schwerpunktverlagerung aus der engen Altstadt. Die am Theater vorbeiführende Georgstraße über der alten Wallpromenade wurde die Hauptgeschäftsstraße Hannovers. Weitere öffentliche Einrichtungen (Museum, Börse, Landtag) siedelten sich in der Nähe des Theaters an, das, nunmehr in den Mittelpunkt gerückt, zum beherrschenden Akzent des Stadtbildes wurde. Das monumenthafte Theater, das größte und teuerste zu seiner Zeit in Deutschland, vertrat an dieser Stelle Kirche und Schloß, die bis dahin wichtigsten Fixpunkte eines städtischen Organismus. Eine Kirche war für den neuen Stadtteil nie vorgesehen, und eine neue Stadtresidenz für das an die Peripherie geratene und einer königlichen Hofhaltung völlig ungenügende Leineschloß kam nie zustande. Das infolge der Depossedierung des welfischen Hauses (1866) nicht mehr bezogene Welfenschloß vor den Toren Hannovers an der Straße nach Herrenhausen sollte vor allem den Wohnbedürfnissen des Hofes dienen und gehört eher in die Nachfolge der neugotischen Parkschlösser als in die Sphäre städtischer Repräsentation. Das Hoftheater blieb unangefochten die bedeutendste Bauaufgabe des 19. Jh. in Hannover. Hier zeigt sich komplementär zur Karlsruher Situation, wo ein widerstrebender Hof auf fortgesetzten Druck der bürgerlichen Interessen reagieren muß, daß ein ursprünglich durchaus höfischer Antrieb zur Stadterweiterung im Zuge der Realisierung schließlich zum Vorteil der gesellschaftlichen Gruppen geraten kann, die sich ihr anfangs borniert widersetzten. Laves' Konzept, im Theater König und Staat zu repräsentieren, durch seine Nachbarschaft ökonomische Prosperität anzuheizen, ließ sich problemlos in die bürgerliche Epoche verlängern.
Vgl. im einzelnen: G. Höltje, S. 138 ff. u. 146 ff. und ders., Pläne zur Erweiterung der Stadt Hannover in der Zeit von den Befreiungskriegen bis zur Einführung der Eisenbahn. in: Hannoversche Geschichtsblätter. N.F.2.1932, S. 187-243; M.F. Gerhäuser, Die Planung der Theater und ihre Entwicklung in Hannover. in: Hannoversche Geschichtsblätter N.F.23. 1969, S. 85-144, bes. S. 96 ff.

36 GLA Ka 237/36297 Finanzministerium. Ein von J. Mühldorfer signierter und 1847 datierter Entwurf wurde 1983 auf der Karlsruher Hübsch-Ausstellung, Kat. Nr. 40, 41, vorgestellt. H. Brockhoff, in: Heinrich Hübsch, Abb. S.72. Vgl. Anm. 83.
37 Dazu M. Frölich/H.G. Sperlich, S. 145-57 u. 293-306.
38 Die Baudenkmäler in Frankfurt am Main. Bd. 2, Weltliche Bauten. Bearb. v. C. Wolff und R. Jung. Frankfurt a.M. 1898, S. 343-49 u. Abb. 355-358.
39 GLA Ka 422/328 Baudirection. Die Pläne befinden sich in der Staatlichen Kunsthalle Karlsruhe, o. Inv. Nr., und sind erstmals von H. Brockhoff, in: Heinrich Hübsch, Abb. S.72-75, publiziert worden.
40 Bereits im 18. Jh. wurde im Theater von Lyon erstmals ein eiserner Vorhang eingebaut. Siehe: P. Peyronnet, Le rideau de fer de Soufflot: Invention et fortune. in: Victor Louis, S. 123-128. In Deutschland wird er erst durch die verschärften Sicherheitsbestimmungen der Polizeiverordnung von 1889 nach verschiedenen schweren Brandkatastrophen obligatorisch.
41 GLA Ka 422/328 Baudirection.
42 GLA Ka 233/27521 Staatsministerium.
43 GLA Ka 422/328 Baudirection und 233/27522 Staatsministerium.
44 GLA Ka 237/36297 Finanzministerium.
45 Die Versammlungen der Demokraten in Offenburg und der Liberalen in Heppenheim verlangen im Spätsommer 1847 eine gesamtdeutsche Volksvertretung. G. Haselier, 1971, S. 453.
46 GLA Ka 237/36297 Finanzministerium.
47 V. Valentin, Bd. 2, S. 419.
48 GLA Ka 233/27521 Staatsministerium.
Parallel zur Karlsruhe wurden auch in Rudolstadt und Hannover ökonomische Interessen als Hebel angesetzt, um den Theaterbau gegen eine zögernde Obrigkeit zu erzwingen. In der kleinen thüringischen Residenz Rudolstadt plante der Fürst seit 1843 einen repräsentativen Neubau anstelle des alten Komödienhauses von 1792. 1848 wurde infolge der Revolution der zwei Jahre zuvor begonnene Bau eingestellt, obwohl der Stadtrat wiederholt Petitionen an die Regierung und den Landtag gerichtet hatte, um durch die Vollendung des Theaters eine Verelendung des einheimischen Handwerks zu verhindern. Der Fürst blieb jedoch bei seiner ablehnenden Haltung, der Theaterbau kam nie zustande, die Fundamente wurden wieder abgetragen. (H. Trinckler, Entstehungsgeschichte und Häuser Chronik von Alt-Rudolstadt. Rudolstadt 1939, S. 216).
In Hannover dagegen wurde das Bauwesen am Kgl. Hoftheater zwar gedrosselt, doch vorsätzlich während der Revolutionsjahre mit dem ausdrücklichen Hinweis weitergeführt, daß es politisch opportun wäre, die Bauwirtschaft wenigstens durch Investitionen der öffentlichen Hand zu ermutigen und daß

eine Unterbrechung „zu einer Vermehrung der schon jetzt großen Unruhe und Aufregung der Gemüther sehr wesentlich beitragen würde".
„Die Unterbrechung des Baues würde ein so unerwartetes Ereignis sein, daß dasselbe bei der gewerbetreibenden Classe der Bewohner der Residenz den unangenehmsten, störendsten Eindruck hervorbringen würde, denn es unterliegt keinem Zweifel, daß diejenigen Meister, denen die bedeutenden Arbeiten für den inneren Ausbau theils wohl schon zugesagt worden sind, oder die zu einer Betheiligung dabei sich Hoffnung machen konnten, ihre Einrichtungen dazu schon jetzt getroffen haben, indem sie sich der dazu nöthigen Arbeitskräfte bei Zeiten versichern mußten. Die Täuschung, welche diese Leute erfahren würden, wäre nun aber umso drückender und härter für sie, als schon jetzt die Zeitumstände eine sehr merkliche Stockung in der gewerblichen Tätigkeit hervorgerufen haben, so daß alle Aussichten auf Privatbauten... vorerst wohl ganz geschwunden sind." (Gutachten der kgl. Theaterbau-Commission vom 14.4.1848, Hauptstaatsarchiv Hannover, Dep. 103 Marienburg 10781).

49 GLA Ka 233/27521 Staatsministerium.
50 Zit. bei V. Valentin, Bd. 1, S. 153.
51 GLA Ka 233/27521 Staatsministerium.
52 G. Richter, S. 389 f.
53 V. Valentin, Bd. 1, S. 154.
Dagegen betont E. Arndt, S. 504, die Interdependenz von Parlament und Verwaltung. Die Regierung erkannte „ihren stärksten Feind in der II. Kammer und vor allem in den dort befindlichen Staatsdienern..., welche gern den einzigen Adel des Landes bilden und den eigentlichen Adel überall verdrängen möchten."
54 GLA Ka 233/27521 Staatsministerium.
„Bei der allgemeinen Geschäftslosigkeit erblicken wir für die nächste Zeit die Möglichkeit der Arbeit für eine große Zahl Handwerker, namentlich für die fast ganz darniederliegenden Baugewerbe und in weiterer Aussicht nach Vollendung des Baues vermehrten Besuch wohlhabender Fremder, die zur längeren Ansiedlung dadurch veranlaßt werden, wenn neben den Annehmlichkeiten, welche die Residenz sonst bietet, auch die eines schönen Theaters kommt."
55 GLA Ka 233/27521 Staatsministerium.
Es wird dort auf die gleiche Verfahrensweise, Darlehen mit Staatsschuldverschreibung, beim Theaterbau 1807/08 hingewiesen. Vgl. K.G. Fecht, S. 580 f.
56 Ebd. S. 580 f.
57 K.G. Fecht, S. 370-74; V. Valentin, Bd. 2, S. 509-544; G. Rötscher, S. 392 ff.

Die badische Revolution war die einzige unter den Erhebungen der Jahre 1848/49 in Deutschland, der es gelang, die regulären Truppen in der Mehrzahl auf ihre Seite zu ziehen, und die damit die Voraussetzung schaffte, die Zentralgewalt am Ort der Regierung zu übernehmen. V. Valentin, Bd. 2, S. 509 ff.
58 K.G. Fecht, S. 375.
Viele deutsche Hoftheater wurden 1848/49 von den revolutionären Kräften okkupiert und der neuen Ordnung nutzbar gemacht. In Berlin blieben zwar die Kgl. Bühnen unter der Kontrolle der Hofintendanz, die jedoch auf das neue Publikum mit Konzessionen im Spielplan reagieren mußte. Die höheren Stände zogen sich vorübergehend vom Theater zurück (C. Meyer, S. 103). Der Konzertsaal des Berliner Schauspielhauses diente als Lokal der preußischen Nationalversammlung, bis das Theater im November 1848 von einmarschierenden Truppen besetzt wurde (W. Widmann, S. 78). Das k.u.k. Theater auf der Wieden in der österreichischen Hauptstadt wurde nach zeitweiser Sperrung im April 1848 als Deutsches Nationaltheater neu eröffnet (F. Klingenbeck, Im neuen Glanz das Theater an der Wien. Lebenslauf einer Bühne 1801 bis heute. Wien 1963, S. 37). Auch das Wiesbadener Hoftheater, das der Herzog von Nassau aus seiner Verwaltung entließ, nachdem die Stände im März 1848 die herzoglichen Domänen als Staatseigentum proklamiert hatten, wurde von der Stadt mit staatlicher Unterstützung als Stadt- und Nationaltheater weitergeführt (A. Schroeter, S. 155-180).
59 R. Gottschall, Das Theater in der Gegenwart. Vorschläge zur Reorganisation. in: Jahreszeiten 47.1848 (zit. bei W. Widmann, S. 90). Theaterreformer wie E. Devrient und R. Gottschall fordern ein vom souveränen Volk geleitetes Nationaltheater mit einer Prüfungskommission für Bühnenleiter und Künstler, obligatorischen Tantiemen für Dichter, festen Gagenetats und volkstümlichen Eintrittspreisen. Vgl. auch M. Martersteig, S. 388 ff. Gottschall bezieht sich offensichtlich auf revolutionäre Volksfeste im Theater und in eigens dafür errichteten Arenen, die wie in der französischen Revolution die massenwirksamen Kultveranstaltungen der christlichen Kirchen ersetzen sollten. Dazu: M. Ozouf, La fête revolutionnaire 1798-1799. Paris 1976; W. Oechslin, Le feste della rivoluzione francese. Riflessioni sull' immaginario collettivo. in: Lotus international. 17.1977, S. 62-65; F.-J. Verspohl, S. 27-51.
60 G. Haselier, 1971, S. 454 ff.; V. Valentin, Bd. 2, S. 541 ff. Zur Debatte stand sogar die weitere Existenz des badischen Staates und des Hauses Zähringen, die Preußen nur bei weitgehender Kontrolle des

Landes garantieren wollte. Dagegen gab es Pläne, die eine Aufteilung unter Bayern und Württemberg bzw. eine Übertragung an den Herzog von Leuchtenberg vorsahen.
61 P. Fütterer, Vorgänge in Karlsruhe 1849. Das Verhalten der Bediensteten im Bereich des badischen Ministeriums der Finanzen während der Revolution von 1849. in: Zeitschrift für Geschichte des Oberrheins. 121.1973, S. 361-370.
62 Zit. bei G. Richter, S. 403 u. 423.
63 Vgl. A. Valdenaire, 1926, S. 182.
64 GLA Ka 233/27521 Staatsministerium und 422/334 Baudirection. Auf das reduzierte Projekt „II" bezieht sich eine persp. Vorderansicht bei H. Brockhoff, in: Heinrich Hübsch, Kat. Nr. 48 S. 76; hier Abb. 94.
65 GLA Ka 233/27521 Staatsministerium.
66 Ebd.
67 Ebd. „Die Kammern werden nicht wollen, daß Badens Großherzog der einzige Fürst in Europa sei, dessen Hof einer vollständig ausgestatteten Kunstanstalt entbehre... Die Zufriedenheit, begründet auf den Erwerb durch fleißige und nützliche Arbeit, wird E.K.H. aus den Zügen vieler treuen Unterthanen entgegenleuchten."
68 Ebd.
69 Ebd. „... aber dies können und dürfen wir E.K.H. nicht verhehlen, daß der Gewerbestand Karlsruhes durch den gänzlichen Mangel an Arbeit sehr gedrückt ist und der größte Theil der Bürger nur mit Mühe seine Abgaben erschwingen kann, wenn nicht auf irgendeine Art mehr Tätigkeit in das Geschäftsleben gebracht wird."
70 Die Versicherungssumme betrug 78 000 fl. Ein Teil wurde zur Errichtung des Nottheaters verwendet.
71 Der Gemeinderat mußte die Summe 1852 wegen Insolvenz beim Finanzministerium als Darlehen aufnehmen.
72 GLA Ka 233/27521 Staatsministerium.
73 Ebd. „In einem anerkannt guten Theater erblickt man mit Recht eine Anstalt zur Förderung der Künste, zur Veredelung der Gefühle, zur Hebung der geistlichen und sittlichen Bildung... Der Bestand eines guten Theaters hat auf die Nahrungsverhältnisse der Einwohner der Residenz und der Bevölkerung in ihrer näheren Umgebung den allerwesentlichsten Einfluß."
74 Ebd. Die gegenwärtige Lage müsse den Staat bestimmen, „wenigstens jene Bauten, welche auf Dauer nicht versagt werden können, nicht aufzuschieben und damit der Noth einigermaßen abzuhelfen, wo er es vermag und die Mittel hierfür im Grundstock nicht fehlen."
75 Deutsches Kunstblatt 2.1851, S. 47.
76 Zit. in: Badische Landeszeitung 7.1851, S. 117.
77 W. Koffka, S. 5 f.
„Man sagt, das Publikum liebe Unterhaltung mehr als Kunst. Das Theater soll ja aber eine Bildungsanstalt seyn; darf denn der Lehrer sich von den Schülern vorschreiben lassen wie er sie bilden soll?"
78 Die Wurzeln für dieses Auseinanderfallen der jungen deutschen Bourgeoisie in Handels- und Bildungsbürger und die Überwindung dieser Trennung im Laufe des 19. Jh. untersucht N. Elias, 1976, Bd. 1, S. 31 f.
79 GLA Ka 233/27521 Staatsministerium.
80 GLA Ka 422/328 Baudirection und 233/27521 Staatsministerium. Berckmüller schlägt Zugänge vom Vorplatz zu den seitlichen Rangtreppen vor; Hübsch stimmt der Korrektur zu. Dagegen hält er es für vorläufig überflüssig, die beiden obersten Galerien durch den Umgang zu vergrößern.
81 Zu dem 1851 gebilligten Plansatz gehören die Risse u. Schnitte 1963-50 bis 1963-53 der Karlsruher Kunsthalle, die Blätter 8192-8194 der Plansammlung TU Berlin u. 123 des Instituts f. Baugeschichte TU Karlsruhe.
82 GLA Ka 237/36297 Finanzministerium u. 422/329 Baudirection.
83 GLA Ka 422/334 Baudirection. J. Mühldorfer (1800-1863) war der bedeutendste Nachfolger von Domenico Quaglio und dessen Schule des nachbarocken Dekorationsillusionismus in Deutschland. Nach dem Umbau der Bühne des Bayreuther Markgräflichen Opernhauses (1818/19) errichtete er die Bühnen in Nürnberg, Aachen, Dresden, Braunschweig, Karlsruhe, Hannover, Bad Homburg, München, Basel, Zürich, Prag, Bukarest und Hamburg. Neben diesen Aufträgen wirkte er seit 1832 ständig am Mannheimer Nationaltheater, das er 1854/55 vollständig umbaute. Darüberhinaus lieferte der international renommierte Mühldorfer aufsehenerregende Ausstattungen für Aufführungen der Opernhäuser in Paris und Wien sowie für Theater in Stuttgart, Frankfurt, Wiesbaden und Köln. Siehe: Zu Josef Mühldorfers hundertstem Geburtstag (10. April 1900). in: Mannheimer Geschichtsblätter. 1.1900, S. 94-96 und E.L. Stahl, S. 22-25.
84 GLA Ka 237/36289 Finanzministerium.
Die plastischen Modelle beziehen sich auf große und kleine Karyatiden, Füllungen, Medaillons, Portalverzierungen und verschiedene Bildnisköpfe.
85 Reich (1815-81) betrieb seit 1836 im badischen Hüfingen eine Ziegelbrennerei mit Terrakottaproduktion, seit 1841 für Hübsch an der Baden-Badener Trinkhalle und der Karlsruher Kunsthalle tätig. Nach der Revolution enttäuscht nach Hüfingen zurückgekehrt, beschäftigte er sich vorwiegend mit Großplastik für den badischen Großherzog, die

Fürsten Fürstenberg und die Sigmaringer Hohenzollern. F. v. Weech, Badische Monographien. Bd. 4. Karlsruhe 1891, S. 322 f.
86 Nach diesen Modellen werden 1852 16 verschiedene Karyatiden in der Fürstenbergischen Amalienhütte in Moehringen gegossen.
87 GLA Ka 422/329 Baudirection.
88 1817-1900, Ausbildung in Frankfurt a.M. und München, 1842 von Hübsch und Schwind zur Ausmalung der Karlsruher Kunsthalle berufen. J.A. Beringer, S. 41 u. R. Theilmann/E. Ammann, S. 449 f.
89 1826-1896, Ausbildung als Fürstenbergischer Stipendiat in München, Dresden und Frankfurt a.M., von wo ihn Hübsch nach Karlsruhe engagierte. Als einer der führenden badischen Monumentalmaler führte Gleichauf vor allem Fresken in Baden-Baden, Freiburg und Karlsruhe (Kunsthalle, Vierordtbad, Festhalle und Prinz-Max-Palais) aus. J.A. Beringer, S. 16 f. u. R. Theilmann/E. Ammann, S. 215-226.
90 1825-1901, Historienmaler, Schüler von L. Reich und Schnorr von Carolsfeld in München, tätig in Frankfurt a.M. und Karlsruhe. R. Theilmann/E. Ammann, S. 250 f.
91 GLA Ka 422/334 Baudirection.
92 GLA Ka 56/3099 Oberhofverwaltungsrat.
93 GLA Ka 233/27521 Staatsministerium.
„Der ärmliche... Vorbau bildet einen schneidenden und peinlichen Kontrast mit den großartigen, edlen Formen des neuen Gebäudes, verdeckt sie zum Theil und verkümmert die Freude an ihrem Anblicke."
94 GLA Ka 422/334 Baudirection.
95 Friedrich I. übernimmt 1852-56 die Regentschaft für seinen geisteskranken Bruder Ludwig II. und wird erst 1856 zum Großherzog proklamiert. Zu seiner Person: NDB 5.1961, S. 490 f. und L. Gall, S. 63 ff.
96 GLA Ka 237/36297 Finanzministerium und 422/329 Baudirection.
97 Friedrich Wilhelm Pose, geb. 1794, war Schüler der Düsseldorfer Akademie und 1839/41 an der Innenausstattung von Mollers Stadtschloß in Wiesbaden beteiligt.
98 GLA Ka 422/334 Baudirection.
99 GLA Ka 422/330 Theaterbauverwendungsbuch. U.a. beschäftigt Hübsch den Frankfurter Architekten H. Burnitz (1827-80) als Gehilfen.
100 GLA Ka 442/334 Baudirection; O. Weddigen, Bd. 1, S. 734; E. Devrient, 1964, Bd. 2, S. 35 f.
101 Das reservierte Platzkontingent für die Offiziere wird deshalb vom Balkon des 1. Rangs in das Parterre verlegt. GLA Ka 56/942 Generalintendanz der Civilliste.
102 GLA Ka 237/36298 Finanzministerium.
103 GLA Ka 56/942 Generalintendanz der Civilliste und 442/335 Baudirection. Darauf bezieht sich der Aufriß in der Sammlung d. Inst. f. Baugeschichte der TU Karlsruhe; H. Brockhoff, in: Heinrich Hübsch, Kat. Nr. 51 S. 77; hier Abb. 99.
104 GLA Ka 237/36298 Finanzministerium.
105 1800-70, Schüler von Weinbrenner, Hofbaurat seit 1853; errichtete das Sammlungsgebäude am Friedrichsplatz.
106 GLA Ka 56/942 Generalintendanz der Civilliste.
107 E. Devrient über Friedrich I.: ...„es sei sein dringender Wunsch, das Hoftheater in die Reihe der Kulturanstalten des Landes zu stellen. Er habe die geringe Meinung nie geteilt, daß das Theater nur zur Unterhaltung bestimmt sei... Kein deutscher Fürst hatte bisher entschiedener als Friedrich von Baden dem Willen Kaiser Joseph II. sich angeschlossen, daß sein Theater zur Verbreitung des guten Geschmacks, zur Veredelung der Sitten wirken solle." O. Weddigen, Bd. 1, S. 737.
108 Mit „Das Total ist Plunderwirthschaft" charakterisiert Devrient den Zustand des Theaters vor Beginn seiner Amtsführung (E. Kilian, S. 137). Gerade zu Anfang von Devrients Direktion bleiben vielfältige Reibereien mit konservativen Hofchargen nicht aus. Mehrfach mokiert sich Devrient über den „großartigen Zug der Kleinlichkeit kleiner Höfe" und nennt der Adel „Tröpfe oder vielmehr die schadenlustigen Junker, die sich noch beschränkter stellen als sie sind, um gegen meine Direktion zu agieren" (E. Devrient, 1964, Bd. 2, S. 130). Namentlich gegen den vorgesetzten Hofdomänenintendanten von Kettner interveniert Devrient mehrmals direkt beim Großherzog, um sich die alleinige Verantwortung für das Hoftheater bestätigen zu lassen. Seine Tagebucheintragung vom 25.4.1853 reflektiert hellsichtig Risiko und Grenzen seiner Direktion im aktuellen Rahmen der gesellschaftlichen Auseinandersetzungen zwischen dem Hof und seiner verbürgerlichten Administration: „Ich fühle aber zu sehr, daß die Leute mich hier bloß zur Einrichtung ihres Theaters verbrauchen wollen, wie der Adel eben bürgerliche Kräfte verbraucht. Es ist also nur mit gleicher Münze gezahlt, wenn ich von ihnen auch nichts will als die Anerkennung, die gesellschaftliche, die mir zur Ausführung meiner Mission nötig ist, und mich näher gar nicht mit ihnen einlasse. Die gesellschaftlichen Kasten sind durch eine tiefe Kluft getrennt, über die zu springen mich gar nicht gelüstet. Und Kettner ist gar recht der Repräsentant dieser Verbrauchsmaxime der höheren Stände, der mich nur am Faden fliegen lassen will."
E. Devrient, 1964, Bd. 2, S. 31 f.

109 Zum gesamten Komplex der badischen Politik unter Großherzog Friedrich I. vgl. L. Gall, S. 59-80. G. Richter, S. 424, sieht die Reaktionsphase bei L. Gall, S. 59 ff., verkürzt dargestellt und vertritt gegen dessen Ansicht, daß die badische Politik nach 1849/50 sehr rasch zu liberalen Grundsätzen zurückgefunden habe, die Meinung, die von Preußen geförderte Politik der Konterrevolution habe noch bis Mitte der 50er Jahre auch den Kurs des jungen Großherzogs bestimmt.

110 E. Devrient (1801-77) hatte sich mit seiner Reformschrift von 1848 ausdrücklich für ein gemeinwirtschaftliches Kulturtheater unter staatlicher Oberaufsicht ausgesprochen und explizit die Umwandlung der Hoftheater in Staatstheater gefordert. Trotz Selbstverwaltung des Theaters durch Ausschüsse, die den Direktor wählen, trotz des Bekenntnisses, daß die Schauspielkunst „republikanische Tugenden in höchster Potenz" fordere, da sie dem Wesen nach „vollkommene Vergesellschaftung Aller, mit Erhaltung der Eigenheit des Einzelnen" sei (ebd., S. 34 f.), verficht Devrient nicht – wie Hammermeister u.a. in ihren radikaleren Reformtraktaten – eine über innerbetriebliche Bedürfnisse hinausgehende sozialistische Vergesellschaftung des Theaters. Devrient will das Theater als Instrument des Staates erhalten wissen, es den Höfen nur entziehen, um es effektiver „zu wahrhaft praktischer Nutzbarkeit des Staates" einzusetzen. Er rügt am protegierten Hoftheater und an den kommerziellen Stadttheatern, daß „der Einfluß der Bühne daher oft in den schreiendsten Widerspruch mit den Staatsmaximen geraten und dem Staatsinteresse entfremdet" worden sei, als welche ohne weitere Konkretisierung „Versittlichung und Veredelung des Volkes" genannt werden. Dazu bedarf das Theater, um nicht „lediglich eine Anstalt für den Geldumsatz zu sein", der finanziellen Unabhängigkeit, doch gleichzeitig einer ministeriellen Oberaufsicht, die Sorge trägt, „ob das Institut die Staatstendenzen innehalte", denn: „Alles, was die Menschheit bilden und veredeln soll, muß vom Staate gestützt, vom bloßen Erwerbe unabhängig gemacht werden; das gilt von der Kunst wie von der Schule und der Kirche." (ebd., S. 21). 1846 hatte F. Saß, S. 145, gewarnt: „Das Prinzip der freien Konkurrenz würde das Theater zu einer Fabrik erniedrigen, worin die Herrschaft des Kapitales den Ausschlag gibt." Devrient fußt auf der Nationaltheateridee des ausgehenden 18. Jh. und sieht unter dem Einfluß von Hegel und Fichte im Staat als Verobjektivierung des Sittlichen den nationalen Erzieher. Galt damit die Bildung der Nation als der eigentliche Zweck und der Staat das Mittel dazu, so verkehrte sich diese Relation bei der Realisierung der Devrientschen Vorstellungen unter den gegebenen Karlsruher Voraussetzungen, d.h. seitdem sich das Bürgertum bewußt machte, daß der Staat auch ohne Revolution über kurz oder lang in seine Hände fiele. Devrients Ziel war ein Nationaltheater dem Namen, aber ein Staatstheater der Sache nach, und seine Reformschrift gibt in großen Teilen das Programm eines Theatertypus, den das Bürgertum erst nach 1870 voll durchsetzen konnte und der bis heute die Struktur unserer öffentlichen Theater – mal liberaler, mal repressiver gehandhabt – bestimmt.

111 Zit. bei A. Hofmann, S. 406.

112 W. Koffka, S. 20 ff. Vgl. die Karlsruher Spielpläne ab 1852: E. Kilian, S. 51 ff.; E. Devrient, 1967, S. 295-300 und R. Goldschmit, 1921.

113 „Bei Tisch muß ich [Devrient] aber immer hören, wie viel Erwartungen aller Art von meiner Direction gehegt werden: Das Theater soll die Stadt in Flor bringen, Fremde herbeiziehen, den Werth der Häuser hinaufbringen und Gott weiß, was mehr!" E. Kilian, S. 157.
So verwundert es kaum, daß Devrients Anstrengungen zunächst wenig Widerhall bei dem „rohen, unempfindlichen" Publikum „in diesem böotischen Winkel" finden. „Das Publikum wieder wie Klötze" ist eine häufige Eintragung in seinen Tagebüchern. E. Devrient, 1964, Bd. 2, S. 14 ff.

114 Früher mieteten die Gasthofbesitzer Nachbarhäuser an, um die Fremden unterzubringen. W. Koffka, S. 48.

115 „Mit München... wie mit Hannover kann Karlsruhe jeden Augenblick in die Schranken treten. Den Stadttheatern gegenüber versteht es sich von selbst." (W. Koffka, S. 25). Das Ensemble umfaßt 105 Sänger und Schauspieler und eine 47 Mann starke Kapelle (K.G. Fecht, S. 586). Mit einer jährlichen Subvention von 86000 fl. durch die Hofkasse steht das Theater an 7. Stelle unter den deutschen Hofbühnen (K.T.v. Küstner, 1857, S. 134).

116 Nur vereinzelt kommt es in der ersten Hälfte der 50er Jahre noch zu aktuellen Anspielungen auf der Bühne, die sich zumeist auf die unverhohlene Abneigung des Karlsruher Publikums gegen Preußen beziehen, zu dem Baden in einer Art Satellitenverhältnis befand, aus dem es sich seit 1852 nur sehr zögernd befreien konnte. 1853 etwa wird der Herzog Alba in Goethes ‚Egmont' mit preußischem Offiziersakzent gespielt. E. Devrient, 1964, Bd. 2, S. 40.

117 Der Charakterbegriff der französisch-italienischen Architekturtheorie des 18. Jh. ist der zeitgenössischen Literaturtheorie zur Gattungspoetik entlehnt. Der Betrachter soll anstelle von Schön-

229

heit und Regelmäßigkeit durch individuell charakterisierte Formen emotional affiziert werden. Indem die Architektur in der Epoche der Empfindsamkeit expressiv und erzählend („architecture parlante") ähnlich wie Dichtung und gar Musik wirken soll, muß sie Anordnung und Proportionierung der Formen auf psychologisierende Effekte berechnen, die den im Theater erzielten vergleichbar sind. Vgl. M. Steinhauser, 1975, S. 351-356, besonders zur Unterscheidung des zweckbestimmten Charakters vom „caractère metaphysique", und dies., Etienne Louis Boullées 'architecture. Essai sur l'art'. Zur theoretischen Begründung einer autonomen Architektur. in: Idea.2.1983, S. 7-47. Noch Gottfried Semper, 1884, S. 485, definiert die Baukunst als eine, „welche ihre Wirkungen auf das Gemüt durch das Organ des Gesichts bewerkstelligt."

118 Vgl. K. Döhmer, S. 90 ff.

119 „Hier besteht die Sphäre des geistig interessanten Schönheitspols in der ächt characteristischen Auffassung der durch die Bestimmung des Baues geforderten Räume und in der entsprechenden Darstellung derselben mittelst der monumentalen Construction, woraus sowohl die mehr speciell-characteristische architectonische Anlage hervorgeht, als auch die mehr generell-characteristische (hauptsächlich constructive) Anordnung, Gestaltung und Gliederung der zum Organismus eines vollständigen Baues gehörigen Elemente". Diesem „geistigen Schönheitspol" ordnet Hübsch ergänzend einen formalen zu, der durch unterstreichende Zierformen der Großform eine „reichere Vollendung" gibt.
H. Hübsch, 1857, S. 230. Vgl. D. Waskönig, Konstruktion eines zeitgemäßen Stils zu Beginn der Industrialisierung in Deutschland. Historisches Denken in H. Hübschs Theorie des Rundbogenstils (1828). in: M. Brix/M. Steinhauser, S. 93-105.

120 M. Brix/M. Steinhauser, Geschichte im Dienst der Baukunst. Zur historistischen Architektur-Diskussion in Deutschland. in: M. Brix/M. Steinhauser, S. 281.

121 H. Hübsch, 1847, S. 133 u. 138; ders., 1857, S. 222.

122 Vgl. U. Keller, S. 87 f., zur Knebelung der Bauten öffentlichen Nutzens in der mit darstellungswürdigen Sphäre höfischer Dependancen.

123 GLA Ka 422/334 Baudirection u. H. Hübsch (1852), o.S.
„Was die allgemeine architektonische Anordnung betrifft, so war im Äußeren zunächst ein möglichstes Zurückweichen der höheren Teile des Baues hinter die Vorderfacade, welche in Rücksicht auf das großherzogliche Residenzschloß in nur mäßigen Dimensionen ausgeführt werden konnte, geboten, zugleich aber suchte der Architekt auch von Außen den Bau zu charakterisieren, indem er den für die Bühne erforderlichen Hochbau, so wie die den Zuschauerraum umschließende Rotunde getrennt dem Auge darstellte, während die für die Bühne und das Publikum weiter nöthigen Räume sich nach ihren verschiedenen Erfordernissen um diese Hauptmassen gruppiren."

124 Schon in dem 1771 von Milizia publizierten Reformtheaterprojekt des Vincenzo Ferrarese ist der obere, leicht zurückgesetzte Teil des Halbzylinders durch figürlichen Schmuck in Nischen ausgezeichnet. A. Streit, Abb. 141.

125 Die Kuppelhöhe des zur Ausführung vorgeschlagenen Entwurfs von G. Semper zur Dresdner Gemäldegalerie wird 1849 nach der Flucht des Architekten durch Hofbaumeister Krüger reduziert, damit das öffentliche Museum nicht die polnische Krone auf der Spitze des Kronentores überrage. Der höfische Zwinger behauptet so in der Höhenentwicklung den Vorrang, den Semper der Galerie durch den überlegen erachteten „höheren Ernst des Stiles" sichern wollte.
Vgl. W. Paul, Zum Beispiel Dresden. Schicksal einer Stadt. Frankfurt a.M. 1964, S. 123 und G. Semper in: Deutsches Kunstblatt.6.1855, S. 370 f.

126 Zum Motiv des hinter gerader Fassade halbrund aufragenden Zuschauerhauses vgl. A.J. Roubo-fils (M. Steinhauser, 1969, Abb. 181, 182), das Grand Théâtre von V. Louis 1772/80 (M. Steinhauser, 1969, Abb. 170), einen Entwurf von F. Gilly aus dem Schinkelnachlaß, ca. 1800 (F.B. Biermann, Abb. 22), den zweiten Entwurf zum Münchner Nationaltheater von K.v. Fischer, 1804 (O. Hederer, 1960, S. 77), das Drury Lane Theatre in London von B. Wyatt, 1811 (R. Leacroft, S. 169 fig. 106), das Hofopernprojekt von L. Ernst für Wien, nach 1844 (H.-C. Hoffmann u.a., Abb. 43). Weiteres Material bei H.-C. Hoffmann u.a., S. 69 Anm. 255.

127 Siehe V. Plagemann, Abb. 86-91 u. Heinrich Hübsch, Nr. 62, 63 S. 89 f.

128 Auf den Fassadenzeichnungen der TU Berlin, Inv. Nr. 8192 (Abb. 101), u. der Karlsruher Kunsthalle, Inv. Nr. 1963-53 (R. Theilmann/E. Ammann, S. 271 f.) sind über den Fenstern und Türen der Vorhallenrückwand Lunetten angegeben, also offensichtlich noch die Folge von kreuzgewölbten Jochen vorgesehen. Vgl. damit Hübschs eigene Publikation im 3. Heft der 'Bau-Werke', Taf. 5.

129 A. Woltmann, in: Badische Biographien. Hg. v. F.v.Weech. Bd. 1. Heidelberg 1875, S. 400. Hinsichtlich der Kombination von Rund- und Stichbögen vgl. die Rezension von W. Lübke in: Deutsches Kunstblatt.6.1855, S. 441:

„Das obere Geschoß bildet seine Halle mit flachen Stichbögen auf doppelten Säulenstellungen. Diese Verbindung ist nicht ohne einen pikanten Reiz, wie auch an der Trinkhalle zu Baden, nur war am Theater die Vermittlung zwischen den Doppelsäulen und dem aufgehenden Mauerstück etwas schwierig für die ästhetische Durchbildung, die meines Erachtens denn auch nicht ohne Härten ist." Den zur nebensächlichen Würdeform reduzierten Giebel an anderen Bauten von Hübsch kritisiert ein Rezensent in: The Builder 5.1847, S. 304.

130 D. Rabreau, 1968, S. 110 ff., spricht von diesem Raumkonzept im Anschluß an E. Kaufmann, S. 198 f., als einer „interpénétration spacial" und macht sie im Theaterbau zuerst an der Fassade des Theaters in Nantes von M. Crucy, 1784/87, fest. Auch das ist keine Domäne der französischen Architektur, wie D. Ferraris Theaterentwurf von 1771 (L'Accademia Parmense di Belle Arti. Ausst. Kat. Hg. v. M. Pellegri. Parma 1979, Abb. 8 S. 120) und die raffinierte Treppenführung um einen halb in die Fassade versenkten Monopteros im Theaterentwurf des Neapolitaners V. Lamberti, La regolata costruzione de' teatri. Napoli 1787, Taf. II u. IV, veranschaulichen. Ähnlich ambivalent zwischen Innenraum und Außenraum verhalten sich die offenen Wagenunterfahrten im Erdgeschoß der halbkreisförmigen Fassaden des Théâtre Feydeau in Paris sowie der Theater in Antwerpen und Gent (P. Klopfer, Abb. 59 S. 74 u. Abb. 68 S. 81).

131 Zuerst bei E. Arnaldi, S. 73 f., unter Berufung auf Vitruv, V. 9 (F.B. Biermann, Abb. 7). Vgl. M. Steinhauser, 1969, S. 119.

132 Kaufgalerien und Boutiquen gibt es zuerst am Grand Théâtre in Bordeaux 1772/80 und seit dem Pariser Odéon 1778/82 und dem Théâtre Francais beim Palais Royal 1786/90 an den meisten Pariser Theatern. Siehe M. Steinhauser/D. Rabreau, S. 14 ff. u. M. Steinhauser, 1975, S. 344.

133 J.F. Geist, S. 88. Zur Entstehung der Passage dort S. 88 ff. u. 95 ff. sowie W. Benjamin, S. 170 ff.

134 Den Begriff prägte D. Rabreau, L'Opéra de Charles Garnier, basilique des temps modernes. in: Bollettino C.I.S.A. Andrea Palladio.17.1975, S. 225-237. D. Rabreau, 1975, S. 64, beschreibt die Operngalerie an der Pariser ,Salle Lepelletier' von F. Debret, 1821, als „prolongement commercial" und sieht in deren Funktion („animation du commerce") die Begründung für einen „Palladianisme sentimental". „Le commerce peu compatible avec la dignité de ces monuments, trouvait sa place naturelle à coté du théâtre et les architectes fixaient dans la ville cette complicité, venue de la nuit des temps, entre les tréteaux et la foire." Vgl. G. Bandmann, 1966, S. 90: Die Baugattung Galerie „wird bei Anerkennung der neuen soziologischen Bindung in die ,Staatsarchitektur' zurückgenommen." Auch ebd. S. 106 Anm. 35.

135 J.G. Legrand, S. 96 f. Der Autor hatte in dem zusammen mit Molinos errichteten Théâtre Feydeau in Paris in den 90er Jahren Boutiquen geplant. A. Donnet, Taf. 7 u. J.F. Geist, S. 260 f. Ledoux hatte bereits 1785 die Unterbringung der Börse im Sockelgeschoß seines Theaterprojekts für Marseille begründet: „Les négociants font plus d'affaires au spectacle qu'à la bourse." M. Steinhauser 1975, S. 343.

136 Als gesellschaftlich relevante Instanz der Meinungsbildung in der bürgerlichen Gesellschaft des 18. Jh. ist das Theater zeitweise sogar ein Konkurrenzauftrag gegen das Rechtsmonopol des Staates erwachsen, nämlich als moralische Gerichtsbarkeit der rechtlosen Untertanen gegen den Absolutismus (Vgl. Einleitung, S. 27 f.). Ob diese Funktion von Legrand in seine Überlegungen zur Rechtfertigung des ,théâtre basilique' mit einbezogen worden ist, muß freilich Spekulation bleiben.

137 Zit. in: Zeitschrift für praktische Baukunst. 7.1847, Sp. 380. Der Verfasser nennt als Beispiele „die Loggia de' Lanzi in Florenz, die normännische Vorhalle der Madre Chiesa in Palermo, vor allem die Eingangshalle des ,Casino dei Nobili' in Siena."

138 Noch vor der Ausarbeitung seines Entwurfs erwirbt Hübsch die Theaterpublikationen von C. Contant, [1. Aufl.] 1840, A. Donnet und J.A. Kaufmann für 97 fl. und bittet 1848 um Übernahme der Kosten durch die Hofbibliothek (GLA Ka 237/36297 Finanzministerium). Vor allem die Tafelbände von A. Donnet und J.A. Kaufmann bilden eine Vielzahl von Loggienfassaden ab, etwa das Théâtre Ventadour von Huvé und Guerchy 1826/28 (J.A. Kaufmann, Taf. XXIII) nach dem Typ der ,Opéra Le Pelletier' v. F. Debret 1821 (ebd., Taf. XVIII), ferner die Theater ,des Variétés' (A. Donnet, Taf. 4), ,du Gymnase Dramatique' (ebd., Taf. 6), ,de Montmartre' (ebd., Taf. 25). Vgl. auch das Pariser Opernprojekt von F. Debret und L. Grillon 1841 (M. Steinhauser, 1969, Abb. 186).

139 Selbst die bürgerlichen Stadttheater haben nur selten Ladenboutiquen, jedoch nie in Form zusammenhängender Kolonnaden oder Passagen beherbergt. Das bedeutendste Beispiel ist das Hamburger Stadttheater von C.L. Wimmel, 1826/27, über das sich die zeitgenössische Kritik ziemlich abfällig äußert: „Eine Schnur echter Krämerladenperlen zieht sich zur ebenen Erde des Gebäudes rings herum." Mit den Boutiquen greift Wimmel auf das Projekt von C. Lange (1822) zurück, dessen

geschlossene Arkadenumbauung und Integration des Theaters in den urbanen Kontext übrigens eine genaue Kenntnis der Pariser Odéonskonzeption verrät (E. Hannmann, S. 65-69 u. Abb. 66-77). Boutiquen besaß das Stadttheater in Liegnitz von C.F. Langhans, 1839/42, im Erdgeschoß der Fassade (W. Rohe, S. 64 u. Abb. 53-55). Weitere Verbreitung dieser Sitte verbot schon die abseitige Lage der meisten Stadttheater, selbst in den Handelsmetropolen; weitaus häufiger als an den Brennpunkten des Verkehrs entstanden die neuen Gebäude außerhalb, etwa auf den aufgelassenen Wallanlagen (so in Riga, Leipzig, Bremen und Frankfurt a.M.). Vgl. Kap. II, Anm. 36 u. 118.
140 H. Hübsch, Entwurf zu einem Theater mit eiserner Dachrüstung. Frankfurt a.M. 1825, Taf. II u. III; Heinrich Hübsch, S. 184 f.
141 O. Hederer, 1964, S. 274 ff.
142 Der hauptsächlich in Eisen konstruierten Marché de la Madeleine, deren in zwei Geschossen von Läden umgebener Hauptraum auch für Künstlerfeste, Bälle, Bankette und Konzerte benutzt wurde – noch 1843 war in einem Lageplan für das Quartier an dieser Stelle ein Theater vorgesehen –, ist die neunachsige Fassade in Sandstein an der freien Seite zur Rue Duquesnoy vorgebaut. F. Hymans, S. 51 ff.; J.F. Geist, S. 163 ff. Zum typologischen Bezug vieler Markthallen auf die Basilikaform vgl. G. Bandmann, 1966, S. 95 f.
143 Vgl. Anm. 26.
144 Hübsch ist einer der ersten, die den Segmentbogen im Monumentalbau „hoffähig" machen. Parallel gehen Klenzes Stichbogennischen im Innern der von F. Gärtner übernommenen und entsprechend korrigierten Befreiungshalle in Kelheim (O. Hederer, 1964, Abb. 217 u. 220) und die riesigen Fensternischen der rückwärtigen Fassade von J.L. Ducs Palais de Justice in Paris, die J. Burckhardt noch 1880 als Aberwitz eines „hundsföttischen Besserwissers und Geistreichscheißers (...), présomption que frise la folie" wahrnimmt. Briefe, Bd. 7, S. 177. Siehe auch A. Michel, Bd. 8.1, S. 31 u. Abb. 22.
145 An den Hoftheatern setzt sich die Loggia in dieser Bedeutung nur noch anspruchshalber seit den internationalen Wettbewerben für die kaiserlichen Opernhäuser in Wien und Paris zu Beginn der 60er Jahre durch. Siehe auch P. Hoffmanns Entwurf für ein Hoftheater in Wiesbaden 1860 (Philipp Hoffmann, S. 92 u. 96). Die deutschen Stadttheater geben seit der Reichsgründung 1871 die antike Tempelfront überwiegend zugunsten des Loggienmotivs auf. Vgl. etwa die Konkurrenzentwürfe für das Frankfurter Opernhausprojekt 1871 von R. Lucae, H. Strack und H. Burnitz (H. Reber/H. Heym, Abb. S. 57 u. 60). Weiteres Material im Abbildungsteil von H.-C. Hoffmann, 1966.
146 Das GLA Ka verwahrt unter „G Karlsruhe 647-649" drei Pläne zu diesem Umbau.
147 Die 16 verschiedenen Karyatiden für den dritten Rang und die Hofloge wurden nach einem Modell von X. Reich gegossen, an das nach Belieben verschiedene Köpfe und Armhaltungen angestückt werden konnten. Auch Draperiestücke konnten teilweise variiert werden. GLA Ka 422/329 Baudirection. Das Vorbild für den Oberrand mit Karyatiden und Balustradenbrüstungen stellte Laves' Theater in Hannover (Abb. 115).
148 GLA Ka 422/334 Baudirection.
149 GLA Ka 422/330 Theaterbauverwendungsbuch. Den Marquis Posa will Reich aufsparen, „bis wieder einmal ein Parlament vom Jahr 1848 zusammenkommt, um ihn dann dort zu verwenden".
150 GLA Ka 422/330 Theaterbauverwendungsbuch.
151 Die Grenzboten. 25.1866, S. 243.
152 T.W. Adorno, 1959, S. 49.
Vgl. dazu H. Schlaffer, Der Bürger als Held. Sozialgeschichtliche Auflösung literarischer Widersprüche. Frankfurt a.M. 1973, S. 139: „Ein Erinnerungszeichen an seine [des Bürgers] einstige Größe soll jedoch seinen praktischen Egoismus verklären, das beschränkte Resultat mit der allgemeinen Absicht legitimieren. Solche Dauer zu gewährleisten ist nun Aufgabe der Kunst. In ihr bleibt der heroische Kontur, durch ästhetische Autonomie... bewahrt, dem genießenden Bürger als ungefährliche Alternative gegenwärtig... In der ästhetischen Erhebung ist die historische Bewegung der bürgerlichen Gesellschaft zum Stillstand gekommen."
153 Siehe Mappe Karlsruhe im Archiv der AG Versammlungsbauten an der TU Berlin.
154 H. Gremmelspacher, S. 67.
Die anderen Bundesgerichte fanden ihr Domizil im Erbgroßherzoglichen Palais und im Palais Prinz Max von Baden. Da Karlsruhe nach dem Verlust seiner Funktion als Landeshauptstadt an der Ansiedelung der obersten Bundesgerichte besonders interessiert war, willigte die Stadt in den verlangten Bauplatz ein und ließ die Theaterruine abtragen. Wie sehr die Verfassungsrichter des demokratischen Staates in ihrer mit Eifer betriebenen Standortwahl dem spätbarocken Anspruch der Stadtanlage von 1715, den die Karlsruher Bürger 1847 zu überwinden trachteten, noch hundert Jahre später erlegen sind, dürfte ihnen wohl kaum annähernd bewußt gewesen sein.

VERZEICHNIS DER UNGEDRUCKTEN QUELLEN UND NACHWEIS DER PLÄNE

BERLIN, Geheimes Staatsarchiv der Stiftung Preußischer Kulturbesitz
(GStAPK)
192 Wittgenstein
– Plansammlung der Technischen Universität
(Pläne von Hübsch, Klenze, Krahmer, K.F. Langhans, Stüler, Verona)
– Planarchiv der Arbeitsgruppe Versammlungsbauten im Fachbereich Architektur der Technischen Universität
(Mappe Berlin, Staatsoper; Mappe Coburg; Mappe Karlsruhe)
COBURG, Bayerisches Staatsarchiv Coburg
(Sta Co)
Theater Nr. 30, 53, 88, 138, 142, 143, 145.
Bauamt Nr. 55, 291, 292, 293, 294, 302, 313, 322.
Plansammlung Mappe Nr. 23.
KARLSRUHE, Badisches General-Landesarchiv Karlsruhe
(GLA Ka)
56/942 Generalintendanz der Civilliste
56/3098 Oberhofverwaltungsrat
56/3099 Oberhofverwaltungsrat
233/27521 Staatsministerium
237/36297 Finanzministerium
237/36298 Finanzministerium
422/326 Baudirection
422/328 Baudirection
422/329 Baudirection
422/330 Theaterbauverwendungsbuch
422/334 Baudirection
422/335 Baudirection
– Plansammlung des Instituts für Baugeschichte der Universität
– Graphische Sammlung der Staatlichen Kunsthalle
LUDWIGSBURG, Staatsarchiv Ludwigsburg
(StA Lb)
Rep. E. 18 III Hoftheater 1864-1946
E 18 I Büschel 21
E 18 I Büschel 103 Theaterwesen 1845/46 u. Erbauuung eines neuen Theaters zu Stuttgart
E 19 Büschel 398 Bau- u. Gartendirektion
E 21 Büschel 203 Obersthofmeisteramt
E 21 Büschel 204 Obersthofmeisteramt
E 21 Büschel 205 Obersthofmeisteramt
– Heimatmuseum, Plansammlung, Nachlaß Leins, vormals Salucci
STUTTGART, Haupt-Staatsarchiv Stuttgart
(HStA St)
E 6 Büschel 146 Kabinettsakten
E 6 Büschel 161 Kabinettsakten
E 14 Büschel 175 Kabinettsakten
E 14 Büschel 176 Kabinettsakten
E 14 Büschel 193 Kabinettsakten
E 14 Büschel 266 Kabinettsakten
E 14 Büschel 322 Kabinettsakten
E 14 Büschel 332 Kabinettsakten
– Württembergisches Landesmuseum, Plansammlung
– Universitätsbibliothek, Plansammlung Nachlaß Salucci

LITERATURVERZEICHNIS

(Nur auf eine Anmerkung bezogene Literaturangaben sind an Ort und Stelle vollständig zitiert. Abkürzungen außerhalb der Verfassernamen für mehrfach zitierte Literatur sind hier im ausgeschriebenen Titel kursiv gesetzt und gegebenenfalls in Klammern nachgestellt.)

Adorno, T.W., Bürgerliche Oper. in: ders., Klangfiguren. Musikalische Schriften I. Berlin/Frankfurt a.M. *1959*, S. 32-54

ders., Einleitung in die Musiksoziologie. Gesammelte Schriften.14. Frankfurt a.M. *1973*

Alewyn, R./Sälzle, K., Das große Welttheater. Die Epoche der höfischen Feste in Dokument und Deutung. Hamburg 1959

Algarotti, F., Saggio sopra l'opera in musica. in: ders., Saggi. Hg. v. G. Da Pozzo. Bari 1963 (=Scrittori d'Italia. 226), S. 145-233

Allgemeine Deutsche Biographie. Hg. v.d. Historischen Commission bei der Königl. Bayer. Akademie der Wissenschaften. 55 Bde. München/Berlin 1875-1910 *(ADB)*

Argan, G.C., Il Revival. in: Il Revival. A cura di G.C. Argan. Milano 1974 (= Antologie e Saggi. 5), S. 7-33

Arnaldi, E., Idea di un teatro nelle principali sue parti simile ai teatri antichi. Vicenza 1762

Arndt, E., Vom markgräflichen Patrimonialstaat zum großherzoglichen Verfassungsstaat. Ein Beitrag zur Verfassungsgeschichte Badens zu Beginn des 19. Jahrhunderts unter Berücksichtigung der Verhältnisse in Bayern und Württemberg. in: Zeitschrift für Geschichte des Oberrheins.101.1953, S. 157-264, 436-531

Bab, J., Das Theater im Lichte der Soziologie. In den Grundlinien dargestellt. Leipzig 1931 (=Zeitfragen aus dem Gebiete der Soziologie. Reihe 4,1)

Bach, M., Stuttgarter Kunst 1794-1860. Nach gleichzeitigen Berichten, Briefen und Erinnerungen. Stuttgart 1900

Bachmann, H., Der Neubau des Coburger Theaters als politisches Streitobjekt zwischen Herzog Ernst I. von Sachsen-Coburg-Gotha und dem Landtag. Ein Beitrag zur deutschen Verfassungsbewegung im Vormärz. in: Jahrbuch der Coburger Landesstiftung. 1967, S. 121-164

Bachmann, H./ Erdmann, J. (Hg.), 150 Jahre Coburger Landestheater. Festschrift. Coburg 1977

Balet, L./ Gerhard, E., Die Verbürgerlichung der deutschen Kunst, Literatur und Musik im 18. Jahrhundert. Neuauflage hg. u. eingeleitet von G. Mattenklott. Frankfurt a.M. 1973

Bandmann, G., Ein Festsaal des 18. Jahrhunderts. in: Variae Formae Veritas Una. Kunsthistorische Studien. Festschrift Friedrich Gerke. Baden-Baden *1962*, S. 189-198

ders., Die Galleria Vittorio Emanuele II. zu Mailand. in: Zeitschrift für Kunstgeschichte. 29.*1966*, S. 81-110

Baur-Heinhold, M., Theater des Barock. Festliches Bühnenspiel des 17. und 18. Jahrhunderts. München 1966

Die *Bauten* unter der Regierung Sr. Majestät des Königs Wilhelm von Württemberg. Am 30. Oktober 1857, dem 41. Jahrestage der Thronbesteigung Seiner Majestät. Stuttgart 1857

Bayer, J., Das neue K.K. Hofburgtheater als Bauwerk mit seinem Sculpturen- und Bilderschmuck. Wien 1894

Beck, Geschichte der Gothaischen Länder. Bd. 2. Gotha 1870

Beder-Neuhaus, J., Studien zur öffentlichen Baukunst der 1. Hälfte des 19. Jahrhunderts in Stuttgart. Phil. Diss. Bonn 1976

Beenken, H., Das neunzehnte Jahrhundert in der deutschen Kunst. Aufgaben und Gehalte. Versuch einer Rechenschaft. München *1944*

ders., Schöpferische Bauideen der deutschen Romantik. Mainz *1952*

Benjamin, W., Paris die Hauptstadt des XIX. Jahrhunderts. in: ders., Illuminationen. Ausgewählte Schriften. Frankfurt a.M. 1977, S. 170-184

Berckenhagen E./ Wagner, G., Bretter die die Welt bedeuten. Entwürfe zum Theaterdekor und zum Bühnenkostüm in fünf Jahrhunderten. Ausst. Kat. der Kunstbibliothek Berlin Staatliche Museen Preußischer Kulturbesitz. Berlin 1978

Berichte über vaterländische Bauten, Denkmale, Ausgrabungen etc. in: Jahrbuch der Baukunst und Bauwissenschaft in Deutschland.2.1845, S. 191-192, 218-219; 3.1846, S. 141-144, 188-189; 4.1847, S. 176

Beringer, J.A., Badische Malerei im neunzehnten Jahrhundert. (2. Aufl.) Karlsruhe 1922

Berlin im Jahre *1786.* Schilderungen der Zeitgenossen. Leipzig 1886 (= Grenzboten-Sammlung. Reihe 2.13)

Berlin und seine Bauten. Hg. v. Architekten-Verein zu Berlin. 2 Theile in einem Band. Berlin *1877*

Berlin und die Antike. Architektur, Kunstgewerbe, Malerei, Skulptur, Theater und Wissenschaft vom 16. Jahrhundert bis heute. Kat. d. Ausst. im Schloß Charlottenburg. Hg. v. W. Arenhövel. Berlin *1979*

Berlin zwischen 1789 und 1848. Facetten einer Epoche. Ausst. Kat. d. Akademie der Künste. Berlin *1981*

Bertig, R., Theaterbauten in der Rheinprovinz in der ersten Hälfte des 19. Jahrhunderts.
I. Das Aachener Stadttheater und andere geplante und ausgeführte Theaterbauten in Aachen.
II. Katalog der ausgeführten Theater der Rheinprovinz 1785-1850. TH Diss. Aachen 1976

Beschreibung des Innern des neu verschönerten Königlichen Opernhauses. Nachdruck aus den Berlinischen Jahrbüchern von 1788. in: Schneider, L., Beilage XXXVI No. 18, S. 106-110

Bialostocki, J., Das Modusproblem in den bildenden Künsten. Zur Vorgeschichte und zum Nachleben des 'Modusbriefes' von Nicolas Poussin. in: ders., Stil und Ikonographie. Studien zur Kunstwissenschaft. Dresden 1966 (=Fundus Bücher. 18), S. 9-35

Biermann, F.B., Die Pläne zur Reform des Theaterbaus bei Karl Friedrich Schinkel und Gottfried Semper. Berlin 1928 (=Schriften der Gesellschaft für Theatergeschichte.38)

Biver, M.-L., Le Paris de Napoléon. Paris 1963

Bleibaum, F., Johann August Nahl, der Künstler Friedrichs des Großen und der Landgrafen von Hessen-Kassel. Baden b. Wien 1933

Bloch, E., Das Prinzip Hoffnung. 3 Bde. Frankfurt a.M. 1979 [6. Aufl.]

Boeck, U., Karl Alexander Heideloff unter besonderer Berücksichtigung seiner Tätigkeit als Denkmalpfleger. in: Mitteilungen des Vereins für Geschichte der Stadt Nürnberg.48.1958, S. 314-390 (Phil. Diss. Tübingen 1956)

Börsch-Supan, E., Berliner Baukunst nach Schinkel 1840-1870. München 1977 (=Studien zur Kunst des 19. Jahrhunderts.25)

Bohnstedt, L. Stadttheater in Riga. in: Zeitschrift für Bauwesen.19.1869, Sp. 195-204, Taf. 31-35

Born, K.E., Der Wandel des Friedrich-Bildes in Deutschland während des 19. Jahrhunderts. Phil. Diss. Köln 1953

Boullée, L.E., Architecture. Essai sur l'art. Abdruck in: H. Rosenau, S. 117-143

Brix, M./ Steinhauser, M., „Geschichte allein ist zeitgemäß". Historismus in Deutschland. Gießen 1978

Brockhoff, H., Profanbauten in Karlsruhe. in: *Heinrich Hübsch*, S. 52-79

Brües, E., Die Rheinlande. Karl Friedrich Schinkel Lebenswerk. Berlin 1968

Brunner, H., Coburg Schloß Ehrenburg. Amtlicher Führer. München 1958

Bruno, Das neue Theatergebäude zu Hannover. in: Deutsches Kunstblatt.2.1851, S. 401-403

Buchwald, R., Herzog Karl Eugen gründet ein Nationaltheater. in: Gestaltung, Umgestaltung. Festschrift zum 75. Geburtstag von Hermann August Korff. Leipzig 1957, S. 76-91

Büttner, F., Die Galleria Riccardiana in Florenz. Bern/ Frankfurt a.M. 1972 (=Kieler kunsthistorische Studien.2)

Burckhardt, J., Briefe. Vollständige und kritisch bearbeitete Ausgabe. Mit Benützung des handschriftlichen Nachlasses hergestellt von M. Burckhardt. 10 Bde. Basel/Stuttgart 1949 ff.

Bussmann, K., Wilhelm Ferdinand Lipper. Ein Beitrag zur Geschichte des Frühklassizismus in Münster. Münster 1972 (=Westfalen.18.Sonderheft)

Catel, L., Vorschläge zur Verbesserung der Schauspielhäuser. Berlin 1802

Cavos, A., Ueber die architectonische Einrichtung von Theater-Gebäuden. Practische Erörterungen jeder Art über diesen Zweig der Baukunst. Leipzig 1849

Collins, P., Changing ideals in modern architecture. London 1965

Contant, C./ De Filippi, J., Parallèle des principaux théâtres modernes de l'Europe et des machines théâtrales francaises, allemandes et anglaises. 2 Bde. Paris 1860. [1. Aufl. 1840, ohne Text].

Cosmar, A., Alexander Cosmars Neuester und Vollständigster Wegweiser durch Berlin für Freunde und Einheimische. Berlin 1847

Daiber, H., Deutsches Theater seit 1945: Bundesrepublik Deutschland, Deutsche Demokratische Republik, Österreich, Schweiz. Stuttgart 1976

Darmstadt in der Zeit des Klassizismus und der Romantik. Kat. d. Ausst. auf d. Mathildenhöhe 1978/79. Darmstadt 1978

De Negri, E., Carlo Barabino. Ottocento e rinnovamento urbano. Genova 1977

Devrient, E., Das Nationaltheater des neuen Deutschland. Eine Reformschrift. Leipzig *1848*. [Nachdruck in: ders., 1967, Bd. 2, S. 393-424]

ders., Aus seinen Tagebüchern. Hg. v. R. Kabel. Bd. 2 Karlsruhe 1852-1870. Weimar *1964*

ders., Geschichte der deutschen Schauspielkunst. Neu hg. v. R. Kabel und C. Trilse. 2 Bde. München/Wien *1967*

Dieckmann, F., Die dritte Semperoper. in: Scena. Mitteilungsblatt des Instituts für Technologie kultureller Einrichtungen.16.1967 (= Beiheft zu Theater der Zeit), S. 2-9

Disegni di Giacomo Quarenghi. Cat. Mostra Bergamo Palazzo della Ragione/Venezia Isola di S. Giorgio Maggiore 1967. Vicenza 1967

Dittscheid, H.-C., Charles de Wailly in den Diensten des Landgrafen Friedrich von Hessen-Kassel: Drei wieder- und neuentdeckte Idealprojekte für Schloß Weißenstein (Wilhelmshöhe) aus dem Jahr 1785. in: Kunst in Hessen und am Mittelrhein.20.1981, S. 21-77.

Doebber, A., Lauchstädt und Weimar: Eine theaterbaugeschichtliche Studie. Berlin 1908

Döhmer, K., In welchem Style sollen wir bauen? Architekturtheorie zwischen Klassizismus und Jugendstil. München 1976 (= Studien zur Kunst des 19. Jahrhunderts.36)

Dohmann, A., Zur Berlin-Potsdamer Architektur unter Friedrich II. in: Anschauung und Deutung. Willy Kurth zum 80. Geburtstag. Berlin 1964, S. 149-154

Dolgner, D., Architektur im 19. Jahrhundert. Ludwig Bohnstedt. Leben und Werk. Weimar 1979

Donnet, A., Architectonographie des théâtres de Paris. Mis en parallèle entr'eux. Recueillis et dessinés par Alexis Donnet. Et gravés par J. Orgiazzi. Paris 1821-1824

Dorn, R., Peter Joseph Krahe. Leben und Werk. Untersuchungen des zeichnerischen Nachlasses und beschreibender Katalog. 2 Bde.
1. Die Studienjahre Peter Joseph Krahes in Düsseldorf und Rom 1778-1786.
2. Bauten und Projekte Peter Joseph Krahes in Düsseldorf, Koblenz, Hannover und Braunschweig 1787-1806. Braunschweig 1969 u. 1971

Drescher, H., Das neue Palais in Potsdam und der Spätstil der friderizianischen Architektur. in: Schloß Charlottenburg, Berlin, Preußen. Festschrift für Margarete Kühn. Berlin 1975, S. 217-236

Durand, J.N.L., Précis des lecons d'architecture données à L'Ecole Polytechnique. Paris an X-XIII [1802-1805]

Ebart, P. von, Hundert Jahre Coburgische Theatergeschichte. Coburg 1927

Eberhard, G., Das Schauspielhaus in Gotha. in: Zeitschrift für praktische Baukunst.7.1847, Sp. 439-444, Taf. 49-52

Eggeling, T., Friderizianische Antikenrezeption am Beispiel der Hedwigskirche und der Oper. in: *Berlin1979*, S.113-118

ders., Studien zum friderizianischen Rokoko. Georg Wenzelslaus von Knobelsdorff als Entwerfer von Innendekorationen. Berlin *1980*

Eggers, F. u. K., Christian Daniel Rauch. 4 Bde. Berlin 1873-1886

Eggert, K., Das Neue Hofburgtheater. in: U. Planner-Steiner/K. Eggert, Friedrich von Schmidt, Gottfried Semper, Carl von Hasenauer. Wiesbaden 1978 (= Die Wiener Ringstraße.8/ Die Bauten und ihre Architekten.2), S. 198-210

Ehrenberg, K., Baugeschichte von Karlsruhe 1715-1915. Karlsruhe 1909

Elbert, C., Theaterbauten und Entwürfe. in: Friedrich Weinbrenner 1766-1826. Hg. v. W. Schirmer. Ausst. Kat. Karlsruhe 1977, S. 86-90

Elias, N., Die höfische Gesellschaft. Untersuchungen zur Soziologie des Königtums und der höfischen Aristokratie. Mit einer Einleitung: Soziologie und Geschichtswissenschaft. Neuwied/Berlin *1969* (= Soziologische Texte.54)

ders., Über den Prozeß der Zivilisation. Soziogenetische und psychogenetische Untersuchungen. 2 Bde. 1. Wandlungen des Verhaltens in den weltlichen Oberschichten des Abendlandes. 2. Wandlungen der Gesellschaft. Entwurf zu einer Theorie der Zivilisation. Frankfurt a.M. *1976*

Enciclopedia dello spettacolo. Fondata da S. de Amico. Hg. v.d. Fondazione Cini. 10 Bde. Roma 1964-1966

Faerber, P., Nikolaus Friedrich von Thouret. Ein Baumeister des Klassizismus. Stuttgart 1949

Fecht, K.G., Geschichte der Haupt- und Residenzstadt Karlsruhe. Karlsruhe 1887

Fetting, H., Die Geschichte der deutschen Staatsoper. Berlin 1955

Fleischhauer, W., Barock im Herzogtum Württemberg. Stuttgart 1958

Forster-Hahn, F., Adolph Menzel's „Daguerreotypical" Image of Frederick the Great: A Liberal Bourgeois Interpretation of German History. in: The Art Bulletin.59.1977, S. 242-261

Frankl, P., Die Entwicklungsphasen der neueren Baukunst. Leipzig/Berlin 1914

Frenzel, H.A., Brandenburg-preußische Schloßtheater. Spielorte und Spielformen vom 17. bis zum 19. Jahrhundert. Berlin *1959* ders., Thüringische Schloßtheater. Beiträge zur Typologie des Spielortes vom 16. bis zum 19. Jahrhundert. Berlin *1965*

Frey, D., Zuschauer und Bühne. Eine Untersuchung über das Realitätsproblem des Schauspiels. in: ders., Kunstwissenschaftliche Grundfragen. Prolegomena zu einer Kunstphilosophie. Wien 1946, S. 151-223

Frölich, M./ Sperlich, H.G., Georg Moller. Baumeister der Romantik. Darmstadt 1959

Fürstenau, E., Der *Zuschauerraum* des Staatlichen Opernhauses in Berlin, Unter den Linden. in: Zeitschrift für Denkmalpflege.2.1927/28, S. 71-77

ders., Zur *Baugeschichte* des Staatlichen Opernhauses in Berlin. in: Denkmalpflege und Heimatschutz.30.1928, S. 17-27

ders., Das Opernhaus im Laufe der Zeiten. in: 185 Jahre Staatsoper. *Festschrift* zur Wiedereröffnung des Opernhauses Unter den Linden am 28. April 1928. Hg. v. J. Kapp. Berlin 1928, S. 219-262

ders., *Um- und Erweiterungsbau* der Staatsoper in Berlin. I. Baugeschichtliches. in: Zeitschrift für Bauwesen.78.1928, S. 155-166

Fundarò, A.M., Il concorso per il Teatro Massimo di Palermo. Storia e progettazione. Palermo 1974

Gabler, W., Der Zuschauerraum des Theaters. Leipzig 1935. (= Theatergeschichtliche Forschungen.44)

Gabriel/Gaab, Umbau und Eröffnung des königlichen Hoftheaters zu Stuttgart. in: Jahrbuch der Baukunst und Bauwissenschaft in Deutschland.4.1847, S. 144-145

Gall, L., Der Liberalismus als regierende Partei. Das Großherzogtum Baden zwischen Restauration und Reichsgründung. Wiesbaden 1968

Gallet, M., Claude Nicolas Ledoux 1736-1806. Paris 1980

Geiger, L., Berlin 1688-1890. Geschichte des geistigen Lebens der preußischen Hauptstadt. 2 Bde. Berlin 1895

Geist, J.F., Passagen, ein Bautyp des 19. Jahrhunderts. München 1969 (= Studien zur Kunst des 19. Jahrhunderts.5)

Genée, R., Hundert Jahre des Königlichen Schauspiels in Berlin. 1786-1886. Berlin 1886

Gönner, E., Das Königreich Württemberg. in: Geschichte der deutschen Länder. Hg. v.G.W. Sante und A.G. Ploetz Verlag. Bd.2 Die deutschen Länder vom Wiener Kongreß bis zur Gegenwart. Würzburg 1971, S. 408-445

R. Goldschmit, Eduard Devrients Bühnenreform am Karlsruher Hoftheater. Leipzig 1921 (= Theatergeschichtliche Forschungen.32)

Gollwitzer, H., Die Standesherren. Die politische und gesellschaftliche Stellung der Mediatisierten 1815-1918. Ein Beitrag zur deutschen Sozialgeschichte. Stuttgart 1957

Gosset, A., Traité de la construction des théâtres. Paris 1886

Gottfried Semper zum 100. Todestag. Kat. d. Ausst. im Albertinum 1.5.-29.8.1979. Dresden 1979

Gremmelspacher, H., Über die Geschichte der Theaterbauten in Karlsruhe. in: Badisches Staatstheater Karlsruhe. Festschrift zur Eröffnung des Neuen Hauses am Ettlinger Tor 1975. o.O. (1975), S. 51-67

Grote, L. (Hg.), Die deutsche Stadt im 19. Jahrhundert. Stadtplanung und Baugestaltung im industriellen Zeitalter. München 1974 (= Studien zur Kunst des 19. Jahrhunderts.24)

Grube, W., Der Stuttgarter Landtag 1457-1957. Von den Landständen zum demokratischen Parlament. Stuttgart 1957

Grundmann, G., Schlesiens Beitrag zur Geschichte des deutschen Theaterbaus im 18. und 19. Jahrhundert. in: Jahrbuch der Schlesischen Friedrich-Wilhelms-Universität zu Breslau.15. 1970, S. 242-255

Gurlitt, C., Geschichte des Barockstiles und des Rococo in Deutschland. Stuttgart 1889 (= Geschichte der neueren Baukunst.5.2.2)

Haass, G., Geschichte des ehemaligen Großherzoglich Badischen Hoftheaters Karlsruhe von seiner Begründung bis zur Berufung seines Reformators Eduard Devrient. 1806-1852. Bd. 1, 1806-1822 [Bd. 2 nicht erschienen]. Karlsruhe 1934

Habel, H., Das Odeon in München und die Frühzeit des öffentlichen Konzertsaalbaus. Berlin *1967* (= Neue Münchner Beiträge zur Kunstgeschichte.8)

ders., Die Idee eines Festspielhauses. in: Petzet, D. u. M., Die Richard Wagner-Bühne König Ludwigs II. München-Bayreuth. München *1970* (= Studien zur Kunst des 19. Jahrhunderts.8), S. 297-316

ders., Sempers städtebauliche Planungen im Zusammenhang mit dem Richard Wagner-Festspielhaus in München. in: Gottfried Semper und die Mitte des 19. Jahrhunderts. Symposion vom 2. bis 6. Dezember 1974 veranstaltet durch das Institut für Geschichte und Theorie der Architektur an der Eidgenössischen Technischen Hochschule Zürich. Basel/Stuttgart *1976* (= Geschichte und Theorie der Architektur.18), S. 129-152

Habermas, J., Strukturwandel der Öffentlichkeit. Untersuchungen zu einer Kategorie der bürgerlichen Gesellschaft. Neuwied/Berlin 1962

(=Politica. Abhandlungen und Texte zur politischen Wissenschaft.4)

Hagen, A., Die deutsche Kunst in unserem Jahrhundert. Eine Reihe von Vorlesungen mit erläuternden Beischriften. 2 Bde. Berlin 1857

Hagen, T., Über die Bedeutung des Sozialismus für die Bühne. Hamburg 1848

Halmhuber, G., Das Stuttgarter Lusthaus. in: Süddeutsche Bauzeitung.13.1903, S. 321-325, 329-330 u. 341

Hamilton, G.H., The Art and Architecture of Russia. Harmondsworth/Middlesex 1954 (= The Pelican History of Art)

Hamlin, T., Benjamin Henry Latrobe. Oxford 1955

Hammer, K., Jakob Ignaz Hittorf. Ein Pariser Baumeister 1792-1867. Stuttgart 1968 (=Pariser Historische Studien.6)

Hammermeister, H., Die dramatische Kunst – eine Ausgesetzte. Leipzig 1848

Hammitzsch, M., Der moderne Theaterbau. Der höfische Theaterbau. Der Anfang der modernen Theaterbaukunst, ihre Entwicklung und Betätigung zur Zeit der Renaissance, des Barock und des Rokoko. TH Diss. Dresden. Berlin 1906 (=Beiträge zur Bauwissenschaft.8)

Hannmann, E., Carl Ludwig Wimmel 1786-1845. Hamburgs erster Baudirektor. München 1975 (= Studien zur Kunst des 19. Jahrhunderts.33)

Hartmann, W., Der historische Festzug. Seine Entstehung und Entwicklung im 19. und 20. Jahrhundert. München 1976 (= Studien zur Kunst des 19. Jahrhunderts.35)

Haselier, G., Die Oberrheinlande. in: Geschichte der deutschen Länder. Hg. v. G.W. Sante und A.G. Ploetz Verlag. Bd. 1, Die Territorien bis zum Ende des alten Reiches. Würzburg *1964*, S. 267-291

ders., Baden. in: Geschichte der deutschen Länder. Hg. v. G.W. Sante und A.G. Ploetz Verlag. Bd. 2, Die deutschen Länder vom Wiener Kongreß bis zur Gegenwart. Würzburg *1971*, S. 448-470

Haskell, F., Patrons and Painters. A Study in the Relations between Italian Art and Society in the Age of the Baroque. London 1963

Hauser, A., Sozialgeschichte der Kunst und Literatur. Sonderausgabe in einem Band. München 1967

Hautecoeur, L., Histoire de l'Architecture classique en France. 7 Bde. Paris 1943-1957

Hauttmann, M., Die Entwürfe Robert de Cottes für Schloß Schleißheim. in: Münchner Jahrbuch.6.1911, S. 256-276

Hederer, O., Karl von Fischer. Leben und Werk. München *1960* (= Neue Schriftenreihe des Stadtarchivs München.12)

ders., Baugeschichte des alten Nationaltheaters. in: Festschrift der Bayerischen Staatsoper zur Eröffnung des wiederaufgebauten Hauses. München *1963*, S. 16-21

ders., Leo von Klenze. Persönlichkeit und Werk. München *1964*

ders., Friedrich von Gärtner 1792-1847. Leben – Werk – Schüler. München *1976* (=Studien zur Kunst des 19. Jahrhunderts.30)

Hegemann, W., Das steinerne Berlin. Geschichte der größten Mietskasernenstadt der Welt. [1.Aufl.1930] Neudruck Berlin / Frankfurt a.M. / Wien 1963 (=Bauwelt Fundamente.3)

Heideloff, C.A., Entwürfe zu einem neuen Theater-Gebäude in Nürnberg, und zwar I. auf dem Platze des alten Theaters, II. auf dem Platze des vormaligen Augustiner-Klosters. Mit erläuterndem Texte. Nürnberg 1829

Heinrich Hübsch 1795-1863. Der große badische Baumeister der Romantik. Kat. d. Ausst. im Prinz-Max-Palais 17. Dezember 1983 - 25. März 1984. Karlsruhe 1983

Herrmann, W., Deutsche Baukunst des 19. und 20. Jahrhunderts. Neuauflage des 1932 erschienenen 1. Teils: Von 1770 bis 1840, Erstdruck des 1933 unterdrückten 2. Teils: Von 1840 bis zur Gegenwart. Basel/Stuttgart 1977 (= Geschichte und Theorie der Architektur.17)

Hinrichs, W.T., Carl Gotthard Langhans. Ein schlesischer Baumeister 1733-1808. Straßburg 1909 (= Studien zur Deutschen Kunstgeschichte.116)

Hirschberg, H., Geschichte des Herzoglichen Hoftheaters zu Coburg und Gotha. Berlin 1910

Hirschfeld, G., Die Errichtung des Herzogtums Sachsen-Coburg und Gotha im Jahre 1826. Coburg 1927

Hitchcock, H.-R., Architecture: Nineteenth and Twentieth Centuries. Harmondsworth/Middlesex 1958 (= The Pelican History of Art)

Hoeltje, G., Georg Ludwig Friedrich Laves. Mit einem Beitrag über Georg Ludwig Friedrich Laves als Bauingenieur von H. Weber. Hannover 1964

Hoffmann, H.-C., Die Theaterbauten von Fellner und Helmer. München *1966* (= Studien zur Kunst des 19. Jahrhunderts.2)

ders., Theater und Oper in der deutschen Stadt. in: Grote, L., S. 209-222

ders./Krause, W./Kitlitschka, W., Das Wiener Opernhaus. Wiesbaden 1972 (= Die Wiener Ringstraße.8/Die Bauten und ihre Architekten.1) (*H.-C. Hoffmann u.a.*)

Hoffmann-Axthelm, D., Das abreißbare Klassenbewußtsein. Gießen 1975

Hofmann, A., Zur Entwicklung und Bedeutung des modernen Theaters als einer sozialen Wohlfahrtsanstalt. in: Deutsche Bauzeitung.35.1901, S. 405-409, 417-421, 453, 465-469, 473-477, 481-488

Horkheimer, M., Egoismus und Freiheitsbewegung. in: Kritische Theorie. Eine Dokumentation hg. v. A. Schmidt. 2 Bde. Frankfurt a.M. 1968, Bd. 2, S. 1-81

ders./Adorno, T.W., Dialektik der Aufklärung. Frankfurt a.M. 1969 [10. Aufl.]

Hübsch, H., Die Architectur und ihr Verhältniß zur heutigen Malerei und Sculptur. Stuttgart/Tübingen *1847*

ders., Bau-Werke von Heinrich Hübsch. 2. Folge, 3. Heft. Carlsruhe o.J. (*1852*)

ders., Ueber die aesthetischen Principien der monumentalen Architektur. in: Deutsches Kunstblatt.8.*1857*, S. 221-224, 229-231, 239-243

Huth, G. (Hg.), Allgemeines Magazin für bürgerliche Baukunst. 4 Theile in 2 Bänden. Weimar 1789-1796

Hymans, F., Les Cluysenaars. Une famille d'artistes. Bruxelles 1928

Joseph, D., Geschichte der Baukunst vom Altertum bis zur Neuzeit. 4 Bde. Leipzig 1912 [2. Aufl.]

Kania, H./ Möller, H.H., Mark Brandenburg. Karl Friedrich Schinkel Lebenswerk. München 1960

Kaufmann, E., Architecture in the Age of Reason. Baroque and Post-Baroque in England, Italy, and France. Cambridge 1955

Kaufmann, J.A., Architectonographie des théâtres ou Parallèle historique et critique de ces édifices considerés sous le rapport de l'architecture et de la décoration. Paris 1837-40

Kawaczynski, F.W., Theatergeschichte von Coburg. in: Denkschrift zur Jubiläums-Feier des Fünfundzwanzigjährigen Bestehens der Herzogl. Hofbühne zu Coburg und Gotha am 1. Juni 1852. Coburg 1852

Kayser,E./ Stoob, H. (Hg.), Bayerisches Städtebuch. 2 Bde. Stuttgart 1971 (=Deutsches Städtebuch.5.1)

Keller, H., Das Treppenhaus iders., Goethe, Palladio und England. München *1971* (= Sitzungsberichte der Bayerischen Akademie der Wissenschaften. Philosophisch-Historische Klasse 1971, Heft 6)

Keller, H.K.E.L., Das Pariser Modell des Bayerischen Nationaltheaters. München 1960

Keller, U., Reitermonumente absolutistischer Fürsten. Staatstheoretische Voraussetzungen und politische Funktionen. München/Zürich 1971 (= Münchner kunsthistorische Abhandlungen.2)

Kemme, H.-M., Ludwig Tiecks Bühnenreformpläne und -versuche und ihre Wirkung auf die Entwicklung des deutschen Theaters im 19. und 20. Jahrhundert. Phil. Diss. FU Berlin 1971

Kempen, W. van, Die Baukunst des Klassizismus in Anhalt nach 1800. in: Marburger Jahrbuch für Kunstwissenschaft.4.1928, S. 1-87

Kerber, O., Von Bramante zu Lukas von Hildebrandt. Stuttgart 1947

Kilian, E., Beiträge zur Geschichte des Karlsruher Hoftheaters unter Eduard Devrient. Hg. v. E. Kilian. Karlsruhe 1893

Kindermann, H., Theatergeschichte Europas. 10 Bde. Salzburg 1959-1974

Klaiber, H.A., Der Württembergische Oberbaudirektor Philippe de La Guêpière. Ein Beitrag zur Kunstgeschichte der Architektur am Ende des Spätbarock. Stuttgart *1959*

ders., Der Übergang vom Spätbarock zum Klassizismus in der württembergischen Architektur. in: Zeitschrift für Württembergische Landesgeschichte.19.1960, S. 151-164

Klein, W., Der preußische Staat und das Theater im Jahre 1848. Ein Beitrag zur Geschichte der Nationaltheateridee. Berlin 1924 (=Schriften der Gesellschaft für Theatergeschichte.33)

Klopfer, P., Von Palladio bis Schinkel. Eine Charakteristik der Baukunst des Klassizismus. Eßlingen a.N. 1911 (= Geschichte der neueren Baukunst.9)

Koffka, W., Die Karlsruher Hofbühne in der ersten Zeit ihrer Reorganisation. Karlsruhe 1855

Koselleck, R., Kritik und Krise. Ein Beitrag zur Pathogenese der bürgerlichen Welt. Freiburg i. Br. *1959*

ders., Staat und Gesellschaft in Preußen 1815-1848. in: Moderne deutsche Sozialgeschichte. Hg. v. H.-U. Wehler. Köln/Berlin *1966*, S. 55-84

Krauß, I. (Hg.), Festschrift zur Hundertjahrfeier des Coburger Landestheaters. Coburg 1927

Krauß, R., Das Stuttgarter Hoftheater von den ältesten Zeiten bis zur Gegenwart. Stuttgart 1908

Kruedener, J. von, Die Rolle des Hofes im Absolutismus. Stuttgart 1973 (= Forschungen zur Sozial- und Wirtschaftsgeschichte.19)

Küstner, K.T. von, Vierunddreißig Jahre meiner Theaterleitung in Leipzig, Darmstadt, München und Berlin. Zur Geschichte und Statistik des Theaters. Leipzig *1853*

ders., Taschen- und Handbuch für Theater-Statistik. Berlin *1857*

Kugler, F., Geschichte Friedrichs des Großen. Geschrieben von F. Kugler. Gezeichnet von A. Menzel. Leipzig *1842* ders., Berliner Briefe [1848]. in: ders., Kleine Schriften und Studien zur Kunstgeschichte.Bd.3. Stuttgart *1854*, S. 628-691

Kunst, H.-J., Bemerkungen zu Schinkels Entwürfen für die Friedrich Werdersche Kirche in Berlin. in: Marburger Jahrbuch für Kunstwissenschaft.19.1974, S. 241-258

ders., Die politischen und gesellschaftlichen Bedingtheiten der Gotikrezeption bei Friedrich und Schinkel. in: Hinz, B., u.a., Bürgerliche Revolution und Romantik. Natur und Gesellschaft bei Caspar David Friedrich. Gießen *1976*, S. 17-41

Kunstdenkmäler, Bau- und Kunstdenkmäler Thüringens.4.4. Herzogtum Sachsen-Coburg und Gotha, Landratsamt Coburg. Bearb. v. P. Lehfeldt u. G. Voss. Jena 1907 (*KDM Coburg 1907*)

Kunstdenkmäler, Die Kunst- und Altertums-Denkmale im Königreich Württemberg.1. Neckarkreis. Bearb. v. E. Paulus. Stuttgart 1889 (*KDM Stuttgart 1889*)

Kurth, W., Der Klassizismus im Werk von Knobelsdorff. in: Deutsche Architektur.2.1953, S. 212-217

Landriani, P., Storia e descrizione de'principali teatri antichi e moderni corredata di tavole col saggio sull'architettura teatrale di Mr. Patte, illustrato con erudite osservazioni del chiarissimo architetto e pittore scenico P. Landriani. Per cura del Dottore Giulio Ferrario. Milano 1830

Langewiesche, D., Liberalismus und Demokratie in Württemberg zwischen Revolution und Reichsgründung. Düsseldorf 1974

Langhans, C.G., Vergleichung des neuen Schauspielhauses zu Berlin mit verschiedenen älteren und neueren Schauspielhäusern in Rücksicht auf akustische und optische Grundsätze. Berlin 1800

Langhans, K.F., Ueber Theater oder Bemerkungen über Katakustik in Beziehung auf Theater. Berlin *1810*

ders., Das Schauspielhaus in Stettin. in: Zeitschrift für praktische Baukunst.13.*1853*, Sp. 193-194, Taf. 22-26

Lavoisier, A., Über die Erleuchtung der Schauspielsäle von Lavoisier, aus dem Französischen [1781] von G. Huth, Bd.2, T.2. Weimar 1796, S. 19-34

Leacroft, R., The Development of the English Playhouse. London 1973

Leclerc, H., Les origines italiennes de l'architecture théâtrale moderne. L'évolution des formes en Italie de la Renaissance à la fin du XVIe siècle. Paris *1946*

dies., Au théâtre de Besancon (1775-1784). Claude Nicolas Ledoux, reformateur des moeurs et precurseur de Richard Wagner. in: Revue d'histoire du théâtre.10.*1958*, S. 103-127

dies., Les Bibienas, une dynastie de scénographes baroques. in: Revue d'histoire du théâtre.23.*1971*, S. 7-39

Legrand, J.G., Essai sur l'histoire générale de l'architecture pour servir de texte explicativ au recueil et parallèles des édifices anciens et modernes remarquables par leur beauté, leur grandeur, de Durand. Paris 1809 [2. Aufl.]

Lenzi, D., L'architettura teatrale di Cosimo Morelli. in: Matteucci, A.M./ Lenzi, D., Cosimo Morelli e l'architettura delle legazioni pontificie. Bologna 1977, S. 165-192 u. 277-304.

Linstow, H.D.F.von, Beiträge zur zweckmäßigen Anordnung des Zuschauerraumes in Schauspielhäusern. Entworfen bei Veranlassung des neu aufzuführenden Berliner Opernhauses. in: Allgemeine Bauzeitung.9.1844, S. 207-221

Lotz, A., Coburgische Landesgeschichte von den ältesten Zeiten bis zur Gegenwart. Coburg 1892

Lübke, W., Eine Fahrt durch Süddeutschland. 7. Heimkehr über Karlsruhe, Mainz, Wartburg. in: Deutsches Kunstblatt.6.1855, S. 439-441, 448-450, 457-459

Mackowsky, H., Häuser und Menschen im alten Berlin. Berlin 1923

Magirius, H., Zur Bedeutung des zweiten Dresdner Theaters von Gottfried Semper unter den Aspekten von Stil und Gesellschaft. in: Stil und Gesellschaft – Ein Problemaufriß. Hg. v. F. Möbius. Dresden 1984, S. 360-381

Mander, R./ Mitchenson, J., Lost Theatres of London. London 1968

Marconi, P./ Cipriani, A./ Valesini, E., I disegni di architettura dell'Archivio Storico dell'Accademia di San Luca a Roma. 2 Bde. Roma 1974/75 (*P. Marconi u.a.*)

Martersteig, M. Das deutsche Theater im 19. Jahrhundert. Eine kulturgeschichtliche Darstellung. Leipzig 1904

Meffert, E., Das Haus der Staatsoper und seine Baumeister. Dargebracht zum Jahrestage des 200-jährigen Bestehens der Berliner Staatsoper vom preußischen Finanzministerium. Leipzig 1942

Meissner, C., Carl Ludwig Engel, deutscher Baumeister in Finnland. Berlin 1937 (= Forschungen zur deutschen Kunstgeschichte.20)

Messelken, K., Sonderfall Bundesrepublik Deutschland – Neuaufbau einer Theaterlandschaft. Die gesellschaftlichen und gesellschaftspolitischen

Meyerbeer, G., Briefwechsel und Tagebücher. Hg. u. komm. v. H. u. G. Becker. Bd. 3, 1837-1845. Berlin 1975

Michaelis, S., Studien zu figürlichen Giebelfeldern des 18. und 19. Jahrhunderts. Frankfurt a.M./ Bern/Las Vegas 1979

Michel, A., Histoire de l'art depuis les premiers temps chrétiens jusqu'à nos jours. 8 Bde. Paris 1905-1929

Mielke, F., Die Geschichte der deutschen Treppen. Berlin/München 1966

ders., Das Bürgerhaus in Potsdam. Textbd.u. Tafelbd. Tübingen 1972 (= Das deutsche Bürgerhaus.15)

Milde, K., Neorenaissance in der deutschen Architektur des 19. Jahrhunderts. Grundlagen, Wesen und Gültigkeit. Dresden 1981

Milizia, F., Trattato completo formale e materiale del teatro. [zuerst: Roma 1771] Venezia 1794 [4. Aufl.]

ders., Principii di Architettura civile. [zuerst: Finale 1781] Milano 1847

Mittig, H.E./ Plagemann, V., Denkmäler im 19. Jahrhundert. Deutung und Kritik. München 1972 (= Studien zur Kunst des 19. Jahrhunderts.20)

Moller, G., Das neue Schauspielhaus zu Mainz. Darmstadt 1831

Moser, F., Die Anfänge des Hof- und Gesellschaftstheaters in Deutschland. Wien/ Berlin/ Leipzig 1940

Mosser, M./ Rabreau, D., Charles de Wailly peintre architecte dans l'Europe des lumières. Ausst. Kat. Paris 1979

Motschmann, H., Vor 120 Jahren Grundsteinlegung zum Gothaer Theater. in: Der Friedenstein. 1957, S. 81-84

Mütterlein, M., Gottfried Semper und dessen Monumentalbauten am Dresdner Theaterplatz. in: Neues Archiv für Sächsische Geschichte und Altertumskunde.34.1913, S. 299-399

Mullin, D.C., The Development of the Playhouse. Berkely 1970

Negt, O./ Kluge, A., Öffentlichkeit und Erfahrung. Zur Organisationsanalyse von bürgerlicher und proletarischer Öffentlichkeit. Frankfurt a.M. 1972

Neithardt, O., Das Nationaltheater. Baugeschichtliches zur Entwicklung der bayerischen Staatsoper. in: 150 Jahre Bayerisches National-Theater. Hg. v.d. Generaldirektion der Bayerischen Staatstheater. München 1928, S. 33-44

Nerdinger, W. (Hg.), Klassizismus in Bayern, Schwaben und Franken. Architekturzeichnungen 1775-1825. Ausst. Kat. d. Stadtmuseums. München 1980

ders. (Hg.), Carl von Fischer 1782-1820. Ausst. Kat. d. Neuen Pinakothek. München 1982

Neue Deutsche Biographie. Hg. v.d. Historischen Kommission bei der Bayerischen Akademie der Wissenschaften. Berlin 1953 ff. [bisher: 11 Bde.] (*NDB*)

Nicolai, F., Beschreibung der Königlichen Residenzstädte Berlin und Potsdam, aller daselbst befindlicher Merkwürdigkeiten und der umliegenden Gegend. 3 Bde. Berlin 1786

Nicoll, A., The Development of the Theatre. A Study of Theatrical Art from the Beginnings to the Present Day. London 1927

Nölle, E., Theaterbau in der Bundesrepublik Deutschland. in: Theatre Space, S. 125-139

Oeuvres de Frédéric le Grand. 30 Bde. Berlin 1846-1856, hier: Bd.7.1847 (=Oeuvres Historiques de Frédéric II. Roi de Prusse.7) und Bd.18.1851 (=Correspondance de Frédéric II. Roi de Prusse.3)

Oncken, A., Friedrich Gilly 1772-1800. Berlin 1935 (=Forschungen zur deutschen Kunstgeschichte.5) [Nachdruck 1981]

Ottmer, C.T., Architectonische Mittheilungen. Erste Abtheilung: Das Königsstädt'sche Schauspielhaus zu Berlin in zehn Zeichnungen mit erläuterndem Texte, in besonderer Beziehung auf das nach excentrischen Kreisen amphitheatralisch erbaute Spectatorium. Braunschweig 1830

ders., Architectonische Mittheilungen. Zweite Abtheilung: Das im gothischen Style neu erbaute Theater im Herzoglichen Schlosse zu Wolfenbüttel. Braunschweig 1838

Patetta, L., I Revivals in architettura. in: Il Revival. A cura di G.C. Argan. Milano 1974 (= Antologie e Saggi.5), S. 149-187

Patte, P., Essai sur l'architecture théâtrale ou de l'ordonnance la plus avantageuse à une salle de spectacles relativement aux principes de l'optique et de l'acoustique. Paris 1782 [Reprint Genève 1974]

Paul, A., Aggressive Tendenzen des Theaterpublikums. Eine strukturell-funktionale Untersuchung über den sogenannten Theaterskandal anhand der Sozialverhältnisse der Goethezeit. Phil. Diss. FU Berlin 1969

Paulick, R., Die künstlerischen Probleme des Wiederaufbaues der Deutschen Staatsoper Unter den Linden. in: Deutsche Architektur.1.*1952*, S. 30-39

ders., Die Innenarchitektur der Deutschen Staatsoper. in: Deutsche Architektur.2.*1953*, S. 265-270

Pausch, R., Theaterbau in der BRD. Zur Ideologiekritik des monofunktionalen Theaterbaus seit 1945. Berlin 1974.

Penther, J.F., Ausführliche Anleitung zur Bürgerlichen Baukunst worin von publiquen weltlichen Gebäuden als von Fürstlichen Residenz-Schlössern... 4.Theil. Augsburg 1748

Pérouse de Montclos, J.M., Etienne Louis Boullée (1728-1799). De l'architecture classique à l'architecture révolutionnaire. Paris 1969

Petersen, J., Das deutsche Nationaltheater. Fünf Vorträge, gehalten im Februar und März 1917 im Freien Deutschen Hochstift zu Frankfurt a.M. Berlin 1919 (= Zeitschrift für den deutschen Unterricht. 14. Ergänzungsheft)

Petzet, M., L'architecture comme décor de théâtre dans l'art de Louis II, roi de Bavière. in: Gazette des Beaux-Arts.76.1970, S. 209-236

Pevsner, N., Palladio and Europe. in: Venezia e l'Europa. Atti del XVIII. Congresso Internazionale di Storia dell'Arte. Venezia 12-18 settembre 1955. Venezia *1956*, S. 81-94

ders., Some Architectural Writers in the Nineteenth Century. Oxford *1972*

ders., A History of Building Types. London *1976*

Pfaff, K., Geschichte der Stadt Stuttgart nach Archival-Urkunden und anderen bewährten Quellen. 2.Teil. Stuttgart 1846

Philipp Hoffmann 1806-1889. Ein nassauischer Baumeister. Kat. d. Ausst. d. Nassauischen Kunstvereins Wiesbaden 1982/83. Essen 1982

Plagemann, V., Das deutsche Kunstmuseum 1790-1870. Lage, Baukörper, Raumorganisation, Bildprogramm. München 1967 (= Studien zur Kunst des 19. Jahrhunderts.3)

Ponsi, G., Memorie della vita e delle opere di Giovanni Salucci Fiorentino. Firenze 1850

Preradovich, N. von, Die Führungsschichten in Österreich und Preußen 1804-1918. Mit einem Ausblick bis 1945. Wiesbaden 1955 (= Veröffentlichungen des Instituts für europäische Geschichte Mainz.11)

Preußen – Versuch einer Bilanz. Ausst. Kat. Berlin 1981. Bd. 4: Preußen Dein Spree-Athen. Beiträge zu Literatur, Theater und Musik in Berlin. Hg. v. H. Kühn. Reinbek 1981

Pückler-Limpurg, S., Der Klassizismus in der deutschen Kunst. München 1929

Quatremère de Quincy, A.C., Encyclopédie Méthodique. Bd.3. Paris 1825

Rabreau, D., Le théâtre et la place Graslin de Mathurin Crucy (1784-1787) à Nantes. in: Congrès Archéologique de France. 126.*1968*, S. 89-135

ders., Ce cher dix-neuvième siècle. Palladio et l'éclectisme Parisien. in: Monuments Historiques de la France. N.S.21.*1975*, Heft 2, S. 56-65

ders., Le Grand Théâtre de Victor Louis: Des vérités, des impressions. in: Victor Louis, *1982*, S. 21-41

Rambaud, M., Un projet de Marie Josephe Peyre pour l'Opéra de Paris, 1781-1786. in: Bulletin de la Société de l'histoire de l'art francais. 1976, S. 241-253

Rave, P.O., Ein Baugedanke Friedrichs des Großen. in: Zeitschrift für Denkmalpflege.1.*1926/27*, S. 67-71

ders., Berlin I. Bauten für die Kunst, Kirchen und Denkmalpflege. Karl Friedrich Schinkel Lebenswerk. Berlin *1941*

ders., Berlin III. Bauten für Wissenschaft, Verwaltung, Heer, Wohnbau und Denkmäler. Karl Friedrich Schinkel Lebenswerk. Berlin *1962*

Reallexikon zur Deutschen Kunstgeschichte. Hg. v. O. Schmitt u.a. Stuttgart 1937 ff. (*RDK*)

Reber, H./Heym, H., Das Frankfurter Opernhaus 1880 bis 1944. Frankfurt a.M. 1971 [2. Aufl.]

Reidelbach, H., König Ludwig I. von Bayern und seine Kunstschöpfungen. München 1888

Rellstab, L., Ein Feldlager in Schlesien. Oper in 3 Akten. Musik von G. Meyerbeer. Arien und Gesänge. Berlin o.J. [ca. 1850]

Ricci, G., Teatri d'Italia dalla Magna Grecia all'Ottocento. Milano 1971

Richter, G., Revolution und Gegenrevolution in Baden 1849. in: Zeitschrift für Geschichte des Oberrheins.119.1971, S. 387-425

Riesenfeld, E.P., Erdmannsdorff. Der Baumeister des Herzogs Leopold Friedrich Franz von Anhalt Dessau. Berlin 1913

Rietdorf, A., Gilly. Wiedergeburt der Architektur. Berlin 1940

Rötscher, H.T., Theater und dramatische Poesie in ihrem Verhältnisse zum Staate. in: Staats-Lexikon oder Encyklopädie der Staatswissenschaften. Hg. v. C.v. Rotteck und C. Welcker. Bd.15. Altona 1843, S. 388-408

Rohe, W., Karl Ferdinand Langhans. Ein Theaterbaumeister des Klassizismus. Ph. Diss. TH Berlin 1931 [gedruckt 1934]

Rohr, A. von, Dessins de l'architecte sarrebruckois Balthasar Wilhelm Stengel. in: Gazette des Beaux-Arts.87.1976, S. 135Rose, H., Spätbarock. Studien zur Geschichte des Profanbaues in den Jahren 1660-1760. München 1922

Rosenau, H., Boullée & Visionary Architecture. Including Boullée's 'Architecture, Essay on Art'. London/New York 1974

Rosenthal, C.A., Uebersicht der Geschichte der Baukunst, mit Rücksicht auf die allgemeine Culturgeschichte. in: Journal für die Baukunst. 13.1839, S. 52-81, 188-206, 255-281

Roubo (-le-fils), A.J., Traité de la construction des théâtres et des machines théâtrales. Paris 1777

Sachs, E.O., Modern Opera Houses and Theatres. 3 Bde. u. Suppl. Bd. London 1896-1898

San Giorgio, P. di, Idea di un Teatro adattato al locale detto delle Convertite nella strada del Corso di Roma. Roma 1821

Saß, F., Berlin in seiner neuesten Zeit und Entwicklung [1846]. Neu hg. mit einem Nachwort von D. Heikamp. Berlin 1983

Schefold, M., Alte Ansichten aus Württemberg. 2 Bde. Stuttgart 1956 u. 1957

Schiller, F., Was kann eine gute Schaubühne eigentlich wirken? Eine Vorlesung, gehalten zu Mannheim in der öffentlichen Sitzung der kurpfälzischen deutschen Gesellschaft am 26.sten des Junius 1784. in: Schillers Werke. Nationalausgabe Weimar. Bd. 20. Weimar 1962, S. 87-100

Schivelbusch, W., Lichtblicke. Zur Geschichte der künstlerischen Helligkeit im 19. Jahrhundert. München/Wien 1983

Schliepmann, H., Die neuen Entwürfe zum Berliner Kgl. Opernhaus. Berlin 1913 (= Sonderheft der Berliner Architekturwelt.12.1913)

Schmidt, R., Der Schloßplatz in Stuttgart. Eine baugeschichtliche Skizze. Rückblick und Ausblick. in: Neue Beiträge zur Archäologie und Kunstgeschichte Schwabens. Julius Baum zum 70. Geburtstag am 9. April 1952 gewidmet. Stuttgart 1952, S. 225-232

Schmitz, H., Berliner Baumeister vom Ausgang des achtzehnten Jahrhunderts. Berlin 1914

Schneemann, W., Clemens Wenzeslaus Coudray, Goethes Baumeister. Ein Bild deutschen Bauschaffens in der Zeit des Klassizismus. Weimar 1943

Schneider, E., Württembergische Geschichte. Stuttgart 1896

Schneider, L., Geschichte der Oper und des königlichen Opernhauses in Berlin. Berlin 1852

Schoch, R., Das Herrscherbild in der Malerei des 19. Jahrhunderts. München 1975 (= Studien zur Kunst des 19. Jahrhunderts.23)

Scholl, F., Leopoldo Retti. Markgräflich Ansbach-'scher Baudirektor. Herzoglich Württembergischer Baudirektor. Ein Beitrag zur Baugeschichte des XVIII. Jahrhunderts in Franken und Württemberg. Ansbach 1930

Schraishuon, C.A. von, Das Königliche Hoftheater in Stuttgart von 1811 bis zur neueren Zeit. Nach Erinnerungen von C.A. von Schraishuon. Stuttgart 1878

Schroeter, A. Die Wiesbadener Theaterfrage im Jahre 1848. in: Nassauische Annalen.28.1896, S. 155-180

Schubert, H., Moderner Theaterbau. Stuttgart/Bern 1971

Schulz, E.v., Die Wilhelma in Stuttgart. Ein Beispiel orientalisierender Architektur im 19. Jahrhundert und ihr Architekt Karl Ludwig Zanth. Phil. Diss. Tübingen 1974. Hannover 1976

Sedlmayr, H., Verlust der Mitte. Die bildende Kunst des 19. und 20. Jahrhunderts als Symbol der Zeit. Salzburg *1948*

ders., Allegorie und Architektur. in: Retorica e Barocco. Atti del III. Congresso Internazionale di Studi Umanistici. Venezia 15-18 guigno 1954. A cura di E. Castelli. Roma *1955*, S. 197-207

ders., Epochen und Werke. Gesammelte Schriften zur Kunstgeschichte. 2 Bde. Wien/München *1959* u.*1960*

Seidel, P., Friedrich der Große als Bauherr. Opernhaus, Sanssouci. Bauetats und ihre Überwachung. in: Hohenzollern-Jahrbuch. 15.1911, S. 217-237

Semper, G., Das königliche Hoftheater zu Dresden. Braunschweig *1849*

ders., Kleine Schriften. Hg. v. M. und H. Semper. Berlin/Stuttgart *1884*

Semper, M., Das Theater. Stuttgart 1904 (= Handbuch der Architektur.IV.6.5)

Sievers, J., Die Arbeiten von K.F. Schinkel für Prinz Wilhelm, späteren König von Preußen. Karl Friedrich Schinkel Lebenswerk. Berlin 1955

Silbermann, A., Theater und Gesellschaft. in: Das Atlantisbuch des Theaters. Hg. v. M. Hürlimann. Zürich/Freiburg 1966, S. 387-406

Sittard, J., Zur Geschichte der Musik und des Theaters am Württembergischen Hofe. Nach Originalquellen. 2 Bde. Stuttgart 1890 u. 1891

Sitte, C., Der Städtebau nach seinen künstlerischen Grundsätzen. Ein Beitrag zur Lösung moderner Fragen der Architektur und monumentalen Plastik unter besonderer Beziehung auf Wien. Wien 1889

Speidel, W., Giovanni Salucci, der erste Hofbaumeister König Wilhelms I. von Württemberg. Sein Leben und Schaffen bis zu seinem Ausscheiden aus dem Hofdienst 1828. Stuttgart 1936 (= Darstellungen aus der württembergischen Geschichte.26)

Springer, W., Das Gesicht des deutschen Theaters. Hg. v. W. Springer. Oldenburg i.O. 1926

Stahl, E.L., Das Mannheimer Nationaltheater. Ein Jahrhundert deutscher Theaterkultur im Reich. Mannheim/Berlin/Leipzig 1929

Steinhauser, M., Die Architektur der Pariser Oper. Studien zu ihrer Entstehungsgeschichte und ihrer architekturgeschichtlichen Stellung. München 1969 (=Studien zur Kunst des 19. Jahrhunderts.11)

dies., Le Palais Garnier, 'cathédrale mondaine' du Second Empire. in: Monuments Historiques de la France. N.S.20.*1974*, S. 81-96

dies., Das Theater bei Ledoux und Boullée. Bemerkungen zur sozialen Funktion einer Bauaufgabe. in: Boll.C.I.S.A. Andrea Palladio. 16.*1975*, S. 337-369

dies./ Rabreau, D., Le Théâtre de l'Odéon de Charles de Wailly et Marie Joseph Peyre, 1767-1782. in: La Revue de l'Art. 19.*1973*, S. 9-49

Storck, G., Probleme des modernen Bauens und die Theaterarchitektur des 20. Jahrhunderts in Deutschland. Phil. Diss. Bonn 1969

Streichhan, A., Knobelsdorff und das Friderizianische Rokoko. Burg b. Magdeburg 1932

Streit, A., Das Theater. Untersuchungen über das Theater-Bauwerk bei den klassischen und modernen Völkern. Wien 1903

Szambien, W., Jean Nicolas Louis Durand 1760-1834. De l'imitation à la norme. Paris 1984

Tamburini, L., L'architettura dalle origini al 1936. Storia del Teatro Regio di Torino. Bd.4. Torino 1984

Theatre Space – Der Raum des Theaters. Eine Untersuchung der Wechselwirkungen zwischen Raum, Technik, Spiel und Gesellschaft. Beiträge zum 8. Weltkongreß der Internationalen Federation für Theatre Research. München 1977

Theilmann, R./Ammann, E. (Bearb.), Die deutschen Zeichnungen des 19. Jahrhunderts. Staatliche Kunsthalle Karlsruhe Kupferstichkabinett. Karlsruhe 1978

Theobald, R., Carl Theodor Ottmer als Theaterarchitekt. Untersuchungen zur Entstehung und Wirkung von Theaterbauten in der Epoche des Biedermeier. Phil. Diss. Berlin 1976

Tidworth, S., Theatres. An Illustrated History. London 1973

Tintelnot, H., Barocktheater und barocke Kunst. Die Entwicklungsgeschichte der Fest- und Theater-Dekoration in ihrem Verhältnis zur barokken Kunst. Berlin *1939*

ders., Annotazioni sull'importanza della festa teatrale per la vita artistica e dinastica nel barocco. in: Retorica e Barocco. Atti del III. Congresso Internazionale di Studi Umanistici. Venezia 15-18 giugno 1954. A cura di E. Castelli. Roma *1955*, S. 234-241

Trilse, C., Eduard Devrient und die Geschichte des bürgerlichen Theaters. in: Devrient, E., *1967*, Bd. 2, S. 425-463

Valdenaire, A., Das alte Theater in Leipzig.in: Denkmalpflege 14.*1913*, S. 43-46.

ders., Friedrich Weinbrenner. Sein Leben und seine Bauten. Karlsruhe *1919*

ders., Heinrich Hübsch. Eine Studie zur Baukunst der Romantik. Karlsruhe *1926*

Valentin, V., Geschichte der deutschen Revolution von 1848-49. 2 Bde. Berlin 1930 und 1931

Verspohl, F.-J., Stadionbauten von der Antike bis zur Gegenwart. Regie und Selbsterfahrung der Massen. Gießen 1976

Victor Louis et le théâtre. Scénographie, mise en scène et architecture théâtrale aux XVIIIe e XIXe siècles. Actes du colloques tenues le 8, 9, et 10 mai 1980 à Bordeaux à l'occasion du bicentenaire de l'inauguration du Grand-Théâtre. Paris 1982

Volkland, W., Die Bau- und Kunstdenkmäler der Stadt Gotha. Gotha 1929
(= Gotha. Das Buch einer deutschen Stadt-

Wagner, R., Entwurf zur Organisation eines deutschen National-Theaters für das Königreich Sachsen [1849]. in: Gesammelte Schriften und Dichtungen von Richard Wagner. Bd.2.Leipzig *1871*, S. 307-359

ders., Das Bühnenfestspielhaus zu Bayreuth, nebst einem Bericht über die Grundsteinlegung desselben. in: Gesammelte Schriften und Dichtungen von Richard Wagner. Bd.9. Leipzig *1873*, S. 384-408

Wagner-Rieger, R., Wiens Architektur im 19. Jahrhundert. Wien *1970*

dies., Romantik und Historismus. in: Historismus und Schloßbau. Hg. v. R. Wagner-Rieger u. W.

Krause. München *1975* (= Studien zur Kunst des 19. Jahrhunderts.28), S. 11-18

Wahl, K., Vom Hzgl. Hoftheater zum Landestheater. in: Coburg Stadt und Land. Fränkische Heimat.1958, S. 107-110

Walter, F., Bauwerke der Kurfürstenzeit in Mannheim. Augsburg 1928 (= Deutsche Kunstführer.26)

Weddigen, O., Geschichte der Theater Deutschlands. 2 Bde. Berlin o.J. [ca. 1906]

Wegner, E., Forschung zu Leben und Werk des Architekten Johann Gottfried Gutensohn (1792-1851). Frankfurt a.M./Bern/New York 1984 (= Europäische Hochschulschriften. Reihe 28, Bd. 32)

Wehler, H.U., Bismarck und der Imperialismus. Köln/Berlin 1969

Weidle, K., Der Grundriß von Alt-Stuttgart. 2 Bde. Stuttgart 1961

Weinbrenner, F., Ueber Theater in architektonischer Hinsicht mit Beziehung auf Plan und Ausführung des neuen Hoftheaters zu Carlsruhe. Tübingen 1809

Weiß, Das Herzogl. S. Hoftheater zu Coburg-Gotha. Am 1. Juni 1877, dem Tag des 50-jährigen Bestehens. Coburg 1877

Weissenburg, A., Vorläufige Worte über das neue Schauspielhaus zu Berlin. in: Kunstblatt .2.1821, S. 405-408

Weller, K., Württembergische Geschichte. Stuttgart 1957

Wetter, J., Untersuchungen über die wichtigsten Gegenstände der Theaterbaukunst. Mainz 1829

Weyl, L., Geschichte und Beschreibung des alten und neuen Königlichen Opernhauses zu Berlin. Eine Skizze. Berlin 1844

Widmann, W., Theater und Revolution. Ihre gegenseitigen Beziehungen und Wirkungen im 18., 19. und 20. Jahrhundert. Berlin 1920

Wintterlin, A. Württembergische Künstler in Lebensbildern. Stuttgart 1895

Wörner, H.J., Architektur des Frühklassizismus in Süddeutschland. München/Zürich 1979

Wolzogen, A. von, Aus Schinkel's Nachlaß. Reisetagebücher, Briefe und Aphorismen. Mitgetheilt und mit einem Verzeichniß sämmtlicher Werke Schinkel's versehen. 4 Bde. Berlin 1862-1864

Wolzogen, H. von, Karl Friedrich Schinkel und der Theaterbau. Betrachtungen nebst Mittheilungen aus nachgelassenen Papieren. in: Bayreuther Blätter.10.1887, S. 65-90

Zänker, J., Die architektonische Selbstdarstellung der Universität Tübingen. Die 'Neue Aula' von 1841/45 und ihre Erweiterung von 1928/31. in: Wem gehört die Universität? Untersuchungen zum Zusammenhang von Wissenschaft und Herrschaft anläßlich des 500 jährigen Bestehens der Universität Tübingen. Hg. v. M. Doehlemann. Gießen 1977, S. 67-88

Zielske, H., Deutsche Theaterbauten bis zum Zweiten Weltkrieg. Typologisch-historische Dokumentation einer Baugattung. Berlin *1971* (=Schriften der Gesellschaft für Theatergeschichte.65)

ders., Die Anfänge einer Theaterbautheorie in Deutschland im 17. und 18. Jahrhundert.in: Bühnenformen, Bühnenräume, Bühnendekorationen. Beiträge zur Entwicklung des Spielorts. Herbert A. Frenzel zum 65. Geburtstag. Hg. v. R. Badenhausen u. H. Zielske. Berlin *1974*, S. 28-63

Zirnbauer, H., Stimmen der Zeit für das 125-jährige Coburger Landestheater. Festschrift zur 125. Jahrfeier der Gründung des Coburger Landestheaters am 1.6.1827. Hg. v. H. Zirnbauer. Coburg 1952

Zoege von Manteuffel, C., Gottfried Sempers städtebauliche Projekte. Zur Frage der Monumentalität im 19. Jahrhundert. in: Kaleidoskop. Eine Festschrift für Fritz Baumgart zum 75. Geburtstag. Hg. v. F. Mielke. Berlin 1977, S. 174-201

Zorzi, L., Il teatro e la città. Saggi sulla scena italiana. Torino 1977

Zucker, P., Die Theaterdekoration des Klassizismus. Eine Kunstgeschichte des Bühnenbildes. Berlin 1925

ABBILDUNGSVERZEICHNIS
(mit Photonachweis in Klammern)

1 Dresden, Erstes Hoftheater von G. Semper, 1838/41; persp. Ansicht von Nordwesten (aus: G. Semper, 1849, Taf. II)
2 Dresden, desgl., Zuschauerraum zur Bühne (aus: G. Semper, 1849, Taf. III)
3 Dresden, desgl., Grundriß Parterre (aus: G. Semper, 1849, Taf. IV)
4 Dresden, Vorprojekt zum ersten Hoftheater von G. Semper, 1835; Grundriß Parterre (aus: G. Semper, 1849, Fig. 1)
5 Dresden, Zweites Hoftheater von G. u. M. Semper, 1871/78; Gesamtansicht von der Hofkirche (Bildarchiv Foto Marburg Nr. 617234)
6 Dresden, desgl., Zuschauerraum zur Hofloge, Zustand vor 1945 (Archiv Versammlungsbauten TU Berlin, Mappe Dresden)
7 Dresden, desgl., Grundriß I. Rang. Semper-Archiv ETH Zürich
8 Coburg, Schloß Ehrenburg von A.M. Renié unter Beteiligung K.F. Schinkels, nach 1806/16; Gesamtansicht von Norden (Bildarchiv Foto Marburg Nr. 923948)
9 Coburg, „Situationsplan B zur Regulierung des Schloßplatzes einschließlich eines Theaterneubaus. Gutensohn 1830". Staatsarchiv Coburg Plansammlung Mappe 23
10 Coburg, „Facaden, Profile & Grundpläne zu dem Situationsplan B. Gutensohn 1830". StA Co Plansammlung Mappe 23
11 Coburg, Drei Grundrisse zu einem Theaterprojekt mit Wandelgängen, bez. „Gutensohn 1830". StA Co Plansammlung Mappe 23
12 Coburg, Persp. Situationsskizze zur Regulierung des Schloßplatzes mit einem Hoftheater und Hofgartenarkaden, bez. „F.A. Stüler". Kunstsammlungen Veste Coburg Nr. Z 4092
13 Coburg, Ehem. Hoftheater von C.B. Harres, 1837/41; Ansicht vom Theaterplatz nach der Restaurierung 1976 (Landbauamt Hof/Dienststelle Coburg)
14 Coburg, desgl., Grundriß I. Rang im Zustand von 1841. StA Co Theater Nr. 88, Bl. I, fol. 89
15 Coburg, desgl., „Längenschnitt in der Mitte. Julius Hartmann, Hofbaumeister, 1881" (Archiv Versammlungsbauten TU Berlin, Mappe Coburg)
16 Coburg, desgl., Blick durchs Vestibül zur Seite, Zustand nach 1976 (Landbauamt Hof / Dienststelle Coburg)
17 Coburg, desgl., Zuschauerraum zur Hofloge, Zustand vor 1976 (Landbauamt Hof/Dienststelle Coburg)
18 Coburg, desgl., Foyer bzw. Spiegelsaal, Zustand nach 1976 (Landbauamt Hof/ Dienststelle Coburg)
19 Bad Brückenau, Kursaalgebäude von J.G. Gutensohn, 1827/31, Großer Saal (Photo M. Behrens, Zentralinstitut für Kunstgeschichte München)
20 Bad Brückenau, desgl., Außenansicht (Photo H. Hermann, Zentralinstitut für Kunstgeschichte München)
21 Meiningen, Altes Hoftheater von C.T. Ottmer, 1829/31; „Grundriss zur Hälfte vom Rez-dechaussée und der bel'Etage. Auf Befehl Sr. Durchlaucht des Herzogs von Sachsen-Meiningen entworfen von C. Ottmer" (aus: D. Joseph, Bd.3.1., Abb. 100)
22 Stuttgart, Opernhauseinbau von Ph.de La Guêpière im Lusthaus, 1758; Grundriß I. Rang. Graphische Sammlung Albertina Wien (Fonds Albertina Nr. 45.425 c)
23 Stuttgart, desgl., Querschnitt und Längsschnitt (Fonds Albertina Nr. 45.425 c)
24 Stuttgart, „GrundRiss der Herzoglich Wirtembergischen Haupt und Ersten Residenz Stadt Stuttgart MDCCXCIV. Aufgen. u. gezeichnet von Chr. Frid. Roth Geometer. Gestochen von G.F. Abel" 1794. Württembergisches Landesmuseum Inv. KRG 3569 (aus: Balthasar Neumann in Baden-Württemberg. Ausst. Kat. Stuttgart 1975, S. 78 f.)
25 Stuttgart, Wilhelma-Theater in Bad Cannstatt von K.L. Zanth, 1839/40; Fassade (Landesbildstelle Württemberg Nr. 21185)
26 Stuttgart, Altes Hoftheater im Lusthaus nach dem Brand vom 20.1. 1902, Fassade zum Schloßplatz (Landesbildstelle Württemberg Nr. 463)
27 Stuttgart, Holzmodell von N.F.v. Thouret zum Umbau des Lusthaustheaters, 1831; Außenansicht. Ehem. Residenzmuseum im Neuen Schloß (aus: P. Faerber, Taf. 90)
28 Stuttgart, desgl., Innenansicht (aus: P. Faerber, Taf. 90)
29 München, Nationaltheater von K.v. Fischer u. L.v. Klenze, 1811/18 u. 1823/25; Zuschauerraum zur Hofloge im Zustand vor 1944 (aus: O. Hederer, 1960, Abb. 42)
30 Stuttgart, „Situationsplan des neu zu erbauenden Königlichen HofTheaters in Verbindung mit dem

Königlichen Residenz Schloss und dessen Umgebung, entworfen von Prof von Thouret" 1835. Württembergisches Landesmuseum Inv. Nr. 1953/548

31 Stuttgart, „Hauptansicht eines TheaterGebäudes (nebst den Grund Rissen I, II, III, IV. Einem SituationsAufriss sowie einem Langen Durchschnitt). Mit Berücksichtigung des Platzes, auf welchem gegenwärtig der Königliche RedoutenSaal und die Königliche FeldjägerCaserne sich befindet. Auf allerhöchsten unmittelbaren Befehl erfunden und Unterthänigst vorgelegt im April 1833 von Prof.v. Thouret". Württembergisches Landesmuseum Inv. Nr. 1953/550

32 Mainz, Fassadenaufriß zum Stadttheater von G. Moller, 1829/33 (aus: M. Frölich/H.G. Sperlich, S. 295)

33 Theaterentwurf von J.N.L. Durand (aus: ders., Précis, Bd.2, Taf. 16)

34 Stuttgart, Entwurf zu einem Hoftheater von N.F.v. Thouret, 1833; „I. GrundRiss zu ebener Erde". Württembergisches Landesmuseum Inv. Nr. 1953/552

35 Stuttgart, desgl., „II. GrundRiss auf der Höhe der I. ten Galerie der Bühne". Württembergisches Landesmuseum Inv. Nr. 1953/553

36 Stuttgart, desgl., „SeitenAnsicht gegen die Schloss und Fürsten Strasse". Württembergisches Landesmuseum Inv. Nr. 1953/549

37 Stuttgart, desgl., "Lange Durchschnitt im Mittel der Königlichen HauptLoge". Württembergisches Landesmuseum Inv. Nr. 1953/556

38 Stuttgart, desgl., Holzmodell, 1834; Außenansicht. Württembergisches Landesmuseum/Depot Ludwigsburg (Landesbildstelle Württemberg Nr. 26097)

39 Berlin, Entwurf zu einem Nationaltheater auf dem Gendarmenmarkt von F. Gilly, 1798/99; persp. Außenansicht (Bildarchiv Foto Marburg Nr. 1123888 a)

40 Stuttgart, Holzmodell zum Theaterentwurf von N.F.v. Thouret, 1834; Innenansicht. Württembergisches Landesmuseum/Depot Ludwigsburg (Landesbildstelle Württemberg Nr. 26096)

41 Aachen, Stadttheater von J.P. Cremer, 1822/25; Längsschnitt durch den Zuschauerraum. Slg. R. Bertig (aus: R. Bertig, Abb. 42)

42 Stuttgart, Entwurf zu einem kleinen Theater von G. Salucci, ca. 1832; Aufriß der Fassade und der Rückfront. Universitätsbibliothek Stuttgart, Nachlaß Salucci

43 Stuttgart, desgl., Längsschnitt und Aufriß der Seite. UB Stuttgart, Nachlaß Salucci

44 Stuttgart, desgl., Grundriß Parterre. UB Stuttgart, Nachlaß Salucci

45 Stuttgart, „Plan Général de Situation du Théâtre Royal de la Cour à Stuttgart. 15.Septembre 1835. Le Premier Architecte du Roi Salucci". UB Stuttgart, Nachlaß Salucci (Landesbildstelle Württemberg Nr. 29295)

46 Stuttgart, desgl., „No. 3 Plan au Niveau du Parterre". UB Stuttgart, Nachlaß Salucci

47 Stuttgart, desgl., „No. 4 Plan au Niveau des Premiers Loges". UB Stuttgart, Nachlaß Salucci

48 Stuttgart, desgl., „No. 11 Coupe Transversale de la Salle, Salle de Pompiers et Grand Magasin de Décorations. Coupe Longitudinale de la Salle, de la Scène, du Foyer, du Vestibule et du Portique". UB Stuttgart, Nachlaß Salucci (Landesbildstelle Württemberg Nr. 29305)

49 Stuttgart, Entwurf zu einem Hoftheater von G. Salucci, „No. 9 Coupe au Droit du Foyer. Elévation Principale au Face du Chateau de Résidence. Théâtre Royal de la Cour à Stuttgart par Salucci Premier Architecte du Roi 1835". UB Stuttgart, Nachlaß Salucci (Landesbildstelle Württemberg Nr. 29303)

50 Paris, Théâtre de l'Odéon von M.J. Peyre/ Ch. de Wailly, nach dem Projekt von 1771; „Coupe du foyer public et des grands Escaliers qui montent aux Loges" (aus: Diderot/d'Alembert, Encyclopédie, Suppl. [Bd. 12] 1777, Théâtre Pl. 8)

51 Stuttgart, Projekt z. Hoftheater v. G. Salucci, „No. 10 Elévation Postérieure sur le Terrain de la Caserne. Elévation Latrale Schloss Strasse". UB Stuttgart, Nachlaß Salucci (Landesbildstelle Württemberg Nr. 29304)

52 Stuttgart, desgl., Längsschnitt durch den Zuschauerraum. UB Stuttgart, Nachlaß Salucci

53 Stuttgart, desgl., reduzierter Aufriß der Fassade, „Elévation du Plan Reduit selon le Papier de Retombe du Plan No. 3". UB Stuttgart, Nachlaß Salucci

54 Stuttgart, Reduktionsentwurf I zum Theaterprojekt von G. Salucci, 1837; „Modification du Plan. Parallele de deux Plans", Grundriß Parterre mit aufgeklebter Alternative für das linke Treppenhaus im Vestibül. UB Stuttgart, Nachlaß Salucci

55 Stuttgart, desgl., „Coupe Longitudinale. Coupe Transversale. Elévation Principale". UB Stuttgart, Nachlaß Salucci

56 Stuttgart, desgl., Situationsplan. Heimatmuseum Ludwigsburg

57 Stuttgart, Reduktionsentwurf II von G. Salucci, 1837; Grundriß Parterre. UB Stuttgart, Nachlaß Salucci

58 Stuttgart, desgl., Ansicht der Fassade und der Rückfront. UB Stuttgart, Nachlaß Salucci

59 Stuttgart, „Entwurf eines neuen Königlichen HofTheater für die Residenzstadt Stuttgart erfunden und gezeichnet von L. Zanth Architect", 1836;

Situationsplan. Württembergisches Landesmuseum Inv. Nr. 1953/537

60 Stuttgart, desgl., „Grundriss des Parterre Stocks". Württembergisches Landesmuseum Inv. Nr. 1953/543

61 Stuttgart, desgl., „Grundriss der ersten Gallerie". Württembergisches Landesmuseum Inv. Nr. 1953/544

62 Stuttgart, desgl., „Aufriss gegen den SchossPlatz". Württembergisches Landesmuseum Inv. Nr. 1953/541

63 Stuttgart, desgl., „Aufriss gegen die Schloss Strasse". Württembergisches Landesmuseum Inv. Nr. 1953/540

64 Paris, Théâtre de l'Ambigu Comique von K.I. Hittorf, 1827 (Bildarchiv Foto Marburg Nr. 173919)

65 Stuttgart, Projekt z. Hofth. v. K.L. Zanth, „Durchschnitt über die Mitte nach der Länge des Gebäudes". Württembergisches Landesmuseum Inv. Nr. 1953/539

66 Stuttgart, desgl., „Durchschnitt über die Mitte nach der Breite des Gebäudes". Württembergisches Landesmuseum Inv. Nr. 1953/538

67 Stuttgart, Modell zum Entwurf eines Hoftheaters von K.A. Heideloff, 1839. Ehem. Residenzmuseum im Neuen Schloß (Landesbildstelle Württemberg Nr. 26099)

68 Berlin, „Grundrisse des Berlinischen Opern-Hauses" von G.W.v. Knobelsdorff, 1741/43 (aus: J.F. Penther, 1748, Tab. LXXXI)

69 Berlin, „Profil und Aufrisse des Berlinischen Opern-Hauses" von G.W.v. Knobelsdorff, 1741/43 (aus: J.F. Penther, 1748, Tab. LXXXII)

70 Berlin, Längsschnitt aus der Dedikationsmappe zum Kgl. Opernhaus von G.W.v. Knobelsdorff, 1742; „Profil en longeur du Batiment". Verwaltung der Staatlichen Schlösser und Gärten Potsdam (aus: E. Meffert, Abb. 21)

71 Berlin, Entwurf zum Umbau des Kgl. Opernhauses von B. Verona, 1787; Längsschnitt. Plansammlung UB der TU. Inv. Nr. 5732

72 Turin, Teatro Regio von B. Alfieri, 1737/40; Längsschnitt (aus: Diderot/d'Alembert, Encyclopédie, Pl.Bd.10, No. 9)

73 Berlin, Kgl. Opernhaus, Längsschnitt nach dem Umbau von C.G. Langhans, 1788; „Profil nach AB in den Grundrissen". Ehem. Architekturarchiv der Preußischen Finanzdirektion (aus: E. Meffert, Abb. 39)

74 Berlin, desgl., „Entwurf zu einem Umbau der Logen und sonstigen Sitzplätze", 1842; von H. Krahmer, Längsschnitt durch den Zuschauerraum. Plansammlung UB der TU Inv. Nr. 5744

75 Berlin, desgl., „Entwurf zur Anlage eines Salons für die Allerhöchsten Königlichen Herrschaften und zweier Foyers für das Publicum, in dem großen Concert-Saale des Königlichen Opernhauses. Zum Erläuterungsbericht vom 20ten August 1842 H. Krahmer". Plansammlung UB der TU Inv. Nr. 5745

76 Berlin, Deutsche Staatsoper Unter den Linden, Gesamtansicht von Nordwesten, Zustand nach dem Wiederaufbau 1952/55 (Bildarchiv Foto Marburg Nr. 390084)

77 Berlin, Umbauentwurf zum Kgl. Opernhaus von K.F. Langhans, 1843; „Entwurf zum Umbau des Zuschauerraumes. AI", Grundrisse Parterre, I. Rang, II. Rang. Plansammlung UB der TU Inv. Nr. 5753

78 Berlin, desgl., „IIter Entwurf zum Umbau des Zuschauerraums nebst Veränderung der Freitreppe und Anlage dreier Eingänge an der Vorderseite. A II", Grundrisse Parterre, I. Rang, II. Rang. Plansammlung UB der TU Inv. Nr. 5755

79 Berlin, desgl., „Vorder-Ansicht. B II". Plansammlung UB der TU Inv. Nr. 5758

80 Berlin, desgl., „Seiten-Ansicht. B III". Plansammlung UB der TU Inv. Nr. 5759

81 Berlin, Persp. Ansicht des Kgl. Opernhauses, Lithographie von Loeillot mit Klappe, Skizze von L.v. Klenze zu einem Aufbau über der ganzen Dachfläche, 1843. Plansammlung UB der TU Inv. Nr. 5761

82 Berlin, Umbauentwurf zum Kgl. Opernhaus von A. Stüler, 1843; Aufriß der Seite mit erhöhtem Bühnenhaus. Plansammlung UB der TU Inv. Nr. 17258

83 Berlin, Umbauentwurf zum Kgl. Opernhaus von K.F. Langhans, 1843; „Decoration des Zuschauerraums. A III", Längsschnitt. Plansammlung UB der TU Inv. Nr. 5757

84 Berlin, Kgl. Opernhaus nach dem Wiederaufbau durch K.F. Langhans 1843/44; Zuschauerraum zur Hofloge in einer zeitgenössischen Lithographie (aus: E. Meffert, Abb. 51)

85 Berlin, Umbauentwurf zum Kgl. Opernhaus von K.F. Langhans, 1843; Skizze zum Zuschauerraum mit Aufriß der Proszeniumslogen. Plansammlung UB der TU Inv. Nr. 5756 (1)

86 Berlin, Ehem. Kgl. Opernhaus, Zuschauerraum mit Proszeniumslogen, Zustand vor 1942 (Bildarchiv Foto Marburg Nr. 1110646)

87 Berlin, Wiederaufbauentwurf zum Apollosaal des Kgl. Opernhauses von K.F. Langhans, 1843; Aufriß der Langseite zum Zuschauerraum „mit Candelabres und Spiegel in der Niesche (links); mit kleinen Lustres an der Gallerie hängend, Sofa in der Niesche (rechts); Boiserie von Eichenholz und Goldleisten. Grund und Friese Stuckmarmor weiß Verzierungen Gold". Plansammlung UB der TU Inv. Nr. 5786

88 Berlin, Apollosaal im ehem. Kgl. Opernhaus, Zustand vor 1942 (Archiv Versammlungsbauten TU, Mappe Staatsoper Berlin)
89 Karlsruhe, Hoftheater von F. Weinbrenner, 1807/08; „Vordere Facade. Grundriß des ersten Stockes" (aus: F. Weinbrenner, Tab. I)
90 Karlsruhe, desgl., „Durchschnitt von dem Vordergebäude mit der Ansicht des Auditoriums und der Bühne. Quer-Durchschnitt mit der Ansicht des Prosceniums und der Bühne. Quer-Durchschnitt mit der Ansicht des Auditoriums" (aus: F. Weinbrenner, Tab. III)
91 Karlsruhe, „Entwurf zum neuen Grosherzoglichen Hof-Theater. Zweiter Grundriss" (Parterre) von H. Hübsch, Projekt I, 1847. Staatl. Kunsthalle, o. Inv. Nr.
92 Karlsruhe, „Entwurf zum neuen Grosherzoglichen Hof-Theater. Vordere Facade" von H. Hübsch, Projekt I, 1847. Staatl. Kunsthalle, o. Inv. Nr.
93 Karlsruhe, „Entwurf zum neuen Grosherzoglichen Hof-Theater. Länge-Durchschnitt" von H. Hübsch, Projekt I, 1847. Staatl. Kunsthalle, o. Inv. Nr.
94 Karlsruhe, Projekt II für ein neues Hoftheater am Schloßplatz von H. Hübsch, 1849; persp. Voransicht. Inst. f. Baugeschichte TU Inv. Nr. A.5079
95 Karlsruhe, Ausführungsprojekt III für das neue Hoftheater von H. Hübsch, 1849; „Grundriß zur ebenen Erde". Plansammlung UB der TU Berlin Inv. Nr. 8194
96 Karlsruhe, desgl., „Grundriß des ersten Logenranges". Plansammlung UB der TU Berlin Inv.Nr. 8193
97 Karlsruhe, Ehem. Hoftheater von H. Hübsch, 1849/52; Fassade und Seitenfront zur Stadt (Bildarchiv Foto Marburg Nr. 15690)
98 Karlsruhe, desgl., Seitenansicht (Bildarchiv Foto Marburg Nr. 15691)
99 Karlsruhe, desgl., Aufriß der Rückfront zum Botanischen Garten mit dem Bühnenanbau von 1858. Inst.f. Baugeschichte TU Inv. Nr. A.5078
100 Karlsruhe, Entwurf für die Hauptfassade der Kunsthalle von H. Hübsch, 1837. Badisches Generallandesarchiv G/KH 508
101 Karlsruhe, desgl., Aufriß der Fassade. Plansammlung UB der TU Berlin Inv.Nr. 8192
102 Karlsruhe, desgl., Ansicht der Fassade (Bildarchiv Foto Marburg Nr. 15692)
103 Brüssel, Marché de la Madeleine von J.P. Cluysenaar, 1847; Fassade zur Rue Duquesnoy (aus: H. Hymans, Belgische Kunst des 19. Jahrhunderts. Leipzig 1906, Abb. 56)
104 Baden-Baden, Trinkhalle von H. Hübsch, 1839/42 (Landesdenkmalamt Baden-Württemberg, Außenstelle Karlsruhe Nr. 8437)
105 Karlsruhe, Hoftheater von H. Hübsch, 1849/52; „Das Neue Theater zu Carlsruhe. Längenschnitt" (aus: H. Hübsch, 1852, Taf. 6)
106 Karlsruhe, desgl., „Perspectivische Ansicht gegen den Zuschauerraum", Ausführungsprojekt III, 1849. Inst. f. Baugeschichte TU Inv.Nr. 123
107 Karlsruhe, desgl., Zuschauerraum zur Hofloge (aus: Badisches Staatstheater Karlsruhe. Festschrift zur Eröffnung 1975, S. 62)
108 Karlsruhe, Erster Entwurf zu einem neuen Hoftheater (Projekt I) von H. Hübsch, 1847; „Scizzirte Perspectivische Ansicht des Auditoriums". Staatl. Kunsthalle, o. Inv. Nr.
109 Karlsruhe, Neubau des Badischen Staatstheaters von H. Bätzner am Ettlinger Torplatz, 1970/75; Bauzustand 1972 (aus: Badisches Staatstheater Karlsruhe. Festschrift zur Eröffnung 1975, S.34)
110 Gotha, Ehem. Hoftheater von G. Eberhard nach Entwurf von K.F. Schinkel, 1837/41; persp. Ansicht des Entwurfs von Schinkel und Zustand des Gebäudes vor dem Abriß (aus: Schicksale deutscher Baudenkmale im zweiten Weltkrieg. Bd. 2. Berlin/München 1978, S. 488)
111 Gotha, desgl. Grundriß Parterre. Staatsarchiv Coburg, Theater Nr. 88
112 Stuttgart, Entwurf zum Umbau des Theaters im Lusthaus von G. Salucci, ca. 1832; Längsschnitt. Heimatmuseum Ludwigsburg
113 Stuttgart, Holzmodell zu einem Theater (?) mit zwei Kolonnadenhöfen von G. Salucci (?), ca. 1832/34. Ehem. Residenzmuseum im Neuen Schloß (Landesbildstelle Württemberg Nr. 26098)
114 Berlin, Alternativentwurf zur Dekoration des Apollosaals von K.F. Langhans anläßlich des Wiederaufbaus des Kgl. Opernhauses, 1843; Aufriß der Langseite zum Zuschauerraum. Plansammlung UB der TU Inv. Nr. 5578
115 Hannover, Ehem. Hoftheater von G.L.F. Laves, 1848/52; Zuschauerraum zur Hofloge, Zustand vor 1943 (Archiv Versammlungsbauten TU Berlin, Mappe Hannover)